Praktische Reisetipps A-Z

Natur

Gesellschaft

Die französischen Pyrenäen

dorra

Anhang

Michael Schuh
Pyrenäen-Handbuch

In meinem Herzen liegt eine kleine Flocke,
eben geboren, ein Ei:
Sehnsucht nach den Pyrenäen.

Kurt Tucholsky (1890–1935)

621py Foto: ms

Impressum

Michael Schuh
Pyrenäen-Handbuch

erschienen im
Reise Know-How Verlag Peter Rump GmbH
Osnabrücker Str. 79
33649 Bielefeld

4., komplett aktualisierte Auflage 2003

Gestaltung:
Umschlag: M. Schömann, P. Rump (Layout),
G. Pawlak (Realisierung)
Inhalt: G. Pawlak (Realisierung)
Fotos: der Autor
Titelfoto: Wolfram Schwieder
Karten: C. Raisin, der Verlag

Lektorat (Aktualisierung): Barbara Bossinger

Druck und Bindung
Fuldaer Verlagsagentur

ISBN: 3-8317-1164-X

Printed in Germany

Dieses Buch ist erhältlich in jeder Buchhandlung der BRD, der Schweiz, Österreichs, Belgiens und der Niederlande. Bitte informieren Sie Ihren Buchhändler über folgende Bezugsadressen:

BRD
Prolit GmbH, Postfach 9, 35461 Fernwald (Annerod)
sowie alle Barsortimente

Schweiz
AVA-buch 2000
Postfach, CH-8910 Affoltern

Österreich
Mohr Morawa Buchvertrieb GmbH
Sulzengasse 2, A-1230 Wien

Niederlande, Belgien
Willems Adventure
Postbus 403, NL- 3140 AK Maassluis

Wer im Buchhandel trotzdem kein Glück hat, bekommt unsere Bücher auch direkt bei:
Rump Direktversand, Heidekampstraße 18, 49809 Lingen (Ems) oder über unseren **Büchershop im Internet:**
www.reise-know-how.de

Wir freuen uns über Kritik, Kommentare und Verbesserungsvorschläge.

Alle Informationen in diesem Buch sind vom Autor mit größter Sorgfalt gesammelt und vom Lektorat des Verlages gewissenhaft bearbeitet und überprüft worden.

Da inhaltliche und sachliche Fehler nicht ausgeschlossen werden können, erklärt der Verlag, dass alle Angaben im Sinne der Produkthaftung ohne Garantie erfolgen und dass Verlag wie Autor keinerlei Verantwortung und Haftung für inhaltliche und sachliche Fehler übernehmen.

Die Nennung von Firmen und ihren Produkten und ihre Reihenfolge sind als Beispiel ohne Wertung gegenüber anderen anzusehen.
Qualitäts- und Quantitätsangaben sind rein subjektive Einschätzungen des Autors und dienen keinesfalls der Bewerbung von Firmen oder Produkten.

Michael Schuh

Pyrenäen-Handbuch

Vorwort

Pyrenäen? Viele halten das französisch-spanische Gebirge für eine karge, unwegsame Region, die dem Urlauber nichts zu bieten hat. Aber jeder, der einmal selbst zwischen Atlantik und Mittelmeer unterwegs war, weiß, dass das definitiv nicht stimmt. Sicherlich findet man hier schroffe Felsen, vereiste Gipfel und wilde Schluchten. Doch das ist nur ein Aspekt dieses Landstriches der Vielfalt und der Kontraste, der sich als Reiseziel einer immer größer werdenden Beliebtheit erfreut.

Im Westen trifft man auf sanfte Hügel und hübsche Fachwerkhäuser, steile Küsten und mondäne Seebäder. Das zentrale Gebirge fasziniert mit seinen atemberaubenden Nationalparks, glasklaren Seen und abgeschiedenen Tälern, in denen uralte Gebräuche noch heute fortleben. Der Osten wird von der Sonne verwöhnt: Hier erntet man schon Kirschen, wenn die Bäume in Mitteleuropa gerade einmal ans Blühen denken.

Neben wunderschönen Landschaften und unberührter Natur offerieren die Pyrenäen aber auch einen immensen Reichtum an Kultur und Geschichte. Ob man bei einer Höhlenbesichtigung auf den Spuren von Urzeitmenschen wandeln, trutzige Burgen erkunden oder Gemälde von Genies wie *Dalí* und *Picasso* auf sich wirken lassen möchte - dem Tatendrang sind keine Grenzen gesetzt. Außerdem finden sich überall romanische Kirchen und Klöster, in denen man meint, die Zeit sei stehengeblieben.

Genauso unterschiedlich wie die verschiedenen Regionen sind auch die Menschen. So mögen die Basken auf den ersten Blick eher mürrisch und eigenbrötlerisch wirken; bei näherem Hingucken bemerkt man jedoch schnell den Humor und die Herzlichkeit, die sich hinter der manchmal kühlen Fassade verbergen.

Am Mittelmeer hingegen scheint das strahlende Wetter Stimmung und Lebensart der Bevölkerung nachhaltig geprägt zu haben: Ausgelassene Feste und Traditionen voller Fröhlichkeit bereichern dort den Alltag.

Nicht zuletzt erweisen sich die Pyrenäen als kulinarische Hochburg - Feinschmecker kommen ebenso auf ihre Kosten wie Liebhaber deftiger Hausmannskost.

Dieses Handbuch enthält zwar zahlreiche Ortsbeschreibungen, Tipps und Informationen - das individuelle Kennenlernen der Pyrenäen und ihrer Bewohner will es aber nicht ersetzen. Machen Sie sich ein eigenes Bild und verbringen Sie wundervolle Tage in der gleichermaßen rauhen wie lieblichen Bergwelt!

Michael Schuh

Danksagung

Mein besonderer Dank gilt *Sabine Klahold,* die mit Kreativität, Engagement und Fleiß einen wesentlichen Teil zum Entstehen dieses Reiseführers beitrug. Danken möchte ich außerdem meiner Mutter *Gabriele Schuh,* die mir oft mit Rat und Tat zur Seite stand.

Und nicht zuletzt möchte ich mich bei allen Bewohnern der Pyrenäen bedanken, deren Tipps und Informationen immer wieder weitergeholfen haben.

Praktische Reisetipps A – Z

Natur

Gesellschaft und Kultur

Die französischen Pyrenäen

Hinweise zur Benutzung

Dieser Reiseführer versteht sich als ein Ratgeber für Urlauber, die die Pyrenäen individuell und aktiv erschließen möchten. Das Buch wurde nach praktischen Gesichtspunkten konzipiert und ist deshalb in drei große Abschnitte untergliedert.

Im Kapitel ***Praktische Reisetipps von A bis Z*** erhält der Leser alle notwendigen Tipps und Adressen, die er zur Reisevorbereitung und während des Urlaubs benötigt oder benötigen könnte.

Die zweite Passage, *Die Pyrenäen,* enthält zahlreiche Informationen zur Natur (z.B. Fauna, Flora) und zur Gesellschaft (z.B. Geschichte, Bevölkerung).

Im dritten Abschnitt, dem ***Reiseteil,*** der verständlicherweise den meisten Platz einnimmt, werden die ***Regionen und Orte*** beschrieben. Er wird nochmals unterteilt in *„Die französischen Pyrenäen", „Andorra"* und *„Die spanischen Pyrenäen"*, diese Unterteilung findet sich auch in den Griffmarken. Die Beschreibungen der Orte erfolgen in West-Ost-Richtung, wobei zuerst die französischen Pyrenäen, dann der Zwergstaat Andorra und schließlich die spanischen Pyrenäen behandelt werden.

Im französischen und im spanischen Abschnitt gibt es zudem eine Unterteilung in mehrere den jeweiligen Regionen entsprechenden *Hauptkapitel,* die zur Orientierung auch neben den Griffmarken am Rand gedruckt ist.

Am Beginn dieser Kapitel stehen jeweils eine ***Übersichtskarte*** und eine Einführung in die Region. Außerdem helfen ***Stadtpläne*** der größeren Orte sowie Karten der Nationalparks beim Zurechtfinden. Der Reiseteil beinhaltet nicht nur Informationen über Geschichte und Sehenswürdigkeiten der Orte, sondern gibt auch zahlreiche Tipps zu Unterkünften, Verkehrsverbindungen, Restaurants, Sportmöglichkeiten etc. Weiterhin werden besonders lohnenswerte Wanderrouten erwähnt - ein spezieller Wanderführer kann und soll aber nicht ersetzt werden.

Im ***Anhang*** findet der Leser ein Register, eine Literaturliste sowie ein Glossar, in dem häufiger benutzte geographische Begriffe in der jeweiligen Landessprache aufgelistet werden sowie eine Kartenliste. Des Weiteren werden hier viele detaillierte Vorschläge für ***Reiserouten*** *mit dem eigenen Fahrzeug* gemacht.

Alle *Preise* sind in Euro angegeben. Da sich aber kaum etwas so schnell ändert wie die Preise, kann hierfür keine Garantie übernommen werden. Im französischen Reiseteil stehen die *Hausnummern* - im Gegensatz zur üblichen französischen Schreibweise - hinter den Straßennamen, um so Missverständnisse zu vermeiden. Bei den spanischen Orten werden die *Straßen* jeweils mit einem *C.* abgekürzt, was *calle, carrer* oder *carretera* bedeuten kann (siehe auch das Verzeichnis der geographischen Begriffe im Anhang).

Die ***Ortsnamen*** sind jeweils in der *regional üblichen* und auf Straßenschildern zu findenden Form angegeben. Im Baskenland stehen bei Städten und Dörfern die französischen bzw. spanischen Bezeichnungen, da diese gebräuchlicher sind als die baskischen Namen, die jedoch in Klammern aufgeführt werden. In Katalonien haben sich mittlerweile die katalanischen Ortsnamen durchgesetzt; der veraltete spanische Terminus wird nur noch - zusätzlich - bei einigen größeren Städten genannt.

Praktische Reisetipps von A bis Z

An- und Rückreise

PKW oder Motorrad

Die Anfahrt mit dem eigenen Fahrzeug empfiehlt sich vor allem, weil man in den Pyrenäen dadurch erheblich flexibler und nicht auf das teilweise spärliche Angebot an öffentlichen Verkehrsmitteln angewiesen ist. Am einfachsten gestaltet sich die Fahrt zum Urlaubsziel, indem man über die französischen ***Autobahnen*** anreist, die allerdings ***mautpflichtig*** sind. Die einfache Durchquerung Frankreichs bis zu den Pyrenäen kostet von Deutschland aus etwa 50 €, so dass für Hin- und Rückfahrt rund 100 € anfallen. Wer diese zugegebenermaßen stattliche Summe sparen möchte, kann auch über die gebührenfreien Nationalstraßen anreisen (s. u.).

Anreise zur Atlantikküste oder zu den westlichen Pyrenäen

Hat man die Atlantikküste oder den Westen der Pyrenäen als Ziel gewählt, bietet sich sich ***vom Norden und der Mitte Deutschlands*** die Strecke über Belgien (Lüttich, Mons) an, so dass man beim französischen Valenciennes auf die A 2 trifft. Von hier folgt man der Beschilderung nach Paris, umkreist die Metropole zur Hälfte auf der Stadtautobahn und zweigt dann auf die A 10 ab. Diese führt direkt nach Bordeaux, von wo man über ein kurzes Stück Autobahn (A 63) und etwa 180 km Nationalstraße Bayonne erreicht. Die Wegstrecke beträgt ab Lüttich etwas mehr als 1.100 km und nimmt rund zwölf Stunden reine Fahrzeit in Anspruch.

Reisende, die aus dem ***Süden*** der Bundesrepublik kommen, fahren am besten über Freiburg, Mulhouse und Lyon nach Clermont-Ferrand, wo sie die Fahrt bis ***Bordeaux*** über Nationalstraßen fortsetzen müssen.

Von Freiburg aus liegt die Wegstrecke bis Bayonne etwas unter 1.100 km.

Anreise zur Mittelmeerküste oder zu den östlichen Pyrenäen

Wer aus der ***Mitte oder dem Norden Deutschlands*** zuerst an die Mittelmeerküste oder in die östlichen Pyrenäen reisen möchte, fährt über Luxemburg auf die A 31 Richtung Metz und folgt dieser Autobahn, die später zur A 6 wird, bis Lyon. Von Lyon aus verläuft die A 7 bis Orange, wo man schließlich auf die A 9 abzweigt, die direkt nach Perpignan führt. Von Luxemburg bis Perpignan sind es nicht ganz 1.000 km Fahrstrecke, so dass für die Fahrzeit mindestens zehn Stunden eingeplant werden müssen.

Urlauber, die aus ***Süddeutschland*** anreisen, sollten über Freiburg auf die französische A 36 (Richtung Mulhouse) fahren, die kurz vor Beaune in die A 31 mündet. Die Strecke Freiburg – Perpignan ist ungefähr 900 km lang.

Anreise über die Nationalstraßen

Um die insgesamt rund 100 € Mautgebühren für Hin- und Rückfahrt zu sparen, kann man auch über die französischen Nationalstraßen anreisen, die häufig fast parallel zu den Autobahnen verlaufen. Allerdings dauert dies erheblich länger und bringt zudem eine ganze Menge mehr Stress mit sich, da die Nationalstraßen oft durch Ortschaften führen und auf ihnen zudem immer zahlreiche Lastwagen unterwegs sind. Für alle, die über genügend Zeit und Muße verfügen, aber durchaus eine Möglichkeit, auch das französische Inland etwas besser kennenzulernen.

Weitere Informationen zum Thema Verkehr (Höchstgeschwindigkeiten, Mautgebühren, Tanken etc.) siehe bei „Unterwegs in den Pyrenäen".

Bahn

Zwei gängige Routen führen von Deutschland ins Pyrenäengebiet.

Einerseits kann man ***über Paris*** nach ***Irún*** oder ***San Sebastián*** an die ***Atlantikküste*** fahren, wobei allerdings das Umsteigen in Frankreichs Hauptstadt unumgänglich ist. Eigentlich halb so wild, würde der Anschlusszug Richtung San Sebastián nicht von einem gänzlich anderen Bahnhof starten. So bleibt nichts anderes übrig, als sich mitsamt dem Gepäck in die Metro oder ein Taxi zu schwingen und die Millionenmetropole zwecks Bahnhofswechsel zu durchqueren. Panik ist aber dennoch nicht angebracht: Die Metroverbindungen sind gut und für jedermann recht einfach zu verstehen.

Zum zweiten besteht die Möglichkeit, ***via Strasbourg*** an die ***Mittelmeerküste*** nach ***Port Bou*** zu gelangen. Bei dem in Frankfurt startenden Zug handelt es sich um die einzige Direktverbindung zwischen Deutschland und den Pyrenäen.

Auf beiden Strecken kostet der normale ***Fahrschein*** inklusive Rückfahrt über 200 € – ein nicht ganz billiges Vergnügen. Noch teurer wird es für Reisende aus dem Ruhrgebiet, die mit der Bahn nach Irún gelangen möchten. Da zwischen dem nordrhein-westfälischen Ballungsgebiet und Paris nur der Hochgeschwindigkeitszug „Thalys" verkehrt, der einen gehörigen Zuschlag kostet, ist es oft erheblich günstiger, mit einem „normalen" Nachtzug zu fahren. Über diese Möglichkeit sowie über eventuelle ***Sparmöglichkeiten*** beim Ticketkauf (Frühbuchung etc.) sowie über Autoreisezüge informiert man sich am besten bei der Deutschen Bahn.

Flugzeug

Die bequemste Art und Weise, in die Pyrenäen zu reisen, ist mittlerweile häufig auch die preiswerteste – Ryanair macht's möglich. Die irische Billig-Fuglinie steuert vom Flughafen Frankfurt-Hahn täglich Perpignan und Girona an. Wer per Internet mehrere Monate im Voraus bucht, kann so bereits für rund 50 € (inklusive aller Gebühren) an sein Urlaubsziel gelangen.

Angesichts der recht hohen Benzinpreise in Frankreich und der Autobahngebühren lohnt es sich bei einem kürzeren Aufenthalt auch finanziell, am Zielflughafen einen Leihwagen zu mieten, anstatt mit dem eigenen Auto anzureisen. In den Ferienmonaten sind die Preise aber auch bei Ryanair erheblich höher; wer dennoch fliegen möchte, sollte sich dann im Reisebüro auch nach anderen Charterflügen Richtung Girona erkunden.

Bus

Von vielen größeren Städten der Bundesrepublik steuern mehrfach wöchentlich ***Europabusse*** die Costa Brava an und halten dabei auch in Perpignan, Figueres und Girona. Tickets können in allen Reisebüros gebucht werden, denen die *Deutsche Touring* angeschlossen ist. Sie kosten für Hin- und Rückfahrt zwischen 100 und 160 €. Die Fahrzeit bis ans Reiseziel beträgt zwischen 20 und 25 Stunden.

Ausrüstung und Bekleidung

Eine allgemeingültige Liste sämtlicher Gegenstände, die man bei einer Pyrenäenreise im Gepäck haben sollte, gibt es nicht – es kommt zu sehr auf die ***Jahreszeit*** und die ***Art des Urlaubs*** an. Aufgrund der Verschiedenheit der Region ist es aber auf jeden Fall sinnvoll, sowohl ***leichte Sommerkleidung*** als auch lange Hosen und Sweatshirts einzupacken. Da zu beinahe jedem Ferienaufenthalt außerdem auch einige Wanderungen gehören, zählen die für Gebirgstouren notwendigen Utensilien ebenfalls zur Standardausrüstung.

Ein unbedingtes Muss sind ***feste Bergschuhe,*** die über den Knöchel reichen, da selbst vermeintlich leichte Spaziergänge oftmals über kaum befestigte Wege und Geröllfelder führen. In normalen Sommer- oder Turnschuhen entwickelt sich die als entspannend geplante Wanderung schnell zur strapaziösen Tortur.

Generell sollte man zudem eine ***Regenjacke*** dabei haben, die während einer kürzeren Wanderung im ebenfalls obligatorischen ***Tagesrucksack*** verstaut werden kann. Selbst im Sommer muss im Gebirge mit plötzlichen Wetterumschwüngen gerechnet werden: Wo sich gerade noch die Sonne von ihrer strahlendsten Seite zeigte, kann der Himmel schon eine halbe Stunde später seine Schleusen öffnen.

Als ebenso notwendig erweist sich das Mitführen eines Pullovers. Auch wenn beim morgendlichen Aufbruch sommerliche Temperaturen herrschen, kann im Laufe der Wanderung empfindliche Kälte auftreten: Die zunehmende Höhe und die einbrechende Dämmerung tun ihr Übriges. Nichtsdestotrotz gehört auch ***Sonnencreme,*** bei Gebirgstouren eventuell auch ein Sonnenblocker, in den Rucksack. Wie schnell man sich im Gebirge – gerade, wenn Schnee liegt – einen Sonnenbrand „einfängt", weiß beinahe jeder Skiläufer aus eigener Erfahrung zu berichten. Auch eine Sonnenbrille ist sehr empfehlenswert, bei Schnee sogar unbedingt notwendig.

Mehrtägige Wanderungen sollte sich nur zutrauen, wer über genügend Kondition und Erfahrung im Gebirge verfügt. Dass bei solchen Touren immer ein Kompass, gute Wanderkarten, Trinkwasser und Proviant, eine Taschenlampe, ein Schlafsack sowie ein Erste-Hilfe-Päckchen dabei sein müssen, versteht sich von selbst.

Egal, ob Spaziergang oder Wanderung – das Mitführen eines ***Fernglases*** lohnt immer.

Auch wer keinen Aufenthalt am Mittelmeer oder am Atlantik eingeplant hat, sollte dennoch das ***Schwimmzeug*** nicht zu Hause vergessen: Zahlreiche Bergseen in den Pyrenäen bieten in den Sommermonaten erstklassige Bademöglichkeiten.

Diplomatische Vertretungen

Deutschland

Deutsche Vertretungen in Frankreich

● ***Botschaft der Bundesrepublik Deutschland***
13/15, Avenue Franklin D. Roosevelt
75008 Paris, Tel. 01.53.83.45.00,
Fax 43.59.74.18.

● ***Konsulat der Bundesrepublik Deutschland***
48, Rue Claude Bernard,
66000 Perpignan,
Tel. 04.68.35.60.84, Fax 044.68.35.60.84

Deutsche Vertretungen in Spanien

● ***Botschaft der Bundesrepublik Deutschland***
Calle de Fortuny 8
28010 Madrid
Tel. (91) 5579000, Fax 3102104.

● ***Konsulat der Bundesrepublik Deutschland***
Passeig de Gracia 111
08008 Barcelona
Tel. (93) 2921000, Fax 2921002.

Französische Vertretungen in Deutschland

● ***Französische Botschaft***
Pariser Platz 5
10117 Berlin
Tel. (030) 590039000, Fax 590039110.

● Außerdem ***Konsulate*** in Hamburg, München, Stuttgart, Frankfurt, Düsseldorf, Leipzig, Saarbrücken, Bremen, Freiburg, Hannover, Mannheim, Nürnberg und Saarlouis.

Spanische Vertretungen in Deutschland

● ***Botschaft des Königreichs Spanien***
Lichtensteinallee 1
10787 Berlin
Tel. (030) 2540070, Fax 25799557.

● Außerdem ***Konsulate*** in Hamburg, München, Frankfurt, Düsseldorf, Hannover und Stuttgart.

Österreich

Österreichische Vertretung in Frankreich

● ***Botschaft der Republik Österreich***
6 Rue Fabert
75007 Paris
Tel. (1) 40.63.30.63

Österreichische Vertretung in Spanien

● ***Botschaft der Republik Österreich***
Paseo de la Castellana 91
28046 Madrid
Tel. (91) 5565315.

Französische Vertretung in Österreich

● ***Französische Botschaft***
Technikerstr. 2
1040 Wien
Tel. (01) 502750.

Spanische Vertretung in Österreich

● ***Spanische Botschaft***
Argentinierstr. 34
1040 Wien
Tel. (01) 5055780.

Schweiz

Schweizer Vertretung in Frankreich

- ***Botschaft der Schweiz***

142 Rue de Grenelle
75007 Paris
Tel. (1) 49.55.67.00.

Schweizer Vertretung in Spanien

- ***Generalkonsulat der Schweiz***

Gran Via Carlos III 94, Edificio Trade
Barcelona, Tel. (93) 4090650.

Französische Vertretung in der Schweiz

- ***Französische Botschaft***

Schosshaldenstr. 46
3006 Bern
Tel. (031) 3592111.

Spanische Vertretung in der Schweiz

- ***Spanische Botschaft***

Kalcheggweg 24
3006 Bern
Tel. (031) 3520412.

Ein- und Ausreisebestimmungen

Reisedokumente

Zur Einreise nach Frankreich und Spanien benötigt man einen gültigen ***Reisepass*** oder ***Personalausweis.*** Es empfiehlt sich allerdings, sowohl Pass als auch Personalausweis mitzunehmen, da einer der Ausweise oftmals an der Rezeption des Campingplatzes oder Hotels abgegeben werden muss. Kinder unter 16 Jahren müssen entweder im Pass eines Elternteils eingetragen sein oder einen Kinderausweis mitführen.

Für Autofahrer ist das Mitführen von Führerschein und Fahrzeugschein Pflicht, zudem verlangen die Polizeibeamten bei einem Unfall meist die Grüne Versicherungskarte.

Schüler und Studenten sollten sich vor der Reise einen ***Internationalen Schüler- oder Studentenausweis*** besorgen – vielerorts werden ansehnliche Ermäßigungen gewährt.

Zoll

Als Mitgliedsstaaten der Europäischen Union gelten im privaten Reiseverkehr zwischen der Bundesrepublik ***Deutschland, Spanien und Frankreich*** die üblichen ***EU-Richtlinien.*** So können offiziell zwar unbegrenzt Waren zum eigenen Verbrauch mitgeführt werden, bestimmte Höchstmengen an Spirituosen und Tabakwaren dürfen aber dennoch nicht überschritten werden. Das Maximum zur privaten Verwendung liegt bei 800 Zigaretten, 400 Zigarillos, 200 Zigarren, 1 kg Tabak, 10 Liter Spirituosen, 20 Liter alkoholische Getränke bis 22 Prozent, 90 Liter Wein und 110 Liter Bier. Wer meint, der persönliche Verbrauch sei damit noch immer nicht gedeckt, muss dies dem Zöllner plausibel erklären können – kein leichtes Unterfangen!

Die Zollbestimmungen für die Ausfuhr aus ***Andorra*** sind dort in fast jedem größeren Laden deutlich ausgehängt.

Haustiere

Sollen Hund oder Katze mit auf Reisen gehen, ist die Bescheinigung über eine Tollwutimpfung erforderlich, die mindestens einen Monat zurückliegen muss und vor höchstens einem Jahr erfolgt sein darf. Außerdem wird ein ***tierärztliches Gesundheitszeugnis*** verlangt. Tiere, die jünger sind als drei Monate, dürfen generell nicht mitgenommen werden.

Besonders für Spanienurlauber empfiehlt es sich allerdings, den geliebten Vierbeiner zu Hause zu lassen: Auf zahlreichen Campingplätzen und in vielen Restaurants und Hotels werden „Bello" und „Leo" nicht gern gesehen oder schlichtweg nicht geduldet.

Epicerie - Einkaufen wie bei „Tante Emma"

Einkaufen

Frankreich

Vor allem in den Vororten der etwas ***größeren französischen Städte*** ist in den vergangenen Jahren ein Phänomen zu beobachten, das deutsche Urlauber oft nur aus US-amerikanischen Filmen kennen: Es wurden ganze Viertel aus dem Boden gestampft, die ausschließlich aus gewaltigen ***Supermärkten*** und ***Kaufhäusern*** bestehen, deren Ausmaße den in Deutschland üblichen Rahmen sprengen. Wer den Einkauf als etwas Lästiges ansieht, das es möglichst schnell hinter sich zu bringen gilt, kann sich hier mit sämtlichen - meist schon abgepackten - Waren eindecken. Von Atmosphäre oder Spaß beim Einkauf ist in den Supermärkten allerdings nichts zu spüren - einzig die Fischabteilungen dieser „Hypermärkte" sind aufgrund ihrer Größe und der Angebotsvielfalt manchmal einen Besuch wert.

Gerade in Frankreich, das für die Qualität seiner Speisen und Getränke bekannt ist, lohnt es sich, in kleineren, ***spezialisierten Geschäften*** oder auf ***Märkten*** einzukaufen. Auch wenn die Preise hier ein bisschen über denen der Supermärkte liegen – der bessere Geschmack, die Frische der Ware und die fachmännische Beratung machen diese Mehrausgabe auf jeden Fall wieder wett.

Außerdem sehr empfehlenswert sind die ***verschiedenen Lebensmittelgeschäfte,*** die in beinahe jedem Ort zu finden sind und deren Besitzer - egal, ob Bäcker oder Metzger - sich zumeist bestens auf ihr Handwerk verstehen.

In der ***Boulangerie,*** der französischen Bäckerei, kauft man in erster Linie das allgemein bekannte Weißbrot, dessen beliebteste Form, das Baguette, auch in Deutschland viele Freunde gefunden hat. Auf dunkle ***Brotsorten*** wie Vollkornbrot müssen Frankreichreisende allerdings weitgehend verzichten: Sie sind noch immer Mangelware.

In der ***Boucherie*** kann man verschiedenste Fleischsorten erstehen; meist ist ihr auch eine ***Charcuterie*** angegliedert, in der Wurstwaren verkauft werden. In den küstennahen Ortschaften findet man zudem oft die ***Poissonnerie,*** in der frische Fische und Meeresfrüchte angeboten werden. Bei der ***Epicerie*** handelt es sich um ein Lebensmittelgeschäft, in dem die gängigen Nahrungsmittel und Haushaltswaren verkauft werden. Oft besitzen die kleinen Geschäfte das Flair des „Tante-Emma-Ladens" - allerdings leiden viele von ihnen unter der übermächtigen Konkurrenz der Supermärkte.

Fischverkäufer in St.-Jean-de-Luz

Fast in jeder französischen Kleinstadt findet ein- oder zweimal wöchentlich ein **Markt** statt, auf dem neben landwirtschaftlichen Produkten auch Haushaltswaren und Kleidungsstücke angeboten werden. Doch der Wochenmarkt ist mehr als nur eine Einkaufsmöglichkeit: Hier trifft man sich, um bei einem Plausch Kontakte zu pflegen und Neuigkeiten auszutauschen.

Spanien

Ein solch reichhaltiges Angebot an Läden, die sich auf bestimmte Nahrungsmittel spezialisiert haben, wird man in **spanischen Kleinstädten** vergebens suchen. Die gängigsten Esswaren wie Brot, Fleisch, Käse, Wurst oder Fisch werden auf **Märkten** angeboten, wobei Qualität und Preis in der Regel in einem erstklassigen Verhältnis zueinander stehen. Absolut empfehlenswert ist zudem das Obst und das Gemüse, das die Bauern der Umgegend direkt nach der Ernte auf dem Markt anbieten.

Ansonsten gibt es in allen Kleinstädten **Supermarkte** in „Mini-Ausgabe", in denen neben frischen Lebensmitteln auch Konserven, Haushaltswaren usw. angeboten werden.

Andorra

Jeder, der einmal in Andorra gewesen ist, verbindet den Zwergstaat sofort mit Konsum: Tatsächlich lässt es sich hier prima einkaufen - allerdings besteht das Angebot in erster Linie aus Tabakwaren, Spirituosen, Hifi-Artikeln, Autozubehör, Uhren und exklusiver Kleidung. Sicherlich lohnt es sich, Zigaretten mitzunehmen oder den Wagen vollzutanken - gerade diese Güter sind in dem Zwergstaat erheblich preiswerter als in den Nachbarländern. Beim Kauf eines Autoradios oder einer Videokamera sollte man allerdings vorsichtig sein! Derartige Artikel mögen im Einkaufsmekka Andorra billiger sein als in Frankreich oder Spanien; die Preise in Deutschland liegen oft jedoch unter denen des Pyrenäenstaates.

Souvenirs und Spezialitäten

In einer von alten Traditionen geprägten Region wie den Pyrenäen bietet es sich geradezu an, einige typische Souvenirs mit auf die Heimreise zu nehmen. Die Andenkenläden in den Touristenzentren bieten zwar zuhauf Artikel von meist minderwertiger Qualität an - wer aber bereit ist, etwas mehr Geld auszugeben, kann vielerorts auch Erinnerungsstücke erstehen, die nicht unter die Rubrik „Touristen-Ramsch" fallen.

So sollte man **Chisteras,** Pelota-Schläger aus Weidengeflecht, in Anglet kaufen, wobei ein solch dekoratives Sportgerät allerdings mit mindestens 150 € zu Buche schlägt. Als günstiger erweist sich da schon der Erwerb von **Espadrilles** in Mauléon-Licharre, der Hauptstadt dieser leichten Schuhe, oder in Saint-Laurent-de-Cerdans, wo die katalanischen Pendants der Fußbekleidung aus Stoff und Sisal hergestellt werden. Nicht das Baskenland, sondern das Béarn ist seit jeher die Heimat des **Béret,** das fälschlicherweise unter dem Namen Baskenmütze zu Ruhm gelangte.

Vor allem in Oloron-Ste.-Marie gehört die Kopfbedeckung in zahlreichen Geschäften zum Angebot. Wer ein Faible für ***religiöse Souvenirs*** besitzt, findet wohl weltweit kaum ein breiteres Betätigungsfeld als in Lourdes: Ungezählte Geschäfte verkaufen die - allerdings fast immer geschmacklosen - Devotionalien. Auf eine erheblich längere Geschichte blicken hingegen die ***Schnabel-Holzschuhe*** im Vallée de Bethmale zurück, die *Pascal Jusot* - der letzte *Sabotier* des Tales - noch heute in akribischer Handarbeit herstellt.

Auch auf der spanischen Seite des Gebirges wurden historische Handwerksformen oft bis zum heutigen Tage überliefert; so im Baztán-Tal, dessen Einwohner sich hervorragend auf die Bearbeitung von Holz, Ton und Metall verstehen. Weinbeutel aus echtem Leder zählen zu den beliebtesten Andenken aus Pamplona - vor allem zur Fiesta finden die gleichermaßen schmucken wie praktischen Behältnisse reißenden Absatz. Beim Schnitzen von Löffeln, Tellern oder anderen Küchengeräten kann man den sogenannten *Cuchareros* in den winzigen Dörfern südlich des Ordesa-Nationalparks über die Schulter schauen. Die schlichten Arbeiten sind zudem absolut erschwinglich. Aufs ***Drechseln und Weben*** verstehen sich seit Generationen die Bewohner des Gistaín-Tales - auch hier lässt sich manch hübsches Andenken erstehen.

Wer die Freunde in der Heimat mit ***Gaumenfreuden*** aus den französischen Pyrenäen verwöhnen will, sollte auf jeden Fall durch die Straßen ***Bayonnes*** flanieren: Der ***Schinken*** und die erlesenen ***Süßigkeiten*** der Stadt suchen ihresgleichen.

Typische Leckerbissen sind ebenso der über dem offenen Feuer gebackene ***Kuchen Gâteau à la Broche,*** den es überall in den ***Hautes-***

Gâteau à la broche: Kuchenspezialität aus den Hautes-Pyrénées

Pyrénées zu kaufen gibt, die ***Weine des Fenouillèdes*** und aus ***Banyuls-sur-Mer*** sowie der klassische ***Apéritif Byrrh*** aus ***Thuir.***

In Spanien kommen Liebhaber eines leckeren Tröpfchens zwischen Januar und März ***in San Sebastián*** auf ihre Kosten, wenn es in vielen Geschäften und Lokalen den Apfelwein ***Sidra*** zu kaufen gibt. Bei den ländlichen Produkten erweist sich ***Castellar de N'Hug*** als eine der ersten Adressen; ***Wurst, Marmelade oder Honig*** – alles ist einfach köstlich. Die besten Trauben gedeihen im sonnenverwöhnten Hinterland der Costa Brava, wo besonders die ***Weine aus Peralada*** einen erstklassigen Ruf genießen.

Eine Delikatesse sollte man jedoch auf gar keinen Fall auslassen: den ***Pyrenäenkäse!*** Egal ob in Frankreich oder Spanien – beinahe jede Region nennt eine köstliche Spezialität ihr eigen.

Elektrizität

Sowohl in Spanien als auch in Frankreich trifft man heute fast ausschließlich auf ***220-Volt-Anschlüsse.*** Einige der französischen Steckdosen besitzen jedoch in der Mitte einen Stift, so dass alte deutsche Stecker oft nicht passen. Es bietet sich deshalb an, einen ***Adapter*** mitzunehmen, der im Bedarfsfall aber auch in französischen Elektrogeschäften gekauft werden kann. Die heutzutage üblichen Eurostecker passen aber ohnehin in sämtliche Steckdosen.

Essen und Trinken

Frankreich

Gastronomie

Restaurants gibt es in Frankreich gleichermaßen in beinahe allen Orten und Preislagen. In den günstigsten Häusern erhält man ein Menü schon ab 8 € in Spitzenrestaurants – von denen es mehrere in den Pyrenäen gibt – sind finanziell nach oben kaum Grenzen gesetzt. Qualität hat eben ihren Preis. In den französischen Restaurants ist es üblich, sich einen Tisch zuweisen zu lassen. Meist kommt einem schon ein Ober entgegen, wenn man das Lokal betritt.

Der Name ***Bar*** mag verwirrend klingen, denn diese französische Institution hat wenig mit dem zu tun, was man sich in Deutschland darunter vorstellt. Vielmehr handelt es sich hierbei um eine auch tagsüber geöffnete Kneipe, in der auch Snacks und manchmal Kuchen verkauft werden. Ist außen über dem Eingang ein roter Kegel angebracht, kann man in dieser Bar ebenso Tabak, Zeitschriften und Briefmarken erstehen.

Der Bar sehr ähnlich ist das ***Café,*** das ebenfalls eher einer Kneipe denn einem Café nach deutschen Vorstellungen entspricht. Wie der Name schon sagt, kann man sich natürlich einen Kaffee bestellen; außerdem gibt es aber auch alkoholische und andere alkoholfreie Getränke sowie kleine Appetithäppchen.

In den meisten Lokalen – egal, welcher Art – steht auf der Rechnung *Service compris,* was bedeutet, dass kein

Trinkgeld erwartet wird. Dennoch fällt man keineswegs negativ auf, wenn man die zu bezahlende Summe aufrundet. Ist auf der Rechnung ein *Service non compris* oder kein derartiger Hinweis zu lesen, wird normalerweise ein Trinkgeld in Höhe von 10 bis 15 Prozent erwartet.

Ein kulinarisches Fest wird dem Pyrenäenurlauber auf dem Land geboten: In den ***Fermes-Auberges,*** Bauernhöfen mit Bewirtung, kommen fast ausschließlich Speisen aus der eigenen Produktion auf den Tisch. Die Mahlzeiten sind überaus lecker, wohlwollend portioniert und nicht teuer – unbedingt probieren!

Mahlzeiten

Die Franzosen beginnen den Tag mit einem – für deutsche Verhältnisse – nicht gerade üppigen ***Frühstück*** *(petit déjeuner):* In den meisten Hotels gehören dazu Croissants, Baguette, Marmelade und Tee oder Kaffee. Nur in teureren Häusern nimmt das Angebot – oft in Form eines Frühstückbüffets – größere Ausmaße an.

Das ***Mittagessen*** *(déjeuner),* das normalerweise zwischen 12 und 14 Uhr, manchmal auch bis 15 Uhr eingenommen wird, präsentiert sich aber um so reichhaltiger. Man isst in mehreren Gängen, die dafür in der Regel etwas kleinere Portionen enthalten. Viele Restaurants bieten eine Auswahl an festen ***Menüs*** an, die erheblich billiger sind als eine Zusammenstellung *à la carte.* Obwohl solche Menüs in einfachen Gaststätten teilweise schon für 8 € zu bekommen sind, beinhalten sie immer eine Vorspeise, ein Hauptgericht und ein Dessert. Oft gehört sogar ein Viertelliter Wein dazu. Ebenfalls sehr preiswert ist die ***Plat du jour,*** ein festgelegtes ***Tagesgericht.***

Vor allem aber das französische ***Abendessen*** *(dîner)* sprengt deutsche Dimensionen. Auch die letzte Mahlzeit des Tages besteht aus mehreren warmen Gängen. Die Speisekarte zum Abendessen, das zwischen 19 und 22 Uhr auf dem Programm steht, unterscheidet sich in den meisten Restaurants nicht von der Mittagskarte.

Spezialitäten

So unterschiedlich, wie die Landschaften und Menschen der Pyrenäen sind, so vielfältig ist auch die Küche der verschiedenen Gebiete. Jede Region hat ihre eigenen Spezialitäten – einer kulinarischen Reise von Küste zu Küste steht nichts im Wege.

- ***Baskenland:*** Aufgrund der Küstennähe wird die baskische Küche unter anderem von den Gaben des ***Meeres*** geprägt. Als Paradebeispiel dafür gilt *Ttoro,* eine Fischsuppe, bei der mit Bestandteilen wie Muscheln, Garnelen, Sardinen und Thunfisch wahrlich nicht gespart wird.

Weitere, fürs französische Baskenland typische Gerichte sind *Palombes á la Bayonnaise* (wilde Tauben), *Axoa* (Kalbsragout mit Piment), *Xamango* (mit Bayonner Schinken), *Poulet basquaise* (speziell zubereitetes Hühnchen) oder die klassische Nachspeise *Gâteau basque* (Kuchen).

- ***Béarn und Bigorre:*** Die Küche dieser Region offenbart sich als Mischung zwischen deftiger ***Hausmannskost*** und erlesenen, ***länd-***

lichen Spezialitäten. Ein Klassiker, der sowohl in einfachen Landgasthöfen als auch in teuren Restaurants auf der Speisekarte steht, ist die *Garbure,* eine Art Eintopf, der verschiedene Gemüsesorten sowie Fleisch enthält. Bekannte Spezialitäten sind außerdem *Foie gras* (Geflügelleberpastete) und *Poule au Pot* (Hühnchen, unter anderem mit Schinken und Ei zubereitet). Und nicht zuletzt sollte man unbedingt den köstlichen *Fromage de brebis* (Schafskäse) probieren.

- ***Ariège:*** Wie es sich für eine Region gehört, die von der Landwirtschaft geprägt wird, erweist sich die Küche des Ariège als sehr ***deftig:*** Fleisch und Gemüse sind die dominierenden Ingredienzen der meisten Gerichte. Sehr eindrucksvoll demonstriert dies *Azinat,* ein Gericht, das unter anderem aus Huhn, Wurst, Schinken, Kartoffeln und Kohl besteht. Nicht minder lecker ist auch *La Mounjetado,* ein Bohneneintopf mit Geflügel, Wurst und Schinkenspeck.

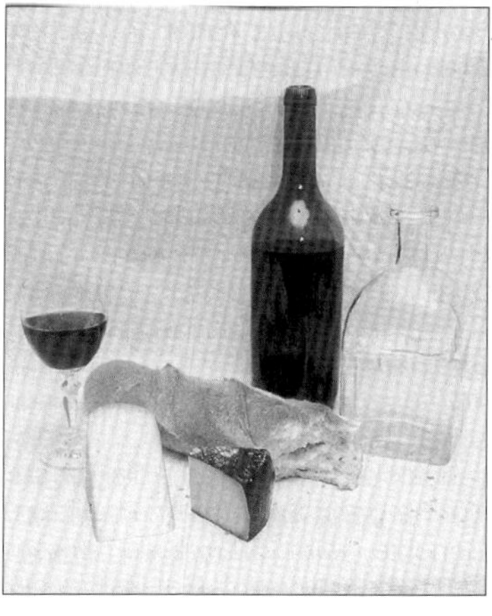

- ***Mittelmeerraum:*** Zu den Delikatessen in den Pyrénées Orientales zählen gleichermaßen mediterrane ***Fischgerichte*** wie *Bullinada,* ein Fischeintopf mit Kartoffeln, und die ***ländlich-rustikale*** Speise *Escudella,* die unter anderem aus Hammelfleisch, Schinken, Karotten, Kartoffeln und Porree besteht. Außerdem gehören zu den Leckerbissen frische ***Pilze,*** die in den Wäldern des Inlandes prächtig gedeihen.

Getränke

Zu den Mahlzeiten trinken die meisten Franzosen ***Wasser*** und ***Wein,*** der als *un quart* (Viertelliter), *un demi-litre* (halber Liter) oder als *carafe* (ein Liter) bestellt werden kann. Preiswert ist normalerweise der *vin de table,* ein einfacher Tropfen, der aber durchaus akzeptabel schmeckt. In Anbaugebieten steht der regionale Wein als *vin du pays* auf der Karte.

Vor dem Essen erfreut sich der ***Apéritif,*** zum Beispiel ein Pastis, großer Beliebtheit.

Spanien

Gastronomie

Auch in Spanien reicht die Palette der ***Restaurants*** vom besseren Schnellimbiss bis zum Gourmet-Tempel. Oftmals ist von außen nur schwer ersichtlich, um welche Kategorie es sich handelt - ein Blick auf die Speisekarte gibt aber rasch Auskunft. Die Zeiten, als Spanien zu den billigsten Urlaubsländern zählte, sind auch in punkto Essen lange vorbei. Wenngleich man außerhalb der touristischen Zentren durchaus noch gute und zugleich preiswerte Lokale finden kann, werden für raffinierte Speisen in den Küstenorten heute gesalzene Preise verlangt. Als Alternative zu den guten, aber teuren Adressen reihen sich in den Urlauberhochburgen mittlerweile zahllose ***Billigrestaurants*** aneinander, in denen fast immer einheitliche Speisen - abgebildet auf farbigen Fotos vor dem Restaurant - kredenzt werden: Pommes mit Würstchen und Bohnen, Pommes mit Hähnchen und Tomaten, Pommes mit Hamburger und Ei etc. Tatsächlich speist man besser im Inland, wo anstelle dieses „Einheitsbreis" regionale Spezialitäten auf der Speisekarte stehen. In den meisten Restaurants ist eine ***Steuer*** von sieben Prozent in den Preisen noch nicht enthalten und wird zusätzlich berechnet.

Der Begriff ***Bar*** besitzt in Spanien ebenfalls eine andere Bedeutung als in Deutschland: Hierbei handelt es sich um ganz normale Kneipen, in denen man sich zum Plausch beim Wein oder Bier trifft und eventuell einen Snack zu sich nimmt. ***Bodegas*** sind einfache Lokale, in denen vor allem Wein ausgeschenkt wird.

Trinkgeld gilt in Spanien nicht als Pflicht, die zu bezahlende Summe sollte aber aufgerundet werden.

Mahlzeiten

Zumindest in den Essgewohnheiten haben Spanier und Franzosen einiges gemein. Das ***Frühstück*** *(desayuno)* besitzt auch in Spanien keinen allzu hohen Stellenwert: Etwas Toast, ein wenig Marmelade, Kaffee oder Tee - das war's. Da das Frühstück im Hotelpreis ohnehin nur selten inbegriffen ist, nimmt man die morgendliche Mahlzeit besser in einer Bar zu sich, wo die Portionen opulenter ausfallen.

Anders sieht es da beim ***Mittagessen*** *(comida)* aus, das für mitteleuropäische Verhältnisse ungewöhnlich spät, nämlich zwischen 13.30 und 16 Uhr, zu sich genommen wird. Mehrere Gänge sind normal, die günstigste Variante stellt das *menú del día* ***(Tagesmenü)*** dar, das man inklusive Wein vielfach schon für 6 € bekommt.

Da sich das Mittagessen bis in den Nachmittag hineinziehen kann, speisen die Spanier verständlicherweise auch abends auffallend spät: Vor 21 Uhr sitzt kaum jemand beim ***Abendessen*** *(cena);* dass im Restaurant bis Mitternacht gegessen wird, ist keine Seltenheit.

Um dem kleinen Hunger zwischen den eigentlichen Mahlzeiten entgegenzuwirken, werden in allen Bars ***Tapas*** angeboten: Diese kleinen Appetithäppchen sind mehr als nur ein gewöhnlicher Snack, sie sind geradezu genial! Viele Bars haben in Sachen Tapas echte Gaumenfreuden kreiert: Pastetchen, Mini-Spieße oder Garnelen - unbedingt probieren!

Außerdem gibt es in vielen Bars für wenig Geld ***Bocadillos,*** baguetteähnliche Weißbrote, belegt u.a. mit Schinken, Tortilla, Braten oder Käse.

Spezialitäten

- ***Guipúzcoa:*** Die kleinste aller spanischen Provinzen genießt unter Feinschmeckern den Ruf, die ***beste Küche ganz Spaniens*** zu besitzen. Gerichte wie *Marmitako* (Fisch, Meeresfrüchte und Gemüse) oder

Merluza (Hecht) in grüner Soße lassen jeden Gourmet mit der Zunge schnalzen. San Sebastián gilt dabei als kulinarische Hauptstadt der Gegend, allein die ***Tapas,*** die hier Pintxos genannt werden, lohnen einen Abstecher. In einfacheren Lokalen fällt das Essen rustikaler, aber nicht minder lecker aus. Zum Essen trinkt der traditionsbewusste Baske hier *Chacoli,* einen leicht säuerlichen Weißwein, der etwa 30 km westlich von San Sebastián angebaut wird.

- ***Navarra:*** Zwar ist es nur ein Katzensprung bis zur Küste, doch die Delikatessen Navarras kommen vornehmlich nicht aus dem Meer. Statt dessen genießt man hier *Calderete* (Eintopf aus Fleisch, Kartoffeln und Gemüse) oder *Trucha a la Navarra* (Forelle mit Schinken). Berühmt sind zudem die Gemüsegerichte sowie der Schafskäse aus dem Valle de Roncal.
- ***Aragon:*** In der nur dünn besiedelten Gegend werden in erster Linie die landwirtschaftlichen Produkte der Region in der Küche verarbeitet. Empfehlenswert ist der *Ensalada Aragon* (Salat mit Tomaten, Zwiebeln, Oliven und manchmal auch Ei oder Schinken) sowie die *Sopa Roya,* eine Gemüsesuppe mit einer speziellen Wurst *(Chorizo).*

Tapas

- ***Katalonien:*** Die katalanische Küche ist vielleicht die vielfältigste in den Pyrenäen. Zu den hiesigen Delikatessen zählen sowohl die Gaben des Meeres als auch die Produkte vom Bauernhof. Aus den Bergen im Landesinneren stammen Gerichte wie *Escudella* (Fleisch und Wurst), *Estofat* (Fleisch, Gemüse, Bohnen) sowie Bachforellen in allen Variationen. An der Küste versteht man sich besonders darauf, Sardinen und Mischgerichte mit ***Fisch*** zuzubereiten. Etwas seltsam mag vielen Urlaubern *Arroz negro* anmuten, mit der Tinte des Tintenfischs gefärbter Reis. Das Dessert *Crema Catalá* ist weit über die Grenzen Kataloniens hinaus bekannt.

Getränke

Wein gehört in Spanien einfach zum Essen und fehlt normalerweise bei keiner Mahlzeit. Egal, ob *tinto* (rot), *rosado* (rosé) oder *blanco* (weiß) - der einfache und preiswerte Hauswein *(vino de la casa)* schmeckt in den meisten Restaurants recht ordentlich.

Feste und Feiertage

Wenn man jedes Fest in den Pyrenäen miterleben wollte - Monate der Ruhelosigkeit ständen bevor. In jedem Ort geht es mindestens einmal im Jahr hoch her, häufiger finden jedoch mehrere ***Fiestas*** oder ***Fêtes*** statt, wie die Feiern in Spanien und in Frankreich genannt werden. Ob aus traditionellen oder religiösen Gründen, ob bei Pferde- oder Pilzmärkten, ob bei Tanzfestivals oder sportlichen Wettkämpfen: Immer spielen Musik,

Wein und jede Menge gute Laune eine gewichtige Rolle. Zudem stellen historische Trachten, bunte Prozessionen und faszinierendes Feuerwerk bei vielen Veranstaltungen einen echten Augenschmaus dar. Kein Pyrenäen-Urlauber sollte die Heimreise antreten, ohne eines der oftmals vor Fröhlichkeit überschäumenden Feste miterlebt zu haben.

Die wichtigsten Feste in den Pyrenäen

Februar

Den Auftakt macht der ***Karneval,*** wobei das ***Bärenfest*** in ***Prats-de-Mollo*** zweifellos als größte Attraktion sämtlicher Veranstaltungen anzusehen ist.

Ostern

Am Karfreitag gibt es mehrere ***Prozessionen*** im Roussillon, von denen die ***Procession de la Sanch*** in ***Perpignan*** zu überregionaler Berühmtheit gelangte.

Juni

Ab Juni reiht sich schließlich ein Höhepunkt an den anderen. Ein Erlebnis für sich ist zu Fronleichnam die von Umzügen und Flammenspielen begleitete ***Festa de Patum*** in ***Berga,*** die drei Tage andauert und zu den bedeutendsten Feiern Kataloniens zählt.

Eine heiße Angelegenheit sind auch die ***„Son et lumiere"-Shows*** und das ***Feuerwerk,*** mit denen ***in***

Pamplona - Einheimische Kapellen sorgen für Musik rund um die Uhr

Montsegur an die Katharer erinnert wird.

Feuer zum dritten: In der Nacht auf den 24. Juni wird an vielen Orten Kataloniens das ***Johannisfeuer*** entzündet und zu Tal getragen - besonders ***rund um den Canigou*** absolut sehenswert!

Juli

Die berühmteste Fiesta der Pyrenäen und zugleich eines der populärsten Feste der Welt findet vom 6.-14. Juli in ***Pamplona*** statt: Zu Ehren des heiligen ***San Fermín*** laufen die Stiere durch die Straßen, wird neun Tage lang gesungen, getanzt und getrunken. Hunderttausende feiern alljährlich mit.

Liebhaber historischer Szenerien sollten im Juli nach ***Foix*** reisen, um dem ***mittelalterlichen Fest*** beizuwohnen, mit dem man *Gaston Febus* gedenkt.

Ein Abstecher lohnt auch ins ***Roncal-Tal:*** Dort übergeben die Bewohner des französischen Barétous-Tales beim ***Tributo de las Vacas*** seit 1375 alljährlich am 13. Juli drei Kühe an ihre spanischen Nachbarn, um so die Weiden auf der anderen Seite der Grenze mitbenutzen zu dürfen.

Ein weiteres Spektakel ereignet sich Ende Juli im ***Cirque de Gavarnie,*** wenn in dem imposanten Bergkessel beinahe ebenso beeindruckende ***Theatervorführungen*** stattfinden.

Freunde der Klassik kommen hingegen in ***Prades*** auf ihre Kosten, wo zahlreiche renommierte Künstler beim ***Pablo-Casals-Musikfestival*** zu sehen und zu hören sind.

August/September

Anfang August findet ***Bayonne*** für mehrere Tage keine Ruhe: Bei den ausgelassenen ***Fêtes de Bayonne*** ist nicht nur die gesamte Stadt auf den Beinen.

Ungezählte weitere Festivitäten, unter anderem ***die traditionellen Spiele*** überall im Baskenland, der ***Tanz der Sardana*** in Katalonien oder die Aufführungen des ***Bauerntanzes Jota*** in den aragonischen Pyrenäen runden den Sommer ab.

Wenn im September die große Zeit der Feste langsam ihrem Ende entgegengeht, spielen altertümlich gekleidete Einwohner der Stadt ***Ainsa*** bei der Feier ***La Morisma*** geschichtliche Szenen nach.

Herbst

Auch die Erntezeit im Herbst bietet noch genügend Anlässe zu feiern: So finden ***im Roussillon Wein- und Apfelfeste,*** im baskischen ***Espelette*** Ende Oktober ein ***Peperoni-Fest*** statt.

Gesetzliche Feiertage

Frankreich

- 1. Januar: *Jour de l'An* (Neujahr)
- 1. Mai: *Fête du Travail* (Tag der Arbeit)
- 8. Mai: *Armistice* (Waffenstillstand 1945)
- 14. Juli: *Fête Nationale* (Nationalfeiertag, Sturm auf die Bastille 1789)
- 15. August: *Assomption* (Mariä Himmelfahrt)
- 1. November: *Toussaint* (Allerheiligen)
- 11. November: *Armistice* (Waffenstillstand 1918)
- 25. Dezember: *Noël* (Weihnachten)

Bewegliche Feiertage

- *Lundi de Pâques* (Ostermontag)
- *Ascension* (Christi Himmelfahrt)
- *Lundi de Pentecôte* (Pfingstmontag)

Spanien

- 1. Januar: *Año Nuevo* (Neujahr)
- 6. Januar: *Reyes Magos* (Heilige drei Könige)
- 19. März: *San José* (Sankt Josef)
- 1. Mai: *Día del Trabajo* (Tag der Arbeit)
- 24. Juni: *San Juan* (Johannisfest)
- 29. Juni: *San Pedro y San Pablo* (Peter und Paul)
- 25. Juli: *Santiago* (Jakobstag)
- 15. August: *Asunción* (Mariä Himmelfahrt)
- 12. Oktober: *Día de la Hispanidad* (Tag der Entdeckung Amerikas)
- 1. November: *Todos los Santos* (Allerheiligen)
- 8. Dezember: *Inmaculada Concepción* (Mariä Empfängnis)
- 25. Dezember: *Navidad* (Weihnachten)

Bewegliche Feiertage
- *Viernes Santo* (Karfreitag)
- *Corpus Christi* (Fronleichnam)

Foto

Filmmaterial und Batterien

Für jeden, der im Urlaub Fotos schießen möchte, gilt das Motto: Lieber zu Hause einen Film zuviel als zuwenig einstecken! Das komplette ***Filmmaterial*** ist sowohl in Frankreich als auch in Spanien ***erheblich teurer*** als in Deutschland; besonders für Diafilme werden oft horrende Preise verlangt.

Auch mit ***Ersatzbatterien*** sollte man sich vorsichtshalber vor der Reise eindecken. In einem kleinen Pyrenäenort ohne spezielles Fotogeschäft den passenden Batterietyp zu finden, dürfte eventuell problematisch werden.

Kamera und Zubehör

Einfache Kompaktkamera

Welche Kamera sich am besten eignet, hängt in erster Linie natürlich davon ab, mit welcher Erwartungshaltung man das Abenteuer „Fotografie" angeht. Für „ganz normale" Urlaubsfotos, auf denen vor allem die Familie zu sehen ist, genügt sicherlich eine einfache Kompaktkamera mit eingebautem Blitzlicht.

Spiegelreflexkamera

Für Landschaftsaufnahmen und Tierfotos mit guter Qualität benötigt man in der Regel jedoch eine Spiegelreflexkamera, die die Benutzung von ***Weitwinkel-*** oder ***Teleobjektiven*** ermöglicht. Es ist allerdings nicht jedermanns Sache, eine schwere und teure Kamera mit Objektiven und womöglich noch Stativ durch die Berge zu schleppen! Zum Schutz der empfindlichen Linsenoberfläche vor Kratzern ist die Verwendung eines ***Skylightfilters*** empfehlenswert. Gleichzeitig wird dadurch der gerade in größeren Höhen deutliche Blaustich gemildert. Die Verwendung eines ***Polfilters*** verstärkt das Himmelsblau und vermindert Reflexe, z.B. auf Blättern oder Wasser, was zur Verbesserung der Farbsättigung führt. Für Dämmerungs- und Nachtaufnahmen oder bei Verwendung von Teleobjektiven ist die Benutzung eines ***Stativs*** empfehlenswert.

Kompaktkameras mit Zoomoptik

Einen guten Kompromiss zwischen dem niedrigen Gewicht und Preis der Kompaktkameras einerseits sowie der Flexibilität und guten optischen Qualität der Spiegelreflexkameras andererseits bilden hier sicherlich die modernen Kompaktkameras mit eingebauter Zoomoptik. Zu bedenken ist aber, dass sie generell recht lichtschwache Objektive haben. Gerade die oftmals schönen Lichtstimmungen am Abend oder frühen Morgen lassen sich dann nur noch festhalten, wenn einerseits die Kamera längere Belichtungszeiten ermöglicht, andererseits ein kleines ***Stativ*** benutzt wird, das Verwacklungen verhindert.

Digitalkameras

Die modernste Art der Fotografie befindet sich immer mehr auf dem Vormarsch – und das hat seine Gründe. So entfällt der Kauf von Filmen völlig, da die Aufnahmen auf einer in der Kamera befindlichen Chipkarte gespeichert und die Bilder später am Computer bearbeitet und ausgedruckt werden. Den Vorteilen stehen allerdings auch einige Nachteile gegenüber: Das Auswechseln von Objektiven, bei fast allen herkömmlichen Spiegelreflexkameras üblich, ist nur bei wenigen, momentan noch sehr teuren digitalen Geräten möglich. Außerdem sind Digitalkameras relativ empfindlich; wer eine längere Bergtour plant, sollte sich überlegen, ob er dem kostspieligen High-Tech-Apparat nicht zuviel zumutet.

Buchtipps

- **Reisefotografie,** Helmut Herrmann
- **Reisefotografie digital,** Volker Heinrich

beide Bände Reise Know-How Praxis

Geld

Frankreich

Der Franc, Jahrhunderte lang die Währung in Frankreich, gehört seit dem 1. Januar 2002 der Geschichte an – auch zwischen Atlantik und Mittelmeer wird nun mit ***Euro*** (franz. ausgesprochen: öro) bezahlt.

Die französischen ***Banken*** öffnen ihre Pforten montags bis freitags von 9 bis 12 Uhr und von 14 bis 16 Uhr, allerdings tauschen nicht alle Geldinstitute auch Fremdwährungen ein. Fast immer muss beim ***Geldwechsel*** der Personalausweis oder Pass vorgezeigt werden.

Geldautomaten befinden sich auch in Frankreich auf dem Vormarsch: Die meisten Banken und viele Supermärkte verfügen heute über eine solche Einrichtung, an der man mit den ***Scheckkarten*** der gängigen Banken Geld bekommt.

Am günstigsten ist es, wenn die Reisekasse vornehmlich aus ***Traveller-Cheques*** besteht, die fast überall eingetauscht werden und außerdem bei Verlust ersetzt werden.

Wer eine der gängigen ***Kreditkarten*** sein eigen nennt, dürfte ebenfalls auf keinerlei Schwierigkeiten stoßen: Das „Plastikgeld" erfreut sich in Frankreich großer Beliebtheit und wird von den meisten Banken und Geldautomaten sowie von einem Großteil der Hotels, Restaurants und Geschäfte akzeptiert.

Inhaber eines ***Postsparbuches*** können in vielen Postämtern Geld von ihrem Konto abheben. Benötigt wird neben der blauen Ausweiskarte der

Personalausweis oder der Reisepass. Größere Postämter tauschen zudem auch fremde Währungen ein.

Preisniveau

Das Preisniveau in Frankreich unterscheidet sich nicht großartig von dem in Deutschland. Während einige ***Lebensmittel*** wie Konserven und Schokolade teurer sind, bezahlt man beispielsweise für Obst (auf dem Markt) meist weniger als in der Heimat. Einfache ***Hotels*** sind - zumindest in ländlichen Gegenden - preiswerter als in Deutschland. Für alkoholfreie Getränke und Bier muss man in französischen Bars und Cafés tiefer in die Tasche greifen als zu Hause, Wein ist hingegen traditionell recht preisgünstig. Viele Restaurants mögen auf den ersten Blick teuer erscheinen; bei einem Menü, zu dem oft auch Wein und Brot gehören, ist der Preis aber meist gerechtfertigt.

In beinahe allen Museen und bei vielen Freizeitaktivitäten erhalten Kinder sowie Schüler und Studenten mit internationalem Ausweis erhebliche ***Vergünstigungen.*** Allerdings sind die Preise in französischen Museen und Ausstellungen auch recht saftig.

Spanien

Spanien gehört ebenfalls der EU an, so dass auch auf der Iberischen Halbinsel mit dem Euro (span. ausgesprochen: e-uro) bezahlt wird.

Die ***Banken*** sind montags bis freitags nur von 8.30 bis 14 Uhr, dafür zusätzlich aber auch an Samstagen von 8.30 bis 13 Uhr geöffnet. Beinahe jedes Kreditinstitut besitzt einen ***Geldautomaten,*** der fast immer auch deutsche Scheckkarten akzeptiert.

Wie für Frankreich gilt auch für Spanien: ***Traveller-Cheques*** stellen die beste - weil sicherste - Form der Reisekasse dar und werden in so gut wie jeder Bank angenommen.

Banken sowie viele Hotels, Restaurants und Geschäfte akzeptieren die gängigen ***Kreditkarten.*** Mit dem ***Postsparbuch*** kann man - außer an Sonntagen sowie den Samstagen zwischen Juni und August - in der Postsparkasse *(Caja Postal)* Bargeld abheben.

Preisniveau

Die Zeiten, als Spanien für mitteleuropäische Urlauber ein äußerst preisgünstiges Reiseland war, sind vorbei. Dennoch lebt es sich hier günstiger als beispielsweise in Frankreich, besonders landwirtschaftliche Produkte sind oft recht preiswert. In einfachen ***Restaurants*** kann man gut speisen, ohne dass die Reisekasse dabei arg strapaziert wird, die Besitzer von Gourmet-Tempeln wissen aber längst, was sie für erlesene Speisen verlangen können. Ähnlich verhält es sich mit ***Hotels:*** Schlichte Unterkünfte sind vergleichsweise günstig, während Nobelhotels ihre Gäste zwar ordentlich zur Kasse bitten, aber dennoch günstiger als in Deutschland sind.

Gesundheit

Die medizinische Versorgung in Frankreich und Spanien ist gut, das Netz an Ärzten, Krankenhäusern und

Apotheken dicht. Beide Länder sind dem EU-Abkommen über soziale Sicherheit beigetreten, was bedeutet, dass man grundsätzlich auch dort den Schutz der gesetzlichen Krankenkasse in Anspruch nehmen kann. Private Versicherungen beinhalten die Auslandsversicherung im allgemeinen sowieso. Kassenpatienten müssen einen ***Auslandskrankenschein*** (E111) mitnehmen. Es gibt jedoch auch Ärzte, die den Krankenschein nicht akzeptieren und nur privat abrechnen. Genauere Informationen sowie Adressen enthalten Merkblätter zu Urlaubsaufenthalten im Ausland, die man kostenlos bei allen gesetzlichen Krankenkassen erhält.

Deshalb, und weil die gesetzlichen Krankenkassen nur Kosten in Höhe der deutschen Sätze übernehmen, empfiehlt sich der Abschluss einer ***Auslandskrankenversicherung.***

Günstige Anbieter gewähren schon für rund 10 € einen Jahresschutz, selbst bei mehrmaligen wochenlangen Reisen. Beim Studium des Kleingedruckten sollte man allerdings darauf achten, ob auch bei krankheitsbedingt länger als geplantem Aufenthalt der Versicherungsschutz bestehenbleibt.

Handelt es sich bei der Erkrankung nur um leichtere Beschwerden, kann man eine ***Apotheke*** aufsuchen, in der – besonders in Spanien – vielfach auch Medikamente verkauft werden, die in Deutschland ausschließlich auf Rezept erhältlich sind.

Die ***Adressen*** von niedergelassenen Ärzten, Krankenhäusern und Apotheken erfragt man am besten in der Touristeninformation, auf dem Campingplatz oder im Hotel.

Frankreich

Bei einem ***Arztbesuch*** muss man direkt in bar bezahlen, der Arzt *(médecin)* oder das Krankenhaus *(hôpital)* stellt eine Bescheinigung bzw. Rechnung aus. Diese Bescheinigung sollte detailliert sein und die Diagnose sowie auch die Behandlungsmaßnahmen beinhalten, auch die Rechnung sollte alle Leistungen detailliert aufführen. Keine Angst vor dieser ***Vorauskasse,*** die Rechnungen der französischen Ärzte sind bei weitem nicht so hoch wie die der deutschen. Die Bescheinigung des Arztes muss man bei der gesetzlichen Krankenkasse am Aufenthaltsort zusammen mit dem Schein E 111 einreichen, die angefallenen Kosten werden dann entweder an Ort und Stelle ersetzt oder an die Heimatanschrift überwiesen.

Unter der Nummer von ***S.O.S. Médecin*** erreicht man zu jeder Tages- und Nachtzeit einen Arzt, die Rufnummer findet man am Anfang der örtlichen Telefonbücher. Weitere ***Telefonnummern im Notfall:*** siehe unter Sicherheit.

Apotheken *(pharmacie)* sind an einem grünen Kreuz leicht erkennbar. Auch ihre Quittungen müssen aufbewahrt und eingereicht werden.

Spanien

Vor einem Arztbesuch in Spanien muss man sich – sofern es die Erkrankung zulässt – bei einer Provinzialdirektion des Staatlichen Gesundheitsamtes *(INSALUD)* gegen Vorlage des Scheines E 111 einen Krankenschein aushändigen lassen. Damit kann man dann einen Mediziner aufsuchen, der diesen Krankenschein akzeptiert. Genauere Informationen sowie Adressen enthalten Merkblätter zu Urlaubsaufenthalten im Ausland, die man kostenlos bei allen gesetzlichen Krankenkassen erhält.

Information

Frankreich

Information in Deutschland

Schon vor der Reise kann man sich bei den französischen Fremdenverkehrsämtern in Deutschland über die Pyrenäen informieren. Informationsmaterial dagegen sollte man telefonisch unter der dafür vorgesehenen Nummer bestellen.

- ***Französisches Fremdenverkehrsamt***
  Westendstraße 47
  60325 Frankfurt
  Tel. 0190/570025, Fax 0190/599061

Information in Österreich

- ***Französisches Fremdenverkehrsamt***
  Argentinierstr. 41a
  1040 Wien
  Tel. 01/5032890, Fax 01/5032871

Information in der Schweiz

- ***Französisches Fremdenverkehrsamt***
  Löwenstraße 59
  8023 Zürich
  Tel. 01/2113085, Fax 01/2121644

Information vor Ort

Erheblich detailliertere Infos erhält man vor Ort beim ***Office de Tourisme*** oder dem ***Syndicat d'Initiative,*** die es in beinahe jeder etwas größeren Gemeinde der französischen Pyrenäen gibt (s. Reiseteil).

Hier bekommt man - oft kostenlos - Prospekte, Broschüren und Karten über die Region, die Stadt, die bedeutendsten Sehenswürdigkeiten und die schönsten Wanderstrecken. Die Angestellten beraten den Urlauber zudem bei der Suche nach einem Hotel oder Campingplatz und bemühen sich, auch weitergehende Fragen zu beantworten. Während in den Urlauberhochburgen an der Küste und in den größeren Städten meist jemand Englisch oder sogar Deutsch spricht, gestaltet sich die Verständigung abseits der gängigen Reiserouten manchmal problematischer: In einigen Auskunftsstellen wird nur Französisch gesprochen. Hier muss der Besucher entweder seine Französischkenntnisse zusammenkratzen oder sich mit Kauderwelsch verständigen.

Die Öffnungszeiten der Informationsstellen richten sich nach der Saison und der touristischen Bedeutung des Ortes. In manchen kleineren Gemeinden ist das *Office de Tourisme* nur in den Sommermonaten besetzt.

Spanien

Information in Deutschland

- ***Spanisches Fremdenverkehrsamt***
  Myliusstraße 14
  60323 Frankfurt
  Tel. 069/725033, Fax 725313
- ***Spanisches Fremdenverkehrsamt***
  Kurfürstendamm 180
  10707 Berlin
  Tel. 030/8826543, Fax 8826661
- ***Spanisches Fremdenverkehrsamt***
  Grafenberger Allee 100
  40237 Düsseldorf
  Tel. 0211/68039-80 oder -81,
  Fax 68039-85 oder -86

• Spanisches Fremdenverkehrsamt
Postfach 151940
80051 München
Tel. 089/5307460, Fax 5328680

Information in Österreich

• Spanisches Fremdenverkehrsamt
Walfischgasse 8, Tür 14
1010 Wien 1
Tel. 01/5129580, Fax 5129581

Information in der Schweiz

• Spanisches Fremdenverkehrsamt
Seefeldstr. 19
8008 Zürich
Tel. 01/2525930, Fax 2526204

Information vor Ort

Wie in Frankreich, so gibt es auch in fast allen touristisch interessanten spanischen Pyrenäenorten eine ***Informationsstelle (Oficina de Turísmo).*** Zumeist sind die Angestellten sehr hilfsbereit und sprechen Englisch, in den Küstenorten manchmal auch Deutsch. Die Öffnungszeiten hängen stark von der Jahreszeit und dem Besucherandrang ab: So sind die Informationsbüros in Skiorten nur im Winter, in anderen Städten hingegen nur im Sommer geöffnet.

Kartenmaterial

Straßenkarten

• Einen sehr guten Überblick über die gesamte Region bietet die 2002 im ***Reise Know-How Verlag*** erschienene Landkarte ***Pyrenäen mit Andorra.*** Die beidseitig bedruckte Karte im Maßstab 1:250.000 ist auf dem neuesten Stand und für die spanischen Pyrenäen die wohl zur Zeit beste Straßenkarte. In dem ausführlichen Register sind die in dem vorliegenden Buch beschriebenen Orte rot hervorgehoben. Das eingezeichnete UTM Gitter macht die Karte GPS tauglich und die exakten Höhenschichten vermitteln einen guten Eindruck von dem Gelände.

• Die besten Karten für den französischen Teil der Pyrenäen kommen von Michelin. Die ***Michelin-Karten Nr. 85*** (westlicher Teil der französischen Pyrenäen) und ***Nr. 86*** (östlicher Teil der französischen Pyrenäen) - erhältlich in vielen französischen Buchläden, Tankstellen und Supermärkten - stellen in den Punkten Genauigkeit und Robustheit die gesamte Konkurrenz in den Schatten. Die Werke im Maßstab 1:200.000 zeigen sämtliche Straßen, Wege und Orte und sind zudem sehr gut zu handhaben. Sehr zu empfehlen für alle, die nur den französischen Teil bereisen wollen!

• Die Anschlusskarten für die spanischen Pyrenäen, ***Michelin Nr. 442*** (Atlantikküste bis Pamplona) und ***Michelin Nr. 443*** (Pamplona bis Mittelmeerküste), sind leider nur im Maßstab 1:400.000 zu bekommen.

• Nur in Frankreich oder Spanien ist die Straßenkarte ***Pirineos T-33*** von *Firestone* erhältlich. Auf den ersten Blick scheint die doppelseitig bedruckte Karte im Maßstab 1:200.000 die beste Möglichkeit der Orientierung zu bieten: Der Maßstab ist genauer als bei den Exemplaren der Konkurrenz, Straßen aller Größenordnungen sind genauso eingezeichnet wie Sehenswürdigkeiten, einige Wanderwege und landschaftlich lohnende Strecken. Zudem gestaltet sich die Handhabung als relativ unkompliziert. Leider weist diese Karte eine ganze Reihe von kleineren Fehlern auf. Ein weiteres Manko: Nach mehrtägiger, intensiver Benutzung beginnt das gute Stück an allen Ecken und Enden einzureißen.

- In vielen Buchläden der französischen Pyrenäen und vereinzelt auch in Spanien ist die Karte ***Pyrénées*** der Serie *Rando éditions* erhältlich, die vom *Institut Géographique National (IGN)* herausgegeben wird. Als positive Aspekte erweisen sich die einfache Handhabung sowie die farblich klare Markierung der Höhenunterschiede. Wegen des Maßstabes von 1:400.000 sind kleinere Dörfer und Wege nicht immer eingezeichnet.

Wanderkarten

- Für Wanderungen auf der französischen Seite der Pyrenäen empfehlen sich die Karten des ***Institut Géographique National (IGN)*** im Maßstab 1:25.000, erhältlich in Buch- und Zeitschriftenläden der jeweiligen Region. Selbst kleinste Wege, Bäche und Erhebungen sind - meist sogar mit ihrem Namen - eingezeichnet.
- Etwas weniger genau sind die Karten des ***Editions Randonées Pyrénées*** im Maßstab 1:50.000, die aber dennoch beinahe alle Wege aufzeigen. Insgesamt elf Karten dieser Serie decken die französischen Pyrenäen vom Atlantik bis zum Mittelmeer ab.

Selbstverständlich sind sowohl bei den *IGN*-Karten als auch bei den Exemplaren des *Editions Randonées Pyrénées* sämtliche *Gites d'Etape* und *Refuges* markiert.

- In den spanischen Pyrenäen haben sich die Karten von ***Editorial Alpina*** durchgesetzt, die es für alle gängigen Wandergebiete, meist im Maßstab 1:25.000, gibt. Zu der Karte gehört immer auch ein kleines Büchlein, das - allerdings ausschließlich in spanischer Sprache - das jeweilige Gebiet beschreibt und einige Wandertipps parat hält.

Buchtipp

- **Richtig Kartenlesen,**
  Wolfram Schwieder
  Reise Know-How Praxis

Kinder

Die Pyrenäen stellen ein optimales Reiseziel für Familien mit Kindern dar, da zahllose Freizeitmöglichkeiten Eltern und Nachwuchs gleichermaßen zusagen und beiden Generationen einen ausgefüllten und interessanten Urlaub garantieren. In erster Linie beziehen sich die Angebote auf die Natur, so dass Kinder auf ansprechende Art und Weise die Tier- und Pflanzenwelt des Gebirges kennenlernen. Wanderungen in der Bergwelt - insbesondere in den Nationalparks - und erholsame Tage an den Stränden der Mittelmeer- oder Atlantikküste sorgen beim Nachwuchs für Begeisterung und runden einen erlebnisreichen Pyrenäenurlaub ab.

Frankreich

In Frankreich lohnt sich beispielsweise ein Besuch des sehenswerten ***Aquariums*** von Biarritz, der *Falaise aux Vautours* bei Aste-Béon, wo brütende ***Gänsegeier*** in einer Steilwand beobachtet werden können, oder der ***Adlerwarte*** in dem Dorf Beaucens nahe Pierrefitte-Nestalas. Eine bleibende Erinnerung bildet auch der Besuch einer ***Höhle,*** von denen eine große Anzahl für Besichtigungen zur Verfügung steht. Auf der französischen Seite des Gebirges sind das unter anderem die Tropfsteinhöhlen von Isturitz und Oxocelhaya nahe Hasparren, die Grotte de Gargas bei Saint-Bertrand de Comminges und die berühmten Höhlen rund um Tarascon-sur-Ariège. Als besonderes Vergnügen - nicht nur für Kinder - erweist sich der Besuch des Rivière Souterraine de Labouiche nahe Foix, wo ein ***unterirdischer Fluss*** auf einer Bootsfahrt erkundet wird.

Genauso fesselnd wie ein Ausflug in die „Unterwelt" kann aber auch eine Exkursion zu den Gipfeln der Pyrenäen sein: Mehrere ***Bähnchen*** kutschieren die Fahrgäste durch schwindelnde Höhen hinauf ins Gebirge. So kann man in offenen Holzwaggons die Rhune - den symbolträchtigen Berg des Baskenlandes - bezwingen, den Ausblick aus dem *Petit Train d'Artouste* genießen, der seine erlebnisreiche Fahrt nahe Gabas beginnt, oder von Villefranche-de-Conflent aus zu einer Tour mit dem *Petit Train Jaune* starten - bei gutem Wetter ohne Dach!

Und nicht zuletzt gibt es da noch ***Goldwäscherkurse*** in Saint-Girons, die abenteuerlich anmutenden ***Burgen*** Peyrepertuse und Quéribus, das ***Aquarium*** sowie das ***Spielzeugmuseum*** in Canet, das ***Erlebnisbad Aquacity*** in der Nähe von Saint-Cyprien ...

Spanien

Wenngleich die Angebote im spanischen Teil der Pyrenäen aufgrund der dünneren Besiedlung etwas spärlicher ausfallen, kommt auch hier keine Langeweile auf. In San Sebastián können der ***Vergnügungspark*** auf dem Monte Igueldo und das ***Aquarium*** besichtigt werden, während Kinder im ***Parc Natural Señorío de Bértiz,*** der sich an der Straße zwi-

Früh übt sich ...

schen Hendaye und Pamplona befindet, auf spielerische Weise mit der Tierwelt bekannt gemacht werden. Die ***Tropfsteinhöhlen*** im Baztán-Tal sind sicherlich ebenso sehenswert wie die Foz de Arbayun nordöstlich von Lumbier, wo riesige ***Gänsegeier*** und andere Greifvögel aus nächster Nähe zu sehen sind. Als Erlebnis erweist sich auch eine Fahrt mit der ***Zahnradbahn,*** die das Bergdorf Núria mit den Orten Ribes de Freser und Queralbs verbindet. Und im Naturpark Aiguamolls de l'Empordà südlich von Roses können schließlich verschiedenste ***Vogelarten*** aus einem Versteck heraus mit dem Fernglas betrachtet werden.

Öffnungszeiten

Frankreich

Im Vergleich zu Deutschland sind die ***Ladenschlusszeiten*** in Frankreich bei weitem nicht so stark reglementiert. Normalerweise öffnen Geschäfte um 9 Uhr oder um 9.30 Uhr, schließen während der Mittagspause zwischen 12 und 14 Uhr und bleiben danach bis 18.30 oder 19 Uhr geöffnet. Zahlreiche Ausnahmen bestätigen jedoch die Regel: Einige Läden verlängern die Mittagspause bis 15 Uhr, in manchen Hypermärkten kann man hingegen durchgehend bis 21 Uhr einkaufen. Nicht selten findet man aber auch nach 19 Uhr noch geöffnete Einzelhandelsgeschäfte, manche stehen dem Kunden sogar am Sonntag zur Verfügung. Dafür legen viele Ladeninhaber am Montag einen freien Tag ein.

Beinahe alle ***Museen*** bleiben dienstags geschlossen, nur einige private Ausstellungen können täglich besucht werden. In vielen Museen wird sonntags kein Eintritt erhoben, was allerdings die negative Begleiterscheinung eines starken Besucherandrangs mit sich bringt. Die ***Post*** hat werktags von 9 bis 12 und von 14 bis 17 Uhr geöffnet, in größeren Städten eventuell durchgehend. Die französischen ***Banken*** öffnen ihre Pforten montags bis freitags von 9 bis 12 und von 14 bis 16 Uhr.

Spanien

Noch uneinheitlicher als in Frankreich präsentieren sich die ***Öffnungszeiten von Geschäften*** in Spanien. Eines haben jedoch alle Läden gemeinsam: Die Mittagsruhe ***Siesta*** erstreckt sich etwa von etwa 13.30 bis 17 Uhr und ist allen Spaniern heilig. Morgens öffnen die meisten Läden um 9 Uhr, zumindest in den Sommermonaten schließen fast alle Geschäfte erst um 20 Uhr. Es ist jedoch auch durchaus möglich, dass man in einem abgelegenen Dorf um 22 Uhr ein Lebensmittelgeschäft findet, in dem noch reger Betrieb herrscht. Der Kreativität der Einzelhändler sind in punkto Ladenschlusszeiten eben (fast) keine Grenzen gesetzt.

Obwohl keine einheitliche Regelung existiert, bleiben die meisten ***Museen*** am Montag geschlossen. Die Öffnungszeiten der ***Postämter*** sind unterschiedlich, zwischen 13.30 und 17 Uhr sind sie jedoch fast überall geschlossen. Die ***Banken*** sind montags bis freitags nur von 8.30 bis 14 Uhr, dafür zusätzlich aber auch an Samstagen von 8.30 bis 13 Uhr geöffnet.

Post

Frankreich

Die französischen **Postämter** sind in kleineren Ortschaften meist von 9-12 Uhr und von 14-17 Uhr geöffnet, in größeren Städten gibt es auch durchgehende Öffnungszeiten. Wer nur **Briefmarken** *(timbres)* benötigt, muss sich nicht zur Post begeben - sie sind auch in Tabakläden erhältlich.

Die unschwer an ihrer gelben Farbe zu erkennenden **Briefkästen** besitzen meist zwei Schlitze: In den mit der Aufschrift *Région* gehört die Post für die Umgegend, andere Karten und Briefe - so auch die für Deutschland bestimmten - werden in den Schlitz mit der Aufschrift *Autres Destinations* geworfen. Post **nach Deutschland** muss mit der Landesangabe *Allemagne* versehen sein. Das Porto für Briefe und Postkarten beträgt derzeit 0,46 €.

Spanien

Die spanischen **Postämter** sind je nach Größe und Region zu unterschiedlichen Zeiten geöffnet - auch hier gilt jedoch, dass immer die *Siesta* eingehalten wird. Am günstigsten ist es, wenn man den Postbesuch am Vormittag erledigt. Wie in Frankreich kann man auch in Spanien **Briefmarken** *(sellos)* in den Tabakgeschäften erstehen. Auf Postkarten und Briefe **nach Deutschland** gehört neben einer Briefmarke für derzeit 0,50 € die Landesangabe *Alemania.*

Die Tatsache, dass man sich in einem EU-Land befindet, garantiert noch lange nicht, dass in Spanien abgeschickte Post den deutschen Adressaten innerhalb weniger Tage erreicht. Manchmal geht die Zustellung sehr schnell, andere Male kommt der Brief - vermutlich über einige Umwege - erst nach ein oder zwei Wochen in der Heimat an.

Die Post in St.-Bertrand de Comminges

Reisezeit und Klima

Die Frage nach der besten Reisezeit in die Pyrenäen kann unmöglich einheitlich beantwortet werden - zu unterschiedlich sind die Wetterverhältnisse in den verschiedenen Regionen und nicht zuletzt auch die Ansprüche des Reisenden.

Frühjahr

Wer bei seiner Urlaubsplanung nicht auf die Schulferien Rücksicht nehmen muss, ist mit einem Pyrenäenaufenthalt im Frühjahr gut beraten. Die Pflanzen beginnen zu blühen, und das touristische Treiben hält sich in bescheidenen Grenzen. Am Atlantik und im Hochgebirge kann es allerdings noch empfindlich kalt sein, auf den höchsten Pässen muss man auch im Mai oder sogar im Juni noch mit Altschnee rechnen. ***Hochgebirgswanderer*** sollten ihre Touren deshalb besser zwischen Juli und September unternehmen.

Sommer

Generell herrscht im ***Juli*** und ***August*** der größte Andrang; besonders auf der französischen Seite des Gebirges und an den Küsten ist aufgrund der Schulferien viel los. Dennoch bietet auch die ***Hauptsaison*** einige Vorteile und sollte keinesfalls als untauglich verworfen werden. Auf den Gebirgswiesen stehen im Sommer wilde Kräuter und Blumen in bunter Blütenpracht, alle touristischen Einrichtungen und Freizeitattraktionen sind jetzt geöffnet – besonders, wenn man mit Kindern unterwegs ist, ein Pluspunkt. Zudem bedeutet „Hochsaison" nicht, dass nirgendwo ein Bein an die Erde zu bekommen wäre: Etwas abseits der Hauptreiseziele findet sich überall ein ruhiges Plätzchen, in den kleineren Seitentälern spürt man kaum etwas vom Ferienrummel.

An der ***Atlantikküste*** fallen Begriffe wie „Regen" oder „Wind" auch im Juli und im August nicht unter die Rubrik „Fremdworte"; das ***atlantische Klima*** beschert der Region dann und wann schon mal einen Schauer. Viele Urlauber mag dies abschrecken, andererseits sind die Sommer somit mild und die Hügel auch zur Ferienzeit erfreulich grün. Wer einen ***Badeurlaub*** am Atlantik einplant, sollte diesen im August oder September verbringen, wenn die Wassertemperatur des Meeres am angenehmsten ist.

Im Hochsommer kann das Wetter in den ***zentralen Pyrenäen*** stark differieren: Bedecken Wolken den Himmel auf der französischen Seite des Gebirges, so heißt dies keineswegs, dass auch in den spanischen Pyrenäen die Sonne nicht scheint. Oft genügt es, die Berge zu überqueren, und die Wetterlage ändert sich schlagartig. Frankreichurlauber müssen sich aber keine allzu großen Sorgen machen, falls es Petrus für ein oder zwei Tage nicht gut mit ihnen meint. Auch hier gilt das Sprichwort: „Auf Regen folgt Sonnenschein". In den Hochlagen der Pyrenäen kommt es sowohl in Frankreich als auch in Spanien am späten Nachmittag häufiger zu ***Gewittern,*** die zwar famos aussehen, gleichzeitig aber auch Gefahren in sich bergen. Wanderer, die in den Bergen von Blitz und Donner überrascht werden, sollten auf jeden Fall Schutz suchen.

Im ***spanischen Pyrenäen-Vorland*** herrscht im Sommer ein trockenes und teilweise extrem heißes Klima.

Den ***östlichen Teil*** der Pyrenäen prägt das ***Mittelmeerklima;*** in den Sommermonaten fällt nur wenig Niederschlag, und je weiter man nach

Süden kommt, desto heißer wird es. Sicherlich können auch hier Wolken auftreten, doch die Tatsache, dass es sich bei dieser Region um die sonnenreichste ganz Frankreichs handelt, spricht für sich. Und die spanischen Pyrenäen nahe dem Mittelmeer stehen dem Nachbarland in Sachen Sonnenschein in nichts nach - im Gegenteil.

Herbst

Der Herbst beschert den Pyrenäen nicht nur im Osten vielfach wunderschöne Tage. Wenn die Sonne Berge und Wälder in ein warmes Licht hüllt, liegt geradezu ein Hauch von Poesie über der Landschaft. Für ***Bergwanderungen*** gilt der frühe Herbst als optimaler Zeitpunkt, da selbst die höchsten Pässe dann von Schnee und Eis befreit sind. Atlantik und Mittelmeer sowie viele Bergseen zeichnen sich zudem noch durch angenehme Temperaturen aus und laden zu einem Bad ein. Bei so vielen positiven Aspekten kann man den einen oder anderen Regentag durchaus in Kauf nehmen.

Winter

Die Wintermonate stehen ganz im Zeichen der ***Skifahrer;*** außerhalb der Wintersportgebiete wird man kaum einem Touristen begegnen. Die Saison für Abfahrer beginnt im Dezember, wenngleich dann häufig noch Schneekanonen die Bemühungen von Frau Holle unterstützen. In den höher gelegenen Skiorten laufen die Lifte bis in den April hinein, die besten Möglichkeiten bieten sich den Sportlern aber in den - oft recht sonnigen - Monaten Januar und Februar.

Sicherheit

Sicheres Verhalten

Eine allgemeingültige Regel trifft auch auf die Pyrenäen zu: Je mehr Menschen sich an einem Ort aufhalten, desto größere Ausmaße nimmt normalerweise die ***Kriminalität*** an. Im Landesinneren und besonders in den kleineren Ortschaften ist die Anzahl der Verbrechen verschwindend gering. In den Touristenzentren an den Küsten und dabei besonders am Mittelmeer sind Autoaufbrüche und Taschendiebstähle allerdings keineswegs selten. Beachtet man jedoch einige Faustregeln, kann das Risiko auf ein Minimum reduziert werden.

Autos sollten nicht an einsamen Plätzen, sondern besser dort geparkt werden, wo sich Menschen aufhalten. Koffer und Taschen gehören nicht in einen geparkten Wagen. Wenn es sich gar nicht vermeiden lässt, sie im Wagen zu lassen, sollten sie zumindest nicht sichtbar sein, denn dann lassen sie Wertgegenstände vermuten und wirken so wie eine Einladung für Diebe. Ist das Auto leer, sollte man das Handschuhfach öffnen, falls vorhanden auch die Abdeckung im Heckraum, um potentiellen Dieben zu signalisieren, dass der Wagen leer ist und ein Aufbruch sich nicht lohnt.

Bargeld, Papiere, Kreditkarten, Schecks etc. trägt man am besten am Körper - aber nur, wenn das absolut nötig ist. Sämtliche Wertgegenstände, die für einen Tagesausflug nicht benötigt werden, sind am sichersten im Safe des Hotels oder des Campingplatzes untergebracht. Pralle ***Brustbeutel,*** sichtbar getragen, sind für Langfinger ein sicherer Hinweis auf den Sitz des Geldes. Sie sollten diskret getragen und zusätzlich durch ein Band um den Körper vor Wegreißen oder Abschneiden gesichert werden. Auch in Geldgürtel, Wadentasche oder Bauchgurt lässt sich ein Teil der Urlaubskasse verstauen. dass ***Reiseschecks*** bei Verlust, Diebstahl oder Raub ersetzt werden, Bargeld aber nicht, wurde bereits erwähnt.

Außerdem bietet es sich an, ***Kopien*** von Ausweisen und anderen Papieren an einem gesonderten Platz aufzubewahren, da so erheblich schneller Ersatz beschafft werden kann.

Horrende Ausmaße nimmt die Kriminalität während der ***Fiesta in Pamplona*** an. Beliebteste Opfer von Taschendieben sind Betrunkene, die sich inmitten von Menschenansammlungen aufhalten oder ihren Rausch im Park ausschlafen. Auch wer keinen Alkohol zu sich genommen hat, sollte hier besondere Vorsicht walten lassen!

Polizei

Frankreich

Die französische Polizei unterteilt sich in die ***Police Nationale*** und die ***Gendarmerie Nationale,*** wobei sich deren Aufgabengebiete weitestgehend überschneiden. Bei Problemen oder Fragen kann man sich deshalb an Beamte beider Polizeiformen wenden.

Spanien

In Spanien wird die Polizei in drei verschiedene Gruppen unterteilt: die *Guardia Civil,* die *Policía Municipal* und die *Policía Nacional.*

Die ***Guardia Civil*** wurde Mitte des 19. Jh. von Großgrundbesitzern ins Leben gerufen, die mit diesen - damals privaten - Sicherheitskräften die aufbegehrenden Landarbeiter unterdrückten. Zu Zeiten *Francos* machte die *Guardia Civil* ein weiteres dunkles Kapitel in ihrer Geschichte durch: Die paramilitärische Organisation diente als rechter Arm des diktatorischen Generals und bekämpfte politische Gegner mit allen erdenklichen Mitteln. 1981 sorgte die Organisation letztmalig für einen handfesten Skandal, als eine Gruppe der *Guardia Civil* das Parlament besetzte und einen vergeblichen Putschversuch unternahm. Auch wenn Einfluss und Härte der *Guardia Civil* in den vergangenen Jahren zurückgegangen sind, haftet den grün uniformierten Ordnungshütern nicht nur im Baskenland noch immer ein etwas zweifelhafter Ruf an.

Bei Fragen wendet man sich auf jeden Fall besser an die ***Policía Municipal,*** zu erkennen an den blauweißen Uniformen. Die Beamten sind normalerweise sehr hilfsbereit und können bei allen möglichen Problemen weiterhelfen.

Die Aufgaben der ***Policía Nacional*** liegen in erster Linie in der Bewachung von öffentlichen Einrichtungen. Zumeist sieht man die Polizisten in ihren braunen Uniformen mit einer Maschinenpistole in der Hand vor Botschaften oder Ämtern patrouillieren.

Sport

Das Angebot an Sportmöglichkeiten in den Pyrenäen ist riesig! Einerseits bietet das Gebirge Wanderern und Bergsteigern ein unerschöpfliches Betätigungsfeld, andererseits sind Atlantik, Mittelmeer und zahlreiche Bergseen ein Eldorado für Wassersportler. Einen gewaltigen Aufschwung nahmen in den vergangenen Jahren die sogenannten Fun-Sportarten: Wie Pilze schießen Agenturen aus dem Boden, die Rafting, Gleitschirmfliegen, Mountainbiking oder Canyoning anbieten. Und nicht zuletzt kann man in den Pyrenäen auch Ski laufen, reiten, angeln, Höhlen erkunden, Golf spielen …

Wandern

Für viele sind die Wandermöglichkeiten sicherlich einer der ausschlaggebenden Gründe, sich für einen Urlaub in den Pyrenäen zu entscheiden. Tatsächlich lässt das Angebot keine Wünsche offen: Von der einfachen Tageswanderung bis zur hochalpinen Tour quer durch das gesamte Gebirge - alles ist möglich. Die Schönheit der Bergwelt begeistert dabei immer wieder aufs neue; nicht umsonst gelten die Pyrenäen bei vielen „alten Hasen" als das beste Wandergebiet Europas.

Obwohl die meisten ***Wanderwege*** gut markiert sind, sollte man eine ***Karte*** der Region, eventuell einen speziellen Wanderführer (verschiedene Exemplare auch in deutscher Sprache erhältlich) und bei längeren Wanderungen einen ***Kompass*** mitführen. Regionale ***Wandertipps*** sind außerdem in jeder Touristeninformation erhältlich.

Zur ***Übernachtung*** stehen *Refuges* (bewirtschaftete Berghütten), *Cabanes* (einfache Hütten mit Schlaflager) und in vielen Gebirgsdörfern *Gites d'Etape* (private, speziell auf Wanderer ausgerichtete Gästehäuser) bereit.

Durchquerung vom Atlantik zum Mittelmeer

Als Krönung ihres Hobbys gilt bei Wanderern die Durchquerung der Pyrenäen vom Atlantik zum Mittelmeer, wobei drei verschiedene Strecken zur Auswahl stehen:

Der ***GR 10*** *(Grande Randonnée 10)* ist die bekannteste und somit auch ausgetretenste Route quer durch die

Pyrenäen. Der abwechslungsreiche Weg beginnt in Hendaye, verläuft stets auf der französischen Seite des Gebirges und nimmt komplett etwa acht Wochen in Anspruch. Weil aber kaum jemand so viel Zeit zur Verfügung hat, empfiehlt es sich, Teilstücke der Route, beispielsweise im Pyrenäen-Nationalpark, auszuwählen. Da der GR 10 durchgängig mit rot-weißen Markierungen versehen ist und durch die mittleren Höhen des Gebirges führt, gilt er als einfachste Möglichkeit, um per pedes von Küste zu Küste zu gelangen. Zudem streift der Weg eine ganze Reihe an Bergdörfern und zahlreiche *Refuges,* so dass die Frage der Übernachtung keine Probleme aufwirft. Dennoch empfiehlt es sich, neben einem Schlafsack auch ein kleines Zelt im Rucksack zu haben. Im Hochsommer gilt der GR 10 als absolut schnee- und eisfrei, bis in den Juni hinein muss aber vereinzelt noch mit Altschneefeldern gerechnet werden.

Den ***HRP*** *(Haute Randonnée Pyrénéenne)* sollten wirklich nur Bergwanderer in Angriff nehmen, die über reichlich Erfahrung und mindestens ebensoviel körperliche Fitness verfügen. Die in Hendaye beginnende Strecke ist mit etwa 500 km der kürzeste, zugleich aber auch der härteste Weg quer durch die Pyrenäen. Der HRP verläuft beinahe ausschließlich durchs grenznahe Hochgebirge und gilt nur im Hochsommer als begehbar. Doch selbst dann müssen mehrfach Schneefelder durchquert werden – Kletterpassagen gilt es ohnehin häufiger zu überwinden. Eispickel und Krampen gehören also un-

Sicherheit bei Bergwanderungen

Eines vorab: Das richtige Verhalten für Gebirgstouren kann man sich nicht „mal eben" anlesen! Sicherlich gibt es eine Reihe genereller Regeln, die beachtet werden sollten, doch spielen ***eigene Erfahrungen*** bei weitem die größte Rolle. Wie schätzt man außergewöhnliche Situationen ein? Welchen Fitnessstand besitzt man selbst? Was für Kleidung ist am geeignetsten und welche Menge an Proviant oder Trinkwasser benötigt man pro Tag? Um diese und andere Fragen zu beantworten, bedarf es vor allem einer Menge Routine, die man sich am besten bei Touren mit Wanderern holt, die bereits über das entsprechende Know-how verfügen. Fast alle Unfälle im Gebirge basieren auf individuellen Fehlern, die geübten Bergwanderern normalerweise nicht unterlaufen.

Eine der häufigsten Dummheiten, die Anfänger begehen, ist die ***Selbstüberschätzung.*** Trotz fehlender Kenntnisse und Kondition werden schwierigste Passagen in Angriff genommen oder schon zu Beginn wahre Gewaltmärsche eingeplant. Wer meint, einen Streckenabschnitt nicht bewältigen zu können, sollte auf jeden Fall besser umkehren – übertriebenes Selbstbewusstsein ist fehl am Platze! Neulinge auf dem Gebiet der Bergwanderung sollten zudem niemals alleine aufbrechen und auch erfahrene Bergwanderer ohne Begleitung nur solche Standardrouten wählen, auf denen mit Sicherheit andere Menschen angetroffen werden.

Vor jeder Tour ist es obligatorisch, sich über das zu erwartende ***Wetter*** zu informieren; bei Wanderungen in höhere Lagen kann man bei ***Einheimischen*** zudem Erkundigungen über die Besonderheiten der Region (z. B. Altschnee) einholen.

In den Pyrenäen kommt es nachmittags häufiger zu ***Gewittern,*** die im Gebirge schon zahlreiche Opfer gefordert haben. Wer seinen Marsch unbedingt fortsetzen will, obwohl sich ein Unwetter zusammenbraut, handelt absolut unverantwortlich! Sobald erste Anzeichen auf ein Gewitter hin-

Hautes-Pyrénées – Brèche de Roland

deuten, sofort den Rückweg antreten! Wird man trotzdem von einem Unwetter überrascht, sollte man sich unbedingt so schnell wie möglich von exponierten Flächen, Graten oder Spitzen wegbewegen und in Tälern, Spalten etc. Zuflucht suchen, sich notfalls mit angezogenen Armen und Beinen auf den Boden pressen, am besten auf einer isolierenden Unterlage (Isomatte, Biwaksack). Von allen Metall enthaltenden Gegenständen wie z.B. Rucksack, Zeltstangen, Masten, Eisenleitern oder -seilen sollte man sich so weit wie möglich entfernen. Auch einzeln stehende Bäume sind gefährlich, sicherer ist es, einen dichten Wald aufzusuchen.

Die ***Ausrüstung*** für Bergwanderungen richtet sich in erster Linie nach Witterung, Dauer, Entfernung, Höhenlage und Schwierigkeitsgrad (siehe auch „Ausrüstung und Bekleidung"). Bei einigen Touren im Hochgebirge gehören zu den dort erwähnten Standards auch Handschuhe, Steigeisen, Eispickel und Seil. Die ohnehin obligatorischen ***Bergschuhe*** müssen auf jeden Fall bereits vor dem Urlaub eingelaufen werden, um so schmerzhafte Blasen zu vermeiden. Sicherlich sollte beim Kauf der Ausrüstung und insbesondere der Schuhe auf Qualität geachtet werden, die oftmals ihren Preis hat. Viele Anfänger meinen jedoch, mit einem optimalen Equipment gleichzeitig eine hundertprozentige Sicherheit erworben zu haben – ein eventuell gefährlicher Irrtum!

Hat sich trotz aller Vorsichtsmaßnahmen dennoch ein ***Unfall*** ereignet, kann es oft lebensrettend sein, sich über eine größere Distanz mit anderen Wanderern oder einer Berghütte in Verbindung zu setzen. Jeder, der in den Bergen unterwegs ist, sollte deshalb das allgemein übliche ***Notsignal*** kennen. Dabei werden so lange regelmäßig sechs akustische (Pfeifen, Trillerpfeife, Rufen) oder optische (Winken mit einem Tuch, einer Taschenlampe, einem Spiegel) Signale pro Minute ausgesandt, bis man Antwort in Form von drei akustischen oder optischen Signalen pro Minute erhält.

Ein ***Verletzter,*** besonders dann, wenn er bewusstlos ist, sollte nur dann – an einem sicheren und bequemen Platz – allein zurückgelassen werden, wenn es gar nicht anders geht. Der Hilfe Holende muss sich den Weg zu dieser Stelle hundertprozentig einprägen (notfalls mit eigens von ihm errichteten Wegmarkierungen), um Helfern den Weg einwandfrei beschreiben zu können.

bedingt zur Ausrüstung! Obligatorisch sind ebenso Wanderkarten, Kompass, Proviant und genügend Trinkwasser, da der HRP weitestgehend über keinerlei Markierungen verfügt und kaum einmal Orte streift. Übernachtet wird in *Refuges,* einfachen Hütten oder dem eigenen Zelt. Wer sich diese Route trotz aller Schwierigkeiten zutraut, sollte etwa sechs bis sieben Wochen für deren Bewältigung einplanen.

Die spanische Alternative zum GR 10 stellt der ***GR 11*** *(Gran Recorrido 11)* dar, der auf der spanischen Seite der Pyrenäen in mittleren Höhenlagen verläuft. Wie der GR 10 zeichnet sich auch dieser Weg durch ständige rotweiße Markierungen, zahlreiche Übernachtungsmöglichkeiten und eine größtenteils problemlose Streckenführung aus. Der GR 11 besitzt gegenüber seinem französischen Pendant aber zwei Vorteile: Einerseits wird er von erheblich weniger Wanderern bevölkert, andererseits führt er durch grandiose Landschaften wie z.B. dem Ordesa-Canyon.

Überquerung von Norden nach Süden

Auf mehreren gekennzeichneten Wanderwegen können die Pyrenäen auch von Norden nach Süden durchquert werden. Die bekannteste und geschichtsträchtigste Variante bildet der ***GR 65,*** der historische ***Jakobsweg.*** Er führt von St.-Jean-Pied-de-Port über den Ibañeta-Pass nach Roncesvalles und verlässt bei Pamplona schließlich das Einzugsgebiet der Pyrenäen. Wer genügend Zeit hat, kann dem Weg – wie Millionen Pilger in den vergangenen Jahrhunderten – bis zum westspanischen Wallfahrtsort Santiago de Compostela folgen.

Bergsteigen

Bergsteiger finden in den Pyrenäen ebenso wie Wanderer Routen sämtlicher Schwierigkeitsgrade. Zu den lohnenswertesten Gebieten zählen in Frankreich das ***Vallée d'Ossau,*** das ***Vallée d'Aspe*** und die Gegend rund um den ***Cirque de Gavarnie,*** in Spanien das ***Maladeta-Massiv*** sowie die Regionen der Nationalparks ***Aigües Tortes*** und ***Ordesa.*** Mehrere Agenturen bieten in beiden Ländern Bergsteiger-Kurse für Anfänger und Fortgeschrittene an (siehe Reiseteil), zudem kann man an eigens eingerichteten ***Kletterwänden,*** unter anderem in Font Romeu und Seix, sein Können auf Vordermann bringen.

Skilaufen

Mit den riesigen Skizirkussen der Alpen können sich die Wintersportgebiete der Pyrenäen nicht messen – solch lange ***Abfahrten*** und gewaltige Liftanlagen wie zwischen Deutschland und Italien sucht man hier vergebens. Deshalb gelten die Pyrenäen unter deutschen Abfahrern immer noch als exotischer Geheimtipp, und kaum ein Mitteleuropäer verirrt sich im Winter hierher. Dabei können auch die hiesigen Skigebiete einige Pluspunkte ins Rennen werfen: Die Sonne scheint im Winter auffallend häufig, und die Pisten sind außerhalb der Ferien erfreulich leer. Zudem haben zahlreiche Skiorte wie das französische Barèges oder das spanische Candanchu in den vergangenen Jahren ordentlich investiert und so ein beachtenswertes sportliches Niveau erreicht. Viele Skiresorts bieten außerdem ***Langläufern*** präparierte Loipen an. Genauere Informationen sind bei den Fremdenverkehrsämtern sowie den Touristeninformationen vor Ort erhältlich.

Auch ***Skiwandern*** in den Pyrenäen gewinnt immer mehr Freunde, zumal die Lawinengefahr hier erheblich geringer ist als in den Alpen.

Speläologie (Höhlentouren)

Wer es mag, Höhlen zu erkunden, wird sich in den Pyrenäen kaum langweilen: Bei vielen Agenturen besitzt die Speläologie mittlerweile einen festen Platz im Programm. Kein Wunder - schließlich werden die Kalksteinformationen von imposanten Höhlensystemen durchzogen, die auch heute noch zahllose Geheimnisse in sich bergen. Auf eigene Faust sollte sich aber nur in die Unterwelt begeben, wer über genugend Kenntnis sowie die richtige Ausrüstung verfügt und sich vorher über die jeweilige Höhle informiert hat.

Viele Grotten in den Pyrenäen, so die weltberühmte Höhle von Niaux, können bei einer geführten Besichtigung unter die Lupe genommen werden; nicht nur für Kinder ein Mordsspaß.

Buchtipp

- **Höhlen erkunden,**
  Alexander Maier
  REISE KNOW-HOW Praxis

Fahrrad

Gebirge und Fahrrad - das scheint irgendwie nicht zueinander zu passen. Tatsächlich gibt es in den Pyrenäen, insbesondere im Vorland und in den Küstenregionen, aber sanfte Hügellandschaften, die wunderbar mit dem Fahrrad entdeckt werden können. Gleichwohl können sich sportlich besonders Ambitionierte auf die Spuren von Tour-de-France-Assen wie *Indurain* oder *Thurau* begeben und beispielsweise den Col de Tourmalet per Drahtesel bezwingen. Es lohnt sich also durchaus, das Fahrrad mitzunehmen! Wer das Gebirge ausschließlich per Tritt in die Pedale kennen lernen und dabei auch Pässe in den zentralen Pyrenäen bewältigen möchte, sollte hundertprozentig fit sein und schon lange vor der Abreise mit dem Training beginnen.

Bei Touren mit ***Mountainbikes,*** die in fast allen größeren Ortschaften gemietet werden können (siehe Reiseteil), sollte man nie den Schutz der Natur aus den Augen lassen. Bei Fahrten durch unberührtes Gelände werden Tier- und Pflanzenwelt häufig arg in Mitleidenschaft gezogen. Informationen über geeignete Strecken sind bei vielen lokalen Touristenbüros erhältlich.

Canyoning

Keine Freizeitaktivität boomt derzeit in den Pyrenäen in solchem Maße wie Canyoning, ein Gebirgssport, der nicht an besondere Höhen gebunden ist. Mit einem Neoprenanzug bekleidet, durchklettert man dabei oft beängstigend schmale Schluchten, durchschwimmt die Bäche auf deren Grund, durchwatet stockdunkle Grotten oder gleitet auf natürlichen Wasserrutschen bergab. Ein wahres Vergnügen - kaum jemand, der nicht begeistert von seiner ersten Canyoning-Tour zurückkehrt. Die schönsten Canyons befinden sich auf der spanischen Seite der Pyrenäen, in dem südlich des Ordesa-Nationalparks gelegenen Vorgebirge ***Sierra de Guara.*** Unter anderem in ***Ainsa*** bieten mehrere Veranstalter geführte Touren an. Canyon-Freaks, die über das Know-How und die nötige Ausrüstung - zu der häufig auch Kletterutensilien gehören - verfügen, können die engen Schluchten auf eigene Faust erkunden. Detaillierte Karten, in denen sämtliche Canyons mitsamt deren Schwierigkeitsgraden und Besonderheiten aufgeführt werden, sind in Buch- und Zeitschriftenläden der Region erhältlich.

Buchtipp

- **Canyoning Handbuch,**
  Thomas Gut
  Reise Know-How Praxis

Rafting und Kajak

Mit dem Schlauchboot tosende Flüsse hinunterfahren - ein Genuss, der ebenso wie das Canyoning immer mehr Anhänger in den Pyrenäen findet. Organisierte Rafting-Touren kann man auf zahlreichen Flüssen in den gesamten Pyrenäen unternehmen, einen besonders guten Ruf genießt aber der spanische ***Río Noguera Pallaresa*** bei den Orten Sort und Llavorsí. Die wildesten Fahrten starten im späten Frühjahr, wenn die Schneeschmelze die ansonsten ruhigen Bäche in reißende Ströme verwandelt.

Paragleiter in Castejón de Sos

Das Gros der Veranstalter bietet zudem Fahrten mit dem ***Kanu,*** dem ***Kajak*** und dem ***Hydrospeed*** an. Beim Letztgenannten handelt es sich um eine Art schwimmenden Bob, der in Bauchlage durch die Stromschnellen gesteuert werden muss.

Gleitschirmfliegen

Frei wie ein Adler zu sein, der über den Gipfeln der Pyrenäen kreist: Zumindest für eine gewisse Zeit kann dieser Traum in Erfüllung gehen. Viele Paragliding-Schulen in Frankreich und Spanien (siehe Reiseteil) machen Anfänger mit dem Gleitschirmfliegen vertraut oder zeigen Fortgeschrittenen die letzten Kniffe. Zentrum des Sports ist das spanische Dorf ***Castejón de Sos*** am Eingang zum Tal von Benasque. 1997 fanden in dem kleinen Ort sogar die Weltmeisterschaften im Paragliding statt!

Reiten

Das Glück dieser Erde liegt auch in den Pyrenäen vielerorts auf dem Rücken der Pferde. Zahllose Höfe bieten Ausritte durch die Bergwelt an - vom einstündigen Kurzvergnügen bis zur mehrtägigen Tour. Adressen von Reiterhöfen sind in den Touristenbüros zu bekommen.

Angeln

In ***Frankreich*** müssen Angler Mitglied eines dortigen Vereins sein, was aber auch für einen kurzen Zeitraum möglich ist. Wer sich der hier weit verbreiteten Kunst des Fliegenfischens hingeben will, wendet sich am besten an ein lokales Touristenbüro.

In ***Spanien*** benötigen Angler eine leicht erhältliche und recht preisgünstige Genehmigung, wenn sie in den Flüssen, Bächen und Seen ihrem Hobby frönen möchten. Die Adressen der zuständigen Ämter bekommt man in den Touristeninformationen.

Golf

Im Gegensatz zu den meisten deutschen Golfplätzen können auf französischen und spanischen Greens auch diejenigen den Schläger schwingen, die nicht Mitglied eines Clubs sind. Nahe den Touristenzentren der Küsten existieren mittlerweile eine ganze Reihe ***öffentlicher Plätze.*** Wer sich zusätzlich zur Tageskarte aber noch Schläger ausleihen und Bälle kaufen muss, wird ordentlich zur Kasse gebeten - im Vergleich zu dem, was Golfer in Deutschland bezahlen, allerdings ein Klacks.

Wassersport

Den Urlaub in den Bergen am Meer ausklingen lassen - in den Pyrenäen kein Problem, sind doch Mittelmeer- oder Atlantikküste höchstens ein paar Autostunden entfernt. Der rauhe Atlantik eignet sich dabei hervorragend zum ***Surfen*** und ***Segeln,*** das Mittelmeer - nicht zuletzt aufgrund der Wassertemperatur - besser zum ***Schwimmen*** und Planschen.

Selbst im Gebirge, wo überall idyllische Seen zu finden sind, muss man auf Badefreuden nicht verzichten. Dabei sollte jedoch beachtet werden, dass nicht in allen Seen (Nationalparks!) das Schwimmen erlaubt ist.

Sprache

Vier verschiedene Sprachen werden in den Pyrenäen gesprochen: ***Französisch, Spanisch, Katalanisch*** und ***Baskisch.*** Zwar gewannen die Sprachen der beiden Minderheiten in den vergangenen Jahren immer mehr an Bedeutung, doch beherrschen sowohl Katalanen als auch Basken stets die jeweilige Landessprache. Besonders in Katalonien hat man sich nach dem Tode General *Francos* verstärkt der Muttersprache zugewandt. Genauere Informationen zu den verschiedenen Sprachen sind im Abschnitt „Bevölkerung" zu finden.

Obwohl man sich mit ***Englisch*** oder manchmal auch mit ***Deutsch*** vielerorts verständigen kann, kommt es durchaus vor, dass selbst in einem Touristenbüro entweder nur Französisch oder nur Spanisch gesprochen wird. Wer in solchen Situationen ausschließlich „Bahnhof" versteht, muss der Phantasie freien Lauf lassen und sich mit Händen und Füßen verständlich machen.

Die Alternative kann aber auch einer der ***Sprechführer*** aus der Reihe „Kauderwelsch" sein, die im gleichen Verlag wie dieses Buch erscheinen. Diese Bücher sind speziell auf Reisende zugeschnitten und bieten neben Grundwortschatz und -grammatik zahlreiche Beispielsätze für reisetypische Situationen. Für das Gebiet der Pyrenäen gibt es Kauderwelsch-Bände für Spanisch, Katalanisch, Baskisch und Französisch, dazu jeweils Kassetten. Außerdem gibt es noch Spanisch-Slang und Französisch-Slang und die Reihe Reise-WortSchatz. Eine kleine Sprachhilfe findet sich auch im Anhang dieses Buches.

Telefonieren

Frankreich

Telefonkarten für das ***Kartentelefon*** gibt es bei bei der Post oder in einem Tabakladen.

Um von Frankreich ***nach Deutschland*** zu telefonieren, wählt man die 0049 plus die Ortsvorwahl (ohne Null) sowie die Teilnehmernummer. Nach Österreich gilt das gleiche Prinzip, nur mit der Vorwahl 0043. Die Schweizer wählen die 0041 vorweg. Die meisten öffentlichen Fernsprecher Frankreichs können auch angerufen werden, die jeweilige Nummer steht auf einem Schild in der Zelle.

Da in Frankreich kein ***Vorwahlsystem*** besteht, muss selbst bei Ortsgesprächen immer die vollständige, zehnstellige Nummer gewählt werden. Wer aus der Heimat ***nach Frankreich*** telefonieren will, wählt zuerst die ***Landesvorwahl*** 0033 und darauf die Teilnehmernummer ohne vorhergehende Null.

Billigtarifzeiten: täglich 21.30 bis 8 Uhr; samstags ab 14 Uhr bis montags 8 Uhr und an Feiertagen.

Spanien

Auch in Spanien befindet sich das ***Kartentelefon*** eindeutig auf dem Vormarsch, es gibt zudem viele öffentliche Fernsprecher, die Karte und Münzgeld akzeptieren sowie auch vereinzelt reine Münztelefone. Am praktischsten ist es jedoch, sich in einem Tabakladen eine Telefonkarte zu kaufen.

Für Telefonate von Spanien ***nach Deutschland*** wählt man zuerst die 0049 sowie die Ortsvorwahl (ohne Null) und die Teilnehmernummer. Für Österreich gilt die Vorwahl 0043, für die Schweiz die 0041. Gespräche in die Heimat sind nur von Telefonzellen aus möglich, die die Aufschrift *„internacional"* tragen.

Von Deutschland, Österreich oder der Schweiz aus lautet die ***Landesvorwahl Spaniens*** 0034; ihr folgen die Vorwahl und die Teilnehmernummer. Die ***Vorwahlen*** in Spanien beziehen sich auf ganze Provinzen und fallen bei Telefonaten innerhalb der Provinz weg.

Billigtarifzeiten in Spanien: täglich 22 bis 8 Uhr, außerdem von samstags 14 Uhr bis montags 8 Uhr.

Königliche Unterkunft: Schloss-Pension bei Foix

Andorra

Die ***internationale Vorwahl*** Andorras ist 00376.

Unterkunft

Vom Schlafsaal in der Berghütte bis zum Turmzimmer im Schlosshotel: Sowohl in Frankreich als auch in Spanien werden sämtliche Arten von Übernachtungsmöglichkeiten angeboten. Probleme bei der ***Zimmersuche*** gibt es normalerweise nur während der ***Sommerferien*** - und dann überwiegend am Atlantik und am Mittelmeer, manchmal auch in touristisch erschlossenen Gebirgsorten. So kann es durchaus vorkommen, dass man ein oder zwei Orte weiterfahren muss, um ein Bett zu bekommen. Wer einen längeren Aufenthalt an der Küste einplant, sollte deshalb auf jeden Fall schon geraume Zeit zuvor ***reservieren.***

Bei einem großen Teil der Hotels erfolgt während der ***Ferien*** noch einmal ein kräftiger ***Aufschlag*** auf die Zimmerpreise, die sich stets ohne Frühstück verstehen. Wer nicht auf die Ferienzeiten angewiesen ist und seinen Pyrenäenurlaub außerhalb der Hauptsaison verbringt, kann ordentlich sparen - vor allem in Spanien!

Da es unter Franzosen und Spaniern eine große Anzahl von Campingfreunden gibt, ist auch die Zahl der ***Campingplätze*** in den Pyrenäen mehr als ansehnlich. Einzig im Hochsommer können an den Küsten Engpässe entstehen, ansonsten findet sich eigentlich immer und überall ein Platz fürs Zelt oder das Wohnmobil.

Frankreich

Hotels

Die französischen Hotels werden offiziell in ein ***Sterne-System*** eingeteilt, wobei Häuser der Vier-Sterne-Klasse die Luxuskategorie darstellen. Auf einem Schild am Hoteleingang ist zu erkennen, mit wie vielen Sternen das Haus bedacht wurde. Meist kann man anhand dieser Angabe den Standard und den ungefähren Preis für ein Zimmer abschätzen. Allgemein gilt, dass Hotels in den französischen Pyrenäen günstiger sind als Unterkünfte in Deutschland. Die Preise für ein Doppelzimmer reichen von weniger als 15 € in einem Hotel der untersten Kategorie bis weit über 150 € für die Suite im Luxushotel. Vergleichbare Hotels sind in Städten oft erheblich teurer als auf dem Land - mehr Komfort oder Atmosphäre bieten sie aber nicht.

Echte ***Luxushotels*** sind in den Pyrenäen zwar selten, doch es gibt sie durchaus - und zwar nicht nur im mondänen Biarritz oder dem „Hoteldorado“ Lourdes. Derartige Nobelherbergen, in denen ein Doppelzimmer kaum unter 80 € zu bekommen ist, verfügen über geräumige, stilvoll eingerichtete Zimmer, ein Maximum an Personal und oft auch über ein überdurchschnittlich gutes Restaurant.

Viel häufiger trifft man auf ***Hotels der gehobenen Klasse*** (3 Sterne), die ebenfalls sehr komfortabel und erheblich preiswerter sind. Das Doppelzimmer ist hier - vornehmlich in Häusern auf dem Land - manchmal schon ab etwa 30 € zu haben.

Mittelklassehotels (2 Sterne) besitzen normalerweise saubere Zimmer mit eigenem Bad und WC, häufig auch ein Restaurant. Wer nicht allzu großen Wert auf Prunk legt, ist hier zumeist bestens aufgehoben. Für ein Doppelzimmer muss man in ländlichen Gegenden ab 25 € einplanen.

Zimmer in ***einfachen Hotels*** sind gewöhnlich recht spartanisch ausgestattet und besitzen oft kein eigenes Bad und WC. Dennoch findet man auch in dieser Kategorie häufig saubere und sympathische Herbergen, die den Doppelzimmerpreis zwischen 15 € und 25 € durchaus wert sind.

Um dem Leser dieses Reiseführers einen schnellen Überblick über die Kosten für eine Übernachtung in einem Hotel oder einer Pension zu ermöglichen, sind alle angegebenen Unterkünfte einer Preiskategorie zugeordnet, die problemlos an den hochgestellten Euro-Zeichen beim jeweiligen Hotelnamen zu erkennen ist. Die Preise beziehen sich auf ein Doppelzimmer (DZ) mit Bad und ohne Frühstück in der Hochsaison (Sommer, Weihnachten). Besitzt das Zimmer kein eigenes Bad oder beinhaltet der Preis bereits ein Frühstück, wird dies in der Beschreibung des Hotels gesondert erwähnt.

Hotelkategorien:

bis 25 €	€
26-40 €	€€
41-55 €	€€€
56-80 €	€€€€
über 80 €	€€€€€

Jugendherbergen

Um in einer französischen Jugendherberge *(Auberge de Jeunesse)* Quartier beziehen zu können, benötigt man einen Internationalen Jugendherbergsausweis, erhältlich beim Jugendherbergswerk im Heimatland. Im Juli und im August sind die Jugendherbergen aufgrund der französischen Sommerferien oft bis aufs letzte Bett belegt - zu dieser Zeit empfiehlt sich deshalb eine vorherige Reservierung. Die ***Preise*** für eine Übernachtung schwanken je nach Ausstattung etwa zwischen 6 € und 7,50 €, für eine Übernachtung mit Frühstück muss man etwa 10 € einplanen.

- Ein ***Verzeichnis*** der französischen Jugendherbergen erhält man bei ***Fédération Unie des Auberges de Jeunesse (FUAJ),*** 27, rue Pafol, 75018 Paris, Tel. 01.46.07.00.01, www.fuaj.org

Gîtes de France

Unter diesem Namen sind verschiedene Arten von ***Privatunterkünften*** zusammengefasst, auf die man überall in den französischen Pyrenäen trifft. Die Unterkünfte liegen oft in herrlichen Bergdörfern oder mitten auf dem Land.

Chambre d'Hôtes: Das französische *Bed and Breakfast* stellt eine echte Alternative zu den Hotels dar. Die Zimmer im Haus von Privatleuten sind fast immer geräumig und sehr sauber, die Vermieter oft äußerst freundlich und entgegenkommend. *Chambres d'Hôtes* bieten außerdem die Möglichkeit, das französische Familienleben näher kennen zu lernen.

Gîte Rural: Hinter dieser Bezeichnung verbirgt sich ein Gästehaus mit Selbstverpflegung, das mindestens für eine Woche gemietet werden muss. Bei der Ankunft wird der Mieter normalerweise von den Besitzern empfangen.

Gîte d'Etape: Diese Herbergen sind eigens für Wanderer bestimmt und befinden sich deshalb zumeist an den stärker frequentierten Wanderwegen.

Die Übernachtung im Mehrbettzimmer kostet etwa 10 €; es werden oft aber auch (etwas teurere) Doppelzimmer angeboten.

Jedes Département gibt jährlich einen Prospekt heraus, in dem die privaten Unterkünfte aufgelistet werden. Diese oder spezielle Kataloge erhält man bei der *Maison des Gîtes de France* in Paris, einen Katalog für ganz Frankreich beim deutschen Fremdenverkehrsamt in Frankfurt. Weitere Informationen bei den Touristenbüros vor Ort.

- ***Maison de la France,*** Westendstraße 47, 60325 ***Frankfurt,*** Tel. 0190/570025, Fax: 0190/599061, www.franceguide.com
- ***Maison des Gîtes de France,*** 59 rue Saint-Lazare, 75 439 ***Paris*** Cedex 09, Tel. 01.49.70.75.75, Fax: 01.42.81.28.53, www.gites-de-france.fr

Camping

Kaum ein mittelgroßer Ort, der nicht einen Campingplatz sein eigen nennt: Die Campingleidenschaft der Franzosen macht sich somit auch für auswärtige Urlauber bezahlt. Das Gros der Plätze verfügt über ordentliche Sanitäranlagen, oft gibt es auch einen kleinen Supermarkt und ein Restaurant. Die gewaltigen Anlagen in Küstennähe versuchen, sich in punkto Komfort gegenseitig zu übertreffen – vielfach gehören Spielhalle und Animationsprogramm schon zur Standardausstattung.

Im Gegensatz dazu steht ***Camping à la Ferme*** – Campen auf dem Bauernhof: Diese dem *Gîtes de France* angeschlossenen Plätze nehmen in der Regel nicht mehr als 20 Personen auf. Die kleinen Anlagen besitzen gewöhnlich nur ausreichend Sanitäranlagen. Dafür ist Ruhe und Beschaulichkeit garantiert.

Wie die Ausstattungen, so variieren auch die ***Preise*** der Campingplätze gewaltig. Zahlt man auf einfachen Anlagen mit zwei Personen für einen Stellplatz oft kaum mehr als 6 €, verlangen die bestens ausgestatteten Plätze an der Küste vielfach über 15 € – immerhin der Preis für ein Doppelzimmer in einem sehr einfachen Hotel.

Berghütten

In den höheren Lagen der Pyrenäen, überwiegend entlang der großen Wanderwege, findet man zahlreiche bewirtschaftete Berghütten *(Refuges)*, in denen Wanderer übernachten und eine Mahlzeit zu sich nehmen können. Die meisten *Refuges* sind vom Frühjahr bis zum Herbst geöffnet.

Spanien

Hotels

Wie in Frankreich werden Hotels auch in Spanien anhand von ***Sternen*** klassifiziert. Im Gegensatz zum Nachbarland bedenkt man die vornehmsten Luxushotels hier aber mit fünf Sternen – in den Pyrenäen allerdings eine absolute Rarität.

Zahlreicher sind schon Vier-Sterne-Hotels, die aber getrost ebenfalls in die ***Luxus-Kategorie*** eingereiht werden können. Ein gutes Restaurant, äußerst komfortable Zimmer sowie Schwimmbad und Gartenanlage gelten beinahe als obligatorisch. Selten ist ein Doppelzimmer außerhalb der Saison schon ab 60 € zu haben, in den meisten Fällen liegt der Preis erheblich höher.

Die ***Paradores,*** staatliche Hotelbetriebe mit 3 bis 4 Sternen, bestechen entweder durch ihre Unterbringung in historischen Gemäuern wie Burgen und Schlössern oder aber durch ihre famose Lage. Für den gebotenen Komfort gelten sie mit einem Doppelzimmerpreis ab 70 € aufwärts als recht preisgünstig.

Bei Unterkünften mit drei Sternen empfiehlt es sich, das Zimmer vor dem Einzug unter die Lupe zu nehmen: Die Unterschiede sind gewaltig! Überwiegend handelt es sich dabei um gepflegte Häuser der ***oberen Mittelklassse*** mit Preisen fürs Doppelzimmer zwischen 35 € und 75 €.

Zwei-Sterne-Hotels, in denen das Doppelzimmer zwischen 30 € und 75 € sowie Ein-Stern-Hotels, DZ zwischen 20 € und 55 €, bilden die Mittelklasse. Auch hier muss mit gravierenden Differenzen zwischen den verschiedenen Häusern gerechnet werden.

Einfacher als Hotels sind ***Hostals,*** die mit ein bis zwei Sternen eingestuft werden. Zwischen angenehmen, recht einfachen Häusern und schmutzigen Absteigen ist alles drin; Doppelzimmer ab 15 €, oft kein eigenes Bad vorhanden.

Fondas kommen den Ein-Stern-Hostals in Ausstattung und Preis sehr nahe.

Bei einem Großteil der spanischen Hotels werden zum angegebenen Preis noch einmal sieben Prozent ***Steuern*** hinzuberechnet.

Auch die spanischen Unterkünfte sind in Preiskategorien eingeteilt, die sich auf ein Doppelzimmer (DZ) mit Bad und ohne Frühstück in der Hochsaison beziehen und an den hochgestellten Euro-Zeichen am Hotelnamen zu erkennen sind. Diese Klassifizierung gilt auch für Andorra

Hotelkategorien:

bis 25 €	€
26–40 €	€€
41–55 €	€€€
56–80 €	€€€€
über 80 €	€€€€€

Jugendherbergen

Da auch die spanischen Jugendherbergen *(Albergues Juveniles)* während der Sommerferien vielfach ausgebucht sind, sollte man unbedingt zuvor eine Reservierung vornehmen. Obligatorisch ist auf jeden Fall der internationale Jugendherbergsausweis, den man beim Jugendherbergswerk im Heimatland bekommt. Die ***Preise*** richten sich stark nach dem Alter des Gastes: Wer noch keine 25 Jahre alt ist, zahlt den günstigsten Tarif, ältere Semester müssen etwas drauflegen. So kostet die Übernachtung mit Vollpension für Gäste bis 25 Jahre etwa 15 €, für Reisende über 25 Jahre etwa 22 €. Da die spanischen Provinzen in Sachen *Albergues Juveniles* alle ihr eigenes Süppchen kochen, liest man die komplette Auflistung der Jugendherbergen am besten im jährlich neu erscheinenden ***Internationalen Jugendherbergsverzeichnis*** nach.

Camping

Die spanische Situation gleicht der in Frankreich: Camping ist „in“, immer neue Plätze entstehen. Auch im Standard unterscheiden sich die Anlagen kaum von denen im Nachbarland. Größtenteils verfügen sie über annehmbare Sanitäranlagen, einen kleinen Supermarkt und ein Restaurant. Auf den im Sommer ausgedörrten und völlig überfüllten Plätzen an der Mittelmeerkuste kann der Aufenthalt aber rasch in puren Stress ausarten. In diesem Fall zieht man sich am besten einige Kilometer ins Inland zurück.

Bevor man den ersten Hering in den Boden schlägt, sollte man die ***Preisliste*** des Platzes ansehen. Die Gebühren für einen Stellplatz, den zwei Personen mit Zelt und Auto beziehen, liegen zwischen liegen zwischen 7 € und 25 €, wobei naturgemäß die Anlagen in der Nähe des Meeres und der Nationalparks teurer sind als die in weniger touristischen Gebieten.

Refugios

Siehe *Refuges* in Frankreich.

Unterwegs in den Pyrenäen

Eines vorab: Die öffentlichen Verkehrsmittel bieten in den Pyrenäen keine echte Alternative zum eigenen Auto oder Motorrad! Zwar bestehen zwischen den größeren Ortschaften und in den Hauptttälern teilweise recht gute Busverbindungen, viele Ziele – besonders abseits der Hauptstraßen – sind jedoch nicht an das öffentliche Verkehrsnetz angeschlossen. Wer sich dennoch entscheidet, ohne eigenes Vehikel anzureisen, muss auf eine ganze Reihe an Sehenswürdigkeiten verzichten beziehungsweise es mit Trampen oder Fußmärschen versuchen.

PKW und Motorrad

Straßennetz

Der eigene fahrbare Untersatz bietet die besten Möglichkeiten, um das Gebirge kennenzulernen. Allerdings ist das Autofahren in den Pyrenäen nicht mit dem in Deutschland zu vergleichen, obwohl sich in den vergangenen Jahren in Sachen Straßenbau einiges getan hat – nicht zuletzt mit Hilfe von EU-Geldern. Vor allem in Spanien muss man im Hochgebirge häufiger mit ***Schotterpisten*** rechnen, will man in kleine Dörfer gelangen. Aber auch auf asphaltierten Strecken kann die Fahrt im gesamten Gebirge zum Erlebnis werden. Die ***Fahrbahn*** ist oftmals extrem eng, man passiert imposante Schluchten, Pässe mit einem faszinierenden Ausblick oder Serpentinenstraßen, die sich wie eine Schlange den Berg hinunterwinden. Kurzum: Es macht einfach Spaß, hier mit dem Auto oder gar dem Motorrad unterwegs zu sein! Zu beachten ist dabei, dass einige ***Passstraßen*** bis weit in den Frühling hinein aufgrund von Altschnee geschlossen bleiben; Schilder am Fuße des Berges informieren darüber, ob die Straße schon befahren werden kann.

Im Bereich der Pyrenäen existieren nur drei (mautpflichtige) ***Autobahnen:*** Die ***A 64*** verläuft von Bayonne über Pau und Tarbes nach Saint-Gaudens im Département Haute-Garonne, während die ***A 9*** (in Spanien ***A 7***) von Perpignan über Figueres nach Barcelona führt. Kurz hinter San Sebastián beginnt die erst 1995 komplett eingeweihte ***A 15,*** die die Küstenstadt mit Pamplona verbindet und für die keine Mautgebühr erhoben wird. Die ***Höchstgeschwindigkeit*** auf Autobahnen beträgt in Frankreich 130 km/h (bei Nässe 110 km/h), in Spanien 120 km/h. Bei der Auffahrt auf die gebührenpflichtige Autobahn zieht man an einer Station ein Ticket, auf dem an einem späteren Halt abgelesen wird, wie viele Kilometer zurückgelegt wurden.

Ebenfalls sehr gut befahrbar sind die mit einem *N* gekennzeichneten ***Nationalstraßen,*** die die größeren Orte miteinander verbinden. Generell darf in beiden Ländern außerorts 90 km/h gefahren werden; besitzt eine Landstraße mindestens zwei Fahrspuren in jede Richtung, erhöht sich die zulässige Geschwindigkeit in Frankreich auf 110 km/h, in Spanien auf 100 km/h.

In einem ordentlichen Zustand befinden sich meist auch die in Frankreich mit einem ***D*** *(Département),* in Spanien mit einem ***C*** *(Carreteras comarcales)* oder den Anfangsbuchstaben der jeweiligen Provinz (z.B. *NA* für Navarra) versehenen ***Regionalstraßen.*** Häufig sind auch die kleineren Straßen auf dem Land recht gepflegt, vor allem in Spanien muss man aber hin und wieder mit Schlaglöchern oder gar Schotterpisten rechnen.

Verkehrsregeln

Die ***Höchstgeschwindigkeit*** von 50 km/h ***innerhalb geschlossener Ortschaften*** gilt sowohl in Frankreich als auch in Spanien.

Sowohl in Frankreich als auch in Spanien liegt die Promillegrenze mittlerweile bei 0,5. Es ist jedoch wenig ratsam, diese Maßgabe bis aufs letzte auszureizen: In beiden Ländern finden auch tagsüber häufiger Kontrollen statt, und Alkoholverstöße werden rigoros geahndet. Ähnlich sieht es bei ***Geschwindigkeitsüberschreitungen*** aus, für die Verkehrssünder tiefer als in Deutschland ins Portemonnaie greifen müssen. Kann das verhängte Bußgeld nicht sofort bezahlt werden, zeigt man sich besonders in Spanien wenig kulant - das Fahrzeug wird sofort beschlagnahmt und mit einer Wegfahrsperre („Kralle") versehen.

Ordentlich berappen muss auch, wer bei der Fahrt telefoniert und dabei keine Freisprechanlage benutzt. Die Kosten für dieses Vergehen übersteigen die deutschen Strafgebühren um ein Vielfaches.

Die ***Verkehrsregeln und -zeichen*** entsprechen weitestgehend denen in Deutschland, es gibt jedoch einige besondere Verkehrsschilder, auf die man immer wieder trifft.

Einige Probleme bereitet das ***Parken*** in den größeren Städten. In der Nähe der gebührenpflichtigen Parkplätze steht immer ein Automat, aus dem man ein Ticket zieht, das hinter die Windschutzscheibe gelegt werden muss. Parksünder werden in Frankreich und in Spanien ordentlich zur Kasse gebeten!

Verkehrszeichen

Frankreich

- *Arret interdit:* Halten verboten
- *Attention:* Achtung!
- *Centre Ville:* Stadtzentrum
- *Chaussée déformée:* Fahrbahnschäden
- *Danger:* Gefahr
- *Deviation:* Umleitung
- *Passage interdit:* Durchfahrt verboten
- *Ralentir:* Langsam fahren!
- *Sens interdit:* Einbahnstraße
- *Toutes Directions:* Alle Richtungen

Spanien

- *Alto:* Halt!
- *Atención:* Achtung!
- *Calzada deterirada:* Holprige Fahrbahn
- *Calzada estrecha:* Fahrbahnverengung
- *Ceda el paso:* Vorfahrt achten
- *Curva peligrosa:* Gefährliche Kurve
- *Despacio:* Langsamer fahren!
- *Desviación:* Umleitung
- *Direccion obligatoria:* Einbahnstraße
- *Estacionamiento prohibido:* Halten verboten
- *Paso prohibido:* Durchfahrt verboten

Verkehrsverhalten

Im Gegensatz zu vielen Deutschen ist das Auto bei Franzosen und Spaniern nicht das liebste Kind. Kleine Berührungen eines fremden Fahrzeuges beim Ein- oder Ausparken werden besonders in Frankreich oft vornehm übersehen - es ist ja kaum etwas passiert. Nur in den größeren Städten nimmt der Verkehr hektischere Formen an, so dass es sich empfiehlt, den Wagen am Rande des Zentrums zu parken und die Innenstadt zu Fuß zu erkunden. Auf dem Lande hingegen unterscheidet sich der Fahrstil nicht großartig von dem in Deutschland, einzig die Kreisverkehre, bei denen der Einfahrende meistens auf eine Lücke warten muss, bedürfen einer gewissen Gewöhnung. Außerdem hupen viele einheimische Autofahrer vor unübersichtlichen Kurven im Gebirge, um so den eventuell Entgegenkommenden vorab zu warnen.

Unfall und Panne

Die Notrufnummer in Frankreich ist 17, mit dem Mobilfunk 112. In Spanien wählt man für die Polizei die 112, für die Unfallrettung oder den Notarzt die 061.

In Frankreich kann die ***Pannenhilfe*** rund um die Uhr an den Notrufsäulen der Autobahnen sowie unter dem auch deutschsprachigen Telefonservice mit der Nummer 08.00.08.92.22 angefordert werden. In Spanien wählt man für die Pannenhilfe (91) 593.33.33.

Tanken

Das Tankstellennetz sowie die Versorgung mit bleifreiem Benzin ist recht flächendeckend, wenngleich in den dünner besiedelten Regionen des Gebirges auch die Zahl der Tankmöglichkeiten abnimmt. Benzin kostet in Spanien weniger als in Frankreich, wo man am günstigsten an den freien Tankstellen der großen Supermärkte beraten ist; am preiswertesten tankt man jedoch in Andorra - dafür muss man dort längere Wartezeiten bei der Ausreise in Kauf nehmen.

Die Bezeichnungen der verschiedenen Benzinsorten und ihre ungefähren Preise (Stand Januar 2003):

- Frankreich: *Essence sans plomb* 95 (Super bleifrei) 1,04 €; *Super Plus 98* (Super plus bleifrei) 1,08 €; *Gazole* (Diesel) 0,81 €.
- Spanien: *Gasolina sin plomo* (Super bleifrei) 0,83 €; *Super Plus* (Super plus bleifrei) 0,92 €, *Gasóleo* (Diesel) 0,73 €.

Mietwagen

An ***Flughäfen*** und in ***größeren Städten*** können Autos gemietet werden, Adressen der Vermieter sind bei den Touristeninformationen erhältlich. Wer einen Wagen mieten möchte, muss in Spanien und in Frankreich mindestens 21 Jahre alt sein und den Führerschein schon ein Jahr lang besitzen. Eventuell kann es günstiger sein, schon in Deutschland bei einer internationalen Mietwagen-Firma eine Vorabbuchung vorzunehmen. Auf jeden Fall ist es angebracht, mit einer ***Kreditkarte*** zu bezahlen, da so nicht eine immens hohe Kaution hinterlegt werden muss.

Bahn

Mit dem Zug können in den Pyrenäen nur einige größere Orte angesteuert werden, als einziges Verkehrsmittel in den Pyrenäen ist die Bahn somit ungeeignet. Wer beispielsweise ein Interrail-Ticket besitzt und in abgelegenere Gebiete reisen möchte, kommt nicht umhin, für Busse zu bezahlen oder zu trampen.

Frankreich

Die eigentliche ***regionale Hauptstrecke*** der Bahngesellschaft *SNCF* verläuft von Bayonne über Pau, Lourdes, Tarbes, Toulouse und Carcassone nach Perpignan. Von ihr zweigen mehrere ***kleine Strecken*** ab, so nach Mauléon-Licharre, Oloron-Ste-Marie, Bagnères-de-Luchon, St.-Girons und über Foix nach Latour-de-Carol (Weiterfahrt nach Spanien möglich). Außerdem erreicht man von Bayonne aus die gesamte ***Küstenregion*** des französischen Baskenlandes (Weiterfahrt nach Spanien möglich) und St.-Jean-Pied-de-Port. Von Perpignan führt die Bahnverbindung zur Côte Vermeille und weiter nach Spanien. Die französischen Züge sind in der Regel pünktlich; der ***Fahrpreis*** beträgt beträgt pro Kilometer etwa 0,08 €.

Außerdem existieren noch einige kleine ***Privatbahnen,*** die vornehmlich Touristen in die Bergwelt kutschieren.

Spanien

Noch schlechter als in Frankreich präsentiert sich das Schienennetz auf der spanischen Seite des Gebirges – so existieren in den Zentralpyrenäen überhaupt keine Zugverbindungen.

Die Strecke an der ***Atlantikküste*** verläuft bis San Sebastián, zweigt dann nach Pamplona ab und führt von dort aus weiter ins Inland. In der ***Mittelmeerregion*** sind Portbou, Llançà und Figueres an die Bahnlinie angeschlossen, die aus Frankreich kommt und nach Barcelona weiterführt. Zudem gelangt man von Huesca aus nach Sabiñánigo, Jaca und Canfranc sowie von Barcelona oder Vic nach Ripoll, Ribes de Freser und Puigcerdà (Weiterfahrt nach Frankreich möglich). Der ***Fahrpreis*** der spanischen Bahngesellschaft *RENFE* liegt unter dem der französischen *SNCF:* Der Kilometer kostet in zuschlagsfreien Zügen etwa 0,05 €.

Bus

Der Bus ist in den Pyrenäen ohne Zweifel das empfehlenswerteste öffentliche Verkehrsmittel: Selbst wenn vor allem in Frankreich bei weitem nicht jedes Ziel angesteuert wird, liegen doch viele Orte – darunter auch kleine Dörfer – an den Strecken der Buslinien. Die ***Busbahnhöfe*** befinden sich in den größeren Städten häufig in Bahnhofsnähe, in kleineren Gemeinden sind die Haltestellen meist im Zentrum zu finden. Für komplette ***Fahrpläne*** wendet man sich am besten an die Touristeninformationen.

Am Wochenende verkehren erheblich weniger Busse als an Arbeitstagen – eine genaue Erkundigung über die Rückfahrzeiten ist bei Tagesausflügen somit unerlässlich.

Frankreich

Wer die französischen Pyrenäen komplett per Bus bereist, spart gegenüber dem Zug zwar ein bisschen, ist dafür aber auch langsamer unterwegs. Vielfach richten sich die ***Abfahrtszeiten*** nach Schulen und Betrieben, so dass vormittags, am frühen Nachmittag oder abends der öffentliche Busverkehr in einigen Gebieten zum Stillstand kommt. ***Dünn besiedelte Regionen*** wie das baskische Hinterland oder Teile des Couserans sind ganztägig sehr schlecht zu erreichen.

Spanien

Das spanische Busnetz zeichnet sich gegenüber dem französischen durch bessere Verbindungen und eine höhere Frequenz an Abfahrtszeiten aus. Private Busunternehmen steuern einen großen Teil der Orte und Dörfer an, wobei der ***Preis*** für 100 Kilometer bei etwa 6 € liegt. In den zentralen Pyrenäen genießt der Bus gar ein konkurrenzloses Dasein: Wer über kein eigenes Fahrzeug verfügt, ist auf ihn angewiesen - Züge gibt es nicht. Deshalb existieren auch zahlreiche ***Fernrouten,*** die weit auseinander liegende Orte miteinander verbinden.

Trampen

Manchmal ist Trampen die einzige Möglichkeit, ohne einen eigenen Untersatz an ein außerhalb gelegenes Reiseziel zu gelangen. An sich lässt es sich in den Pyrenäen recht ordentlich trampen; die Chancen, von einem vorbeifahrenden Auto mitgenommen zu werden, stehen gut. Einziges Problem: Auf vielen Nebenstrecken tendiert der Verkehr gen Null, so dass man hier mit längeren Wartezeiten rechnen muss. Die Tatsache, dass viele Autofahrer nur ein paar Kilometer weiter ins nächste Dorf wollen, trägt ebenfalls nicht gerade zum schnellen Weiterkommen bei. Generell gilt auch in den Pyrenäen: Pärchen und Alleinreisende werden schneller mitgenommen als zwei oder mehr männliche Tramper.

Versicherungen

Neben einer sehr zu empfehlenden ***Auslandskrankenversicherung*** (siehe unter Gesundheit) kann man eventuell eine ***Reisegepäckversicherung*** abschließen. Allerdings sollte man zuvor genau überprüfen, ob sich die anfallenden Kosten tatsächlich lohnen. Eigene Vorsichtsmaßnahmen gegen Diebstahl und Autoaufbrüche werden durch eine Versicherung nicht ersetzt; zudem ist der Versicherungsschutz durch vielerlei Klauseln sehr eingeschränkt.

Unannehmlichkeiten kann ein ***Auslandsschutzbrief*** verhindern, den man bei den Automobilclubs in Deutschland abschließen kann. Bei einer Panne oder einem Unfall übernimmt der Automobilclub am Urlaubsort zunächst einmal die Kosten für die Reparaturen. Erst nach der Heimkehr muss der Betrag zurückgezahlt werden, so dass die Reisekasse zumindest während des Urlaubs nicht unerwartet belastet wird. Außerdem beinhaltet ein solcher Auslandsschutzbrief Krankenrücktransport, Fahrerservice bei Fahrerausfall usw.

Natur

Geographie

Dort, wo heute die Pyrenäen emporragen, regierte während des Erdmittelalters noch Neptun: Bis vor etwa 60 Millionen Jahren wogte dort ein Ozean. Erst im Zuge der ***alpidischen Gebirgsbildungsphase*** - auf die ein großer Teil der weltweiten Hochgebirge zurückgeht - entstanden die Pyrenäen. Der europäische Sockel und die Iberische Halbinsel bewegten sich aufeinander zu und kollidierten, so dass das Gebirge vor rund 40 Millionen Jahren sein heutiges Gesicht bekam.

Die Pyrenäen erstrecken sich auf einer Länge von fast 450 km vom ***Atlantik*** zum ***Mittelmeer*** und bilden so eine natürliche Wand zwischen Frankreich und der Iberischen Halbinsel. Obwohl die französisch-spanische Grenze beinahe ausschließlich auf den Gipfeln des Zentralkammes verläuft, befinden sich doch über zwei Drittel des durchschnittlich etwa 100 km breiten Gebirges auf spanischem Territorium. Der Grund hierfür ist in der Beschaffenheit des Höhenzuges zu suchen: Während die Bergkette auf französischer Seite recht plötzlich und schroff ansteigt, fallen die Pyrenäen in Spanien langsam bis zur ***Ebene des Ebro*** hin ab. Mit dem ***Aneto*** (3.404 m), dem ***Posets*** (3.375 m) und dem ***Monte Perdido*** (3.355 m) sind auch die drei gewaltigsten Gipfel auf der spanischen Seite zu finden, Frankreich muss sich mit dem ***Vignemale*** (3.298 m) als höchster Erhebung begnügen. Obwohl die meisten Massive aus ***Granit*** bestehen, weisen auch die von großen

Bergwelt bei Astum

Höhlensystemen durchzogenen ***Kalksteinformationen*** erstaunliche Höhen auf; so der Monte Perdido, der höchste Kalksteinberg Europas. Eines haben die imposantesten Erhebungen aber allesamt gemein: Sie befinden sich im Zentrum des Gebirges.

Etwas weniger spektakulär präsentieren sich die Pyrenäen im ***Westen,*** wo sie zur Atlantikküste hin langsam abflachen. Im ***Baskenland*** schließlich bilden sie eine harmonische ***Hügellandschaft,*** nur vereinzelt unterbrochen von größeren Erhebungen wie der ***Rhune*** (900 m), dem symbolischen Berg der Region.

Im ***Osten*** reicht das Hochgebirge in Form des ***Canigou*** (2.784 m) noch relativ nah an die Küste heran, nur

10 km Luftlinie vom Mittelmeer entfernt existieren immerhin noch Höhen um 1.000 m. Erst dann fällt die nur noch schmale Bergkette ***Monts Albères*** zügig zum Mittelmeer hin ab.

Egal, ob West-, Zentral- oder Ostpyrenäen – die ***Gletscher*** schufen in der Vergangenheit fast ausschließlich Täler, die quer zur eigentlichen Richtungslinie verlaufen und somit nicht gerade zu einer optimalen verkehrstechnischen Erschließung beitragen. Heute trifft man nur noch in den höchsten Lagen der zentralen Pyrenäen vereinzelt auf „ewiges" Eis, wobei dies seit Beginn des 20. Jh. rasch zurückweicht. Die Zeiten, als die Eisschichten bis weit ins Vorgebirge hineinreichten, liegen über 15.000 Jahre zurück. In dieser Eiszeit entstanden auch einige der beeindruckendsten Naturschauspiele, unter anderem der berühmte Cirque de Gavarnie, der ebenfalls beeindruckende Cirque de Troumouse sowie zahlreiche Seen und Wasserfälle.

Eine Vielzahl an ***Bächen*** und ***Flüssen*** findet sich in den Pyrenäen; besonders auf der spanischen Seite bleibt aber von so manchem Bach, der sich zur Tauzeit reißend seinen Weg bergab bahnte, im Spätsommer und im Herbst nur ein bescheidenes Rinnsal übrig. Andere Gebirgsflüsschen, die im Nordwesten die baskische Bezeichnung *Gave* tragen, führen jedoch das ganze Jahr über ausreichend Wasser.

Klima

So unterschiedlich wie die verschiedenen Regionen der Pyrenäen präsentiert sich auch das hiesige Klima. Allgemein werden weite Teile des Gebirges der ***gemäßigten Klimazone*** zugeordnet, eine Ausnahme machen dabei aber die ***Hochgebirgslagen*** und die ***Mittelmeerregion.*** So werden am Observatorium auf dem Pic du Midi de Bigorre (2.872 m) acht Monate im Jahr Durchschnittstemperaturen unter dem Gefrierpunkt gemessen, an über 100 Tagen fällt jährlich Schnee. Kaum verwunderlich also, dass einige Pässe in den Hochlagen manchmal bis zum Juni wegen Altschnees geschlossen bleiben, während man zur selben Zeit am Mittelmeer - gerade einmal 200 km Luftlinie entfernt - schon die Badehose auspacken kann.

Zudem bildet die Bergkette eine ***Wetterscheide:*** Während es auf der französischen Seite regnet, kann die Überquerung eines Passes nach Spanien innerhalb kürzester Zeit strahlenden Sonnenschein bedeuten.

Westliche Seite

Den westlichen Teil des Gebirges prägt das ***atlantische Klima,*** das großen Teilen des ***Baskenlandes*** mäßig warme Sommer, recht milde Winter und ganzjährige Niederschläge beschert. Beispielsweise im Tal des Río Bidasoa regnet es selbst im August, dem trockensten Monat des Jahres, durchschnitllich noch jeden dritten Tag.

Wolkenpracht am Mittelmeer

Fährt man von hier aus ***südwestlich,*** ändern sich die Witterungsbedingungen aber rasch: In Pamplona fällt im Jahresdurchschnitt nicht einmal halb soviel Niederschlag wie in den Städten nahe der Atlantikküste. Im etwas weiter östlich gelegenen Sangüesa am Fuße der spanischen Pyrenäen sind die Sommer sogar äußerst ***heiß und trocken*** - die flirrende Mittagshitze sorgt hier beinahe für wüstenähnliche Verhältnisse.

Zentrale Pyrenäen

Solch extreme Temperaturen gibt es in den zentralen spanischen Pyrenäen aber nur in den südlich gelegenen Vorgebirgen; in den höheren Lagen herrscht - wie auf der französischen Seite - das ***gemäßigte Klima*** vor. Obwohl sich beide Seiten des Gebirges hier in derselben Klimazone befinden, erwarten den Urlauber in Spanien höhere Temperaturen und weniger Regenfall als im Nachbarland.

Östliche Seite

Die östlichen Pyrenäen prägt das durchweg milde ***Mittelmeerklima.***

Die meisten Niederschläge fallen zwischen Herbst und Frühjahr; der Sommer zeigt sich von einer sonnigen, trockenen Seite und lockt so zahllose Urlauber an die Strände. Die mediterrane Witterung reicht jedoch bis weit ins Inland hinein: Selbst die Cerdagne und das Capcir werden von der Sonne geradezu verwöhnt. Nicht umsonst unternimmt man in der französischen Cerdagne - unter anderem beim berühmten Parabolspiegel von Odeillo - wissenschaftliche Versuche mit der Solarenergie. Schließlich wurde hier die intensivste Sonneneinstrahlung ganz Frankreichs gemessen!

Flora

Ob kühle Buchenwälder, angenehm nach Harz riechende Kiefernbestände oder in Sonnenlicht getauchte Wiesen, auf denen Tausende von Bergblumen blühen - vielfach noch unberührte Natur erwartet den Besucher der Pyrenäen. Von den über 3.300 hier wachsenden Pflanzenarten sind beinahe 150 endemisch; das heißt, sie kommen nur in den Pyrenäen vor.

Vegetationszonen

Wie jedes Gebirge werden auch die Pyrenäen in verschiedene Vegetationsstufen unterteilt, die an der Nordflanke teilweise etwas unter, an der Südflanke etwas über den aufgeführten Höhenangaben liegen. Die Pflanzenwelt der Pyrenäen zeichnet sich aufgrund der mannigfaltigen ***klimatischen Bedingungen*** und der großen Höhenunterschiede durch ihre Variationsbreite aus.

Die ***kolline Stufe*** (bis 900 m), in der vielerorts die vom Menschen gerodeten Weideflächen vorherrschen, ist vor allem der Standort der Eiche.

Buchenwälder dominieren die ***montane Stufe*** (bis 1.800 m), in der häufig auch Tannen, Kiefern sowie Ebereschen und Birken zu finden sind.

In der anschließenden ***subalpinen Stufe*** (bis 2.300 m) kommt nur noch vereinzelt die auffallend kleine Hakenkiefer vor, die als einziger Baum den Anforderungen der Höhenlage gewachsen ist. Diese Region ist seit Jahrhunderten Sommer für Sommer die Heimat der Schafherden, wenngleich die Viehhaltung immer mehr zurückgeht.

Blumige Idylle

Misteln

Besonders im Westen der Pyrenäen stechen die Misteln ins Auge, die zum Teil dutzendweise in einem Baum hängen. Es handelt es sich um eine parasitisch lebende Pflanze, die mit ihrer Wurzel in die Äste von Bäumen eindringt und sich so von den Nährstoffen der Wirtspflanze ernährt. Auch die Verbreitung der Mistelsamen ist alles andere als gewöhnlich: Die weiße oder gelbliche Scheinbeere der Pflanze bleibt am Schnabel der Vögel, die sie zu fressen versuchen, haften. Der Vogel will den Störenfried nun wieder loswerden und reibt seinen Schnabel an anderen Ästen – ein neuer Wirt ist gefunden. Nicht nur bei Asterix besitzt die Mistel eine besondere Bedeutung; tatsächlich galt sie früher als Mittel gegen Krankheit, Verhexung oder Blitzeinschlag und kam als Glückspflanze in Sagen und in der Zauberei vor.

Keine Chance gegen Misteln

Die Wiesen nehmen in der ***alpinen Stufe*** (bis 3.100 m) immer stärker ab und werden nach und nach völlig vom blanken Fels und von Schutthalden verdrängt. Einige kleine Pflanzen haben sich aber an die extremen Bedingungen angepasst.

In der ***nivalen Stufe*** (höher als 3.100 m) existieren schließlich nur noch vereinzelt Moose und Flechten.

Blumen

Zu den visuellen Höhepunkten einer jeden Pyrenäenwanderung zählen die zahlreichen Bergwiesen, auf denen schier unendlich viele Blumen in den unterschiedlichsten Farben blühen. Bis in Höhen von 2.700 m trifft man häufig auf den weiß-gelben ***Pyrenäen-Hahnenfuß,*** der entgegen seinem Namen auch in anderen Regionen Europas heimisch ist. Gelbliche und weiße ***Narzissen,*** die bläulich blühende ***Pyrenäen-Schwertlilie*** sowie verschiedene ***Enzian- und Krokusarten*** gehören ebenfalls zu den Blickfängen auf vielen Almen. Die immergrünen Büsche der ***Rostroten Alpenrose*** hingegen sind eher an schattigeren Plätzen, so als Unterwuchs in Nadelgehölzen, zu finden. Als Klassiker unter den Bergblumen darf das ***Edelweiß,*** das ausschließlich in Höhen über 1.000 m gedeiht, natürlich nicht fehlen.

Endemische Arten

Endemische Arten sind unter anderem die lila-blau blühende und bis zu 90 cm hohe ***Pyrenäen-Aster,*** die vor allem im oberen Garonne-Tal vorkommt, die ***Pyrenäen-Glockenblume*** (nordöstliche Pyrenäen) sowie die dornigen Sträucher des ***Igelginsters,*** der manche Gegenden in ein gelbes Farbenmeer verwandelt. Ein absolutes Unikum stellt die ebenfalls endemische ***Ramondia*** dar: Die bläulich-violett blühende Blume mit ihren runzeligen Blättern ist der einzige europäische Vertreter der ansonsten nur im tropischen Südamerika vorkommenden Gloxiniengewächse. Die zwischen 6 und 12 cm hohe Pflanze, die in den westlichen und den zentralen Pyrenäen in Höhen bis zu 1.800 m gedeiht, wurde nach dem Botaniker *Ramond* benannt.

Fauna

Leicht ist man versucht, die Pyrenäen als ein Paradies für Tiere zu bezeichnen. Was im 19. Jahrhundert sicherlich richtig war, besitzt heute nur noch bedingt seine Gültigkeit. Auch in der Bergwelt zwischen Atlantik und Mittelmeer hat der Mensch seine Spuren hinterlassen: Früher vollkommen abgelegene Landstriche sind erschlossen, Straßen gebaut und Skigebiete errichtet worden. Einige Tierarten wurden zudem durch die Jagd stark dezimiert. Doch keine Angst: Im Vergleich zu anderen Regionen – unter anderem den Alpen – erscheinen vor allem die spanischen Pyrenäen als weitgehend unberührt. So leben in dem Gebirge noch immer viele Tiere, die in Mitteleuropa und in anderen südeuropäischen Regionen mittlerweile stark bedroht oder gar ausgestorben sind. Wie die Flora imponiert auch die Fauna aufgrund der geographischen und klimatischen Gegensätze mit einem beachtlichen ***Artenreichtum:*** Wärmeliebende Küstenbewohner haben hier ebenso ihre Heimat wie reine Hochgebirgstiere.

Wenn über die Fauna der Pyrenäen gesprochen wird, findet meist der fast ausgestorbene Braunbär Erwähnung, obwohl ihn „normale“ Urlauber niemals zu Gesicht bekommen werden. Als weitaus interessanter für Besucher erweisen sich die großen Greifvögel, allen voran der Gänsegeier. Besonders auf der spanischen Gebirgsseite kreisen die imposanten Vögel stellenweise in ganzen Gruppen am Himmel – ein beeindruckendes Erlebnis. Auf Spaziergängen und Wanderungen kann man in der Regel zudem andere interessante Vögel, Schmetterlinge und häufig auch Reptilien oder Amphibien beobachten.

Einige der hiesigen Tierarten, so der Desman und der Pyrenäen-Gebirgsmolch, sind endemisch; sie kommen außerhalb des Gebietes nicht vor.

Säugetiere

Der wohl bekannteste Vertreter der Pyrenäenfauna ist der ***Braunbär,*** der hier eines der letzten Rückzugsgebiete in Mittel- und Westeuropa besitzt. Einstmals in allen großen europäischen Wäldern vertreten, wurde „Meister Petz“ in Deutschland bereits

Europäischer Braunbär

1835, in der Schweiz 1904 ausgerottet. Und auch in den Pyrenäen gilt der Fortbestand des Braunbären als äußerst fraglich: Während früher beinahe jedes Tal seinen eigenen Bärenjäger besaß, haben die großflächige Rodung von Eichen- und Buchenwäldern sowie die zunehmende Störung durch den Menschen den Bestand auf etwa 10 bis 15 Tiere schrumpfen lassen. Zwar stehen die verbliebenen Exemplare, die sich vornehmlich im Vallée d'Aspe und im Vallée d'Ossau sowie in der Region um die Täler von Ansó und Hecho aufhalten, mittlerweile unter strengem Schutz, doch gilt es als äußerst fraglich, ob die Population auch künftig erhalten bleibt.

Die schon länger existierenden Pläne, den Bären-Bestand durch die Einfuhr von Tieren aus anderen Ländern zu sichern, sind Ende der 1990er Jahre in die Tat umgesetzt worden: Drei Braunbären aus Osteuropa wurden in die Pyrenäen gebracht und dort ausgesetzt. Tatsächlich hat diese Maßnahme schon erste Früchte getragen, denn zwei aus Slowenien stammende Bärendamen haben in den Pyrenäen bereits Nachwuchs bekommen. Die bis zu zwei Meter großen Tiere leben sehr zurückgezogen und ernähren sich vorwiegend vegetarisch. Bisweilen reißen sie jedoch auch Schafe oder sogar Kühe, weshalb sie sich bei der Bevölkerung nicht gerade großer Beliebtheit erfreuen. Heute erhalten Hirten, denen durch Braunbären ein finanzieller Schaden entstanden ist, aber eine Entschädigung vom Staat. Bei vielen traditionellen Festen spielen die Tiere noch immer eine große Rolle, so beim Karneval in Prats-de-Mollo.

Buchtipp

- **Sicherheit in Bärengebieten,** Rainer Höh
  Reise Know-How Praxis

Wahrscheinlich noch seltener als der Braunbär kommt der ***Pardelluchs*** in den Pyrenäen vor. Vermutungen zufolge leben nicht einmal mehr ein Dutzend Exemplare dieser auffallend gefleckten, bis zu 90 cm langen Katzen im Gestrüpp der lichten Bergwälder, wo sie vornehmlich Kaninchen nachstellen.

Mehr als kritisch mutet auch die Situation des ***Pyrenäen-Steinbocks*** an, einer kleineren Unterart des Alpen-Steinbocks. Nur noch im Ordesa-Nationalpark, der einst unter anderem zur Erhaltung dieses Tieres ins Leben gerufen wurde, lebt eine Herde von nicht einmal 100 Exemplaren. Der Fortbestand des Steinbocks in den Pyrenäen erscheint somit mehr als fraglich.

Häufiger trifft man hingegen auf die ***Pyrenäen-Gemse,*** von denen mehrere tausend in dem Gebirge leben. Früher ebenfalls bedroht, konnte sich die Verwandte der Alpen-Gemse in den vergangenen Jahrzehnten durch die Schaffung von Nationalparks und Schutzgebieten so stark vermehren, dass sie außerhalb der Schutzzonen heute wieder zum Jagdwild gehört. Besonders in den Parks von Ordesa und Aigües-Tortes ist es nicht selten, dass man die unglaublich behenden Kletterer in den Felswänden beobachten kann. Im Sommer, wenn die Viehherden die Weiden im Gebirge belegen, ziehen sich die Gemsen mitunter auch in die Wälder zurück.

Über das Vorkommen der ***Ginsterkatze,*** einer marderähnlichen Schleichkatze, ist nur wenig bekannt. Das zurückgezogen lebende Tier, dessen Körperlänge bis 50 cm beträgt, geht ausschließlich nachts auf die Jagd nach Kleinsäugern und Vögeln.

Extrem selten zu Gesicht bekommt man auch den endemischen ***Pyrenäen-Desman,*** einen 20 cm langen Wasserbewohner aus der Familie der Maulwürfe, dessen Aussehen recht grotesk ist. Dieser auch Bisamrüssler genannte Kleinsäuger, dessen einziger Verwandter in Südrussland vorkommt, ist zwar nicht selten, kann durch seine zurückgezogene Lebensweise aber kaum einmal beobachtet werden. Den Tag verbringt das bestens ans Leben im Wasser angepasste Tier in Höhlen am Ufer, um nachts mit seinem rüsselartigen Maul in Gebirgsbächen auf die Jagd nach Insekten zu gehen. Da der Desman Gewässer selbst bei geringer Verschmutzung meidet, gilt sein Vorkommen als Zeichen für eine tadellose Wasserqualität.

Wie der Name schon sagt, gehört das ***Alpen-Murmeltier*** ursprünglich nicht zu den Bewohnern der Pyrenäen – erst in den 40er Jahren des 20. Jahrhunderts wurden einige Tiere hier ausgesetzt. Diese vermehrten sich so rasch, dass die reinen Pflanzenfresser heute in weiten Gebieten der zentralen Pyrenäen heimisch geworden sind. Murmeltiere leben kolonienweise in Erdbauten und verbringen einen lang andauernden Winterschlaf, bei dem sie stark abmagern.

Zu den Säugetieren in den Pyrenäen zählen unter anderem noch das Wildschwein, Rot- sowie Rehwild, Dachse, Marder und Füchse, wobei man gerade Letztgenannte dann und wann zu Gesicht bekommt.

In den Hügellandschaften des Baskenlandes begegnet man häufig dem ***Pottok*** (bask. „kleines Pferd"), einer winzigen Pferderasse, deren Höhe kaum einmal mehr als 1,30 Meter beträgt. Die Tiere haben zwar einen Besitzer, leben jedoch größtenteils halbwild und werden nur selten für Ausritte oder Hindernisspringen benutzt.

Desman

Vermutungen gehen dahin, dass es sich bei den Pottoks – die früher völlig wild im Gebirge vorkamen – um Nachkommen von Urpferden handelt, die schon auf jahrtausendealten Höhlenzeichnungen zu sehen sind.

Vögel

Wie im Zeitlupentempo gleitet der ***Gänsegeier*** ohne jeden Flügelschlag durch die Lüfte und sucht dabei den Boden nach Kadavern ab. Der gewaltige Vogel zählt mit einer Flügelspannweite von über 2,50 Metern fraglos zu den beeindruckendsten Tieren der Pyrenäen. Erfreulicherweise ist die Beobachtung des Aasfressers keineswegs nur zufällig möglich. Besonders auf der spanischen Gebirgsseite trifft man den Gänsegeier häufig an, allein in der Region um Lumbier und die Foz de Arbayun leben beinahe 300 Paare. In Frankreich ist er zwar seltener, doch in einigen Gebieten (unter anderem beim Berg Artzamendi nahe dem baskischen Dorf Itxassou) gehört er zum alltäglichen Bild. Dabei sah es nicht immer gut aus für den majestätischen Vogel. Nachdem die Population bis in die 70-er Jahre des 20. Jahrhunderts stark zurückgegangen war, nahm der Bestand erst in den vergangenen zwei Jahrzehnten wieder merklich zu. Gänsegeier sind sehr gesellig und brüten in Kolonien auf unzugänglichen Felsvorsprüngen oder in kleinen Höhlen.

Bartgeier

Sehr viel seltener ist der ***Bartgeier,*** der den Gänsegeier in Sachen Flügelspannweite sogar noch um einige Zentimeter übertreffen kann. Etwa 50 Paare brüten in den Pyrenäen, was sich vor allem durch die riesigen Reviere erklärt, die die Einzelgänger benötigen. Aufgrund des Kontrastes zwischen dem gelbbraunen Körper und den dunklen Flügeln kann man ihn kaum mit einem anderen Vogel verwechseln, wenn er auf der Suche nach abgestürzten Säugetieren an den Berghängen entlangfliegt. Bartgeier, die frisch verendete Tiere als Nahrung bevorzugen, lassen Knochen aus großer Höhe auf Felsen fallen, um so an das Knochenmark heranzukommen.

Durch die geringere Größe (Flügelspannweite um 1,50 Meter) und das überwiegend weiße Gefieder unterscheidet sich der ***Schmutzgeier*** deutlich von anderen Geierarten. In punkto Nahrung ist er erheblich weniger spezialisiert als beispielsweise der Bartgeier. So trifft man ihn nicht selten auf Müllhalden an, wo er im Abfall nach Fressbarem Ausschau hält. Im Herbst ziehen Schmutzgeier nach Afrika, um dort zu überwintern.

In den höchsten Lagen des Gebirges lebt der ***Steinadler,*** den man trotz seiner Flügelspannweite von bis zu 2,30 Metern nur sporadisch zu Gesicht bekommt. Der scheue Vogel baut sein Nest auf Felsvorsprüngen, seltener auch in den Kronen hoher Bäume. Er überfliegt sein Revier auf der Suche nach Kaninchen, Mäusen, Hühnervögeln oder Murmeltieren. Obwohl er sich in erster Linie von diesen Beutetieren ernährt, verschmäht der Steinadler auch Aas nicht.

Ansonsten in Europa recht selten, kann man den ***Schlangenadler*** (Flügelspannweite etwa 1,60 Meter) in den Pyrenäen relativ häufig beobachten, wie er das Gelände nach seiner Hauptnahrung, Echsen und Schlangen, absucht. Besonders in den Vorgebirgen „steht" der auffallend helle Vogel mit den Flügeln rüttelnd in der Luft und hält nach Beute Ausschau.

Zu den zahlreichen Greifvogelarten, die in den Pyrenäen heimisch sind, zählen weiterhin Habichtsadler, Mäusebussarde, Habichte, Sperber sowie Falken, Weihen und Milane.

Das ***Auerhuhn*** ist westlich der Alpen nur noch in den Pyrenäen und den nordspanischen Gebirgszügen nahe dem Atlantik heimisch. Ins Auge sticht besonders der Hahn mit seinem glänzenden, schwarz-grünen Gefieder, wohingegen das kleinere, braune Weibchen weniger auffällt. Auerhühner leben zurückgezogen in Mischwäldern mit viel Nadelholzbestand und ernähren sich vornehmlich von Beeren sowie Baumnadeln. Berühmt ist das Balzverhalten der Tiere, bei dem das Männchen nach und nach in immer größere Ekstase gerät.

Das kleinere ***Alpenschneehuhn*** ist bestens an seinen Lebensraum in den höheren Gebirgslagen angepasst, da es im Sommer ein graubraunes, im Winter ein weißes Federkleid trägt. Diese ausgezeichnete Tarnung führt dazu, dass man das nicht seltene Tier nur mit etwas Glück erblickt.

In Höhen bis zu 2.500 m kommt der ***Mauerläufer*** vor, unverwechselbar aufgrund des langen, gebogenen Schnabels und der rötlichen Flügel. Mit abgespreizten Schwingen läuft der 15 cm lange Vogel Felswände auf der Suche nach Insekten entlang.

Typische Gebirgsvögel sind außerdem die in Deutschland ausgestorbene ***Alpenkrähe*** mit ihrem leuchtend roten Schnabel sowie die gelbschnäbelige ***Alpendohle.*** Viele andere Vogelarten, die in Mitteleuropa stellenweise bereits verschwunden sind, kann man in den Pyrenäen noch häufig beobachten, so den ***Wiedehopf,*** den ***Eisvogel*** oder die ***Wasseramsel.*** In den östlichen Pyrenäen trifft man zudem auf den außergewöhnlich bunten ***Bienenfresser*** und die ***Blauracke,*** deren leuchtendes Gefieder ihrem Namen alle Ehre macht.

Natur

Reptilien und Amphibien

Schlangen

Die ***Aspisviper*** ist die einzige Giftschlange, die die Pyrenäen auf der ganzen Länge zwischen Atlantik und Mittelmeer bewohnt. Das bis zu 70 cm lange Reptil, dessen Färbung von grau bis braun-rot reicht, bewohnt trockene und sonnige Gebiete in Höhen bis zu 3.000 m. Dort liegt sie oft stundenlang in der Sonne, insbesondere, wenn die Außentemperaturen nicht sonderlich hoch sind. Nähert sich ein Mensch, verschwindet das scheue Tier blitzschnell in einem Versteck. Begegnungen mit der Schlange sind somit höchst selten; dass Menschen gebissen werden, kommt fast gar nicht vor. Ihre Beutetiere, vorrangig Mäuse, lässt die Aspisviper nach dem Biss zunächst weglaufen und findet sie später mit Hilfe ihres erstklassigen Geruchssinnes wieder.

Die kräftige ***Eidechsennatter,*** die zur Familie der Trugnattern zählt, besiedelt vornehmlich die östlichen Pyrenäen. Sie besitzt zwar Giftzähne; diese sitzen jedoch weit hinten im Oberkiefer, so dass sie erst eindringen können, wenn das Beutetier schon halb verschlungen ist. Dem Menschen kann die etwa 1,70 Meter lange, meist gelblich-braune Eidechsennatter somit nicht gefährlich werden.

Zu den ungiftigen Schlangen zählt die bis zu 1,80 m lange ***Gelbgrüne Zornnatter,*** die trockene, sonnige Plätze in den tiefer gelegenen Lagen des Gebirges bevorzugt. Die schlanke Schlange ist leicht an der schwarzgelben Sprenkelung zu erkennen, die zumindest im vorderen Körperabschnitt auftritt. Zu ihren Beutetieren zählen neben Vögeln, kleinen Säugern, Echsen und Fröschen auch Vipern, da deren Bisse ihr anscheinend nichts anhaben können. Fängt man eine Zornnatter, reagiert diese aggressiv und versucht, sich mit Bissen zu befreien.

Gedrungener als die Gelbgrüne Zornnatter wirkt die ebenfalls ungiftige ***Vipernatter,*** die einen kräftigen Körperbau bei einer Länge von kaum mehr als 80 cm besitzt. Das meist gefleckte Reptil, dessen Grundfärbung von gelblich bis grau reichen kann, lebt in unmittelbarer Nähe von Teichen oder Seen. Dort jagt sie Molche, Frösche und kleine Fische, die lebend verschlungen werden.

Außerdem kommen in den Pyrenäen auch die seltene ***Stülpnasenotter*** (nur in Spanien), die ***Ringelnatter,*** die ***Glattnatter,*** die ***Girondenatter, die Äskulapnatter*** sowie fast ausschließlich in der Mittelmeerregion die ***Treppennatter*** vor.

Eidechsen

Auffallendster Vertreter der Echsen ist ohne Frage die bis zu 60 cm lange ***Perleidechse,*** die trockene Gegen-

Mauereidechse

den mit starker Sonneneinstrahlung bewohnt. Mit ihrer grünlichen Färbung und den seitlichen blauen Punkten kann sie nur unschwer mit anderen Eidechsen verwechselt werden. Das insektenfressende Reptil besitzt in Greifvögeln und der Eidechsennatter seine ärgsten Feinde.

Neben sieben weiteren Eidechsenarten zählen auch die ***Blindschleiche*** und die nahe verwandte ***Erzschleiche,*** die noch winzige Beinchen besitzt, zu den Pyrenäenbewohnern.

Amphibien

Der Lebensraum des ***Pyrenäen-Gebirgsmolches*** beschränkt sich auf die Pyrenäen; er bildet somit eine von zwei endemischen Arten unter den vielen hier vorkommenden Amphibien. Der breitköpfige, meist bräunlich-graue Molch bewohnt kalte, klare Seen und Bäche des Hochgebirges. Die etwa 10 bis 16 cm langen Tiere ernähren sich in erster Linie von Wasserinsekten, gehen zeitweise aber auch an Land, wo sie Würmern und Spinnen nachstellen.

Auch der ***Pyrenäen-Frosch*** ist ausschließlich hier anzutreffen. Offensichtlich lebt er nur auf der spanischen Seite des Gebirges auf einer Höhe zwischen 1.000 und 1.800 Meter. Die Spezies wurde als solche erst vor wenigen Jahren entdeckt, da er sich äußerlich kaum von seinem engen Verwandten, dem Grasfrosch, unterscheidet.

Fische

Die klaren Flüsse und Bäche der Pyrenäen bieten optimale Lebensbedingungen für ***Forellen,*** was Angler (so auch *Hemingway*) seit jeher zu schätzen wissen. Leider setzte man diese Raubfische in den vergangenen Jahrzehnten auch in sehr hoch gelegenen Gewässern aus, in die sie früher aus eigener Kraft nicht gelangen konnten. Hier wurden sie zu „unnatürlichen" Fressfeinden der ursprünglich vorkommenden Tiere. So kann der besonders intensive Forellen-Besatz eines Sees beispielsweise zum Verschwinden des dort ursprünglich weit verbreiteten Pyrenäen-Gebirgsmolches führen.

Gehören ***Lachse*** in manchen Teilen Europas lange der Vergangenheit an, so verlässt dieser Fisch zur Laichzeit auch heute noch den Atlantik, um die Flüsse in den westlichen Pyrenäen aufwärts zu schwimmen. Die Angler freut's!

Insekten

Zu den interessantesten Insekten der Pyrenäen zählen sicherlich die ***Schmetterlinge*** verschiedenster Arten, die auf den Bergwiesen in großen Mengen von einer Blüte zur nächsten flattern. Auffällig sind besonders die gelben ***Schwalbenschwänze*** und ***Segelfalter*** mit schmalen Fortsätzen an den Flügelenden. Der ans Gebirge gebundene und andernorts bedrohte ***Rote Apollo,*** zu erkennen an zwei roten Punkten auf den weißen Flügeln, ist hier keine Seltenheit.

In wärmeren Gebieten lebt die bis zu 7 cm lange ***Gottesanbeterin,*** eine Fangschrecke, die mit ihren überlangen vorderen Gliedmaßen Insekten aller Art fängt.

Natur

Das Cadí-Massiv

Nationalparks

Drei Naturschutzgebiete in den Pyrenäen besitzen den Status eines Nationalparks und bieten dem Besucher Naturschauspiele von atemberaubender Schönheit. ***Nähere Informationen*** zu den einzelnen Parks finden sich im Reiseteil.

Der französische ***Pyrenäen-Nationalpark*** *(Parc National de Pyrénées)* verläuft zwischen dem Vallée d'Aspe und dem Vallée d'Aure auf einer Länge von über 100 km an der spanischen Grenze entlang. Das bekannteste und meistbesuchte Ausflugsziel des Parks, der berühmte Cirque de Gavarnie, zählt zu den spektakulärsten Sehenswürdigkeiten der gesamten Pyrenäen.

Mit seinen imposanten Schluchten und Wasserfällen ist der ***Ordesa-Nationalpark*** *(Parque Nacional de Ordesa y Monte Perdido),* der sich auf der spanischen Seite anschließt, nicht minder interessant.

Als dritter im Bunde begeistert der östlich von Ordesa gelegene ***Nationalpark Aigües Tortes*** *(Parc Nacional d'Aigües Tortes i d'Estany de Sant Maurici)* mit einer unglaublichen Vielzahl an Seen, Flüssen und Sturzbächen.

Unter Schutz gestellte Gebiete wie die ***Réserve Naturelle de Néouvielle*** in Frankreich sowie ***Cadí-Moixeró, Garrotxa*** und ***Aiguamolls de l'Empordà*** in Katalonien faszinieren ihre Besucher ebenfalls.

Gesellschaft und Kultur

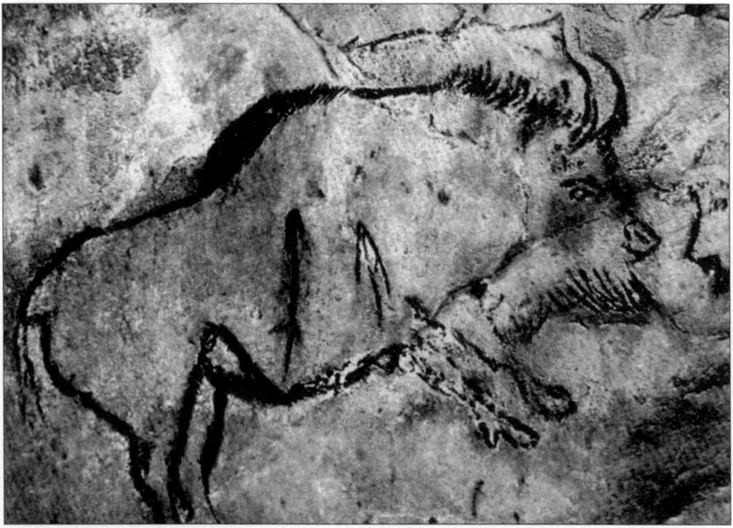

Bison mit Pfeilen, die in die Herzgegend zielen; Höhlenzeichnung aus Niaux

Geschichte

Die Suche nach einer historischen Einheit der Pyrenäen gestaltet sich schwierig, ja geradezu unmöglich. Erst 1659 wurde die heutige Grenze abgesteckt, in den vorangegangenen Zeiten kochte mehr oder weniger jede Region ihr eigenes geschichtliches Süppchen, wobei die Geschicke der einzelnen Gebiete allerdings oft miteinander verstrickt waren. Zwar gab es mehrere Versuche, ein die gesamten Pyrenäen übergreifendes Reich zu schaffen, doch waren sie alle zum Scheitern verurteilt – nicht zuletzt aufgrund der schwierigen geographischen Situation. Letztlich musste es wohl tatsächlich so kommen, dass die Pyrenäen zur natürlichen Grenze zwischen zwei Staaten wurden.

Die Anfänge

Der erste bekannte Bewohner der Pyrenäen war ein junger Mann, der vor etwa ***450.000 Jahren*** starb. 1971 fand man den Schädel dieses ***Homo erectus*** in einer Höhle nahe dem Dorf Tautavel, nahe Perpignan. Dieser frühe Vorfahre des heutigen Homo sapiens hatte zwar noch wulstige Augenbrauen und eine extrem fliehende Stirn, ging aber bereits aufrecht. Die Forschungen ergaben schließlich, dass es sich bei dem Tautavel-Menschen um den ältesten Europäer handelt, von dem man bislang weiß.

Weitere Beweise für prähistorische Kulturen stellen ***Wandmalereien*** und einfache Werkzeuge dar, die in einer ganzen Reihe von ***Höhlen*** überall in den Pyrenäen entdeckt wurden. Besonders das Ariège erwies sich geradezu als Schatzkammer der ***Altsteinzeit (35.000–10.000 v. Chr.).*** So wurden unter anderem in den Höhlen von Niaux und le Mas d'Azil bedeutende Funde gemacht, die auf den Cro-Magnon-Menschen, den ersten europäischen Homo sapiens, zurückgehen.

Dolmen, Menhire und andere ***Megalithen,*** die aus der Zeit von ***5.000 bis 2.000 v. Chr.*** stammen, finden sich beinahe in allen Bereichen der Pyrenäen, die meisten stehen jedoch unweit der Mittelmeerküste. Die Funktionen dieser Steinformationen und aufrecht stehenden Felsen sind bislang nicht geklärt, sie dienten möglicherweise als Grabkammern, Grabsteine oder Fruchtbarkeitssymbole.

Die Zeit der Invasoren

Nachdem gegen ***1.000 v. Chr.*** ***Kelten*** und ***Germanen*** in die Pyrenäen gekommen waren, besetzten im ***3. Jh. v. Chr.*** schließlich die ***Karthager*** das strategisch günstig gelegene Katalonien. Von hier aus überquerte ihr berühmtester Feldherr *Hannibal* ***214 v. Chr.*** mit seinen Elefanten die Pyrenäen auf dem Weg nach Rom. Das Ende des zweiten Punischen Krieges ***(218–201 v. Chr.)*** läutete aber das Ende der Besetzung durch Karthago ein. Die ***Römer*** vertrieben die karthagischen Truppen nach und nach von der Iberischen Halbinsel und begannen nun ihrerseits damit, die neugewonnenen Gebiete ihrem Reich anzugliedern. Es folgten mehrere Jahrhunderte der Romanisierung weiter Teile der Pyrenäen. Zwar wurden die Hochlagen weniger von diesen neuen Strömungen beeinflusst, doch entstanden zumindest am Fuße des Gebirges überall Straßen, Orte und Brücken. Zudem breitete sich vor allem in den stärker romanisierten Gegenden ab dem ***2. Jh.*** das ***Christentum*** aus. Auf keinen Fall sollte man auch das ***Bäderwesen*** vergessen, das die Römer in den Pyrenäen errichteten. Schon früh hatten sie die heilenden Kräfte der hiesigen Quellen erkannt und genutzt; nachdem der Thermalismus später Jahrhunderte ruhte, sollte er im 18. und 19. Jh. schließlich die ersten Touristen anlocken.

Dem Einfall „barbarischer“ Stämme aus dem Norden, unter anderem der ***Vandalen,*** hatte das bröckelnde römische Reich im ***3. Jh.*** kaum noch etwas entgegenzusetzen – der Zerfall des Imperiums begann. Im ***5. Jh.*** gelang es den ***Westgoten*** schließlich, ein neues Reich zu errichten, das fast ganz Spanien sowie einen großen Teil Frankreichs und damit die kompletten Pyrenäen beinhaltete.

Doch auch die Vorherrschaft der Westgoten sollte ein jähes Ende finden. Die ***Mauren*** beherrschten zu Beginn des ***8. Jh.*** ganz Nordafrika und setzten mit einer gewaltigen Armee nach Spanien über, wo sie den letzten westgotischen König, *Roderich,* ***711*** besiegten. Innerhalb weniger Jahre besetzten sie ganz Spanien und dehnten ihren Machtbereich auch jenseits der Pyrenäen immer weiter nach Norden aus. Erst ***732*** erhielt ihr Expansionsdrang einen gehörigen Dämpfer, als der ***Franke*** *Karl Martell* (altfranz. „der Hammer“) die arabischen Truppen bei Poitiers schlug und so deren weiteres Vordringen verhinderte.

Der Enkel *Karl Martells,* ***Karl der Große,*** vergrößerte zwischen ***768*** und ***814*** das Fränkische Reich enorm und setzte dabei auch den Kampf gegen die Mauren fort. Dem ungemein ehrgeizigen fränkischen König, der im Jahre 800 sogar zum römischen Kaiser gekrönt wurde, gelang es, die Araber zurückzudrängen. Während dieser Zeit musste aber auch *Karl der Große* eine bittere Niederlage in den Pyrenäen hinnehmen, die in die Geschichte einging. Als er ***778*** das baskische Pamplona zerstörte, das weder zum Mauren- noch zum Frankenreich gehörte, unterschätzte er die Rache der Basken. Diese lauerten der Nachhut des fränkischen Heeres im Gebirge (zumindest der Sage nach bei Roncesvalles) auf und schlugen die Soldaten *Karls des Großen* vernichtend. In dem Kampf verlor auch der sagenumwobene *Roland* sein Leben, bei dem es sich um einen Grafen aus der Bretagne handelte, der in dem berühmten Rolandslied jedoch als heldenhafter Neffe *Karls* gepriesen wird.

Diese Schlappe konnte aber nicht verhindern, dass die maurischen Herrscher in den Pyrenäen alsbald nicht mehr viel zu sagen hatten. *Karl der Große* weitete sein Imperium bis nach Nordspanien aus und ließ dort die ***Spanische Mark*** gründen, eine Art Pufferzone gegen die arabischen Feinde.

Nach dem Tode *Karls des Großen* verlor das Adelsgeschlecht der nach ihm benannten Karolinger an Macht, ***987*** starb schließlich der letzte Karolingerkönig. Gleichzeitig nahm auch der maurische Einfluss in den Pyrenäen wieder zu. Erst als sich im ***11. und 12. Jh.*** französische Adelsgeschlechter an der ***Reconquista,*** der Rückeroberung Spaniens durch die Christen, beteiligten, und sich die

Gesellschaft

verschiedenen christlichen Königreiche Spaniens zu einem Bündnis durchrangen, konnten die Mauren zurückgedrängt werden. Völlig wurden sie allerdings erst 1492, mit dem Fall des maurischen Königreiches Granada, von der Iberischen Halbinsel vertrieben.

Das Königreich Navarra

Nachdem die Mauren im 8. Jh. ganz Spanien besetzt hatten, wuchs auch im Gebiet Navarra der Druck, die Identität und Selbstständigkeit der Region gegenüber den Arabern wiederherzustellen. Anfängliche Bemühungen waren zwar erfolglos, doch im ***9. Jh.*** gelang es dem Adel von Pamplona schließlich, ein ***christliches Königreich*** zu gründen. Beinahe zeitgleich entstand der berühmte ***Jakobsweg,*** der zum Grab des heiligen Jakobus in Santiago de Compostela führte und zum wichtigsten Pilgerpfad des Mittelalters wurde. Unzählige Gläubige machten sich in den folgenden Jahrhunderten auf den Weg in die nordwestspanische Stadt, durchquerten dabei Navarra und sorgten schon in den ersten Jahrzehnten für einen unglaublichen Aufschwung von Handel, Kunst und Kultur.

So war es nur eine Frage der Zeit, bis das Königreich Navarra die Führung im Verbund der christlichen Staaten der Reconquista inne hatte. Dies geschah schließlich unter *König Sancho III.,* dem Großen ***(1000–1035),*** der zeitgleich auch Aragón und Kastilien beherrschte. Hatte sich der Ehrgeiz seiner Vorgänger nur auf die spanische Seite beschränkt, weitete *Sancho III.* sein Reich auch nördlich der Pyrenäen aus. Die Vizegrafschaften Labourd und Soule wurden gegründet und alle Basken somit einer Zentralgewalt unterstellt. Aufgrund einer Allianz mit den Herzögen von Aquitanien und Gascogne nahm die Macht Navarras noch weiter zu. Ein eigener, großer Staat, der beide Seiten der Pyrenäen einschließen würde, erschien nicht mehr unmöglich.

Der Tod *Sanchos III.* und die damit verbundene ***Aufteilung des Reiches*** unter seine drei Söhne verhinderte dies jedoch. *Fernando I.* erbte dabei Kastilien, dessen zukünftige Vormachtstellung in der spanischen Geschichte er begründete. Die Stärke des Königreiches Navarra begann zu schwinden, wenngleich die Santiago-Pilger weiterhin für volle Kassen sorgten. Vor allem dieser Reichtum war es, der die mittlerweile überlegenen Reiche Aragón und Kastilien mehrfach zu Versuchen bewegten, sich Navarra einzuverleiben. Nichtsdestotrotz kämpften die Navarresen weiterhin an der Seite von Aragón und Kastilien gegen die Mauren und errangen in der Schlacht von Navas de Tolosa ***(1212)*** sogar einen entscheidenden Sieg gegen die arabischen Eindringlinge.

Die Tage des Königreiches Navarra waren dennoch gezählt: ***1234*** geriet es für über 200 Jahre sogar unter ***französische Herrschaft.*** Die ***1441*** zurückgewonnene Selbstständigkeit hatte bereits ***1512*** wieder ein Ende, als Truppen *Ferdinands II.,* genannt „der Katholische", Navarra besetzten und es wenig später dem Königreich Kastilien-Aragón angegliedert wurde. Dem einstigen Imperium gestand man zwar zahlreiche Sonderrechte und einen eigenen Gerichtshof zu - eine große Rolle in der Historie spielte es fortan jedoch nicht mehr.

Der ***Zerfall*** des Reiches setzte sich fort, als ***1589*** das nördlich der Pyrenäen gelegene Niedernavarra, das noch bis zur französischen Revolution eine eigene Verwaltung und zahlreiche Vorrechte besaß, für immer an Frankreich fiel.

Aufstieg und Fall Aragóns

Nachdem *Wilfried der Behaarte* ***Ende des 9. Jh.*** mehrere katalanische Grafschaften vereint und ***Katalonien*** Ende des ***10. Jh.*** eine politische Unabhängigkeit erreicht hatte, ging es mit der jungen Nation stetig bergauf. Der entscheidende Schritt auf dem Weg zu einer europäischen Großmacht erfolgte ***1137,*** als *Ramon Berenguer IV.,* Graf von Barcelona, die Thronerbin des mittlerweile zum Königreich gereiften Nachbarstaates ***Aragón*** ehelichte. Eine starke ***Allianz*** war geboren, in die Aragón den Königstitel, Katalonien ohne Zweifel aber die wirtschaftlich größere Stärke einbrachte.

Als sich das immer mächtiger werdende Reich, dem seit ***1172*** auch das Roussillon angehörte, zunehmend zum südfranzösischen ***Okzitanien*** hin orientierte, schien ein sich beiderseits der Pyrenäen erstreckender Staat nicht mehr fern. Sowohl der französische König als auch der Papst betrachteten diese Entwicklung mit Argwohn. Ihre Kreuzritterarmee lieferte sich ***1213*** eine ***Schlacht*** mit *Raymond VI.*, dem Grafen von Toulouse, den sie der Ketzerei beschuldigten. *Peter II.* von Aragón eilte seinem Schwager *Raymond* zur Hilfe und verlor dabei nicht nur die Schlacht, sondern auch das Leben. Der Traum von einem Pyrenäenstaat war ausgeträumt.

Den weiteren ***Aufstieg*** des katalanisch-aragonischen Bündnisses konnte der Tod von *Peter II.* jedoch nicht aufhalten. Sein Sohn *Jakob I.* (der Eroberer), der seinem Vater auf dem Thron folgte, schloss Valencia und die Balearen dem Königtum an, das aufgrund des florierenden Seehandels immer wohlhabender und einflussreicher wurde. Nach *Jakobs* Tod erhielt der ältere Sohn *Peter III.* Katalonien und Aragón, dessen jüngerer Bruder das neugeschaffene ***Königreich von Mallorca,*** das von Perpignan aus regiert wurde. Das junge Imperium, dem neben den Balearen und dem Roussillon unter anderem auch die Cerdagne sowie Montpellier angehörten, hatte aber nicht lange Bestand. Bereits ***1344*** fiel es wieder an den Regenten von Aragón. Perpignan durfte sich nur 68 Jahre lang Hauptstadt nennen und hatte dabei lediglich drei Monarchen erlebt.

Das Königreich Aragón befand sich im ***14. Jh.*** auf dem Höhepunkt der Macht, als auch noch Sizilien und Sardinien dem Staat angegliedert worden waren und man große Teile des Mittelmeeres beherrschte.

Dem Aufstieg Kataloniens folgte im 15. Jh. der Fall. Nachdem das Geschlecht der Grafen von Barcelona 1410 erloschen war, führte die Heirat des aragonischen Thronfolgers *Ferdinand* mit *Isabella von Kastilien* ***(1469)*** dazu, dass sich Aragón verstärkt dem neuen Partner zuwandte und zehn Jahre später das ***Königreich Kastilien-Aragón*** gegründet wurde. Kastilien gelang es, den Einfluss der seit jeher verhassten Katalanen einzuschränken; hinzu kam, dass sich der Handel nach der Entdeckung Amerikas im Jahre ***1492*** vom Mittelmeer an den Atlantik verlagerte.

Und auch Aragóns Blütezeit war nicht mehr von langer Dauer, da die alleinige Führung des neuen Imperiums bald bei Kastilien lag. Der Niedergang des einst so bedeutenden Doppelreiches Katalonien-Aragón war perfekt.

Der Kreuzzug gegen die Katharer

Im Süden Frankreichs, dem okzitanischen Sprachraum, herrschte zu ***Beginn des 13. Jh.*** eine vertrackte Situation. Die verschiedenen Fürstentümer bauten ihre Macht und ihre Selbstständigkeit immer mehr aus, während das französische Königshaus dieser Entwicklung hilflos gegenüberstand.

Zeitgleich fand die Sekte der ***Katharer,*** die sich seit Mitte des 12. Jh. in der Region etabliert hatte, immer mehr Zulauf. Die Katharer machten zwar nicht das Gros der Bevölkerung aus, wurden aber von großen Teilen ihrer Mitbürger geduldet oder gar unterstützt. Ihr Glaube beruhte auf dem Gegensatz zwischen Gut und Böse, wobei der einzige Gott das Reich des Geistes schuf, sämtliche Materie hingegen ein Werk des Bösen war. Das Ziel der Katharer war es deshalb, sich von materiellen Besitzen – der Welt des Bösen – zu befreien und ein Leben in Enthaltsamkeit und Nächstenliebe zu führen. Diese Einstellung widersprach dem von der mächtigen und besitzgierigen katholischen Kirche gepredigten Glauben ebenso wie die Ablehnung fast aller Sakramente durch die Katharer.

Die Entwicklung in Okzitanien beunruhigte somit nicht nur den französischen König *Philippe Auguste,* sondern auch *Papst Innozenz III.*, der die christliche Einheit bedroht sah. Als ***1208*** ein päpstlicher Gesandter, der mit der Bekämpfung des Katharertums beauftragt war, in Südfrankreich unter seltsamen Umständen den Tod fand, rief der Papst zum ***Kreuzzug gegen die Ketzer*** auf. Dieser Aufforderung folgten zahlreiche nordfranzösische Lehnsherren, die sich wohl mehr von den in Aussicht gestellten Ländereien denn vom ebenfalls versprochenen Einzug ins Paradies „überreden" ließen. Angeführt von ***Simon de Montfort,*** nahmen die Kreuzritter eine Stadt nach der anderen ein und gingen

Gesellschaft

Montségur – Symbol der Katharer

dabei vielfach mit einer unglaublichen Brutalität vor. Durch die zahlreichen Siege ermutigt, beschloss *Simon de Montfort,* mit den Grafen von Foix und Toulouse auch die beiden mächtigsten Herrscher der Gegend anzugreifen, die mittlerweile ein Bündnis eingegangen waren. Die Glaubensfrage war zu diesem Zeitpunkt bereits in den Hintergrund getreten – es ging nur noch um Politik. Als ***1213*** *Peter II. von Aragonien* den Toulouser Grafen *Raymond VI.* in der ***Schlacht von Muret*** unterstützte und dabei sein Leben ließ (siehe „Aufstieg und Fall Aragóns"), hatte *de Montfort* einen weiteren entscheidenden Sieg errungen. ***1215*** unterwarf sich Südfrankreich schließlich, wenngleich der Tod von *Innozenz III.* zu einer erneuten Auseinandersetzung um Toulouse führte, bei der *Simon de Montfort* getötet wurde. Die okzitanischen Herrscher gewannen kurzfristig zwar noch einmal Oberwasser, mussten sich kurz nach dem ***Einmarsch des französischen Königs 1226*** aber endgültig geschlagen geben.

Um dem noch einmal aufflammenden Katharertum gänzlich ein Ende zu bereiten, wurde die ***Inquisition*** ins Leben gerufen; diese legalisierte das – ohnehin schon seit Jahren praktizierte – Verbrennen der „Ungläubigen".

Die Katharer flüchteten vor der Inquisition in einige ***Pyrenäen-Burgen,*** die als uneinnehmbar galten. Doch sie hatten sich getäuscht: ***1240*** kapitulierte der Herrscher von Peyrepertuse, ***1244*** endeten über 200 „Ketzer", die sich in der für sie symbolischen Burg ***Montségur*** verschanzt hatten, auf dem Scheiterhaufen. ***1255*** nahm der französische König schließlich auch Quéribus und Puilaurens ein – nicht zuletzt wegen der strategischen Bedeutung dieser Burgen. Das Ende der Katharer war besiegelt.

Die Dynastie Foix-Béarn

Zu ***Beginn des 11. Jh.*** wurde die ***Grafschaft Foix*** aus der Taufe gehoben, als *Roger I.* von Carcassone eine stark befestigte Burg auf dem Hügel oberhalb des Flusses Ariège errichten ließ. Nachdem die Grafen von Foix in den Kämpfen gegen die von der französischen Krone unterstützten Kreuzritter letztlich unterlegen waren, bestand Handlungsbedarf, um die Unabhängigkeit beizubehalten. So ehelichte *Graf Roger-Bernard III.* ***1290*** die Tochter des Vizegrafen von Béarn - die ***Dynastie Foix-Béarn*** war geboren.

Der Einfluss des Herrscherhauses nahm stetig zu, und es verging kaum ein halbes Jahrhundert, bis ein überragender Spross dieser Linie die Szenerie betrat: ***Gaston Fébus.*** Der gleichermaßen jähzornige wie feinfühlige Graf besaß ungemeines politisches Geschick und mindestens ebensoviel Ehrgeiz. Unermüdlich verfolgte er das Ziel, sämtliche Gebiete zu erobern, die seine Besitztümer voneinander trennten. So nutzte er die Streitigkeiten zwischen England und Frankreich im ***Hundertjährigen Krieg,*** um Soule und Bigorre der Grafschaft anzuschließen. Die Macht von *Gaston Fébus* und der Respekt, den man ihm zollte, wurden immer größer - fast wurde der Eindruck erweckt, als könne am Nordhang der Pyrenäen ein eigenes Königreich entstehen. Doch dieses große Ansinnen wurde ***1391*** mit *Gaston Fébus* zu Grabe getragen; seine Nachfolger wahrten zwar die Souveränität der Grafschaft, versuchten jedoch nicht mehr, einen einheitlichen Gebietskomplex zu erschaffen.

Nachdem einige Jahrzehnte der Ruhe folgten, bestimmten in der zweiten Hälfte des 15. Jh. zwei Ereignisse die weitere Geschichte der Grafschaft: ***1472*** fiel Navarra an Foix-Béarn, wenig später heiratete *Katharina von Foix-Béarn* ein Mitglied des französischen Hauses *Albret.*

Doch Navarra konnte nicht lange gehalten werden; ***1512*** wurde es von Aragón besetzt und dem spanischen Reich angeschlossen - einzig ***Nieder-Navarra*** an der Nordflanke der Pyrenäen konnte der Annexion entgehen.

Zu dieser Zeit breitete sich der ***Calvinismus*** in einem unglaublichen Tempo besonders im südfranzösischen Raum aus und bescherte der Region einen ***Religionskrieg.*** Zu den militanten Verfechtern der neuen Glaubensrichtung, die nach dem Schweizer *Johannes Calvin* benannt wurde, zählte auch *Jeanne d'Albret,* Tochter von *Heinrich II. d'Albret* und Erbin von Foix, Béarn und Bigorre.

Die resolute Dame ehelichte einen Bourbonen, der einerseits zu den Führern der Calvinisten zählte, andererseits auch Ansprüche auf die Krone Frankreichs geltend machen konnte. Dieser Ehe entsprang der in Pau geborene Sohn *Heinrich,* dessen Heirat mit *Margarethe de Médici,* der Schwester des französischen Königs *Karl IV.,* ***1572*** endlich den blutigen Bürgerkrieg beenden sollte. Die als fröhliche Feier geplante Hochzeit artete aber in eine Orgie der Gewalt aus: Im Anschluss an die Feierlichkeiten wurden allein in Paris 3.000 Protestanten (Hugenotten) auf brutalste Weise niedergemetzelt, landesweit folgten weitere Tausende. Die grausamen Ereignisse gingen als ***Bartholomäusnacht*** in die Annalen ein.

1589 bestieg der protestantische *Heinrich,* ein Sohn der Pyrenäen, aber als *Heinrich IV.* doch noch den ***französischen Thron,*** um unter dem Einfluss der nicht enden wollenden Kämpfe wenige Jahre später zum Katholizismus zu konvertieren. Seine pyrenäischen Erblande Nieder-Navarra, Béarn, Bigorre und Foix wurden wenig später endgültig mit der französischen Krone vereint - auch das Reich am Nordhang der Pyrenäen war nunmehr Geschichte.

Der Pyrenäenfrieden

Spanien hatte zu ***Beginn des 17. Jh.*** den Gipfel der Macht bereits überschritten, als es sich unter *Philipp IV.* im ***Dreißigjährigen Krieg*** engagierte. So waren die Spanier bereits arg geschwächt, als ***1635*** auch Frankreich in den Krieg eintrat, der sich alsbald auf katalanischem Boden abspielen sollte. ***1640*** rebellierten die Katalanen unter anderem aufgrund einer ungerechten Besteuerung gegen die kastilische Herrschaft und riefen die ***Unabhängigkeit Kataloniens*** aus. Im Gegensatz zu Portugal, das sich ebenfalls 1640 völlig von der spanischen Zentralmacht lösen konnte, gelang den Katalanen dieser Schritt nicht gänzlich - kurzerhand baten sie den französischen König um Hilfe, der sich ohnehin mit den Spaniern im Krieg befand. Die Franzosen besetzten daraufhin das Roussillon, das seit dem 15. Jh. zu Spanien gehörte, und zogen nach längerer Belagerung

1642 in Perpignan ein. Die Katalanen träumten von einem souveränen Staat, wenngleich sich auch gegen die neuen Herren im Norden des Landes immer größerer Unmut breitmachte. Nicht zuletzt diese Missstimmung half den Spaniern, ***1652*** Barcelona zurückzugewinnen - Katalonien war somit in zwei Hälften gespalten.

Mehrere Niederlagen gegen die Franzosen zwangen Spanien aber dazu, mit dem ungeliebten Nachbarn Friedensverhandlungen einzugehen. So wurde ***1659*** auf der neutralen Fasaneninsel bei Hendaye der ***Pyrenäenfrieden*** geschlossen, den ein Jahr später die Ehe des französischen Königs *Ludwig XIV.* mit der spanischen Prinzessin *Maria Theresia* bekräftigte. Katalonien war somit nicht selbstständig geworden, sondern für immer zweigeteilt. Das Roussillon und die Hälfte der Cerdagne gehörten von nun an zu Frankreich; die ***noch heute gültige Grenze*** war abgesteckt.

Ludwig XIV. ließ daraufhin neue Befestigungen entlang der Grenze errichten (u. a. Mont-Louis) und bereits bestehende Verteidigungsanlagen verstärken (Villefranche-de-Conflent). Diese Anlagen, die vielfach immer noch Bestand haben, gingen allesamt auf das Konto des genialen Militärbaumeisters *Vauban.*

Der Spanische Erbfolgekrieg

Als der letzte spanische König der ***Habsburger*** Linie, *Karl II.,* im Jahre ***1700*** kinderlos starb, war dies eine willkommene Gelegenheit für *Ludwig XIV.,* seinen Machtbereich entscheidend auszuweiten. Er setzte seinen Enkel *Philipp von Anjou,* einen ***Bourbonen,*** auf den spanischen Thron - wiederum erschien ein die Pyrenäen überspannendes Reich möglich. Die österreichischen Habsburger, die die Krone für sich beanspruchten, akzeptierten die Entscheidung *Ludwigs* allerdings nicht, die ohnehin entgegen zuvor getroffenen Absprachen erfolgt war. So brach ***1701*** der Spanische Erbfolgekrieg aus, in dem England an der Seite der Habsburger kämpfte, und der sich gleichzeitig zu einem Bürgerkrieg entwickelte, da auch Katalonien mit den Österreichern paktierte.

Erst der ***Frieden von Utrecht (1713)*** brachte ein Ende der Auseinandersetzungen. *Philipp* durfte den spanischen Thron besteigen, Spanien musste im Gegenzug aber die Besitzungen in den Niederlanden und in Italien an Österreich abtreten.

Die Französische Revolution und der Spanische Unabhängigkeitskrieg

Die ***1789*** ausgebrochene Französische Revolution breitete sich mit großer Geschwindigkeit in Frankreich aus und erreichte schon bald auch den Süden des Landes. Der Umbruch brachte zwar Demokratisierung und machte aus Frankreich einen überaus modernen Staat, räumliche Freiheiten fanden in dem neuen Apparat jedoch keinen Platz mehr. So erfolgte nicht nur die ***Abschaffung der Sonderrechte*** einiger Gebiete und die Aufteilung in *Départements* - auch eigenständige Sprachen wie das Katalanische wurden unterdrückt.

Das konservative Europa erklärte ***1792*** Frankreich den Krieg, wodurch die Pyrenäen und ihr Vorland erneut mehrfach zum Schauplatz blutiger Auseinandersetzungen wurden. Nachdem es ***1795*** zu einem Friedensschluss zwischen Frankreich und Spanien gekommen war, sah der französische Kaiser ***Napoleon*** Anfang des 19. Jh. die Chance, seinen Machtbereich auf Spanien auszuweiten. ***1808*** setzte er seinen Bruder *Joseph* auf den verwaisten spanischen Thron, was England ein Dorn im Auge war. Die Engländer unterstützten daraufhin den ***Spanischen Unabhängigkeitskrieg,*** und *Wellington* vertrieb ***1813*** die französischen Truppen schließlich über Roncesvalles aus Spanien.

Der Spanische Bürgerkrieg

Obwohl nicht am 1. Weltkrieg beteiligt, wurde Spanien zu ***Beginn des 20. Jh.*** von einer schweren ***Krise*** geschüttelt. Wichtige Kolonien waren verlorengegangen, die Arbeiterschaft begehrte auf, Katalonien forderte die Selbstbestimmung - eine Lösung der Probleme schien nicht in Sicht. In dieser wirren

Zeit gelangte ***1923*** der diktatorische General *Primo de Rivera* mit einem Putsch an die Macht, die Wirtschaftskrise ***1929*** sowie republikanische und revolutionäre Unruhen zwangen ihn aber schon ***1930*** wieder zum Rücktritt. Sein Sturz offenbarte die Ausmaße seines Misserfolges: Kaum etwas hatte sich verbessert - eher das Gegenteil war der Fall.

Es folgte ein weiteres Experiment, indem ***1931*** die ***Republik*** ausgerufen wurde und Spanien eine liberal-fortschrittliche Verfassung erhielt, die Katalonien eine regionale Autonomie bescherte. Doch die demokratischen Staaten Europas hielten eine soziale Umwälzung in Spanien für verfrüht und versagten der jungen Republik die Hilfe. Die ***Nationalisten*** um General ***Francisco Franco*** gewannen rasend schnell an Einfluss, so dass ***1936*** der ***Spanische Bürgerkrieg*** ausbrach. In den Pyrenäen kämpften Katalonien und die baskische Provinz Guipúzcoa auf seiten der Republik, während Navarra von Beginn an den Nationalisten beistand. Dieser Brückenkopf genügte den von Deutschland und Italien unterstützten Truppen *Francos,* um immer weiter ostwärts vorzudringen und ***1939*** schließlich Katalonien, das Zentrum der Republikaner, einzunehmen. Der Fall Madrids ließ ebenfalls nicht mehr lange auf sich warten - die Nationalisten hatten gesiegt.

Hunderttausende der besiegten Republikaner flüchteten nach Frankreich, wo sie die nächste Zeit vor allem an der Côte Radieuse (Argelès, St.-Cyprien) in riesigen Lagern unter miserablen Bedingungen verbringen mussten.

Der Zweite Weltkrieg

Der Spanische Bürgerkrieg war kaum beendet, als der Zweite Weltkrieg ausbrach, in dem Spanien - trotz der zuvor erfolgten Unterstützung durch Deutschland - eine neutrale Haltung wahrte. Frankreich hingegen war schon nach kurzer Zeit weitgehend besetzt; es erfolgte eine Teilung des Landes in den von Deutschen okkupierten Norden und den entmilitarisierten, von Vichy aus regierten Süden.

Zahlreiche Menschen nutzten die ehemaligen Schmugglerpfade in den Pyrenäen, um nach Spanien und weiter über den Atlantik nach Großbritannien zu gelangen und dort Zuflucht zu suchen. Diese ***Flüchtlingswelle*** nahm noch zu, als *Hitler* - angetrieben durch die anglo-amerikanische Landung in Nordafrika - auch Südfrankreich besetzen ließ. Während überall an der Küste deutsche Verteidigungsanlagen entstanden, entkamen etwa 35.000 Menschen, darunter 5.000 Juden, über die Pyrenäen.

Da das Gebirge auch als Versteck des Widerstandes galt, entschloss sich Deutschland schließlich, diesen zu brechen. Ganze Bergdörfer wurden geräumt, niedergebrannt und nie wieder aufgebaut. Nicht zuletzt trug auch dieses Vorgehen zur Entvölkerung der Gebirgsregionen bei, die noch immer anhält.

Die Pyrenäen nach dem Zweiten Weltkrieg

Nach dem Ende des Zweiten Weltkrieges blieben viele Franzosen in den Städten, in die sie die Deutschen geschickt hatten - einige Gebirgsdörfer waren fortan verwaist. Die ***Bevölkerung*** in den hohen Lagen der spanischen Pyrenäen nahm ebenfalls stetig ab, wobei die Gründe hier in der geringen Rentabilität der Landwirtschaft und der miserablen Arbeitsmarktsituation lagen (und liegen).

Autonome Bestrebungen von Katalanen und Basken wurden unter der Herrschaft *Francos,* die noch bis zum Tode des Diktators im Jahre 1975 andauerte, nicht akzeptiert. So bildete sich in den ***1950er Jahren*** im Baskenland die ***ETA*** (*Euskadi ta Askatasuna* = Baskenland und Freiheit), die mit gewalttätigen Aktionen versuchte, einen unabhängigen baskischen Staat zu erzwingen. Obwohl nach dem Tode *Francos* unter *König Juan Carlos I.* ein ***Demokratisierungsprozess in Spanien*** begann, der Katalonien und dem Baskenland einen ***Autonomiestatus*** einräumte, rissen die Anschläge nie ab.

Gesellschaft

Zeittafel der wichtigsten geschichtlichen Ereignisse

450.000 v. Chr.: Der Homo Erectus bewohnt die Pyrenäen
35.000–10.000 v. Chr.: Altsteinzeit, Höhlenmalereien entstehen
3. Jh. v. Chr.: Karthago besetzt Teile Spaniens
201 v. Chr.: Kathago unterliegt im 2. Punischen Krieg, Spanien wird römisch
5. Jh. n. Chr.: Westgoten schaffen ein Reich von Frankreich bis Spanien
711: Die Mauren besiegen den westgotischen König *Roderich* und besetzen Spanien
732: Der Franke *Karl Martell* schlägt die Mauren bei Poitiers
778: Die Basken besiegen die Nachhut *Karls des Großen* bei Roncesvalles
9. Jh.: Erste Pilger auf dem Jakobsweg
11. Jh.: Beginn der Reconquista
11. Jh.: Das Königreich von Navarra auf dem Höhepunkt der Macht
1137: Aragón weitet seine Macht mit Hilfe von Katalonien aus
13. Jh.: Kreuzzug gegen die Katharer
1213: Peter II. von Aragón stirbt in einer Schlacht gegen die Kreuzritter
14. Jh.: Die Grafschaft Foix-Béarn gewinnt an Größe und Einfluss
1479: Kastilien und Aragón werden vereint
1512: Navarra wird dem Königreich Kastilien-Aragón angegliedert
1589: *Heinrich IV.* besteigt den französischen Thron
1640: Katalonien erklärt seine Unabhängigkeit
1659: Im Pyrenäenvertrag wird die heutige Grenze festgelegt
1701: Ausbruch des Spanischen Erbfolgekrieges
1789: Französische Revolution
1808: *Kaiser Napoleon* setzt seinen Bruder *Joseph* auf den spanischen Thron
1813: Engländer vertreiben die Franzosen aus Spanien
1848: Februar-Revolution in Frankreich; Zweite Republik
1870: Dritte Republik in Frankreich
1923: General *Primo de Rivera* errichtet in Spanien eine Militärdiktatur
1931: In Spanien wird die Republik ausgerufen
1936–1939: Spanischer Bürgerkrieg
1939–1975: General *Francisco Franco* regiert in Spanien
1940: Deutsche Soldaten marschieren in Frankreich ein
1942–1945: Tausende fliehen vor den Deutschen über die Pyrenäen nach Spanien
1959: *De Gaulle* wird französischer Staatspräsident
1967: Studentenrevolten und Streiks in Spanien
1969: *Pompidou* wird französischer Staatspräsident
1973: Die ETA ermordet den spanischen Ministerpräsidenten *Carrero Blanco*
1975: *Juan Carlos I.* wird spanischer König und leitet eine Demokratisierungswelle ein
1977: Erste freie Parlamentswahl in Spanien, Sieg des Demokratischen Zentrums *UCD* von Ministerpräsident *Adolfo Suárez*
1979: Spanisches Parlament billigt Autonomiestatus von Katalonien und Baskenland
1986: Spanien wird Vollmitglied in der EG
1988: Pakt baskischer Parteien gegen den Terrorismus
1991: Die katalanische Separatistenbewegung *Terra Llire* verzichtet fortan auf Waffengewalt
1995: *Chirac* wird Nachfolger von *Mitterand* als französischer Staatspräsident
1996: Der Konservative *Aznar* wird Nachfolger von *González* als spanischer Ministerpräsident
1997: Der Oberste Gerichtshof in Madrid verurteilt alle 23 Führer der baskisch-nationalistischen Partei *Herri Batasuna* wegen ETA-Unterstützung zu sieben Jahren Haft.
1997: *Lionel Jospin* (Parti Socialiste) wird französischer Ministerpräsident.
1998: Die ETA gibt im Herbst einen Waffenstillstand bekannt.
2000: Im Januar beendet die ETA nach 14 Monaten ihren selbst angekündigten Waffenstillstand. Bis Anfang 2003 wurden weitere 40 Menschen Opfer des ETA-Terrors.

Bevölkerung

Es ist unmöglich, von „der" Bevölkerung der Pyrenäen zu sprechen und dabei alle Bewohner des Gebirges über einen Kamm zu scheren. Zu gegensätzlich sind die verschiedenen Bevölkerungsgruppen, Traditionen und nicht zuletzt die Sprachen.

Rein topographisch teilen sich ***drei Staaten*** den Gebirgszug: Frankreich die Nordflanke, Spanien die südliche Seite sowie der Zwergstaat Andorra ein 468 Quadratkilometer großes Areal inmitten der Bergwelt. Tatsächlich sieht es jedoch noch etwas komplizierter aus. Die ***Basken*** im Westen und die ***Katalanen*** im Osten verstehen sich ebenfalls als eigenständige Nationen. Immerhin wurde sowohl dem Baskenland *(Euskadi* oder *Euskal Herria)* als auch Katalonien *(Catalunya)* von der Zentralregierung in Madrid Ende der 70er Jahre des 20. Jahrhunderts eine ***eingeschränkte Autonomie*** zugestanden, mit der sich ein Teil der Basken aber nicht zufriedengeben will. Ziel der Untergrundbewegung *ETA,* die seit Jahrzehnten versucht, ihre Forderungen mit Gewalt durchzusetzen, ist und bleibt ein selbstständiger baskischer Staat.

Obwohl auch Basken und Katalanen die Staatssprachen Französisch oder Spanisch (korrekt: *Castellano*) beherrschen, kann man ohne Übertreibung von einem ***Sprachengewirr*** reden. Die offizielle Grenze spielt dabei nicht unbedingt eine Rolle: So wird das ***Baskische*** *(Euskara* oder *Euskera)* in der Region am Atlantik grenzübergreifend gesprochen.

Vor allem alte Menschen leben in den Dörfern des Gebirges.

Es ist dort allerdings nicht so gebräuchlich wie das ***Katalanische*** *(Català)* in den östlichen spanischen Pyrenäen, das sich nach dem Tod *General Francos* 1975 immer stärker etabliert hat und hier mittlerweile die Sprache Nummer eins darstellt. In Andorra ist *Català* ohnehin seit jeher Amtssprache, und auch in weiten Bereichen des französischen Départements Pyrénées-Orientales verwenden es besonders die Älteren.

Hinzu kommt das ***Aranesische*** *(Aranès),* eine Spielart des Gascognischen, das über die Hälfte der Bewohner des Vall d'Aran spricht. In mehreren anderen Gebieten gibt es zudem verschiedenste ***Dialekte.***

Entgegen allen Differenzen verbindet die Bewohner der Pyrenäen zumindest ihre ***Religion:*** Der große Teil der Bevölkerung ist katholisch, in Spanien wurde der römisch-katholische Glaube sogar erst 1979 als Staatsreligion abgeschafft. Viele Orte haben einen Schutzheiligen, zu dessen Ehren einmal im Jahr ein großes Fest - oft verbunden mit einer Prozession - gefeiert wird.

Die ***Bevölkerungsdichte*** in den Pyrenäen präsentiert sich völlig uneinheitlich; einige Gebiete sind äußerst dicht besiedelt, andere beinahe menschenleer. Die Küstenregionen zählen traditionell zu den am meisten erschlossenen Gebieten, und auch in den großen Haupttälern leben verhältnismäßig viele Menschen. Zudem existieren am Fuße der Pyrenäen - vorrangig in Frankreich - einige größere Städte wie Pau und Tarbes sowie Pamplona in Spanien. In den höher gelegenen Regionen nimmt die Bevölkerungsdichte ohnehin stark ab, im Hoch-Aragón hat die ***Landflucht*** ganze Gebiete sogar fast völlig entvölkert. Die Menschen, die kaum noch von den bescheidenen Erträgen der Landwirtschaft leben konnten, haben ihre Dörfer verlassen und in Städten außerhalb des Gebirges Arbeit gefunden. Viele dieser einstmals blühenden Orte sind mittlerweile dem Verfall preisgegeben.

Baskische Freiheitsparolen

Die Basken

„Ein Graf von Montmorency rühmte einst vor einem Basken das Alter seines Namens, seines Adels, seiner Familie, rühmte, von welch großen Männern er abstammte. Der Baske erwiderte: „Wir Basken, Herr Graf: wir stammen überhaupt nicht ab!" Ob der Mann recht hat, den *Kurt Tucholsky* in *Ein Pyrenäenbuch* so selbstbewusst dem Adeligen widersprechen lässt, ist bis heute nicht endgültig geklärt. Fest steht auf jeden Fall, dass es sich bei den Basken um das einzige ***vorindogermanische*** Volk Europas handelt, das die Zeit überlebt hat und allen kulturellen Angleichungen widerstehen konnte. Die Basken sind somit das ***älteste europäische Volk.*** Klassische Theorien gehen sogar davon aus, dass die Basken die einzigen Nachkommen des Cro-Magnon-Menschen, des ersten europäischen Ho-

mo sapiens, und somit die einzig echten Europäer auf dem europäischen Festland sind. In den anderen Teilen des Kontinents sei der Cro-Magnon demnach von kulturell überlegenen Einwanderern verdrängt worden; nur die Basken konnten seine Gebräuche und Sprachstrukturen erhalten. Diese im Baskenland sehr beliebte These, die sich zudem noch auf die Schädelstrukturen und das vom übrigen Europa abweichende Blutbild der Basken stützt, wird allerdings von anderen Wissenschaftlern kritisiert und für falsch erklärt.

Egal, ob sie nun von frühgeschichtlichen Eindringlingen abstammen oder nicht - ohne Zweifel sind die Basken aber als ein eigenes Volk anzusehen. Neben vielen eigenständigen Sitten und Gebräuchen stellt ihre ***Sprache,*** das ***Euskara,*** dafür ein Indiz dar. Diese stammt als einzige westeuropäische Sprache nicht aus dem Indogermanischen - sie ist schlichtweg älter. Selbst weitgereiste Besucher verstehen nicht ein Wort, wenn sich Basken in Euskara unterhalten, dessen Herkunft bis heute nicht endgültig geklärt werden konnte. Mehrere Legenden erzählen, dass sogar der Teufel mit dem Erlernen heillos überfordert war; er soll sich deshalb von einer Brücke gestürzt haben. Längst nicht alle Basken beherrschen ihre traditionelle Sprache, was nicht zuletzt auf deren Verdrängung unter *Franco* zurückzuführen ist. Heute wird Baskisch aber wieder an den Schulen gelehrt, und viele Erwachsene belegen Abendkurse in Euskara.

Euskal Herria, das komplette Baskenland auf beiden Seiten der Grenze, setzt sich aus insgesamt sieben historischen Gebieten zusammen. In Frankreich sind dies ***Labourd, Basse-Navarre*** und ***Soule,*** in Spanien ***Guipúzcoa, Vizcaya, Alava*** sowie der Norden ***Navarras.***

Besonders den Basken auf der ***spanischen Seite*** genügt es nicht, als kulturelle Gemeinschaft anerkannt zu werden. Nachdem sie im Bürgerkrieg vergebens auf seiten der Republik gekämpft hatten, wurden ihnen 1939 die letzten verbliebenen Privilegien genommen. Zwar erhielten die baskischen Provinzen in Spanien Ende der 70er Jahre einige ***Sonderrechte*** zurück, doch reichen diese manchen Menschen nicht aus - sie fordern einen souveränen Staat. Die Basken in Frankreich treten hingegen fast nie politisch in Erscheinung.

Seit jeher gilt die ***Großfamilie*** (bask. *Etxe*) als grundlegende Einheit im baskischen Leben - erheblich mehr als beispielsweise das Dorf. Oft wohnen vier Generationen in einem Haus, das ebenfalls eine extrem hohe Bedeutung besitzt und bezeichnenderweise auch *Etxe* heißt.

Die Eigenständigkeit des Volkes zeigt sich auch in der Architektur, der Küche, den traditionellen Spielen sowie dem Sport, den hier jeder liebt: Pelota.

Die Katalanen

Urlauber mit Spanischkenntnissen werden bei ihrem ersten Besuch in den katalanischen Pyrenäen schnell bemerken, dass sich die Katalanen als eigenständige Nation verstehen. Das kühlende Eis im Café heißt plötz-

Gesellschaft

Die Untergrundorganisation ETA

In der ***Regierungszeit von General Franco*** (1939–1975) mussten die Basken die schlimmsten Jahre in ihrer Geschichte hinnehmen. Repressionen waren an der Tagesordnung, mit Hilfe der paramilitärischen *Guardia Civil* ließ der Diktator verhaften und foltern. Die baskische Sprache Euskara – ohnehin eingeklemmt zwischen zwei Weltsprachen – wurde unterdrückt und verlor immer mehr an Bedeutung, baskische Sitten und Gebräuche waren verboten. So gründeten einige Studenten 1959 eine zunächst rein politisch arbeitende Organisation, die einen Autonomiestatus ablehnte und die völlige Souveränität des Baskenlandes anstrebte: die ***ETA*** (*Euskadi ta Askatasuna* = Baskenland und Freiheit).

Nachdem sich die ETA-Mitglieder, *Etarras* genannt, in den ersten Jahren auf interne Schulungen und politische Propaganda beschränkt hatten, kam es ***1968*** erstmals zu militärischen Aktionen. Während einer Schießerei – bei der auch ein Polizist starb – wurde ein junger Etarra getötet. Die ETA nahm diesen Vorfall zum Anlass, den berüchtigten Polizeichef Guipúzcoas zu erschießen – und erntete damit viele Symphathien in der Bevölkerung. Zu Beginn der 70er Jahre kam es jedoch zur ***Spaltung*** der Organisation: Das Gros der ETA-Mitglieder wandte sich von gewalttätigen Aktionen ab und beschränkte sich fortan auf politische Tätigkeiten. Die militante Minderheit wurde ausgeschlossen und setzte den bewaffneten Kampf auf eigene Faust fort.

In den folgenden Jahren richtete sich der ***Terror*** ausschließlich gegen hochrangige Vertreter der Politik und des Militärs: So erschoss ein ETA-Kommando 1973 den Ministerpräsidenten *Carrero Blanco,* 1979 wurden in Madrid ein General und zwei Oberste getötet. Als mit dem Amtsantritt von König *Juan Carlos* eine Demokratisierung eingeleitet wurde, während der die Unterdrückung zurückging und dem Baskenland sogar ein ***Autonomiestatus*** eingeräumt wurde, verlor die ETA an Akzeptanz in der baskischen Öffentlichkeit. Die Tatsache, dass bei Anschlägen bald auch Zivilisten – darunter Kinder – zu Tode kamen, führte schließlich zur ***Ablehnung der Organisation*** in weiten Teilen der Bevölkerung. 1998 gingen in Sevilla und Bilbao sogar 600.000 Menschen auf die Straße, nachdem weitere Personen Anschlägen zum Opfer gefallen waren. Im Herbst 1998 gab die ETA schließlich einen ***Waffenstillstand*** bekannt, den sie nach 14 Monaten aber wieder beendete. Ein großer Teil der Basken befürwortet zwar ein vereinigtes Baskenland, die brutale Vorgehensweise der ETA verurteilen die meisten aber aufs Schärfste.

lich nicht mehr *helado,* sondern *glaç,* auf dem Schild zum Strand steht nicht *playa,* sondern *platja.* Es hat sich einiges getan, seitdem Katalonien *(Catalunya)* Ende der 70er Jahre den Status einer ***autonomen Gemeinschaft*** erhielt. Viele Prospekte, Aushänge und andere Schriftstücke sind mittlerweile ausschließlich in ***Katalanisch*** *(Català)* verfasst, einer Sprache, die keineswegs nur ein Dialekt des Spanischen ist. Wie Portugiesisch oder Spanisch *(Castellano)* entstand auch Katalanisch aus dem gesprochenen Latein der Römer, die bereits 218 v. Chr. mit der Eroberung der iberischen Halbinsel begannen. Obwohl *Català* im Laufe der Geschichte mehrfach unterdrückt oder, wie unter *Franco,* gar verboten wurde, wird es heute wieder an Schulen gelehrt und muss als Hauptsprache in Catalunya angesehen werden.

Das eigentliche Katalonien erstreckt sich vom Aragón bis zur Mittelmeerküste und reicht im Süden bis zur Pro-

Und überall weht die katalanische Flagge

vinz Tarragona. Das ***katalanische Sprachgebiet*** ist jedoch viel größer: Es umfasst zudem die Küstenregion bis hinter Alicante (katalanisch Alacant), Teile des französischen Départements Pyrénées-Orientales, den Staat Andorra, die Balearen sowie die Randgebiete einiger angrenzender Provinzen. Als Relikt aus den Hochzeiten Kataloniens muss der Ort Alghero (katalanisch L'Alguer) auf Sardinien angesehen werden, wo ebenfalls Català gesprochen wird.

Die Geburt ***Catalunyas*** geht auf das 9. Jh. zurück, als *Wilfried der Behaarte,* Graf von Barcelona, mehrere katalanische Grafschaften zusammenschloss. Als sich die Grafschaft Barcelona und das Königreich Aragón 1137 vereinigt hatten, begann der Aufstieg zu einer der wichtigsten Mächte in Europa. Im 15. Jh. war es aber mit der Herrlichkeit vorbei, als die Krone Aragóns mit dem Königreich Kastilien eine Verbindung einging.

Heute blickt das restliche Spanien wieder etwas neidisch nach Katalonien herüber, das mit Hilfe von ***Industrie*** und ***Tourismus*** zum finanziellen Krösus des Landes heranwuchs. Den Katalanen werden dabei Eigenschaften wie Fleiß und Energie nachgesagt, die angesichts der wirtschaftlichen Erfolge sicher nicht aus der Luft gegriffen sind. Die Austragung der Olympischen Spiele 1992 in Barcelona hat ganz Katalonien - auch den Pyrenäengebieten - einen erneuten Auftrieb gegeben.

Traditionen

Alte Traditionen sind überall in den Pyrenäen zu finden und flackern in jedem Dorf mindestens einmal jährlich besonders stark auf, wenn der jeweilige Ort sein Fest feiert (siehe „Feste und Feiertage"). Zu den ausgelassenen Feierlichkeiten zählen immer auch ***Tänze,*** die oft eine jahrhundertelange Geschichte besitzen. Berühmt ist ***La Jota,*** der Tanz des ***Aragón,*** der wahrscheinlich auf arabische Ursprünge zurückgeht. Mann und Frau stehen sich dabei mit einigem Abstand gegenüber, bevor sie sich im Takt der Musik entgegenkommen - oft verbunden mit lebhaften Sprüngen.

Trotz aller moderner Entwicklungen haben sich auch die ***Katalanen*** viele Traditionen bewahrt. Dazu zählt vor allem die ***Sardana,*** ein Reigentanz mit festgelegter Schrittfolge, bei der sich die Teilnehmer an den Händen fassen - egal welchen Alters oder Standes. Dass es sich bei der Sardana nicht nur um irgendeinen Tanz, sondern um ein Symbol der Freiheit Kataloniens handelt, muss wohl auch *General Franco* erkannt haben: Er ließ sie kurzerhand verbieten. Heute wird die Sardana aber wieder bei beinahe jeder Festlichkeit auf den Plätzen der Dörfer und Städte des östlichen Kataloniens getanzt. Begleitet werden die Tanzenden von einem Orchester, das auf traditionellen Blas- und Schlaginstrumenten spielt. Zu vielen katalanischen Feiern gehört außerdem der Umzug der ***Gegants,*** riesiger Figuren, die von in ihnen versteckten Menschen durch die Orte getragen werden.

Die baskischen Spiele

Die baskische Verbundenheit zu alten Sitten und Gebräuchen kommt alljährlich im Sommer zum Ausdruck, wenn sich die stärksten Männer des Baskenlandes zu den traditionellen Spielen treffen, bei denen sie ihre Kraft und ihr Geschick beweisen. Unter den Augen von zahlreichen Besuchern treten die besten Athleten verschiedener Dörfer gegeneinander an und messen sich in so illustren Wettbewerben wie ***Tauziehen*** *(soka-tira),* ***Holzhacken*** *(aizkolari)* oder dem ***Heben von Ambossen*** und gewaltigen ***Steinkugeln*** *(harrijasotzale).* Obwohl zu den Konkurrenzen meist auch ein Volksfest gehört, besitzen die Spiele weit mehr als nur unterhaltenden Charakter. Sie können auf eine jahrhundertealte Geschichte zurückblicken und haben seit jeher einen festen Platz in der baskischen Kultur. Die muskelbepackten Wettkämpfer genießen somit ein hohes Ansehen in der Bevölkerung. Zu den beliebtesten und größten Wettbewerben zählen die Spiele des Städtchens St. Palais.

Dass bei einem Volk wie den ***Basken,*** das seine eigene Sprache und Kultur über Jahrtausende hinweg beibehielt, Sitten und Gebräuche einen besonderen Stellenwert besitzen, liegt auf der Hand. Dazu zählt die überaus beliebte Sportart ***Pelota*** (siehe unter „Ascain") ebenso wie die baskischen Spiele, bei denen Männer ihre Kraft und Geschicklichkeit messen. Zur Ausrüstung des Basken gehörte zumindest früher der *Makhila,* ein Stock, an dessen einer Seite sich - versteckt unter einem Griff - eine Stahlspitze befindet. Der *Makhila,* der heute noch von zwei Handwerksbetrieben im französischen Baskenland hergestellt wird, besaß früher zwar eine Funktion

als Waffe, war (und ist) aber ebenso ein Symbol von Macht und Ehre.

Beinahe alle Regionen, oft sogar die einzelnen Täler, besitzen eigene ***Trachten,*** die heute allerdings nur noch zu besonderen Anlässen und Feiern getragen werden. Ein traditionelles Kleidungsstück, das auch zum Alltagsbild gehört, ist die ***Baskenmütze.*** Entgegen ihrem Namen wird dieses *Béret* allerdings seit jeher nicht im Baskenland, sondern im Béarn hergestellt. Die Baskenmütze kann übrigens nicht einem bestimmten Stand zugeordnet werden: Einfache Schäfer tragen sie ebenso wie Intellektuelle und Soldaten.

Als klassische Fußbekleidung gelten die ***Espadrilles,*** die vornehmlich in Mauléon-Licharre angefertigt und von dort in die ganze Welt exportiert werden. Auch wenn die Produktionszahlen nach dem Zweiten Weltkrieg zurückgingen, stellt die Herstellung dieser Leinenschuhe noch immer einen wichtigen Erwerbszweig der Hauptstadt der Provinz Soule dar: Über die Hälfte aller in Frankreich gefertigten Espadrilles kommen aus Mauléon! Aber auch andere Orte wie beispielsweise St.-Laurent-de-Cerdans haben sich der Produktion dieser einfachen Fußbekleidung verschrieben.

Besonders in Spanien erfreut sich der ***Stierkampf*** großer Beliebtheit, wenngleich sich die jüngere Generation mittlerweile meist mehr vom Fußball angezogen fühlt. Zwischen Frühjahr und Herbst locken die *Corridas* aber dennoch zahlreiche Menschen in die Arenen – beispielsweise in Pamplona bereitet es große Probleme, ein Ticket für die Kämpfe zu ergattern. Zu den Stierkämpfern zählen nicht nur die *Matadores,* die das Tier schließlich töten, sondern auch die *Banderilleros,* die dem Stier Spieße in den Nacken stoßen, sowie die *Picadores,* die mit einer Lanze vom Pferd aus „arbeiten". In einigen französischen Städten, unter anderem in Bayonne, finden ebenfalls Corridas statt.

Als Tradition muss man auch das landwirtschaftliche Prinzip der ***Transhumanz*** ansehen, bei dem man die Tiere – vorrangig Schafe – im Sommer auf die Almen in den Hochlagen treibt, während sie den Winter in der Ebene verbringen.

Die Wohnhäuser

Die ungleichen landschaftlichen und klimatischen Verhältnisse führten dazu, dass in der Vergangenheit in den verschiedenen Regionen der Pyrenäen auch unterschiedliche Wohnhaustypen entstanden. Diese Gebäude demonstrieren die ***Anpassung*** des Menschen an die natürlichen Begebenheiten vom Hügelland zum Hochgebirge - sowohl in ihrer Bauweise als auch in der Wahl der Materialien. So herrschen beispielsweise in den höheren Lagen steilere, den Schneemassen kaum Halt bietende Dächer vor, während die Dächer im Vorgebirge eine erheblich flachere Form besitzen. Auch wenn technische Errungenschaften in den vergangenen Jahrzehnten das Leben der Pyrenäenbewohner veränderten - die einstigen Ställe werden mittlerweile nicht selten als Garage genutzt - haben ***traditionelle Wohnformen*** teilweise weiterhin Bestand.

Baskenland

Das baskische Haus mit seiner strahlend weißen Fassade und dem meist roten Fachwerk ist mehr als eine reine Unterkunft. Noch immer wohnen oft mehrere Generationen unter einem Dach; das Haus symbolisiert somit die ***Einheit der Familie,*** der wichtigsten sozialen Gemeinschaft im baskischen Leben. Kein Wunder also, dass „Haus" im Baskischen genauso heißt wie „Familie": *Etxe.* Früher besaß das *Etxe* zugleich eine politische Bedeutung, durften doch nur Hausbesitzer an der Dorfversammlung teilnehmen. Allerdings waren die Inhaber normalerweise ohnehin die Familienvorstände, denn ausschließlich das älteste Kind erbte das Anwesen.

In den meisten Fällen wurde das Erdgeschoss aus Stein gemauert, während die darüberliegende Etage aus Fachwerk besteht. Das Zentrum des Hauses bildet das Wohnzimmer, wobei sich das Familienleben zumindest früher mehr in der Küche abspielte, die als einziger Raum im Winter geheizt wurde. Entweder im Südteil oder in der ersten Etage befanden sich die eigentlichen Zimmer. Auf dem Dachboden wurde das Futter für das Vieh gespeichert, dessen Stall sich im kälteren Nordteil des Hauses befand. Die westliche Fassade ist zumeist die kahlste der Häuserwände, da sie die feuchten Westwinde abzuhalten hat.

Eine Reihe baskischer Häuser besitzt kein rotes, sondern ein grünes Fachwerk, was einiges über den Erbauer oder den früheren Besitzer aussagt. Im 19. Jh. wanderten zahlreiche Basken nach Süd- oder Mittelamerika aus. Hatten sie es dort zu Wohlstand gebracht, kehrten viele von ihnen in die alte Heimat zurück und strichen die äußeren Balken ihrer Häuser grün an, um zu zeigen, dass es sich bei ihnen um „Americanuaks" handelt.

Béarn

Das Haus im Béarn unterlag zwar dem selben Erbschaftsrecht wie das *Etxe* und besitzt in der Bevölkerung noch immer einen außergewöhnlich hohen Stellenwert, unterscheidet sich äußerlich jedoch von seinem baskischen Gegenstück. Mittelpunkt des dortigen Gehöfts ist der ***Hof,*** den das Wohnhaus, die Scheune sowie die verschiedenen Ställe umgeben. Bis zum 18. Jh. wurden die Gebäude aus Holz und Lehm errichtet, erst dann wählte man als Baumaterial Stein - die Gebirgsbäche *(Gaves)* spülten schließlich genug Felsbrocken zu Tal. Häufig sind an der Hauptfront in die Wand eingelassene Mosaike aus Kieseln zu sehen.

Ariège

Das typische Haus im Ariège unterscheidet sich grundlegend von den westlicher gelegenen Gebäuden: Es besteht meist aus zurechtgehauenen Steinen, die ohne Mörtel verarbeitet wurden. Oft besitzt das Haus einen Balkon mit einer Holzbalustrade, der allerdings weniger als sommerlicher Aufenthaltsort diente, sondern vielmehr zum Trocknen von Gemüse oder anderen Nahrungsmitteln. Das mit einem Schieferdach versehene Haus steht aufgrund der verhältnismäßig schlechten Isolierung immer an recht sonnigen Plätzen. Je höher man ins Gebirge kommt, desto schlichter präsentieren sich die Gebäude.

Hoch-Aragón

Auch das Haus im Hoch-Aragón erbaute man aus zusammengefügtem Bruchstein und verzichtete dabei meistens auf ein Verputzen der Fassade. Auffallendste Besonderheit dieser Gebäude sind die mit kleinen Fenstern und einem winzigen Dach versehenen ***Schornsteine,*** die sich - von außen nicht sichtbar - nach unten stark verbreitern. Unter der Öffnung steht im Hausinnern ein Herd, der den Mittelpunkt des wichtigsten Raumes in dem Gebäude darstellte: Hier wurde gesessen, gegessen und geschlafen.

Katalonien

Das katalanische Haus, *Mas* genannt, steht meist allein inmitten der Felder oder Weinberge und besitzt mit seiner ***großen Fassade*** oft ein etwas herrschaftliches Flair. Dies liegt nicht zuletzt an den großen Bäumen, die das Haus umgeben und an den Park eines Landsitzes erinnern. Im Erdgeschoss des weitläufigen Gebäudes waren meist die Tiere untergebracht, während die Menschen die erste Etage bewohnten. Auch hier wurden - und werden teilweise immer noch - die Mahlzeiten im Winter in der Küche eingenommen.

Eingangstür im Baskenland

Berghütten

In den Bergregionen findet man überall in den Pyrenäen einfache, häufig von Rasen bewachsene ***Steinhütten.*** Die simplen Bauwerke dienen den Schäfern in den Sommermonaten als Unterkunft, wenn ihre Herden die höchsten Almen der Bergwelt bevölkern. Wenngleich diese Form der Viehhaltung im Rückgang begriffen ist, erfüllen viele der historischen Hütten auch heute noch ihren Zweck.

Kunst und Architektur

Malerei

Die Anfänge der Kunst in den Pyrenäen liegen lange zurück - die zahlreichen ***Höhlenmalereien*** wurden größtenteils bereits in der ***Altsteinzeit*** geschaffen. Die 13.000 Jahre alten Zeichnungen in der Höhle von Niaux im Ariège, die vermutlich dem Jagdkult dienten, zählen dabei zu den bedeutendsten der ganzen Welt. Bei ihren Werken verstanden es die damaligen Künstler bereits, die Unebenheiten der Höhlenwände in ihre Zeichnungen einzubeziehen und so einen perspektivischen Effekt zu erzielen. Eine beachtenswerte Leistung!

Zu Zeiten der ***Romanik*** wurden viele Kirchen mit ***Wandgemälden*** versehen, von denen leider nicht alle die Jahrhunderte unbeschadet überdauert haben. Viele dieser Bilder, die stets religiöse Motive zeigten, fielen dem Zahn der Zeit zum Opfer, andere wurden zu Beginn des 20. Jh. für lächerliche Beträge verkauft und zieren heute Privatsammlungen oder öffentliche Ausstellungen. In einigen Museen, unter anderem in Jaca, können die sakralen Kunstwerke aber noch bewundert werden.

Die ***moderne Kunst*** erlebte ihren Höhepunkt zu Beginn unseres Jahrhunderts in der Mittelmeerregion, die damals weltweit zu den bedeutendsten Zentren der Malerei zählte. Die größten Maler ihrer Zeit ließen sich besonders im Roussillon von der Farbenpracht und der Landschaft inspirieren.

Eine außergewöhnliche Stellung nahm das verschlafene Collioure an der Côte Vermeille ein. Künstler wie *Matisse* und *Derain* waren vom Charme des Ortes derart angetan, dass sie kurzerhand hierhin zogen, andere Maler wie *Braque* wurden zu häufigen Gästen. Das bislang kaum bekannte Collioure avancierte so zum Mittelpunkt des ***Fauvismus,*** einer neuen Stilrichtung, die die plastische Form dem farblichen Ausdruck weitgehend unterordnete.

Bereits wenige Jahre nach der Entstehung des Fauvismus wandten sich viele Künstler dem ***Kubismus*** zu, der im Städtchen Céret ebenfalls eine Hochburg besaß. Neben anderen namhaften Künstlern war es vor allem das Wirken *Pablo Picassos,* das dem sonnenverwöhnten Ort am Eingang des Tech-Tales zu Bekanntheit verhalf. Bilder des katalanischen Genies sind ebenso im dortigen Museum für moderne Kunst zu bewundern wie Werke von *Chagall, Matisse* oder *Miró.*

1904 erblickte ein anderer Künstler von Weltruhm, der die Malerei des 20. Jh. mitprägen sollte, im katalanischen Figueres das Licht der Welt: ***Salvador Dalí.*** Das Museum in seiner Geburtsstadt, das der Meister des Surrealismus selbst gestaltete, gehört zu den bedeutendsten Kunstausstellungen ganz Spaniens. Auch im Küstenort Cadaqués, in dem *Dalí* zeitweilig wohnte, zeigt das *Museum Perrot-Moore* neben seinen Werken Bilder anderer berühmter Maler.

Baukunst

Nachdem Karthago im 2. Punischen Krieg unterlegen war und Spanien an die ***Römer*** abtreten musste, begannen die Kolonialherren sofort damit, Bauwerke wie Straßen, Brücken und Städte nach römischem Vorbild zu errichten. Obwohl vor allem das Vorgebirge der Pyrenäen von dieser kulturellen Neuerung betroffen war, sind nur wenige Zeugen der römischen Herrschaft erhalten geblieben. Eine bedeutende ***Ausgrabungsstätte*** befindet sich auf der französischen Seite bei St.-Bertrand de Comminges – es wird jedoch vermutlich noch Jahre dauern, bis die Überreste der römischen Siedlung komplett ausgegraben und renoviert sind.

Von den ***Westgoten*** und ***Mauren,*** die im Anschluss an die Römer das Pyrenäengebiet beherrschten, gibt es ebenfalls kaum noch Spuren. Der große Teil der arabischen Bauwerke auf der spanischen Pyrenäenseite wurde im Zuge der Reconquista ab der Jahrtausendwende in christliche Bauten umgewandelt.

Allerdings kamen maurische Elemente in den nachfolgenden Jahrhunderten dennoch zum Tragen: Beim ***mozarabischen*** Stil, den besonders die ehemals von Mauren unterworfenen Christen verbreiteten, handelt es sich ebenso um eine maurisch-christliche Mischform wie beim ***Mudéjarstil,*** den in erster Linie diejenigen Araber vertraten, die zum Bleiben ermächtigt waren.

Zur Zeit der Jahrtausendwende erreichte ein Stil die Pyrenäen, der die Baukunst bis etwa 1150 entscheidend prägte: die ***Romanik.*** Besonders entlang der Pilgerpfade nach Santiago de Compostela entstanden überall Klöster und Kirchen – die Pyrenäen entwickelten sich geradewegs zu einem romanischen Schatzkästchen. Klassische Formelemente dieser Richtung sind Rundbögen, Gewölbe sowie vielfach reich verzierte Pfeiler und Säulen. Zu den sehenswerten Beispielen romanischer Baukunst zählen unter anderem die Kirche Santa María de Eunate (nahe Puente la Reina) und die Kathedrale von Jaca.

Die Sakralbauten, die zu dieser Zeit in den östlichen Pyrenäen errichtet wurden, entstanden häufig im ***romanisch-lombardischen Stil,*** dessen Ursprünge in Norditalien lagen. Die auch ***katalanische Romanik*** genannte Strömung zeichnet sich durch ziemlich weitläufige Bauten aus, die aus kleinen, nur wenig bearbeiteten Steinen bestehen; Arkadengänge und mehrgeschossige Glockentürme sind ebenfalls typische Elemente. Als Paradebeispiele der katalanischen Romanik gelten die Klosterkirchen

St.-Michel-de-Cuxa und St.-Martin-du-Canigou sowie die verschiedenen Gotteshäuser im Boí-Tal.

Ab Mitte des 12. Jh. löste die ***Gotik*** in weiten Teilen Europas die Romanik ab und hielt seit Anfang des 13. Jh. auch in den Pyrenäen Einzug. Zuerst fasste die neue Stilrichtung in den westlichen Gebieten Fuß, wo beispielsweise die Kathedrale von Bayonne, die Stiftskirche Real Colegiata in Roncesvalles und später die Kathedrale von Pamplona erbaut wurden. Die Mittelmeerregion blieb von der Gotik zunächst unangetastet; gotische Bauwerke wie die Kathedrale von Perpignan wurden erst zu Beginn des 16. Jh. fertiggestellt. Bezeichnend für diese Baukunst war, dass das Kircheninnere als Einheit und nicht mehr als eine Summe einzelner Räume verstanden wurde, wie es noch die Architekten der Romanik getan hatten. Als klassisches Merkmal der Gotik ist an den oft imposanten Gebäuden der Spitzbogen zu erkennen.

Der architektonische Stil der ***Belle Epoque*** (ab Ende 19. Jh.) beschränkte sich ausschließlich auf Profanbauten: Um den illustren und reichen Gästen gerecht zu werden, entstanden in den Thermalbädern und in Küstenorten wie Biarritz prächtige Hotels, Casinos und Flanierpromenaden.

Ebenfalls zur Jahrhundertwende etablierte sich in Katalonien der ***Modernismus*** *(Modernisme),* eine architektonische und künstlerische Strömung, die eine Reihe von Gemeinsamkeiten mit dem Jugendstil aufweist. Hervorstechende Persön-

Prototyp des Modernisme: das Châlet Güell bei La Pobla de Lillet

lichkeit war der Architekt *Antoni Gaudí,* dessen Lebenswerk, die Kirche Sagrada Família in Barcelona, zu Weltruhm gelangte. Schüler *Gaudís* brachten den *Modernisme,* der auf einer fließenden, asymmetrischen Linienführung basiert, auch in die Pyrenäen. Ein Beispiel für den Modernisme bildet die ehemalige Zementfabrik Asland im Clot del Moro, nahe La Pobla de Lillet. Bei dem von *Rafael Gustavino* entworfenen Gebäude handelt es sich seit der Schließung im Jahre 1975 allerdings um eine Ruine; es bestehen jedoch Pläne, die Fabrik zu restaurieren.

Wirtschaft

Nennenswertester landwirtschaftlicher Zweig ist die ***Viehhaltung,*** während der einst übliche ***Ackerbau für den Eigenbedarf*** aufgrund der schwierigen geographischen Situation, der schlechten Verkehrsanbindungen und der äußerst geringen Rentabilität immer mehr zurückgeht.

Das wichtigste Zuchtvieh stellen die ***Schafe*** dar, deren Haltung nach dem System der ***großen Transhumanz*** erfolgt. Dabei treibt man die Tiere im Sommer auf die Almen des Hochgebirges, die von den Talgemeinschaften kollektiv genutzt werden. In einigen Gebieten gelten sogar noch uralte Vereinbarungen, nach denen spanische Herden in den trockenen Monaten die feuchteren französischen Weiden mitbenutzen dürfen. Erst im Herbst wandern die Hirten mit ihren Schafen hinab bis zu den gepachteten Weideflächen in der Ebene, wo sie überwintern. Obwohl auch die Schafzucht in den vergangenen Jahrzehnten zurückging, besitzt sie noch relativ große wirtschaftliche Bedeutung - zudem gilt der Schäfer nach wie vor als „Seele der Pyrenäen“.

Die etwas weniger verbreitete ***Rinderhaltung*** erfolgt nach dem Prinzip der ***kleinen Transhumanz.*** Die Tiere verbringen den Sommer ebenfalls im Gebirge, werden im Winter jedoch in den Ställen der Bauernhöfe gehalten und mit Heu sowie Farn gefüttert.

Ackerbaugebiete in größeren Ausmaßen gibt es ausschließlich in den tieferen Lagen, so im Westen, wo vorrangig Mais und stellenweise auch Weizen angebaut wird. Einen großen Marktanteil besitzt der ***Wein,*** der im

Die Kuh - neben dem Schaf das wichtigste Nutzvieh in den Pyrenäen

Gesellschaft

Béarn, vor allem aber in der östlichen, mediterranen Region zu finden ist. Die hiesigen Weine, so der von Banyuls, genießen über die Landesgrenzen hinaus einen ausgezeichneten Ruf. In den Haupttälern der Pyrénées-Orientales floriert zudem der ***Obst- und Gemüseanbau.*** Die ***Korkeiche*** gehört hier zwar immer noch zum Landschaftsbild, verlor in den vergangenen Jahrzehnten jedoch ebenso an Bedeutung wie die Erzeugung von ***Tabak*** in Andorra, ein wohl aussterbender Erwerbszweig.

Insgesamt bewirkte die Abnahme des Ackerbaus in weiten Teilen des Gebirges zugleich einen ***Rückgang der Bevölkerung.*** So sind die Hochlagen des Aragón geradezu menschenleer; den Bewohnern dort bot sich einfach keine Lebensgrundlage mehr - sie wanderten in die Städte ab.

Als ***Industriestandort*** sind die Pyrenäen von nicht allzu großer Relevanz. Die wichtigsten Gebiete liegen im Baskenland und in Katalonien, wo sich kleine und mittelständische Firmen angesiedelt haben. Außerdem gibt es in einigen Orten der Vorpyrenäen Industriebetriebe, so in Sabiñánigo auf spanischer sowie in Pau und Tarbes (u. a. Rüstungsindustrie) auf französischer Seite. In der Nähe von Pau existiert zudem ein wichtiges ***Erdgasvorkommen.*** Minen, Eisenhütten und metallverarbeitende Unternehmen, im 18. und 19. Jh. im Ariège weit verbreitet, wurden mittlerweile größtenteils geschlossen; einzig die Aluminiumbetriebe um Tarascon verdienen Erwähnung. In den anderen Regionen der Pyrenäen müssen florierende Industriezweige, so der Talkabbau nahe Ax-les-Thermes,

Weitverbreitete Lagerstätte: der „Maiskäfig"

als Ausnahme angesehen werden. Zu den wichtigsten Exportgütern zählt in den vergangenen Jahrzehnten der aus ***Wasserkraft gewonnene Strom;*** allerdings bietet dieser Bereich seit der Fertigstellung sämtlicher Anlagen und Kraftwerke nur noch verhältnismäßig wenige Arbeitsplätze.

Als weitgehend ***zollfreies Einkaufsland*** kam ***Andorra*** seit Mitte des 20. Jahrhunderts zu ansehnlichem Wohlstand, wenngleich der Ausbau des Haupttales nicht gerade unter ästhetischen Gesichtspunkten erfolgte. Obwohl sich die Preise in dem Zwergstaat immer mehr denen der Nachbarländer angleichen, ist vorerst noch kein Ende des blühenden Handels abzusehen; viele Andorraner dürften ihre Schäfchen bis dann ohnehin im Trockenen haben.

Tourismus

Der Fremdenverkehr zählt heute stellenweise zwar zu den wichtigsten Einkommensquellen in den Pyrenäen, erreichte aber nie eine derartige Professionalität wie in den Alpen. Für den Urlauber bedeutet dies, dass er angenehmerweise im Gebirge kaum einmal auf Fastfood oder Hotelklötze trifft.

Vorreiter des Tourismus in den Pyrenäen waren die von den Römern gegründeten ***Thermalbäder,*** die im 18. und 19. Jh. eine Renaissance erlebten. Plötzlich war es in gehobenen Kreisen en vogue, die heilenden Kräfte der heißen Quellen zu nutzen und sich einer Kur zu unterziehen. Dass dabei neben der Gesundheit auch die Unterhaltung eine große Rolle spielte, versteht sich von selbst: Spielcasinos, noble Hotels und kulturelle Unterhaltungsprogramme gehörten ebenso zu den Kurorten wie die Thermen selbst. Das Publikum in den Bädern hat sich im Laufe der Zeit allerdings gewandelt. Längst können Hoteliers, Restaurants und Sanatorien nicht mehr allein von den oberen Zehntausend leben, „Otto Normalverbraucher" trifft man heute weitaus häufiger in Bagnères-de-Luchon oder Aulus-les-Bains an als Aristokratie und Geldadel. Trotz der breiteren Gästeschicht ist es nicht um alle Thermalbäder sonderlich gut bestellt: In manchen Orten blättert bereits der Putz von den einstmals erlesenen Hotelpalästen.

Beliebteste Reiseziele sind mittlerweile die ***Küsten.*** Auch hier läutete die *High Society* im 19. Jh. den Tourismus ein, indem sie nach ***Biarritz*** strömte, das sich zur Nummer eins unter den mondänen Seebädern Europas entwickelte. Die Zeiten, als Persönlichkeiten wie *Bismarck, Napoleon III., Picasso* oder *Charlie Chaplin* lässig am Atlantik entlangschlurften, gehören aber längst der Vergangenheit an. Familien und sportbegeisterte Surfer bilden heute ebenso die Zielgruppe des Ortes wie betuchtere Gäste. Im Gegensatz zu den Nachbarorten St.-Jean-de-Luz und Hendaye besitzt Biarritz jedoch immer noch einen etwas vornehmeren Touch.

Der baskischen Küste wurde in den vergangenen Jahren aber der Rang als beliebtestes Reiseziel abgelaufen: Heute vergnügen sich mehr Menschen am warmen ***Mittelmeer*** als in den rauhen Wogen des Atlantiks. Zwischen Canet-Plage und Roses gibt es kein Städtchen, das nicht zumindest teilweise von den Urlaubern lebt. Der Fremdenverkehr kann sich hier allerdings auch von seiner unangenehmen Seite zeigen - überfüllte Strände, proppenvolle Campingplätze und unpersönliche Restaurants sind im Sommer in einigen Orten an der Tagesordnung.

Außerhalb der Kurorte hält sich der Tourismus im Landesinneren in Grenzen - vom Wallfahrtsort ***Lourdes*** mit seinen jährlich über fünf Millionen Besuchern einmal abgesehen. Zu den beliebtesten Zielen im Gebirge zählen die ***Nationalparks,*** allen voran die Region um den Cirque de Gavarnie. Ein Teil der Bewohner in den angrenzenden Orten kann hier zumindest saisonal von den Urlaubern leben.

Zu den Wanderern und Bergsteigern, die im Sommer in die Pyrenäen kommen, gesellen sich in der jüngeren Vergangenheit verstärkt ***Aktivurlauber,*** die Rafting, Paragliding oder Canyoning betreiben wollen. Ob sich die Begeisterung für solche Fun-Sportarten weiter fortsetzt und diese Freizeitvergnügungen einmal einen Spitzenplatz im Tourismussektor einnehmen werden, bleibt abzuwarten.

Im Vergleich zu den Alpen ist der ***Skitourismus*** in den Pyrenäen verschwindend gering - die geographische Situation ermöglicht keine derart gewaltigen Areale mit Hunderten von Pistenkilometern. Da in einigen Abfahrtszentren außerdem keine monatelange Schneegarantie besteht, wird das Skigebiet Pyrenäen wohl niemals zu einer echten Konkurrenz für Österreich oder die Schweiz heranwachsen. Umweltschützer wird das freuen, die arbeitssuchende Bevölkerung sieht diesen Tatbestand sicherlich anders.

Während an den Küsten ganze Orte vom Fremdenverkehr leben, bietet er im Gebirge nur einem relativ kleinen Prozentsatz der Bevölkerung ***Arbeit.*** Hinzu kommt, dass der Tourismus hier besonders stark von den Jahreszeiten abhängig ist: Der Betreiber einer Liftanlage verdient zwischen Mai und November keinen müden Euro, die Besitzer eines Restaurants nahe den Nationalparks sind zwischen Herbst und Frühjahr so gut wie arbeitslos. So ist es nicht verwunderlich, dass viele Menschen außerhalb der Saison einer zweiten, oft weniger sicheren und lukrativen Tätigkeit nachgehen müssen, um sich ihren Unterhalt zu verdienen. So lange sich hieran nichts ändert und keine ganzjährigen Anstellungen in Aussicht sind, wird die Landflucht der jungen Leute wohl kaum abreißen.

Manche der verlassenen Dörfer im Gebirge erfahren seit einiger Zeit aber eine ***Wiederbevölkerung.*** Städter kaufen die leerstehenden Häuser auf und nutzen sie als Ferienwohnung; einige Zivilisationsmüde sind sogar ganz in die Pyrenäen gezogen und leben mittlerweile von der Viehzucht und dem ökologischen Ackerbau. Diese noch junge Tendenz, die bislang allerdings eher bescheidene Ausmaße annimmt, ist vermutlich die einzige Möglichkeit, um die abgelegenen Dörfer vor dem völligen Verfall zu retten.

Die französischen Pyrenäen

Côte Basque und labourdisches Hinterland

Abwechslungsreicher könnte die Region beinahe nicht sein: An den Ufern des Atlantik reihen sich die Städte aneinander – nur wenige Kilometer landeinwärts herrscht dörfliche Idylle vor. Die Bewohner der Küste leben zum Großteil vom Tourismus, in der Provinz stellt die Landwirtschaft für viele die Existenzgrundlage dar. Côte Basque und labourdisches Hinterland sind räumlich kaum voneinander getrennt und doch so unterschiedlich.

Den größten Siedlungskomplex an der Küste bilden ***Bayonne, Anglet und Biarritz,*** die mittlerweile so eng miteinander verwachsen sind, dass dieses im französischen Baskenland einmalige Ballungsgebiet von den Einheimischen sogar einen neuen Namen erhielt: BAB. Trotz des Wachstums blieb der Charme der Orte aber nicht auf der Strecke. Bayonne zählt nach wie vor zu den liebenswertesten Städten der Pyrenäen, und Biarritz hat noch immer den leicht mondänen Flair, der es einst so berühmt machte.

BAB ist nicht der einzige Tummelplatz für Feriengäste: Mit den ***Badeorten*** Bidart und Guéthary, dem geschichtsträchtigen Saint-Jean-de-Luz und der Grenzstadt Hendaye setzt sich die Reihe der lebhaften Küstenorte nahtlos fort.

Anders sieht es da schon im Labourd, wenige Kilometer landeinwärts aus, wo baskischer Lebensstil und baskische Kultur weitgehend erhalten geblieben sind. Sicherlich haben sich auch die bekannt ***schönen Dörfer*** wie ***Sare*** oder ***Ainhoa*** mittlerweile auf Urlauber eingestellt, doch handelt es sich dabei zumeist um Gäste, die

Bayonne: Häuserzeile an der Nive

nur einen Tagesausflug von der Küste hierher unternehmen. Spätestens am frühen Abend kehrt hier wieder Ruhe ein.

Je weiter man sich vom Meer entfernt, desto mehr verliert die Einkommensquelle Tourismus an Bedeutung. So bestimmen im Osten dieses Landstriches, in der Gegend um Hasparren, ***Landwirtschaft*** und Viehhaltung seit jeher das Leben der Menschen. Hier sagen sich Fuchs und Hase auch heute noch gute Nacht - im positiven Sinne.

Mit seiner sanften ***Hügellandschaft*** gehört das ***Labourd*** zweifelsfrei zu den Ausläufern der Pyrenäen, obwohl es teilweise sogar schon ganz schön hoch hinauf geht. Die Rhune - gerade einmal 10 km von der Küste entfernt - besitzt mit immerhin 900 m Höhe bereits gebirgigen Charakter. Bei einem Spaziergang zum Gipfel kann man sich problemlos davon überzeugen.

Bayonne

(bask. *Baiona*)

Der Tatsache, dass das Meer sechs Kilometer entfernt liegt, hat es Bayonne zu verdanken, dass es sich nicht fest in Touristenhand befindet. Viele Urlauber lassen die ***Metropole des französischen Baskenlandes*** auf ihrem Weg zu den Stränden von Biarritz, Saint-Jean-de-Luz oder Hendaye links liegen - und machen einen großen Fehler. Trotz der für baskische Verhältnisse enormen Größe - in

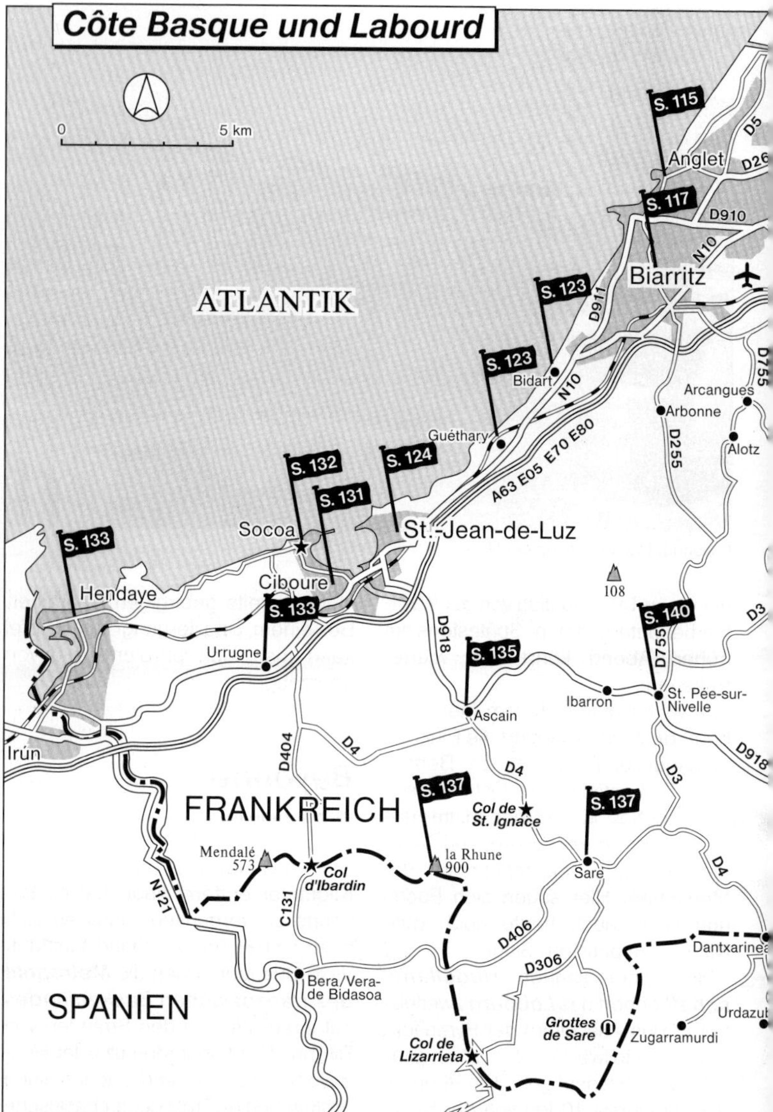
Côte Basque und Labourd
0
5 km
ATLANTIK
S. 115
Anglet
S. 117
Biarritz
S. 123
S. 123
Bidart
Guéthary
S. 124
S. 132
S. 131
Socoa
St.-Jean-de-Luz
S. 133
Hendaye
Ciboure
S. 133
Urrugne
Irún
A63 E05 E70 E80
N10
D911
D910
D5
D26
D755
Arcangues
Arbonne
Alotz
D255
108
S. 140
D3
S. 135
D918
Ascain
Ibarron
St. Pée-sur-Nivelle
D918
D4
D404
D4
D3
FRANKREICH
S. 137
S. 137
Col de St. Ignace
Mendalé 573
Col d'Ibardin
la Rhune 900
Sare
D4
N121
C131
D406
D306
Dantxarinea
Bera/Vera-de Bidasoa
SPANIEN
Grottes de Sare
Zugarramurdi
Urdazubi
Col de Lizarrieta

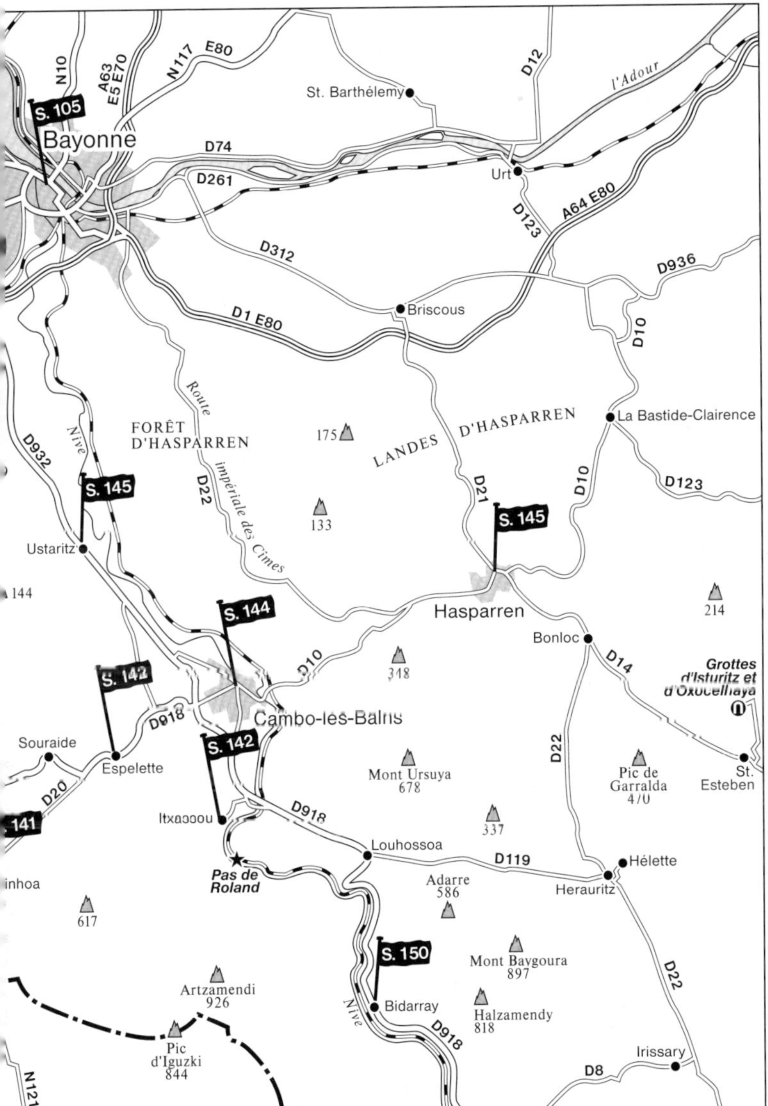
N10
A63
E5 E70
N117
E80
D12
l'Adour
St. Barthélemy
S. 105
Bayonne
D74
D261
Urt
D123
A64 E80
D312
D936
Briscous
D1 E80
D10
Route impériale des Cimes
FORÊT D'HASPARREN
175
LANDES D'HASPARREN
La Bastide-Clairence
Nive
D932
S. 145
D22
133
D21
D10
D123
S. 145
Ustaritz
144
S. 144
Hasparren
214
Bonloc
D10
348
D14
Grottes d'Isturitz et d'Oxocelhaya
S. 142
D918
Cambo-les-Bains
Souraide
Espelette
S. 142
Mont Ursuya
678
D22
Pic de Garralda
470
St. Esteben
D20
141
Itxassou
D918
337
Louhossoa
D119
Hélette
Pas de Roland
Adarre
586
Herauritz
inhoa
617
S. 150
Mont Baygoura
897
D22
Artzamendi
926
Nive
Bidarray
Halzamendy
818
D918
Pic d'Iguzki
844
Irissary
D8
N121a

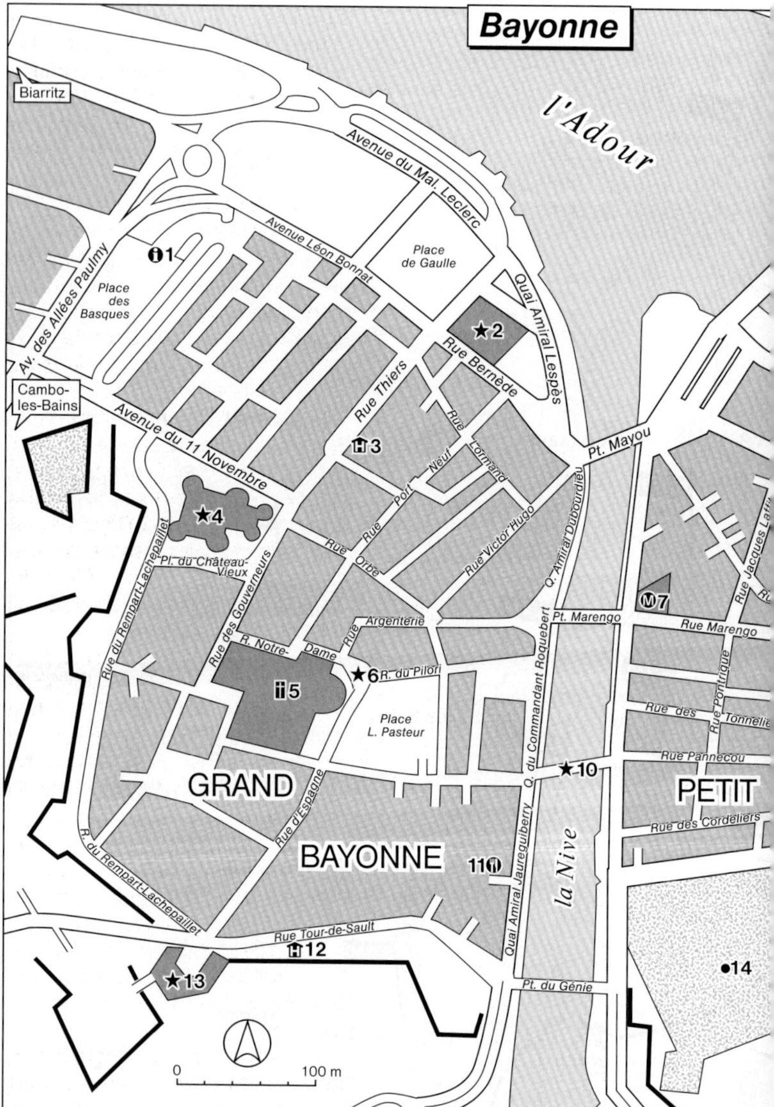
Bayonne
l'Adour
Biarritz
Cambo-les-Bains
Avenue du Mal. Leclerc
Avenue Léon Bonnat
Place de Gaulle
Quai Amiral Lespès
Av. des Allées Paulmy
Place des Basques
1
2
Rue Bernède
Rue Thiers
Avenue du 11 Novembre
3
Rue Lormand
Rue Port Neuf
Pt. Mayou
4
Pl. du Château-Vieux
Rue Orbe
Rue Victor Hugo
Q. Amiral Dubourdieu
Rue du Rempart-Lachepaillet
Rue des Gouverneurs
Rue Argenterie
R. Notre-Dame
6 R. du Pilori
5
Place L. Pasteur
Pt. Marengo
Rue Marengo
7
Rue Jacques Laffitte
Rue Pontrique
Rue des Tonneliers
Rue Pannecou
Q. du Commandant Roquebert
10
GRAND
BAYONNE
PETIT
Rue d'Espagne
Rue des Cordeliers
11
la Nive
Quai Amiral Jaureguiberry
R. du Rempart-Lachepaillet
Rue Tour-de-Sault
12
13
Pt. du Génie
14
0
100 m

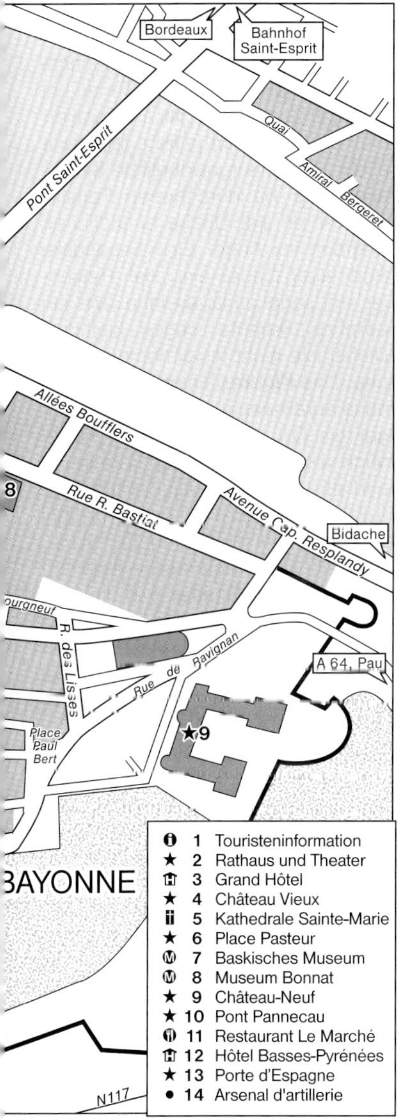

Bayonne leben fast 50.000 Menschen - entwickelte sich der Ort keineswegs zur seelenlosen Geschäftsstadt. Wegen der guten Einkaufsmöglichkeiten besitzt die Gemeinde zwar keinen Kleinstadtcharakter mehr, ist aber dennoch kulturelles Schmuckkästchen geblieben. Da sich die Industrie Bayonnes in der Nähe des vorgelagerten Hafens angesiedelt hat, zerstören zudem keinerlei Lagerhallen oder Fabrikschlote das malerische Stadtbild mit den hübschen, oftmals nur knapp drei Meter breiten Fachwerkhäusern.

Die Flüsse Nive und Adour, die im Zentrum des Ortes zusammenfließen, unterteilen Bayonne in drei Stadtteile. Ältestes und größtes Viertel ist ***Grand Bayonne*** (auch Vieux Bayonne) mit einer Vielzahl an historischen Sehenswürdigkeiten und schönen Einkaufsstraßen, die kaum einen Wunsch offenlassen.

Auf einer Halbinsel, eingesäumt von Nive und Adour, liegt ***Petit Bayonne*** mit seinen verwinkelten Sträßchen und hübschen Häuserzeilen. In den Abendstunden kommt hier Leben auf: Vor allem außerhalb der Saison, wenn die Biarritzer Discos nicht so angesagt sind, treffen sich die jüngeren Semester in den Kneipen und Restaurants von Petit Bayonne. Kaum verwunderlich also, dass baskische Souveränitätsbestrebungen hier äußerst stark vertreten sind, wie zahlreiche Flaggen und Graffitis an den Häuserwänden zeigen.

Nördlichstes Viertel ist ***Saint Esprit,*** das besonders im 16. Jahrhundert expandierte, als sich vertriebene portugiesische Juden hier niederließen.

Geschichte

Dort, wo sich heute Grand Bayonne befindet, errichteten die Römer im 3. und 4. Jahrhundert die Garnison ***Lapurdum,*** die später der baskischen Provinz Labourd ihren Namen gab. In den folgenden Jahrhunderten wurde der Ort mehrfach von Wandalen, Westgoten, Normannen und anderen Plünderern überfallen. Erst 980 kam es zu einem Frieden, der Ort breitete sich aus und wurde mit einer neuen Stadtmauer umgeben.

Von 1152 bis 1451, also fast 300 Jahre lang, gehörte das damalige ***Baiona*** und spätere Bayonne ***zum englischen Reich,*** nachdem *Eleonore von Aquitanien* den englischen Thronfolger *Henry Plantagenet (Henry II.)* geheiratet hatte. In dieser Zeit blühte die Stadt auf, insbesondere der florierende Seehandel sorgte für Wohlstand.

Als Bayonne nach dem Hundertjährigen Krieg wieder unter ***französische Herrschaft*** fiel, nahm seine Bedeutung ab: Eine ***wirtschaftliche Flaute*** setzte ein, die unmittelbar mit der Versandung und der damit verbundenen schlechten Schiffbarkeit des Adour zusammenhing. Erst als der überragende Ingenieur *Louis de Foix* 1578 den Adour mit Glück und Geschick in seinen neuen Lauf brachte, ging es wieder aufwärts. Bayonne dehnte sich weiter aus, zu den Fischern und den über die Region hinaus bekannten Schmieden gesellten sich im 17. und 18. Jahrhundert ***Freibeuter,*** die der Stadt einen ansehnlichen Reichtum bescherten.

Heute zählt Bayonnes ***Hafen*** zu den zehn bedeutendsten in Frankreich, insbesondere Getreide und Schwefel werden exportiert.

Sehenswertes

Grand Bayonne

Hoch über die Stadt ragen die beiden Türme der ***gotischen Kathedrale Sainte-Marie,*** die vom 13. bis zum 15. Jahrhundert anstelle einer vom Feuer zerstörten romanischen Kirche erbaut wurde. Das Kirchenschiff mit seiner auffälligen und gewagten Gewölbekonstruktion wurde im 14. Jahrhundert errichtet. Noch im 19. Jh. änderte sich das äußere Erscheinungsbild der Kathedrale, als die Türme bei Umbauarbeiten eine spitzere Form erhielten. In der Kathedrale fallen vor allem zwei außergewöhnliche Sakristeien, die wunderschönen Fenster und die an der Decke befindlichen Wappen ins Auge. Eine besondere Bedeutung besaß einst der Türklopfer, der sogenannte Asylring: Wer ihn berührte, konnte wegen kleinerer Diebstähle nicht festgenommen werden. Das ***Kloster*** hinter dem Gotteshaus wurde wegen seiner Größe nicht nur als Ort des Gebetes, sondern auch als Platz der Rechtsprechung und als Friedhof genutzt. Geöffnet tgl. 9.30–12.30 und 14–17 Uhr (von Juni bis September bis 18 Uhr); Eintritt frei.

Um die Kathedrale herum befinden sich ***hübsche Gassen*** wie die ***Rue Douer*** mit den für Bayonne typischen, sehr ***schmalen Fachwerkhäusern.*** In der ebenfalls sehenswerten ***Rue des Faures*** waren früher die Schmiede ansässig, heute befinden sich hier zahlreiche Antiquitätengeschäfte.

In unmittelbarer Nähe der Kathedrale liegt das mittelalterliche ***Château Vieux,*** das alte Schloss Bayonnes (11. Jahrhundert), das vermutlich auf den Fundamenten einer antiken römischen Burg errichtet wurde. In seiner bewegten Geschichte diente die Festung unter anderem als Sitz der Gouverneure des englischen Königs, als Zuflucht der Könige im Exil sowie als Gefängnis. Eine Besichtigung ist leider nicht möglich, da im Schloss Büros der französischen Armee untergebracht sind.

Auf dem ***Place Pasteur*** an der Rückfront der Kathedrale fanden ehemals die öffentlichen Bestrafungen statt. Die ***Fontaine du Pilori*** (Prangerbrunnen) erinnert noch heute an dieses düstere Kapitel der Stadtgeschichte.

Vom ***Porte d'Espagne*** im westlichen Teil der Altstadt lassen sich die ***historischen Befestigungsmauern*** Bayonnes am besten überblicken.

Geht man nun zur Nive hinunter, erreicht man den ***Quai Amiral-Jaureguiberry,*** der genau wie die parallel verlaufende ***Rue des Basques*** durch seine prächtigen Häuserfassaden besticht.

Folgt man dem Kai flussabwärts, kommt man nach einigen Minuten auf den ***Place de la Liberté,*** der zumindest verkehrstechnisch den Mittelpunkt der Stadt bildet. Am Platz liegt das imposante ***Rathaus*** (1842), das gleichzeitig auch das städtische Theater beherbergt. Zudem führt von hier die größte der vier Brücken im Stadtgebiet in die Viertel Petit Bayonne und Saint-Esprit.

In den Place de la Liberté mündet außerdem die ***Rue Port-Neuf,*** eine der belebtesten Einkaufsstraßen der Stadt, in der zahlreiche Cafés zum Verweilen einladen. Noch heute bieten stilvolle ***Confiserien*** in der ehemaligen Schokoladenstraße süße Köstlichkeiten an.

Viele Häuser der Altstadt wurden auf gotischen Kellergewölben, den sogenannten ***Caves,*** errichtet. Etwa 130 dieser Katakomben existieren in Bayonne, einige von ihnen können besichtigt werden. Über organisierte Führungen durch die „Unterwelt" Bayonnes informiert das *Office de Tourisme.* Ein geführter Stadtrundgang mit Besichtigung der Caves kostet 5 €.

Petit Bayonne

Gegenüber der ***Marengo-Brücke*** steht das ***Haus Dagorette,*** das seit über 70 Jahren das ***baskische Museum*** beheimatet. Über ein Jahrzehnt lang (!) blieb das ehemalige Wohnhaus des Kaufmannes Dagorette wegen Renovierungsarbeiten geschlossen, erst 2001 öffnete es wieder seine Pforten. Den Besucher erwartet eine Ausstellung, die sehr unterhaltend über Geschichte, Kultur und Eigenheiten des Baskenlandes informiert.

Schmaler als ein Kleinwagen: Häuser in Bayonne

Baskische Kneipe in Petit Bayonne

● Öffnungszeiten täglich außer dienstags und an Feiertagen: 2. November bis 30. April: 10–12.30 Uhr und 14–18 Uhr; 2. Mai bis 31. Oktober: 10–18.30 Uhr. Der Eintritt beträgt für Erwachsene 5,50 €, für Studenten 3 €, Kinder und Jugendliche bis 18 Jahren haben freien Eintritt.

Ein Stück weiter flussaufwärts überquert die ***Pont Pannecau*** die Nive. Von dieser Brücke wurden früher Ehebrecherinnen in einem eisernen Käfig ins Wasser geworfen.

Wie der ***Quai Amiral-Jaureguiberry*** am gegenüberliegenden Nive-Ufer besticht auch der ***Quai Augustin-Chaho*** durch seine für Bayonne typische Architektur.

Am südlichen Ende Bayonnes, unweit der Stadtmauern, steht das ***Château-Neuf*** (15. Jahrhundert), das unter anderem gebaut wurde, um die Bürger der Stadt besser überwachen zu können.

Einen außerordentlichen Kunstschatz beherbergt das ***Museum Bonnat*** in der ***Rue Jacques-Lattite.*** Der Maler *Léon Bonnat* vermachte seiner Geburtsstadt neben eigenen Malereien auch Werke von so bedeutenden Künstlern wie *Botticelli, Rubens, Rembrandt* oder *Goya.*

● Öffnungszeiten und Eintrittspreise siehe baskisches Museum.

Saint-Esprit

Auffallendstes Bauwerk ist die wuchtige ***Zitadelle*** (17. Jahrhundert), die im Falle eines spanischen Angriffs als Zufluchtsort dienen sollte. Heute wird das Gebäude militärisch genutzt.

Praktische Informationen

Information

● Die ***Touristeninformation*** ist vor einigen Jahren in ein großzügiges Gebäude an der Place des Basques (vom Place de la Liberté der Rue Bernède folgen) umgezogen, Tel. 05.59.46.01.46.

Unterkunft

Bayonne verfügt über eine stattliche Anzahl an Hotels sämtlicher Kategorien, so dass normalerweise auch im Sommer immer ein Zimmer zu bekommen ist.

● Das ***Grand Hôtel*** €€€€€, Rue Thiers 21, Tel. 05.59.59.62.00, ist die beste und zugleich teuerste Unterkunft der Stadt. Einige Zimmer sind schon für weniger als 80 € zu bekommen, das Gros liegt allerdings deutlich darüber.

● ***Hôtel Basses-Pyrénées*** €€, Rue Tour-de-Sault 12, Tel. 05.59.59.00.29. Ruhig am westlichen Stadtrand gelegenes Mittelklassehotel.

● Zu den günstigsten Hotels in Bayonne zählt das ***Paris Madrid*** €€, Place de la Gare, Tel. 05.59.55.13.98, oder das ***Hôtel des Arceaux*** €€, Rue Port-Neuf 26, Tel. 05.59.59.15.53. Beide Häuser besitzen Zimmer in verschiedenen Preisklassen, wobei sich die Kosten vornehmlich danach richten, ob man ein Bad sein eigen nennt oder nicht.

● Wer günstig übernachten möchte und dabei wenig Wert auf Stil legt, findet im außerhalb gelegenen Stadtteil Saint-Frédéric gleich zwei Unterkünfte der französischen Billig-Hotelketten, deren Zimmer jeweils drei Betten besitzen. Im ***Formule 1*** €, Tel. 05.59.55.57.51, befindet sich die Dusche auf dem Gang, im ***Premiere Classe*** €€, Tel. 05.59.55.95.70, gehört jeweils ein eigenes Bad dazu. Da ausreichend Parkmöglichkeiten vorhanden sind, bieten sich diese Hotels besonders für Durchreisende an.

● Einziger ***Campingplatz*** Bayonnes ist das ***Airotel La Chêneraie*** im Osten der Stadt, Tel. 05.59.59.01.31. Die Autobahn 63 an der Abfahrt Bayonne Saint-Esprit verlassen, vier Kilometer in Richtung Pau/Orthez fahren, dann der Beschilderung folgen. Der schattige und großräumige Platz ist nicht billig, verfügt aber neben guten Sanitäranlagen auch über eine breite Angebotspalette: Schwimmbad, Spielplatz, Animationsprogramm ... Besonders für Familien mit Kindern zu empfehlen.

Essen und Trinken

Bayonne ist weniger durch seine Restaurants - von denen es aber auch sehr empfehlenswerte gibt - als vielmehr durch seine ***kulinarischen Spezialitäten*** bekannt. An erster Stelle steht dabei wohl der Bayonner ***Schinken,*** der bereits seit Jahrhunderten weit über die Stadtgrenzen hinaus geschätzt wird. Wer sich mit einem Stück Weißbrot und leckerem Schinken irgendwo auf einem sonnigen Plätzchen niederlässt, dürfte ein Restaurant kaum vermissen.

Einen sehr guten Ruf besitzt das ***erlesene Naschwerk,*** das die Süßwarenhandlungen in der Rue Port-Neuf anbieten. Wer Süßes mag, sollte sich einen Besuch in den Confiserien *Daranatz* oder *Lazenave* nicht entgehen lassen. Die Preise sind zwar sehr hoch, dafür bekommt man neben köstlichen Pralinen oder Kuchen aber auch ein stilechtes Ambiente mit Kronleuchtern und rüschenbeschürzten Bedienungen geboten.

Straße in Bayonne

Flüssige Spezialität der Stadt ist der baskische ***Likör Izarra,*** der in einer Brennerei am Quai Amiral-Bergeret im Stadtteil Saint-Esprit hergestellt wird. Der *Izarra* besteht unter anderem aus in Alkohol eingelegten Kräutern, das genaue Rezept ist jedoch streng geheim.

● ***Le Cheval Blanc,*** Rue Bourgneuf 68, Tel. 05.59.59.01.33, zählt zweifellos zu den besten Adressen Bayonnes. Derartige Gaumenfreuden sind aber nicht ganz billig: Das preiswerteste Menü kostet etwa 20 €.

● Das ***Restaurant Le Marché,*** Rue des Basques 39, Tel. 05.59.59.22.66, schätzen nicht nur Frühaufsteher. In familiärer Atmosphäre gibt es hier von 5 bis 20 Uhr schmackhafte Gerichte zu günstigen Preisen.

● Wer den Geldbeutel schonen möchte, sollte in ***Petit Bayonne*** speisen: Vor allem in der Rue des Tonneliers bieten zahllose Snacks Mini-Pizzen, Sandwiches, Hot-Dogs oder Pommes an.

Verkehrsverbindungen

● Der ***Bahnhof*** Bayonnes befindet sich im Stadtteil Saint-Esprit, einen Katzensprung vom Place de la République entfernt. Mehrfach täglich Züge nach Paris, Bordeaux, Lourdes oder Toulouse.

● Fast alle etwas größeren Ortschaften des französischen Baskenlandes werden täglich von Bayonne aus mit dem ***Bus*** angefahren. Außerdem Busse ins benachbarte Spanien (Irún, San Sebastián).

● Der ***Flugplatz Biarritz-Anglet-Bayonne,*** Tel. 05.59.43.83.83, liegt nur wenige Kilometer südlich vom Zentrum Bayonnes. Vor allem Flüge nach Paris, aber auch in andere französische Städte und ins Ausland.

Weitere Reisetipps

● ***Einkaufen:*** In keiner anderen Stadt des Baskenlandes lässt es sich so schön bummeln wie in Bayonne: Einerseits gibt es in den Gassen und Straßen der Stadt vom Heavy-Metal-Shop bis zur konservativen Buchhandlung beinahe jegliche Art an Geschäften, andererseits hat die Innenstadt ihr malerisches Äußeres weitgehend bewahrt. Hinzu kommt, dass es fast an jeder Ecke ein historisches Bauwerk zu bestaunen gilt; der Einkaufsbummel lässt sich so prima mit einem kulturellen Spaziergang verbinden. Obwohl es in den Sommermonaten recht geschäftig zugeht, nimmt das Gedränge in der Fußgängerzone normalerweise keine überdimensionalen Ausmaße an.

- ***Sport:*** Pelota hat in Bayonne eine jahrhundertealte Tradition und erfreut sich auch heute noch ungebrochener Beliebtheit. Im historischen Trinquet Saint-André in der Rue du Jeu de Paume (Petit Bayonne) finden häufig Spiele statt - ein Besuch lohnt auf jeden Fall.
- ***Feste:*** Einen alljährlichen Höhepunkt bilden die Tage der rauschenden Feste, die die Stadt bekannt gemacht haben - insbesondere bei den ***Fêtes de Bayonne*** ist die Hölle los. Am ersten Mittwoch im August beginnt das große Fest, das fünf Tage und fünf Nächte andauert und Bayonne in dieser Zeit kaum zur Ruhe kommen lässt. Bunte Paraden ziehen umher, überall ertönt Musik, es wird gesungen und getanzt, Kühe rennen durch die Straßen und natürlich finden in der Arena auch Stierkämpfe statt, die einen Mittelpunkt der Fêtes darstellen.

Anhänger der Jazz-Musik sollten bereits Mitte Juli nach Bayonne kommen, wenn das ***Festival de Jazz*** mit seinen vielen kleinen und großen Konzerten selbst verwöhnte Musikkenner begeistert.

Zehn Tage nach Ende der Fêtes de Bayonne sorgt mit der ***Feria de l'Assomption*** (Maria Himmelfahrt) ein weiteres Fest für Stimmung in der Stadt.

Den Abschluss der - wahrlich nicht knappen - Festivitäten bildet im Oktober das ***Festival de Théâtre de Bayonne,*** bei dem sich exzellente Schauspieler aus dem In- und Ausland die Ehre geben.

- ***Parken:*** Den fahrbaren Untersatz stellt man am besten am Port d'Espagne im Osten der Stadt ab, wo es einen großen und zugleich ***kostenlosen Parkplatz*** gibt. Über die Rue d'Espagne erreicht man von hier das Zentrum. Die ***gebührenpflichtigen Parkplätze*** im Innenstadtbereich sind ziemlich teuer und mindestens ebenso kompliziert. Zunächst muss das Auto-Kennzeichen eingegeben, daraufhin der grüne Knopf gedrückt und anschließend das Geld eingeworfen werden. Erst dann erscheint der Parkschein.

Ausflüge

Mouguerre

Etwa fünf Kilometer östlich von Bayonne liegt das kleine Dorf Mouguerre (Richtung Lahonce), in dessen Nähe auf einer Erhöhung das ***Croix de Mouguerre*** steht. Von hier oben lassen sich wunderbar sowohl die baskische Küste als auch in der Ferne die ansteigenden Pyrenäen überblicken.

Küstenstraße

Außerdem eignet sich Bayonne natürlich bestens für ***Ausflüge am Meer*** entlang in ***Richtung Spanien*** (Bidart, Saint-Jean-de-Luz, Hendaye), wobei es auf der Küstenstraße in der Hochsaison zu Stauungen kommen kann. Wer es eilig hat und direkt nach Spanien durchfahren möchte, sollte sich für die mautpflichtige Autobahn entscheiden.

Anglet

(bask. *Angelu*)

Obwohl Anglet bereits im 12. Jh. erstmals erwähnt wurde, wird man in dem Ort, der sich zwischen Bayonne und der Küste sowie der Adour-Mündung und Biarritz ausbreitet, kaum historische Gebäude finden. Heute ist Anglet in erster Linie eine moderne Schlaf- und ***Badestadt*** ohne viel Atmosphäre. Ihr Kapital sind über ein halbes Dutzend schöne und ziemlich volle ***Strände,*** vor denen sich zahllose ***Surfer*** auf den großen Wellen vergnügen. Das Nachtleben Anglets kann jedoch nicht mit dem täglichen Trubel konkurrieren: Wenn es dunkel wird, zieht es viele ins benachbarte Biarritz, wo einfach mehr „die Post abgeht".

Berühmteste Bademöglichkeit ist der ***Plage Chambre d'Amour,*** der Strand der Liebeskammer. Der außergewöhnliche Name stammt von einem Ereignis, das sich im 18. Jh. hier abgespielt haben soll. Der Sage nach floh ein Pärchen, dessen Liebe füreinander bei den Eltern auf Ablehnung stieß, eines Abends in eine Grotte an diesem Strand. Das Schicksal meinte es jedoch nicht gut mit dem jungen Glück: Das Wasser stieg, füllte den Eingangsbereich des Unterschlupfes und verwandelte die Liebeshöhle in eine tödliche Falle. Der Ort dieses tragischen Vorfalls, die Liebeskammer, kann heute noch besichtigt werden.

Ältester Zeuge vergangener Zeiten ist die ***Kirche Saint-Léon*** (16. Jh.) im Süden der Stadt. Allerdings wurde das Gebäude mehrfach einem völligen Umbau unterzogen, so dass nur noch wenige Teile des ursprünglichen Gotteshauses Bestand haben.

Praktische Informationen

Information

- ***Touristenbüro*** an der Avenue de la Chambre d'Amour, Tel. 05.59.03.77.01.

Unterkunft

- ***Hôtel Villa Clara*** €€€€, Boulevard des Plages 154, im Norden der Stadt gelegen, Tel. 05.59.52.01.52. Schöne, komfortable Villa mit Schwimmbad und Garten, in der vor allem Appartements vermietet werden.
- ***Hôtel Le Madrigal*** €, Avenue de l'Adour 69, Tel. 05.59.41.21.58. Kleines, einfaches Hotel, das zu den preiswertesten in Anglet zählt. Die meisten Zimmer ohne eigenes Bad.
- ***Jugendherberge*** im Stadtteil Chiberta, Route des Vignes 19, Tel. 05.59.58.70.00. Gepflegte Unterkunft, nur wenige Minuten vom Strand entfernt. Für eine Jugendherberge sehr komfortabel, außerdem werden hier auch Surfboards vermietet, Surf-Unterrichtsstunden erteilt und Ausritte organisiert.
- ***Camping de Parme***, Rte de l'Aviation, Tel. 05.59.23.03.00. Gut ausgestattete Anlage mit 200 Stellplätzen.

Verkehrsverbindungen

- Zahlreiche ***Busse*** nach Biarritz und Bayonne, außerdem auch Busverbindungen mit der gesamten Côte Basque sowie Irun und San Sebastián in Spanien.
- ***Flüge:*** siehe Bayonne.

Weitere Reisetipps

- In der ***Chistera-Fabrik,*** Allée des Liserons 6, kann man sich über das beinahe ausgestorbene Handwerk der Herstellung von Pelota-Schlägern aus Weidengeflecht informieren. Seit 1887 befindet sich die Firma im Besitz der Familie *Gonzalès.* Wer sich ein solch traditionelles Sportgerät als Souvenir mitnehmen möchte, muss tief in die Tasche greifen, die günstigsten Chisteras kosten immerhin noch 150 €. Besichtigungen täglich außer samstags nachmittags sowie an Sonn- und Feiertagen; Eintritt 3 €, Kinder frei.
- ***Segeltörns und Angeltouren*** auf dem offenen Meer organisiert der Yacht Club *Adour Atlantique,* Avenue de l'Adour 118, Tel. 05.59.63.51.91.
- ***Surfunterricht*** erteilt *Sport Ecume Rainbow Surf Shop,* Avenue de la Chambre d'Amour, Tel. 05.59.03.54.67.
- Reitfreunde können vom *Club Hippique,* Promenade de la Barre, Tel. 05.59.63.83.45, zu ***Ausritten*** durchs Baskenland starten.
- Ein beliebter ***Golfplatz*** befindet sich im Ortsteil Chiberta am Boulevard des Plages, Tel. 05.59.63.83.20. Eine Partie auf der 18-Loch-Anlage kostet ab 30 €.

Biarritz

Schriebe man die Namen der großen und bekannten Persönlichkeiten nieder, die hier ihren Urlaub verbrachten - es würde ganze Seiten füllen. ***Gekrönte Häupter und Politiker*** kamen geradezu in Scharen, unter ihnen *Kaiser Napoleon III., König Edward VII. von England, Queen Victoria, Bismarck* oder auch der spanische *König Alfonso XIII.* ***Künstler*** wie *Picasso* oder *Sarah Bernhardt* vergnügten sich ebenso auf exzentrischen Feiern wie *Charlie Chaplin* und *Coco Chanel*. Nicht zu vergessen die steinreichen Industriellen, der russische Hochadel und und und ... ***Prominenz*** aus der ganzen Welt schwelgte ***zwischen 1850 und 1930*** in Biarritz im Luxus, was sich natürlich im Erscheinungsbild der Stadt niederschlug: Es entstanden ***elegante Hotels, edle Villen*** und ***exklusive Casinos.*** Viele dieser Bauwerke haben die Jahre überdauert und verleihen dem Ort auch heute noch einen ***gewissen Schick.*** Könige und Superstars trifft man allerdings nicht mehr im Restaurant oder beim Einkauf - das Publikum ist mittlerweile erheblich „normaler", wenngleich einige Schickeria-Gäste immer noch an alte Traditionen anknüpfen möchten. Biarritz unterscheidet sich etwas von den Badeorten der französischen, italienischen oder spanischen Mittelmeerküste, denn die Stadt wurde nicht speziell für Familien mit Kindern konzipiert. Nicht, dass Biarritz kinderunfreundlich wäre, doch reifere und reichere Urlauber kommen beim Golfen und im Haute-Couture-Shop ebenso auf ihre Kosten.

Zudem steht die zerklüftete Küste bei Surfern enorm hoch im Kurs, so dass sich Biarritz zu einem europäischen ***Zentrum des Wellenreitens*** entwickelt hat.

Bevor die Kinder ins Bett geschickt werden, der Geschäftsmann ins Restaurant geht und die Surf-Szene in den Discos abtanzt, verbindet sie alle aber eine gemeinsame Leidenschaft: das Flanieren. Abend für Abend pilgert Groß und Klein, Alt und Jung über die außergewöhnlich schöne ***Promenade.***

Biarritz - einstmals Treffpunkt der oberen Zehntausend

Wen wundert's, dass viele diesen etwas eigenen Charme, die feinsandigen Strände und die rauhen Felsen, die nur wenige Meter weiter aus dem Wasser ragen, mögen? Die logische Folge: Biarritz ist im Juli und im August hoffnungslos überfüllt! Ruhiger präsentiert sich die Stadt im Herbst, wenn oft noch angenehme Temperaturen herrschen, man sich am ***Grande Plage*** aber nicht auf die Füße tritt.

Geschichte

Biarritz stand lange im Schatten Bayonnes. Erst der ***Walfang*** im 13. und 14. Jh. sorgte in dem kleinen Dorf für Aufschwung: Die riesigen Meeressäuger wurden in unmittelbarer Küstennähe gefangen und bescherten den Einwohnern von Biarritz einen gewissen Wohlstand. Schon damals richtete der Mensch aber ernste Schäden an der Natur an. Der intensive Fang dezimierte die Wale so stark, dass die Fänger sie schließlich bis nach Neufundland verfolgen mussten und die

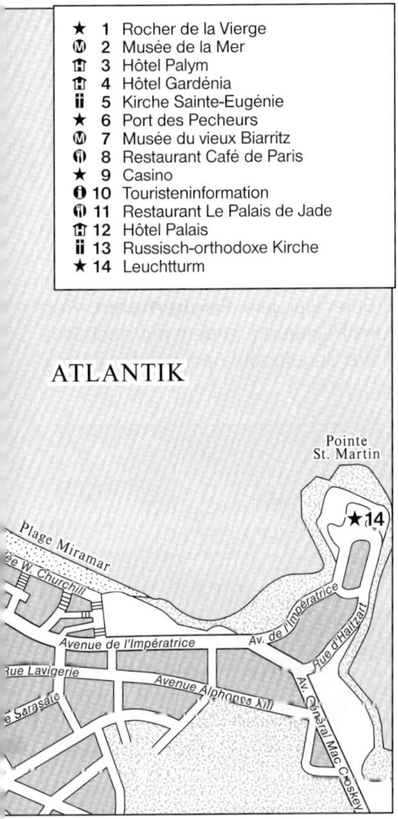

Jagd Ende des 17. Jh. ganz eingestellt wurde. Fortan hielten sich die Bewohner vornehmlich mit dem ***Kabeljaufang*** über Wasser, von Wohlstand oder gar Reichtum konnte jedoch nicht die Rede sein.

Das sollte sich zu Beginn des 19. Jh. schlagartig ändern. Nach und nach fanden immer mehr Erholungssuchende den Weg an die zerklüftete Küste; unter ihnen viele Adelige und Reiche, denn wer sonst konnte sich schon einen Urlaub leisten? Die Gäste zeigten sich begeistert, und *Wellington* behauptete gar, er habe das hübscheste Dorf gefunden, das man je gesehen hat. Eine ganze Welle von Adeligen schwappte über das Dorf - wer in Europas Aristokratie etwas auf sich hielt, verbrachte zumindest einige Tage jährlich im Baskenland. Besonders *Kaiser Napoleon III.* nebst Gattin *Eugénie* sorgten dafür, dass das ehemals unscheinbare Dörfchen zum ***Treffpunkt des Hochadels*** wurde und Villen sowie Hotels entstanden, die jeder Metropole zur Ehre gereichen würden.

Der erste Weltkrieg unterbrach jäh das luxuriöse Treiben, und als er schließlich ein Ende gefunden hattte, machten sich die gekrönten Häupter rarer. Dafür erschienen vermehrt Gäste, die ebenfalls nicht einer gewaltigen Popularität entbehren: ***Künstler, Schauspieler, Modedesigner*** - eben alles, was Rang und Namen hatte - amüsierten sich in Biarritz. Die ausschweifenden Parties der wilden Zwanziger standen denen in den USA in nichts nach.

Mit dem Zweiten Weltkrieg sollte aber auch diese Ära zu Ende gehen. In der Folgezeit konzentrierte man sich darauf, ein breiteres Publikum zu gewinnen. Biarritz wurde zum Kur- und Badeort, der nicht nur für die oberen Zehntausend erschwinglich ist. Heute kann die Stadt vom ***Massentourismus*** gut leben.

Sehenswertes

Küste

Als Juwel des Ortes kann die traumhafte Küste mit ihrer blumengeschmückten ***Promenade,*** den schönen Stränden und den vorgelagerten, von der Gischt umpeitschten Felsen bezeichnet werden. Kaum jemand, der nach Biarritz kommt und nicht einen abendlichen Spaziergang auf der Promenade unternimmt. Großer Beliebtheit erfreut sich dabei ein Abstecher auf den ***Rocher de la Vierge,*** den Felsen der Jungfrau, der von der Brandung umspült wird. Das Wahrzeichen des Gesteinsbrockens, eine Madonnenstatue, wurde 1864 aufgestellt; 1887 folgte die heutige Brücke.

Musée de la Mer

Gegenüber dem Rocher de la Vierge liegt mit dem Musée de la Mer eine weitere Sehenswürdigkeit, die man sich keinesfalls entgehen lassen sollte. Auf vier Etagen können Meeresbewohner wie Kraken, Haie oder Seehunde beobachtet werden, zudem gibt es ausführliche Informationen über die Geschichte des Meeres und der Seefahrt. Gewaltige Skelette von Walen komplettieren das Museum, das weit über der Qualität vieler anderer Meerwasseraquarien liegt.

● Das Museum kann ganzjährig von 9.30-12.30 und von 14-18 Uhr, Juni und September durchgehend von 9.30-19 Uhr sowie vom 1. Juli bis 31. August von 9.30-24 Uhr besichtigt werden. Erwachsene zahlen 7,20 €, Kinder von 5 bis 16 Jahren 4,60 € Eintritt.

Weitere Sehenswürdigkeiten

Nur 200 m entfernt befindet sich die ***Kirche St.-Eugénie*** mit einigen schönen Fenstern sowie zu deren Füßen der alte ***Fischerhafen*** (Port des Pêcheurs), in dem nur noch kleinere Segelboote und Jachten liegen.

Musée de la Mer

Folgt man der ***Avenue Edouard VII*** und der ***Avenue de l'Impératrice*** oberhalb der Strände Grande Plage und Plage Miramar, passiert man eine ganze Reihe von ***Villen*** und ***Häusern,*** die den bevorzugten Baustil zu Beginn des 20. Jahrhunderts widerspiegeln. Leider befinden sich nicht alle Prachtbauten in der Verfassung wie zu ihren Glanzzeiten.

Am Ende der Avenue de l'Impératrice erreicht man das ***Cap Saint-Martin,*** eine Landzunge, auf der seit 1834 ein ***Leuchtturm*** seinen Dienst tut.

● Der 44 m hohe Leuchtturm kann von Juli bis Ende August täglich außer montags 10–12.30 und 15–19 Uhr besichtigt werden, den Rest des Jahres ist er nur während der französischen Schulferien sowie an Sams- und Sonntagen im Frühjahr von 15 bis 19 Uhr geöffnet. Eintritt 1,50 €.

Das ***Musée Historique de Biarritz,*** untergebracht in einer alten Kirche an der Rue Broquedis, gibt Auskunft über die Geschichte der Stadt, besonders über die Belle Epoque erfährt man so einiges.

● Geöffnet täglich, außer sonntags und montags, 10–12 und 14.30–18 Uhr. Eintritt 3 €, Kinder 0,75 €.

Über 1000 Exponate aus China, Indien, Tibet und Nepal sind im ***Asiatica,*** dem Museum für orientalische Kunst, Rue Guy Petit 1, zu bewundern.

● Geöffnet Montag–Freitag 10.30–18.30 Uhr, Samstag und Sonntag 14–19 Uhr. Eintritt: Erwachsene 7 €, 13–25 Jahre 3,50 €, 8–12 Jahre 2 €, bis 8 Jahre frei.

Nicht nur für Naschkatzen dürfte das ***Musée du Chocolat,*** Avenue Beaurivage 14–16, interessant sein. Hier erfährt der Besucher alles über die Schokolade, ihre Geschichte und Herstellung.

● Geöffnet Juli bis August ist die Ausstellung täglich von 10–12 Uhr und von 14.30–19 Uhr, Eintritt: Erwachsene 5 €, Jugendliche und Studenten 4 €, Kinder zwischen 8 und 12 Jahren 2,50 €.

Praktische Informationen

Information

● ***Touristenbüro*** am Square d'Ixelles, Tel. 05.59.22.37.10.

Unterkunft

Biarritz besitzt selbstverständlich ein gewaltiges Repertoire an Unterkünften, unter ihnen wahre Luxus-Paläste. Auch die einfachen und verhältnismäßig günstigen Hotels liegen über dem Preisniveau auf dem Land. In der Hochsaison kann die Suche nach einem passenden Zimmer mit Problemen verbunden sein - dann muss man sich entweder mit dem begnügen, was momentan frei ist, oder man fährt weiter ins Inland.

● ***Hôtel Palais*** €€€€€, Avenue de l'Impératrice 1, Tel. 05.59.41.64.00. Ein (leider kaum bezahlbarer) Traum zwischen Plage Miramar und Grande Plage: Allein bei der äußerlichen Betrachtung dieses Schloss-Hotels kann man sich gut vorstellen, wie luxuriös es einst in Biarritz zuging. Elegante Ausstattung, piekfeines Ambiente und erstklassiger Service machen das Palais zu einem der nobelsten Unterkünfte in den Pyrenäen.

● ***Hôtel Saint-Charles*** €€€, Avenue de la Reine-Victoria 47, Tel. 05.59.24.10.54. Kleines (13 Zimmer), freundliches Hotel in einem älteren Haus mit viel Charme.

● ***Hôtel Gardénia*** €€, Avenue Carnot 19, Tel. 05.59.24.10.46. Die zum großen Teil renovierten Zimmer sind ihren Preis wert.

● ***Hôtel Palym*** €€€, Rue du Port-Vieux, Tel. 05.59.24.16.56. Mit wenig Luxus ausgestattetes Haus, das etwas angestaubt wirkt. Für den Preis aber okay.

● ***Biarritz-Camping,*** Rue d'Harcet 28, am südlichen Stadtrand, Tel. 05.59.23.50.12. Zentralster Platz in Biarritz, da die anderen Anlagen bereits alle zur Gemeinde Bidart gehören. Großes Gelände mit recht viel Schatten, Restaurant, Bar und Laden.

Essen und Trinken

● ***Café de Paris,*** Place Bellevue 5, Tel. 05.59.24.19.53. Edelstes Restaurant der Küstenregion - wenn die Kellner würdig durchs Restaurant schreiten, fühlt man sich in die 20er Jahre versetzt. Die Küche zaubert raffinierte französische Speisen von erstklassigem Niveau. Auf einem ähnlichen Standard bewegen sich aber auch die Preise: Das günstigste Menü gibt es nicht unter 40 €, nach oben sind keine Grenzen gesetzt.

● ***Les Platanes,*** Avenue Beausoleil 32, Tel. 05.59.23.13.68. Ebenfalls eine vielgerühmte Küche, unter anderem wegen der frischen Fischspezialitäten. Menü ab 38 €.

● ***Le Palais de Jade,*** Avenue de la Reine-Victoria 2, Tel. 05.59.24.64.33. Gute thailändische, chinesische und vietnamesische Gerichte - mal was anderes als die klassischen Fischspezialitäten. Menü ab 12 €.

● ***Auberge de la Négresse,*** Boulevard Marcel Dassault 10, Tel. 05.59.23.15.83. Gewaltige Auswahl an Fisch- und Fleischgerichten. Ordentliche Küche, vermutlich aufgrund der weniger exponierten Lage in Nähe des Bahnhofs nicht so teuer. Menü ca. 11 €.

● Mehrere ***Bars am alten Fischerhafen*** bieten leckere Kleinigkeiten (Tapas) an, die man sich direkt am Tresen aussucht. Genau richtig, um das Portemonnaie nicht überzustrapazieren.

Verkehrsverbindungen

● Der ***Bahnhof*** liegt am östlichen Stadtrand, ungefähr 2 km vom Zentrum entfernt. Hier hält unter anderem der hyperschnelle TGV nach Paris, aber auch zahlreiche andere Züge, die an der baskischen Küste entlangfahren.

● Außerdem verkehren stündlich ***Busse*** zu sämtlichen Orten an der Côte Basque.

● ***Flüge*** s. Bayonne.

Weitere Reisetipps

● ***Sport und Meer:*** Die ***Strände*** haben Biarritz zu dem beliebtesten Badeort der baskischen Küste gemacht und sind in den Sommermonaten dementsprechend voll. Ob Surfer, Familien mit Kindern oder Kurgäste - alles tummelt sich von morgens bis zum späten Nachmittag im feinen Sand. Selbst gute Schwimmer sollten sich aber immer mit dem nötigen Respekt und einer gehörigen Portion ***Vorsicht*** in den Wellen vergnügen, denn ***Strömungen und Brandung*** des Atlantik sind keinesfalls zu unterschätzen. *Bismarck* lernte diese gefährliche Seite des Ozeans 1864 kennen, als er, dem Ertrinken nahe, aus den Fluten gerettet werden musste.

Größter Beliebtheit erfreut sich seit jeher die ***Grande Plage,*** von Juli bis August ein bunter Ort, an dem alles durcheinanderzulaufen scheint. Abgetrennt durch das *Hôtel du Palais,* schließt sich im Norden die ***Plage Miramar*** an, an der *Bismarck* einst mit dem Element Wasser kämpfte. Im Süden des Ortes verlaufen mehrere Kilometer ***Strand bis nach Bidart,*** die nicht ganz so voll sind.

Surfschulen wie *Ecole de Surf Plumcocq,* Place Clémenceau 5, Tel. 05.59.24.08.04, geben vom Frühjahr bis zum Herbst Unterricht und verleihen Bretter.

Im Parc Mazon, zwischen der Avenue Maréchal Joffre und der Rue de la République, werden von Juni bis September, jeweils montags ab 21 Uhr, ***Pelotaspiele*** ausgetragen. Das sportliche Programm lockern häufig baskische Folkloregruppen auf.

Hubschrauber-Rundflüge über das Baskenland können für ansehnliche 65 € pro Person (20 Minuten) bei *Héli-Inter Aquitaine,* Aéroport de Parme, Tel. 05.59.23.78.20, gebucht werden.

Wer den Schläger auf einem gepflegten Grün schwingen möchte, der wende sich an ***Golf Biarritz le Phare***, Avenue Edith Cavell, Tel. 05.59.03.71.80. Eine Runde auf dem 18-Loch-Platz kostet in der Hochsaison 53 €.

Der *Parc des Sports Aguilera* im Nordwesten der Stadt, Tel. 05.59.41.20.80, besitzt 14 ***Tenniscourts.***

● ***Einkaufen:*** Die Einkaufsmeile konzentriert sich um die ***Rue Mazagran,*** die ***Rue Gambetta*** und den ***Place Clemenceau*** im Zentrum. Modeläden der gehobenen Preisklasse haben hier genauso ein Zuhause gefunden wie relativ normale Shops. Allgemein sind die Preise recht hoch.

• ***Feste:*** In Biarritz gibt es immer irgendetwas zu feiern. Besonders im Sommer ist der Terminkalender prall gefüllt mit verschiedensten Veranstaltungen. Man sollte in der Touristeninformation nachfragen!

Bidart und Guéthary

Im Süden von Biarritz liegen an der steilen Küste über dem Meer diese beiden ruhigeren Gemeinden, deren Geschichte fast parallel zu der der anderen Küstenorte verläuft. Ehemals Dörfer der Walfänger, stellten sich die Bewohner später auf den Fischfang um und leben heute vielfach vom Tourismus. Sowohl Bidart (4.000 Einwohner) als auch Guéthary (1.100 Einwohner) besitzen aber nach wie vor einen alten Stadtkern, wenn auch viele neue Ferienhäuser hinzugekommen sind.

Das ***Zentrum Bidarts*** mit seinem ***Fronton*** und den ***klassischen baskischen Häusern*** scheint schon der *Königin von Serbien* gefallen zu haben, die das Städtchen Ende des 19. Jh. dem pompösen Biarritz vorzog. Sie ließ eine Villa und außerhalb des Ortes ein Schlösschen errichten und schenkte der hiesigen ***Kirche*** (16. Jh.) ein Taufbecken, das noch heute seinen Platz in dem Gotteshaus einnimmt. Bidart hat fraglos schöne Ecken: So bietet sich von der ***Kapelle der heiligen Madeleine*** eine tolle ***Aussicht*** über die Küste bis hin nach Spanien.

Eine noch ***familiärere Atmosphäre*** vermittelt das kleine ***Guéthary,*** das am Hang erbaut wurde. Bis heute pflastern die alten Steinplatten, auf denen schon vor Jahrhunderten Freibeuter und Walfänger zu ihren Schiffen gingen, den Weg zum ***Hafen.*** Die Bedeutung des Fischfangs ist natürlich zurückgegangen, doch in Guéthary laufen noch immer täglich einige Kutter aus.

In der Villa Saraleguinea richtete die Gemeinde ein kleines ***Museum*** ein, in dem unter anderem Erinnerungsstücke an den hier verstorbenen Literaten *Toulet* gezeigt werden.

• Geöffnet täglich außer dienstags von 15 bis 19 Uhr; Eintritt für Erwachsene 2 €, Kinder ab 12 Jahren 1 €.

So lässt es sich leben – Akkordeonspieler an der baskischen Küste

Praktische Informationen

Information

- Die ***Touristeninformation*** befindet sich in Bidart an der Rue d'Erretegia, (Tel. 05.59. 54.93.85) und in Guéthary an der Rue du Comte Swiecinsky (Tel. 05.59.26.56.60).

Unterkunft

- ***Hôtel Choko Ona*** €€, Avenue Harispe, Tel. 05.59.26.51.01, dürfte das preiswerteste Hotel in Guéthary sein.
- ***Camping Pavillon Royal*** im Norden von Bidart, Tel. 05.59.23.00.54. Großer Platz direkt an der Küste mit sämtlichem Komfort, allerdings auch teuer. Zudem Vermietung von großen, fest installierten Wohnwagen.
- ***Camping Ur-Onéa*** in Bidart, an der Straße zur Kapelle, Tel. 05.59.26.53.61. Günstigerer Platz etwa 0,5 km vom Strand entfernt. Obwohl nicht so groß wie beispielsweise *Camping Pavillon Royal,* bietet auch diese Anlage recht viel Komfort.

Verkehrsverbindungen

- Von beiden Orten täglich mehrere ***Busse*** nach Bayonne und Hendaye.
- Vom ***Bahnhof*** in Guéthary Züge zu den Küstenorten.

Weitere Reisetipps

- Der längste ***Strand*** verläuft genau zwischen Bidart und Guéthary.
- *Point Glisse Voile* in Guéthary, Tel. 05.59. 26.56.60, vermietet ***Boote*** und ***Surfbretter.***
- Der ***Golfplatz*** von Bidart liegt einige Kilometer nördlich des Zentrums, Tel. 05.59. 23.74.65.

Saint-Jean-de-Luz

Der Ort besitzt weder den noblen Flair von Biarritz, noch kann er auf eine derart bewegte Geschichte als Feriendomizil verweisen. Auch die Freizeitangebote in Saint-Jean-de-Luz reichen nicht an die Biarritzer Möglichkeiten heran. Und dennoch - oder gerade deshalb - sind es alljährlich Zigtausende von Besuchern, die das Küstenstädtchen dem nur wenige Kilometer entfernten „großen Bruder" vorziehen.

Das kleine verschlafene Fischernest von einst ist Saint-Jean-de-Luz, das an der Mündung der Nivelle liegt, somit keineswegs geblieben. Zwar prägen noch immer der Hafen sowie die Fachwerkhäuser mit ihren roten Balken und Balkonen das Bild, doch ziehen heutzutage erholungsbedürftige Landratten anstelle von knorrigen Seemännern oder verwegenen Freibeutern durch die Gassen und Straßen. Vor allem während der französischen Sommerferien wird Saint-Jean-de-Luz viel besucht - es gestaltet sich mitunter schwierig, ohne Reservierung ein Hotelzimmer zu einem passablen Preis zu finden. Die idyllische Lage am Fuß der Pyrenäen, die historischen Bauten, die belebte Fußgängerzone, der sehenswerte Hafen, die hübsche Uferpromenade und besonders der herrliche Sandstrand locken die Urlauber an. Während erholungssuchende Familien am geschützten Hauptstrand im recht ruhigen Wasser planschen können, kommen brandungssuchende Surfer

Der Hafen von St.-Jean-de-Luz

im Stadtteil Acotz voll auf ihre Kosten. Saint-Jean-de-Luz hat eben jedem etwas zu bieten. So ist es kaum verwunderlich, dass der ***Tourismus*** dem Fischfang, von dem die Menschen hier jahrhundertelang lebten, den Rang abgelaufen hat.

Geschichte

Waren es seit dem ***10. Jh.*** vor allem Wale, denen die ***Fischer*** in ihren leichten Booten teilweise bis nach Grönland und Labrador folgten, spezialisierten sie sich ab dem ***16. Jh.*** auf den Kabeljau – bis nach Neufundland reichten die Fanggebiete. Aufgrund eines Fangverbotes im hohen Norden, besonders aber wegen der größeren Einträglichkeit wandten sich zahlreiche Seefahrer aber bald einer lukrativeren Beschäftigung zu: Sie wurden zu ***Korsaren.*** Über 100 Schiffe waren auf allen Weltmeeren unterwegs, um zu entern, Lösegelder zu kassieren oder Stellungen an fremden Küsten zu zerschlagen. Im ***17., 18. und 19. Jahrhundert*** flossen so wahre Schätze in das bis dato nicht gerade reiche Saint-Jean-de-Luz. Die beachtliche Korsarenflotte gelangte zu überregionalem Ruhm, und das Städtchen wurde von ausländischen Seeleuten schon bald als „Vipernest" bezeichnet.

Trotz des Tourismus ist Saint-Jean-de-Luz auch heute noch ein ***bedeutender Fischereihafen.*** Neben Sardinen und Sardellen sind es in erster Linie Thunfische, die – im Winter sogar vor der afrikanischen Küste – ins Netz gehen. 13.000 Tonnen werden hier jährlich umgeschlagen, so dass Saint-Jean-de-Luz zum ***größten Thunfischhafen Frankreichs*** avanciert.

Aber nicht Piraterie oder Fischfang, sondern eine ***Hochzeit*** sorgte im 17. Jahrhundert für die wohl wichtigste Begebenheit in der Geschichte des Ortes. Am ***9. Juni 1660*** trat Sonnenkönig *Ludwig XIV.* mit der spanischen *Prinzessin María Teresa* hier vor den Altar. Der Trauung, die den Pyrenäenfrieden vom November 1659 besiegelte, war ein

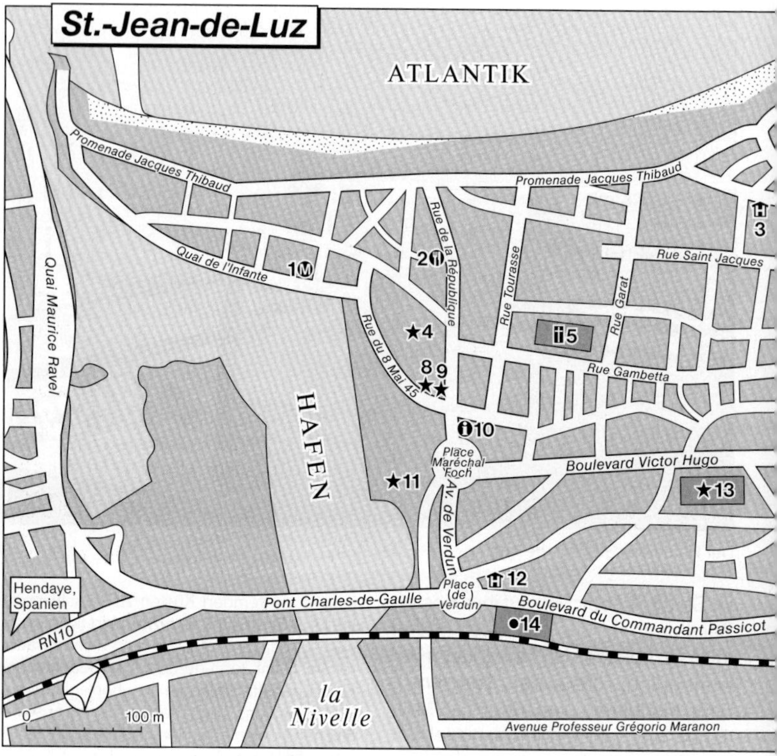

dreißigtägiges Fest gewaltigen Ausmaßes vorausgegangen. Einen Monat lang feierte die Stadt, zogen täglich herrliche Paraden durch die Straßen, wurde getanzt, gelacht und gespielt. Und auch die Vermählungszeremonie erwies sich als keineswegs alltäglich. So wurde das große Portal der Kirche Saint-Jean-Baptiste zugemauert, nachdem der pompöse, mit Gold und Edelsteinen geschmückte Hochzeitszug hindurchgegangen war. Noch heute erinnert eine Tafel in dem Gotteshaus an diese Begebenheit.

Aus dem ***16. und 17. Jahrhundert*** stammen auch die prächtigsten Häuser der Stadt, die sich die wohlhabenden Reeder und Kaufleute einst bauen ließen und die heute noch zu bewundern sind. Bis auf das *Haus Esquerrenea* in der Rue de la République gibt es allerdings kein Bauwerk, das vor 1558 errichtet wurde: Gleich zweimal (1525 und 1558) wurde Saint-Jean-de-Luz von den Spaniern grausam verwüstet.

Sehenswertes

Place Louis XIV

Pulsierendes ***Zentrum des Ortes*** ist der von Platanen gesäumte Place Louis XIV, auf dem oftmals bis spät in

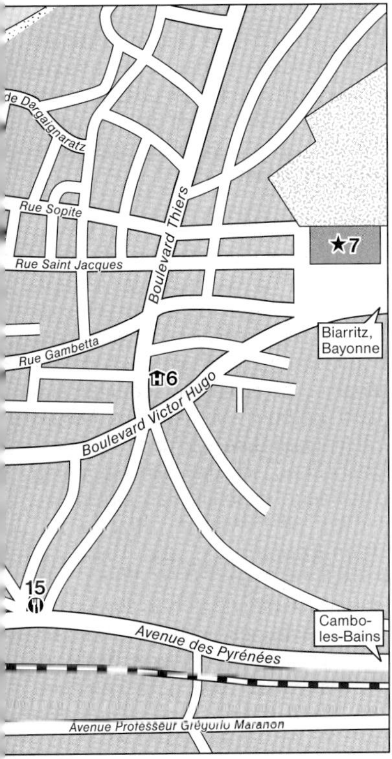

1 Haus der Infantin und Wachsmuseum
2 Restaurants Le Kaiku und Ongui Ethorri
3 Hôtel La Marisa
★ 4 Place Louis XIV
5 Kirche St.-Jean-Baptiste
6 Hôtel Atherbea
★ 7 Fronton
★ 8 Rathaus
★ 9 Haus Louis XIV
10 Touristeninformation
★ 11 Grillerie du Port
12 Hôtel Le Verdun
★ 13 Markthallen
• 14 Bahnhof
15 Restaurant Herria Ostatua

die Nacht reges Treiben herrscht. Den Mittelpunkt des Platzes bildet ein Pavillon aus der Belle-Epoque, der in den Sommermonaten häufig als Konzertbühne dient.

Das zweifellos auffälligste Gebäude am Platz ist das mit Türmen besetzte ***Haus Ludwigs XIV.,*** das der reiche Reeder *Johannis von Lohobiague* im Jahre 1643 erbauen ließ und das der junge *König Ludwig* während der Feierlichkeiten zu seiner Hochzeit 1660 über einen Monat lang bewohnte. Das Haus dient mittlerweile als ***Museum,*** in dem vor allem Möbel und Gemälde zu bewundern sind.

●Geöffnet: Juni und September 10.30–12 Uhr und 14.30–17.30 Uhr, Juli und August 10.30–12.30 Uhr und 14.30–18.30 Uhr. Sonntag morgens und an Feiertagen bleibt das Museum geschlossen. Eintritt Erwachsene 4,75 €, Kinder 2,75 €.

Wenige Meter neben dem Haus Ludwigs XIV. befindet sich das ***Rathaus*** *(Erriko Etxea)* aus dem Jahre 1653, in dem die standesamtliche Trauung des Königs stattfand. Im Hof zwischen den beiden Gebäuden rollten einst die Köpfe. Dort stand während der französischen Revolution eine Guillotine.

Hafen

Der Platz grenzt an der einen Seite direkt an den Hafen, dessen Bild zahllose bunte Kutter und kreischende Möwen dominieren. Wer einmal miterleben möchte, wie die Boote entladen werden, muss allerdings zeitig aus den Federn: Die Fischer kommen bereits in den frühen Morgenstunden vom offenen Meer zurück. Direkt am

Kai liegt das ***Haus Joanoenia,*** auch „Haus der Infantin" genannt, da *María Teresa* das hübsche Gebäude mit den zwei Türmchen bewohnte. Zwar ist dieses Bauwerk nicht zu besichtigen, dafür sind ein paar Schritte weiter im ***Wachsmuseum*** *(Musée Grévin)* Szenen aus der Geschichte von Saint-Jean-de-Luz zu sehen. Über 50 lebensgroße Figuren erinnern an die Zeit der Piraten und an die königliche Hochzeitszeremonie. Erwachsene zahlen 5,50 €, Kinder 2,75 €.

Rue de la République

Folgt man der ***Rue Mazarin*** stadteinwärts, gelangt man in die Rue de la République, die bekannteste und am stärksten besuchte Straße des Ortes. In beinahe jedem Fachwerkhaus der sehenswerten Gasse befindet sich mittlerweile ein Fischrestaurant, überall können die zahlreichen Touristen Krebse, Muscheln oder Austern in den Auslagen bestaunen. Bei dem Gebäude mit dem auffallend dicken Turm handelt es sich um das ***älteste Haus*** von Saint-Jean-de-Luz - als einziges überstand es das gewaltige Feuer von 1558, das spanische Truppen gelegt hatten.

Rue de la République

Rue Gambetta

Gegenüber der Place Louis XIV beginnt die Rue Gambetta, die ***Haupteinkaufsstraße*** der Stadt. Besonders in der Hochsaison ist die Straße von morgens bis abends voll von Urlaubern, die einkaufen oder aber einfach nur bummeln möchten. Neben zahlreichen Souvenir- und Kleidungsgeschäften hat die Rue Gambetta aber auch geschichtlich einiges zu bieten: Hier steht die ***Kirche St.-Jean-Baptiste,*** in der 1660 die königliche Hochzeit stattfand. Ursprünglich befand sich an diesem Ort ein romanisches Gotteshaus aus dem 12. Jahrhundert, an deren Stelle im 14. Jahrhundert eine gotische Kirche trat, die ab 1649 erweitert wurde. Wie viele Kirchen im Baskenland zeichnet sich auch die Eglise St.-Jean-Baptiste durch drei übereinanderliegende, hölzerne Galerien aus, auf der ausschließlich die Männer Platz nahmen, während die Frauen im unteren Teil saßen. Heute wird dieser Tradition aber nicht mehr allzuviel Beachtung geschenkt. Während der Altar erst im 18. Jahrhundert gebaut wurde, ertönte der Klang der Orgel aus dem Jahre 1656 bereits bei der königlichen Hochzeitsfeier. In der Mitte der Kirche hängt in luftiger Höhe ein Holzmodell der *Aigle,* die 1867 vor Ciboure Schiffbruch erlitt.

Praktische Informationen

Information

- ***Touristeninformation*** an der Place du Maréchal-Foch, in unmittelbarer Nähe von der Place Louis XIV, Tel. 05.59.26.03.16.

Unterkunft

Obwohl die ohnehin nicht gerade niedrigen Preise für Hotelzimmer im Juli und im August rasant in die Höhe schnellen, kann es aufgrund der starken Nachfrage gerade in diesen Monaten problematisch werden, eine Unterkunft zu finden. Am günstigsten ist es deshalb, bereits vormittags vor 11 Uhr in der Touristeninformation ein Zimmer zu reservieren. Die angegebenen Preise beziehen sich auf die Hochsaison.

- ***Grand Hôtel*** €€€€€, Boulevard Thiers 43, Tel. 05.59.26.35.36. Vier-Sterne-Hotel direkt am Meer mit schöner Terrasse, Schwimmbad, noblem Restaurant und fast allen erdenklichen Annehmlichkeiten.
- ***Hôtel La Marisa*** €€€€€, Rue Sopite 16, Tel. 05.59.26.95.46. Komfortables Hotel, trotz unmittelbarer Nähe zum Zentrum und zum Strand recht ruhig. Behindertengerecht.
- ***Hôtel Atherbea*** €€€, Boulevard Thiers 10, Tel. 05.59.26.14.14. Zentral am oberen Ende der Fußgängerzone gelegenes Zwei-Sterne-Hotel. Saubere Zimmer mit Dusche, WC, TV.
- ***Hôtel Le Verdun*** €€, Avenue de Verdun 13, Tel. 05.59.26.02.55. Kleines Hotel zwischen Bahnhof und Zentrum, das oft von jüngeren Reisenden ausgewählt wird. Nicht sonderlich komfortabel, dafür sauber und für Saint-Jean-de-Luz recht günstig. Ganzjährig geöffnet.
- ***Hôtel Kapa Gorry*** €€, Rue Paul Gelos 9, Tel. 05.59.26.04.93, etwas außerhalb im Nordosten des Zentrums und 200 Meter vom Strand entfernt gelegen.
- Die meisten ***Campingplätze*** liegen einige Kilometer außerhalb des Zentrums, in den nördlichen Stadtteilen Acotz und Erromardie, die über eigene, kleine Strände verfügen. Die Preise liegen aufgrund der Nähe zum Meer erheblich über dem Durchschnitt:
- ***Camping Inter Plages*** (in Acotz ausgeschildert), Tel. 05.59.26.56.94. Oberhalb des Strandes gelegener Platz, auf dem Laubbäume Schatten spenden. Imbiss vorhanden.
- ***Camping Playa Acotz,*** Acotz, Tel. 05.59. 26.55.85. Campingplatz mit schöner Aussicht auf eine Bucht, in der sich Surfer mit den Wellen messen.
- ***Camping Soubelet,*** Acotz, Tel. 05.59. 26.51.60. Einfacher und für hiesige Verhältnisse günstiger Platz, am Rande von Acotz.

Essen und Trinken

Klar, dass mehr oder weniger alle Restaurants in Saint-Jean-de-Luz Fischspezialitäten und andere Meeresfrüchte anbieten. Vor allem in der Rue de la République reiht sich ein Restaurant ans andere. Wer einmal eine Auster schlürfen möchte, kann das aber auch an einem der Fischstände an der Straße tun – hier sind die Schalentiere erheblich günstiger.

- ***Restaurant Le Kaiku,*** Rue de la République 17, gibt sich recht vornehm und ist eines der besten Fischrestaurants im Ort. Wer hier die Gaumenfreuden des Meeres kennenlernen möchte, muss allerdings 30 € für eine – dafür wirklich exzellente – Mahlzeit einplanen.
- ***Restaurant Ongui Ethorri,*** Rue de la République 15, ist etwas günstiger. Menüs gibt es hier ab 15 € aufwärts, Spezialitäten des Hauses sind Paella, Thunfisch nach baskischer Art und Meeresfrüchte.
- ***Restaurant Herria Ostatua,*** Rue Chauvin-Dragon 30, gegenüber vom Bahnhofsparkplatz, präsentiert sich baskisch-nationalistisch und recht preiswert. Ein ordentliches Menu (Wein inkl.) kostet 10 €.
- Der Klassiker in Saint-Jean-de-Luz ist die ***Grillerie du Port,*** direkt am Hafen. Das schlicht eingerichtete Restaurant mit seinen Plastiktischdecken erinnert zwar etwas an eine Kantine, doch nirgends gibt es eine derartige Hafen-Atmosphäre. Spezialität sind – nomen est omen – gegrillte Sardinen, aber auch Thunfisch und andere Fischgerichte sind sehr lecker. Relativ günstig!

Verkehrsverbindungen

- Die zentralste Bushaltestelle befindet sich neben der Touristeninformation. Zwischen 7 und 20 Uhr fahren fast stündlich ***Busse*** nach Hendaye, Biarritz und Bayonne.

Meeresfrüchte in der Rue de la République

● Kaum fünf Gehminuten vom Zentrum entfernt, am großen Boulevard du Commandant Passicot, liegt der ***Bahnhof.*** In der Hochsaison gibt es täglich zahlreiche Verbindungen nach Paris, Bordeaux, Toulouse, außerhalb der Sommermonate seltener.

Weitere Reisetipps

● ***Sport und Meer:*** Alles dreht sich um den Wassersport - gleich sechs Sandstrände stehen Schwimmern, Surfern und Sonnenanbetern in Saint-Jean-de-Luz zur Verfügung. Prunkstück ist der große ***Strand,*** der sich vom Hafen aus fast um die ganze Bucht herumzieht. Vorgelagerte Wellenbrecher, die *Napoleon III.* zum Schutz der Stadt vor Sturmfluten bauen ließ, sorgten bereits Mitte des 19. Jahrhunderts dafür, dass Erholungssuchende den ruhigen Strand aufsuchten. Da heute zudem Annehmlichkeiten wie Duschen oder Sonnenschutz-Verleih vorhanden sind, herrscht hier im Sommer von morgens bis zum frühen Abend reger Betrieb.

Erheblich rauher offenbart sich das Meer an den Stränden rund um den nördlichen Stadtteil Acotz. Doch nicht nur ***Surfer*** tummeln sich am Plage de Lafitenia oder am Plage d'Erromardie - aufgrund der vielen nahe gelegenen Campingplätze finden auch zahllose Badegäste den Weg hierher. Wer sich auch einmal als Wellenreiter oder als Kapitän versuchen möchte, kann sich am großen Strand Surfbrett, Kayak oder Motorbötchen ausleihen.

Zwischen dem Hauptstrand und den Buchten in Acotz liegt der ***Parcours Vita,*** ein Trimmpfad, der sowohl wegen seiner schönen Lage an den Klippen als auch wegen seiner Vegetation (Blumen, Kräuter, Sträucher) einen Spaziergang lohnt.

Sportlich anderweitig Interessierte finden mehrere ***Tennis-, Squash- und Golfplätze*** vor. Nähere Auskünfte bei der Touristeninformation.

Verschiedene Bootsbesitzer bieten im Hafen ***Schiffsfahrten*** aufs offene Meer oder ***Angeltouren*** an. So kostet ein einstündiger Trip ca. 6 €, eine vierstündige Angelfahrt ca. 23 €. Preise vergleichen!

Selbstverständlich ist auch in Saint-Jean-de-Luz - wie im gesamten Baskenland - ***Pelota*** der Ballsport schlechthin. Auf dem großen ***Fronton Municipal*** an der Avenue André Ithurralde (dem Boulevard Victor Hugo folgen) finden mehrmals wöchentlich Wettkämpfe statt. Manchmal runden traditionelle ***baskische Spiele,*** bei denen starke Männer riesige Steine stemmen oder Baumstämme in Rekordzeit zerhacken, das Programm ab. Keinesfalls verpassen!

Vom 3. Juli bis zum 1. September finden jeweils mittwochs und sonntags um 21.30 Uhr in der ***Arena d'Erromar*** harmlose Spielchen mit jungen Stieren statt, an denen auch das Publikum teilnehmen kann. Eintritt 9 €, Kinder bis 12 Jahre 5 €.

● ***Parken:*** Wer mit dem eigenen Auto anreist, stellt dies am besten auf dem großen ***Parkplatz neben dem Bahnhof*** ab. Hier ist fast immer ein Plätzchen frei. Sämtliche größeren Parkplätze in Saint-Jean-de-Luz sind gebührenpflichtig (außer an Sonn- und Feiertagen).

● ***Einkaufen:*** Verschiedenste Sorten frischen Fischs sind in der ***Markthalle,*** Boulevard Victor Hugo, zu bekommen. Auch wer nicht einkaufen möchte, sollte sich die bunte Angebotspalette einmal anschauen.

● Etwas außerhalb des Ortes, an der N 10 (Autobahnabfahrt Nord) informiert das nett gemachte ***Eco-Museum*** über baskische Traditionen. Öffnungszeiten: April, Mai, Juni, September 9.30-12.15 Uhr und 14-17.15 Uhr; Juli und August 10.30-19 Uhr; von Januar-März und Oktober-Dezember finden um 10.30, 11, 11.20, 14.30, 15.15, 16 und 16.45 Uhr Führungen statt. Eintritt: Erwachsene 5,50 €, Kinder 2,30 €.

Ciboure

Ciboure

(bask. *Ziburu*)

Bestimmten kriegerische Auseinandersetzungen im 17. Jahrhundert das Verhältnis zwischen Ciboure und Saint-Jean-de-Luz, so ist heute das Gegenteil der Fall: Die einstmals verfeindeten Ortschaften sind mittlerweile fast zusammengewachsen. Einzig die Nivelle, die aber von einer breiten Brücke überspannt wird, trennt die beiden Städte noch voneinander. Da Ciboure nicht über so gute Bademöglichkeiten verfügt wie Saint-Jean-de-Luz, verbringen erheblich weniger Touristen hier ihre Ferien. So kann man auch während der Sommermonate durch die hübschen Gassen und Sträßchen spazieren, ohne allzuvielen Menschen zu begegnen. Berühmtester Sohn der Stadt ist der Komponist *Maurice Ravel*, der am 7. März 1875 hier das Licht der Welt erblickte und auch später immer wieder nach Ciboure zurückkehrte.

Ciboure zeichnet sich durch seine gut erhaltenen ***historischen Wohnhäuser*** aus, von denen besonders in Hafennähe viele zu finden sind. Inmitten des malerischen Straßenzuges am ***Quai Ravel*** liegt das Geburtshaus des Komponisten, das sich schon optisch von den anliegenden Gebäuden abhebt, da es im 17. Jahrhundert im holländischen Stil erbaut wurde. Besichtigen kann man es allerdings nicht, da heute eine - wie könnte es anders sein - Musikakademie hier ihr Zuhause hat.

In der ebenfalls sehenswerten ***Rue Pocalette,*** die parallel zum Quai Ravel verläuft, befindet sich die ***Kirche St. Vincent*** aus dem 16. Jahrhundert mit ihren baskischen Holzgalerien und dem aus einem einzigen Steinblock gemeißelten Kreuz im Hof. Zahlreiche Gegenstände in der Kirche, unter anderem Altaraufsätze, Bilder und schmiedeeiserne Gitter, stammen ursprünglich aus dem Rekollektenkloster am Hafen. Dieses Kloster erfüllte später weniger religiöse Aufgaben: Es diente als Gefängnis, Fabrik, Lager und Garnisonsstützpunkt.

Wenige Meter neben der Kirche St. Vincent steht ***la vieille Fontaine,*** ein von historischen Häusern eingerahmter Springbrunnen aus dem Jahre 1765.

Überragt wird Ciboure vom ***Hügel Bordagain,*** auf dessen Spitze ein mittelalterlicher Turm, der imposant anmutende ***Tour de Bordagain*** thront. 1686 verbreiteten die Spanier auf dem Hügel Angst und Schrecken, als sie das gesamte hier ansässige Stadtviertel niederbrannten.

Praktische Informationen

Information

● ***Touristenbüro*** an der Place du Fronton 4, Tel. 05.59.47.49.40.

Unterkunft

● ***Pension Agur Deneri*** €€, Rue du Docteur Micé, Tel. 05.59.47.02.83, auf einer Anhöhe gelegen. Tolle Aussicht, saubere Zimmer und freundliche Atmosphäre. Im Juli und im August ausschließlich Halbpension. Empfehlenswert!

Essen und Trinken

● ***Restaurant Chez Mattin,*** Place de la Croix Rouge, Tel. 05.59.47.19.52, ist ein uriges Lokal. Nicht ganz billig, dafür sind die Fischspezialitäten wirklich äußerst schmackhaft. Im Sommer kann es mitunter problematisch sein, einen Tisch zu bekommen.

Socoa

(bask. *Zokoa*)

Am westlichsten Zipfel der Bucht von Saint-Jean-de-Luz, etwa zwei Kilometer vom Zentrum Ciboures entfernt, liegt das kleine Städtchen Socoa mit seinem farbigen ***Jachthafen.*** Obwohl Socoa nur über einen winzigen Strand verfügt, kommen alljährlich zahlreiche Touristen in den ehemaligen Walfängerort. Der Grund sind die hier ansässigen ***Tauch-, Surf- und Segelschulen,*** die Anfängern das kleine Einmaleins dieser Sportarten beibringen und Fortgeschrittenen die letzten Kniffe erläutern.

Der Kai des Jachthafens geht in eine Halbinsel über, auf der sich neben dem kleinen Strand auch die wichtigste Sehenswürdigkeit des Ortes, das ***Fort de Socoa,*** befindet. Die 1627 erbaute Festung erinnert mit ihren dicken Mauern und dem zinnenbestückten Turm stark an eine mittelalterliche Trutzburg. In den vergangenen Jahren wurde das gewaltige Gebäude aber zweckentfremdet: Statt als Wachturm für die Hafeneinfahrt Socoas zu dienen, ist heute eine Surfschule in dem historischen Gemäuer untergebracht. Zwar lässt sich das Bauwerk nicht von innen besichtigen, doch sollte man sich die Aussicht über die Bucht nicht entgehen lassen.

Praktische Informationen

Essen und Trinken

- Wer gerne Fisch isst, kommt in Socoa auf seine Kosten: Fast jedes Haus am Kai beherbergt ein Restaurant mit Meeresspezialitäten. Allerdings kann es sich nicht jeder leisten, im ***Chez Margot*** die Paella zu probieren oder sich im ***La Marine*** die Meeresfrüchteplatte für zwei Personen und über 45 € auftischen zu lassen. Wer seinen Geldbeutel schonen möchte, sollte den Hafen ein Stück weiter in Richtung Fort hinaufgehen: Dort gibt es einige ***Snackbars,*** in denen man für erheblich weniger Geld ebenfalls ordentliche Gerichte serviert bekommt.

Ausflüge

Küstenstraße bis Hendaye

Ein unbedingtes Muss ist die Fahrt auf der kurvigen Küstenstraße von Socoa ins knapp zehn Kilometer entfernte Hendaye. Während auf der einen Seite der Straße die sanfte Hügellandschaft der Pyrenäenausläufer zu bewundern ist, brandet das Meer auf der anderen Seite gegen die Steilküste. Traumhaft!

Urrugne

Fährt man nicht auf der Küstenstraße, sondern auf der N 10 von Saint-Jean-de-Luz gen Süden, erreicht man nach wenigen Kilometern das Dorf Urrugne. Die paar Kilometer Entfernung zum Meer sind dem Ort sofort anzumerken, denn selbst im Sommer ist hier nicht allzuviel los. Am Ortseingang steht das ***Château d'Urtubie,*** das zu Beginn des 16. Jh. auf den Ruinen seines herrschaftlichen Vorgängers errichtet wurde. Das Schlösschen ist mit alten Möbeln ausgestattet, besonders die Wandteppiche aus Brüssel verdienen Beachtung.

- Geführte Touren durchs Château von April bis Oktober täglich, außer dienstags, von 14 bis 19 Uhr; Eintritt für Erwachsene 5,50 €, für Kinder 3 €.

Etwas abseits der N 10 befindet sich ***Santa Flor,*** ein Park voll bunter Blumenpracht, durch den man von April bis September täglich ab 10 Uhr spazieren kann. Eintritt für Erwachsene 6,50 €, für Kinder 4 €.

Ein Abstecher führt von Urrugne über die D 404 durch ein bewaldetes Tal zum ***Col d'Ibardin*** (317 m), auf dessen Spitze die spanisch-französische Grenze verläuft. Vor dem Zoll verkaufen zahlreiche Geschäfte Andenken und Kunstgewerbeartikel.

Praktische Informationen

Information

- ***Touristenbüro*** an der Place René Soubelot, Tel. 05 59 54 60 80.

Weitere Reisetipps

- ***Ausflüge zu Pferde*** vom Hof *Manttu-Baïta* zwischen Olhette und Urrugne, Tel. 05.59. 54.00.98.

Hendaye

Die ***südlichste Stadt*** der Côte Basque, die nur die Mündung des Flusses Bidassoa von Spanien trennt, setzt die Tradition der munteren Badeorte fort. Den großen ***Strand,*** der aufgrund seiner Ausmaße und Beschaffenheit zu den beliebtesten Bademöglichkeiten an der Küste zählt, bevölkern in erster Linie Familien. Noch mehr als die Nachbarorte hat sich Hendaye einen Ruf als ***kinderfreundlicher Badeort*** erworben, vom mondänen Flair Biarritz' ist nichts zu spüren.

Zwei ***Stadtteile*** bilden die Stadt: zum einen das Gebiet ***Hendaye-Plage*** um den Strand mit modernen Hotelanlagen, der breiten Promenade und dem ehrwürdigen Casino (1884), zum anderen das eigentliche Zentrum ***Hendaye-Ville,*** das sich entlang der Flussmündung ausbreitet.

Fährt man über die Küstenstraße nach Hendaye, fällt kurz vor dem Ortseingang ein Schloss auf, das inmitten eines wunderschönen Parks liegt und so aussieht, als habe es schon einige Jahrhunderte „auf dem Buckel". Doch der Eindruck täuscht. Die ***Domaine d'Abbadia*** wurde erst in der zweiten Hälfte des 19. Jh. erbaut, der Architekt entwarf auf Wunsch des Grafen und späteren Hausherren ein Schloss im klassisch-neugotischen Stil. Mittlerweile arbeitet die Akademie der Wissenschaften in dem stilvollen Gebäude.

Rund um die ***Kirche Saint-Vincent*** erstreckt sich ***Hendaye-Ville,*** das im Laufe der Geschichte mehrfach zerstört wurde und architektonisch somit nur von mäßigem Interesse ist. Hier starb 1923 der berühmte baskische Literat *Pierre Loti,* der den Grenzort besonders in sein Herz geschlossen hatte. Eine nicht minder schillernde Persönlichkeit erblickte 1765 in Hendaye das Licht der Welt: *Pellot,* einer der letzten großen Korsaren, berühmt-berüchtigt für seinen Mut und seine Entschlossenheit. Zahlreiche Preise, die auf seinen Kopf ausgesetzt waren, hinderten den Freibeuter nicht daran, erst mit 91 Jahren in seinem Bett die Augen für immer zu schließen.

In die Weltgeschichte ging Hendaye als ***Ort der Verhandlungen, politischen Gespräche und Pakte*** ein. Eine besondere Rolle spielte dabei stets die winzige Ile de la Conférence oder auch ***Fasaneninsel,*** ein Stückchen Land inmitten des Bidassoa, das sowohl Frankreich als auch Spanien gehört. Unter anderem wurde hier 1659 der ***Pyrenäenvertrag*** besiegelt und später die Hochzeit zwischen dem französischen *König Ludwig XIV.* und der spanischen Infantin *Maria-Theresia* beschlossen (siehe Saint-Jean-de-Luz). Heute wechselt die Aufsicht über die Insel alle sechs Monate zwischen den beiden Anrainerländern.

Praktische Informationen

Information

- ***Touristenbüro*** an der Rue des Aubépines 12, am Rande von Hendaye-Plage, Tel. 05.59.20.00.34.

Unterkunft

Wie es sich für einen Badeort gehört, besitzt Hendaye ein großes Angebot an Hotels und Appartements sowie elf Campingplätze. Die Preise liegen zwar über denen des Hinterlandes, sind aber erschwinglicher als beispielsweise in Biarritz.

- ***Hôtel Bellevue*** €€€, zwischen den beiden Stadtteilen am Boulevard Général Leclerc 36, Tel. 05.59.20.00.26. Schönes baskisches Haus mit Garten und Terrasse. Mehr Atmosphäre als in den großen Hotelanlagen.
- ***Camping Alturan,*** Rue de la Côte, Tel. 05.59.20.04.55. Die Anlage am Eingang von Hendaye-Plage liegt als einziger Cam-

pingplatz nur einen Katzensprung vom Strand entfernt. 300 Stellplätze auf einem terrassierten Gelände, mit Kinderspielplatz.

- ***Camping Ametza,*** Rue de l'Empereur am Ortseingang, Tel. 05.59.20.07.05. Recht schattiger Platz mit Schwimmbad, Tenniscourt und Spielmöglichkeiten für Kinder. Gehobene Kategorie.

Essen und Trinken

Für einen Badeort nicht alltäglich, gibt es einige Restaurants, in denen man gut und günstig speisen kann.

- ***Restaurant La Petite Marée,*** Avenue des Mimosas (Hendaye-Plage), Tel. 05.59.20.77.96. Gute Fischgerichte, die vielfach bereits vom nahen Spanien geprägt werden - zu den Spezialitäten zählt unter anderem Paella. Menü 10 €.
- ***Restaurant Chez Kake,*** ebenfalls in der Avenue des Mimosas, Tel. 05.59.20.01.22. Viele regionale Gerichte, beispielsweise Hühnchen nach baskischer Art. Menü ab 8 €.

Verkehrsverbindungen

- Vom Bahnhof am südlichen Zipfel des Ortes laufend ***Züge*** nach Irun und San Sebastián, außerdem fahren auch viele Züge die Côte Basque entlang.
- ***Busse*** ebenfalls in beide Richtungen.

Weitere Reisetipps

- ***Sport und Meer:*** *Eurobato* in der Rue des Orangers 5, Tel. 05.59.48.13.23, vermietet ***Boote*** und organisiert Touren aufs Meer.

Angler können ab Hendaye auf hohe See hinausfahren. Infos in der Rue de la Fontaine 2, Tel. 05.59.20.51.51.

Tauchgänge vor der Küste organisiert die *Ecole Federale de Plongée,* Avenue de Lissadry 39, Tel. 05.59.48.07.18.

Surfbretter vermieten *Fluide Systeme,* Rue des Orangers 4 (Tel. 05.59.20.67.47), und das *Centre Nautique,* Port de Plaisance (Tel. 05.59.48.06.07)

13 ***Tennisplätze*** warten im Sportpark an der Rue Ellissacio, Tel. 05.59.20.02.73, auf Anfänger und Fortgeschrittene.

- ***Wandern:*** Über Wanderwege für jeden Geschmack, unter anderem über die Rundwanderung um die 900 m hohe Rhune, informiert ein Heftchen, das kostenlos in der Touristeninformation erhältlich ist. Dort gibt es ebenfalls eine Gratis-Broschüre mit Tipps für lohnenswerte Rundfahrten mit dem Auto.

Die Dörfer des Labourd

Ascain

(bask. *Azkaine*)

In kaum einem anderen baskischen Ort zeigt sich so sehr, dass der ***Fronton*** den Mittelpunkt des dörflichen Lebens darstellt, wie in der 2.700-Seelen-Gemeinde Ascain. Rathaus, Bars, Hotels - alles scheint um den Pelota-Platz herumgebaut worden zu sein, auf dem bei gutem Wetter immer einige Sportler ihrem Hobby nachgehen. Daran hat sich in den vergangenen 100 Jahren kaum etwas geändert: Bereits 1897 ließ sich der Schriftsteller *Pierre Loti* im *Hôtel de la Rhune* am Fronton nieder und beobachtete von hier das Treiben rund um den Fronton.

Geändert hat sich allerdings der Stellenwert des Tourismus: War Ascain zu *Lotis* Zeiten ein kaum besuchtes Provinzdorf, strömen heute aufgrund der Nähe zum Meer und zum Gebirge in der Ferienzeit zahlreiche Touristen in den von hübschen Fachwerkhäusern geprägten Ort an der Nivelle.

Wie andere baskische Dörfer auch, machte Ascain den dunkelsten Teil

Der Mittelpunkt des Dorfes: Fronton in Ascain

seiner Geschichte zu Beginn des 17. Jh. durch, als hier Hexenprozesse und -verbrennungen stattfanden.

Sehenswertes

Typisch baskisch ist der blumengeschmückte ***Dorfplatz*** mit seinem Fronton und den gepflegten Fachwerkhäusern. Am Platz steht auch die ***Kirche Notre-Dame de l'Assomption*** (13. Jh.), die im 16. und 17. Jh. vergrößert und 1626 von *Ludwig XIII.* eingeweiht wurde.

Die sogenannte ***römische Brücke*** über die Nivelle, die allerdings erst im 17. Jh. entstand, schockierte die gesamte Bevölkerung Ascains, als sie Weihnachten 1993 einstürzte. Da es an öffentlichen Geldern für die Instandsetzung mangelte, nahmen die Dorfbewohner die Sache selbst in die Hand und sammelten für den Wiederaufbau. Mittlerweile erstrahlt die Brücke wieder im alten Glanze.

Information

- Im Juli und im August befindet sich die ***Touristeninformation*** am Chemin de St.-Jean-de-Luz, direkt an der Nivelle, Tel. 05.59. 54.00.84. Außerhalb der Saison gibt es Informationen in der ***Mairie*** neben der Kirche, Tel. 05.59.54.00.84.

Unterkunft

Obwohl es einige Hotels gibt, ist es im ***Sommer*** aufgrund des starken Besuchs zuweilen nicht ganz einfach, ein Zimmer zu bekommen. Es empfiehlt sich eine Reservierung, indem man vorher direkt beim Hotel oder bei der Touristeninformation anruft.

- ***Hôtel de la Rhune*** €€€, Tel. 05.59.54.00. 04. In diesem Hotel direkt am Fronton wohnte dereinst auch *Pierre Loti.*
- Mehrere ***Chambres d'Hôtes*** bieten Übernachtungsmöglichkeiten an, so zum Beispiel *Jean-Louis Gracy,* Ferme Haranederrea, Tel. 05.59.54.00.23., oder Familie *Ibarburu,* Maison Arrayoa, Tel. 05.59.54.06.18. Das DZ mit eigenem Bad kostet 46 € (Frühstück inklusive).
- Mehrere ***Campingplätze*** verschiedenster Kategorien gibt es in Ascain, so dass normalerweise keine Engpässe entstehen.
- ***Camping Chourio,*** Tel. 05.59.54.06.31, ist besonders wegen seiner zentralen Lage empfehlenswert. Einfach ausgestattet, dafür recht preiswert.
- ***Camping de la Nivelle,*** Tel. 05.59.54. 01.94, etwa 1,5 km hinter dem Ortsausgang an der Straße nach St-Pée-sur-Nivelle, bietet mehr Komfort. Der etwas teurere Platz besitzt unter anderem Spielplatz, Volleyballfeld und Tischtennisraum. Geeignet für Familien mit Kindern!

Essen und Trinken

Da viele Besucher den Weg nach Ascain finden, gibt es verständlicherweise auch ein reichhaltiges Angebot an Restaurants sämtlicher Preiskategorien.

- ***L'Auberge Achafla Baita,*** etwas außerhalb des Ortes an der Straße nach Urrugne, Tel. 05.59.54.00.30. Es gibt sowohl leckere baskische als auch französische Gerichte. Menü ab 13 €.
- ***Hôtel/Restaurant Basque,*** Rue de la Fontaine, Tel. 05.59.54.00.12. Ebenfalls gute Küche, Menü ab 11€.

Verkehrsverbindungen

- Der ***Bus*** von Saint-Jean-de-Luz nach Sare fährt außer sonntags viermal täglich und hält auch in Ascain und am Col de Saint-Ignace (Talstation der Rhune).

Aktivitäten

● ***Anglern*** bietet die Nivelle ein reiches Betätigungsfeld; in der Touristeninformation nachfragen. ***Tennisplätze*** und ein öffentliches ***Schwimmbad*** im *Complexe sportif,* etwas außerhalb des Zentrums, an der Straße nach Ciboure.

La Rhune

Ein gewichtiger Grund für die Beliebtheit Ascains bei Touristen ist sicherlich das herrliche Umland, das geradewegs zu Wanderungen einlädt. Klassisches Ziel ist dabei die Rhune, die wohl bekannteste Erhebung des Labourd. 900 m hoch ist dieser für das Baskenland symbolische Berg, von dem man bei gutem Wetter eine fantastische Aussicht auf die Küste sowie auf die französischen und spanischen Pyrenäen genießt. Wer genügend Zeit und eine einigermaßen ordentliche Kondition mitbringt, sollte die Rhune zu Fuß erklimmen - durch Heidekraut und Farne, vorbei an den überall grasenden Wildpferden, den *Pottoks*. Erforderlich für die Besteigung sind feste Schuhe und eine Jacke, da es auch im Sommer in der luftigen Höhe recht kühl werden kann. Von Ascain aus gibt es mehrere Wege zur Rhune; am einfachsten ist es, bis zum 169 m hohen ***Col de Saint-Ignace*** zu wandern (Richtung Sare, ca. 1 Std.) und den Berg von hier aus zu besteigen (ca. 2 Std.).

Wer sich den nicht ganz unbeschwerlichen Aufstieg ersparen will, kann vom Col de Saint-Ignace auch mit einer ***Zahnradbahn*** bis zum Gipfel der Rhune gelangen. Die dreißigminütige Tour in den offenen Holzwaggons ist zweifellos ein Erlebnis,

Mit der Bimmelbahn auf die Rhune

das allerdings im Sommer durch eine längere Wartezeit an der Talstation beeinträchtigt werden kann. Deshalb empfiehlt es sich, möglichst früh an dem kleinen Bahnhof einzutreffen. Neben dem wunderbaren Panorama erwartet den Besucher auf der Spitze, die genau auf der französisch-spanischen Grenze liegt, ein reges Treiben: In den Cafés, wo Spirituosen und Tabak zu spanischen Preisen verkauft werden, herrscht Hochbetrieb.

● Die Zahnradbahn fährt während der Hochsaison von 8.30-18 Uhr im halbstündigen Rhythmus. In der Nebensaison startet das Bähnchen normalerweise zwischen 9 und 16.30 Uhr, was jedoch auch vom Andrang an der Talstation abhängt. Preise: Einfache Fahrt 8 €, Hin- und Rückfahrt 10 €.

Sare

(bask. *Sara*)

„*L'un de plus beaux villages de France*" - nicht umsonst erhielt Sare diesen Titel, der den Ort im Schatten der Rhune als eines der schönsten Dörfer Frankreichs auszeichnet. Dabei ist es nicht nur der um einen großen Platz angeordnete Ortskern dieser ehemaligen (?) Schmugglermetropole, sondern vor allem die ländliche Umge-

Des Basken Leidenschaft: Pelota

Ein Dorf, in dem es keinen Pelota-Platz gibt? Das wird man im Baskenland vergeblich suchen! Zu beliebt ist diese traditionelle baskische Sportart, als dass man selbst im kleinsten Weiler darauf verzichten möchte.

Bis zum 19. Jh. erfreute sich in ganz Frankreich ein dem Pelota verwandtes Spiel großer Beliebtheit, bei dem zwei gegenüberstehende Teams den Ball mit der bloßen Hand schlugen. 1857 - der Sport beschränkte sich nun fast ausschließlich auf den Südwesten des Landes - erfand man in St.-Pée-sur-Nivelle die ***Chistera,*** die heute zur populärsten Form des Pelota gehört. Bei der *Chistera* handelt es sich um einen Handschuh, an dem eine bananenförmige Schaufel aus Weidengeflecht angebracht ist. Damit wird der Ball aufgefangen und, ähnlich wie beim Squash, wieder vor eine Wand *(Fronton)* zurückgeschleudert - übrigens mit einer enormen Geschwindigkeit! Trifft der Ball mehr als einmal auf den Boden oder landet er außerhalb des eingezeichneten Feldes, bekommt die gegnerische Mannschaft einen Punkt.

Bei ***anderen Varianten*** des Pelota muss das ungefähr tennisballgroße Leder, dem ein Holzkern die nötige Härte verleiht, mit einem kleinen Schläger oder der nackten Hand im Spiel gehalten werden. Besonders letztere Version erfordert ausdauerndes Training, da das runde Geschoss beim Auftreffen auf die Hand ansonsten arge Schmerzen verursachen kann. Die Spielarten, bei denen sich die Teams direkt gegenüberstehen, sind heute allerdings nicht mehr so verbreitet.

Neben dem *Fronton* gibt es auch noch das *Trinquet,* eine Halle, in der man der Indoor-Version von Pelota frönt.

Die besten der mit einer langen, weißen Hose und einem weißen oder roten Hemd bekleideten ***Pelotaspieler*** genießen in ihrer Heimat großes Ansehen. Der berühmteste Akteur aller Zeiten war *Joseph Apestegui,* genannt *Chiquito de Cambo;* ihm lag das Baskenland zu Beginn des 20. Jahrhunderts zu Füßen.

bung, die die 2.000-Seelen-Gemeinde liebenswert macht. Kaum ein anderes Dorf besitzt so schöne baskische Bauernhöfe, bietet derart viele Einblicke in die Landwirtschaft des Labourd und ermöglicht es dem Besucher so, die Lebensweise der Menschen kennenzulernen. Keine Frage - Sare ist Baskenland pur! Ihre typisch baskische Hartnäckigkeit mussten die Bewohner Sares im Laufe der Geschichte bereits einige Male unter Beweis stellen, galt es im Laufe der Jahrhunderte doch immer wieder, sich gegen Angreifer zur Wehr zu setzen. Wenn heutzutage ein Schuss fällt, stammt der aber nicht mehr aus der Büchse eines feindlichen Soldaten, sondern fast immer aus dem Schrotgewehr eines Waidmannes. Auch die Jagd auf die alljährlich vorüberziehenden Ringeltauben, die allerdings zumeist mit Netzen vonstatten geht, erfreut sich hier - wie in vielen Teilen des Baskenlandes - großer Beliebtheit.

Sehenswertes

Typisch ***labourdische Häuser*** aus dem 16. und 17. Jh. sind im ***Zentrum*** des Ortes zu bewundern, das die Einheimischen „Plaza" nennen. Die klobig wirkende ***Kirche*** (Anfang 17. Jh.) sowie der Fronton sind nur einen Steinwurf vom Plaza entfernt, wo man in Cafés wunderbar das Treiben im Ort beobachten kann. Am interessantesten dürften jedoch die etwas außerhalb des Dorfes liegenden ***alten Bauernhöfe*** sein, die oftmals über hübsche Platanenalleen zu erreichen sind.

Das ***Museé du Gâteau Basque*** im Ortsteil Lehenbiscay lässt keine Fragen über Geschichte und Herstellung der baskischen Gebäck-Spezialität offen. Geführte Besichtigungen im April sowie von Mitte Juni bis Mitte September jeweils montags bis freitags um 15, 16 und 17 Uhr (im Sommer auch 18 Uhr) sowie samstags um 11 Uhr. Erwachsene 4,60 €, Kinder 3 €.

Information

- ***Syndicat d'Initiative,*** Tel. 05.59.54.20.14. Hier findet man sich nur mit Französischkenntnissen zurecht, da weder Englisch noch Deutsch gesprochen wird.

Unterkunft

- ***Hôtel Arraya*** €€€€, direkt am Plaza, Tel. 05.59.54.20.46. Stilvoll eingerichtetes Haus, das sich seinen guten Komfort teuer bezahlen lässt.
- ***Hôtel Pikassaria*** €€, Tel. 05.59.54.21.51. Außerhalb, im ländlichen Ortsteil Lehenbiscay, befindet sich dieses ruhige und empfehlenswerte Hotel.

In Sare und Umgebung gibt es eine ganze Reihe an privat vermieteten Zimmern *(Chambres d'hôtes),* meist auf hübschen baskischen Bauernhöfen. Das Doppelzimmer mit gutem Frühstück (oftmals Produkte aus eigener Herstellung) kostet etwa 45 €, zum Beispiel bei Familie Arrieta, ***Maison Ttakoinenborda,*** Tel. 05.59.47.51.42.

- ***Camping La petite Rhune,*** im Ortsteil Lehenbiscay, Tel. 05.59.54.23.97. Gepflegt, schattig und landschaftlich hübsch gelegen.

Essen und Trinken

- ***Restaurant Baratchartea,*** Quartier Ihalar, Tel. 05.59.54.20.48, bietet baskische Spezialitäten, Menü ab 14 €.

Verkehrsverbindungen

- Viermal täglich, außer sonntags, fährt ein ***Bus*** nach Saint-Jean-de-Luz.
- Wer mit Auto oder Zweirad unterwegs ist, kann über zwei schöne ***Straßen nach Spanien*** gelangen. Die gut ausgebaute D 406

Dörfliches Leben in Sare

führt über den Col de Lizuniaga nach Vera-de-Bidasoa. Noch empfehlenswerter ist jedoch die D 306: Durch malerische Eichenwälder fährt man hier über den Col de Lizarietta ins spanische Örtchen Echalar.

Ausflüge

Neben dem Berg Rhune (siehe Ascain) sind auch die ***prähistorischen Höhlen von Sare*** ein beliebtes Ausflugsziel. Die 7 km südlich des Ortes gelegenen Höhlen bestehen aus einem großen Gewölbe und zahlreichen Gängen. Modernste Techniken wie Wandprojektionen, verschiedenfarbige Lampen und Stimmen vom Band komplettieren die Besichtigung.
● Geöffnet Ostern bis September 10–18 Uhr (Juli und August 10–19 Uhr), den Rest des Jahres nur nachmittags. Eintritt Erwachsene 5,50 €, Kinder 3 €.

Keinesfalls sollte man sich einen Spaziergang in den ***Wäldern*** nahe der spanischen Grenze entgehen lassen! Von Kletterpflanzen und Farnen bewachsene Eichen bilden hier die bizarresten Formen - es scheint fast so, als würde jeden Augenblick eine Fee oder ein Troll hinter einem Baum hervorspähen.

Saint-Pée-sur-Nivelle

(bask. *Senpere*)

Zweifellos besäße das kleine Städtchen Saint-Pée-sur-Nivelle erheblich mehr Charme, würde nicht die stark frequentierte D 918 mitten durch den Ortskern führen. So aber prägen vor allem vorbeifahrende Autos und knatternde Motorräder das Bild der Gemeinde, während die hübschen baskischen Fachwerkhäuser aus dem 17. und 18. Jh. allzu leicht übersehen werden.

Sehenswertes

Relikt einer düsteren Epoche ist die Turmruine, das letzte Überbleibsel des ehemaligen Schlosses: In dem sogenannten ***„Hexenturm“*** wurden Anfang des 17. Jh. vermeintliche Ketzer verbrannt, unter ihnen auch zahlreiche Frauen und Kinder.

Während die ***Kirche Saint-Pierre*** von außen beinahe klobig wirkt, überraschen im Inneren des Gotteshauses filigran gearbeitete Figuren und Altarornamente.

Information

- Infos gibt es im ***Syndicat d'Initiative,*** Place de la Poste, Tel. 05.59.54.11.69.

Unterkunft

- ***Hôtel Mendiode*** €€€, Tel. 05.59.54.14.90. Ordentlich es Hotel im etwas außerhalb gelegenen Ortsteil Amotz.
- ***Camping Goyetchea,*** im Ortsteil Ibarron, Tel. 05.59.54.19.59, verfügt über ein Schwimmbad und weitere Annehmlichkeiten.
- ***Camping Armora,*** Ortsteil Amotz, Tel. 05.59.54.12.60, gibt sich ziemlich spartanisch, dürfte allerdings der günstigste Platz im Ort sein.

Aktivitäten

- Circa 2 km außerhalb von Saint-Pée, an der D 918 Richtung Espelette, liegt der ***Badesee Lac de St.-Pée.*** Dort gibt es neben Stränden eine ganze Reihe weiterer Freizeitangebote, unter anderem ***Bootsverleih, Minigolf*** oder ***Bogenschießen.***
- Sportarten wie ***Mountainbiking, Rafting und Paragliding*** bietet in Saint-Pée-sur-Nivelle die Agentur *Cocktail Aventure,* Tel. 05.59.54.18.69, an.

Ainhoa

Das hübsche Dörfchen Ainhoa, knappe drei Kilometer von der spanischen Grenze entfernt gelegen, unterscheidet sich in einem Punkt von fast allen Ansiedlungen im Baskenland: Es existiert praktisch nur eine Straße, die an beiden Seiten von den Wohnhäusern gesäumt wird. Im Sommer kommen täglich zahllose Touristen, um den unter Denkmalschutz stehenden Ort zu besichtigen. Die Attraktion ist dabei nicht ein Schloss oder eine Kirche, sondern das Dorf selbst. Hier stehen fast ausschließlich Fachwerkhäuser, von denen einige reich verzierte Türstürze besitzten. Sämtliche Häuser wurden im 17. und 18. Jh. erbaut, nachdem spanische Soldaten das Dorf im Jahre 1629 niedergebrannt hatten.

Sehenswertes

Neben den Häusern des Dorfes sollte man die schöne ***Kirche Notre-Dame*** nicht vergessen, in deren Innenraum besonders die akribischen Holzarbeiten ins Auge stechen.

Unterkunft

- ***Hôtel Ohantzea*** €€€, Tel. 05.59.29.90.50, ist in einem charmanten baskischen Haus untergebracht.

Weitere Reisetipps

- Die örtliche ***Buchhandlung*** verfügt über eine große Auswahl an Literatur zum Baskenland und den Pyrenäen.

Ausflüge

Die ***Wanderroute GR 10*** führt von Ainhoa zum Mont Atchuléguy.

Espelette
(bask. *Ezpeleta*)

Besonders im Herbst dreht sich in dem Dorf Espelette (fast) alles um *piment,* eine scharfe, knallrote Paprikaart, die zum Würzen allerlei Speisen benutzt wird und deren purer Verzehr zumindest den „Nicht-Basken" Tränen in die Augen treibt. Rund um das Dorf (ca. 1.600 Einwohner) wird die bei uns als Chili, Peperoni oder Cayennepfeffer bekannte Pflanze angebaut, im September geerntet und dann an vielen Fachwerkhäusern zum Trocknen aufgehängt. Ein großes Fest zu Ehren des *piment,* das alljährlich im Oktober stattfindet, sowie mehrere Metzgereien, die mit Chili hergestellte Spezialitäten verkaufen, verdeutlichen, welchen Stellenwert die kleine Schote hier besitzt.

Sehenswertes
Gut erhalten ist das efeubewachsene **Schloss** (17. Jh.) am Ortsausgang, in dem sich heute das Rathaus befindet. Neben zahlreichen Wohnhäusern entspricht auch die 1630 erbaute **Kirche Saint-Etienne** dem labourdischen Stil. Besonders typisch sind die drei Holzgalerien, auf denen die Gottesdienstbesucher während der Messe Platz nehmen.

Am letzten Dienstag und Mittwoch im Januar findet ein im ganzen Baskenland bekannter **Pferdemarkt** auf dem Platz vor dem Fronton statt, bei dem viele *Pottoks* (baskische Pferde) ihren Besitzer wechseln.

Information
● ***Syndicat d'Initiative,*** Tel. 05.59.93.95.02, in der *Mairie* im Schloss.

Unterkunft
● ***Hôtel Euzkadi*** €€€, an der D 918, Tel. 59.93.91.88, besitzt Swimmingpool und Tennisplatz. Im sehr guten Restaurant des *Euzkadi* gibt es mehrere mit *piment* gewürzte Spezialitäten (Menü ab 15 €).

Verkehrsverbindungen
● Mehrfach täglich fährt ein **Bus** Richtung Saint-Jean-de-Luz.

Itxassou
(bask. *Itsasu*)

Zweifellos fällt beim Besuch von Itxassou zuerst die Landschaft auf, in die das Dorf eingebettet liegt. Weniger die in Sare oder Ainhoa vorherrschenden sanften Hügel, sondern felsige Erhöhungen umgeben die Gemeinde. Ins Auge sticht vor allem der Berg Artzamendi, der im Süden des Ortes 926 m hoch emporragt. Im Gegensatz zu den meisten labourdischen Dörfern gibt es in Itxassou zudem mehrere räumlich getrennte kleine Viertel.

Sehenswertes
Etwa 2 km außerhalb des Dorfzentrums befindet sich bei dem Viertel Laxia der **Pas de Roland,** zweifellos die Hauptsehenswürdigkeit Itxassous. Direkt neben der Straße, am Ufer der Nive, steht der auffällige **Felsbogen,** der wirkt, als sei er fein säuberlich von Menschenhand angefertigt worden. Der Sage nach soll jedoch das Pferd *Rolands* das kreisrunde Loch mit seinen Hufen in den Stein gehauen haben, als der mutmaßliche Neffe *Karls des Großen* auf der Flucht nicht mehr weiterkam. Eine andere

Typisch für Ainhoa: baskisches Fachwerk

Erzählung besagt, *Roland* habe die Scharte kurzerhand mit seinem Schwert geschaffen. Tatsächlich handelt es sich bei dem Pas de Roland allerdings um eine Laune der Natur.

Die ***Kirche Saint-Fructueux*** (aus dem 17. Jh.) im Ortsteil Errobi gilt nicht nur als klassisches labourdisches Gotteshaus, sondern birgt auch sakrale Schätze wie Goldschmiedearbeiten und Gemälde in sich.

Unterkunft

- ***Hôtel du Chêne*** €€, Tel. 05.59.29.75.01, ist eines von mehreren ordentlichen Hotels in dem Ort.
- ***Hôtel du Fronton*** €€€, Tel. 59.29.75.10, verfügt über einen Pool, ist allerdings auch teurer. Zudem bietet die Küche gute regionale Spezialitäten an, Menü ab 15 €.

Ausflüge

Eine phantastische Aussicht genießt man vom 926 m hohen ***Artzamondi,*** wobei die 10 km lange und teilweise sehr steile Strecke bis zum Gipfel nicht nur Wanderern und Fahrradfahrern, sondern auch älteren Automobilen allerhand abverlangt. Die Straße beginnt im Ortsteil Laxia und gabelt sich nach circa 7 km. Die rechte Abzweigung führt zu einer 1,5 km entfernten *Gîte d'Etape* (gutes Essen!), die linke endet nach 3 km an einer Fernsehstation auf der Spitze des Berges. An kaum einem anderen Ort in den französischen Pyrenäen lassen sich besser ***Gänsegeier*** beobachten, von denen sich hier fast immer einige im Aufwind in die Höhe schrauben.

Wer von Itxassou nach Bidarray fahren möchte und es nicht eilig hat, sollte statt der D 918 die kleinere und landschaftlich schönere ***D 349*** nehmen, die sich am anderen Nive-Ufer entlangschlängelt.

Cambo-les-Bains

(bask. *Kanbo*)

Parkanlagen anstelle von Weiden, schmucke Wohnhäuser statt Bauernhöfen: Auf den ersten Blick wird klar, dass die Landwirtschaft in der Kleinstadt an der Nive (ca. 4.150 Einw.) bei weitem nicht die Rolle spielt wie in den umliegenden Ortschaften. Tatsächlich verdient ein Großteil der Bewohner Cambos sein Geld mit den zahlreichen Kurgästen, die hier ihre Atemwegs- und Rheumaerkrankungen auskurieren wollen. Einzig der Stadtteil Bas Cambo (unteres Cambo) mit seinen bäuerlichen Fachwerkhäusern wirkt wie ein typisches baskisches Dorf.

Bekanntester Sohn der Stadt ist *Joseph Apesteguy* (1881–1950), der *Chiquito de Cambo* genannt wurde und einer der besten Pelota-Spieler aller Zeiten war. Dem Sportidol sollen sogar gekrönte Häupter wie Englands *König Edward VII.* zugejubelt haben. Eine weitere wichtige Persönlichkeit in der Geschichte des Städtchens war der Schriftsteller *Edmond Rostand.* Der geistige Vater des *Cyrano de Bergerac* stammte zwar ursprünglich aus Paris, lebte aufgrund einer Erkrankung aber im Kurort Cambo.

Sehenswertes

Knapp 2 km außerhalb des Zentrums liegt ***Arnaga,*** die gewaltige baskische Villa *Edmond Rostands,* die der Autor von 1903–1906 erbauen ließ. Heute ist ein ***Museum*** in dem Gebäude untergebracht, wo Besucher allerhand über das Leben und Schaffen des Schriftstellers erfahren. Zu der Villa gehört ein sehenswerter Park: Springbrunnen, Pavillons und herrliche Blumenbeete lassen erahnen, dass *Rostand* die schönen Seiten des Lebens zu schätzen wusste.

- Öffnungszeiten: Februar und März nur an Wochenenden nachmittags, April bis September täglich 10–12.30 und 14.30–19 Uhr, im Sommer z.T. auch bis 21.30 Uhr, Oktober nur nachmittags; Eintritt Erwachsene 5,50 €, Jugendliche bis 18 Jahre 2,50 €, Kinder frei.

An der ***Kirche Saint-Laurent*** (aus dem 16. Jh.) beginnt die ***Rue des Terrasses,*** von der sich ein wunderschöner Blick über das Nivetal bietet. Die gepflegten ***Thermen*** mit Palmengarten und englischem Rasen liegen am Stadtrand direkt an der Nive.

Praktische Informationen

Information

- ***Office de Tourisme*** im Zentrum am Parc St-Joseph, Tel. 05.59.29.70.25.

Unterkunft

- ***Hôtel du Trinquet*** €€, Rue du Trinquet, Tel. 59.29.73.38, ist sauber und das günstigste Hotel im Ort.
- ***Camping Bixta Eder,*** an der Avenue d'Espagne Richtung Espelette, Tel. 05.59. 29.94.23. Ein ordentlicher Platz, der reichlich Schatten bietet.

Essen und Trinken

- Mehrere **Cafés** an der Rue des Terrasses haben Tische und Stühle im Freien aufgestellt – bei einem Kaffee oder einem Bier lässt es sich hier wunderbar aushalten.

Verkehrsverbindungen

- Vom Bahnhof im Ortsteil Bas Cambo fahren täglich sieben **Züge** nach Bayonne und sieben Züge nach Saint-Jean-Pied-de-Port.
- Außerdem gibt es **Busse** nach Bayonne, Saint-Jean-de-Luz und Hasparren.

Ustaritz

(bask. *Uztaritze*)

Für Ustaritz-Besucher ist es heutzutage kaum vorstellbar, dass das Städtchen am linken Ufer der Nive zwischen dem 12. und 18. Jahrhundert Hauptstadt des Labourd war. Eine Volksversammlung verwaltete 35 Pfarrgemeinden, wobei sich die Volksvertreter anfangs unter einer großen Eiche, später dann im Schloss de la Motte (12. Jh.) trafen, an dessen Stelle heute das Rathaus steht. Zwar werden in Ustaritz mittlerweile keine bedeutenden politischen Entscheidungen mehr getroffen, doch liegt die Ortschaft nach wie vor inmitten einer sehenswerten Landschaft, bestens geeignet für Spaziergänge und Wanderungen. So führen schmale Straßen und Wege in kleine Nachbardörfer wie Jatxou oder Halsou, in denen hübsche Häuser und Bauernhöfe im labourdischen Stil die Zeit unbeschädigt überdauert haben. Auf der gegenüberliegenden Seite der D 932 befindet sich der Wald von Ustaritz (Bois d'Ustaritz) mit ebenfalls lohnenswerten Wanderwegen.

Praktische Informationen

Information

- Das **Syndicat d'Initiative** befindet sich im Château de Lota, Tel. 05.59.93.20.81.

Unterkunft

- **Hôtel du Fronton** €€, im Zentrum, Tel. 05.59.93.00.39. Mit angeschlossenem Restaurant.
- **Hôtel La Patoula** €€€€, Rue Principale, Tel. 05.59.93.00.56. Altehrwürdiges Drei-Sterne-Hotel, dessen Restaurant zu den besten im Umkreis zählt.

Ausflüge

Jaxtou und Kapelle St. Sauveur

Von Jatxou führt eine kleine Straße (teilweise Schotterpiste, ausgeschildert) zur ca. 1,5 Kilometer entfernten Kapelle St. Sauveur (13. Jh.). Ein wenig besuchtes und beschauliches Fleckchen!

Hasparren

(bask. *Hazparne*)

Zumindest wirtschaftlich liegt die Blütezeit Hasparrens schon einige Jahrzehnte zurück. Zu Beginn des 20. Jahrhunderts füllte die florierende **Schuhindustrie** das städtische Säckel, zeitweilig arbeiteten 1.100 Personen in den Fabriken. Heute sind es gerade noch 40 Arbeiter, die in einer übriggebliebenen Schuhfabrik Fußbekleidungen aus Leder herstellen. Die Position dieses ehemals so bedeutenden Industriezweiges hat mittlerweile der Handel eingenommen: Aus dem ländlichen Umkreis kommen die Menschen nach Hasparren, um in den zahlreichen Geschäften einzukaufen. Kein Wunder also, dass der Ort mit seinen 5.600 Einwohnern heute eher kleinstädtischen denn dörflichen Charakter besitzt.

Sehenswertes

An kulturellen Sehenswürdigkeiten hat Hasparren nicht allzuviel zu bieten. Erwähnenswert ist ein ***römischer Inschriftenstein*** aus dem 4. Jh. an der Außenwand der Kirche Saint-Jean-Baptiste. Das ***archäologische Zentrum*** Hatzen Bidea am Place du Fronton zeigt historische Ausgrabungsstücke und ausgestorbene Tierarten. Täglich von 10-12 Uhr und von 14-18 Uhr geöffnet. Eintritt 5 €, Kinder 2,50 €.

Praktische Informationen

Information

- Ausführliche Informationen über den Ort und die Umgebung erhält man im ***Touristenbüro*** am Place St. Jean 2, Tel. 05.59.29.62.02.

Unterkunft

- ***Hôtel Les Tilleuls*** €€€, Place de Verdun, Tel. 05.59.29.62.20, ordentliches Mittelklassehotel.
- ***Camping Chapital,*** am Ortseingang an der D 22, Tel. 05.59.29.62.94, ist der beste und zentralste Platz.

Verkehrsverbindungen

- Täglich ***Busse*** nach Cambo-les-Bains.

Ausflüge

Route impériale des cimes

Aus strategischen Gründen ließ *Napoleon I.* einst die *Route impériale des cimes* erbauen, die Hasparren mit Bayonne verbindet. Diese Straße (heute D 22) erfüllt mittlerweile zwar keine militärischen Zwecke mehr, wird wegen ihrer landschaftlichen Schönheit aber auch heute noch relativ stark befahren.

Château de Belzunce

Nicht zu besichtigen, aber schön anzusehen ist die Ruine des Château de Belzunce, die 5 km außerhalb von Hasparren an der D 251 Richtung Isturitz auf einer kleinen Anhöhe thront.

Höhlen von Isturitz und Oxocelhaya

Gigantische Stalagmiten von bis zu 17 Meter Höhe sowie andere herrliche Tropfsteinformationen gibt es in den Höhlen von Isturitz und Oxocelhaya zu bewundern, die 10 km südwestlich von Hasparren, etwas abseits der D 251 liegen (ausgeschildert) und bereits zur Provinz Basse-Navarre gehören. Außer diesen faszinierenden Launen der Natur beinhalten die Höhlen zudem ***prähistorische Wandzeichnungen.*** Unbedingt sehenswert! Der Höhlenführer spricht neben Englisch auch ein paar Brocken Deutsch.

- Täglich geöffnet vom 15. März-15. November 14-17 Uhr; Juni und September außerdem Führungen um 11 und 12 Uhr; Juli und August 10-12 Uhr und 13-18 Uhr. Erwachsene 5,50 €, Studenten 4,80 €, Kinder (7-14 Jahre) 3 €.

Basse-Navarre und Soule

Die beiden baskischen Provinzen Basse-Navarre und Soule nehmen flächenmäßig zwar den größten Teil des französischen Baskenlandes ein, jedoch ist dieses Gebiet erheblich dünner besiedelt als Labourd.

In Saint-Jean-Pied-de-Port, dem Hauptort ***Basse-Navarres,*** wohnen gerade einmal 1.500 Menschen, die größte Gemeinde der Provinz, St. Palais, kommt immerhin auf gut 2.000 Einwohner.

Die Provinzhauptstadt Mauléon-Licharre besitzt mit über 4.000 Bewohnern in der Provinz ***Soule*** geradezu Metropolen-Charakter. Kein Vergleich also zur Küstenregion des Labourd, wo sich gleich mehrere lebhafte Städte wie Bayonne, Biarritz oder Saint-Jean-de-Luz aneinanderreihen.

Plausch beim Einkauf

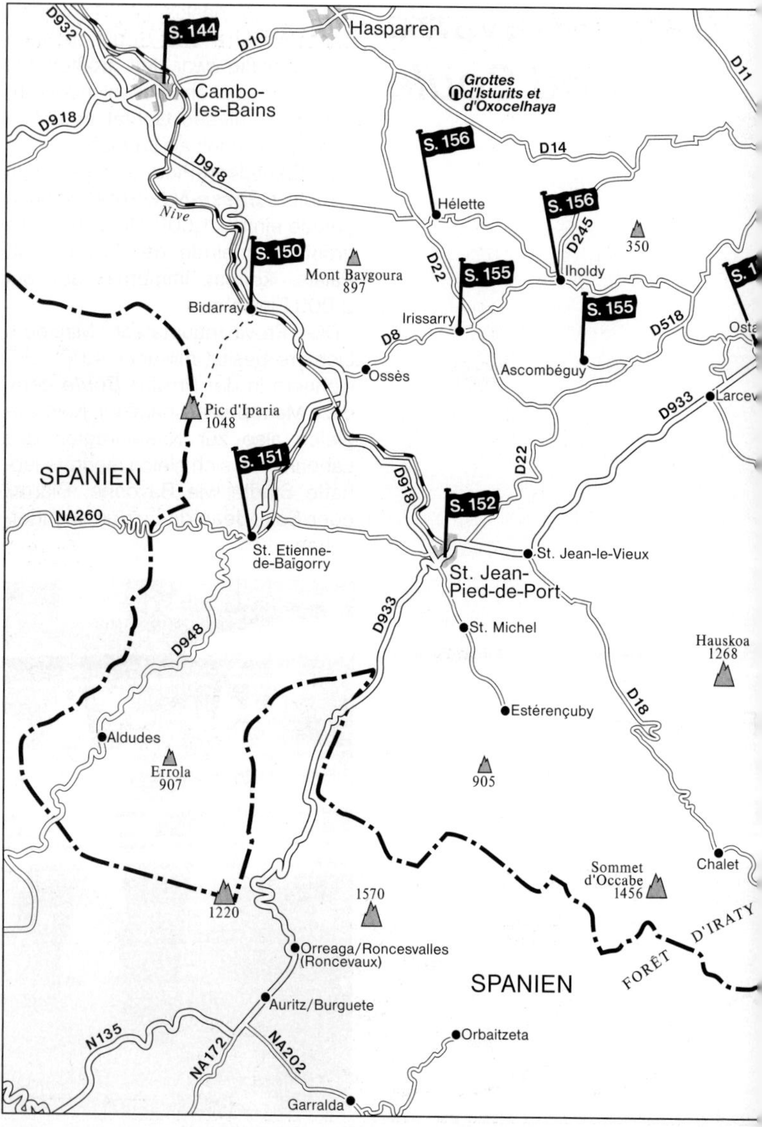
Hasparren
S. 144
D932
D10
Cambo-
les-Bains
D918
D11
Grottes
d'Isturits et
d'Oxocelhaya
S. 156
D14
D918
Nive
Hélette
S. 156
D245
350
S. 150
Mont Baygoura
897
D22
S. 155
Iholdy
S. 1
Bidarray
Irissarry
S. 155
D518
Osta
D8
Ossès
Ascombéguy
D933
Larcev
Pic d'Iparia
1048
S. 151
D22
SPANIEN
D918
S. 152
NA260
St. Etienne-
de-Baïgorry
St. Jean-le-Vieux
St. Jean-
Pied-de-Port
D933
St. Michel
Hauskoa
1268
D948
D18
Estérençuby
Aldudes
Errola
907
905
Chalet
Sommet
d'Occabe
1456
1570
1220
D'IRATY
FORÊT
Orreaga/Roncesvalles
(Roncevaux)
SPANIEN
Auritz/Burguete
N135
NA172
NA202
Orbaitzeta
Garralda

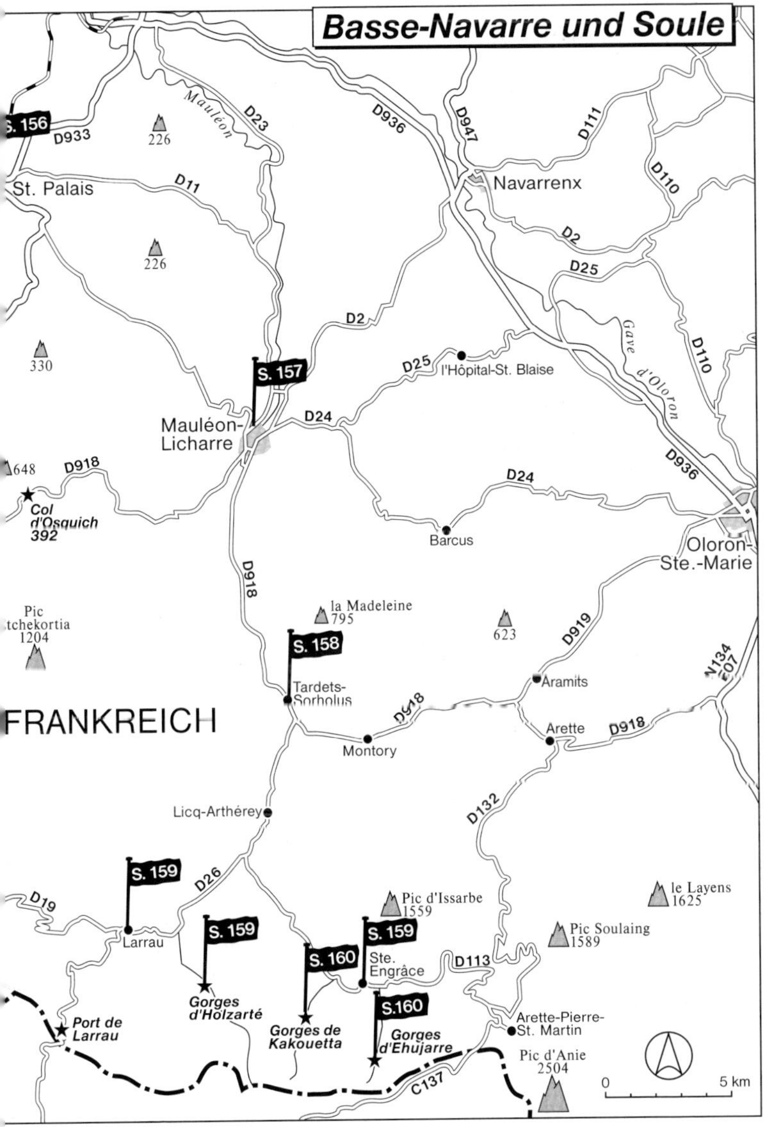
Basse-Navarre und Soule
S. 156
D933
226
Mauléon
D23
D936
D947
D111
St. Palais
D11
Navarrenx
D110
226
D2
D25
D2
Gave d'Oloron
D110
330
S. 157
D25
l'Hôpital-St. Blaise
Mauléon-Licharre
D24
648
D918
D936
D24
Col d'Osquich 392
Barcus
Oloron-Ste.-Marie
D918
Pic Itchekortia 1204
la Madeleine 795
623
D919
S. 158
N134
Tardets-Sorholus
Aramits
FRANKREICH
D918
Arette
D918
Montory
D132
Licq-Arthérey
S. 159
D26
D19
Pic d'Issarbe 1559
le Layens 1625
S. 159
S. 159
Pic Soulaing 1589
Larrau
S. 160
Ste. Engrâce
D113
Gorges d'Holzarté
S.160
Arette-Pierre-St. Martin
Port de Larrau
Gorges de Kakouetta
Gorges d'Ehujarre
Pic d'Anie 2504
C137
0
5 km

Der Tourismus, am Meer zweifellos die Einnahmequelle Nummer eins, rangiert in diesen Gebieten nur unter „ferner liefen" - statt dessen ist ein großer Teil der Bevölkerung in der ***Landwirtschaft*** tätig. Auf vielen Feldern wächst Mais, und überall auf den Bauernhöfen sind große „Käfige" zu sehen, die auf den ersten Blick an Volieren erinnern, tatsächlich aber zur Aufbewahrung der Maiskolben dienen.

Einzig ***Saint-Jean-Pied-de-Port*** wird - besonders in den Sommermonaten - von zahlreichen Touristen aufgesucht. Das hübsche Städtchen mit seinen historischen Häusern, engen Gassen und der alten Brücke über die Nive, die so manche Postkarte ziert, ist tatsächlich einen Abstecher wert.

Die verschlafene Provinz Soule besitzt ihre bedeutendsten Sehenswürdigkeiten ganz im Süden, nahe der spanischen Grenze: Die ***Schluchten*** Gorges d'Holzarté, Gorges de Kakouetta und Gorges d'Ehujarre können es an Wild- und Schönheit durchaus mit den Schluchten der erheblich höher gelegenen Pyrenäenregionen aufnehmen. In einigen der wenigen Dörfer findet man noch urige „Tante-Emma-Läden", meist Lebensmittelgeschäft, Kneipe und Tankstelle in einem. Absolut romantisch!

Bidarray

(bask. *Bidarrai*)

Fährt man auf der D 918 von Cambo-les-Bains Richtung Saint-Jean-Pied-de-Port, so erreicht man nach etwa 15 km das Dorf Bidarray, auf der anderen Seite der Nive gelegen. Einige Häuser liegen im unteren Teil des Ortes direkt am Fluss, das eigentliche Zentrum mit Kirche, Fronton und drei Bars befindet sich jedoch auf dem darüberliegenden Hügel. Auffallendstes Bauwerk ist die ***Pont Noblia,*** die alte Brücke über die Nive, die der Sage nach einst von den baskischen Verwandten der Heinzelmännchen, den *Laminaks,* erbaut wurde.

Praktische Informationen

Information

- ***Touristenbüro*** im Souvenirgeschäft neben der Kirche, Tel. 05.59.37.74.60.

Unterkunft

- ***Hôtel Pont d'Enfer*** €€, Tel. 05.59.37.70.88, liegt im unteren Teil des Dorfes an der Nive. Gut geführter Familienbetrieb.
- ***Camping Errekaldia*** befindet sich etwas außerhalb des Ortes (ausgeschildert) in einem engen Tal direkt an einem Bach. Der winzige Platz ist sehr einfach ausgestattet, aber sauber und preiswert.

Weitere Reisetipps

- Gute *Gateaux Basques* (baskische Kuchen) gibt es in einer winzigen ***Bäckerei*** im unteren Teil des Dorfes.
- Die Agentur *Urbizia* an der D 918, Tel. 05.59.37.72.37, bietet ***Rafting*** sowie ***Kanu-*** und ***Kayaktouren*** an.

Verkehrsverbindungen

- Vom kleinen ***Bahnhof*** Bidarrays fahren täglich mehrere Züge nach Bayonne und Saint-Jean-Pied-de-Port.

Ausflüge

Wanderung auf den Pic d'Iparla

Diese Wanderung zählt zweifellos zu den schönsten Strecken des Baskenlandes, bei der es zudem ausgezeichnete Möglichkeiten gibt, Gänsegeier zu beobachten. Man biegt dabei, von unten kommend, nach dem eigentlichen Dorfzentrum zuerst links ab, um dann einige hundert Meter weiter eine Rechtsabzweigung zu nehmen. Dieser Straße folgt man bis zu einem Bauernhof, von wo der Weg mit rot-weißen Markierungen gekennzeichnet ist. Teilweise ist die Strecke auf den Iparla, dessen 1.048 m hohe Spitze genau auf der Grenze zwischen Frankreich und Spanien liegt, zwar sehr steil, doch entschädigen herrliche Ausblicke für die Anstrengungen. Für den Hin- und Rückweg sollten mindestens fünf Stunden eingeplant werden.

St.-Étienne-de-Baigorry

(bask. *Baigorri*)

Den kompletten Namen St.-Étienne-de-Baigorry benutzt fast niemand – die Basken nennen den 10 km westlich von St.-Jean-Pied-de-Port gelegenen Ort einfach Baigorri, was sich vermutlich vom baskischen *Ibai Gorri* (roter Fluss) ableitet. Mit mehreren Ortsteilen bildet das auseinandergezogene Dorf das Tor zum rauhen Aldudes-Tal und bietet als Sehenswürdigkeiten vor allem zahlreiche ***hübsche Türstürze.*** Einen Blickfang stellt außerdem die extrem gewölbte ***„römische" Brücke*** dar, die ihren Namen allerdings völlig zu Unrecht trägt: Tatsächlich wurde sie erst im 17. Jh. erbaut. Über dem Ort thront das ***Château d'Etchauz***, das erst 1997 nach einer kompletten Restaurierung für den Publikumsverkehr geöffnet wurde. Jahrzehnte zuvor war hier bereits Charlie Chaplin zu Gast, da sich der ehemalige Schlossherr als dessen Manager und Script-Schreiber verdingte. Das Château kann täglich von 10–12 und von 14–17 Uhr besichtigt werden, außer von Juli bis September bleibt es montags geschlossen. Die ca. anderthalbstündige Führung kostet für Erwachsene 5,50 €, für Kinder 2,50 €.

Die Kirche St.-Étienne stammt ursprünglich aus dem 11. Jh., wurde im Laufe der Zeit jedoch mehrfach aus- und umgebaut, so dass das Gebäude heute Merkmale mehrerer Stilepochen aufweist.

Praktische Informationen

Information

- ***Syndicat d'Initiative*** an der Place de l'Eglise, Tel. 05.59.37.47.28.

Unterkunft

- Wie dereinst die adeligen Besucher logieren auch heute die werten Gäste des ***Château d'Etchauz*** €€€€€ (Tel. 05.59.37.48.58) in äußerst stilvoll eingerichteten Zimmern. Unter anderem wartet die „Suite des Königs von Navarra"!
- ***Hôtel Arcé*** €€€€, nahe der Kirche, Tel. 05.59.37.40.14. Komfortables Haus der gehobenen Klasse mit Swimmingpool und Tennisplatz.
- ***Hôtel Manechenia*** €€€, im Ortsteil Urdos, Tel. 05.59.37.41.68, ist weniger luxuriös, aber durchaus empfehlenswert.
- Der städtische ***Campingplatz d'Irouleguy,*** Tel. 05.59.37.43.96, direkt am Fluss.

Verkehrsverbindungen

- Täglich ***Busse*** nach St.-Jean-Pied-de-Port.

Ausflüge

Irouléguy

Weinkenner sollten einen Abstecher in den 4 km östlich an der D 15 gelegenen Weiler Irouléguy nicht versäumen. Seit Jahrhunderten wird hier der einzige ***Rotwein*** und ***Rosé*** des französischen Baskenlandes angebaut!

St.-Jean-Pied-de-Port

(bask. *Donibane Garazi*)

Das Städtchen, das seinen Namen aufgrund der Lage am Fuße des Passes von Roncesvalles trägt, ist nicht nur ***Hauptort von Basse-Navarre,*** sondern auch meistbesuchtes Touristenziel der Provinz. Und das hat seinen guten Grund: Mit den wunderschönen historischen Häusern, den lebendigen Gassen und der malerischen Brücke über die Nive zählt St.-Jean-Pied-de-Port zweifelsfrei zu den hübschesten Orten des gesamten Baskenlandes.

Geschichte

An zahllose auswärtige Besucher musste sich die Gemeinde aber nicht erst zu Zeiten des Tourismus gewöhnen; bereits im ***Mittelalter*** war der Ort eine wichtige Etappe auf der Strecke nach Santiago de Compostela. So galt St.-Jean-Pied-de-Port eigentlich immer als Knotenpunkt: Früher, weil sich gleich mehrere ***Pilgerwege*** hier trafen; heute, weil die wichtigsten Straßen des Baskenlandes hier zusammenlaufen.

Ende des ***11. Jh.*** gegründet, gelangte die Siedlung unter *Karl dem Bösen* Mitte des ***14. Jh.*** zu größerer Bedeutung. Dies ging so weit, dass St.-Jean-Pied-de-Port zwischen ***1383*** und ***1417*** sogar Bischofssitz war. Übel wurde der Stadt im kriegerischen ***16. Jh.*** mitgespielt. Zuerst fiel St.-Jean-Pied-de-Port an Aragón, wenig später an Frankreich, und 1569 besetzten es die calvinistischen Truppen von *Jeanne d'Albret,* die nicht nur Teile der Stadt zerstörten, sondern auch sämtliche Priester töteten. Die Zitadelle oberhalb der Stadt wurde später nach und nach verstärkt, so dass die folgenden Kriege nicht mehr allzuviel Schaden anrichteten.

Sehenswertes

Die Ansicht der navarresischen Häuser mit ihren bunten Holzbalkons, der historischen Brücke sowie der Kirche Notre-Dame ziert nicht umsonst ungezählte Postkarten und Prospekte. Am besten lässt sich die idyllische Formation von der neuen Brücke betrachten (und fotografieren!).

Den älteren Teil des Ortskerns umgeben größtenteils gut erhaltene und begehbare ***Stadtmauern,*** auf die nahe dem Stadttor *(Porte de Navarre)* ein Weg führt.

Wunderschöne Häuser (aus dem 16.–18. Jh.) mit Inschriften und verzierten Fensterstürzen befinden sich in der ***Rue d'Espagne*** sowie in deren Fortsetzung auf der anderen Seite der Nive, der ***Rue de la Citadelle.*** Besonders die Rue d'Espagne mit ihren zahlreichen Souvenirshops avanciert in den Sommermonaten allerdings zu einem touristischen „Rummelplatz".

Die ***Kirche Notre-Dame,*** wie viele der Häuser aus rötlichem Sandstein erbaut, wurde im Laufe der Zeit mehrfach umgebaut. Vermutlich steht sie auf einem Fundament, das der *König Sanche le Fort* nach seinem Sieg über die Mauren im Jahre 1212 errichten ließ.

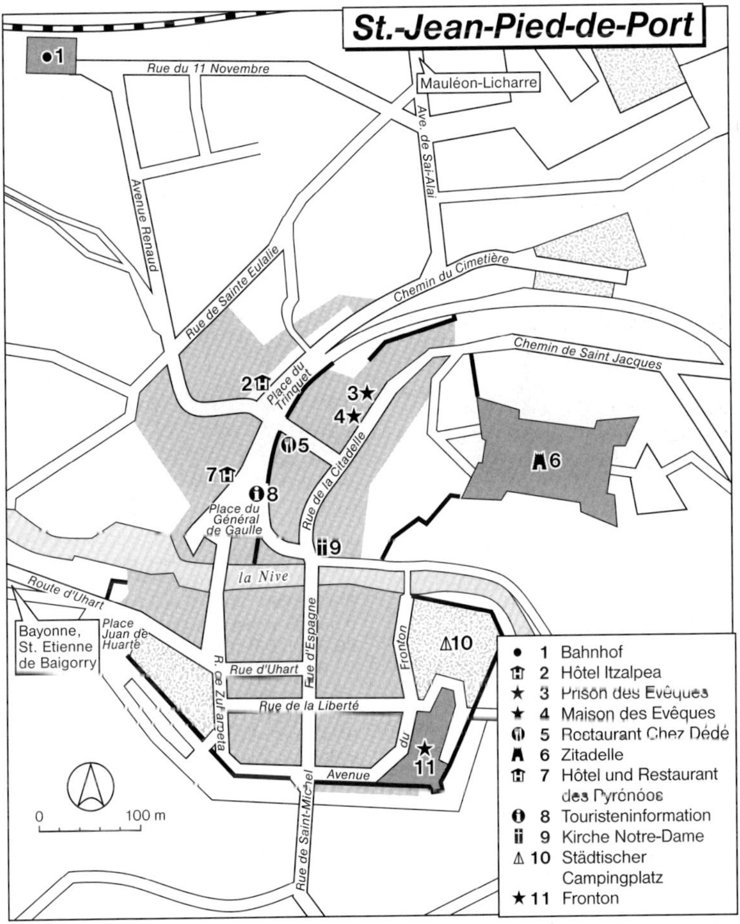

Weiter oben an der Rue de la Citadelle liegt die ***Maison des Evêques*** (Haus der Bischöfe), in der die geistlichen Führer einst gewohnt haben sollen. Das Datum 1584 deutet wahrscheinlich auf das Jahr des Umbaus hin. Seltsamerweise wird das Gebäude nebenan ***Prison des Evêques*** (Gefängnis der Bischöfe) genannt, obwohl niemals einer von ihnen hier einsitzen musste. Über die Geschichte des Bauwerks ist recht wenig bekannt, als sicher gilt jedoch, dass es im 19. Jh. als Kerker diente. Das Pri-

St.-Jean-Pied-de-Port

son des Evêques kann vom 30. März bis zum 4. November von 10-12.30 Uhr und von 14-18.30 Uhr besichtigt werden. Eintritt 2,30 €.

Über dem Ort thront die gewaltige ***Zitadelle*** aus dem 17. Jh., die leider nicht besichtigt werden kann. Galt lange Zeit *Vauban* als Baumeister der Festung, wird mittlerweile stark daran gezweifelt, dass der geniale Architekt *Ludwigs XIV.* die Pläne entwarf.

Praktische Informationen

Information

- ***Touristenbüro,*** Place Charles de Gaulle, Tel. 05.59.37.03.57.

Unterkunft

- ***Hôtel des Pyrénées*** €€€€€, Place Charles de Gaulle, Tel. 05.59.37.01.01. Sehr gutes, aber auch äußerst teures Komforthotel. Bekannt vor allem aufgrund des hervorragenden Restaurants.
- ***Hôtel Itzalpea*** €€, Place du Trinquet, Tel. 05.59.37.03.66. Kleines Mittelklassehotel.
- Außerdem gibt es mehrere ***Chambres d'hôtes,*** so bei Familie Landaburu (Tel. 05. 59.37.08.05) oder bei Familie Garicoitz (Tel. 05.59.37.06.46), beide am Chemin Taillapalde. In diesen Privatunterkünften ist das Frühstück im Doppelzimmerpreis von 38 € bereits enthalten.
- Mehrere Campingplätze außerhalb des Ortes, an der D 918 nach Bayonne. Am besten schlägt man sein Zelt jedoch auf dem städtischen ***Camping Plazza Berri,*** Avenue du Fronton, Tel. 05.59.37.11.19, auf. Der Platz befindet sich zwischen Fronton und Nive, nur wenige Meter vom Zentrum entfernt.

Essen und Trinken

- Trauer dürfte seit geraumer Zeit im Restaurant des ***Hôtel des Pyrénées*** herrschen, denn von bislang zwei Sternen ist im neuesten Michelin-Führer nur noch einer übrig geblieben. Dennoch zählt das Restaurant auch weiterhin zu den besten in den gesamten Pyrenäen. In piekfeiner Atmosphäre werden Spezialitäten wie Lachs, Gänseleberpastete oder Lamm gereicht. Menü ab 38 €, man kann aber auch erheblich kostspieliger speisen.

- ***Restaurant Chez Dédé,*** Porte de France, Tel. 05.59.37.16.40, hat regionale Gerichte und Pizzen im Angebot. Gut und günstig, Menü ab 10 €.

Verkehrsverbindungen

- Vom ***Bahnhof*** im nördlichen Teil des Ortes fahren täglich mehrere Züge Richtung Bayonne.
- Außerdem verkehren ***Busse*** nach St.-Palais, Hasparren und St.-Etienne-de-Baigorry.

Nördlich von St.-Jean-Pied-de-Port

Nördlich von St.-Jean-Pied-de-Port, bis hin zur D 14, dominieren Erhebungen das Landschaftsbild, von denen wenige die Höhe von 500 m überschreiten. Selten verirren sich Urlauber in diese liebliche Gegend, in der Landwirtschaft und Viehhaltung die Menschen seit Generationen ernähren. Hier existieren nur wenige kleine Dörfer, zumeist stehen vereinzelte Gehöfte zwischen den gras- und heidebewachsenen Hügeln – eine ideale Gegend für Spaziergänge und Fahrradtouren. Einfache Campingplätze gibt es bei Irissarry und Iholdy.

Ascombéguy

Wenn es ein Ende der Welt geben würde, läge es vermutlich bei diesem winzigen Weiler, in dem es scheint, als sei die Zeit stehengeblieben. Ein paar alte Bauernhäuser, eine niedliche Kirche sowie zahlreiche Kühe und Hühner auf der „Straße" prägen das Bild. Die eigentliche Sehenswürdigkeit Ascombéguys ist jedoch der ***Friedhof:*** Hier stehen einige der ältesten und schönsten scheibenförmigen Stelen, der für das Baskenland typischen Grabsteine.

Wie es sich für das Ende der Welt gehört, ist Ascombéguy nicht ganz leicht zu finden. Am besten fährt man von St.-Jean-Pied-de-Port über die D 22 Richtung Irissarry, biegt hinter Lopeinea die nächste Straße rechts ab und kommt so über den Col de Palombieres, ein Zentrum der Taubenjagd (*palombe* = Ringeltaube). Hinter dem Dörfchen St. Etienne führt links ein Weg nach Ascombéguy.

Irissarry

Mittelpunkt des Dorfes, in dem es sogar ein paar Geschäfte, einige Bars und eine Post gibt, ist zweifellos die ***Komturei des ritterlichen Ordens des heiligen Johannes.*** Das gewaltige Bauwerk soll ursprünglich aus dem 12. Jh. stammen, Anfang des 17. Jh. kam es aber zu baulichen Veränderungen. In der Komturei finden manchmal Ausstellungen statt, nur dann ist es möglich, das Gebäude auch von innen zu besichtigen.

Klassisch baskisch:
der Friedhof von Ascombéguy

Hélette

Im März und im November herrscht in dem ansonsten verschlafenen Dorf Hélette im Norden Irissarrys reges Treiben: Traditionell findet dann der ***Pferdemarkt*** statt, zu dem Bauern von nah und fern kommen, um vor allem *Pottoks,* die baskischen Pferde, zu kaufen oder anzubieten.

Iholdy

Das Dorf Iholdy, ziemlich genau Mittelpunkt des Dreiecks St.-Jean-Pied-de-Port, Hasparren und St.-Palais, besticht durch sehenswerte Türstürze, die Baujahr und Geschichte der Häuser erläutern. Auffälligstes Gebäude ist das efeubewachsene ***Haus Elizabelar*** mit seinen Türmchen.

Ostabat

Auf ihrem Weg nach Santiago de Compostela machten im Laufe der Jahrhunderte Millionen von Pilgern in dem Dörfchen Ostabat Halt. Ein Zeugnis dieser Epoche ist die hübsche ***Kapelle Saint-Nicolas*** im einige Kilometer nördlich gelegenen Ortsteil Harambels. Allerdings hat der Zahn der Zeit vor allem äußerlich arg an der abgelegenen kleinen Kirche genagt.

St.-Palais

(bask. *Donapaleu*)

Mit seinen 2.000 Einwohnern ist St.-Palais die größte Gemeinde und das wirtschaftliche Zentrum der Gegend. Hier erledigen die Bewohner der umliegenden Dörfer ihre Einkäufe – kein Wunder also, dass der Ort bereits kleinstädtischen Charakter besitzt. Die Stellung als Handelszentrum nimmt das Städtchen bereits seit mehreren Jahrhunderten ein; die Bedeutung von St.-Palais ging sogar soweit, dass in der Rue de la Monnaie – nomen est omen – früher Münzen geprägt wurden.

Vom Place Charles de Gaulle, dem Mittelpunkt von St.-Palais, gelangt man in einen Innenhof, an dem sich das ***Rathaus*** und das ***Museum Basse Navarre*** (Exponate aus der Region, Münzen; Eintritt 4 €, Kinder 2,50 €) befinden.

Am ***Haus der Köpfe*** in der Rue du Palais de Justice sind die steinernen Häupter einiger Herrscher zu sehen.

Auch St.-Palais war einst eine wichtige Etappe auf dem Pilgerweg nach Santiago: Die ***Gibraltar-Stele,*** 2,5 km südlich des Ortes, erinnert an diese Zeit.

Praktische Informationen

Information

- ***Touristeninformation*** an der Place de l'Hotel de Ville, Tel. 05.59.65.71.78.

Unterkunft

- ***Hôtel/Restaurant de la Paix*** €€€, Rue du Jeu de Paume 33, Tel. 05.59.65.73.15. Ordentliches Mittelklassehotel, dessen Restaurant baskische Spezialitäten anbietet.
- ***Camping Ur-Alde,*** Tel. 05.59.65.72.01, liegt am Ufer der Bidouze. Vom Campingplatz aus kann man wunderbar die am Fluss lebenden Eisvögel beobachten.

Verkehrsverbindungen

- Täglich Busse nach Mauléon-Licharre, Bayonne und St.-Jean-Pied-de-Port.

Ausflüge

Über den Col d'Osquich nach Soule

Wegen der netten Aussicht lohnt eine Fahrt auf der D 918 über den Col d'Osquich nach Mauléon, auch wenn der Pass mit 495 m Höhe nicht gerade zu den spektakulärsten zählt. Ein erheblich besserer Ausblick bietet sich von der ***Kapelle St.-Antoine*** (705 m); der Fußweg zu der 1385 erbauten Kirche beginnt ein Stück hinter dem Col (ausgeschildert).

Mauléon-Licharre

(bask. *Maule-Lextarre*)

Die Hauptstadt der Provinz Soule ist gleichzeitig Zentrum der ***Espadrilles-Industrie.*** 70 Prozent der in Frankreich angefertigten Stoffschuhe mit geflochtener Sohle kommen aus Mauléon und Umgebung. Ihre Anfänge hatte die Espadrilles-Herstellung als Heimarbeit bereits im frühen 19. Jh. Um 1850 begann die industrielle Fertigung, die bis weit ins 20. Jh. über stetig anstieg. Mittlerweile haben die Firmen in Mauléon durch Anbieter aus dem Fernen Osten allerdings starke Konkurrenz bekommen.

Zentrum des Ortes ist der mit Bäumen bestandene ***Place des Allées*** zwischen der Rue J. B. Heugas und der Rue du Jeu de Paume, auf dem sich auch der Fronton befindet. An dem Platz liegen zudem mehrere Bars, das Touristenbüro und ein Pavillon, in dem in den Sommermonaten Konzerte stattfinden.

Bei dem ***Château Andurain de Maytie*** (16. und 17. Jh.) am südlichen Ende des Platzes handelt es sich um ein sehenswertes Renaissance-Schlösschen, bei dessen Besichtigung besonders die Marmorkamine im Innern ins Auge fallen.

- Geöffnet 1. Juli–20. September von 11–12 Uhr und 15–18 Uhr (außer dienstags und sonntags vormittags). Eintritt 4,50 €, Kinder 2 €.

Ältestes Bauwerk ist die ***Burg*** auf einem Hügel über der Stadt, deren Grundfesten aus dem 12. Jh. stammen. Von der einstmals stolzen Festung haben allerdings nur Teile die Jahrhunderte überstanden. Täglich geöffnet vom 31. März–30. September (vom 1. Mai bis 15. Juni nur an Wochenenden). Öffnungszeiten: 11–13.30 Uhr und 15–19 Uhr; Erwachsene 2,50 €, Kinder 1,50 €.

Markt in Mauléon

Praktische Informationen

Information

- ***Touristenbüro*** in der Rue J. B. Heugas, Tel. 05.59.28.02.37.

Unterkunft

- ***Hôtel Bidegain*** €€, Rue de la Navarre 13, Tel. 05.59.28.16.05, mit gemütlichem Kaminzimmer.
- ***Caming du Saison,*** an der Straße nach Tardets, Tel. 05.59.28.18.79.

Essen und Trinken

- Bei gutem Wetter sitzt es sich ganz nett in einer der ***Bars*** am Platz.

Verkehsverbindungen

- Mehrere ***Busse*** nach Tardets und St.-Palais.

Ausflug

Gotein

Die ***Kiche*** im Dorf Gotein, kurz hinter Mauléon an der D 918 Richtung Tardets, ist mit ihrem Turm samt der drei Spitzen ein klassisches Beispiel für die Gotteshäuser in dieser Region. Die drei Zacken sollen vermutlich die heilige Dreifaltigkeit symbolisieren.

Tardets-Sorholus

(bask. *Atarratze-Sorholutze*)

Der Ort im Süden Mauléons weist zwar keine auffälligen Sehenswürdigkeiten auf, ist aber geradezu prädestiniert, um das Leben in einer netten baskischen Kleinstadt kennenzulernen. Hier geht alles seit vielen Jahren seinen gewohnten Gang. Der Tourismus spielt nur eine untergeordnete Rolle, die Menschen sind vor allem im Handwerk und in der Landwirtschaft tätig. Außerdem zeichnen sich die Bewohner durch ihre Fröhlichkeit aus: In kaum einem anderen Ort gibt es so viele Feste wie in Tardets. Kurz vor Tardets kann das ***Château de Trois-Villes*** besichtigt werden; Eintritt 3,04 €, Kinder 2,28 €.

Praktische Informationen

Information

- ***Touristenbüro*** an der Place Centrale, Tel. 05.59.28.51.28.

Unterkunft

- ***Hôtel Piellenia*** €€, Place du Marché, Tel. 05.59.28.53.49. Kleines, ordentliches Hotel, alle Zimmer mit Dusche und WC.

Verkehrsverbindungen

- Die schönste Straße nach St.-Jean-Pied-de-Port ist die D 117, die in dem 5 km südlich von Tardets gelegenen Dorf Alcay beginnt und durch den Fôret des Arbailles führt.

Hier feiert man gerne:
baskisches Trachtenfest in Tardets

Der Süden der Soule

Bestimmen sonst in erster Linie Hügel und weniger imposante Erhebungen das Baskenland, so ist im Süden der Provinz Soule unverkennbar zu spüren, dass es sich bei den Pyrenäen um ein Hochgebirge handelt. Wild zerklüftet präsentiert sich die Landschaft mit dem **Pic d'Orhy** (2.017 m), dem mit Abstand höchsten Berg zwischen Atlantik und Soule. Die Schafszucht spielt hier seit jeher eine gewichtige Rolle.

Larrau

Nur zwei Dörfer gibt es in dieser abenteuerlich rauhen und unwirtlichen Gegend. Larrau, eine Hochburg der Taubenjagd, liegt mit seinen gedrungenen Häusern im Schatten des Col d'Erroymendi an der D 26, die weiter nach Spanien führt. Vom Port de Larrau, nahe der spanischen Grenze, führt ein Wanderweg auf den Pic d'Orhy.

Unterkunft

- **Hotel Etchemaïté** €€€, Tel. 05.59.28.61.45, ist ein freundliches und gut geführtes Haus mit lobenswertem Restaurant.
- **Camping Ixtila** am Ortseingang, Tel. 05.59.28.63.09.

Sainte-Engrâce

Seine Lage abseits der großen Straßen bescherte Sainte-Engrâce einst den Beinamen „Das Ende der Welt", was heute allerdings etwas übertrieben klingt. Schließlich sind es nur knappe 10 km von der gut ausgebauten D 26 bis zu dem schmucken Gebirgsdorf, das in mehrere Viertel unterteilt ist.

Die wahrlich steinalte **Kirche** stammt aus dem Jahre 1085 und ist der heiligen Gracia gewidmet.

Unterkunft

- Sainte-Engrâce verfügt über mehrere **Gîtes Ruraux,** beispielsweise das komfortable Haus **Mendiondo,** Tel. 05.59.28.73.21. DZ pro Woche ca. 150 €.
- **Camping Ibarra** an der D 113, Tel. 05.59.28.73.59.

Die Schluchten der hohen Soule

Spektakulärste Sehenswürdigkeit der Provinz sind die Schluchten *(gorges)* nahe der spanischen Grenze, die die Flüsse im Laufe der Jahrtausende in die Berge gefressen haben und die zweifellos zu den schönsten Frankreichs gehören.

Gorges d'Holzarté

Bei dem Restaurant und *Gite* in Logibar (2,5 km vor Larrau an der D 26) beginnt ein steiler, aber gut begehbarer Wanderweg, auf dem man nach etwa einer Stunde Fußmarsch die atemberaubende Schlucht von Holzarté erreicht. Erst 1908 wurde dieser teilweise fast 300 m tiefe Schlund von dem Speläologen *Martel* weitergehend erforscht; auch heute noch ist es Spezialisten vorbehalten, in die Gorges hinabzuklettern. Von einer schmalen Fußgängerbrücke über dem schwindelerregenden Abgrund genießt man jedoch einen tollen Blick – gigantisch!

Nur etwas für Schwindelfreie: die Gorges d'Holzarté

Gorges de Kakouetta

Die Gorges de Kakouetta ist die einzige für den Tourismus eingerichtete Schlucht in Soule - sprich, sie ist die einzige, für die der Besucher Eintritt bezahlen muss (3,80 €). Doch dieser Obolus lohnt sich! Von der D 113 nahe Sainte-Engrâce verläuft die stellenweise extrem enge Schlucht südlich, wobei die Steilwände - ähnlich der Gorges d'Holzarté - bis zu 300 m in den Himmel ragen. Faszinierend ist neben der imponierenden Höhe und Enge auch die Flora: Zahllose genügsame Pflanzen erfüllen die senkrechten Felswände mit Leben. Am Ende des begehbaren Teils befinden sich ein Wasserfall und eine Höhle, die man mit einer Taschenlampe genauer inspizieren kann.

Gorges d'Ehujarre

Keine 3 km östlich von Kakouetta befindet sich die weniger spektakuläre und somit auch weniger bekannte Ehujarre-Schlucht. Sie verfügt zwar nicht über eine so beeindruckende Enge, die Höhe der Felswände übertrifft die ihrer „Nachbarinnen" aber sogar noch. Ein Wanderweg durchquert die Schlucht in ihrer vollen Länge.

Béarn

Das Baskenland erfreut sich auch außerhalb der französischen Grenzen eines ziemlich hohen Bekanntheitgrades, was sich von dem östlich anschließenden Landstrich nicht behaupten lässt. „Béarn? Nie gehört", lautet oftmals der Kenntnisstand über die Provinz, die gemeinsam mit dem Baskenland das Département Pyrénées-Atlantiques bildet.

Dabei hat die Region allerhand zu bieten: So erreicht man über das ***Vallée d'Aspe*** und das ***Vallée d'Ossau*** den östlichen Teil des ***Pyrenäen-Nationalparks*** oder kann rund um den ***Pic du Midi d'Ossau*** herrliche Wanderungen unternehmen.

Wer sich mehr für Kultur interessiert, ist in ***Pau,*** der Hauptstadt des Départements Pyrénées-Atlantiques, genau richtig: Einerseits verfügt der freundliche Ort über sehenswerte Gebäude wie das Schloss, andererseits finden hier zahlreiche kulturelle Veranstaltungen statt. Und nicht zuletzt bietet Pau einen derart traumhaften Ausblick auf die Pyrenäen, dass schon berühmte Dichter dieses Panorama in ihren Werken würdigten.

Vermutlich wäre das Béarn im deutschsprachigen Raum eher ein Begriff, würde die traditionell hier hergestellte Kopfbedeckung nicht fälschlicherweise ***Baskenmütze,*** sondern ***Béarner Mütze*** genannt. Fakt ist, dass dieses Béret aus dem Béarn stammt und auch heute noch hier angefertigt wird. Wahrscheinlich entstand die irrtümliche Bezeichnung einst wegen der berühmten baskischen Pelota-Spieler, die der wasserdichten Mütze zu großer Popularität verhalfen.

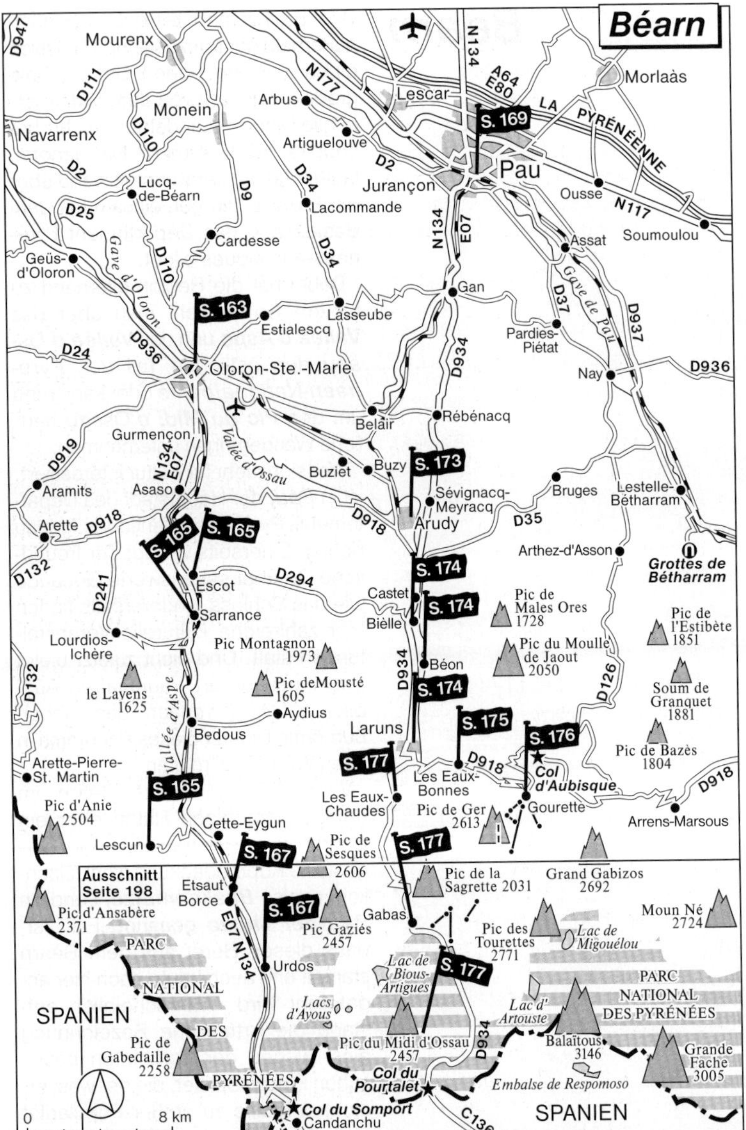
Béarn
Mourenx
Monein
Navarrenx
Arbus
Lescar
Morlaàs
Artiguelouve
Pau
Jurançon
Lucq-de-Béarn
Lacommande
Ousse
Soumoulou
Cardesse
Assat
Geüs-d'Oloron
Gave d'Oloron
Gan
Lasseube
Estialescq
Gave de Pau
Pardies-Piétat
Oloron-Ste.-Marie
Nay
Belair
Rébénacq
Gurmençon
Vallée d'Ossau
Buziet
Buzy
Aramits
Asaso
Sévignacq-Meyracq
Bruges
Lestelle-Bétharram
Arette
Arudy
Arthez-d'Asson
Grottes de Bétharram
Escot
Castet
Sarrance
Bielle
Pic de Males Ores 1728
Pic de l'Estibète 1851
Lourdios-Ichère
Pic Montagnon 1973
Pic du Moulle de Jaout 2050
Béon
le Lavens 1625
Pic deMousté 1605
Soum de Granquet 1881
Aydius
Vallée d'Aspe
Bedous
Laruns
Pic de Bazès 1804
Arette-Pierre-St. Martin
Les Eaux-Bonnes
Col d'Aubisque
Les Eaux-Chaudes
Pic de Ger 2613
Gourette
Pic d'Anie 2504
Arrens-Marsous
Cette-Eygun
Lescun
Pic de Sesques 2606
Pic de la Sagrette 2031
Grand Gabizos 2692
Ausschnitt Seite 198
Etsaut
Borce
Pic d'Ansabère 2371
Gabas
Moun Né 2724
Pic Gaziés 2457
Pic des Tourettes 2771
Lac de Migouélou
PARC NATIONAL DES PYRÉNÉES
Urdos
Lac de Bious-Artigues
SPANIEN
Lacs d'Ayous
Lac d'Artouste
Pic de Gabedaille 2258
Pic du Midi d'Ossau 2457
Balaïtous 3146
Grande Fache 3005
Col du Pourtalet
Embalse de Respomoso
Col du Somport
Candanchu
0
8 km
S. 163
S. 165
S. 167
S. 169
S. 173
S. 174
S. 175
S. 176
S. 177
D947
D111
D110
D2
D25
D9
D34
N177
N134
A64
E80
LA PYRÉNÉENNE
N117
E07
D37
D937
D24
D936
D919
D918
D35
D132
D241
D294
D126
D934
C136

Im Laufe seiner Geschichte hat die Region aber nicht nur Kopfbedeckungen, sondern auch eine ganze Reihe großer Persönlichkeiten hervorgebracht. So *Gaston Fébus,* der als Regent der Grafschaft Béarn Mitte des 14. Jh. die Streitigkeiten zwischen England und Frankreich ausnutzte und das Béarn kurzerhand für selbstständig erklärte.

Gut 200 Jahre später regierte mit *Jeanne d'Albret* eine fanatische Protestantin in Pau, das Orthez als Hauptstadt des Béarn abgelöst hatte. Von ihrem Sohn *Heinrich* verlangte sie die gleiche religiöse Linie. Doch der tat ihr diesen Gefallen nicht - im Gegenteil. 1589 schwor er dem Protestantismus ab und bestieg als *Heinrich IV.* den Thron Frankreichs, dem das Béarn somit angeschlossen wurde.

Oloron-Ste.-Marie

Dort, wo sich die Flüsse Gave d'Aspe und Gave d'Ossau zum Gave d'Oloron vereinen, existierte bereits vor 2.000 Jahren eine römische Siedlung, die im Jahre 845 jedoch von den Normannen zerstört wurde. Gleich zwei Orte gingen im 11. Jh. aus den Trümmern hervor: Sainte-Marie und Oloron, die fortan ein eher gespaltenes Verhältnis zueinander hatten. Erst 1858 unterzeichnete Kaiserin *Eugénie* einen Erlass, der aus den beiden Gemeinden die Stadt Oloron-Ste.-Marie machte.

Spielte der Handel in der heute 13.000 Einwohner zählenden, recht lebhaften Ortschaft schon seit jeher eine gewichtige Rolle, so hat sich in der jüngeren Geschichte auch die Industrie hinzugesellt. Größter Arbeitgeber ist ein Werk für Flugzeug-Fahrgestelle, doch Bekanntheit erlangte Oloron-Ste.-Marie eher als Hauptstadt der ***Baskenmütze,*** die mittlerweile ebenfalls industriell angefertigt wird. Allein die größte der Fabriken stellt jährlich eine Million (!) Bérets her.

Sehenswertes

Auf den ersten Blick mag Oloron-Ste.-Marie nicht allzuviel zu bieten haben. Wer den Ort aber etwas genauer betrachtet, entdeckt vor allem an den Ufern der Flüsse und im alten ***Viertel Sainte-Croix*** recht malerische Häuser. Hier befindet sich in der ***Rue Dalmais*** auch das ***städtische Museum*** mit Ausstellungsstücken aus dem Ort und der Region Oberes Béarn (geöffnet Juli-Sept. täglich außer montags). Die schlichte ***Kirche Sainte-Croix*** stammt aus dem 11. Jh.

Überquert man von der Altstadt aus den Gave d'Aspe und folgt der Rue de Revol, so erreicht man nach kurzer Zeit die ***Kirche Sainte-Marie*** (12.Jh.). Schmuckstück der ehemaligen Kathedrale ist das reich verzierte romanische Portal, das die Jahrhunderte erstaunlich gut überstanden hat.

Praktische Informationen

Information

- ***Touristeninformation*** an der Place de la Résistance, Tel. 05.59.39.98.00.

Unterkunft

- ***Hôtel Bristol*** €€, Rue Carrérot, Tel. 05.59. 39.43.78. Kleines, sauberes Mittelklasse-Hotel.

- ***Städtischer Campingplatz*** an der D 919 Richtung Aramits/Arette, Tel. 05.59.39.11.26.

Essen und Trinken

- Eine Spezialität der Region ist die ***Garbure,*** eine Gemüsesuppe mit Schweinefleisch und Gänsefett, die so ziemlich in allen Restaurants auf der Speisekarte steht. Köstlich!
- ***Restaurant Chilo,*** in dem Dorf Barcus, an der D 24 zwischen Oloron und Mauléon-Licharre, Tel. 05.59.28.90.79. Der Küchenchef versteht es, deftige Hausmannskost und französische Kochkunst unter einen Hut zu bringen. Günstigstes Menü um 15 €.

Verkehrsverbindungen

- Täglich mehre ***Züge*** und ***Busse*** nach Pau. Außerdem täglich Busse ins Aspe-Tal und weiter über den Col de Somport ins spanische Canfranc.

Weitere Reisetipps

- ***Anglern*** bietet Oloron ein reiches Betätigungsfeld: Neben Forellen beachtlicher Größe leben auch Lachse in den Flüssen. Nähere Informationen in der Tourisentinformation.
- Mehrere Agenturen organisieren ***Rafting-, Kanu- und Kajaktouren.*** Adressen und Preise in der Touristeninformation.
- Verleih von ***Mountainbikes*** und ***Jeeps*** sowie ***Ausritte*** hoch zu Ross bietet das *Centre de Loisirs Escary* in Aramits, Tel. 05.59. 34.11.34, an.

Vallée d'Aspe

Nicht nur als günstiger Verbindungsweg nach Spanien, sondern auch als sehenswertes Ausflugsziel ist das bei Oloron-Ste.-Marie beginnende Vallée d'Aspe einen Besuch wert. Besitzt das Tal zwischen Oloron und Accous vielfach recht zahmen Charakter, spaltet es sich kurz hinter Estanguet, wobei die schmale und steile D 239 in Serpentinen zum herrlich gelegenen Dörfchen ***Lescun*** führt. Die größere der beiden Straßen, die N 134, führt – teilweise von imposanten Felswänden eingerahmt – bis zum 1.632 m hohen ***Col du Somport,*** einem wichtigen Grenzübergang. Etwas westlich von diesem Gebiet, einem der letzten mit Braunbären-Vorkommen, beginnt der ***Pyrenäen-Nationalpark.***

Wer die N 134 in Richtung spanische Grenze befährt, wird die Schienen bemerken, die stets neben der Straße herlaufen. Auf einen Zug wartet man jedoch vergebens: Die Gleise erfüllen keinen Zweck mehr, die gesamte ***Bahnstrecke*** ist dem Verfall preisgegeben. Im März 1970 besiegelte der Einbruch einer Eisenbahnbrücke bei dem Örtchen Estanguet das Ende der Zugverbindung zwischen Oloron-Ste.-Marie und Spanien. Die französische Eisenbahngesellschaft nahm das Unglück zum Anlass, die Brücke nicht wieder aufzubauen und die wenig rentable Strecke stillzulegen. Seit über einem Vierteljahrhundert dient diese Passage nur noch einigen Touristen als Wanderstrecke, die es genießen, mit einer Taschenlampe durch die zahlreichen Tunnel zu spazieren. Das bekannteste Überbleibsel der Stilllegung dürfte der gigantische Bahnhof im spanischen Canfranc sein (siehe „Die östlichen aragonischen Pyrenäen“), der mehr und mehr verfällt. Pläne, die Bahnverbindung wieder aufzunehmen, dürften nur theoretischer Art sein, zumal am 18. Januar 2003 der ***Somport-Tunnel*** eröffnet wurde. Die 12-jährige Auseinandersetzung zwischen Ökologen und Verkehrsplanern endete, indem Demonstranten just an diesem Tag auf französischer Seite symbolisch die Zufahrt zu dem 8,6 km langen Straßentunnel, der Frankreich mit Spanien verbindet, blockierten. Doch dieser Protest war nur ein letztes Aufbäumen der Umweltschützer: Künftig rollt der Verkehr zwischen Frankreich und Spanien unabhängig vom Wetter. Ob's der Natur gut tut, steht dabei auf einem anderen Blatt.

Praktische Informationen

- Die ***Touristeninformation*** für das Vallée d'Aspe befindet sich in Bedous, Tel. 05.59. 34.57.57.

Escot

Der winzige Ort 14 km südlich von Oloron bedürfte keiner Erwähnung, würde hier nicht ein landschaftlich ausgesprochen schönes ***Sträßchen*** beginnen, das zudem den südlichsten Einstieg ins Ossau-Tal darstellt. Die kaum befahrene D 294 verläuft bergan bis zum Col de Mario-Blanque (1.035 m) und führt danach durch das Plateau de Bénou nach Bielle. An der Strecke, etwa 6 km hinter Escot, befindet sich ein ***Campingplatz.***

Sarrance

Schmuckstück des Dorfes ist das ***Kloster*** aus dem Jahre 1609, dessen Kreuzgang als besonders gelungen gilt. Wer mehr über die Abtei und die religiöse Geschichte des Tales erfahren möchte, erhält im ***Écomusée de la vallée d'aspe*** ausführliche Informationen. Geöffnet von Juli bis Ende September täglich 10–12 und 14–19 Uhr, ansonsten nur an Wochenenden von 14–18 Uhr. Der Eintritt beträgt für Erwachsene 4 €, Jugendliche zahlen 2,50 €. Weitere *écomusées* gibt es in Lourdios-Ichère (Geschichte der Hirten) sowie in Accous (Käse).

Lescun

Lescun ist nicht nur die „Perle" des Aspe-Tales, für viele zählt das Dorf zu den schönsten der gesamten Pyrenäen. Diesen Ruf hat der Ort in erster Linie seiner großartigen ***Lage*** zu verdanken: Eingebettet in saftig grüne Wiesen, bildet er einen außergewöhnlichen Kontrast zu den Kalksteinformationen des Pic-d'Anie-Massivs, dessen zerfurchte Gipfel bis zu einer Höhe von 2.500 m hinter Lescun emporragen. Die Berge bilden einige Kilometer westlich den ***Cirque de Lescun,*** einen imposanten Talkessel, der trotz seiner Schönheit nur ein ertägliches Maß an Besuchern anzieht. Auch das Dorf Lescun ist keineswegs zu einem Touristen-Rummelplatz mutiert. Es existieren nur eine Bar und ein Hotel in dem klassi-

Baskischer Hauseingang

schen Bergdorf, das sich insbesondere außerhalb der Saison durch seine Ruhe auszeichnet.

Unterkunft

- ***Hôtel Pic d'Anie*** €€€, im Ortskern, Tel. 05.59.34.71.54.; sauberes Hotel, freundliche und hilfsbereite Besitzer. Zum Hotel gehört seit einigen Jahren auch ein ***„Rando Plume"*** €, eine günstige Übernachtungsmöglichkeit mit mehreren einfachen Betten, Küche und Dusche.
- ***Camping Le Lauzart,*** Tel. 05.59.34.51.77, etwas außerhalb in schöner Umgebung gelegen.
- ***Refuge de Labérouat,*** etwa 5 km nordwestlich von Lescun. Bewirtschaftete Hütte, verhältnismäßig komfortabel.

Ausflüge

Rundweg zum Sanchèse-Plateau

Gut drei Stunden sollte man für den Rundweg zum Sanchèse-Plateau und zurück einplanen. Die Strecke führt am Flüsschen Lauga entlang in den Talkessel und über einen etwas nördlicher gelegenen, fast parallel laufenden Weg zurück ins Dorf. Empfehlenswert auch für weniger geübte Wanderer.

Über den GR 10 nach Arette-Pierre-St.-Martin

Erheblich höhere Anforderungen stellt die Tour über den GR 10 in den Skiort Arette-Pierre-St.-Martin. Die Strecke vorbei am Pic du Soumcouy, ist aufgrund der schönen Ausblicke sehr lohnenswert, aber auch gleichermaßen anstrengend. Unbedingt eine detaillierte Wanderkarte mitnehmen!

Die tanzenden Bären

Lebten zu Beginn des 20. Jahrhunderts noch zweihundert Braunbären in den Pyrenäen, sind es heute schätzungsweise gerade einmal zehn, vielleicht 15 Tiere. Die scheuen Allesfresser bekommt fast nie jemand zu Gesicht, nur dann und wann werden Fuß- und Kratzspuren im Vallée d'Aspe oder in einigen anderen Gebieten entdeckt. Bis ins 20. Jh. hinein besaßen dressierte Bären aber einen festen Platz im Leben der Pyrenäenbewohner. Gaukler zogen mit ihnen von Ort zu Ort und ließen Meister Petz gegen ein Entgelt tanzen oder kleine Kunststückchen aufführen. Dabei war das Abrichten der ausgewachsen bis zu zwei Meter großen Raubtiere keine einfache Angelegenheit: Da Bären keine mimische Muskulatur besitzen und Gemütsbewegungen bei ihnen somit kaum zu erkennen sind, kam es häufiger zu Unglücken. Als der Braunbär in den Pyrenäen seltener wurde, kauften die Bärenführer ihren Nachwuchs schließlich in den Ländern Osteuropas.

Auch wenn Bären als Alleinunterhalter heute ebenso der Vergangenheit angehören wie als Wandtrophäe oder als Braten, sind sie in zahlreichen Traditionen lebendig geblieben. So bildet ein als Bär verkleideter Mensch in verschiedenen Orten (z. B. Arles-sur-Tech) noch immer den Mittelpunkt uralter Feierlichkeiten. Wird bekannt, dass eine Béarner Bärin Junge zur Welt gebracht hat, verbreitet sich diese Nachricht wie ein Lauffeuer.

Pic d'Anie

Ebenfalls nur etwas für erfahrene Bergwanderer ist die Besteigung des 2.504 m hohen Pic d'Anie, von dem sich ein fantastisches Panorama bietet.

Etsaut und Borce

Kaum mehr als einen Steinwurf voneinander entfernt befinden sich die beiden Dörfer Etsaut und Borce, wobei besonders das höher gelegene Borce mit seinen alten Häusern und engen Gassen einen Besuch lohnt. In kleinen ***Bärenmuseen*** in Etsaut und Borce kann man sich über Meister Petz informieren, der in dieser Region eines seiner letzten Rückzugsgebiete besitzt. In beiden Orten gibt es ***Übernachtungsmöglichkeiten,*** unter anderem in *Gîtes.*

Urdos

Durch enge Schluchten erreicht man über die N 134 Urdos, die letzte Siedlung vor der spanischen Grenze. Kurz vor dem Ortseingang sticht das ***Fort du Portalet*** ins Auge, das - eingelassen in die steile Felswand - das Tal zu überwachen scheint. Tatsächlich diente die Festung einst dazu, die Spanier aufzuhalten, die über den Col du Somport ins Vallée d'Aspe eindrangen. Leider verfällt das Gebäude immer mehr, eine Besichtigung ist offiziell nicht erlaubt.

In unmittelbarer Nähe des Forts befindet sich eine bemerkenswerte ***Teilpassage des GR 10:*** ein in die senkrechte Felswand geschlagener Weg, der im18. Jh. angelegt wurde, um das Holz aus den Wäldern besser ab-

Im Laufe von Jahrhunderten zu Tal gespült: Felsbrocken in einem Flusslauf bei Urdos

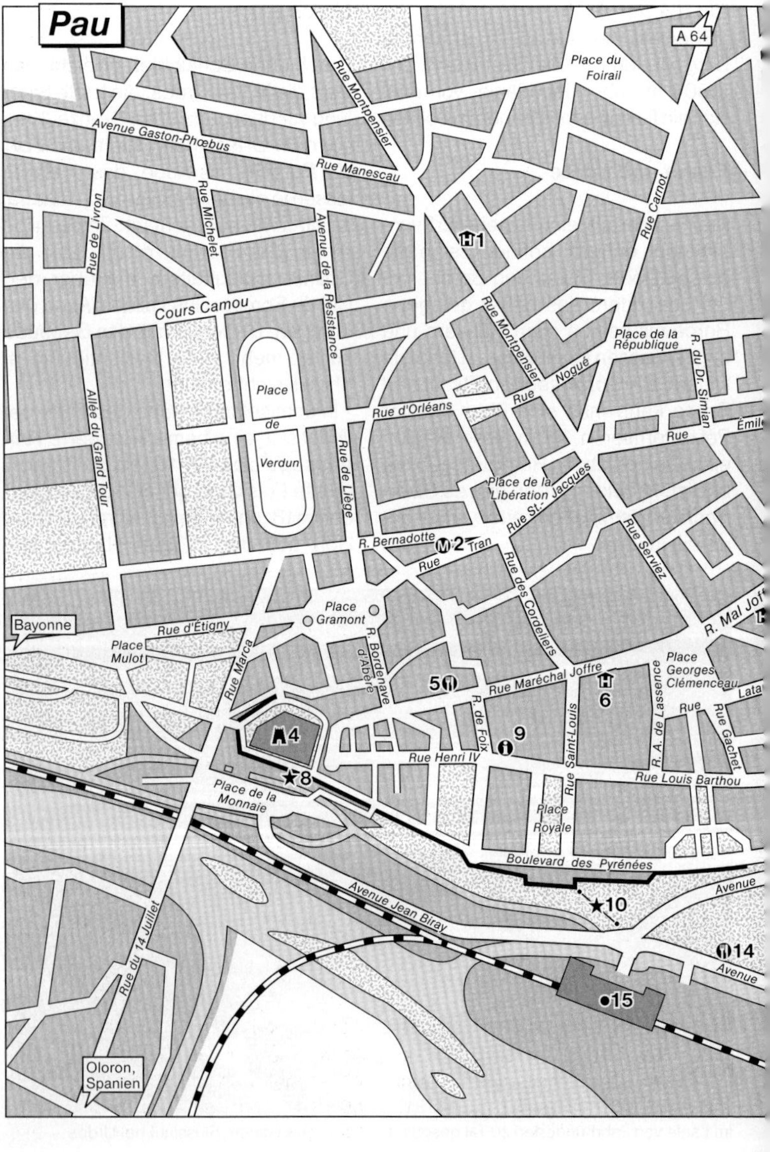
Pau
A 64
Place du Foirail
Avenue Gaston-Phœbus
Rue Montpensier
Rue Manescau
Rue Carnot
Rue de Livron
Rue Michelet
Avenue de la Résistance
Cours Camou
Rue Montpensier
Place de la République
R. du Dr. Simian
Rue Nogué
Rue
Rue d'Orléans
Place de Verdun
Allée du Grand Tour
Rue de Liège
Rue Émile
Place de la Libération
Rue St.-Jacques
R. Bernadotte
Rue Tran
Rue Serviez
Rue des Cordeliers
Place Gramont
Bayonne
Rue d'Étigny
Place Mulot
Rue Marca
R. Bordenave d'Abère
R. Mal Joffre
Place Georges Clémenceau
Rue Maréchal Joffre
R. A. de Lassence
Rue Lata
Rue Gachet
R. de Foix
Rue Saint-Louis
Rue Henri IV
Rue Louis Barthou
Place de la Monnaie
Place Royale
Boulevard des Pyrénées
Avenue
Avenue Jean Biray
Rue du 14 Juillet
Avenue
Oloron, Spanien
1
2
4
5
6
8
9
10
14
15

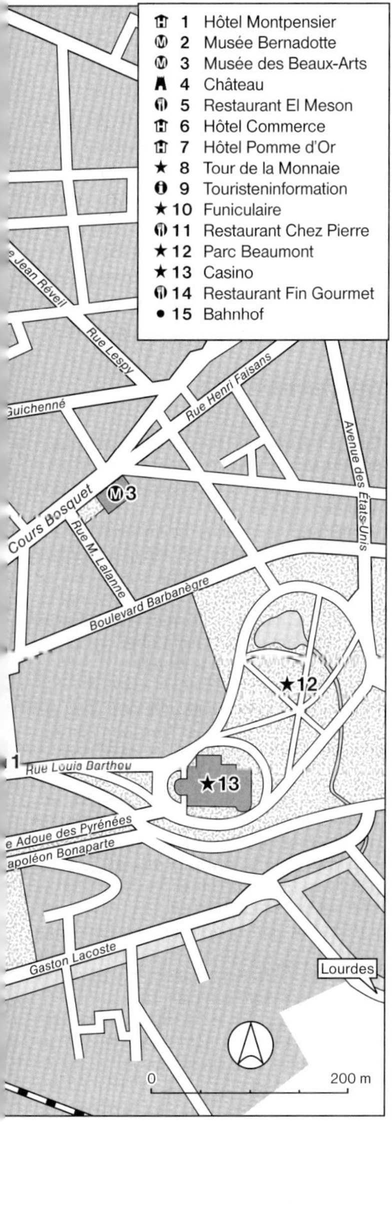

transportieren zu können. Mittlerweile hat dieser Holzfällerpfad aber keine wirtschaftliche Bedeutung mehr - er wird nur noch von (schwindelfreien) Wanderern benutzt.

Der Ort Urdos selbst hat wenig zu bieten und wäre kaum erwähnenswert, befände sich hier nicht - bereits 14 km vor der eigentlichen Grenze - die Zollkontrolle. Günstige Übernachtungsmöglichkeit auf dem städtischen ***Campingplatz*** direkt am Fluss.

Pau

„Pau besitzt den schönsten Blick aufs Land, so wie Neapel den schönsten Blick aufs Meer besitzt", bemerkte schon der französische Dichter *Lamartine* im 19. Jh. Verändert hat sich daran seitdem wenig: Noch immer genießt man bei klarer Sicht vom Boulevard des Pyrenénées einen Blick auf die Berge, der seinesgleichen sucht. Doch die Hauptstadt des Departements Pyrénées-Atlantiques bietet mehr als nur ein tolles Panorama. Pau ist eine bunte Mischung aus quirliger Universitätsstadt und vornehmem Luftkurort, aus historischer Bausubstanz und moderner Architektur.

In Pau leben heute über 90.000 Menschen, im Einzugsgebiet sogar 150.000, von denen viele in den ***Industriegebieten*** vor den Toren der Stadt ihr Geld verdienen. Die größten Arbeitgeber sind dabei die chemische Industrie, die von einem - allerdings zur Neige gehenden - nahen Erdgasfeld profitiert, und die

Nahrungsmittelindustrie, die vor allem Mais verarbeitet. Einen Namen hat sich Pau außerdem auf dem Gebiet der Luftfahrt-Forschung gemacht, was einen historischen Ursprung besitzt. Bereits 1909 kamen die legendären Gebrüder *Wright* nach Pau, um hier zu fliegen und ihre Kenntnisse in der wohl ersten Pilotenschule der Welt weiterzugeben.

Noch im Jahr 2003 soll sich zudem entscheiden, ob in Pau das europäische Zentrum der Firma *Microsoft* entsteht und so zahlreiche weitere Arbeitsplätze geschaffen werden. Mitbewerber Paus sind mit Stockholm und Mailand allerdings echte Metropolen.

In den lebendigen ***Einkaufsstraßen*** des Zentrums spürt man jedoch nichts von der nahen Industrie. Hier flanieren die Menschen an eleganten Geschäften entlang, plaudern im Café oder sitzen in einem der zahlreichen Parks. Kurzum: Das Leben in Pau ist einfach lebenswert. Sein Übriges dazu tut sicherlich das milde Klima, das hier sogar Palmen gedeihen lässt und im 19. Jh. Heerscharen von englischen ***Winterkurgästen*** anlockte. Viele Bauwerke und Grünanlagen erinnern noch heute an diese Zeit und geben der Stadt ein bisschen englisches Flair.

Kultur und Sport spielen als Freizeitaktivitäten eine gleichermaßen große Rolle, was sich vielleicht am deutlichsten im Norden der Stadt zeigt. Dort wurden nahe der Autobahn fast nebeneinander die futuristisch anmutende ***Konzerthalle Le Zenith*** und der ***Palais des Sports,*** ein nicht minder moderner Sportpalast mit über 8.000 Sitzplätzen, gebaut. Während im Palais des Sports die Basketballer von *Pau-Orthez* auf Korbjagd gehen, jagen alljährlich zu Pfingsten Formel-2-Piloten beim ***Grand Prix of Pau*** Bestzeiten nach. Das Rennen wird direkt im Zentrum ausgetragen, so dass Pau sich rühmen kann, einen der wenigen europäischen Stadtkurse zu besitzen. Das reiche Sport-Angebot komplettieren die ***Pferderennbahn*** *Pont Long* und der älteste ***Golfplatz*** auf dem europäischen Kontinent.

Geschichte

Bis ins ***14. Jh.*** fand Pau kaum Erwähnung – der Ort war ein unbedeutender Marktflecken wie viele andere in der Umgebung auch. Erst nachdem *Gaston Fébus* sich des Ortes „annahm" und ein bereits bestehendes Haus zum Schloss umbaute, war ein gewisser Aufstieg zu verzeichnen. ***1464*** wurde Pau zur Hauptstadt des Béarn ernannt, und später residierten hier die Könige von Navarra; dennoch kam der Ort nicht über die Größe eines Provinzstädtchens hinaus.

1553 erblickte der spätere König *Henri IV.* im Schloss von Pau das Licht der Welt, der seiner Geburtsstadt aber bald den Rücken kehrte und so ebenfalls nicht dazu beitrug, dass Pau überregionale Bedeutung erlangte.

Obwohl schon zu ***Beginn des 18. Jh.*** zeitweilig Sitz einer Universität, ließ der große Aufschwung weitere 100 Jahre auf sich warten. Erst ***Anfang des 19. Jh.*** expandierte Pau plötzlich enorm: Die Engländer hatten den Zauber der Stadt als Winterkurort entdeckt und kamen im Laufe der Jahre zu Tausenden nach Pau. Häuser wurden gebaut, Gärten angelegt, die Einwohnerzahlen schnellten in die Höhe.

Positiv wirkte sich in den ***50er Jahren des 20. Jahrhunderts*** schließlich die Entdeckung reicher Erdgasvorkommen im 20 km entfernten Dorf Lacq aus: Die Industrie boomte, zahlreiche neue Arbeitsplätze wurden geschaffen.

Das Château de Pau - Geburtshaus des französischen Königs Heinrich IV.

Sehenwertes

Château

Sehenswürdigkeit Nummer eins ist ohne Frage das Château, das auf einem Felsvorsprung über dem Gave de Pau am westlichen Ende des Boulevard des Pyrénées thront. Nur wenige Schlösser wurden derart oft umgebaut und erweitert wie dieses, so dass die verschiedensten Stilrichtungen in dem Gemäuer wiederzufinden sind. Die jüngsten Teile des Schlosses wie beispielsweise den Eingangsbereich ließen *Louis-Philippe* und *Napoleon III.* erst nach der Französischen Revolution erbauen.

Seit 1921 trägt das Château den Rang eines Nationalmuseums und kann besichtigt werden. Besonders sehenswert ist der Saal der 100 Gedecke, an dessem riesigen Tisch - wie der Name schon sagt - 100 Gäste Platz fanden. In diesem Raum erklärte *Ludwig XIII.* 1620 die Angliederung der Gebiete Béarn und Navarra an Frankreich.

Im Geburtszimmer von *Henri IV.* steht ein gewaltiger Schildkrötenpanzer, der dem Säugling der Legende nach als Bett diente. In den weiteren Räumen verdienen neben den Möbelstücken besonders Wandteppiche und Gemälde Beachtung.

- Tägliche Öffnungszeiten: 1. Nov.-31. März 9.30-11.45 Uhr und 14-16.15 Uhr; 11. April-14. Juni und 16. Sept.-31. Okt. 9.30-11.45 Uhr und 14-17 Uhr; 15. Juni-15. Sept. 9.30-12.15 Uhr und 13.30-17.45 Uhr. Erwachsene 4,50 €, Studenten 3 €, Kinder frei.

Weitere Sehenswürdigkeiten

Unterhalb des Schlosses Richtung Fluss steht der ***Tour de la Monnaie*** (Geldturm), in dem bis zur Französischen Revolution Münzen geprägt wurden.

Gegenüber dem Schlosseingang beginnt die eigentliche ***Altstadt*** mit einigen historischen Gassen und Häusern wie der ***Maison Sully,*** einer Patrizier-Residenz aus dem 17. Jh. Ein paar hundert Meter entfernt befindet sich in der Rue Tran im Geburtshaus von *Jean-Baptiste Bernadotte* das ***Musée Bernadotte.*** Der 1763 geborene *Bernadotte* hatte unter *Napoleon* zuerst eine Bilderbuchkarriere in der Armee gemacht, sich mit dem Kaiser aber später mehr und mehr zerstritten. So ereignete es sich, dass der *König von Schweden* - auf der Suche nach einem Thronfolger - von den Fähigkeiten *Bernadottes* hörte und ihn kurzerhand adoptierte. 1818 bestieg der in Pau geborene Mann tatsächlich den Thron und ist somit der Urahn des heutigen ***schwedischen Königs.***

- Das Museum ist täglich außer montags von 10 bis 12 Uhr und von 14 bis 18 Uhr geöffnet. Eintritt 2 €, Kinder 1 €.

Geht man an der Kirche um die Ecke, passiert man zuerst das ***Hôtel de Gassion*** (1878) und erreicht wenig später den ***Boulevard des Pyrénées.*** Wie bereits erwähnt, ist das Panorama bei guter Sicht schlichtweg phänomenal. Auf einer kleinen Orientierungstafel am Boulevard sind die Namen der Berge angegeben.

Hier am Beginn des Boulevards startet die ***Funiculaire,*** ein kleines historisches Bähnchen, das kostenlos die wenigen Meter Richtung Bahnhof hinab- und wieder hinauffährt.

Am anderen Ende des Boulevards liegt der ***Parc Beaumont,*** eine typisch englische Grünanlage. In dem von mehreren Spazierwegen durchzogenen Park stehen eine ganze Reihe seltener Baumarten.

Am Eingang des Parkes liegt das ***Casino,*** zu Zeiten der englischen Kurgäste als Winterpalast erbaut.

Etwas weiter nördlich sind im ***Musée des Beaux-Arts*** sowohl alte Meister als auch zeitgenössische Kunstwerke zu sehen.

- Geöffnet täglich außer Dienstag 10 bis 12 Uhr und 14 bis 18 Uhr. Eintritt 2 €, Kinder 1 €.

Im ***Konfitüren-Museum,*** Rue Maréchal Joffre, erfährt der Besucher alles über den süßen Aufstrich.

Praktische Informationen

Information

- Die ***Touristeninformation***, Tel. 05.59.27.27.08, ist 2002 zwar in ein anderes Gebäude umgezogen, aber an der Place Royale im Zentrum geblieben. Jede Menge Material erhältlich, auch über die Region.

Unterkunft

In Pau gibt es eine ganze Reihe von Hotels fast aller Kategorien; einzig echte Luxushotels fehlen.

- ***Hôtel Montpensier*** €€€, Rue Montpensier 36, Tel. 05.59.27.42.72, zählt zu den günstigsten Hotels der gehobenen Klasse, aber sicher nicht zu den schlechtesten. Geräumige, saubere Zimmer mit großem Bad, TV und Minibar.
- ***Hôtel Commerce*** €€€, Rue Maréchal Joffre 9, Tel. 05.59.27.24.40, liegt ausgesprochen zentral. Recht komfortabel, einige Räume des Hotels sind stilecht eingerichtet.
- ***Hôtel Pomme d'Or*** €, Rue Maréchal Foch 11, Tel. 05.59.11.23.23, befindet sich ebenfalls im Stadtzentrum. Korrekt und günstig.
- ***Camping municipal de la Plaine,*** Boulevard du Cami-Salié, Tel. 05.59.02.30.49. Im Norden Paus, nahe Hippodrome und Palais des Sports.

- ***Jugendherberge*** im südlich gelegenen Ort Gelos, Base de plein air, Tel. 05.59.06.53.02.

Essen und Trinken

- ***Chez Pierre,*** Rue Louis Barthou 16, Tel. 05.59.27.76.86. Bestes und zugleich teuerstes Restaurant der Stadt. Sowohl Fleisch- als auch Fischspezialitäten.
- ***Le Bistrot Latin***, Place Clémenceau 12, Tel. 05.59.27.53.53. Großes italienisches Restaurant im Herzen der Stadt. Menü mittags günstig.
- ***El Meson,*** Rue Maréchal Joffre, Tel. 05.59.27.44.75. In unmittelbarer Nähe des Schlosses befindliches Restaurant mit spanischer Küche.

Verkehrsverbindungen

- Der ***Bahnhof*** von Pau liegt etwas südlich des Zentrums, in der Nähe des Flusses. Die *Funiculaire,* das kleine, historische Bähnchen, verkehrt gratis zwischen dem Boulevard des Pyrénées und dem Bahnhof. Täglich verkehren zahlreiche Züge auf der Strecke zur Küste (Bayonne) und nach Toulouse.
- Der ***Flughafen,*** Tel. 05.59.33.33.00, liegt 12 km nordöstlich des Zentrums. Mehrere Flüge nach Paris (8 Flüge täglich), Lyon (3) und Marseille (1) sowie zehn Flüge pro Woche nach Nantes.
- Täglich ***Busse*** nach Oloron-Sainte-Marie und von dort weiter nach Spanien.

Weitere Reisetipps

- Es existiert wohl keine andere Stadt, in der man so viel ***Literatur über die Pyrenäen*** bekommt wie in Pau. Buchhandlungen, die sich auf die Pyrenäen spezialisiert haben, sind die *Librairie du Palais* in der Rue des Cordeliers, die *Librairie Marrimpouey* an der Place de la Libération und die *Librairie des Pyrénées* in der Rue St.-Louis. Das Repertoire reicht von Landkarten über Wander- und Kulturführer bis hin zu Bildbänden. Allerdings gibt es fast ausschließlich Bücher in französischer Sprache.
- Auf dem Place de la Republique findet am Samstagmorgen der Markt statt; einen ***Trödelmarkt*** gibt es samstags, montags und sonntags (morgens) auf dem Place du Foirail.

Vallée d'Ossau

„Das Herz erweitert sich in diesem unendlichen Raum; es ist eine Wonne, diese Luft zu athmen; die geblendeten Augen schließen sich vor der Helle; die vom glühenden Himmelsdom zurückgeworfen, sie überfluthet und umflimmert." Zwar mag es sich heutzutage etwas romantisch verklärt anhören, wie der französische Historiker *Hippolyte Taine* im 19. Jh. die Stimmung im Ossau-Tal empfand, doch an Schönheit hat die ***Bergwelt um den Pic du Midi d'Ossau*** bis zum heutigen Tage nichts eingebüßt. Obwohl die Straße über den Col du Pourtalet recht stark befahren ist, finden sich in dem auffallend grünen, vielfach von hohen Nadelbäumen bewachsenen Tal noch eine ganze Reihe hübscher Ortschaften und sehenswerter Naturereignisse. Touristischer Höhepunkt ist zweifellos die Fahrt mit einem ***Miniaturzug*** durch die wilde Berglandschaft zum fast 2.000 m hoch gelegenen ***Lac d'Artouste.*** Nicht minder erlebnisreich präsentieren sich die ***Wanderungen*** rund um den Pic du Midi d'Ossau.

Arudy

Etwas über 2.000 Einwohner zählt der Ort, der das Tor zum Ossau-Tal bildet. Wie andere Pyrenäengemeinden dieser Größenordnung wirkt auch Arudy um einiges größer – kein Vergleich zu 2.000-Seelen-Orten in Deutschland, bei denen es sich zumeist tatsächlich noch um Dörfer handelt. Mit seinen nicht wenigen Geschäften zieht Arudy täglich eine ganze Anzahl von Menschen aus den umliegenden Dörfchen an, die hier ihre Einkäufe erledigen und sich den Weg nach Pau oder Oloron ersparen möchten.

Spielten einst die Marmorsteinbrüche wirtschaftlich eine Rolle, so arbeiten die Menschen heute vor allem in Landwirtschaft, Handel sowie in einigen Industriebetrieben, die sich in neuerer Zeit angesiedelt haben.

Zentrum des 1270 erstmals erwähnten Ortes ist der Platz vor der Kirche, an dem sich auch das Rathaus und das Syndicat d'Initiative befinden. Das ***Maison d'Ossau,*** ein kleines ***Museum*** 50 Meter hinter der Kirche, besitzt neben Exponaten über Fauna und Flora des Nationalparks auch allgemeine Ausstellungsstücke über die Geschichte des Ossau-Tales.

●Geöffnet ist das durchaus sehenswerte Museum im Juli und im August täglich 10-12 und 15-18 Uhr, sonst dienstags bis freitags 14-17 Uhr, sonntags 15-18 Uhr. Nov. und Dez. meist geschlossen. Eintritt: Erwachsene 2,50 €, Kinder 1,40 €.

Information

●***Syndicat d'Initiative,*** Place de l'Hôtel de Ville, Tel. 05.59.05.77.11.

Bielle und Castet

Die beiden ruhigen Dörfer zählen zu den hübschesten Orten des an dieser Stelle noch auffallend breiten Ossau-Tales. Während in Bielle besonders die ***Häuser aus dem 16. und 17. Jh.*** sehenswert sind, fällt in Castet, das auf der anderen Seite des Gave d'Ossau liegt, in erster Linie das ***malerische Schlösschen*** auf. Das im 18. Jh. erbaute Gemäuer steht auf einem Miniaturhügel, von denen mehrere an dieser Stelle des Tales ins Auge stechen. Bei den Kuppen, die irgendwie deplaziert wirken, handelt es sich um Überbleibsel aus der Eiszeit.

Unterkunft

●Etwas außerhalb von Bielle befindet sich der ***Campingplatz l'Ayguelade,*** Tel. 05. 59.82.60.62.

Aste-Béon

Attraktion des verschlafenen Dorfes ist die ***Falaise aux Vautours,*** eine Steilwand nahe dem Dorf, in der eine ***Kolonie von Gänsegeiern*** lebt. Um die gewaltigen Vögel genauer beobachten zu können, wurde eine Kamera in der Steilwand installiert, die die Tiere ununterbrochen filmt. Die Aufnahmen werden dabei auf eine Leinwand in einem extra dafür errichteten Gebäude projeziert, so dass man das Verhalten der Geier - unter anderem bei der Brut - aus nächster Nähe studiert, ohne sie zu stören. Außerdem interaktive Spiele, Diavorführungen, Wissenswertes über andere Geierarten ...

●Täglich geöffnet: Juni-August 10.30-12.30 Uhr und 14-18.30 Uhr; Mai und September 14.30-18.30 Uhr. Eintritt: Erwachsene 6 €, Kinder 4 €.

Laruns

Bei Laruns, dem letzten größeren Ort (1.400 Einwohner) vor der spanischen Grenze, gabelt sich die Straße: Während die D 934 weiter über den Col du Pourtalet nach Spanien verläuft, zweigt die D 918 gen Osten ab und führt über den Col d'Aubisque nach Argelès-Gazost.

Bekanntestes Produkt des Städtchens ist der - übrigens im gesamten Ossau-Tal - ***erstklassige Käse,*** der Anfang Oktober auf einem großen Käsemarkt am Rathaus angeboten wird. Wer außerhalb des Oktobers Appetit auf die leckere Spezialität verspürt, kann natürlich auch zu anderen Jahreszeiten Schafskäse sowie weitere landwirtschaftliche Erzeugnisse überall in Laruns und Umgebung erstehen.

Am 15. August feiert Laruns sein ***Fest,*** bei dem die Einheimischen unter anderem in traditionellen Trachten Tänze aufführen.

Alles Wissenswerte über das Tal und somit auch über die Herstellung von Käse erfährt man in der ***Maison de la Vallée d'Ossau*** an der Place Central, dem Zentrum des Ortes. Im Sommer spielt sich auf diesem Platz mit schöner Regelmäßigkeit ein originelles Schauspiel ab. Die Kühe werden in den frühen Abendstunden vom Feld in den Stall getrieben und passieren dabei auch den Place Central, in dessen Mitte sich ein Springbrunnen befindet. Dort bleiben die Tiere stehen um zu trinken. Dass so der Verkehr für kurze Zeit lahmgelegt wird, stört niemanden - die Behebung des tierischen Durstes geht vor.

Information

- ***Touristeninformation*** an der Place Central, Tel. 05.59.05.31.41.

Unterkunft

- Mehrere ***einfache Hotels*** sowie Campingplätze sind vorhanden.
- ***Camping Les Gaves,*** ca. 2 km Richtung Col d'Aubisque, Tel. 05.59.05.32.37, ist der komfortabelste Campingplatz.

Les Eaux-Bonnes

Zweigt man in Laruns Richtung Col d'Aubisque ab, erreicht man nach 5 Kilometern Les Eaux-Bonnes, einen Ort mit ***Thermalquellen,*** deren Wasser besonders Rheumakranken Heilung spenden soll. Obwohl einiges versucht wird, um den Ort wieder auf Hochglanz zu polieren, fällt doch auf, dass Les Eaux-Bonnes seine besten Tage vermutlich bereits hinter sich hat. Die alten Hotelpaläste aus der Zeit Ende des 19. Jahrhunderts sehen zumeist sehr angegriffen aus oder stehen sogar leer. Dennoch besitzt der Ort durch die großen Hotelbauten eine gewisse Atmosphäre - mit ein bisschen Fantasie kann man

Les Eaux-Bonnes - Alte Kurgebäude erinnern an vergangene (Glanz-) Zeiten

sich durchaus vorstellen, wie zu Zeiten der Belle Epoque Hochbetrieb in den Straßen herrschte.

Heute kommen fast nur noch in den Sommermonaten Touristen und Kurgäste in den von Bergen eingekesselten Ort; dann öffnen sogar Discos und ein Kino ihre Pforten.

Information

- ***Touristeninformation*** in der Mitte des großen Platzes, Tel. 05.59.05.33.08.

Unterkunft

- ***Hôtel de la Poste*** €€, Avenue Louis Barthou, Tel. 05.59.05.33.06.
- ***Camping Iscoo,*** Tel. 05.59.05.36.81, 1 km hinter Eaux-Bonnes Richtung Gourette.

Weitere Reisetipps

- In dem Dörfchen Assouste nahe bei Eaux-Bonnes verkauft *Henri Courtie* ***selbstgemachtes Holzspielzeug.***
- Oberhalb von Eaux-Bonnes beginnen mehrere schöne ***Wanderwege.***

In dem nahe gelegenen Dorf ***Aas*** beherrschen noch heute einige Bewohner die Pfeif-Sprache, mit der sich die Schäfer einst über Entfernungen von mehr als zwei Kilometern verständigen konnten.

Gourette

Von Les Eaux-Bonnes führt die steile Straße 8 km weiter in den ***Skiort*** Gourette (1.400 m). Die typisch französische Skistation besteht aus Betonklötzen, in denen Hotels, Bars und Restaurants untergebracht sind - einzig die tolle Landschaft ist einen Besuch wert. Auch im Sommer läuft die Seilbahn zur Pène Blanque (2.550 m), von wo aus man die herrliche Aussicht genießen oder noch weiter zum Pic de Ger (2613 m) wandern kann.

Hinter Gourette verläuft die Straße zum ***Col d'Aubisque*** (1.709 m) und weiter nach Argelès-Gazost und Lourdes. Meistens bleibt dieser Pass mit seinem schönen Panorama von November bis April geschlossen.

Les Eaux-Chaudes

Folgt man bei Laruns der D 934, erreicht man nach 4 km Les Eaux-Chaudes, einen weiteren ***Kurort,*** dessen Geschichte bis ins 16. Jh. zurückgeht. Wie der Nachbarort Les Eaux-Bonnes kann auch Les Eaux-Chaudes nicht verheimlichen, dass die Tage, an denen sich Adel und gehobenes Bürgertum in den Thermalbädern tummelten, der Vergangenheit angehören.

Gabas

Das letzte Dorf vor der spanischen Grenze wird gleich aus zwei Gründen Sommer für Sommer von zahlreichen Touristen besucht: Zum einen erreicht man von hier aus am besten den ***Pic du Midi d'Ossau*** und das von wunderschönen Wanderwegen durchzogene Umland, zum anderen startet in der Nähe von Gabas der kleine ***Zug zum Lac d'Artouste.*** Die 10 km lange Bahnstrecke entstand bereits 1924, um Arbeiter und Material in fast 2.000 m Höhe zu transportieren, wo die Staumauer des Lac d'Artouste errichtet wurde. Nach der Fertigstellung des Bauwerks wurden Bahnstrecke und Zug modernisiert und 1932 für den Tourismus geöffnet. Mittlerweile bringt der *petit train d'Artouste* jeden Sommer 150.000 Menschen zu dem Bergsee.

Um der Zugfahrt durch schwindelnde Höhen beizuwohnen, muss man vom Stausee Lac de Fabrèges zuerst eine zwölfminütige Etappe per Kabinenbahn bewältigen, bevor man den kleinen Bahnhof erreicht. Von dort fährt der offene Zug an den Hängen der Berge entlang - teilweise bietet sich ein atemberaubender Ausblick. An der Bergstation angekommen, sind es noch einige Minuten Fußweg bis zum See. Da man sich unbedingt an die aufs Ticket gedruckte Abfahrtszeit halten muss, ist die Aufenthaltszeit in den Bergen besonders für Wanderer zu kurz bemessen. Wer noch zu den Lacs d'Arrémoulit und der dortigen Berghütte spazieren möchte, sollte sich unter Tel. 05.59. 05.34.00. eine Ganztageskarte reservieren lassen, die allerdings ein paar Euro mehr kostet.

- Die Bahn fährt von Ende Mai bis Ende September, wobei im Juli und im August die erste Abfahrt bereits um 8.30 Uhr, ansonsten erst um 9 Uhr oder um 9.30 Uhr erfolgt. Die zweifellos erlebnisreiche Tour ist nicht ganz billig: Der Preis für Hin und Rückfahrt variiert zwischen 11 € (Nebensaison) und 17 € (Hauptsaison).

Information

- In der ***Maison du parc national des Pyrénées*** in Gabas, Tel. 05.59.05.32.13, gibt es ausführliche Informationen über den Nationalpark.

Pic du Midi d'Ossau

Mit einer Höhe von 2.884 m und seiner auffällig geformten Spitze ist der Pic du Midi d'Ossau mehr als nur irgendeiner unter vielen Gipfeln: Der Pic du Midi d'Ossau gilt - wie auch der Canigou in den östlichen Pyrenäen - als charakteristisch für die Region. Kurz gesagt: Der Pic du Midi d'Ossau ist der Berg des Béarn!

Kurz hinter Gabas zweigt eine steile Straße ab, die nach knapp 5 km am ***Lac de Bious-Artigues*** endet. Der in den Sommermonaten stark besuchte Stausee und die dortige, von Juni bis Oktober bewirtschaftete Berghütte *Refuge Pyrénéa Sport* sind optimale Ausgangspunkte für Wanderungen rund um den Pic du Midi d'Ossau.

Die beliebte Tour zu den ***Ayous-Seen*** dauert gut vier Stunden und dürfte auch weniger geübte Wanderer vor keine großen Probleme stellen. Vom Lac de Bious-Artigues führt ein ausgeschilderter, gut begehbarer Weg streckenweise durch einen Wald steil hinauf zu den Seen, in denen sich stattliche Forellen tummeln. An vielen Stellen des Weges sticht der Pic du Midi d'Ossau ins Auge, den man aufgrund seiner geteilten Spitze kaum mit anderen Bergen verwechseln kann. An den Bergseen angekommen, bietet auch hier in den Sommermonaten eine bewirtschaftete Hütte die Möglichkeit zur Übernachtung.

Erheblich anstrengender ist die ***klassische Wanderung rund um den Pic,*** für die ein ganzer Tag eingeplant werden sollte. Die erste Stunde folgt man dem Weg zu den Ayous-Seen, nimmt dann bei einer Kreuzung jedoch die linke Abzweigung. Nach einiger Zeit muss man sich wieder links halten und der Beschilderung zum Pic de Peyreget folgen. Der Weg wird nun steiler und schwerer begehbar und führt schließlich zur *Refuge de Pombie.* Von hier aus geht es über den Col de Suzon wieder hinunter zum Stausee.

Die Besteigung des Pic du Midi d'Ossau ist nur etwas für erfahrene und gut ausgerüstete Kletterer.

Vierbeiner haben Vorfahrt

Hautes-Pyrénées

Der Name sagt alles: Die Hautes-Pyrénées sind der höchste Teil der französischen Pyrenäen, wobei der Vignemale (3.298 m) alle anderen Gipfel auf dieser Seite des Gebirges überragt. Das Département Hautes-Pyrénées, das sich fast komplett auf dem Gebiet der ehemaligen Grafschaft Bigorre erstreckt, hat aber noch mehr zu bieten als die höchsten Berge: Hier befinden sich mit dem ***Cirque de Gavarnie,*** der ***Pilgerstadt Lourdes*** und dem ***Pic du Midi de Bigorre*** die am meisten besuchten Sehenswürdigkeiten. Hinzu kommen eine ganze Reihe bedeutender und weniger bedeutender ***Thermalbäder.*** So ist es kaum verwunderlich, dass ein großer Teil der Menschen heutzutage sein Geld mit dem Tourismus verdient und die Landwirtschaft vielerorts nur noch eine zweitrangige Rolle spielt. Doch keine Angst! Auch in den Hautes-Pyrénées gibt es noch viele Orte, an denen man ungestört die herrliche Natur genießen kann.

Tarbes

Da Tarbes nicht so stark vom Gebirge geprägt wird wie die südlicher liegenden Orte, besuchen nur verhältnismäßig wenige Touristen die mit über 50.000 Einwohnern größte Stadt der Gegend. Die einstige Hauptstadt der Grafschaft Bigorre ist heute ***Industriestandort,*** in dem unter anderem Teile für den Hochgeschwindigkeitszug *TGV* sowie Panzer hergestellt werden.

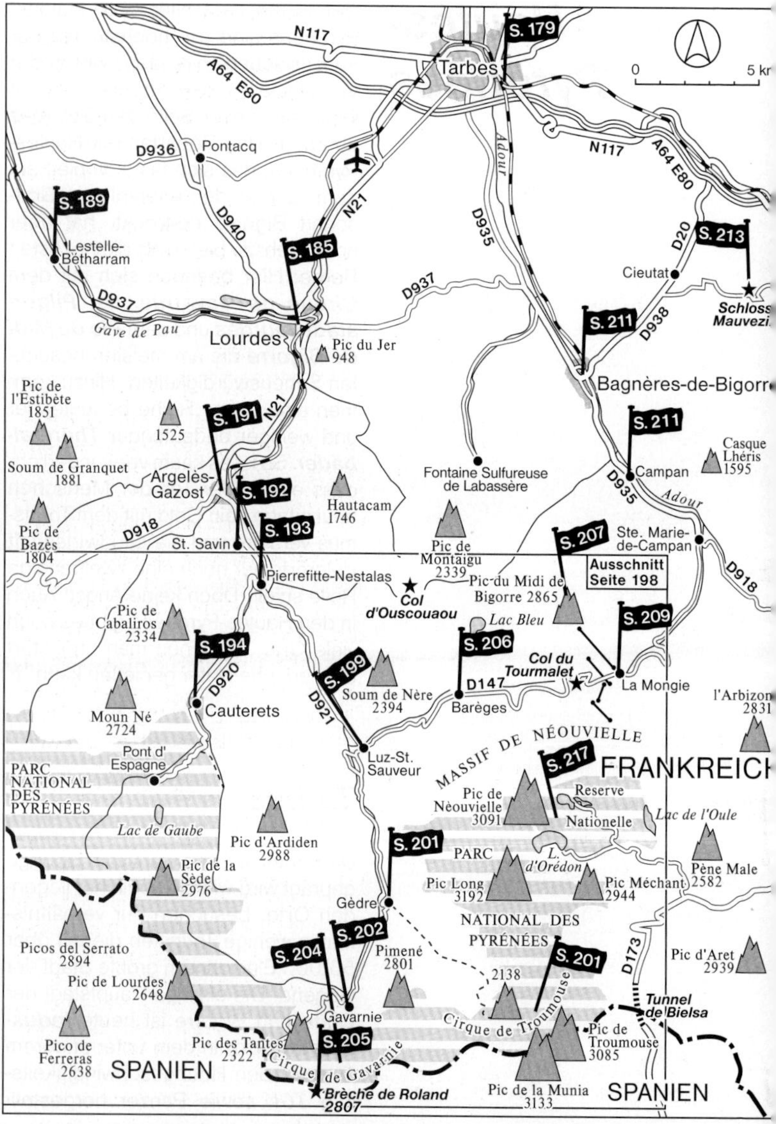

N117
A64 E80
S. 179
Tarbes
0
5 km
D936
Pontacq
S. 189
Lestelle-Bétharram
D940
N21
S. 185
D937
Gave de Pau
Lourdes
Pic du Jer 948
Adour
D935
N117
A64 E80
D20
S. 213
Cieutat
Schloss Mauvezin
S. 211
D938
Bagnères-de-Bigorre
Pic de l'Estibète 1851
1525
S. 191
Soum de Granquet 1881
Argelès-Gazost
S. 192
Hautacam 1746
Pic de Bazès 1804
D918
St. Savin
S. 193
Fontaine Sulfureuse de Labassère
Pic de Montaigu 2339
S. 211
Campan
Casque Lhéris 1595
D935
Adour
Ste. Marie-de-Campan
S. 207
Ausschnitt Seite 198
D918
Pierrefitte-Nestalas
Col d'Ouscouaou
Pic du Midi de Bigorre 2865
Lac Bleu
S. 209
Pic de Cabaliros 2334
S. 194
D920
S. 199
Soum de Nère 2394
S. 206
Col du Tourmalet
D147
Barèges
La Mongie
l'Arbizon 2831
Moun Né 2724
Cauterets
D921
Luz-St. Sauveur
MASSIF DE NÉOUVIELLE
S. 217
FRANKREICH
Pont d'Espagne
PARC NATIONAL DES PYRÉNÉES
Pic de Néouvielle 3091
Reserve Nationelle
Lac de l'Oule
Lac de Gaube
Pic d'Ardiden 2988
S. 201
PARC
L. d'Orédon
Pène Male 2582
Pic de la Sède 2976
Pic Long 3192
Pic Méchant 2944
Gèdre
NATIONAL DES PYRÉNÉES
Picos del Serrato 2894
S. 204
S. 202
Pimené 2801
S. 201
D173
Pic d'Aret 2939
Pic de Lourdes 2648
2138
Tunnel de Bielsa
Gavarnie
Cirque de Troumouse
Pic de Troumouse 3085
Pico de Ferreras 2638
Pic des Tantes 2322
S. 205
Cirque de Gavarnie
SPANIEN
Brèche de Roland 2807
Pic de la Munia 3133
SPANIEN

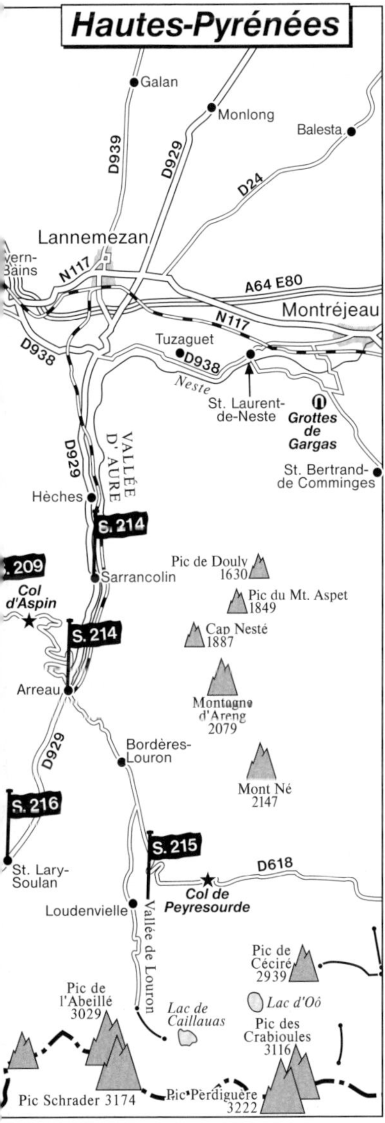

Neben der Waffenindustrie besitzt Tarbes weitere Bezüge zum ***Militär:*** In der Geburtsstadt des Marschalls *Ferdinand Foch* sind Soldaten stationiert, und auch heute noch werden Pferde in einem Gestüt gezüchtet, das *Napoleon I.* anlässlich des Spanienkrieges ins Leben rief.

Tarbes besitzt zwar keine besonders bekannten Sehenswürdigkeiten, doch eignet sich die Stadt hervorragend für einen Einkaufsbummel.

Sehenswertes

Einige hundert Meter nördlich des Zentrums liegt der ***Jardin Massey,*** eine außergewöhnlich schöne Parkanlage, die der Direktor der Gärten von Versailles, *Placide Massey,* im 19. Jh. in seiner Heimatstadt Tarbes anlegte. Mit seinen Teichen, den gewaltigen Bäumen aus allen Teilen der Welt und den unzähligen Blumen bildet der Park eine Oase der Ruhe in dem ansonsten geschäftigen Ort. In einer hübsch verzierten Orangerie (19. Jh.) sind zudem tropische Pflanzen und Kakteen zu sehen. Ein Spaziergang durch den ganztägig geöffneten Park empfiehlt sich nicht nur für Hobby-Botaniker!

Inmitten der Parkanlage steht das ***Musée Massey,*** in dem es Ausstellungsstücke aus den Bereichen Kunst und Archäologie zu sehen gibt. Ein Teil des Museums widmet sich außerdem der Geschichte der Husaren.

● Geöffnet täglich von 10 bis 12 Uhr und von 14 bis 18 Uhr; Mo und Di außerhalb der Hochsaison geschlossen; Eintritt 3 €.

Am 2. Oktober 1851 erblickte ***Ferdinand Foch*** in Tarbes das Licht der

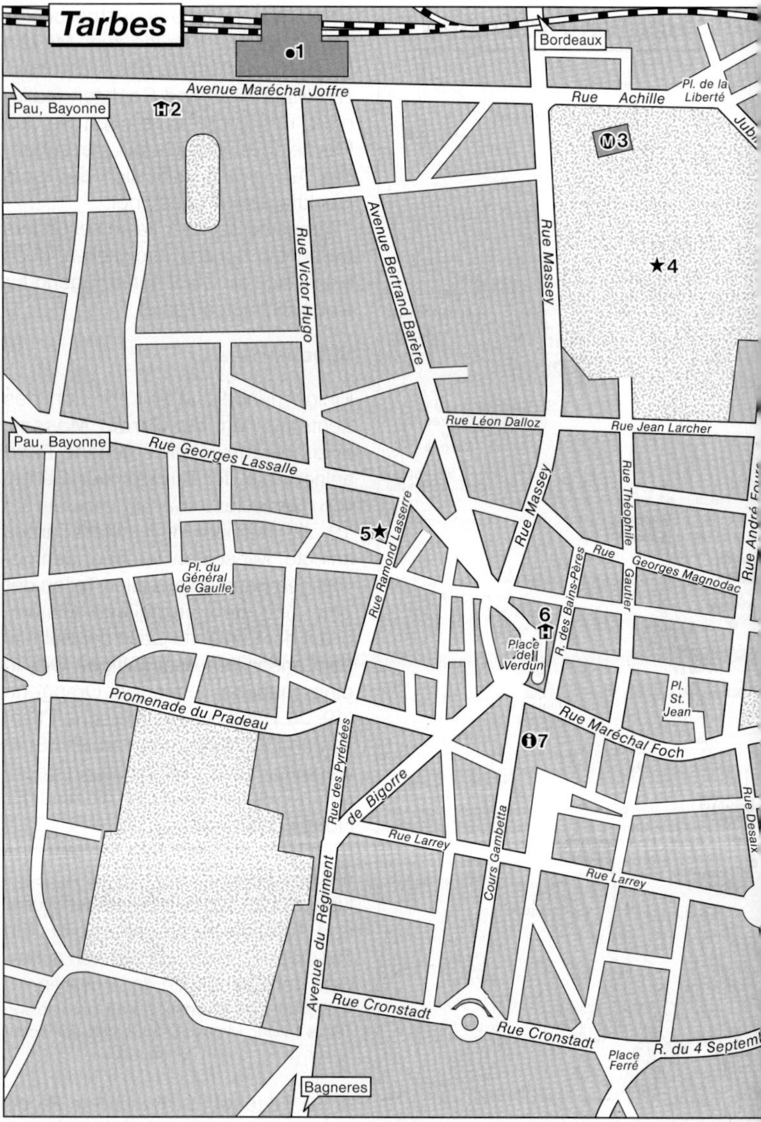
Tarbes
1
Bordeaux
Avenue Maréchal Joffre
Pau, Bayonne
2
Rue Achille
Pl. de la Liberté
3
Rue Victor Hugo
Avenue Bertrand Barère
Rue Massey
4
Rue Léon Dalloz
Rue Jean Larcher
Pau, Bayonne
Rue Georges Lassalle
Rue Théophile Gautier
5
Rue Ramond Lasserre
Rue Massey
Rue Georges Magnodac
Pl. du Général de Gaulle
R. des Bains-Pères
6
Place del Verdun
Pl. St. Jean
Promenade du Pradeau
Rue Maréchal Foch
7
Rue des Pyrénées
de Bigorre
Cours Gambetta
Rue Larrey
Rue Larrey
Rue Desaix
Avenue du Régiment
Rue Cronstadt
Rue Cronstadt
Place Ferré
R. du 4 Septem
Bagneres

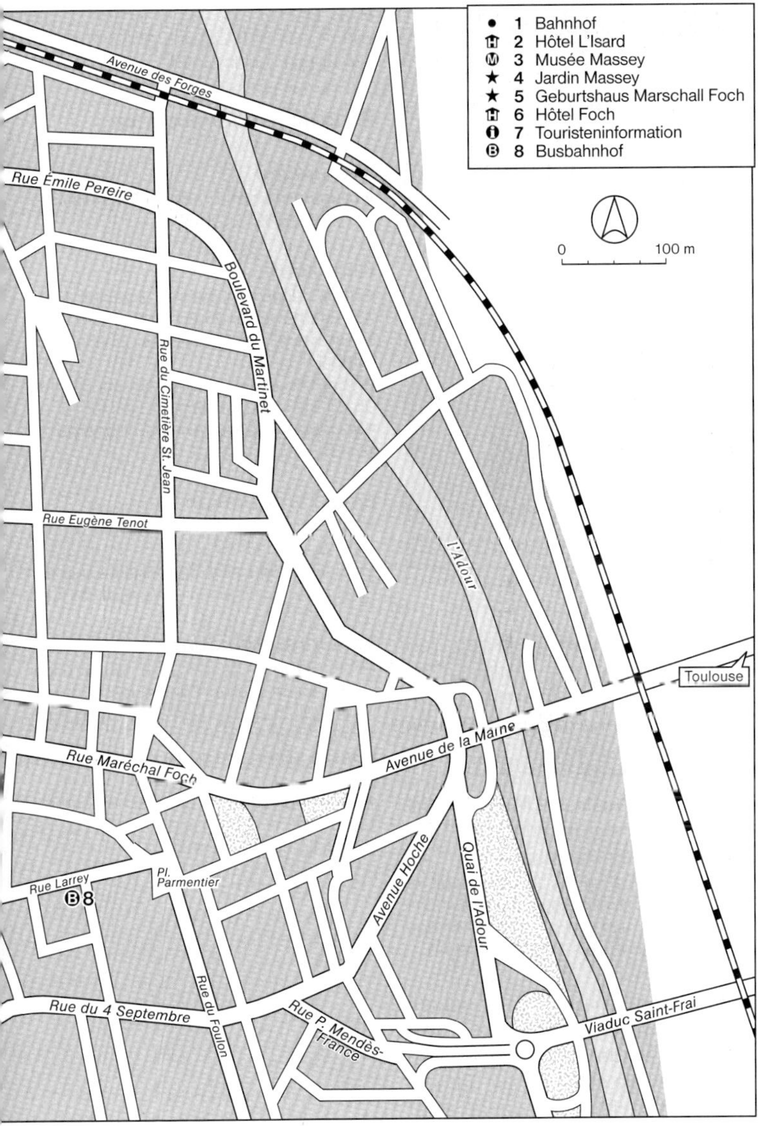
1 Bahnhof
2 Hôtel L'Isard
3 Musée Massey
4 Jardin Massey
5 Geburtshaus Marschall Foch
6 Hôtel Foch
7 Touristeninformation
8 Busbahnhof
0
100 m
Avenue des Forges
Rue Émile Pereire
Boulevard du Martinet
Rue du Cimetière St. Jean
Rue Eugène Tenot
l'Adour
Toulouse
Avenue de la Marne
Rue Maréchal Foch
Avenue Hoche
Quai de l'Adour
Rue Larrey
8
Pl. Parmentier
Rue du Foulon
Rue du 4 Septembre
Rue P. Mendès-France
Viaduc Saint-Frai

Das Rathaus von Tarbes

Welt, der im Ersten Weltkrieg den Oberbefehl über die verbündeten Heere in Frankreich innehatte. Im Geburtshaus des berühmten Soldaten in der Rue de la Victoire 2, nahe dem zentralen Place de Verdun gelegen, befindet sich heute ein ***Museum*** mit Fotos und anderen Andenken aus dem Leben des Marschalls.

- Geöffnet von Anfang Mai bis Ende September täglich außer dienstags und mittwochs von 10–12 Uhr und von 14–18.30 Uhr, den Rest des Jahres nur bis 17 Uhr. Eintritt 4 €.

In dem von *Napoleon I.* gegründeten ***Gestüt Haras*** etwas östlich des Zentrums werden auch heute noch die Tarbais, die sogenannten Tarbes-Pferde, gezüchtet, auf denen einst die Husaren in die Schlacht ritten.

- Von Montag bis Freitag ist das Zuchtzentrum von 10 bis 12 und 14 bis 17 Uhr zu besichtigen. Eintritt 5,50 €.

Praktische Informationen

Information

- ***Touristeninformation*** am Cours Gambetta 3, Tel. 05.62.51.30.31.

Unterkunft

- ***Hôtel L'Isard*** €€, Avenue Maréchal Joffre 70, Tel. 05.62.93.06.69. Freundliches Mittelklassehotel in der Nähe des Bahnhofs; mit Garten.
- ***Hôtel Foch*** €€€, Place Verdun 18, Tel. 05.62.93.71.58, bietet mehr Komfort.
- ***Jugendherberge,*** Avenue Alsace-Lorraine 88, Tel. 05.62.38.91.20.

Essen und Trinken

- Das ***Hôtel L'Isard*** (s.o.) verfügt über ein sehr gutes und nicht teures Restaurant. Empfehlenswert sind Spezialitäten aus der Region und Fischgerichte. Menü ab 13 €.

Verkehrsverbindungen

- Vom ***Bahnhof*** in der Avenue Maréchal Joffre fahren täglich Züge nach Lourdes, Pau, Toulouse oder Bagnères-de-Bigorre, aber auch nach Paris und Irun.
- ***Busse*** fahren in die kleineren Städte der Umgebung, wie Bagnères-de-Bigorre.
- Der ***Flughafen*** Tarbes-Ossun-Lourdes, Tel. 05.62.32.92.22, befindet sich 10 km südwestlich des Zentrums.

Lourdes

Bis 1858 war Lourdes ein unbekanntes Städtchen am Rande Frankreichs, ein Ort wie zahllose andere auch – nicht mehr und nicht weniger. Das wäre wohl bis heute so geblieben, hätte das einfache ***Hirtenmädchen Bernadette Soubirous*** am 11. Februar 1858 nicht eine ***Erscheinung*** gehabt. Während des Holzsammelns sah das 14jährige Kind in der Nähe einer Grotte eine in weiß gekleidete Frau: Maria, die Muttergottes, wie das Kind bei späteren Offenbarungen erfuhr.

Dieses Datum war der Wendepunkt in der Geschichte von Lourdes. Anfangs kamen nur ein paar Menschen, die den Ort der Erscheinung sehen wollten, bereits wenige Monate später wohnten Tausende den Ekstasen des Mädchens bei. Heute strömen jährlich fünf Millionen Pilger aus allen Teilen der Welt nach Lourdes, so dass das Pyrenäenstädtchen zu einem ***Wallfahrtsort*** heranwuchs, der in der christlichen Welt seinesgleichen sucht.

Dabei suchen viele der Pilger neben dem gemeinsamen Gebet in erster Linie ***Genesung und Gesundheit:*** Eine Quelle, die während einer Erscheinung *Bernadettes* in der Grotte entsprungen sein soll, fördert – dem Glauben der Wallfahrer nach – heilendes Wasser zutage. Sämtliche Lourdes-Pilger trinken davon oder statten sogar dem Badehaus einen Besuch ab, wo sie ihren Körper in das heilende Nass aus der Grotte tauchen können. Außerdem nimmt fast jeder zumindest an einer der zahlreichen

Devotionalienhandlung

Prozessionen teil und zündet eine Kerze vor der Grotte an. Völlig abbrennen können die Kerzen allerdings nicht – der Andrang ist zu groß, es muss Platz für neue Glaubenslichter geschaffen werden. Dafür sorgen eigens mit dieser Aufgabe betraute Angestellte, die Tag für Tag ganze Berge an Wachs entsorgen.

Dass ein Städtchen von der Größe Lourdes' einen solchen Besucherandrang nicht „unbeschadet" übersteht, liegt auf der Hand: Es gibt kaum ein Gebäude im Ortskern, das nicht in irgendeiner Art und Weise auf den Touristenstrom eingerichtet wurde. ***Hunderte von Hotels*** sämtlicher Kategorien bieten zigtausend Pilgern Unterkunft – die Millionenmetropole

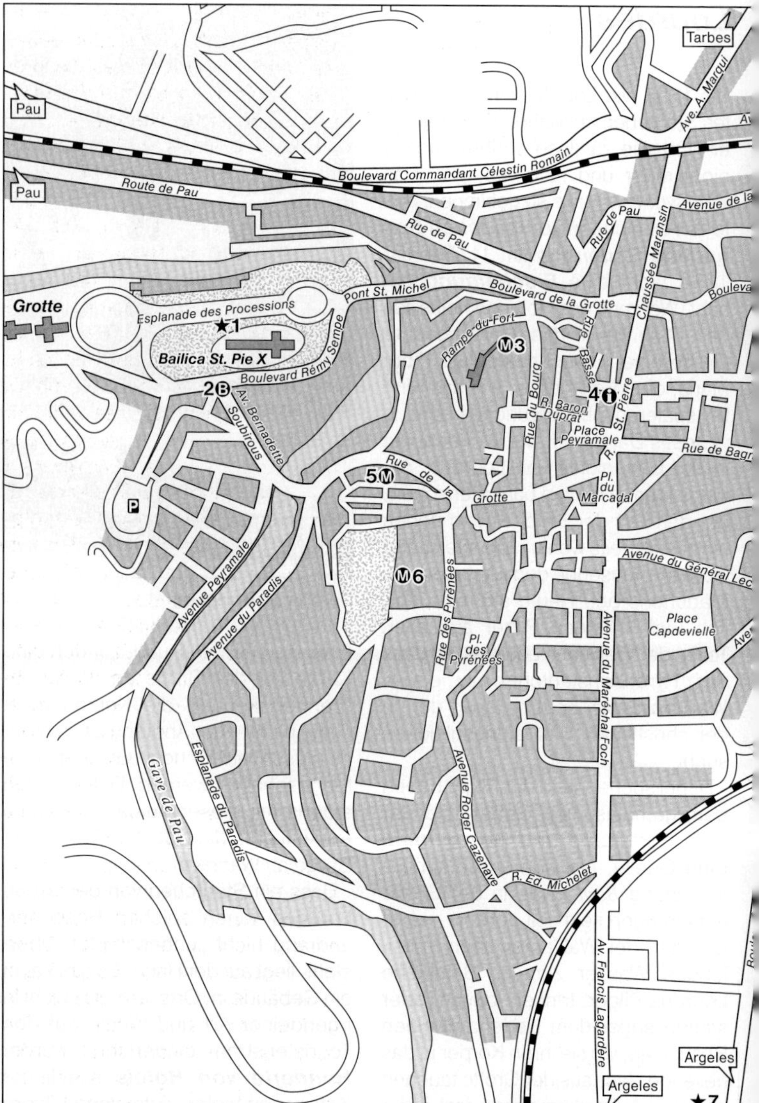
Tarbes
Pau
Pau
Ave. A. Marqui
Boulevard Commandant Célestin Romain
Route de Pau
Rue de Pau
Rue de Pau
Chaussée Maransin
Avenue de la
Grotte
Esplanade des Processions
★1
Bailica St. Pie X
Pont St. Michel
Boulevard Rémy Sempe
Boulevard de la Grotte
Rampe-du-Fort
M3
Rue Basse
Rue du Bourg
R. Baron Duprat
4
R. St. Pierre
Place Peyramale
Rue de Bagn
2B
Av. Bernadette Soubirous
Rue de la Grotte
5M
Pl. du Marcadal
P
Avenue du Général Lec
M6
Rue des Pyrénées
Avenue Peyramale
Avenue du Paradis
Pl. des Pyrénées
Place Capdevielle
Avenue du Maréchal Foch
Gave de Pau
Esplanade du Paradis
Avenue Roger Cazenave
R. Ed. Michelet
Av. Francis Lagardère
Argeles
Argeles
★7

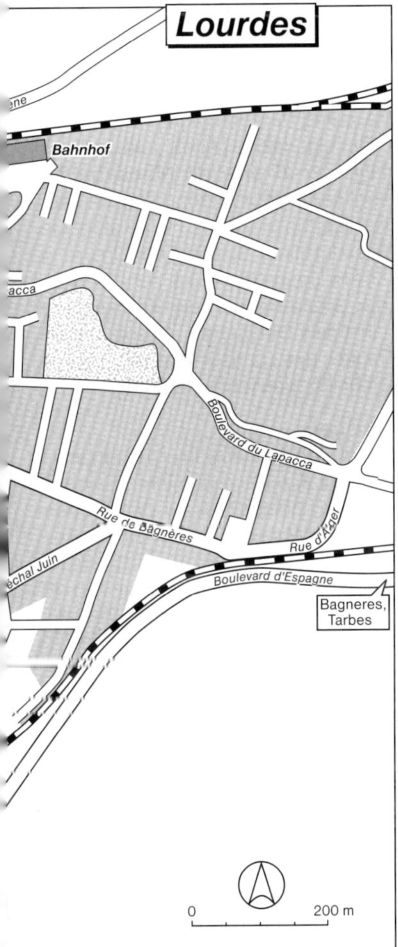

★ 1 Pilgerzentrum
Ⓑ 2 Haltestelle der Bahn für Stadtrundfahrten
Ⓜ 3 Château-Fort und Pyrenäen-Museum
ⓘ 4 Touristeninformation
Ⓜ 5 Wachsmuseum
Ⓜ 6 Musée de Lourdes
★ 7 Seilbahn zum Pic du Jer

Paris ist die einzige Gemeinde Frankreichs, die mehr Hotelbetten aufweisen kann als die Kleinstadt Lourdes!

Die Menge der Hotels wird aber von der Anzahl an ***Souvenirläden*** noch übertroffen. Ganze Straßenzüge rund um das Pilgerzentrum scheinen nur aus Geschäften zu bestehen, die ihr Geld mit religiösen Andenken, den sogenannten Devotionalien, verdienen. Neben Flaschen für das heilende Wasser sowie Kerzen (von der Miniaturausgabe bis zum mannshohen Exemplar) bieten die Läden aber besonders eines an: Kitsch. Die Madonnenfigur inmitten eines Springbrunnens ist ebenso erhältlich wie die Gottesmutter in der Schneekugel oder auch eine Kipp-Postkarte, die mal einen lächelnden, mal einen gekreuzigten Jesus zeigt. Zahlen kann der Kunde in fast allen gängigen Währungen; die meist mehrsprachigen Händler („Man spricht Deutsch") halten Umrechnungstabellen parat.

Welche Rolle der ***Glaubens-Tourismus*** in Lourdes spielt, machen auf skurrile Weise auch die beiden Kinos der Stadt deutlich. In einem der Lichtspielhäuser läuft seit Jahren ausschließlich der Film *Bernadette,* das andere zeigt täglich *La passion de Bernadette.* Damit wäre das cineastische Angebot bereits erschöpft.

Sicherlich ist Lourdes nicht jedermanns Sache, was nichts mit Religiosität zu tun hat. Es gibt auch viele gläubige Katholiken, die die hier praktizierte Form der Wallfahrt ablehnen. Dennoch ist der Ort aufgrund seiner Bedeutung als Pilgerstätte und dem damit verbundenen bunten Nationengemisch unbedingt einen Besuch wert.

Sehenswertes

Pilgerzentrum

Das Pilgerzentrum erstreckt sich rund um die Grotte und ist über den Boulevard de la Grotte oder die Avenue Bernadette Soubirous zu erreichen. Ein riesiger Platz für Freiluftmessen läuft auf ein Ensemble aus Kirchen zu, die auf dem Hügel stehen, an dessen Seite sich die Grotte befindet. Nicht nur Architekten dürfte auffallen, wie perfekt der spärliche Platz auf der Anhöhe im 19. Jahrhundert genutzt wurde. Nach den Erscheinungen *Bernadettes* entstanden hier innerhalb weniger Jahre drei Kirchen, um so dem stetig steigenden Pilgerandrang gerecht zu werden.

Schon von weitem sichtbar ist der spitze Turm der ***Basilika der unbefleckten Empfängnis,*** die auf der Kuppe des Hügels thront. Die ***Krypta*** dieser Kirche bildet eine kleinere Kapelle, die bereits einige Zeit zuvor hier errichtet worden war und später einfach in die größere Basilika eingefügt wurde.

Davor liegt als drittes Gotteshaus die zuletzt erbaute ***Rosenkranz-Basilika,*** wie ihre Nachbarn eine Mischung aus neugotischem und romanobyzantinischem Stil.

Da die Kapazität der „alten" Kirchen in den 50er Jahren des 20. Jahrhunderts bei weitem nicht mehr ausreichte, der Platz aber knapp bemessen war, entschloss man sich für den Bau einer ***unterirdischen Basilika.*** 1958 wurde etwas abseits des „Kirchenberges" die gewaltige ***Basilique Saint-Pie X*** eröffnet, die mehr als 20.000 Gläubigen Platz bietet. Beim Entwurf des Beton-Bauwerkes scheint Funktionalität Vorrang besessen zu haben: Das unterirdische Gebäude erinnert an eine Mischung aus Parkhaus und Radrennbahn.

Der eigentliche Mittelpunkt der Wallfahrt, die ***Grotte de Massabielle,*** liegt seitlich der Anhöhe. Inmitten der wenige Meter langen Höhle steht ein Altar, im Hintergrund ist der Ursprung der heiligen Quelle zu sehen. Über der Grotte hängen die Krücken von einstmals Gelähmten, die nach dem Trinken des Lourdes-Wassers auf ihre Gehhilfen verzichten konnten.

Museen

Mehrere Museen im Ort befassen sich mit *Bernadette* und ihren Erscheinungen, beispielsweise das ***Musée Grévin*** (Wachsmuseum) in der Rue de la Grotte.

● Geöffnet April bis 11. November 9–11.30 und 13.30–18.30 Uhr, Juli und August auch 20.30–22 Uhr; Eintritt 5,50 €, Kinder 2,75 €.

Im ***Musée de Lourdes,*** seitlich der Rue de l'Egalité, deuten Ausstellungsstücke darauf hin, wie das Dorf Lourdes zu Zeiten von *Bernadette* ausgesehen hat.

● Geöffnet April bis Oktober 9–12 und 13.30–18.45 Uhr; Eintritt 5 €, Kinder 2,50 €.

Ein Bähnchen für ***Stadtrundfahrten*** startet am Beginn der Avenue Bernadette Soubirous.

Eine Sehenswürdigkeit Lourdes', die nichts mit den Erscheinungen *Bernadettes* zu tun hat, ist das ***Château-Fort,*** auf einem kleinen Berg in der Stadt gelegen. Das Schloss mit seinem Turm aus dem 14. Jh. war ursprünglich Wohnsitz der Grafen von Bigorre, diente im 17. Jh. aber als Gefängnis und später auch als Kaserne.

Im Schloss befindet sich das sehr empfehlenswerte ***Pyrenäen-Museum,*** in dem historische Gegenstände des alltäglichen Gebrauchs, Trachten, Porzellan, Möbel und ausgestopfte Tiere der Pyrenäen zu sehen sind.
- Geöffnet von April bis September täglich 9–12 und 13.30–18.30 Uhr; von Oktober bis März täglich außer dienstags 9–12 und 14–18 Uhr. Eintritt Erwachsene 5 €, Kinder 2,50 €.

Aussichtsberge

Südlich des Zentrums steht der ***Pic du Jer,*** ein 1.000 m hoher Berg, auf den von Ostern bis Ende Oktober eine ***Seilbahn*** fährt. Oben bietet sich ein tolles Panorama auf die Pyrenäen, außerdem können Grotten und eine unterirdische Promenade besichtigt werden. Hin- und Rücktahrt 7,50 €, Kinder 5,50 €.

Der nahe ***Pic Béout*** ist mit 791 m zwar nicht so hoch wie der Pic du Jer, die Aussicht besitzt aber ähnliche Qualität.

Praktische Informationen

Information

- ***Touristeninformation*** an der Place Peyramale, Tel. 05.62.42.77.40.

Unterkunft

Bei der ***riesigen Auswahl an Hotels*** sowie der ständigen An- und Abreise ganzer Busladungen von Menschen ist es unmöglich, den Überblick zu behalten. Vor allem während der Hauptsaison sollte man sich deshalb im ***Touristenbüro*** nach freien Zimmern erkundigen. Die meisten Hotels gehören zur Mittelklasse-Kategorie, sind sauber, aber ziemlich unpersönlich. Doppelzimmer in Lourdes sind zwischen 15 € und 150 € zu haben.

Auch an Campingplätzen mangelt es in und um Lourdes nicht.
- ***Camping Domec,*** Tel. 05.62.94.08.79, liegt nordöstlich vom Stadtkern, in Richtung Julos fahren.
- ***Camping du Loup,*** Tel. 05.62.94.23.60, etwa 1,5 km hinter dem Pilgerzentrum. Erst auf der Rue de Pau stadtauswärts Richtung Pau fahren, dann links abbiegen.
- ***Camping Arrouach,*** Tel. 05.62.42.11.43, im nordwestlichen Stadtteil Biscaye.

Essen und Trinken

- Fast jedes ***Hotel*** besitzt sein eigenes Restaurant, außerdem kommen noch ***Pizzerien*** und ***Imbissbuden*** hinzu. Die Qualität ist jedoch eher bescheiden. Menüs bereits ab 8 €.

Verkehrsverbindungen

- Vom Bahnhof nördlich des Zentrums täglich viele ***Züge*** nach Tarbes und Pau. Außerdem Verbindungen nach Toulouse, Nimes, Bordeaux, Bayonne und Paris.
- ***Busse*** fahren vor allem in die südlichen gelegenen Gebirgsorte wie Cauterets oder Luz-St.-Sauveur.
- Der ***Flughafen*** Tarbes-Ossun-Lourdes befindet sich circa 10 km nördlich in Richtung Tarbes.

Lestelle-Bétharram

15 km westlich von Lourdes, noch auf dem Gebiet des Béarn, liegt mit Lestelle-Bétharram eine weitere ***Wallfahrtsstätte*** der katholischen Kirche. Der meist nur Bétharram genannte Ort besitzt zwar nicht die Berühmtheit von Lourdes, kann aber auf eine noch größere Zahl an Wundern verweisen. Seit mehreren Jahrhunderten wird die Mutter Gottes (Notre-Dame) hier unter drei Namen verehrt.

Die ***Notre-Dame de l'Étoile*** bezieht sich auf ein Ereignis, bei dem

Traditionelle Herstellung eines Gâteau à la Broche

eine strahlende Jungfrau einigen Hirtenkindern einst an einem glühenden Busch erschienen sein soll.

Die Bezeichnung ***Notre-Dame du Calvaire*** geht auf das Jahr 1616 zurück. Damals wurde ein großes Kreuz auf einem Berg errichtet und bereits zwei Monate später vom Sturm umgeworfen. Doch das Kreuz blieb keineswegs liegen: Umgeben von einem Lichtstrahl, soll es sich der Überlieferung nach selbst wieder aufgerichtet haben.

Eine weitere Erscheinung gab dem Ort schließlich auch seinen Namen. Dabei fiel der Legende nach ein kleines Mädchen in das Wasser einer Höhle und wäre vermutlich ertrunken, hätte eine plötzlich erschienene Jungfrau dem Kind nicht einen Zweig hingehalten und es so gerettet. Die Jungfrau erhielt den Namen ***Notre-Dame du Beau-Rameau*** (*Rameau* = Zweig), in die Sprache des Béarn übersetzt *Bét arram*. Fortan gab es eine ganze Reihe Wunder.

Fakt ist, dass *Michel Garicoïts* in Bétharram 1835 einen Orden gründete, dessen Pater mittlerweile rund um den Erdball predigen.

Den Ort prägt heute eine gewaltige ***kirchliche Anlage*** mit religiöser Schule, Kreuzweg, Kapelle und Kloster. Vom Innern der Kirche aus kommt man in ein kleines ***Museum,*** das allerhand Ausstellungsstücke aus dem Leben des Ordensgründers besitzt (Von Ostern bis Ende Oktober täglich von 9–11 Uhr und von 14–18 Uhr geöffnet, ansonsten auf Anfrage. Eintritt 1 €, Kinder frei.

3 km hinter Bétharram in Richtung Lourdes liegen die interessanten ***Grottes de Bétharram.*** Zur Besichtigung der „Unterwelt" gehören Passagen in einem Boot und einem kleinen Bähnchen.

● Geöffnet 25. März bis 25. Oktober tägl. von 9–12 und von 13.30–17 Uhr, vom 1. Februar bis 24. März montags bis freitags täglich Führungen um 14.30 Uhr und 16 Uhr. Erwachsene zahlen ansehnliche 8,20 €, Kinder bis 10 Jahre 4 €.

Etwa 10 Kilometer nördlich von Lestelle-Bétharram in Richtung Pau befindet sich im Ort Nay das ***Musée du Béret,*** das sich ausschließlich mit Geschichte und Herstellung der Baskenmütze befasst. Öffnungszeiten: Juli und August täglich 10–12 Uhr und 14–19 Uhr; 1. April–30. Juni und 1. September–12. November dienstags bis samstags 10–12 Uhr und 14–18 Uhr; 1.–24. Dezember täglich 10–12 Uhr und 14–18 Uhr; Januar dienstags und donnerstags 14–18 Uhr. Erwachsene zahlen 3,20 €, Kinder bis 10 Jahre haben freien Eintritt.

Argelès-Gazost

Dass die Hautes-Pyrénées stark auf Tourismus ausgerichtet sind, wird bei einer Fahrt von Lourdes zum Cirque de Gavarnie deutlich: Entlang der – für Pyrenäen-Verhältnisse – stark besiedelten N 21 besitzt fast jedes Dorf kleinere Hotels und einen Campingplatz. Dennoch gestaltet sich die Fahrt recht angenehm, da man sich stets auf das herrliche Bergpanorama zubewegt.

Der erste größere Ort ist das ***Thermalbad*** Argelès-Gazost, das sich in einem auffallend breiten, von hohen Bergen eingerahmten Tal befindet. Die Kleinstadt (3.500 Einwohner) mit den zahlreichen Geschäften vermittelt schon auf den ersten Blick einen touristischen Eindruck, dem sie besonders im Sommer gerecht wird. Neben den Kurgästen tummeln sich in den belebten Straßen mittlerweile aber auch „ganz normale“ Urlauber, die Argelès als Basis für ***Wanderungen und Fahrradtouren*** in die Berge ausgewählt haben. Zudem genießt der Ort einen guten Ruf bei Kanuten und anderen Wassersportlern, denen der Gave de Pau ein erstklassiges Betätigungsfeld bietet. Mehrere Agenturen haben sich darauf eingestellt und bieten ***Rafting- oder Kanutouren*** an, andere haben sich auf Mountainbiker und Bergsteiger spezialisiert.

Im ***Museum La Colline aux Marmottes*** am Ortseingang sind neben ausgestopften Tieren der Pyrenäen auch Exemplare aus anderen Teilen der Welt zu sehen.

- Geöffnet vom 1. April bis Allerheiligen täglich von 9–18 Uhr. Eintritt 7 €, Kinder 5 €.

Von Argelès aus lohnt ein Abstecher auf der D 918 ins grüne ***Azun-Tal,*** das trotz der guten Sportmöglichkeiten für nordische Skiläufer vielerorts noch sein ursprüngliches Gesicht besitzt. In ***Arrens-Marsous,*** dem touristischen Hauptort des Tales, bestehen zahlreiche Übernachtungsmöglichkeiten. Das kleine ***Musée montagnard du Lavedan*** in ***Aucun*** zeigt traditionelle Gegenstände aus dem Bigorre.

- Geöffnet im Juli und August täglich, Tel. 05.62.97.12.03; Eintritt 3,80 €, Kinder 2,30.

Vom Azun-Tal führt die schmale D 103 hinauf zum Bergsee ***Lac d'Estaing.*** Von hier aus Wanderwege zu weiteren, im Nationalpark gelegenen Seen.

Praktische Informationen

Information

- ***Office de Tourisme,*** Tel. 05.62.97.00.25, an der Grande Terrasse, dem großen Platz im Ortszentrum.

Unterkunft

- ***Hôtel Soleil Levant*** €€, Avenue des Pyrénées 17, Tel. 05.62.97.08.68. Gepflegtes Hotel mit Garten und Restaurant.
- Rund um Argelès liegen zahlreiche Campingplätze sämtlicher Kategorien.
- ***Camping Les Trois Vallées,*** kurz vor Argelès, aus Lourdes kommend, Tel. 05.62.90.35.47. Komf. Platz mit Swimmingpool.
- ***Camping L'Idéal,*** wenige Kilometer Richtung Arras-en-Lavedan, Tel. 05.62.97.03.13, ebenfalls mit Pool, aber ruhiger.

Weitere Reisetipps

- ***Rafting- und Kajaktouren*** bietet die Agentur *Pavillon Sensations,* Tel. 05.62.97.05.90, im 6 km Richtung Lourdes gelegenen Dorf Agos an.

Saint-Savin

So ruhig und malerisch, wie sich das Dörfchen 3 km von Argelès entfernt am Hang entlangwindet, vermag man nicht zu glauben, auf welch bewegte Geschichte St.-Savin zurückblicken kann. Bereits sehr früh ließen sich hier Mönche nieder, deren Kloster 732 aber von den Arabern zerstört wurde. Doch die Geistlichen gaben nicht auf: Nach mehreren Rückschlägen entstand im 12. Jh. die noch heute existierende, ***kreuzförmige Klosterkirche,*** die mit ihren extrem dicken Mauern eher an eine Festung denn an ein Gotteshaus erinnert. Im Innern ist ein Holzkreuz zu sehen, dessen Jesusfigur mit ein bisschen Phantasie von drei verschiedenen Standpunkten jeweils unterschiedlich aussieht. Vom ersten Standpunkt hat der Gekreuzigte die Augen noch geöffnet und leidet, vom zweiten aus schließt er sie, vom dritten Standpunkt aus erscheinen die Augen geschlossen. Wie gesagt - eine gewisse Portion Fantasie des Betrachters wird vorausgesetzt.

Im überdachten Kreuzgang neben der Kirche ist der ***Kirchenschatz*** ausgestellt; Eintritt 1,50 €.

Im Dorf selbst gibt es einige hübsche ***Fachwerkhäuser,*** von denen eines am Hauptplatz eine ***urige Kneipe*** mit Atmosphäre beherbergt.

Eine ***wunderschöne Aussicht*** über das hier noch weite Tal des Gave de Pau und die Berge im Hintergrund bietet sich von einer Terrasse seitlich des Platzes. Von hier ist auch die ***Kapelle Notre-Dame-de-Piétat*** zu sehen, zu der ein 1,5 km langer Spazierweg führt.

Praktische Informationen

Unterkunft

- ***Hôtel Viscos*** €€€, im Zentrum, Tel. 05.62.97.02.28, ist ein komfortables Haus mit exzellentem Restaurant.
- ***Hôtel Panoramic*** €€, Tel. 05.62.97.08.22, bietet, wie der Name schon sagt, einen erstklassigen Ausblick.

Ausflüge

Arcizans-Avant

Interessantestes Gebäude im 2 km oberhalb von St.-Savin gelegenen Dörfchen Arcizans-Avant ist das ***Château du Prince noire,*** das Schloss des Schwarzen Prinzen aus dem 15. Jh., das allerdings nicht mehr besichtigt werden kann.

Neben zwei ***Campingplätzen*** bietet der Ort mit der ***Bar l'Escapade*** € eine weitere relativ günstige Übernachtungsmöglichkeit.

Pierrefitte-Nestalas

Die 1300-Seelen-Gemeinde beendet den zahmen Teil des Gave-de-Pau-Tales - direkt hinter Pierrefitte-Nestalas spaltet es sich in zwei schmalere, rauhere Täler, von denen das eine nach Cauterets, das andere über Luz-St.-Sauveur nach Gavarnie führt. In Pierrefitte gibt es ein nicht gerade überragendes ***Meerwasseraquarium*** (ganzjährig geöffnet, Eintritt: Erwachsene 7 €, Kinder 5 €, doch die eigentliche Hauptsehenswürdigkeit befindet sich im einige Kilometer entfernten Dörfchen ***Beaucens:*** der ***Donjon des Aigles,*** der Turm der Adler. Im passenden Ambiente einer alten Schlossruine wurde hier eine Adlerwarte untergebracht, in der die verschiedensten Arten von Greifvögeln gehalten werden. Ein Besuch des „Adlerturmes" lohnt besonders an Nachmittagen, wenn sich die Tiere bei Freiflügen in den Himmel schrauben. Der Weg zum Donjon des Aigles ist sowohl von Pierrefitte-Nestalas als auch von Argelès-Gazost ausgeschildert.

- Geöffnet April bis Ende Sept; Flugdemonstrationen tägl. 15.30 u. 17 Uhr, im August 15 Uhr, 16.30 u. 18 Uhr. Eintritt 8 €, Kinder 5 €.

Weitere Reisetipps

Im 1 km von Pierrefitte-Nestalas gelegenen Dorf Villelongue organisiert die Agentur *Le Relais d'Isaby,* Tel. 05.62.92.20.77, ***Rafting-, Kanu-*** sowie ***Kajaktouren*** und verleiht ***Mountainbikes.***

Cauterets

Die Geschichte des Ortes Cauterets (1.200 Einwohner) ist eng mit seiner Tradition als ***Thermalbad*** verknüpft. Bereits 945 errichteten die Mönche von St.-Savin hier Bäder, bevor der Kurort im 19. Jh. aufblühte und literarische Größen wie *Victor Hugo* oder *George Sand* anzog. Wo Künstler sich trafen, war zumeist auch der Adel nicht weit: Noch heute erinnern gepflegte neoklassizistische Häuser an die Tage, als sich Aristokraten und Schriftsteller ein Stelldichein gaben.

Während andere Thermalbäder in den Pyrenäen ihre besten Zeiten längst hinter sich haben, können die Bewohner Cauterets optimistisch in die Zukunft blicken. Das liegt sicherlich mit daran, dass Cauterets es verstanden hat, sich nicht nur auf Kurgäste zu spezialisieren, sondern auch „Normal-Urlaubern" ein breites Betätigungsfeld zu bieten. ***Sportbegeisterte*** können sich im Schwimmbad, auf Tennisplätzen, beim Schlittschuhlaufen oder auf dem Fronton austoben; ungezählte ***Wanderer und Bergsteiger*** werden Jahr für Jahr von der herrlichen Landschaft angelockt.

Last but not least entwickelte sich Cauterets im Laufe der Jahre zu einem bedeutenden ***Wintersportort*** - 20 teilweise anspruchsvolle Abfahrtspisten und ein Netz an Langlaufloipen sprechen für sich.

Da sich auch abends niemand zu langweilen braucht - mehrere Discos und Restaurants sowie ein Casino sorgen für Unterhaltung bis spät in die Nacht - können sich die vielen Hoteliers Sommer wie Winter über mangelnde Beschäftigung nicht beklagen.

Praktische Informationen

Information

- ***Maison du Tourisme,*** Place du Maréchal Foch, Tel. 05.62.92.50.27.
- ***Maison du Parc,*** Place de la Gare, Tel. 05.62.92.52.56, informiert über den Pyrenäen-Nationalpark. Einige interessante Ausstellungsstücke, an manchen Tagen auch Filmvorführungen. Geöffnet 9.30-12 Uhr und 15.30-19 Uhr.

Unterkunft

- ***Hôtel Aladin*** €€€€, Avenue Leclerc, Tel. 05.62.92.60.00, ist das nobelste Haus am Platze. Sauna, Swimmingpool, Dampfbad - hier gibt es einfach alles.
- ***Hôtel Etche Ona*** €€, Rue Richelieu 20, Tel. 05.62.92.51.43, zählt zu einer ganzen Gruppe von ordentlichen Mittelklasse-Hotels.
- Insgesamt ***sieben Campingplätze*** in und um Cauterets genügen allesamt gehobenen Ansprüchen.
- ***Camping Le Mamelon Vert,*** Avenue du Mamelon Vert, Tel. 05.62.92.51.56, verfügt über Spielangebote für Kinder.
- Außerdem bietet sich in Cauterets die Möglichkeit, in ***Privatunterkünften, Gîtes d'Etapes*** oder ***Ferienwohnungen*** zu übernachten. Nähere Informationen in der *Maison du Tourisme.*

Verkehrsverbindungen

- Mehrere ***Busse*** fahren tägl. nach Lourdes.

Ausflüge

Die Berge um Cauterets und besonders der direkt hinter Cauterets beginnende Pyrenäen-Nationalpark sind erstklassige Gebiete für Ausflüge - geübte Hochgebirgswanderer kommen hier genauso auf ihre Kosten wie weniger Trainierte oder Familien mit Kindern, die einfach einen schönen Spaziergang machen möchten. In dieser Region leben zahlreiche Gemsen, so dass man mit ein wenig Glück die scheuen Tiere beobachten kann.

Hervorragender Ausgangspunkt für Bergtouren und auch selbst eine absolut beeindruckende Sehenswürdigkeit ist die ***Pont d'Espagne,*** eine alte Steinbrücke auf dem historischen Fußweg nach Spanien. Die Brücke erreicht man von Cauterets aus über eine steile, aber gut befahrbare Straße oder über einen ausgeschilderten Fußweg, der fast parallel zur Straße verläuft. In der Nähe der Pont d'Espagne befindet sich ein gebührenpflichtiger Parkplatz.

Zum Lac de Gaube

Die kürzeste der klassischen Touren führt zum Lac de Gaube, einem von den Bergen eingerahmten ***See,*** dessen tiefblaue Farbe sich auffallend von der umliegenden Natur abhebt. Von der Brücke aus werden für den Aufstieg etwa 90 Minuten benötigt, wobei der Weg ausgeschildert und problemlos zu finden ist. Wer es noch ein bisschen einfacher haben möchte, kann kurz hinter der Pont d'Espagne auch in einen Sessellift steigen und so den steileren Part des Weges im Sitzen bewältigen. Da der Lac de Gaube durch seine Schönheit besticht und zudem noch sehr einfach zu erreichen ist, kann es im Sommer hier allerdings recht voll werden.

Rundwanderung durchs Marcadau-Tal zum Lac du Pourtet

Anspruchsvoller präsentiert sich die Rundwanderung durchs Marcadau-Tal, zum Lac du Pourtet und zurück, für die man mindestens sechs bis sieben Stunden einplanen und eine Wanderkarte mitführen sollte. Wer sich dies nicht zutraut, kann auch die einfachere ***Variante*** wählen und beim *Refuge Wallon*, einer bewirtschafteten Berghütte, umkehren (Hin- und Rückweg vier Stunden). Obwohl in der Berghütte von Frühjahr bis Herbst Mahlzeiten angeboten werden, sollte man sich neben der obligatorischen Wasserflasche auch etwas Proviant mitnehmen. Auf der Strecke laden wunderschöne Plätze geradewegs zu einem netten Picknick ein.

Die ***Tour beginnt*** knapp einen Kilometer hinter der Pont d'Espagne, von wo man einfach den Schildern zum Vallée du Marcadau folgt. Zuerst verläuft der Weg durch einen Wald – immer in der Nähe des Baches – bevor er durch eine fast baumfreie Zone führt. Nach 1½ Stunden überquert man den Bach auf einer Brücke und kommt eine knappe Stunde später zum *Refuge* – wer sich für die kürzere Wanderung entschieden hat, sollte jetzt auf dem selben Weg zurückmarschieren. Von nun an

Der Parc National de Pyrénées

Es erwies sich als kein leichtes Unterfangen für die Ökologen und Befürworter eines großen Nationalparkes auf der französischen Seite der Pyrenäen, als sie in den 60er Jahren versuchten, ihr Anliegen in die Tat umzusetzen. Nach zähen Verhandlungen und intensiven Bemühungen war es ***1967*** schließlich vollbracht: Der französische Pyrenäen-Nationalpark wurde gegründet. Hatten Anwohner damals auch aus finanziellen Beweggründen Bedenken gegenüber der geschützten Zone, hat sich dies zu Zeiten zunehmender Natur-Urlauber ins Gegenteil umgekehrt. Jährlich über zwei Millionen Besucher, die natürlich auch die Kassen der angrenzenden Orte füllen, sprechen eine Sprache für sich. Ein großer Teil der Touristen sammelt sich dabei aber an klassischen Ausflugsorten wie dem Cirque de Gavarnie, so dass man in etwas abgeschiedeneren Teilen des Parkes auch während der Ferienzeit durchaus Wanderungen unternehmen kann, ohne einem Menschen zu begegnen.

Vom ***Vallée d'Aspe*** im Westen bis zum ***Vallée d'Aure*** im Osten verläuft der Park über 100 km an der Grenze zu Spanien entlang. Dennoch nimmt er insgesamt nur eine ***Fläche von 457 Quadratkilometern*** ein, da seine Breite maximal 15 km beträgt. Der höchste Berg des Parkes ist zugleich die höchste Erhebung der französischen Gebirgsseite: Der ***Vignemale,*** südlich von Cauterets gelegen, misst 3.298 m. Der gesamte Nationalpark ist unbewohnt, den Anrainern wurde bei der Gründung jedoch das Recht zugesichert, die Fläche auch weiterhin land- und forstwirtschaftlich nutzen zu können.

Buchen und Tannen machen den Großteil des Baumbestandes aus; in den Regionen oberhalb der Laubbaumgrenze existiert indes nur noch die ***Spirke,*** eine Verwandte der Bergkiefer, die im Gegensatz zu dieser aber stets gerade wächst. Wie in den gesamten Pyrenäen fehlen die in den Alpen stark vertretenen Lärchen, Zirben und Fichten im Nationalpark völlig. Zu den Bäumen gesellt sich eine gewaltige Anzahl kleinerer Pflanzen, wobei viele der für die Pyrenäen endemischen Arten hier anzutreffen sind.

Berglandschaft
im Pyrenäen-Nationalpark

Ausgezeichnete Möglichkeiten für interessante Beobachtungen bietet die Tierwelt. Im Gegensatz zu den Alpen zieht hier noch der seltene ***Bartgeier*** seine Kreise, ebenso wie ***Gänse- und Schmutzgeier*** sowie der ***Steinadler.*** Allerdings hat der Bestand der riesigen Vögel abgenommen - auf der spanischen Seite sind sie erheblich häufiger anzutreffen.

Relativ oft ist indes der ***Alpen-Mauerläufer*** zu sehen, der unter Zuhilfenahme seiner Flügel an den Felsen herumklettert.

Die Population der ***Pyrenäen-Gemse*** ist nach einem zeitweiligen Rückgang vor einigen Jahren wieder so groß, dass sie außerhalb des Parks sogar gejagt werden darf.

In den zahllosen Gewässern des Nationalparks sucht der eigenartige ***Pyrenäen-Desman*** unter Wasser nach Nahrung. Die Beobachtung des mit einem Rüssel versehenen, maulwurfähnlichen Tieres darf allerdings als außergewöhnlicher Glücksfall bezeichnet werden.

Für ***Wanderer*** und Spaziergänger bietet der Park traumhafte Möglichkeiten, ihrem Hobby nachzugehen. Zwar existieren keine Hotels oder Campingplätze innerhalb der geschützten Zone, ***Unterkunft*** findet man aber in zahlreichen *Refuges,* die zumeist von Juni bis September geöffnet sind - hier gibt es neben Schlafplätzen auch warme ***Mahlzeiten.*** Das Aufschlagen eines ***Zeltes*** ist ausschließlich nachts erlaubt und nur dann, wenn sich der Wanderer mehr als eine Stunde Fußmarsch von der nächsten Straße entfernt befindet. Wer wenig Wert auf Komfort legt, kann seinen Schlafsack in einer leerstehenden Schäferhütte in den Bergen ausbreiten - immerhin ein Dach über dem Kopf!

Die im Nationalpark geltenden ***Regeln müssen unbedingt eingehalten werden.*** So ist es strengstens verboten, Abfälle wegzuwerfen, Feuer zu machen oder Blumen zu pflücken - sämtliche Tier- und Pflanzenarten gelten im Park als geschützt. Außerdem muss Bello zu Hause bleiben oder im Auto warten. Das Mitbringen von Hunden, auch an der Leine, ist untersagt!

Information

- In einer Vielzahl von Orten, die an den Park grenzen, gibt es Auskunftsstellen. Ausführliche Informationen erhält man in der ***Maison du Parc*** am Ortseingang von Gavarnie, Tel. 05.62.92.49.10.

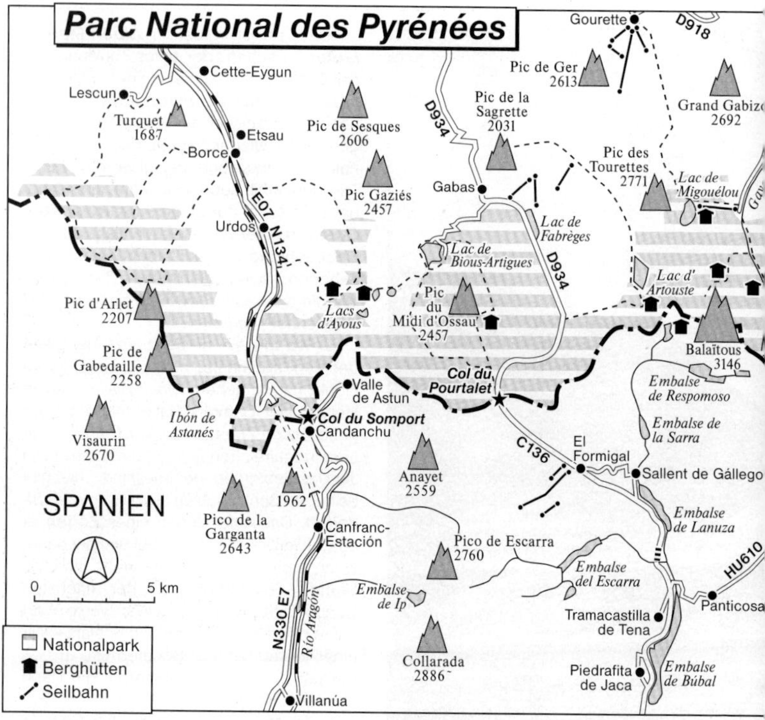

verläuft der Weg steil bergan (Beschilderung: Lac du Pourtet); immer wieder bieten sich tolle Ausblicke auf die umliegenden Berge mit dem 3.298 m hohen Vignemale. Nach insgesamt vier Stunden erreicht man schließlich den ***Lac Nére*** und eine halbe Stunde später den größeren ***Lac du Pourtet.*** Etwa in der Mitte der östlichen Seite des Sees beginnt der Rückweg, der zuerst ein Stück geradeaus, wenig später dann fast nur noch bergab verläuft. Nach 6,5 Stunden erreicht man wieder den Ausgangsort.

Weitere Strecken

Weitere lohnenswerte Strecken in dieser Region führen unter anderem in das ***Lutour-Tal*** oder zum ***Lac d'Ilhéou.*** Die Gegend bietet Wanderern so viele Möglichkeiten, dass es kaum möglich ist, sämtliche Naturschönheiten während eines Urlaubes zu erkunden.

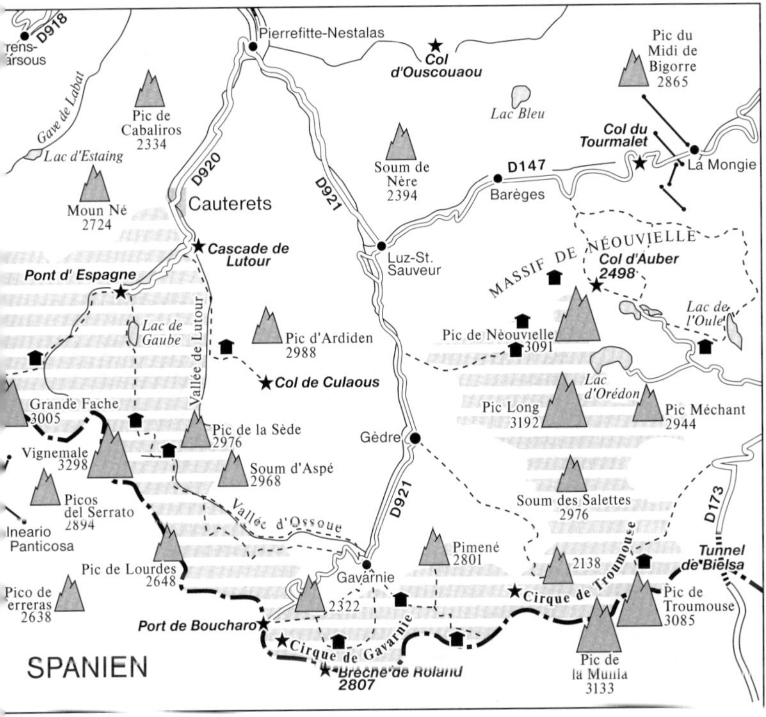

Luz-Saint-Sauveur

Fährt man von Pierrefitte-Nestalas in Richtung Cirque de Gavarnie, passiert man zuerst die Schlucht ***Gorge de Luz*** und erreicht nach 11 km das ins Tal gezwängte Städtchen Luz-St.-Sauveur. Eigentlich handelt es sich um zwei durch den Fluss getrennte Orte, doch Luz und das etwas höher gelegene Thermalbad St.-Sauveur wuchsen im Laufe der Jahre immer mehr zusammen. Eine Rolle bei der Vereinigung der beiden Stadtteile spielte *Napoleon III.*, der sich 1859 hier aufhielt und den Bau einer Brücke für notwendig befand. Bereits 1860 wurde der Übergang etwas oberhalb von Luz erbaut und drei Jahre später, am 26. September 1863, von *Napoleon* unter die Lupe genommen.

Wichtigstes Bauwerk des vor allem im Sommer sehr lebhaften Ortes ***Luz*** ist die stark ***befestigte Kirche Saint-André*** aus dem 12. und dem 14. Jh. Die dicken Mauern, die Zinnen und die Schießscharten lassen erahnen, dass hier früher nicht nur friedlich die Messe gelesen wurde.

Über dem Ort thront die Ruine des ***Château St. Marie,*** von dem allerdings nur noch der Eingangsbereich und zwei Türme einigermaßen erhalten sind. Am Fuße des Burgberges muss man das Auto abstellen und die letzten, steilen Meter zu Fuß bewältigen. Von oben bietet sich ein toller Ausblick auf den Ort und die umliegenden Berge.

Vornehmlich Häuser aus dem 19. Jh., darunter zahlreiche Hotels, bilden das ***Thermalbad St.-Sauveur.*** Zwar gehören die Zeiten, als illustre Gäste aus Geldadel und Aristokratie - unter ihnen Kaiser *Napoeon III.* und Gattin *Eugénie* - hier lustwandelten, unübersehbar der Vergangenheit an, doch die hübschen Häuserfassaden stellen noch immer einen Blickfang dar.

Wachhund?

Praktische Informationen

Information

- ***Touristeninformation*** an der Place du Huit-Mai, Tel. 05.62.92.30.30, bietet auch viele Infos für ***Aktivurlauber*** (Rafting, Kajak, Gleitschirmfliegen).
- ***Maison du Parc National,*** Tel. 05.62. 92. 38.38, mit Ausstellung über den Nationalpark und das Tal.

Unterkunft

- ***Mehrere Hotels im Stadtzentrum*** bieten ordentliche DZ ab 26 € an.
- Gute ***Jugendherberge*** in Luz, Tel. 05.62. 92.94.14. Übernachtung im Mehrbettzimmer ca. 9 €/Person.
- Insgesamt ***zehn Campingplätze*** gibt es in Luz-St.-Sauveur.
- ***La Grange*** €€, 05.62.92.87.41, im 2 Kilometer entfernten Dorf Vizos ist eine empfehlenswerte Privatunterkunft. Im Preis ist das Frühstück schon eingeschlossen. Hausherr Bruno kocht auf Wunsch traditionelle Gerichte der Region.
- Ruhig sind ***Camping Les Cascades,*** Tel. 05.62.92.85.85, etwas oberhalb des Ortes, oder ***Camping Ardiden,*** Tel. 05.62. 92.86.93, auf der anderen Seite des Flusses.

Verkehrsverbindungen

- ***Busse*** nach Lourdes und Gavarnie fahren vom Place du Huit-Mai.

Ausflüge

Luz-Ardiden

Die ***Skistation*** Luz-Ardiden, mit einer Höhe von 1.750 m fast einen Kilometer höher gelegen als Luz-St.-Sauveur, besitzt unter Alpin-Skiläufern einen erstklassigen Ruf. 32 präparierte Pisten aller Schwierigkeitsgrade stehen zur Verfügung. Die Station ist über eine steile Serpentinenstraße von Luz aus zu erreichen.

Sia

In Sia, drei Kilometer hinter Luz Richtung Gavarnie, wird der über offenem Feuer gebackene *Gâteau à la Broche,* eine ***Kuchenspezialität*** des Departements, verkauft. Bei seiner Arbeit, die eine gewisse Geschicklichkeit verlangt, lässt sich der Bäcker gerne über die Schulter schauen. Auf die Beschilderung an der Straße achten.

Gèdre

Das Dörfchen Gèdre, 11 km hinter Luz auf der Strecke nach Gavarnie, verdient in erster Linie Beachtung, weil hier das Sträßchen zum Cirque de Troumouse, dem zweiten großen Talkessel neben dem Cirque de Gavarnie, abgeht. An Sehenswürdigkeiten bietet der Ort Gèdre selbst wenig, allerdings beginnen hier mehrere schöne Wanderwege, die bei weitem nicht so stark frequentiert sind wie die Strecken rund um Gavarnie. Lohnenswert sind Touren ins ***Tal des Gave d'Aspé*** oder zum ***Cirque d'Estaubé.*** Dieser Talkessel ist zwar längst nicht so gewaltig wie seine Nachbarn von Gavarnie und Troumouse, aber auf jeden Fall einen Besuch wert. Zudem begegnet man hier wenig anderen Wanderern. Auf dem ziemlich anstrengenden Weg zu dem an der spanischen Grenze gelegenen Cirque passiert man die ***Talsperre Barrage des Gloriettes.*** Ausgangspunkt für die Wanderung ist entweder das Dorf Gèdre oder – etwas einfacher – der Weiler Héas auf dem Weg zum Cirque de Troumouse. Für alle Touren rund um Gèdre Wanderkarte mitnehmen!

Zum anderen empfiehlt sich Gèdre zur ***Übernachtung,*** da hier erheblich weniger Trubel herrscht als in Gavarnie.

Praktische Informationen

Information

- ***Touristeninformation*** im Dorfzentrum, Tel. 05.62.92.48.05.

Unterkunft

- ***Hôtel Bréche de Roland*** €€€, direkt an der D 921, Tel. 05.62.92.48.54, kann auf eine lange Tradition zurückblicken. Hier nächtigten schon berühmte Pyrenäenforscher.
- Die einfachen ***Campingplätze*** *(a la ferme)* ***Belle Vue,*** Tel. 05.62.92.48.40, und ***Les Tilleuls,*** Tel. 05.62.92.48.92, oberhalb von Gèdre sind schöner gelegen als die in Gavarnie und längst nicht so überfüllt.

Cirque de Troumouse

Kaum ein Pyrenäen-Urlauber kehrt heim, ohne den Cirque de Gavarnie, die bekannteste Sehenswürdigkeit des Gebirges, besucht zu haben. Der nur wenige Kilometer Luftlinie entfernte Cirque de Troumouse wird dabei allzuoft links liegen gelassen. Eigentlich erstaunlich, denn dieser ***Talkessel*** wirkt aufgrund der weniger hohen Wände auf den ersten Blick zwar nicht so spektakulär, ist in seinen Ausmaßen dem von Gavarnie aber sogar noch überlegen.

Um zum Cirque de Troumouse zu gelangen, nimmt man in Gèdre die kleine, aber gut befahrbare D 922. Kurz hinter dem Weiler ***Héas*** mit sei-

Das Kirchlein von Héas

ner niedlichen Kirche wird die ***Straße mautpflichtig***. Wer den Obolus nicht entrichten möchte, kann das Auto hier parken und die letzten (steilen!) 7 km zu Fuß bewältigen.

Im Cirque angekommen, offenbart sich ein Naturschauspiel allererster Güte. Der Talkessel ist ungemein weitläufig, insgesamt erstreckt er sich über eine Länge von 10 km. Es entsteht der Eindruck, als befände man sich in einer von Bergen umgebenen Ebene und nicht im Hochgebirge. Dass der Cirque de Troumouse aber über 2.000 m hoch liegt, verdeutlichen die Murmeltiere, die hier einen optimalen Lebensraum gefunden haben und häufig beobachtet werden können.

Gavarnie

Was wäre wohl aus Gavarnie geworden, läge wenige Kilometer hinter dem Dorf nicht der gleichnamige, berühmte Cirque? Vermutlich ein Örtchen, dessen Bewohner von der Landwirtschaft leben und dann und wann ein paar Touristen beherbergen würden. Doch der Cirque existiert unwiderruflich, und so zeigt Gavarnie besonders im Hochsommer ein Gesicht, das nur wenig mit dem eines gemütlichen Bergdorfes gemein hat.

Während der französischen Sommerferien ist der Ort ***völlig überlaufen.*** Busladungen von Besuchern sämtlicher Nationalitäten werden, vornehmlich aus Lourdes kommend, täglich in die 180-Seelen-Gemeinde gekarrt, die wenigen Straßen gleichen einem Rummelplatz. An allen Ecken kann man sich mit dem üblichen Souvenir-Kitsch eindecken oder in einem Café bei Kaffee und Kuchen sitzen.

Damit auch diejenigen den Talkessel erleben können, die weniger gut zu Fuß sind, stehen Esel und Pferde bereit, die gemietet werden können. Hin- und Rückritt kosten ca. 15 €, die Vierbeiner kennen den Weg aus dem Effeff.

Bei einem derart negativen Beigeschmack sollte aber nicht vergessen werden, dass Gavarnie zweifellos in eine ***herrliche Landschaft*** eingebettet liegt. Berge, deren Spitzen bis in den Sommer hinein mit Schnee bedeckt sind, und saftige Wiesen umgeben das Dorf. Am besten lässt sich die traumhafte Natur zur Nebensaison genießen, doch auch im Sommer gibt es außerhalb des Dorfes viele beschauliche Plätze.

Für den ***Grafen Henry Russell*** (1834–1909) bedeuteten die Landschaft um Gavarnie und das nahe Vignemale-Massiv die Liebe seines Lebens. Der Abenteurer hatte bereits große Teile der Welt bereist, bevor er vermutlich 1858 erstmals nach Gavarnie kam. Er entpuppte sich als unermüdlicher Bergsteiger, unternahm mehrere Erstbesteigungen und kletterte allein 33-mal auf den Vignemale. Dass es sich bei dem betuchten Aristokraten um einen Sonderling handelte, kam spätestens 1882 ans Licht: In weit über 2.000 m Höhe ließ er im Vignemale-Massiv erst eine, später weitere ***Höhlen*** in den Berg schlagen, die er fortan im Sommer bewohnte. Hier empfing er Gäste und lebte trotz der ungewöhnlichen Behausung recht mondän. 1888 bezahlte er Arbeiter aus Gavarnie dafür, noch weiter oben die ***Bellevue-Grotten*** zu errichten, und 1893 folgte der Höhepunkt: 18 Meter unterhalb des Vignemale-Gipfels entstand, auf fast 3.300 m Höhe, die ***Paradies-Grotte.***

Wer eine Halbtages-Wanderung in Kauf nimmt, kann die ***Bellevue-Grotten*** besichtigen. Dafür fährt man ein Stück auf der Straße Richtung Skistation, biegt aber nach kurzer Zeit rechts ins Ossoue-Tal ab und folgt dem Sträßchen bis zu dem kleinen Stausee. Von hier führt ein Pfad (GR 10) am Bach entlang und steigt schließlich steil zu den Höhlen an.

Praktische Informationen

Information

- ***Touristeninformation*** und ***Maison de Parc*** befinden sich in einem Gebäude am Ortseingang, Tel. 05.62.92.49.10. Man erhält Auskünfte über Fauna, Wanderwege, Hotels etc. und kann hier auch ***geführte Bergtouren*** buchen.

Unterkunft

- ***Hôtel Vignemale*** €€€€€, Chemin du Cirque, Tel. 05.62.92.40.00. Nobles Hotel mit Pianobar, Whirlpool etc.
- ***Hôtel Le Marboré*** €€€, Tel. 05.62.92.40.40. Ordentliches Zwei-Sterne-Hotel, alle 24 Zimmer mit Dusche und WC.

Wer einen fahrbaren Untersatz besitzt, sollte besser einen der ruhigeren ***Campingplätze in Gèdre*** ansteuern.

- ***Camping La Bergerie***, Tel. 05.62.92.48.41, hinter dem Ort, Richtung Cirque. Nett am Bach gelegenes Gelände, jedoch so hügelig, dass man kaum ein gerades Plätzchen für sein Zelt finden wird.

- ***Camping Le Pain de Sucre,*** Tel. 05.62.-92.47.55, 3 km unterhalb des Dorfes. Besser ausgestattet als *La Bergerie,* aber im Sommer oft ausgebucht.
- Außerdem gibt es in Gavarnie etliche ***Appartements und Studios*** zu mieten. Nähere Auskünfte bei der Touristeninformation.
- ***Bewirtschaftete Berghütten*** in unmittelbarer Nähe Gavarnies sind das ***Refuge de la Brèche de Roland,*** unterhalb der Rolandbresche, Tel. 06.83.38.13.24, sowie das ***Refuge des Espuguettes,*** südöstlich von Gavarnie, Tel. 05.62.92.30.80. Günstige Übernachtungsmöglichkeit für Bergwanderer von Frühjahr bis Herbst, genauere Öffnungszeiten telefonisch erfragen.

Weitere Reisetipps

- Die ***Skistation*** mit 12 Liften liegt oberhalb des Dorfes, in Richtung Port de Boucharo (auch Port de Gavarnie genannt).

Cirque de Gavarnie

Obwohl der Cirque auch schon von der Straße zwischen Gèdre und Gavarnie aus zu sehen ist, wird die Faszination des gigantischen Kessels erst richtig deutlich, wenn man inmitten dieses riesigen Amphitheaters steht. Fast senkrecht ragen die 1.400 m hohen Felswände in den Himmel, unterbrochen nur von einigen Stufen, Menschen erscheinen vor den überdimensionalen Mauern wie winzige Punkte. An mehreren Stellen stürzt Wasser die Felsen hinab, am bezauberndsten bei der ***Grande Cascade,*** mit 422 m einem der höchsten Wasserfälle Europas. Der Trubel im Dorf Gavarnie ist spätestens jetzt vergessen, dieses Wunder der Natur zieht einen unweigerlich in seinen Bann.

Wie die anderen, weniger bekannten Cirques entstand auch der Cirque de Gavarnie während der ***Eiszeit,*** als ein Gletscher eine bereits vorhandene Einkerbung immens ausweitete und das Geröll talwärts beförderte. Auch die Grande Cascade besitzt ihren Ursprung in längst vergangenen Zeiten: Ihr Wasser entstammt einem immer noch existierenden, unterirdischen Gletschersee.

Bei soviel Schönheit ist es kaum verwunderlich, dass sich Generationen von Schriftstellern – unter ihnen *Victor Hugo* und *Kurt Tucholsky* – mit dem Naturdenkmal befassten. Einzig Letztgenannter war nicht vollends beeindruckt – ihm ging der Rummel und die allgemein vorherrschende Meinung, zum Pyrenäen-Urlaub zähle unbedingt der Besuch des Cirque, gewaltig auf die Nerven. Im 1927 erschienen *Ein Pyrenäenbuch* ging er deshalb hart mit den Touristenströmen ins Gericht: *„Der Cirque de Gavarnie ist nicht nur ein Gebirgskessel, sondern eine nationale Zwangsvorstellung."*

Der ***Wanderweg in den Cirque de Gavarnie*** zählt zu den am meisten benutzten der gesamten Pyrenäen und ist dementsprechend gut begehbar. Vom Dorfende aus verläuft er, teilweise bergan, teilweise durch fast ebenes Gelände, geradewegs in den Cirque – bereits auf der Strecke bieten sich herrliche Ausblicke auf das Naturwunder. Nach etwa 1 Stunde und 15 Minuten erreicht man die *Hôtellerie du Cirque,* in der Erfrischungen verkauft werden; hier beginnen weitere Pfade quer durch den Talkessel, unter anderem zur Grande Cascade. Wer nicht denselben Weg zurückgehen möchte, kann direkt hinter

Beliebtes Ausflugsziel: der Cirque de Gavarnie

der *Hôtellerie* einen anderen Pfad nehmen (Richtung Espuguettes), der allerdings gute Wanderschuhe und ein wenig Kondition erfordert. Dieser Weg, für den man knapp 2 Stunden einplanen muss, beginnt mit einer Steigung und führt danach direkt am Berg entlang. Stellenweise eröffnet sich ein tolles Panorama auf die Gipfel und das Tal von Gavarnie. An einer Gabelung zweigt rechts ein Pfad zum *Refuge des Espuguettes* ab, der linke Weg geht steil bergab ins Dorf.

Brèche de Roland

Ein weiterer Klassiker und ein unbedingtes Muss für jeden Bergwanderer ist die Tour zur sagenumwobenen Brèche de Roland. Der Legende nach soll ***Roland*** die Scharte geschaffen haben, als er - von den Sarazenen tödlich verwundet - sein unbesiegbares Schwert *Durendal* gegen die Felswand schleuderte. Historischer Ursprung der Sage ist die Vernichtung der Nachhut *Karls des Großen* durch die Basken im Jahre 778 bei Roncesvalles. Aus Glaubensgründen ließ der Verfasser des Rolandsliedes die Basken aber zu heidnischen Sarazenen werden.

Tatsächlich wirkt die Bresche, als sei sie in den Stein hineingeschlagen worden - eine gewaltige Kerbe in der schier unüberwindlich anmutenden Felswand zwischen Frankreich und Spanien. Bei gutem Wetter offenbart sich ein einmaliger ***Blick auf den spanischen Ordesa-Nationalpark;***

ein Schritt genügt, und man befindet sich im Nachbarland. Doch zuerst steht die Arbeit vor dem Vergnügen: Das letzte Stück bis zur Bresche ist ganzjährig schneebedeckt und die restliche Strecke ebenfalls nicht ganz einfach zu meistern. Eine ordentliche Ausrüstung sowie eine einigermaßen gute körperliche Verfassung sind obligatorisch, bei schlechtem Wetter sollte man die Tour lieber verschieben.

Der ***Weg*** beginnt am Parkplatz des ***Port de Boucharo*** (Port de Gavarnie) oberhalb der Skistation, hier folgt man der Beschilderung *Refugio Brèche de Roland*. Etwa 50 Minuten führt der steinige Pfad relativ problemlos bergauf, bevor man auf eine Geröll-Ansammlung trifft, die zumeist von einem Bach durchflossen wird. Diesen Wasserlauf gilt es nun zu überqueren, wobei häufiger kleinere Sprünge erforderlich werden (nasse Füße sind mit schlechtem Schuhwerk keine Seltenheit!). Es folgt eine steile, sehr steinige Ansteigung, von deren Kamm erstmals die Bresche sichtbar wird. Nach etwa 1,5 Stunden hat man schließlich das *Refuge* erreicht. Der steile Weg von hier zur Brèche nimmt, je nach Schneeverhältnissen, nochmals 30 bis 90 Minuten in Anspruch. Am Ziel angekommen, entschädigt das fantastische Panorama jedoch für sämtliche Strapazen.

Erfahrene Bergwanderer können hier eine längere ***Tour in den Ordesa-Nationalpark*** beginnen (mehrere Tage möglich, gute Ausrüstung und Wanderkarte ein Muss).

Über den Col du Tourmalet ins Vallée de Campan

Für Autofahrer, die auf der D 921 in Richtung Gavarnie unterwegs sind, bietet sich in Luz-St.-Sauveur eine letzte Möglichkeit, das Tal zu verlassen. In Luz zweigt die ***D 918*** ab, die über den berühmten Pyrenäengipfel ***Col du Tourmalet*** (2.115 m) nach 35 km ins vergleichsweise sanfte ***Campan-Tal*** führt. Die gut ausgebaute Straße über den höchsten befahrbaren Pass der französischen Pyrenäen stellt ein motorisiertes Fahrzeug trotz ihres Anstieges vor keine großen Probleme, bei Fahrradfahrern ist das logischerweise etwas anders. Selbst die toptrainierten Teilnehmer der ***Tour de France*** zollen der Strecke gewaltigen Respekt. Alljährlich müssen sie den Col du Tourmalet auf ihren Drahteseln im Höchsttempo bezwingen, und nicht selten trennt sich hier die Spreu vom Weizen. Bergexperten fahren einen komfortablen Vorsprung heraus, der Rest fällt zurück.

Aufgrund des starken Schneefalls ist der Pass alljährlich ***zwischen Ende Oktober und April geschlossen;*** dann bleibt nichts anderes übrig, als den Umweg über Lourdes und Bagnères-de-Bigorre in Kauf zu nehmen.

Barèges

Das erste Dorf auf der Strecke ist eigentlich nur für ***Sportbegeisterte*** wirklich interessant. Hier kann man sich im Sommer Fahrräder leihen, Raftingtouren buchen, wandern, klettern oder mit einem Gleitschirm fliegen. Im Winter steht Barèges schon seit langer Zeit ganz im Zeichen des Skisportes: Seit 1922 existiert eine Skischule. Da ein Lift die beiden Skigebiete von Barèges und La Mongie im Osten mittlerweile verbindet, zählt der ***Skizirkus Barèges/ La Mongie*** heute zu den besten Abfahrtsgebieten der Pyrenäen – insgesamt 100 km Piste stehen zur Verfügung. Die Skistation von Barèges trägt den Namen ***Superbarèges*** und ist sowohl mit einer Seilbahn als auch mit einem Skibus zu erreichen.

Information

- ***Touristenbüro*** in Barèges, Tel. 05.62. 92.16.00.

Unterkunft

- ***Hôtel de la Poste*** €, Tel. 05.62.92.68.37, bietet preisgünstige Zimmer an.

Pic du Midi de Bigorre

Bis zum Zentralmassiv, ja fast bis zu den Alpen könne man bei extrem klarem Wetter vom Pic du Midi de Bigorre aus sehen, behaupten einige. Nicht wenige halten zumindest die zweite Behauptung allerdings für stark übertrieben. Niemand jedoch wird anzweifeln, dass die Aussicht von dem 2.872 m hohen Berg zu den besten in den gesamten Pyrenäen zählt. Im Norden liegt die weite Ebene, von Osten nach Westen erstreckt sich ein Band unzähliger Gipfel, an einigen Stellen spiegelt sich die Sonne im Eis der Gletscher. Traumhaft!

Schon seit langer Zeit ist der Berg für seine klare Luft und die damit verbundene Aussicht bekannt. Im Jahre 1881 überwinterten erstmals Wissenschaftler in der eisigen Höhe – in bescheidenen Unterkünften, ohne Wasser oder Strom. Zu Beginn des 20. Jh. wurde die erste Kuppel eines Obervatoriums auf dem Gipfel errichtet, vor allem in den 1950er Jahren erfolgte ein Ausbau der Anlagen. Im Laufe der Zeit entdeckte unter anderem auch die *NASA* die Qualitäten der astronomischen Station und nutzte diese für Arbeiten im Zuge der Raumfahrtprojekte. Heute beherbergt die Sternwarte das größte Teleskop Frankreichs.

Wegen des 1a-Ausblickes gehört der Pic du Midi de Bigorre schon lange zu den beliebtesten Ausflugszielen der Pyrenäen – spätestens seit dem Jahr 2000 muss er aber als eine wirklich außergewöhnliche Attraktion bezeichnet werden. Zwar ist eine Besichtigung des eigentlichen Observatoriums, in dem ständig Astronomen arbeiten, nicht möglich, dafür wurde aber unter dem Motto „Die letzte Stufe vor den Sternen" nach jahrelangen Baumaßnahmen das große Museum auf dem Gipfel eröffnet. Außerdem konnte die neue Seilbahn in La Mongie ihrer Bestimmung übergeben werden, die nun die Besucher im Minutentakt auf den Berg befördert. Dort erfährt der Gast im ***Musée des étoiles*** auf mehreren Ebenen so ziemlich alles über unser Sonnensystem, die Geschichte der Astronomie, den Pic du Midi de Bigorre und und und...

Die Kosten für die Neugestaltung waren immens, so dass Besucher

Franz. Pyrenäen
Hautes-Pyrénées

Die Tour de France

Für sportbegeisterte Franzosen ist die Tour de France nicht irgendein Radrennen, das alljährlich im Sommer ausgetragen wird. Die Tour de France stellt mehr dar - sie ist das Sportereignis des Jahres! Hunderttausende an den Straßen und Millionen an den Bildschirmen verfolgen Tag für Tag, wie sich ihre Idole die Berge hinaufquälen und im Wahnsinnstempo durch die Straßen von Paris, Bordeaux oder Pau „fliegen".

Henri Desgrange rief die Tour 1903 ins Leben und wurde vor dem ersten Start von vielen belächelt. Ein Radrennen durch ganz Frankreich? Phantasterei! Zunächst sollten die Kritiker Recht behalten; die ersten beiden Auflagen „floppten", das öffentliche Interesse hielt sich in Grenzen. Hinzu kamen kleine bis mittelschwere Skandale: Einmal stiegen einige Rennfahrer unerlaubterweise zwischendurch in den Zug, ein anderes Mal wurden in einer nächtlichen Boykottaktion Nägel auf die Straße gestreut. Doch *Desgrange* gab nicht auf. Er verbesserte Jahr für Jahr die Bedingungen und verlängerte die Rennstrecke - die Anteilnahme in der Bevölkerung stieg unaufhörlich. Als *Alphonse Steines,* ein Mitarbeiter *Desgranges,* seinem Chef 1910 den Vorschlag machte, die Pyrenäen in den Streckenverlauf miteinzubeziehen, hielt dieser ihn zunächst für verrückt. Ein Radrennen im Hochgebirge? Ein verwegener Plan, hatten die Sportler doch schon im Flachland ihre liebe Müh. Aber *Steines* konnte sich durchsetzen: Noch im selben Jahr fuhren die Teilnehmer über die Bergriesen Peyresourde, Aspin, Aubisque und den schier unbezwingbaren Tourmalet. „König der Berge" wurde bei der Premiere *Octave Lapize,* der nicht nur die wichtigsten Bergetappen, sondern auch die gesamte Tour gewann.

Seit 1910 zählen die Pyrenäen mit den extrem steilen Anstiegen, den rasanten Abfahrten und den Sommergewittern zu den Höhepunkten der Tour - Jahr für Jahr. Nur während der Weltkriege musste das bedeutendste Radrennen der Welt ausfallen. Mit der Geschichte der Tour de France sind so große Namen verbunden wie *Gino Bartali, Fausto Coppi, Jacques Anquetil, Eddy Merckx* oder *Bernard Hinault,* die in ihrer Heimat alle als Helden gefeiert wurden. Trotz eines *Jan Ullrich* hieß der Star der 90er Jahre zweifelsohne *Miguel Indurain.* Ihm gelang etwas, was zuvor noch niemand schaffte: 1995 gewann er die Tour de France zum fünften Mal hintereinander. Nicht nur *Indurains* baskische Landsleute sehen in ihm einen der besten Fahrer aller Zeiten. Zu Beginn des 21. Jahrhunderts dominierte dann der Amerikaner Lance Armstrong das Geschehern beinahe nach Belieben.

dementsprechend zur Kasse gebeten werden: Hin- und Rückfahrt mit der Seilbahn von La Mongie sowie der Museumseintritt kosten zusammen 22 €, für Kinder und Jugendliche 11,40 €. Wer den Berg lieber zu Fuß erstürmen möchte, sollte sein Fahrzeug etwas unterhalb des Passes am Col du Tourmalet parken und dem beschilderten Weg folgen, der bis zum Observatorium allerdings etwa fünf Stunden in Anspruch nimmt. Der Museumseintritt beträgt „nur" 15,20 €, für Kinder und Jugendliche 7,60 €.

Bis auf die Zeit vom 4. November bis 6. Dezember ist das Museum ganzjährig geöffnet, wobei die erste Seilbahn um 9 Uhr, die letzte um 16.30 Uhr in La Mongie startet. Vom Pic tritt um 19 Uhr die letzte Bahn ihre Fahrt talwärts an.

La Mongie

Wie viele andere ***Skiorte*** Frankreichs entstand auch La Mongie auf dem Reißbrett: Zweckmäßigkeit spielte eine erheblich größere Rolle als Schönheit. Lohnenswert ist ausschließlich eine ***Seilbahnfahrt*** auf den Hausberg Taoulet (2.315 m). Haben sich die Architekten des Ortes auch wenig Mühe gegeben, so besitzt die Landschaft auf jeden Fall ihren Reiz. Wirklich hübsch präsentiert sich z.B. der ***Wasserfall Cascade du Garet,*** nahe dem sechs Kilometer bergab gelegenen Dorf Artigues.

Von Ste.-Marie-de-Campan über den Col d'Aspin

Kommt man aus der alpinen Region des Col du Tourmalet und fährt bei ***Ste.-Marie-de-Campan*** die D 918 weiter Richtung Col d'Aspin, glaubt man seinen Augen zuerst nicht zu trauen. Das Tal macht geradezu einen lieblichen Eindruck, weiche Hügel haben den Platz der schroffen Felsen eingenommen. Hinter dem Weiler ***La Seoube,*** der auch einen Campingplatz besitzt, kommt man in die ***Payoll-Ebene,*** die ein klassisches ***Naherholungsgebiet*** beherbergt. Gerade an Wochenenden herrscht bei der Riesenrutschbahn, dem Pferdereiten und in den Bars allerdings reger Betrieb.

Vorbei am einstmals bedeutenden Steinbruch von ***Espiadet*** windet sich die Straße nun durch Wälder den Berg hinauf, bevor die Anzahl der Bäume abnimmt und schließlich der ***Col d'Aspin*** erreicht ist. Trotz der – im Vergleich zu anderen Pässen – eher bescheidenen Höhe von 1.489 m bietet sich von hier ein erstklassiges Panorama; allein der Blick auf den Pic du Midi de Bigorre mit der Silhouette des Observatoriums lohnt einen Abstecher. Besonders im Frühjahr, wenn alles blüht und Kühe auf den Weiden stehen, ein tolles Bild! Im Sommer kann es, besonders an Wochenenden, aber recht voll werden.

Überall zugegen: Puppen in Campan

Campan

Bereits einige Kilometer hinter La Mongie beginnt das ***Vallée de Gripp,*** das bei Ste.-Marie-de-Campan ins ***Campan-Tal*** mündet. Auf den Weiden der Hänge dieser Täler stehen zahlreiche Berghütten - ein Beweis dafür, welche Rolle die Landwirtschaft auch heute noch spielt. Das ***Städtchen Campan*** hat sich vom regen Kurbetrieb in Bagnères nicht anstecken lassen: Von Hektik ist nicht viel zu spüren, es geht alles seinen gewohnten Gang.

Nur von Juli bis Anfang Sebtember zieht Campan die Blicke der Durchreisenden auf sich, wenn überall im Ort mit Heu ausgestopfte ***Stoffpuppen,*** die sogenannten *Mounaques*, sitzen. Kaum ein Platz ist vor den fast lebensgroßen Puppen sicher; auf Balkonen und Treppen sind sie genauso zu finden wie an der Bushaltestelle oder vor der Bäckerei. Die *Mounaques* sind auf eine alte Tradition zurückzuführen: Wenn ein Witwer oder eine Witwe erneut heirateten oder jemand aus der Nachbargemeinde zum Traualtar geführt wurde, war es Brauch, die jungen Leute des Dorfes einzuladen. Weigerte sich der Auserwählte, Geld zu geben oder ein Essen zu spendieren, setzte man ihm eine Puppe vor die Tür und schlug einen Monat lang Krach vor seinem Haus.

Hauptsehenswürdigkeit von Campan ist die ***Kirche*** aus dem 16. und 17. Jh. mit ihrem reich verzierten Barockaltar.

● ***Touristenbüro*** an der Hauptstraße, Tel. 05.62.91.70.36

Ausflüge

Lesponne-Tal

1 km nördlich von Campan zweigt eine kleine Straße in das Lesponne-Tal ab, das sich friedlich durch die sanfte Bergwelt schlängelt und einen Eindruck vom Leben der Landbevölkerung vermittelt. Der Weiler ***Chiroulet*** am Ende der Straße bildet eine optimale Ausgangsposition für Wanderungen zu den nahen Bergseen. Die Tour zum südlich gelegenen ***Lac Bleu*** ist für jedermann leicht durchführbar und nimmt etwa zweieinhalb Stunden in Anspruch, für die Strecke zum ***Lac d'Isaby*** sollte man vier Stunden einplanen.

Unterkunft

● ***Gîte d'Etape l'Ardoisière*** €, in Ste.-Marie-de-Campan, Tel. 05.62.91.88.88.

Bagnères-de-Bigorre

Ausstellungen, Bridge-Abende und klassische Konzerte - der ***Thermal-Kurort*** (10.000 Einw.) am Eingang zum Campan-Tal lässt keine Zweifel daran, dass hier fast alles für die meist älteren Kurgäste getan wird. Bagnères-de-Bigorre ist jedoch keines der Bäder, die ausschließlich vom Zuspruch der Kurgäste leben und deren Straßenzüge ausschließlich aus Hotelpalästen bestehen. Vielmehr wurde hier ein Mittelweg gewählt: Neue Häuser entstanden, es gibt zahlreiche Geschäfte und Büros, die rein gar nichts mit dem Kurbetrieb zu tun haben. Da man zudem Industriebetrieben die Möglichkeit gab, sich vor den Toren der Stadt anzusiedeln, entwickelte sich der Ort am Fluss Adour zu einem ganz normalen Städtchen, über dem noch ein Hauch der ehemaligen Bäder-Herrlichkeit schwebt.

Die Entdeckung eines antiken Schwimmbades lässt vermuten, dass die heilende Kraft des hiesigen Wassers bereits vor Jahrhunderten bekannt war. Nachdem 1823 die Thermen eröffnet wurden und die ersten Berühmtheiten den Ort am Fuße der Pyrenäen zu ihrem Feriendomizil machten, war Bagnères wenig später „angesagt". Bekannte Vertreter aus Adel, Kunst und Wissenschaft gaben sich in den Salons die Klinke in die Hand; es dauerte nicht lange, und der Ort trug den schmückenden Beinamen „Athen der Pyrenäen". Daran hat sich im 20. Jh. aber einiges geändert. Zwar gibt es einen gepflegten Golfplatz und das obligatorische Casino – versnobt wirkt die Stadt jedoch nicht.

Sehenswertes

Der ***Tour des Jacobins,*** der Jakobiner-Turm, überragt die Stadt. Von diesem Überrest eines ehemaligen Klosters gaben Glocken früher die Zeit an, woher auch der Name für die Straße, in der der Turm steht, stammt: Rue d'Horloge (*Horloge* = Turmuhr). Von den Glocken ist heute allerdings nichts mehr zu hören oder zu sehen.

Geht man weiter durch die Gassen der ***Altstadt,*** kommt man zum ***Place des Thermes,*** an der sich das ***Thermengebäude*** befindet, dessen grauer Steinfassade die Zeit anscheinend nichts anhaben konnte. Direkt daneben, im ***Musée Salies,*** ist das Museum der schönen Künste untergebracht, das neben zahlreichen Landschaftsmalereien auch andere Kunstwerke beherbergt.

- Geöffnet vom 1. Mai bis 30. Oktober täglich außer Montag 15–18 Uhr, Juli und August täglich 15–19 Uhr; Eintritt 3 €, Kinder 2,30 €.

Im selben Gebäude gibt es außerdem eine große ***Bibliothek*** sowie die ***Maison de la Montagne,*** in der man sich über die nahe Bergwelt informieren kann.

Das für ein Heilbad wohl unverzichtbare ***Casino*** mit schönen Ornamenten und Leuchtern aus dem 19. Jh. liegt ebenfalls nur einen Steinwurf vom Thermengebäude entfernt.

Auf der anderen Seite des Adour, in der Rue de Hount Blanque, können im folkloristischen ***Musée du Vieux Moulin*** historische Gegenstände aus der Umgebung (Möbel etc.) besichtigt werden.

- Geöffnet Dienstag bis Freitag 10–12 und 14–18 Uhr, Eintritt 0,75 €, Kinder frei.

Praktische Informationen

Information

- ***Touristenbüro*** in der Allée Tournefort 3, Tel. 05.62.95.50.71.

Unterkunft

Ein großes Hotelangebot gilt für einen Kurort als nichts Außergewöhnliches. Bemerkenswert in Bagnères-de-Bigorre ist jedoch, dass es neben den klassischen Kurhotels einige ***günstige Unterkünfte*** gibt.

- ***Hôtel Le Trianon*** €€€, Place des Thermes, Tel. 05.62.95.09.34. Ruhiges Hotel in einem alten, herrschaftlichen Haus inmitten einer Gartenanlage.
- ***Hôtel Le Tivoli*** €€, Avenue du Salut, Tel. 05.62.91.07.13. Hübsches Hotel mit 20 Zimmern, ruhig.

- ***Family Pension*** €, Rue Général Menvielle 4, Tel. 05.62.91.02.22. Sechs einfache, aber saubere Zimmer.
- ***Mehrere Campingplätze*** in Bagnères-de-Bigorre und im gesamten Campan-Tal.
- ***Camping Bellevue des Palomieres,*** von der Straße Richtung Toulouse nach rechts abbiegen, Tel. 05.62.91.03.97. Sämtliche Serviceeinrichtungen vorhanden, unter anderem ein Kinderspielplatz.
- ***Camping L'Arriou,*** im Dorf Beaudéan zwischen Campan und Bagnères, Tel. 05.62. 91.74.04. Am Ufer des Adour gelegener Platz mit Schwimmbad.

Essen und Trinken

- ***Restaurant Le Bigourdan,*** Rue Victor-Hugo 14, Tel. 05.62.95.20.20. Sowohl gute Salate und italienische Gerichte als auch regionale Spezialitäten im Angebot.

Verkehrsverbindungen

- Spärlicher ***Busverkehr*** nach Tarbes und in Richtung Ste.-Marie-de-Campan.

Ausflüge

Médous-Höhlen

Die Médous-Höhlen, 3 km südlich von Bagnères-de-Bigorre, sind die eigentlichen Hauptsehenswürdigkeiten der Stadt. Der Adour schuf im Laufe der Jahrtausende die unterirdischen Gänge und Säle, von denen einige auch heute noch mit einem kleinen Boot besichtigt werden. Die unterirdischen Gänge verlaufen unter dem ***Château de Médous,*** das ebenfalls besichtigt werden kann.

- Geöffnet vom 1. April bis zum 30. Juni und vom 1. September bis zum 15. Oktober täglich 9–11.30 und 14–17 Uhr; im Juli und August 9-12 und 14–18 Uhr. Eintritt 6,10 €, Kinder bis 10 Jahre die Hälfte.

Beaudéan

Eine interessante Konstruktion aus Stein und Holz ist die ***Kirche*** des zwischen Bagnères und Campan gelegenen Dorfes Beaudéan. Der Turm des Gebäudes erinnert mehr an ein Schloss als an ein Gotteshaus. Leider wird die Kirche nur zur Messe am Samstag geöffnet. In Beaudéan gibt es zudem einen ***Übungs-Kletterfelsen,*** an dem künftige Bergsteiger erste Erfahrungen in der Felswand sammeln können.

Château Mauvezin

Fährt man auf der D 938 von Bagnères-de-Bigorre nach Lannemezan, passiert man den Ort Mauvezin mit dem gleichnamigen Schloss (11. Jh.), das für Gaston Fébus im 14. Jh. umgebaut wurde. In dem Museum sind unter anderem Waffen und archäologische Ausgrabungsstücke zu sehen.

- Öffnungszeiten: 16. April–15. Oktober 10–19 Uhr, den Rest des Jahres 13.30–17.30 Uhr. Eintritt: Erwachsene 4 €, Kinder 2 €.

Das Aure-Tal

Vallée d'Aure, das östlichste große Tal der Hautes-Pyrénées war einst das Zentrum der Grafschaft *Pays des quatre Vallées* (Land der vier Täler), dem drei weitere, kleinere Täler angehörten. Fährt man von Lannemezan talaufwärts, mag die hügelige Gegend mit den wenig attraktiven Dörfern zuerst ein bisschen abweisend wirken. Doch spätestens ab dem hübschen Ort ***Arreau*** am Fuße des l'Arbizon (2.831 m) kommen auch „Bergfans" inmitten der waldigen Landschaft wieder voll auf ihre Kosten. Nach ***St.-Lary-Soulan*** wird die Straße schließlich sehr steil und das Tal auffallend eng – Gebirge pur!

Das Aure-Tal zählt zudem zu den wichtigsten Pyrenäenwegen nach Spanien, da der ***Bielsa-Tunnel,*** der die beiden Staaten miteinander verbindet, auch nach Schneefall meist befahren werden kann.

Sarrancolin

Bereits im Jahre 940 wurde das Dorf erstmals erwähnt, später war es für seinen roten Marmor bekannt, den man unter anderem beim Schloss Versailles verwendete. Doch der ***Marmorabbau*** wurde genauso eingestellt wie die zeitweilige Eisenverarbeitung und die Glasbläserei – heute spielt neben der Landwirtschaft die neugewonnene Einkommensquelle Tourismus eine – wenn auch noch nicht bedeutende – Rolle. Hübsche ***Fachwerkhäuser*** wie die Maison Garcia oder die Maison Crouau in der ***Rue Royale*** haben die Jahrhunderte unbeschadet überdauert. Der Stolz des Ortes ist jedoch die ***Kirche Saint Ebons*** (12. Jh.), in der ein Kirchenschatz und der Schrein des heiligen Ebons aufbewahrt werden. Beachtenswert sind außerdem das schöne Chorgestühl und der reich verzierte Altar.

Arreau

Nicht nur geographisch stellt der Ort das Zentrum des Aure-Tales dar, lange Jahre war Arreau (850 Einwohner) auch Hauptstadt des *Pays des quatre Vallées.* Mittlerweile hat das südlicher gelegene St.-Lary-Soulan aufgrund des Skitourismus größenmäßig zwar gewaltig zugelegt, doch architektonisch darf Arreau ohne Zweifel als Perle des Aure-Tales angesehen werden.

Ein ***mittelalterliches Flair*** liegt über dem von Gebirgsbächen durchflossenen Städtchen, dessen enge Gassen Fachwerkhäuser aus dem 16. Jh. säumen. Mit ein bisschen Phantasie kann man sich bei einem abendlichen Spaziergang durch das Dorf ohne weiteres in längst vergangene Zeiten versetzt fühlen. Mittelpunkt und Schmuckstück Arreaus ist ein ***historisches Marktgebäude,*** in dem die Bauern und Händler der Gegend auch heute noch jeden Donnerstagmorgen ihre Waren feilbieten.

Die strategisch günstige Lage am ***Treffpunkt des Aure- und des Louron-Tales*** bescherte dem Dorf im Laufe seiner Geschichte jede Menge (vielfach unerwünschter) Besucher: Römische Legionen bezogen hier ebenso Stellung wie arabische oder deutsche Soldaten.

Bekannt für ihre romanische Tür ist die ***Kapelle Saint-Exupère*** auf der dem Ortskern gegenüberliegenden Seite des Flusses. Bis auf die Pforte bestimmt aber der gotische Stil die Kirche.

Im ***Château des Nestes*** ist heute ein kleines Pyrenäenmuseum untergebracht, das im Sommer täglich von 9.30–12.30 Uhr und von 13.30–19 Uhr (Sonntag nur vormittags) besichtigt werden kann. Den Rest des Jahres stark variierende Öffnungszeiten. Eintritt frei.

Information

- Das ***Touristenbüro,*** zuständig für das Aure- und das Louron-Tal, befindet sich im ***Château des Nestes***, Tel. 05.62.98.63.15. Hier werden auch ***Bergführer*** vermittelt, die Wanderer bei Gebirgstouren begleiten.

Unterkunft und Essen

- ***Hôtel d'Angleterre*** €€€, Route de Luchon, Tel. 05.62.98.63.30, ist das komfortabelste Hotel der Stadt. Das gute ***Restaurant*** des Hotels bietet in erster Linie regionale Spezialitäten. In den Sommermonaten nur Halbpension möglich.
- ***Hôtel de France*** €€, Place du Monument, Tel. 05.62.98.61.12.
- Der ***städtische Campingplatz,*** Tel. 05. 62.98.65.56, sowie der größere ***Camping Le Refuge,*** Tel. 05.62.98.63.34, liegen im Süden des Ortes.

Verkehrsverbindungen

- Mehrere ***Busse*** täglich nach St. Lary im Süden sowie nach Lannemezan im Norden.

Abstecher in das Tal des Louron

Anstatt weiter das Aure-Tal hinaufzufahren, bietet sich in Arreau auch die Möglichkeit, auf die ***D 618*** abzubiegen, die in das ***Louron-Tal*** und später über den ***Col de Peyresourde*** bis nach Bagnères-de-Luchon führt. Auf dem Gipfel des 1.569 m hohen Berges verläuft die Grenze zwischen den Départements Hautes-Pyrénées und Haute-Garonne. Fast jedes Jahr gehört der Pass zum Repertoire der Tour-de-France-Fahrer. Zu Beginn besitzt das Gebiet mit seinen Wiesen und Weiden wenig Gebirgscharakter, zweigt man jedoch nach 8 km von der D 618 in das Vallée de Louron ab (Richtung Loudenvielle), kommt man in ein hübsches, kleines Tal, das zumindest im oberen Teil von hohen Bergen eingerahmt wird.

Mehrere Dörfer flankieren den Eingang dieses Einschnittes, wobei ***Génos*** zweifellos den malerischsten Eindruck hinterlässt: Der Ort wird von einer Schlossruine (13. Jh.) und einer Kirche (15. Jh.) überragt, die auf zwei nahen Hügeln thronen.

1,5 km weiter flussaufwärts erreicht man ***Loudenvielle,*** das wie Génos am Ufer eines kleinen Sees liegt und sich in den vergangenen Jahren zu einem ***Ausflugszentrum*** gemausert hat. An dem See wurden Campingplatz, Schwimmbad, Tretboot-Verleih, Minigolfbahn und andere Freizeitangebote errichtet, so dass sich dieses Naherholungsgebiet in den Sommermonaten großer Beliebtheit erfreut. Das vornehmlich aus alten Bruchsteinhäusern bestehende Dorf konnte sein typisches Gesicht aber bewahren.

Am Ende des Louron-Tales, 10 km oberhalb von Loudenvielle, befindet sich die ***Skistation Val-Louron,*** die einen erheblich sympathischeren Eindruck macht als viele andere Skiorte Frankreichs. Den Abfahrern stehen Pisten mit einer Gesamtlänge von 20 km zur Verfügung, außerdem gibt es einige Langlaufloipen.

Information

- ***Maison du Tourisme de la Vallée du Louron,*** in Bordères-Louron, 5 km hinter Arreau, Tel. 05.62.99.92.00.

Unterkunft

- ***Camping Pène Blanche*** in Loudenvielle, Tel. 05.62.99.68.85. Schwimmbad, Tennis, Minigolf.

Saint-Lary-Soulan

Von Arreau aus talaufwärts passiert die D 929 zuerst einige hübsche Weiler, bevor man nach 12 km Saint-Lary-Soulan erreicht. Der Ort hat in den vergangenen 40 Jahren eine extreme Wandlung durchgemacht. Aus dem unbeachteten Dorf ist - unterstützt durch rührige Lokalpolitiker - ***eines der wichtigsten Skizentren*** der französischen Pyrenäen geworden. Allein die Einwohnerzahl hat sich in diesem Zeitraum mehr als verfünffacht, die Zuwachsrate an Gästen ist gar in astronomischen Maßen in die Höhe geschnellt.

Saint-Lary-Soulan besitzt mittlerweile alles, was das Herz der Skitouristen zu begehren scheint. In modernen Gebäuden reihen sich Hotels, Pizzerien, Pubs und Andenkenläden aneinander, besonders im Winter ist die Hölle los. Gondeln bringen die Abfahrer ins 1.680 bis 2.450 m hoch gelegene Skigebiet, dessen 35 Pisten sich über ein Gebiet von 550 Hektar erstrecken. Damit der Slogan *St.-Lary, c'est 100 % ski* auch dann noch gilt, wenn Frau Holle es nicht so gut mit den Wintersportlern meint, stehen 55 Schneekanonen bereit.

Wer dem Skisport nicht so viel abgewinnen kann, sollte zumindest der ***Maison de l'Ours,*** dem Haus der Bären, einen Besuch abstatten. Hier erfährt man anhand von Ausstellungsstücken und Filmmaterial alles über die letzten Braunbären der Pyrenäen.

- Geöffnet im Sommer täglich von 10-12 Uhr und von 14-19 Uhr, außerhalb der Saison tgl. außer dienstags 10-12 und 14-18 Uhr. Eintritt 5 €, Kinder 3,50 €.

Information

- Das ***Touristenbüro*** an der Rue Principale 37, Tel. 05.62.39.50.81, informiert auch über ***Sommersportarten*** wie Gleitschirmfliegen oder Reiten.
- In der ***Maison du Parc National des Pyrénées*** an der Place de la Mairie, Tel. 05.62.39.40.91, gibt es alle erdenklichen Infos über den Nationalpark. Geöffnet vom 20. Dezember bis 1. Oktober täglich 9-12 und 14-19 Uhr.

Unterkunft

- ***Zahlreiche Hotels*** stehen dem Besucher zur Verfügung, wobei aber kaum günstige Übernachtungsmöglichkeiten vorhanden sind.
- ***Pons „Le Dahu"*** €€€, Tel. 05.62.39.43.66, zählt zu den preiswertesten Hotels.
- ***Camping Municipal,*** Tel. 05.62.39.41.58, verfügt - nicht nur für einen städtischen Platz - über einen sehr hohen Standard und ein großes Freizeitangebot (Schwimmbad, Minigolf, Tennis).

Ausflüge

Von St.-Lary-Soulan sind es noch 19 km bis zum ***Bielsa-Tunnel,*** der sich 3 km lang durch den Fels auf die spanische Seite der Pyrenäen bohrt (siehe: das Tal von Bielsa). Wenige Kilometer nach St.-Lary sieht man einige hübsch am Berg gelegene Weiler wie ***Tramezaïgues*** oder ***Eget.*** In Tramezaïgues beginnt die schmale Straße D 19, die ins waldige ***Rioumajou-Tal*** führt. Am Ende des Tales liegt die Berghütte *Hospice de Rioumajou,* die Wanderern eine einfache Schlafmöglichkeit bietet. Die letzten Kilometer bis zur Hütte geht man besser zu Fuß, obwohl der Weg bei gutem Wetter theoretisch befahrbar ist.

Von dem Dorf Fabian, auf halber Strecke zwischen St.-Lary und dem Bielsa-Tunnel, verläuft eine steile Straße in das ***Réserve Naturelle***

Der Lac d'Aumar

Néouvielle, eine mit wunderschönen Bergseen gespickte Hochgebirgslandschaft.

6 km vor dem Bielsa-Tunnel zweigt noch mal eine Straße zu dem hypermodernen Retorten-Skiort ***Piau-Engaly*** ab.

Réserve Naturelle Néouvielle

Das 1935 gegründete Naturschutzgebiet grenzt an den östlichen Zipfel des Pyrenäen-Nationalparks und besitzt mit seinem Umland eine Ansammlung an ***malerischen Seen,*** wie sie in den französischen Pyrenäen einmalig ist. Höchster Gipfel im Néouvielle-Massiv, in dem auch in weit über 2.000 m Höhe noch Kiefernbestände zu finden sind, ist der 3.091 m hohe ***Pic de Néouvielle.*** Aufgrund der starken Sonneneinstrahlung leben hier auch Tierarten wie beispielsweise die Geburtshelferkröte, die ansonsten in derartigen Höhen nicht mehr auftauchen.

Für die meisten Wanderer dürften aber die ***Gemsen*** interessanter sein, von denen im Néouvielle-Massiv eine stattliche Anzahl lebt. Vor gar nicht langer Zeit war es allerdings noch unmöglich, die geschickten Kletterer zu beobachten – die Gemsen waren in dieser Region komplett ausgerottet. In den 80er Jahren wurden jedoch wieder einige der Tiere in die Freiheit entlassen. Mit Erfolg – die Population nimmt zu.

Das Pfeifen der ***Murmeltiere,*** heute oftmals im Naturschutzgebiet zu hören, kannte hier vor 60 Jahren noch niemand. Erst 1948 wurden die ersten Exemplare dieses eigentlich in den Alpen heimischen Säugetieres auf der französischen Seite der Pyrenäen ausgesetzt. Mittlerweile ist das *marmotte,* wie die Franzosen es nennen, in vielen Gegenden aber nicht mehr wegzudenken. Mit ein bisschen Glück sieht man auch ***Adler*** oder ***Geier,*** die über den Gipfeln ihre Runden drehen.

Kaum eine andere Region von solcher Schönheit lässt sich so einfach erreichen wie das Néouvielle-Massiv. Von ***Fabian*** aus windet sich die Straße 10 km den Berg hinauf und gabelt sich dann oberhalb des ***Orédon-Sees,*** wobei der linke Weg zum ***Stausee Cap-de-Long,*** der rechte zu den ***Seen Aumar*** und ***Aubert*** führt. Auch diese letzten Kilometer können noch mit dem Auto bewältigt werden – allerdings nur außerhalb der Hochsaison. Von Juli bis August muss das Fahrzeug auf dem kostenpflichtigen Parkplatz am ***Lac d'Orédon*** abgestellt und für 4 € (Hin- und Rückfahrt) der Pendelbus genommen werden.

Im Gebiet des Néouvielle-Massivs gibt es ***mehrere Gîtes und Refuges,*** in denen Wanderer von Juni bis September übernachten können, zudem darf am Lac d'Aumar gezeltet werden. Für längere Touren in dieser Region empfiehlt sich der Kauf einer Wanderkarte.

Von der Straßengabelung ist das ***Chalet-Hôtel d'Oredon*** zu sehen, ein toll oberhalb des Sees gelegenes *Gîte d'Étape* (Schlafsäle). Hier startet eine der klassischen Wanderungen im Néouvielle-Massiv, die im Gripp-Tal am Fuße des Col du Tourmalet endet. Nur trainierte Wanderer sollten für die Strecke, die größtenteils außerhalb des eigentlichen Naturschutzgebietes verläuft, einen Tag einkalkulieren. Besser ist es, eine Übernachtung einzuplanen. Zuerst folgt man der GR 10 (gekennzeichnet), um an der Gabelung den Weg in Richtung ***Lac de L'Oule*** fortzusetzen. Von der Nordspitze des Sees geht es hinauf zum *Refuge de Bastan,* einer zwischen Bergseen gelegenen, bewirtschafteten Berghütte. Von hier führt der Weg zuerst weiter bergan über den ***Pic de Bastan*** und dann an mehreren Seen vorbei zum *Refuge de Campana de Cloutou,* wo eine Übernachtungsmöglichkeit besteht. Die letzte Etappe nimmt etwa dreieinhalb Stunden in Anspruch und verläuft bergab in das Dorf ***Artigues*** im Gripp-Tal.

Eine andere Passage der GR 10 verläuft vom *Chalet-Hôtel d'Oredon* direkt durch die *Réserve Naturelle,* das sie erst am Pic de Madaméte verlässt. Weiter geht's durch ein kleines Tal, bevor der Weg an der D 918 zwischen Barèges und dem Col du Tourmalet ein Ende findet. Die Strecke nimmt – je nach Wetter und Fitness der Wanderer – zwischen sechs und acht Stunden in Anspruch.

Haute-Garonne

Das Département Haute-Garonne erstreckt sich von der spanischen Grenze bis in den Norden von Toulouse und ist somit flächenmäßig durchaus weitläufig. Einen großen Teil der Pyrenäen nimmt Haute-Garonne jedoch nicht ein: Nur der schmale Südzipfel des Departements reicht in das Gebirge hinein. An der engsten Stelle ist dieser Schlauch keine zehn Kilometer breit, bevor er sich am südlichen Ende wieder ausweitet. Hier sind auch die ***höchsten Berge*** der Haute-Garonne zu finden, die wie der Pic des Crabioules (3.116 m), der Pic Perdiguère (3.222 m) oder der Pic des Gourgs Blancs (3.129 m) die „Dreitausender-Linie" überragen und zu den höchsten Erhebungen auf dieser Seite des Gebirges zählen. Auf den Gipfeln dieser Berge verläuft die Grenze zwischen Frankreich und Spanien.

In den Pyrenäen des Departement Haute-Garonne kommen aber nicht nur Hochgebirgs-Fans, sondern auch Kunst-Interessierte auf ihre Kosten. Kulturelle Sehenswürdigkeit ist ohne Zweifel das historische ***Dorf St.-Bertrand de Comminges*** mit seiner ***Kathedrale,*** doch die kleinen ***romanischen Kirchen*** in den südwestlichen Tälern lassen das Herz von Kunstfreunden ebenso höher schlagen.

Last but not least ist da noch der ***Thermalort Bagnères-de-Luchon,*** der zu den beliebtesten Bädern der französischen Pyrenäen gehört und für Wanderer sowie Sportler ein schier unerschöpfliches Freizeitangebot bereithält.

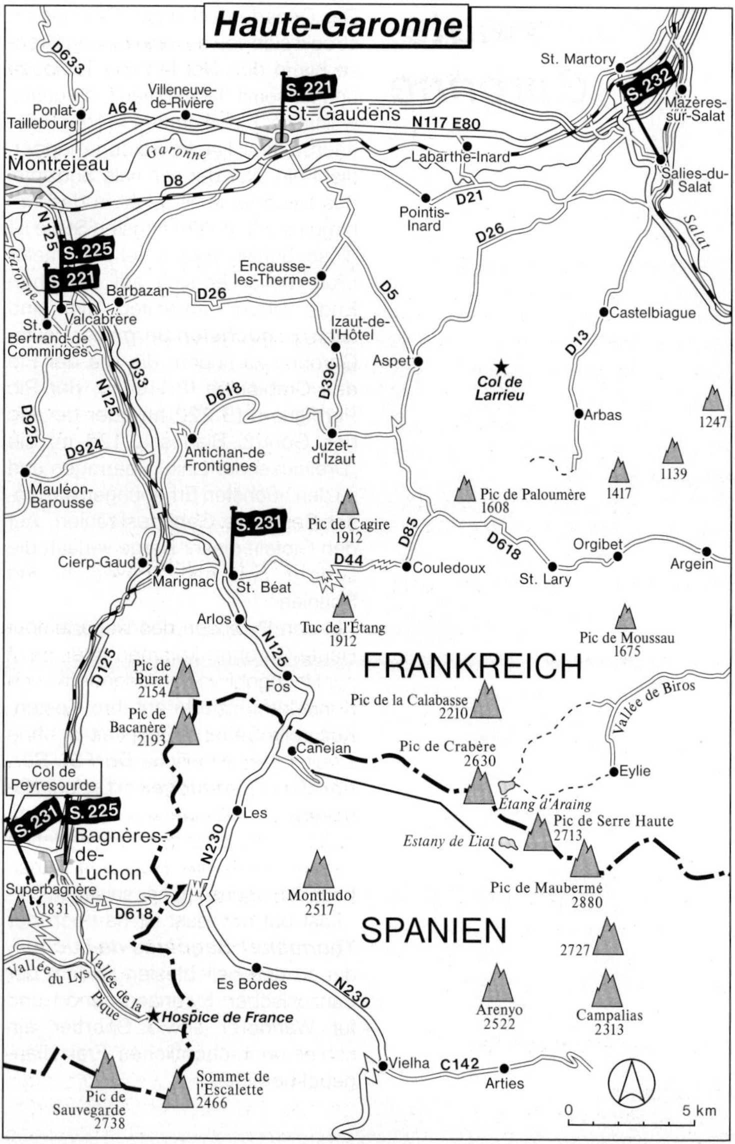

Haute-Garonne
D633
Villeneuve-de-Rivière
S. 221
St. Martory
S. 232
Ponlat-Taillebourg
A64
St. Gaudens
N117 E80
Mazères-sur-Salat
Montréjeau
Garonne
Labarthe-Inard
Salies-du-Salat
D8
Pointis-Inard
D21
Salat
N125
D26
S. 225
S 221
Encausse-les-Thermes
D5
Garonne
Barbazan
D26
Castelbiague
St. Bertrand-de Comminges
Valcabrère
Izaut-de-l'Hôtel
D13
D33
Aspet
Col de Larrieu
N125
D39c
D618
D925
Arbas
1247
D924
Antichan-de Frontignes
Juzet-d'Izaut
1139
Mauléon-Barousse
1417
Pic de Paloumère 1608
S. 231
Pic de Cagire 1912
D85
D618
Orgibet
Argein
Cierp-Gaud
D44
Couledoux
St. Lary
Marignac
St. Béat
Arlos
Tuc de l'Étang 1912
Pic de Moussau 1675
N125
D125
Pic de Burat 2154
FRANKREICH
Fos
Pic de la Calabasse 2210
Vallée de Biros
Pic de Bacanère 2193
Pic de Crabère 2630
Canejan
Eylie
Col de Peyresourde
Étang d'Araing
S. 231
S. 225
Les
Pic de Serre Haute 2713
Bagnères-de-Luchon
Estany de Liat
N230
Superbagnère 1831
Montludo 2517
Pic de Maubermé 2880
D618
SPANIEN
2727
Vallée du Lys
Vallée de la Pique
Es Bordes
N230
Arenyo 2522
Campalias 2313
Hospice de France
Vielha
C142
Arties
Sommet de l'Escalette 2466
Pic de Sauvegarde 2738
0
5 km

Saint-Gaudens

Mit 14.000 Einwohnern ist die Stadt am Fuße der Pyrenäen das Zentrum der Region, doch St.-Gaudens hat Besuchern nicht allzuviel zu bieten. Der Ort lebt von Industrie und Handel, Tourismus rangiert nur unter „ferner liefen".

Sehenswert ist die ***Collégiale Romane*** an der Place Marrast, ein großer kirchlicher Bau mit einem Kirchenschiff aus dem 12. Jh. und einem wuchtigen Kirchturm, in dem gewaltige Glocken schlagen. An das Collégiale grenzt ein ***Kloster aus dem 13. Jh.,*** das einen schönen Kreuzgang besitzt.

Die Kleinstadt Saint-Gaudens ist für seine großen Feste bekannt. Von Mai bis Oktober werden an mehreren Wochenenden ***Les Pronomades*** veranstaltet - Feste, bei denen Bands bis in die Nacht hinein spielen und oftmals tolles Straßentheater zu sehen ist. Den provinziellen Rahmen sprengt auch das hiesige Stadtfest, das am ersten Wochenende im September stattfindet.

Vom ***Boulevard des Pyrénées*** präsentiert sich ein netter Ausblick auf die Gebirgskette, wobei diese Prachtstraße allerdings bei weitem nicht die Klasse ihres Namensvetters in Pau erreicht. Industriebetriebe zwischen dem Boulevard und den Bergen trüben die Aussicht doch erheblich.

Praktische Informationen

Information

- ***Touristenbüro*** Rue Thiers 2, zwischen Collégiale und Museum, Tel. 05.61.94.77.61.

Unterkunft

- ***Hôtel du Commerce*** €€€, Avenue de Boulogne, Tel. 05.61.89.44.77, ist das größte Hotel der Stadt. Gutes Restaurant.
- ***Hôtel des Sports*** €, Rue du Pouech 29, Tel. 05.61.89.14.25, ist die preiswerteste und einfachste Übernachtungsmöglichkeit im Ort.
- ***Städtischer Campingplatz Le Belvédère*** an der Straße nach Pau, Tel. 05.62.00.16.03.
- ***Jugendherberge*** in der Rue de la Résidence, Tel. 05.61.94.72.73.

Essen und Trinken

- Hervorragend speisen lässt es sich im Restaurant des ***Hôtel Pedussaut,*** Avenue de Boulogne, Tel. 05.61.89.15.70, wo ein qualitativ weit überdurchschnittliches Menü ab 13 € zu haben ist.

Saint-Bertrand de Comminges

Die Landschaft erweckt den Eindruck, als sei sie eigens als Rahmen für St.-Bertrand de Comminges erschaffen worden. Vor dem Hintergrund der sanft ansteigenden Pyrenäen liegt in der Ebene der Hügel, auf dem das Dorf mit der alles beherrschenden Kathedrale thront. Schon aus weiter Ferne zieht dieses Arrangement die Blicke auf sich. Wahrlich nicht verwunderlich, dass St.-Bertrand mit dem Titel *„Eines der schönsten Dörfer Frankreichs"* ausgezeichnet wurde - erstaunlicher wäre es wohl, hätte der Ort diese Ehrung nicht erfahren. Doch die traumhafte Lage macht nicht allein die Schönheit des Dorfes aus. Der von Wehrmauern umgebene Ortskern konnte sein ***mittelalterliches Gesicht*** weitgehend

Bestimmt die Szenerie: die Kathedrale von Saint-Bertrand de Comminges

wahren, so dass sich St.-Bertrand bei Pilgern und Touristen gleichermaßen größter Beliebtheit erfreut.

Geschichte

Bereits ***72 v. Chr.*** gründete der römische Feldherr *Pompejus Magnus* hier die Stadt *Lugdunum Convenarum,* die im Laufe der Jahrhunderte auf teilweise bis zu 60.000 Einwohner anwuchs - eine für damalige Zeiten gewaltige Größe. Heute leben im Dorf um die Kathedrale kaum mehr als 200 Menschen.

409 n. Chr. zerstörten die Wandalen den unteren Teil der Stadt und die Bevölkerung zog sich in den oberen, von Mauern geschützten Ortsteil zurück. Doch es sollte noch schlimmer kommen: Mit seinen Soldaten fiel der burgundische *König Gontran* 585 über die Siedlung her und machte sie dem Erdboden gleich.

Aus einem 500-jährigen Tiefschlaf erweckte der Bischof *Bertrand de L'Isle* die Ruinen im Jahre ***1073,*** als er hier eine romanische Kathedrale und eine neue Siedlung errichten ließ. Auf den im Jahre 1218 heilig gesprochenen Geistlichen geht auch der heutige Name des Dorfes zurück.

Da St.-Bertrand im ***Mittelalter*** zu einem immer bedeutenderen Wallfahrtsort heranwuchs, standen die Arbeiten an der Kathedrale nicht still; ständig wurde sie vergrößert und verschönert. Bis ins ***18. Jh.*** blieb der Ort Bischofssitz, was sich erst im Zuge der französischen Revolution änderte.

Sehenswertes

Römische Siedlung

Am Fuße des Hügels befinden sich die ***Ausgrabungsstätten*** der römischen Siedlung Lugdunum Conve-

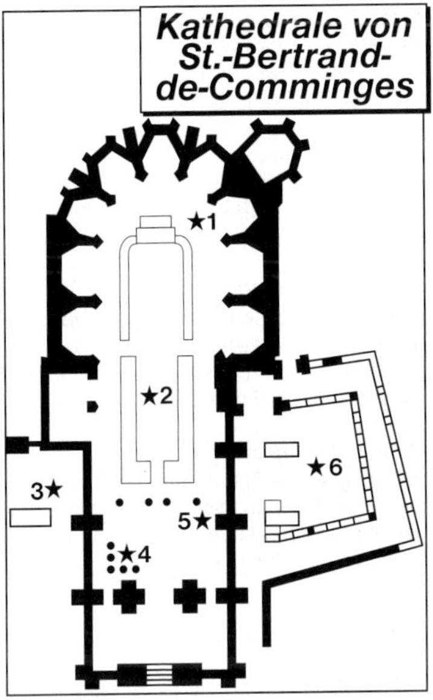

★ 1 Mausoleum des Hl. Bertrand
★ 2 Chorgestühl
★ 3 Krypta
★ 4 Orgel
★ 5 Altar des heiligen Sakramentes
★ 6 Kloster und Kreuzgang

narum. Nach und nach werden die Grundmauern der ehemals großen Stadt freigelegt, bislang ist allerdings nur der Grundriss der einstigen Thermen gut zu erkennen. Schilder lassen erahnen, wo sich früher das Schwimmbad oder die Säulenhalle befanden. Obwohl sich das ganze Jahr über ein Team mit den Ausgrabungen befasst, gibt man sich keinen Illusionen hin: Mit der Beendigung der Arbeiten wird allgemein erst in einigen Jahrzehnten gerechnet.

Kathedrale Saint-Mary

Sowohl optisch als auch aus historischer Sicht bildet die Kathedrale Saint-Mary den unzweifelhaften Mittelpunkt des heutigen Dorfes Saint-Bertrand. Nicht umsonst wird das riesige Gotteshaus, das Stilrichtungen verschiedenster Epochen aufweist, zu den bedeutendsten religiösen Bauwerken der gesamten Pyrenäen gerechnet.

Der Höhepunkt eines Rundganges durch die Kirche ist bei der Besichtigung des ***hölzernen Chorgestühls*** erreicht, das im Jahre 1535 eingeweiht wurde und als Prunkstück der französischen Renaissance gilt. Das überall mit feinen Schnitzarbeiten versehene Werk umfasst 66 Chorstühle sowie den von einer Haube überdachten Bischofsstuhl. Jeder, der einmal mit Holz gearbeitet hat, kann ermessen, wieviel Zeit und Talent es zur Fertigstellung dieses Meisterwerkes bedurfte.

Großer Berühmtheit erfreuen sich auch die ***Orgel*** mit ihrem klassisch französischen Klang und ein ***Mausoleum*** aus dem frühen 15. Jh., in dem die Gebeine des heiligen *Bertrand* aufbewahrt werden.

An die Kathedrale grenzt ein ***Kloster*** mit einem sehenswerten ***Kreuzgang,*** das Besuchern ebenfalls offensteht.

● Eine Führung durch Kloster, Chorgestühl und Schatz wird von Juli bis September durchgehend von 9 bis 19 Uhr angeboten, den Rest des Jahres existiert eine Mittagspause. Der Rundgang kostet für Erwachsene 3,80 € und für Kinder 1,50 €.

Der Ort

Das historische Dorf schützt eine ***Wehrmauer,*** die drei Eingänge besitzt: Porte Majou im Norden, Porte Cabirole im Westen und Porte l'Hyrisson im Süden. In die Mauer eingelassene Häuser ermöglichten dabei eine Überwachung der Pforten. Das Torhaus am ehemaligen Haupteingang Majou wurde im 18. Jh. jedoch zweckentfremdet und fortan als Gefängnis genutzt.

Viele der ***Fachwerkhäuser*** von St.-Bertrand stammen noch aus der Zeit kurz nach dem Feuer von 1577 und haben trotz der vier Jahrhunderte nichts von ihrer Schönheit eingebüßt. Am besten lernt man das Dorf bei einem gemütlichen Bummel durch die urigen schmalen Gassen kennen.

Praktische Informationen

Information

- ***Touristenbüro „Les Olivetains"*** neben dem Eingang der Kathedrale, Tel. 05.61.95.44.44. In dem Gebäude existiert eine ***Ausstellung*** von Funden, die bei den Ausgrabungen der römischen Siedlung gemacht wurden. Buchung einer geführten ***Ortsbesichtigung*** möglich.

Unterkunft

- ***Hôtel du Comminges*** €€€, Tel. 05.61.88.31.43. Zentraler als in dem netten alten Haus direkt gegenüber der Kathedrale kann man nicht wohnen. Saubere Zimmer, teilweise stilecht eingerichtet. Auch familiengerechte Zimmer für 4 Pers.
- ***Hôtel L'Oppidum*** €€€, unterhalb der Kathedrale, Tel. 05.61.88.33.50. Kleines, ordentliches Hotel. Mehrbettzimmer für Familien vorhanden.
- ***Camping Es Pibous,*** an der D 26 hinter der Ausgrabungsstätte, Tel. 05.61.94.98.20. Einfacher, günstiger Platz.

Essen und Trinken

- ***Restaurant La Vieille Auberge,*** im unteren Ortsteil, Tel. 05.61.88.36.60, bietet schmackhafte Gerichte aus der Region, kann allerdings aufgrund von Reisegruppen manchmal recht voll sein.
- ***Restaurant L'Acropole,*** nahe der Kathedrale, Tel. 05.61.89.60.33. Reichhaltiges Angebot an Crêpes.

Verkehrsverbindungen

- St.-Bertrand besitzt ***keine Anbindung ans öffentliche Verkehrsnetz.*** Der Bus von Montréjeau nach Bagnères-de-Luchon hält nur an der 4 km entfernten Hauptstraße.

Weitere Reisetipps

- ***Parken:*** Von Juli bis August müssen die Autos auf dem großen Platz am Fuße des Ortes geparkt werden; von dort bringt ein kleines Bähnchen die Besucher kostenlos ins Dorf.

Die Grotte de Gargas

6 km nordwestlich von St.-Bertrand (ausgeschildert) liegt die Gargas-Höhle, die weniger durch spektakuläre Tropfsteinformationen als vielmehr durch ***prähistorische Wandmalereien*** bekannt wurde. Dabei handelt es sich nur nebenbei um Tierzeichnungen, in erster Linie aber um die ***Konturen von menschlichen Händen,*** deren Alter von Experten auf 25.000–30.000 Jahre datiert wird. In keiner anderen Höhle der Welt entdeckte man eine solche Anzahl derartiger Umrisse – über 200 schmücken die Wände der Grotte. Erstaunlicher als die Herstellungstechnik der Konturen ist aber der Umstand, dass bei vielen Händen einzelne Glieder oder sogar ganze Finger fehlen. Erklärungen dafür könnten Unfälle, Krankheiten oder die rituelle Opferung der Körperteile sein.

● Öffnungszeiten der Kasse (die letzte Führung beginnt meist 45 Minuten vor Kassenschluss): Juli und August täglich 9.30-12.30 und 14-19 Uhr; September und April bis Juni 10-12 und 14-18 Uhr; Oktober bis November und Januar bis März 10-12 und 14-17 Uhr; Dezember 10-12 und 14-16 Uhr. Eintritt 5 €, Jugendliche und Studenten 4 €, Kinder 2,50 €. Wegen Restaurierungsarbeiten bleibt die Höhle aber voraussichtlich bis Juni 2003 geschlossen.

Valcabrère

Das Schmuckstück des ansonsten kaum beachtenswerten Dorfes zwischen der N 125 und St.-Bertrand de Comminges liegt ein paar hundert Meter außerhalb des Ortes: die ***Basilika Saint-Just,*** eine von Zypressen umgebene romanische Kirche. Das genaue Baujahr der Basilika kann nicht bestimmt werden, vermutlich wurde sie aber Ende des 12. Jh. ihrer Bestimmung übergeben. Besonders interessant ist die Tatsache, dass die Kirche - mehr als 700 Jahre nach der Zerstörung von Lugdunum Convenarum - aus den Steinen der ehemaligen römischen Siedlung errichtet wurde.

● Die Basilika Saint Just kann von Juli bis September täglich von 9 bis 19 Uhr besichtigt werden, ansonsten ist sie mittags geschlossen. Eintritt 1,50 €, Kinder bis 10 Jahre frei.

Essen und Trinken

● ***Restaurant Le Lugdunum,*** Tel. 05.61.95.88.22. Wenn man schon nicht wie die alten Römer lebt, so soll man doch zumindest essen wie sie. Das scheint die Devise *Renzo Pedrazzinis* gewesen zu sein, als er sein Restaurant *Le Lugdunum* eröffnete. Neben traditionellen Gerichten bekommt der Gast hier etwas geboten, was er in allen anderen Lokalen umsonst auf der Speisekarte suchen wird: Spezialitäten des alten Rom! Zu einem erstklassigen Wein kredenzt der Küchenchef geschmorte Datteln, Wildschwein oder Rebhuhn in kalter Sauce. Ave! Das antike Menü kostet 28 (neuzeitliche) Euro.

Bagnères-de-Luchon

Den kompletten Namen Bagnères-de-Luchon sieht oder hört man nur selten. Die Einheimischen sagen nur kurz *Luchon,* wenn sie von dem Ort im Südzipfel der Haute-Garonne sprechen und selbst auf Straßenschildern wird zumeist das Kürzel verwandt. Die in einem breiten Tal gelegene und von hohen Gipfeln umgebene Stadt (3.500 Einwohner) mauserte sich zu einem der ***beliebtesten Thermalbäder*** der gesamten Pyrenäen - bis zu 30.000 Besucher pro Sommer sprechen für sich. Damit dies so bleibt, versucht man in Luchon, allen Touristen gerecht zu werden. Kurgäste lassen sich in den modernen Bädern behandeln oder suchen Zerstreuung auf der altehrwürdigen Prachtstraße Allées d'Etigny, die von Boutiquen und Cafés gesäumt wird. Sportfreaks können aus einem riesigen Angebot wählen, das von Paragleiten über Bogenschießen bis hin zu Kanutouren reicht. Und natürlich gibt es auch noch die malerische Bergwelt, geradezu geschaffen für Ausflüge zu Fuß, auf dem Mountainbike oder zu Pferde.

Damit auch zu später Stunde keine Langeweile aufkommt, verlagert sich das nächtliche Leben in Bars, Diskotheken, das Kino oder (wie könnte es anders sein?) das Casino.

Keine Frage - Luchon hat den anderen Kurorten der Pyrenäen ein Beispiel gegeben, wie man sich auf die

Bagnères-de-Luchon
Lac-de-Badech
Rue A. Malraus
1 M
St. Gaudens, Toulouse
Avenue Clément Ader
Avenue de Toulouse
RD27
Avenue de Montauban
Boulevard Général de Gaulle
Place Barcugnas
Quai M. Letulle
Avenue Maréchal Foch
Rue Columic
Avenue A. Dumas
Bd. Fontan
Pl. Lezat
Bd.
Rue Spont
Bd. C. Tro
R. Lamartine
Place du Comminges
Rue des Martyrs
de la Résistan
3
Av. Carnot
Alle
R. V. Hugo
4
Rue Dr. Germes
Place Rouy
Peyresourde
Rue des Cols
Avenue Jean Jaurès

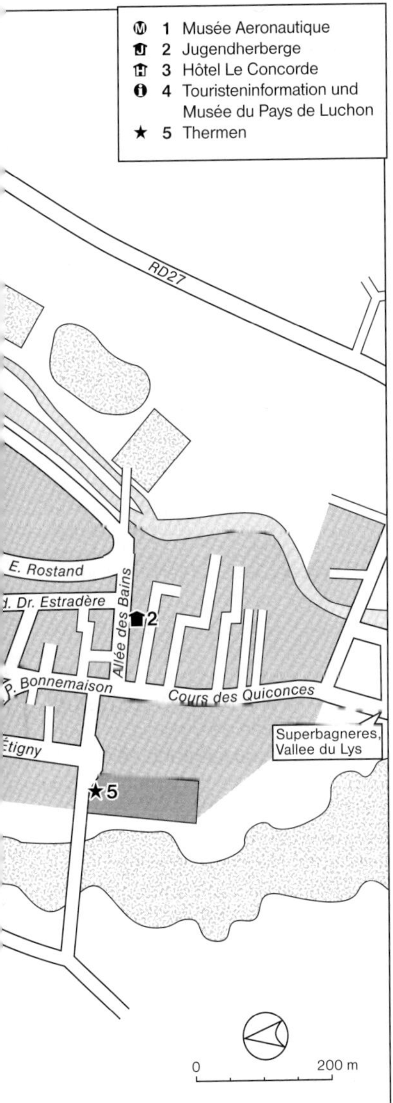

Wünsche der Gäste einstellt und an Attraktivität gewinnt.

Schon die Römer wussten das Wasser sowie die gute Luft Luchons zu schätzen und richteten hier Thermen ein. Der Grundstein für das heutige, lebendige Luchon wurde aber Mitte des 18. Jh. gelegt, als den schon lange ruhenden Thermen wieder Leben eingehaucht wurde und *Louis Richelieu,* Verwandter des Kardinals und Gouverneur der Gascogne, den Ort aufsuchte. Wie in anderen Bädern auch ließen die oberen Zehntausend nicht lange auf sich warten. Die Liste der Besucher liest sich wie das who is who des Adels und der Kunst: Unter anderem kurten hier der belgische König, *Bismarck, Victor Hugo* und *Alexandre Dumas.* Bei so vielen bedeutenden Persönlichkeiten durfte auch die Edel-Mätresse *Mata Hari* nicht fehlen.

Sehenswertes

Das Herz Luchons bildet die ***Allées d'Étigny,*** eine 600 m lange Straße, auf der sich das Leben der Stadt abspielt und die den Beinamen Champs-Élysées trägt. An der mit Bäumen gesäumten Straße sind viele hübsche Häuser aus dem 19. Jh. zu finden, die vermuten lassen, wie prachtvoll die Belle Epoque damals in den Kurorten war.

An dieser Allee befindet sich das ***Musée du Pays de Luchon*** (im Haus des Touristenbüros), das eine unglaublich bunte Palette an Ausstellungsstücken besitzt. In zehn Räumen sind alte Fotos genauso zu sehen wie

Thermalismus

Schon die Römer schätzten die Wirkung von Thermalquellen. Als sie im Zuge der spanischen Besetzung die Pyrenäen erreichten, machten sie vor lauter Freude vermutlich einige Luftsprünge - eine solche Fülle an heilendem Wasser war selbst ihnen bislang nicht bekannt. Aber nicht nur die Quantität, sondern auch die Verschiedenheit der sprudelnden Quellen sucht ihresgleichen: Die Palette reicht von schwefelhaltigem über radioaktives bis hin zum Sodawasser; die Temperaturen differieren dabei zwischen eiskalt und heiß. Bei einem derartigen Angebot ließen sich die Kolonialherren nicht lange bitten. Ausgegrabene Bäder wie die in Bagnères-de-Luchon zeugen von der römischen Nutzung dieser Gabe der Natur.

Nachdem die Römer vertrieben worden waren, fielen die Thermen in einen mehr als tausendjährigen Schlaf. Kaum jemand besuchte die Pyrenäen noch, die Heilquellen gerieten in Vergessenheit. Erst Mitte des 18 Jh. - die Straßen ins Gebirge waren mittlerweile ausgebaut und von Kutschen befahrbar - erschienen wieder einige Gäste, um etwas für ihre Gesundheit zu tun. Sie sollten einen wahren Run von bis dato nie gekannter Größe auslösen und den Grundstein für den Tourismus in den Pyrenäen legen. Ob Adelige, Politiker, Künstler oder einfach nur Reiche - sie alle schwärmten in die Bergwelt. Die einst unbedeutenden Dörfer erhielten ein völlig neues Gesicht. Es entstanden noble Hotelpaläste, Spielcasinos und Promenaden; aus ehemals armen Bauern wurden wohlhabende Geschäftsleute.

Inzwischen ist der ganz große Andrang in den Bädern aber längst wieder verebbt, viele Gemeinden schwelgen keineswegs mehr im Überfluss. Mit Orten wie Vernet-les-Bains, Eaux-Chaudes und Ax-les-Thermes - um nur einige zu nennen - befindet sich der Großteil der Thermalbäder auf der französischen Gebirgsseite. In Spanien verdienen nur Benasque, Caldes de Boi und Panticosa Erwähnung, während man in Andorra ausschließlich in Escaldes kurt.

Exponate aus dem Bereich Flora/Fauna und historische Dokumente aus den Kinderjahren des Bergsteigens. Auch wenn das Museum ein wenig überladen wirkt, sollte man sich eine Besichtigung nicht entgehen lassen.

- Geöffnet außer an Feiertagen 9-12 und 14-18 Uhr. Eintritt 1,50 €, Kinder frei. Das Ticket gilt auch für das Musée de l'Aeronautique.

Am Ende der Allées d'Étigny liegen im ***Parc des Quinconces*** die ***Thermen,*** deren 65 bis 74 Grad heißes und extrem schwefelhaltiges Wasser Heilung bei Rheumatismus und Lungenerkrankungen verspricht. Zu den Anlagen zählt auch ***Le Vaporarium,*** eine Grotte, die als natürliche Sauna genutzt wird und aufgrund der heißen Quelle eine konstante Temperatur von über 40 Grad besitzt. Die Luft in dieser Grotte wirkt sich unter anderem positiv auf Haut und Muskulatur aus. Die Thermen können auch von Nicht-Patienten besichtigt werden, nähere Informationen beim Touristenbüro.

Das kleine ***Musée de l'Aeronautique*** im Nordwesten der Stadt (Avenue Albert Camus) bietet einen Einblick in die Welt des Fliegens.

- Geöffnet ist das Museum dienstags, donnerstags und samstags 15-18 Uhr, Eintritt siehe Musée du Pays de Luchon.

Praktische Informationen

Information

- ***Touristeninformation*** in der Allées d'Etigny 18, Tel. 05.61.79.21.21. Hier können auch geführte Bergtouren gebucht werden.

Unterkunft

Da die Hotelpreise in Luchon zwischen Neben- und Hauptsaison recht stark variieren, sind bei den Hotels Circa-Preise angegeben.

- ***Hôtel Le Concorde*** €€€, Allées d'Étigny, Tel. 05.61.79.00.69. Zentral gelegenes, vor wenigen Jahren renoviertes Mittelklasse-Hotel.
- ***Hôtel Arrieu*** €€, Avenue Jean-Jaurès 64, Tel. 05.61.79.01.05, gehört zu den preiswertesten Hotels in Luchon. Wer den Fernseher auf dem Zimmer entbehren kann, ist hier gut aufgehoben.
- ***Jugendherberge*** in der Allée des Bains 12, Tel. 05.61.79.00.14. Allerdings ist die Herberge meist von Schulklassen oder Gruppen belegt.
- Außerdem gibt es in Luchon zahlreiche ***Studios und Appartements;*** Informationen im Touristenbüro.
- ***Camping Les Myrtilles,*** etwa 2,5 km nördlich von Luchon beim Ort Moustajon, Tel. 05.61.79.89.89. Gepflegter Platz mit allerhand Komfort.
- ***Camping La Lanette,*** westlich des Zentrums im Ortsteil Montauban, Tel. 05.61. 79.00.38. Hübsch gelegener, großer Platz mit Spielmöglichkeit für Kinder.

Essen und Trinken

Das große Angebot an Restaurants bietet für jeden etwas: italienische Küche, chinesische Spezialitäten oder einheimische Gerichte.

- Im Restaurant ***Le Pailhet,*** Avenue du Maréchal-Foch 12, Tel. 05.61.79.09.60, stehen in erster Linie lokale Spezialitäten auf der Karte. Menü ab 13 €.
- ***L'Auberge de Castel Vielh,*** 3 km hinter Luchon Richtung Superbagnères, Tel. 05. 61.79.36.79. Unterhalb eines alten Turmes gelegenes Restaurant mit Terrasse im Grünen. In keinem Restaurant Luchons sitzt man schöner als hier. Traditionelle Küche, gute Fischgerichte. Menü ab 15 €.

Verkehrsverbindungen

- Der ***Bahnhof*** befindet sich nordwestlich des Zentrums, Tel. 05.61.79.03.36. Mehrere Züge täglich fahren nach Toulouse.
- Von Luchon aus führt die ***D 618 über den Col du Portillon*** (1.293 m) ins spanische Aran-Tal. Die kleine, aber gut befahrbare Straße windet sich in Serpentinen den Berg hinauf und verspricht somit insbesondere Motorradfahrern größtmögliches Fahrvergnügen. Aufgrund der schönen, waldreichen Umgebung ist sie jedoch auch Autofahrern wärmstens zu empfehlen.

Weitere Reisetipps

- ***Sport:*** Luchon bietet seinen Besuchern Sportmöglichkeiten, die kaum während eines Urlaubes ausgeschöpft werden können. Neben den klassischen Sportarten wie ***Tennis, Golf*** oder ***Schwimmen*** werden auch weniger populäre und extreme Freizeitvergnügungen angeboten. Zur Auswahl stehen: ***Paragloiten*** (Tel. 05.61.79.29.23), ***Rafting und Kanu*** (Tel. 05.61.79.19.20), ***Ausritte zu Pferde*** (Tel. 05.61.79.06.64), ***Bogenschießen*** (Tel. 05.61.79.01.87) und ***Mountainbike-Touren*** (Tel. 05.61.79.88.56).

Ausflüge

Luchon und sein Umland sind ein ***Paradies für Wanderer.*** Besonders in den Bergen entlang der spanischen Grenze und im Gebiet um den Pic de Céciré im Südosten der Stadt gibt es tolle Strecken. Für längere Touren ist eine Wanderkarte unentbehrlich.

Wanderungen ab dem Hospice de France

Als sehr guter Ausgangspunkt für Wanderungen empfiehlt sich die Herberge *Hospice de France* (auf 1.385 m Höhe), zu der eine schmale Straße führt, die 5 km hinter Luchon von der Straße Richtung Superbagnères abzweigt (ausgeschildert). Die Straße zum *Hospice* ist allerdings nicht immer komplett befahrbar, eventuell muss man die letzten Kilometer zu Fuß bewältigen. Vom *Hospice* aus verläuft ein steiler Pfad zum ***Port de Vénasque*** (2.444 m), von dem sich ein ausgezeichneter Blick auf die Bergwelt bietet. Vor allem das spanische ***Maladeta-Massiv*** mit dem ***Aneto*** (3.404 m), dem höchsten Berg der Pyrenäen, stellt einen imposanten Blickfang dar.

Vallée du Lys

Fährt man die Straße nach Superbagnères weiter, führt 4 km hinter der Abzweigung zum Hospice de France eine Straße ins Vallée du Lys. Am Ende des 2,5 km langen Sträßchens steht ein Parkplatz zur Verfügung, außerdem kann man sich in einem kleinen Café stärken. Von hier führt ein kurzer Spaziergang zum ***Gouffre d'Enfer*** (Höllenschlund) und den sehenswerten Wasserfällen ***Cascade d'Enfer.*** Auf längeren, ausgeschilderten Wanderwegen erreicht man unter anderem ***Bergseen*** wie den ***Lac Vert*** oder den ***Lac Bleu*** sowie mehrere Gipfel.

Zum Col de Peyresourde

Von Luchon aus biegt die D 618 nach Westen ins ***Larboust-Tal*** ab und führt über den ***Col de Peyresourde*** (1.569 m) ins ***Vallée d'Aure*** (siehe bei „Arreau"). Die Weiler auf dem Weg zum Col de Peyresourde sind aufgrund ihrer romanischen Kirchen bekannt, so das Dorf ***Saint-Aventin,*** dessen Gotteshaus aus dem 12. Jh. als das schönste der ganzen Region gilt. Beachtung verdienen ebenfalls die Kirche in ***Cazeaux*** sowie die ***Kapelle Saint-Pé*** nahe dem Dorf ***Castillon.***

Herrschaftliches Rathaus in Vallée d'Oueil

Oô-Tal

In Castillon zweigt zudem die D 76 ins beschauliche Oô-Tal ab. Am Ende der Straße beginnt der nicht sonderlich anstrengende Weg zum ***Lac d'Oô,*** einem von hohen Gipfeln umrahmten See. Die ***Cascade d'Oô,*** die nahe dem See die Felswände hinabfällt, ist mit 237 m der zweithöchste Wasserfall der Pyrenäen.

Wer aus dem Spaziergang eine echte Wanderung machen möchte, kann die Tour über den ***Lac d'Espingo*** *(Refuge)* bis zum ***Lac du Portillon*** fortsetzen, wo ebenfalls eine Übernachtungsmöglichkeit in einer Berghütte existiert. Von hier aus geht es weiter zum ***Lac Glacé*** und schließlich wieder hinunter ins Tal. Die nicht ganz einfache Wanderung nimmt bis zum *Refuge* am Lac du Portillon etwa fünf Stunden in Anspruch, für den zweiten Teil der Strecke sollten noch einmal sieben Stunden eingeplant werden. Gute Ausrüstung und eine Wanderkarte sind notwendig.

Vallée d'Oueil

Ein weiteres sehenswertes Tal, das verschlafene Vallée d'Oueil, geht bereits 1 km vor dem Ort Saint-Aventin von der Hauptstraße ab. Auf der 10 km langen Straße durch die wiesenreiche Berglandschaft passiert man eine Reihe hübscher Weiler, die ausschließlich aus alten Bruchsteinhäusern bestehen. Die Zeit scheint hier stehengeblieben zu sein, die Lebensgewohnheiten der Menschen haben sich in den vergangenen Jahrzehnten vielfach nur unwesentlich geändert.

In ***Bourg-d'Oueil,*** der letzten Siedlung des Tales, existieren zwar drei Skilifte, das winzige Dorf konnte seinen typischen Charakter aber ebenfalls wahren – vom Retorten-Skiort à la Frankreich ist nichts zu spüren. In den Sommermonaten führt die Straße von Bourg d'Oueil weiter bis nach ***Mauléon-Barousse,*** 10 km südlich von St.-Bertrand de Comminges. Vom späten Herbst bis weit ins Frühjahr hinein bleibt der ohnehin schon holprige Weg allerdings gesperrt.

Superbagnères

Von Luchon transportiert eine Seilbahn stündlich bis zu 1.000 Personen nach Superbagnères, der ***Skistation*** des Ortes. Wie die meisten französischen Skiorte besticht auch Superbagnères nicht durch seine Schönheit. Einzig beim ehemaligen *Grand Hotel,* das heute den *Club Méditerranée* beherbergt, handelt es sich um ein klassisches Gebäude aus dem frühen 20. Jh.; ansonsten prägen moderne Zweckbauten das Bild. Ein riesiger Parkplatz bietet genug Platz für alle, die die 17 km von Luchon zur 1.800 m hoch gelegenen Skistation mit dem eigenen Auto in Angriff genommen haben.

Den Abfahrern stehen insgesamt 22 Pisten zur Verfügung, darunter einige sehr anspruchsvolle. Auch im Sommer laufen mehrere Lifte – diesmal allerdings um Spaziergänger auf dem bequemsten Wege in luftige Höhen zu bringen.

• ***Information: Touristenbüro*** in Superbagnères, Tel. 05.61.79.36.36.

Saint-Béat

Wer von St.-Bertrand de Comminges in Richtung Spanien unterwegs ist und nicht nach Luchon abbiegt, passiert automatisch das von Felsen eingekesselte Städtchen an der Garonne. „Schlüssel zu Frankreich" wurde St.-Béat einst genannt, da es sich bei dem Ort um die letzte größere Siedlung vor der spanischen Grenze handelte. Daran hat sich zwar nichts geändert, doch die 550-Einwohner-Gemeinde besitzt aufgrund der veränderten Verkehrsverhältnisse bei weitem nicht mehr die Bedeutung vergangener Jahre. Sichtbares Überbleibsel aus früheren Zeiten ist der ***Tour de Gouverneur,*** der 14 m hohe Turm eines inzwischen zur Ruine verkommenen Schlosses.

Zentrum des Ortes ist die ***Garonne,*** die mitten durch St.-Béat fließt und bis zur französischen Revolution sogar die Grenze zwischen den Besitztümern des Grafen der Comminges und der königlichen Familie bildete.

Überregionale Berühmtheit erlangte St.-Béat durch den weißen ***Marmor,*** den schon die Römer hier abbauten und bis nach Italien schafften. Später wurde das erlesene Material unter anderem auch beim Bau von Versailles verwandt. Noch immer liegt ein bisschen weißer Staub über der Stadt, auch wenn der Marmor heute nur noch zu Granulat verarbeitet und nicht mehr zum Bau von Monumenten benutzt wird.

Praktische Informationen

Information

- ***Syndicat d'Initiative*** an der Hauptstraße, Tel. 05.61.79.45.98.

Unterkunft

- ***Städtischer Campingplatz Cléf de France,*** am Ortsausgang Richtung Spanien, Tel. 05.61.94.35.39.

Weitere Reisetipps

- Im 4 km östlich gelegenen Ort ***Cierp-Gaud*** können Anfänger und Fortgeschrittene bei der Agentur *Sport's Vert,* Tel. 05.61.79.56.46, ***Trial-Motorräder*** leihen und auf einem privaten Gelände ihre Runden drehen. Der Ort ist Trial-Spezialisten übrigens bestens bekannt: Hier fanden vor Jahren die Weltmeisterschaften statt!

Salies-du-Salat

Im Osten des Départements Haute-Garonne, wenige Kilometer vor der Grenze zum Ariège, liegt das ***Thermalbad*** Salies du Salat im Hügelland des Vorgebirges. Der Kurort machte sich einen Namen durch den hohen Salzgehalt seines Wassers, der nirgendwo in Europa höher ist als hier. Im 19. Jh. wurden die Thermen eröffnet, und schon bald spezialisierte man sich auf Rheumatologie und Frauenheilkunde. 1925 entstand schließlich das heutige Thermengebäude, das von außen allerdings eher an eine Mischung aus römischem und ägyptischem Tempel erinnert.

Größte Touristenattraktion war lange Jahre die nahe ***Höhle von Marsoulas.*** 1995 entschied man sich jedoch, die Höhle mit ihren prähistorischen Wandmalereien nicht mehr für den Publikumsverkehr zu öffnen, da gedankenlose Zeitgenossen die Wände immer wieder mit eigenen Kratzereien verunstalteten. In einem kleinen ***Museum*** oberhalb der Grotte kann man aber nach Voranmeldung im Rathaus (Tel. 05.61.90.58.69) viel Wissenswertes über die Höhle erfahren.

Sehenswert sind außerdem die ***Kirche Notre Dame de la Pitié*** sowie die Ruinen einer Kapelle und eines Turmes auf einem Felsen über der Stadt.

Praktische Informationen

Information

- ***Syndicat d'Initiative,*** Boulevard Jean-Jaurès, Tel. 05.61.90.53.93.

Unterkunft

- ***Caravaning Thermal Municipal,*** Avenue des Thermes, Tel. 05.61.90.56.41. Kleiner, aber sauberer Platz ohne sonderlich viel Komfort. Günstig.

Ausflüge

Höhlenerkundungen

Obwohl die Grotte von Marsoulas nicht mehr besichtigt werden kann, kommen Höhlenforscher (und solche, die es werden möchten) in der Nähe von Salies-du-Salat voll auf ihre Kosten. Bei dem Weiler ***Labaderque,*** 15 km südlich von Salies, bietet die *Temps Libre Association,* Tel. 05.61.97. 53.30, Touren in „die Unterwelt" an. Dabei steigt man mit erfahrenen Speläologen beispielsweise in die ***Gouffre de la Henne-Morte,*** eine ***Höhle mit unterirdischem Wasserlauf,*** hinab. Befestigte Wege oder Elektrizität gibt es in dem Höhlensystem nicht - der Besucher ist mit Helm, Lampe und Seil ausgerüstet. Ein echtes Abenteuer! Eine Tour kostet ca. 30 €, ***Übernachtungsmöglichkeit*** besteht in der Herberge *Chalet de Paloumère* (Vollpension oder Selbstverpflegung).

Um zum *Chalet de Paloumère* zu gelangen, biegt man 3 km südlich von Salies-du-Salat von der D 117 auf die kleine D 13 ab und bleibt bis zu dem Dorf ***Arbas*** auf dieser Straße. Hier folgt man zuerst der Beschilderung nach ***Herran*** und fährt nach 4 km an einer Gabelung rechts Richtung Labaderque. Nach ein paar hundert Metern erreicht man das *Chalet de Paloumère.*

Wintersport in Superbagnères

Ariège

Die Pyrenäen des Département Ariège setzen sich aus zwei historischen Regionen zusammen, die seit jeher einen gewaltigen Kontrast zueinander bilden.

Da ist zum einen die dünn besiedelte, rauhe Landschaft des ***Couserans*** im Westen, in deren engen Tälern die alten Traditionen erhalten geblieben sind. Die Menschen dieser Gegend, schon immer vornehmlich Katholiken, leben trotz des kargen Bodens in erster Linie von der Landwirtschaft - daran hat sich im Laufe der Jahrhunderte wenig geändert.

Kaum Beziehungen pflegten sie zur einstigen ***Grafschaft Foix,*** dem heutigen Ostteil des Ariège. Die Bewohner hier waren erheblich mehr dem mediterranen Leben zugewandt, und viele sympathisierten zu Zeiten der Katharer (12.-14. Jh.) mit deren revolutionären Ideen und später mit der religiösen Linie des Protestantismus. Schon beim ersten Besuch des Ariège spürt der Besucher den Gegensatz zwischen dem verschlafenen Couserans und der Gegend von Foix bis Ax-les-Thermes, die für hiesige Verhältnisse geradezu vor Geschäftigkeit strotzt.

Nichtsdestotrotz - oder gerade deshalb? - ist das ***Couserans*** ein sehr lohnenswertes Reiseziel. Die Gegend, die bis ins 20. Jh. von Gauklern mit zahmen Bären durchzogen wurde, besitzt zweifellos einen eigenen Charme - es ist der wohl ursprünglichste Teil der französischen Pyrenäen. Nur wenige Touristen finden den Weg hierher, obwohl die Natur vielfach unberührt geblieben ist: In den ***weiten Buchen- und Eichen-***

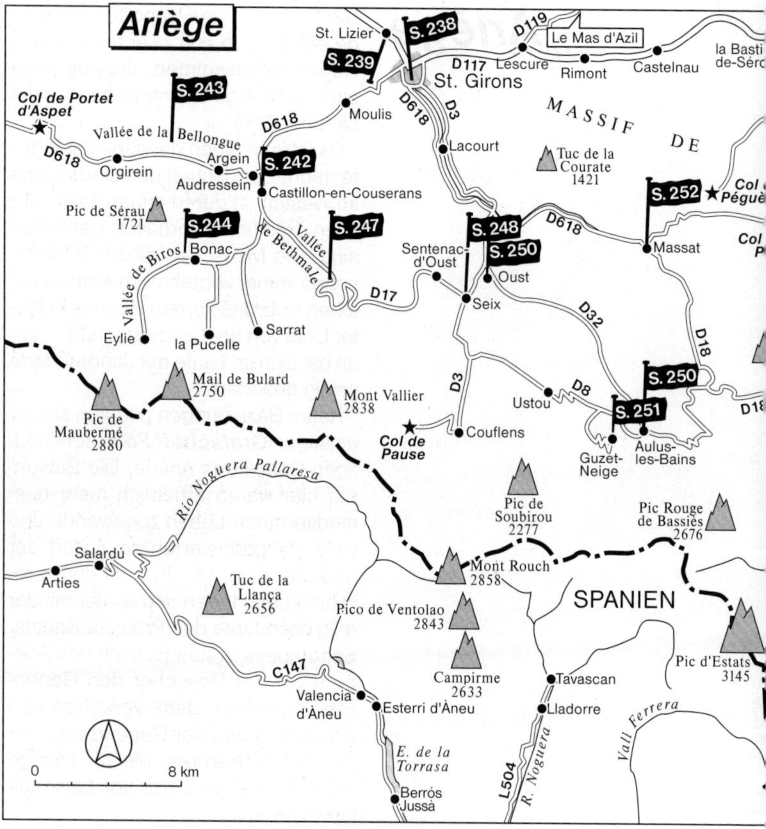

wäldern leben noch zahlreiche Tiere wie Hirsche, Auerhühner und Wildkatzen.

Die Abgeschiedenheit des Couserans blieb in den 1970er Jahren auch in Deutschland nicht gänzlich unbekannt. Eine ganze Reihe von deutschen ***Aussteigern*** zog es in diesen Teil der Pyrenäen, und noch immer leben einige von ihnen auf abgelegenen, kleinen Bauernhöfen von der Landwirtschaft oder kunstgewerblichen Tätigkeiten. Wer wie sie die Ruhe und die Natur genießen möchte, ist hier genau richtig.

Mutet die einfache Lebensweise der Bevölkerung des Couserans für Fremde äußerst idyllisch an, so bringt sie doch ein gewaltiges Problem mit sich: die ***Landflucht.*** Die harte Arbeit

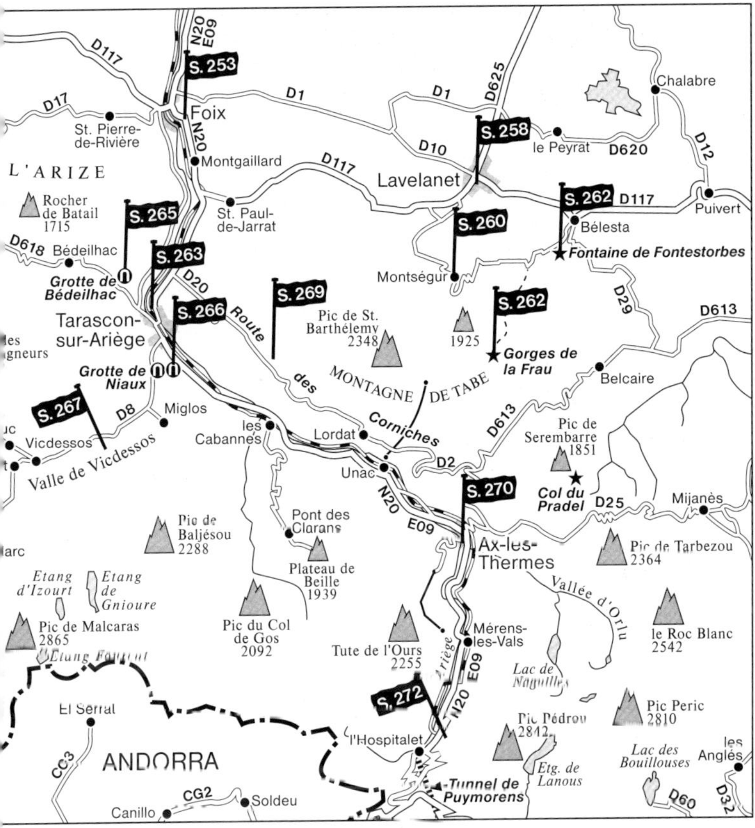

des Bauern, der bescheidene Lohn, fehlende Freizeitangebote - all das trägt dazu bei, dass immer mehr junge Leute in die Städte abwandern. Kaum verwunderlich also, dass man in den abgelegenen Dörfern vornehmlich alten Leuten begegnet.

Obwohl sich die ehemalige ***Grafschaft Foix*** völlig anders präsentiert, bedeutet dies jedoch keineswegs, dass diese Region nicht ebenfalls wunderschöne Landschaften und beeindruckende Sehenswürdigkeiten bietet. Bekannt sind insbesondere die ***prähistorischen Höhlen;*** allen voran die ***Grotte de Niaux,*** die aufgrund ihrer Wandmalereien weltweite Berühmtheit erlangte. Außerdem gibt es fotogene Ruinen ehemals herrschaftlicher Schlösser, die heute nur noch von

Krähen bewohnt werden. Und auch eine Fahrt auf der ***Bergstraße Route des Corniches,*** die Tarascon und Axles-Thermes miteinander verbindet, entpuppt sich als echter Genuss.

Saint-Girons

Fast jeder, der das Couserans bereisen möchte, landet zuerst in der Stadt am Flüsschen Salat, die aufgrund ihrer geographischen Lage einerseits die ***Pforte zum Couserans*** bildet, mit einer Einwohnerzahl von über 6.000 andererseits das Zentrum der Region darstellt.

Einen Namen machte sich die Stadt aufgrund ihrer ***Papierindustrie;*** überall in Frankreich werden Zigaretten mit Papier aus St.-Girons gerollt. Außerdem besitzt St.-Girons einen etwas abenteuerlichen Ruf, weil der Salat ***Gold*** mit sich trägt und Besucher hier auf den Fund ihres Lebens hoffen dürfen. Große Aussichten auf ein Riesen-Nugget sind allerdings unbegründet. Der Goldgehalt des Flusses ist nämlich so gering, dass selbst erfahrene Schürfer kaum von ihren Funden leben können.

Beim alljährlich im Juli stattfindenden Festival ***Renconte International de Traditions et Ethnies*** geben sich Musik- und Trachtengruppen aus der ganzen Welt ein Stelldichein.

Praktische Informationen

Information

- Das ***Touristenbüro*** am Quai du Gravier, Tel. 05.61.96.26.60, ist zugleich auch für das gesamte Couserans zuständig. Im Touristenbüro ist ein Heft über Familien-Spaziergänge im Couserans erhältlich, von denen keiner länger als zwei Stunden dauert.

Unterkunft

- ***Hôtel Eychenne*** €€€€, Avenue Paul-Laffont, Tel. 05.61.04.04.50. Bestes Hotel der Stadt mit geräumigen, schönen Zimmern und Schwimmbad.
- ***Hôtel de l'Union*** €€, Place du Champ de Mars, Tel. 05.61.66.09.12. Nicht gerade modern eingerichtet, dafür sauber und sehr zentral gelegen. Im Café des Hotels verkehren vornehmlich junge Leute.
- ***Camping Pont du Nert,*** 5 km südöstlich von St.-Girons beim Dorf Encourtiech, Tel. 05.61.66.58.48. Kleiner, einfacher Platz.

Verkehrsverbindungen

- ***Busse*** verkehren nach Toulouse, Foix, Massat, Aulus-les-Bains, Sentein (Vallée du Biros) und St.-Lary (Vallée de la Bellongue).
- Vom ***Bahnhof*** an der Avenue Bergès fahren täglich mehrere Züge nach Toulouse (Umsteigen in Boussens).

Weitere Reisetipps

- Kaum hat der ***Goldsucher*** *Jean-Luc Billard* die Region verlassen, da weiht auch schon ein Nachfolger Touristen in die hohe Kunst des Schürfens ein. *Marc Thirion* zeigt Besuchern im 7 Kilometer nördlich von Saint-Girons gelegenen Dorf ***Taurignan-Castet,*** wie man dem Edelmetall auf die Schliche kommt. Der 1-tägige Kurs am Fluss *Salat* kostet 60 €, 2 Tage 100 €, 3 Tage 145 €. Die notwendigen Utensilien werden gestellt, wassergerechte Hose, Gummistiefel und Sonnenhut müssen selbst mitgebracht werden. Anmeldungen unter Tel. 06.10.02.34.46.
- Im wenige Kilometer südwestlich gelegenen Dorf ***Moulis*** haben Wissenschaftler in einer Grotte eine Art Laboratorium eingerichtet, von dem aus sie seismo-, geo- und biologisch arbeiten; u.a. wird der hier lebende Grottenolm beobachtet. Von Montag bis Freitag werden kostenlose Führungen angeboten, die ca. 1 ½ Stunden dauern. Unter Tel. 05.61.04.03.81 anmelden und den Pullover nicht vergessen (in der Höhle ist es stets etwa 11 Grad kühl!).

Saint-Lizier

Von malerischer Schönheit ist das Dorf (1.000 Einwohner) St.-Lizier, das nur knappe 2 km nördlich von St.-Girons auf einem Hügel thront und die Blicke schon von der unterhalb verlaufenden D 117 auf sich zieht. Trotz seiner zahlreichen kulturellen Sehenswürdigkeiten und seinem mittelalterlichen Stadtbild „verirrte" sich bis in die 70er Jahre kaum ein Fremder in die ehemalige Provinzhauptstadt. 1973 veranstalteten die Stadtväter erstmals ein ***klassisches Musikfestival*** in der Kathedrale, das sich mittlerweile zu einer festen Institution gemausert hat. Besucher der Konzerte fanden Gefallen an St.-Lizier, und die Mundpropaganda sorgte schließlich dafür, dass der Ort einen gewissen Bekanntheitsgrad erlangte. Der vermehrte Tourismus hat sich aber keineswegs negativ ausgewirkt: Es existieren weder Hotels noch Souvenirshops - St.-Lizier ist ein nettes, verträumtes Dörfchen geblieben.

Wer den Ort kennenlernen möchte, sollte ruhig mehrere Stunden für den Besuch einplanen. Nicht nur eine Besichtigung der Hauptsehenswürdigkeiten, sondern auch ein Bummel durch die schmalen Gassen und ein Spaziergang auf dem Fußweg rund um das Dorf lohnen sich allemal.

Sehenswertes

Trotz seines heute eher dörflichen Charakters besaß St.-Lizier lange Zeit vor allem aus kirchlicher Sicht Bedeutung. Von 506 bis 1801 - also fast 1.300 Jahre! - gab es hier einen Bischofssitz, insgesamt 85 der kirchlichen Würdenträger erlebte der Ort im Laufe der Geschichte.

So existieren in St.-Lizier gleich zwei Kathedralen, wobei die zu besichtigende ***Kathedrale Saint-Lizier*** (frühes 12. Jh.) im unteren Teil des Dorfes aus architektonischer und künstlerischer Sicht interessanter sein dürfte. Besonders die Fresken und der Kirchenschatz, zu dem auch der Schrein des heiligen Lizier gehört, verdienen Beachtung. In der Kathedrale findet alljährlich in den ersten beiden Augustwochen das Musikfestival statt.

Als Höhepunkt der religiösen Bauwerke gilt das ***Kloster*** (12. Jh.) neben der Kathedrale, dessen außerordentlich schöner Kreuzgang weit über die Stadtgrenzen hinaus bekannt ist.

Im ***Hôtel-Dieu,*** dem einstigen Krankenhaus hinter der Kathedrale, kann die ***historische Apotheke*** aus dem 18. Jh. besichtigt werden. In alten Schränken und Vitrinen stehen zahlreiche Fläschchen und Töpfe - erstaunlich, in welch gutem Zustand die Gegenstände aus Porzellan und Glas die Zeit überdauert haben.

● Führungen durch Kloster, Kathedrale, Kirchenschatz und Apotheke werden in der Sommersaison täglich von 10.30 bis 12.30 Uhr und von 14.30 bis 18.30 Uhr angeboten; Erwachsene zahlen 4,60 € (Kinder bis 12 Jahre frei). Das ganze Jahr über können Kloster und Kathedrale auch frei besichtigt werden, Apotheken-Führungen gibt es außerhalb der Saison täglich außer sonntags um 11, 15 und 17 Uhr (Eintritt 2,30 €, Kinder frei).

Gallo-romanische Mauern umgeben die ***Altstadt*** im oberen Teil des Dorfes, die aus Fachwerk- und Bruchsteinhäusern sowie aus pittoresken Gassen besteht. Durchschreitet man das Eingangstor der Stadtmauer und geht dann weiter nach links, gelangt man zum ***Palais des Evêques,*** dem Bischofspalast aus dem 17. Jh. Das große Gebäude, das das Aussehen des Ortes entscheidend prägt, beherbergt heute ein ***Museum für volkstümliche Kunst und Traditionen.***

● Der Palast ist von Juli bis August tägl. von 10 bis 19 Uhr geöffnet. Den Rest des Jahres variieren die Öffnungszeiten, montags bleibt das Museum außerhalb der Schulferien aber immer geschlossen. Eintritt 4 €, Kinder 1,60 €.

Eine Besichtigung der oberen ***Kathedrale Notre Dame de la Sède*** ist derzeit leider nicht möglich, da das Gebäude auf unbestimmte Zeit wegen Renovierungsarbeiten geschlossen bleibt.

Praktische Informationen

Information

● ***Touristeninformation*** neben der unteren Kathedrale, Tel. 05.61.96.77.77.

Verkehrsverbindungen

● Mehrere ***Busse*** täglich nach St.-Girons.

Le Mas-d'Azil

Eine prähistorische Höhle zu Fuß zu erkunden ist nichts Außergewöhnliches. Auch eine Besichtigungsfahrt mit einem Bähnchen oder kleinen Schiff wird mehrfach angeboten. Dass man jedoch mit dem eigenen Auto durch eine Höhle fährt, ist nun wirklich selten, wenn nicht gar einmalig. Um das Städtchen Le Mas-d'Azil vom Süden aus zu erreichen, muss man die ***Grotte du Mas-d'Azil*** aber sogar mit dem eigenen Vehikel durchqueren!

Wer dieses Erlebnis nicht versäumen möchte, fährt von St.-Girons zuerst 10 km auf der D 117 in Richtung Foix und biegt dann bei dem Dorf ***Lescure*** auf die kleinere D 119 ab. Nach etwa 14 km führt die Straße direkt in die Höhle hinein, die der ***Fluss Arize*** in Zigtausenden von Jahren in den Fels gefressen hat. Man fährt nun geradewegs durch die über

400 m lange Höhle, die teilweise beeindruckend hoch, teilweise beinahe bedrückend flach ist. Eine zumindest ungewöhnliche Erfahrung.

Schon der Name des Ortes - Azil bedeutet Asyl - macht klar, wie die Höhle im Laufe der Geschichte genutzt wurde. In frühgeschichtlicher Zeit suchten Menschen Schutz vor der Witterung, später flüchteten verfolgte Christen, Katharer und Hugenotten an den geschützten Ort. Zahlreiche Spuren, unter anderem Wandzeichnungen, deuten darauf hin, dass die ersten Menschen hier bereits vor 30.000 Jahren Zuflucht fanden. Doch auch Tieren diente sie als Unterschlupf, wie Knochenfunde von Nashörnern, Bären und Mammuten beweisen. Die Höhle kann nicht nur mit dem Auto befahren, sondern einige Galerien können auch bei einer geführten Tour besichtigt werden.

- Geöffnet: April bis Mai 14-18 Uhr, sonntags auch 10-12 Uhr; Juni und September täglich 10-12 Uhr und 14-18 Uhr, Juli und August 10-18 Uhr, März, Oktober und November sonntags 14-18 Uhr. Für Gruppen werden nach telefonischer Voranmeldung (05.61.69.90.18) Besichtigungen ganzjährig auch außerhalb der offiziellen Öffnungszeiten angeboten.

Der Eintrittspreis von 6,10 €, Kinder 3,05 € beinhaltet zugleich einen Besuch des ***Musée de Préhistoire*** im Zentrum des 1 km hinter der Höhle gelegenen Ortes. Historische Höhlenfunde aus der Zeit um 10.000 v. Chr. - unter anderem eine aus Knochen gefertigte Skulptur - sind in dem Museum genauso zu sehen wie Reproduktionen der Wandmalereien.

Praktische Informationen

Information

- ***Touristenbüro*** während der Sommermonate neben dem Museum, Tel. 05.61.69.97.22, ansonsten Informationen im Rathaus, Tel. 05.61.69.90.18.

Seit Urzeiten von Menschen genutzt: die Höhle bei Le Mas-d'Azil

Unterkunft

- ***Hôtel Gardel*** €€, Place du Champ de Mars, Tel. 05.61.69.90.05. Mit Restaurant und Terrasse.
- ***Städtischer Campingplatz Castagnes,*** etwa 1,5 km außerhalb des Ortes Richtung Sabarat, Tel. 05.61.69.71.37.

Essen und Trinken

- ***Restaurant Le Jardin de Cadettou,*** Tel. 05.61.69.95.23. Gute ländliche Spezialitäten, unter anderem Gans, Schwein, Kaninchen und Taube. Menü ab 13 €.

Ausflüge

Dolmen

Vom Ort aus führt eine kleine Straße hinauf auf einen Hügel, wo Dolmen zu begutachten sind (ausgeschildert).

Entlang der D 49

Die beschauliche Landstraße D 49 verläuft durch eine ***Hügellandschaft*** und mündet schließlich in die D 117. Man passiert dabei das Dorf ***Allières,*** das eine hübsche Kirche und ein halbverfallenes Schloss besitzt. Wegen der kurvigen Straßenführung eignet sich die Strecke besonders für Motorradfahrer. Allerdings sollte man auf keinen Fall rasen, da hinter jeder Kurve Schafe oder Kühe auf der Fahrbahn stehen können.

Castillon-en-Couserans

Das Dorf im Herzen des Couserans, 13 km südöstlich von St.-Girons, empfiehlt sich aufgrund seiner zentralen Lage als Ausgangspunkt für Ausflüge in die nahen Täler und zum ***Mont Valier*** (2.838 m), der ein ausgezeichnetes Gebiet für Bergwanderungen darstellt. Die Eingänge zu den wunderschönen ***Tälern Bellongue, Biros*** und ***Bethmale*** sind alle nicht mehr als 2 km von Castillon entfernt.

Der an einem Hügel erbaute Ort wird überragt von der ***Kapelle Saint Pierre*** (vermutlich 12. Jh.), dem einzigen Überbleibsel eines Schlosses, das *Kardinal Richelieu* im 17. Jh. dem Erdboden gleichmachen ließ. Mehrere hübsche Gassen und Treppen führen hinauf zu der Kapelle, die in einem kleinen Park liegt, in dem sich gleichzeitig ein Kreuzgang befindet.

Im Jahre 1782 gelangte Castillon zu trauriger Berühmtheit: Scharen von Neugierigen kamen damals in das Dorf, um der ***Hinrichtung*** eines Mannes beizuwohnen, der zu den grausamsten Massenmördern Frankreichs zählt. Der „Menschenfresser“, wie er genannt wurde, hatte zahlreiche Frauen vergewaltigt und getötet. Mehreren Schriftstellern diente er später als Vorlage für ihre Romane.

Praktische Informationen

Information

- ***Touristenbüro,*** Tel. 05.61.96.72.64, geöffnet nur Juli und August 10–12.30 und 15–19 Uhr. Hier gibt es auch Infos über die zahlreichen Privatunterkünfte (*Chambres d'Hôtes* etc.) in den Dörfern des Couserans.

Unterkunft

- ***Städtischer Campingplatz Les Vignes*** an der Avenue Peyrevidal, Tel. 05.61.96.72.72. Schwimmgelegenheit in der Nähe.
- Das empfehlenswerteste Hotel der Umgebung befindet sich im 1 km entfernten ***Audressein*** (siehe Vallée de la Belongue).

Vallée de la Bellongue

Ein Dutzend kleiner Dörfer reihen sich im Vallée de la Bellongue aneinander wie bei einer Perlenkette. Dabei ist das Tal selber kaum mehr als 12 km lang, bevor sich hinter dem letzten Dorf ***St.-Lary*** die Straße zum ***Col de Portet d'Aspet*** (1.069 m) hinaufwindet und ins Tal der Garonne und nach St.-Gaudens weiterführt.

Wenn man die friedliche Landschaft und die verschlafenen Dörfer im Vallée de la Bellongue betrachtet, erscheint es fast unglaublich, dass hier einmal ein Kriegsherd war. Tatsächlich brach im Jahre 1829 in einem abgelegenen Weiler am Ende des Tales ***„la guerre de Demoiselles",*** der sogenannte „Krieg der Jungfrauen", aus - auch wenn es sich dabei eher um eine jahrelange Protestaktion handelte, die zeitweilig von Terroraktionen begleitet wurde. Die Bewohner dieser Gegend lehnten sich damals gegen die Großgrundbesitzer auf, die sämtliches Holz der Wälder an Industriebetriebe verkauften, während die kleinen Bauern kaum mehr Feuerholz fanden. Hinzu kam, dass die Preise für Grundnahrungsmittel von vermögenden Kaufleuten in die Höhe getrieben wurden. Die Kleidung der Rebellen, die den Eindruck erweckte, sie besäßen eine weibliche Brust, führte zu dem seltsamen Namen „Krieg der Jungfrauen". Dazu bemalten sie ihre Gesichter oder trugen Masken, so dass weder ihr Antlitz noch ihr Geschlecht zu erkennen war.

Fährt man vom Osten her in das Tal, so kommt man zuerst in das Dorf ***Audressein,*** das am Zusammenfluss der beiden Gebirgsbäche Bouigane und Lez liegt. Die malerische ***Kirche Notre-Dame-de-Tramesaygues*** besitzt sehenswerte Fresken, ist meistens aber verschlossen. Wer sie dennoch besichtigen möchte, sollte sich im Rathaus melden.

Nach 10 km und einigen romantischen Weilern erreicht man das Dorf ***Augirein,*** das bis vor einigen Jahren ein nettes kleines Museum besaß, in dem allerhand Ausstellungsstücke aus dem Tal zu sehen waren. Leider hat das Museum seine Pforten für immer geschlossen - die Exponate sind mittlerweile in St.-Lizier zu sehen.

St.-Lary stellt mit seinen 130 Bewohnern die letzte „größere" Siedlung des Tales dar. Von hier führen - neben der Straße zum Col de Portet d'Aspet - nur noch einige Wege in die Wälder.

Praktische Informationen

Information

- Infos über das Vallée de la Bellongue gibt es im Sommer im Touristenbüro von Castillon, ansonsten in St.-Girons.

Unterkunft

- ***L'Auberge d'Audressein*** €€, Tel. 05.61. 96.11.80. Kleines Hotel in Familienbesitz mit neun ordentlichen Zimmern, gutem Restaurant und sehr freundlichem Service.
- ***Camping La Bellongue in Augirein,*** Tel. 05.61.96.82.66. Am Ufer des Flüsschens Bouigane gelegener Mini-Campingplatz, der aber dennoch über die wesentlichen Einrichtungen wie Duschen, warmes Wasser und sogar eine Waschmaschine verfügt.

Verkehrsverbindungen

- ***Busse*** nach St.-Girons starten in St.-Lary und durchfahren dann die Dörfer an der Hauptstraße. Während der Schulzeit fahren die Busse montags bis samstags um 6.50 Uhr sowie Montag, Mittwoch, Freitag und Samstag um 13.15 Uhr. In den Ferien Montag, Mittwoch und Freitag 8.15 und 13.15 Uhr.

Vallée de Biros

Lange Zeit arbeiteten viele Bewohner des Vallée de Biros in den ***Blei- und Zinkminen*** des Tales, bevor diese in den 50er Jahren für immer geschlossen wurden. Nun galt es, einen neuen Erwerbszweig aufzubauen, der auch bald gefunden war: der ***Tourismus.*** Bei der Umstellung auf den Fremdenverkehr achtete man aber darauf, dass die Schönheit des Tales erhalten blieb und keine Betonklötze die Landschaft verschandelten. So kommen mittlerweile zwar zahlreiche Gäste Jahr für Jahr vor allem nach Sentein, doch von einer Touristenschwemme ist nichts zu spüren. Die meisten Besucher schlafen in traditionell erbauten Ferienhäusern oder in Privatunterkünften; touristische Begleiterscheinungen wie Snackbuden, Andenkenläden oder moderne Hotels sucht man hier glücklicherweise vergebens.

Idyllisches Gotteshaus in Bordes-sur-Lez

Hauptort des Tales ist das Dorf ***Sentein,*** in dem zwar auch nur knapp über 100 Menschen wohnen, das aber aufgrund seiner zahlreichen Übernachtungs- und Wandermöglichkeiten eine besondere Rolle einnimmt. Wer den Ort zum ersten Mal besucht, dem sticht sofort die ***kuriose Kirche*** ins Auge. Das Bruchsteingebäude aus dem 12.–14. Jh. besitzt ein ungleichmäßig geformtes Kirchenschiff und drei Türme – sehr ungewöhnlich für unsere Augen, aber doch mit einer eigenen Harmonie.

Dass der von Bergen umgebene Ort keineswegs touristisch geprägt ist, zeigt ein Blick auf die Angebote im Dorf. Es existiert nur eine kleine Gemischtwarenhandlung. Einmal im Jahr herrscht hier aber doch reger Betrieb: Regelmäßig findet am 15. August ein ***internationales Folklore-Festival*** statt, bei dem außer der traditionellen Kleidung des Tales auch Trachten aus anderen Ländern zur Schau getragen werden.

2 km oberhalb von Sentein scheint der Weiler ***Antras*** an den Berg geklebt worden zu sein. Das winzige Dorf vor dem beeindruckenden Bergpanorama wirkt, als sei es von einem Maler oder Fotografen aus Gründen der Schönheit absichtlich so postiert worden.

Praktische Informationen

Information

- ***Syndicat d'Initiative*** in Sentein, Tel. 05.61.96.10.90. Hier können Ferienhäuser *(Gîtes)* gebucht werden.

Unterkunft

- ***Hôtel Le Crabére*** €-€€ in Sentein, Tel. 05.61. 96.04.22. Klein, einfach, günstig.
- ***Camping La Grange,*** besitzt 46 Stellplätze, Tel. 05.61.96.18.74.

Verkehrsverbindungen

- ***Busse*** von Sentein nach St.-Girons: Während der Schulzeit von Montag bis Samstag 6.55 Uhr sowie montags, dienstags, donnerstags und samstags 13.20 Uhr. In den Ferien dienstags, donnerstags und samstags 8.20 und 13.20 Uhr.

Ausflüge

Zum Pic de Crabère und zum Etang d'Araing

Nicht ganz einfach ist die Tour zum Pic de Crabère (2.630 m) an der spanischen Grenze. Zu dem Berg und dem angrenzenden See Etang d'Araing führen zwei Wege: Der erste zweigt 2 km hinter Sentein bei ***le Pont*** von der Straße ab und verläuft zuerst durch ein Waldgebiet. Nach etwa 3 km geht rechts ein Pfad zur ***Kapelle de l'Isard*** ab, die man bei einem ausgedehnteren Abstecher besuchen kann. Der eigentliche Weg führt weiter bergan zum ***Etang d'Araing,*** bei dem sich in 1.950 m Höhe das *Refuge* gleichen Namens befindet. Die bewirtschaftete Berghütte, Tel. 05.61.96.73.73, bietet vom 10. Juni bis zum 30. September 50 Wanderern die Möglichkeit zur Übernachtung.

Familienglück am Straßenrand

Die andere Strecke beginnt in ***Eylie,*** dem letzten Weiler des Biros-Tales, und führt über den GR 10 zu dem Bergsee. Bei beiden Touren sollte man für die einfache Strecke einen guten halben Tag einplanen.

Vallée du Riberot und Vallée d'Orle

Fährt man von Castillon in das Vallée de Biros, biegen nach kurzer Zeit zwei kleinere Täler in einem Abstand von 2 km nach links ab: zuerst das Vallée du Riberot, dann das Vallée d'Orle. Am Ende des Riberot-Tales beginnt der Fußweg zum ***Mont Valier*** (2.838 m), dem imposantesten Berg des Ariège. Nach etwa vier Stunden Wanderung, auf der man auch einen Wasserfall passiert, erreicht man das *Refuge des Estagnous,* Tel. 05.61.96. 76.22, 600 m unterhalb des Gipfels (geöffnet Mai bis Oktober). Von hier führt der Weg weiter steil hinauf bis zur Spitze des Berges.

Vom Ende des Vallée d'Orle führt ein Pfad zum ***Port d'Orle*** (2.363 m). Der Weg kreuzt nach knapp 2 km den GR 10; wer nicht zum Port d'Orle

Traditionsreiches Handwerk: Sabotier im Vallée de Bethmale

wandern möchte, kann hier westlich nach Eylie oder östlich ins Riberot-Tal abbiegen.

Da es sich bei den Routen um Hochgebirgstouren handelt, sollte neben vernünftiger Ausrüstung auch eine Wanderkarte selbstverständlich sein.

Vallée de Bethmale

Das Tal, das kurz hinter Castillon beginnt und dann zum 1.395 m hohen Col de la Core führt, ist trotz seiner geringen Länge wohl das bekannteste des gesamten Couserans. „Schuld" daran sind die bunten ***Trachten*** der Bewohner und insbesondere die dazugehörigen ***Holzschuhe,*** die *sabots,* deren enorm lange Spitze fast senkrecht nach oben verläuft. Der Legende nach soll ein junger Mann im 9. Jh. seine Braut des Nachts beim Liebesspiel mit einem maurischen Soldaten überrascht haben. Der erzürnte Bräutigam tötete den Liebhaber und seine Verlobte und spazierte am nächsten Morgen mit den Holzschuhen durch die Straßen – die Herzen der beiden gut sichtbar auf die Spitzen der Schuhe gespießt.

Zu feierlichen Anlässen tragen die Menschen im Vallée de Bethmale heute noch ihre Trachten und die mit glänzenden Nägeln verzierten Schnabel-Holzschuhe. Damit dies bei künftigen Generationen so bleibt, stellt *Pascal Jusot* (Tel. 05.61.96.78.84, von der Hauptstraße ausgeschildert) als einziger *Sabotier* des Tales die Holzschuhe noch immer per Hand her. Wie im gesamten Couserans gibt es allerdings auch hier die Landflucht, so dass in den Dörfern des Vallée de Bethmale immer weniger junge Leute wohnen. Deshalb liegt die Vermutung nahe, dass auch zahlreiche auswärtige Besucher zu den Kunden des Schuhmachers zählen.

Fährt man von Castillon in das Tal, kommt man an mehreren kleinen Dörfern vorbei, die allesamt ihr historisches Aussehen behalten haben und sehr verschlafen wirken. Hübsch sind beispielsweise die Weiler ***Samortein*** und ***Ayet,*** durch die ein kleiner Parallelweg der D 17 verläuft, der aber nach kurzer Zeit wieder in die Hauptstraße mündet. Die beiden Dörfer sind sicherlich sehenswert, doch sollten Fahrer von größeren Wohnmobilen die kleine Parallelstraße aufgrund der Enge meiden und Ayet und Samortein lieber zu Fuß aufsuchen.

Nach den Dörfern schraubt sich die D 17 steil den Berg hinauf vorbei an Wiesen und Weiden Richtung Col de la Core, wobei nach einigen Kilometern ein Weg zum romantischen ***Lac de Bethmale*** abgeht. In der Mitte des kristallklaren Sees befindet sich eine kleine Insel, die Angelerlaubnis für das Gewässer ist im Sommer in der Hütte am Ufer erhältlich. Hier beginnt ein Spazierweg, der zuerst den GR 10 kreuzt und wenig später zu einem weiteren See, dem ***Etang d'Ayes,*** führt.

Über den ***Col de la Core*** – im Sommer Startrampe für Paragleiter – kommt man in die Orte Seix und Oust; von November bis April bleibt dieser Pass allerdings oft geschlossen.

Seix

Verkehrstechnisch optimal an der Kreuzung der Straßen nach Castillon, Aulus-les-Bains und St.-Girons gelegen, könnte man meinen, Seix sei im Gegensatz zu den abgeschiedenen Dörfern des Couserans ein aufstrebendes Städtchen. Doch das Gegenteil ist der Fall. Auch dem hübschen Ort am Fluss Salat laufen die Einwohner weg: Lebten hier 1982 noch 953 Menschen, so konnten 2000 nur noch 750 Bewohner gezählt werden.

In den vergangenen Jahren versuchte die Gemeinde deshalb, besonders Aktivurlaubern einiges zu bieten. So gewann der Fluss Salat, ohnehin Mittelpunkt des Ortes, auch für den Tourismus immer mehr an Bedeutung, da sich Seix zu einem ***Zentrum für Wassersport*** entwickelte. Rafting ist mittlerweile genauso möglich wie Kajak-Touren oder Kanu-Spaß. Obwohl zudem gute Wanderstrecken bestehen und die Übernachtungsmöglichkeiten ordentlich sind, blieb Seix ein ruhiges Städtchen – typisch für das Couserans eben.

Auf einem Hügel über dem Ort steht das ***Schloss von Seix,*** das sich allerdings in Privatbesitz befindet und nicht besichtigt werden kann. Das Baujahr der ***Kirche Saint-Etienne,*** bei der besonders der Glockenturm auffällt, kann nicht genau bestimmt werden, doch erste Elemente des Gebäudes stammen wohl aus dem 13. Jh.

Interessanteste Sehenswürdigkeit ist jedoch das Städtchen selbst, dessen hübsche, ***galeriebesetzte Häuser*** die Ufer des Salat säumen und das nur während des Marktes am Donnerstag und dem großen ***Folklore-Festival*** vom 11. bis 15. August von Leben erfüllt wird.

Praktische Informationen

Information

- ***Touristenbüro*** an der Place de l'Allée, ansonsten Infos im ***Rathaus,*** Tel. 05.61.96.52.90.

Unterkunft

- ***Auberge du Haut Salat*** €€, Place de l'Allée, Tel. 05.61.66.88.03. Geräumige, schöne Zimmer in stilvollem, altem Haus; nette Leute. Empfehlenswert.
- ***Auberge des deux Rivières*** €€, in Pont de la Taule, 5 km weiter Richtung Aulus an der Hauptstraße,Tel. 05.61.66.83.57. Saubere Zimmer, günstig, gute Küche.
- ***Camping Le Haut Salat,*** knapp 1 km hinter Seix Richtung St.-Girons, Tel. 05.61.66.81.78. Am Flussufer gelegen.
- Außerdem gibt es rund um Seix einige ***Studios, Appartements und Gîtes;*** nähere Informationen im Touristenbüro.

Weitere Reisetipps

- ***Rafting-, Kajak-, Kanu- und Canyoning-Touren*** organisiert *Passeur de Vagues,* Moulin Lauga, Tel. 05.61.66.84.88.

Ausflüge

Wanderung auf den Pic de Mirabat

Nicht allzu anspruchsvoll, wegen des Höhenunterschiedes aber doch recht anstrengend, ist die Tour zum Pic de Mirabat mit der gleichnamigen ***Schlossruine.*** Der Weg beginnt bei ***Moulin Lauga,*** 1,5 km südlich von Seix, und führt zuerst zu dem etwas höher gelegenen Weiler ***Azas.*** Nach-

Einkauf mit Atmosphäre

dem man in Azas einige Häuser passiert hat, biegt man bei einem Springbrunnen nach links auf den Weg ab, der nach Norden, also praktisch entgegen der bisherigen Laufrichtung, führt. Von hier verläuft ein Pfad steil hinauf zum Gipfel des 1.270 m hohen Berges, auf dem man bleibt und bei den kleinen Kreuzungen immer den rechten Weg wählt. Für die Wanderung sollten sechs Stunden eingeplant werden.

Wanderung nach Oust

Weniger beschwerlich ist der 5 km lange Spaziergang in die Nachbargemeinde Oust (siehe unten). In Seix geht man zuerst am rechten Ufer des Salat entlang, bevor man vor dem Ortsende nach rechts zu dem Weiler ***Bincarech*** abzweigt. Direkt hinter Bincarech führt links ein Weg nach Oust; kurz vor dem Städtchen besteht noch einmal die Möglichkeit, einen Abstecher nach rechts zu der ***Kapelle du Pouech*** zu unternehmen.

Oberes Salat-Tal

Auto- oder Motorradfahrer können von Seix aus südlich fahren und bei ***Pont de la Taule*** auf der D 3 bleiben, um so einen Abstecher in den rauhen oberen Teil des Salat-Tales zu unternehmen. Bei dem Dorf ***Couflens*** zweigt eine sehr steile und schmale Straße zum ***Col de Pause*** ab, von dem sich ein erstklassiger Blick auf den Mont Valier bietet. Von dem 1.527 m hohen Berg geht die recht abenteuerliche Straße sogar noch weiter – Vorsicht beim Fahren ist allemal geboten!

Oust

Keine 3 km nördlich von Seix liegt die 500-Seelen-Gemeinde Oust am Flüsschen Garbet, das kurz hinter dem Dorf in den Salat fließt. Interessantestes Bauwerk ist die ***Kapelle du Pouech,*** in der drei antike Statuen aufbewahrt werden. Im nördlichen Ortsteil ***Vic d'Oust*** existiert eine ***romanische Kirche*** mit Malereien aus dem 16. Jh. Ansonsten gibt es in Oust nicht allzuviel zu sehen, eine Übernachtung bietet sich nur wegen der günstigen Lage an.

Unterkunft

- ***Camping Les 4 Saisons,*** an der Straße nach Aulus, Tel. 05.61.96.55.55. Komfortabler und gepflegter Platz am Ufer des Garbet.
- ***Städtischer Campingplatz de la Côte,*** im Süden des Ortes am Salat, Tel. 05.61.96.50.53. Kleiner und einfacher als *Les 4 Saisons.*

Aulus-les-Bains

Eingekesselt von hohen Bergen, wirkt das ***Thermalbad*** – früher gemeinsam mit Oust und Ercé Zentrum der Bärenfänger – kleiner als es wirklich ist. Der Umstand, dass einige der einstigen Nobelhotels dringend einen neuen Anstrich vertragen könnten, erweckt zudem den trügerischen Anschein, hier würde kaum noch jemand kuren. In Wirklichkeit aber besitzt Aulus-les-Bains Thermen, die sich auf dem neuesten Stand der Technik befinden. Vor allem Patienten, die unter Krankheiten des Verdauungstraktes und der Harnwege leiden, kommen in den Ort, der die Pforte zum Couserans bildet. Um auch weiter attraktiv zu bleiben, bietet das Touristenbüro in der Hauptsaison zahlreiche kulturelle und sportliche Veranstaltungen an.

Viele Touristen – zumindest die „nicht-kurenden" – interessieren sich aber mehr für die ***Cascade d'Ars*** als für Folkloreabende und Ausstellungseröffnungen. Der herrliche Wasserfall liegt 4,5 km südlich von Aulus und zählt zu den schönsten der französischen Pyrenäen. Ein paar hundert Meter hinter dem Ort, Richtung Col de Latrape, beginnt der ausgeschilderte Fußweg, der am Ufer des Garbet entlangläuft. Nach knapp zwei Stunden erreicht man die Kaskaden, die in mehreren Stufen an den bewaldeten Felsen hinabstürzen und besonders im Frühjahr nach der Schneeschmelze imposant erscheinen. Doch auch im Sommer oder Herbst lohnt ein Besuch auf jeden Fall! Wer die Tour noch etwas verlängern möchte, kann auf dem markierten Weg weiter nach Westen zum kleinen Bergsee ***Etang de Guzet*** marschieren. Auch von hier führt ein Fußweg zurück nach Aulus.

Damit jeder Kurgast weiß, wie positiv sich Bewegung auf die Gesundheit auswirkt, wurde am Beginn des Pfades eine Tafel aufgestellt, anhand der man den persönlichen Kalorienverbrauch für die Wanderung errechnen kann.

Praktische Informationen

Information

- ***Touristenbüro*** an der Straße nach Guzet-Neige, Tel. 05.61.96.01.79. Hier auch ***Verleih von Mountainbikes*** sowie Infos zu ***Rafting*** und ***Paragleiten.***

Unterkunft

- ***Hôtel de la Terrasse*** €€€, an der Hauptstraße, Tel. 05.61.96.00.98. Gutes, dem Preis angemessenes Hotel; teilweise alte, hübsche Möbel.
- ***Hôtel de France*** €, an der Hauptstraße, Tel. 05.61.96.00.90. Nicht gerade modernes, aber ordentliches und günstiges Haus.
- ***Camping Le Coulédous,*** am Ortseingang von Oust aus kommend, Tel. 05.61.96.02.26. Nett gelegen, gepflegt.

Weitere Reisetipps

- ***Ausritte*** auf den relativ kleinen, für die Gegend typischen Pferden organisiert *Centaurus,* Tel. 05.61.96.02.02.

Verkehrsverbindungen

- ***Busse*** nach Seix und weiter nach St.-Girons.

Guzet-Neige

Beim Entwurf der ***Skistation*** Guzet-Neige haben wohl andere Architekten Hand angelegt als bei den meisten Skiorten in den Pyrenäen. Nicht nur die zahlreichen Chalets, sondern selbst Hotels und Geschäfte bestehen zu einem großen Teil aus Holz – was den Ort zwar nicht gerade zu einer Schönheit macht, aber dennoch sympathischer wirkt als der ansonsten zumeist verwendete Beton. Die wichtigste Liftanlage befindet sich in einem Hochtal, über dem der eigentliche Ort Guzet-Neige auf einer Bergkuppe in 1.520 m Höhe liegt, also fast 800 m höher als Aulus-les-Bains. Insgesamt 21 Liftanlagen transportieren die Wintergäste bis auf 2.061 m. Obwohl es in anderen Wintersportorten um einiges höher hinausgeht, zählt Guzet-Neige mit seiner bunten Mischung aus leichten und anspruchsvollen Pisten sicherlich zu den besseren Zentren für Abfahrer. Die Saison beginnt im Dezember und endet im März; sollte es einmal an der weißen Pracht mangeln, stehen genügend Schneekanonen bereit.

Während die Hotels im Sommer geschlossen bleiben, sind die Chalets das ganze Jahr über zu mieten. Allerdings lohnt sich ein längerer Aufenthalt außerhalb der Wintermonate nur für Wanderer oder Urlauber, die Ruhe suchen – die Natur und der damit verbundene Ausblick sind die einzigen sommerlichen Attraktionen.

Information

- ***Touristenbüro*** in einer Holzhütte am Ortseingang, Tel. 05.61.96.00.01.

Unterkunft

- Die zweifellos beste und günstigste Übernachtungsmöglichkeit bietet sich in den vielen ***Chalets und Appartements*** unterschiedlichster Größen und Preisklassen. Außerhalb der Saison sind die günstigsten Holzhäuser bereits für 200 € pro Woche zu bekommen, Appartements – von denen einige auch tageweise vermietet werden – sind teilweise noch preiswerter. Ausführliche Prospekte und Preislisten in der Touristeninformation.

Essen und Trinken

- ***Hôtel Restaurant Les Ormeaux*** in im Richtung Seix gelegenen Dorf Trein d'Ustou, Tel. 05.61.96.53.22, wartet mit guter französischer und italienischer Küche auf. Die Gerichte sind jedoch nicht ganz billig: Menü ab 15 €.

Verkehrsverbindungen

- Im Winter ***Skibusse*** von Aulus-les-Bains.

Massat und Umgebung

Massat ist nicht nur der größte Ort der Region, auch seine Lage als Verbindung zwischen dem Couserans und dem Pays de Foix lassen Vermutungen aufleben, dass es sich hier um eine größere Stadt handelt. Weit gefehlt! Kaum mehr als 600 Menschen leben im Schatten des Turmes aus dem 14. Jh.; zwar bildet der Ort geschäftlich und administrativ den Mittelpunkt der Gegend, doch Lebhaftigkeit ist wahrlich nur selten zu spüren.

Noch vor zwei Jahrhunderten handelte es sich bei Massat um ein - für hiesige Verhältnisse - echtes Zentrum. In erster Linie hatten sich Kaufleute, Bürger und Handwerker hier niedergelassen, die den Großteil des Landes besaßen und den Bauern nur kleinere Parzellen zugestanden. Mittlerweile hat sich daran aber einiges geändert: Der Ort besitzt heute ein typisch ländliches Gesicht.

Weniger Massat selbst als vielmehr die Umgebung lockt zu einem Besuch. Besonders das ***Massif de l'Arize*** im Norden, ein bis zu 1.600 m hoher Gebirgszug, verdient Beachtung. Die waldreiche Gegend wird von zahlreichen kleinen Sträßchen durchzogen, die aufgrund ihrer landschaftlich schönen Lage ins Auge stechen, aber kaum befahren werden. Wer einen oder zwei Tage Zeit übrig hat, sollte hier Spaziergänge unternehmen oder mit dem Auto einfach auf gut Glück losfahren. Die Berge sind zwar längst nicht so spektakulär wie die Dreitausender nahe der spanischen Grenze, doch der eher sanfte Landstrich weiß wegen seiner natürlichen Unberührtheit genauso zu gefallen. So kann es durchaus einmal passieren, dass ein Hirsch die Straße überquert und erstaunt auf das vor ihm stehende Auto glotzt, bevor er im Unterholz verschwindet. Da die ***Passstraßen*** über Berge wie den Col de Jouels (1.247 m) oder den Col de Péguère (1.375 m; schöne Aussicht vom dortigen Tour Laffon!) für den Verkehr nicht gerade von eminenter Wichtigkeit sind, werden sie von Räumfahrzeugen auch nur äußerst selten aufgesucht. Die Folge: Die Pässe bleiben trotz ihrer geringen Höhe bis in den April oder sogar den Mai hinein geschlossen.

Die gut ausgebaute ***D 618,*** die über den ***Col de Port*** (1.249 m) nach ***Tarascon*** führt, kann zumeist schon erheblich früher befahren werden.

Nördlich des Massif de l'Arize liegt an der großen D 117 das Städtchen ***La Bastide de Sérou,*** bekannt für sein Gestüt der kleinen, schwarzen ***Mérens-Pferde,*** die ursprünglich aus dem Mérens-Tal südlich von Ax-les-Thermes stammen. Das *Centre National du Cheval de Merens,* das sich ausschließlich mit der Zucht und dem Training dieser Pferderasse befasst, kann besichtigt werden.

Foix

Bei einem Blick auf historische Gemälde von Foix stellt man fest, dass sich im Laufe der Zeit eigentlich gar nicht so viel verändert hat. Noch immer stellen die drei Türme des Schlosses den Blickfang dar, noch immer herrscht auf der Brücke über die Ariège eine gewisse Geschäftigkeit, und noch immer drängen sich die Häuser zu Füßen des Burgberges. Sicher - im Umland sind neue Gebäude entstanden und an die Stelle von Pferdekarren die Autos getreten, doch das Herz von Foix schlägt auch heute noch in der Altstadt.

Für Urlauber, die nach einem längeren Aufenthalt in ländlichen Gegenden mal wieder etwas städtischere Luft schnuppern möchten, ist der Ort zwischen den Flüssen Ariège und Arget geradezu ideal. In den engen Gassen der ***Altstadt*** lässt es sich zwischen den historischen ***Fachwerkhäusern*** herrlich bummeln. Kleine Restaurants stellen im Sommer die Tische nach draußen und laden zum Verweilen ein, in mehreren Antiquitätenläden kann man wunderbar in Kitsch und Kunst wühlen. Und wer meint, ohne die neuesten Bundesliga-Ergebnisse nicht auskommen zu können, kauft kurzerhand eine deutsche Zeitung und setzt sich in ein Straßencafé.

Seinen eher provinziellen Charakter kann Foix - immerhin seit der französischen Revolution ***Hauptstadt des Département Ariège*** - dennoch nicht leugnen. Sicherlich besitzt die 10.000 Einwohner zählende Gemeinde im Vergleich zu den verschlafenen Dörfern des Couserans eher städtischen Charakter, doch ein Zivilisationsschock erwartet hier niemanden.

Wirklich lebhaft geht es nur an den Markttagen und im Sommer zu, wenn das ***mittelalterliche Festival*** große Mengen an Besuchern anzieht. Mitte Juli und Mitte August stehen die Wochenenden ganz im Zeichen der historisch gewandeten Hofdamen, Ritter, Narren und Minnesänger. Mittelalterliche Szenen werden nachgestellt, Reiterspiele abgehalten und ein historischer Markt veranstaltet. Den Abschluss des Festes, das man sich nicht entgehen lassen sollte, bildet ein großes Feuerwerk.

Geschichte

Schon in ***prähistorischer Zeit*** lebten rund um das heutige Foix Menschen, wie die Funde und Malereien in den nahen Höhlen beweisen.

Die eigentliche Geschichte des Ortes Foix begann jedoch erst ***Anfang des 11. Jh.,*** nachdem *Roger I. von Carcassonne* über dem kleinen Städtchen eine Burg hatte errichten lassen, den Sitz der Grafen von Foix. Aus der Festung wurde hundert Jahre später eine Zufluchtstätte. Der damalige *Graf Roger Bernard* gewährte der Bevölkerung in der fast uneinnehmbaren Festung Schutz vor den Kreuzrittern, die auf Geheiß des Papstes den „ketzerischen" ***Katharern*** den Garaus machen sollten. An der Burg von Foix bissen sich die Armeen aber die Zähne aus: Selbst *Simon de Montfort,* genannt „der Löwe des Kreuzzuges" und bekannt als unerbittlicher Krieger, scheiterte mehrfach.

Erst ***1272*** gab sich der *Graf von Foix* geschlagen. Um aber weiterhin unabhängig zu bleiben, heiratete *Roger Bernard III.* die Erbin des Thrones von Béarn und regierte die ***1290*** zusammengeschlossene ***Grafschaft Foix-Béarn*** von den westlichen Burgen aus.

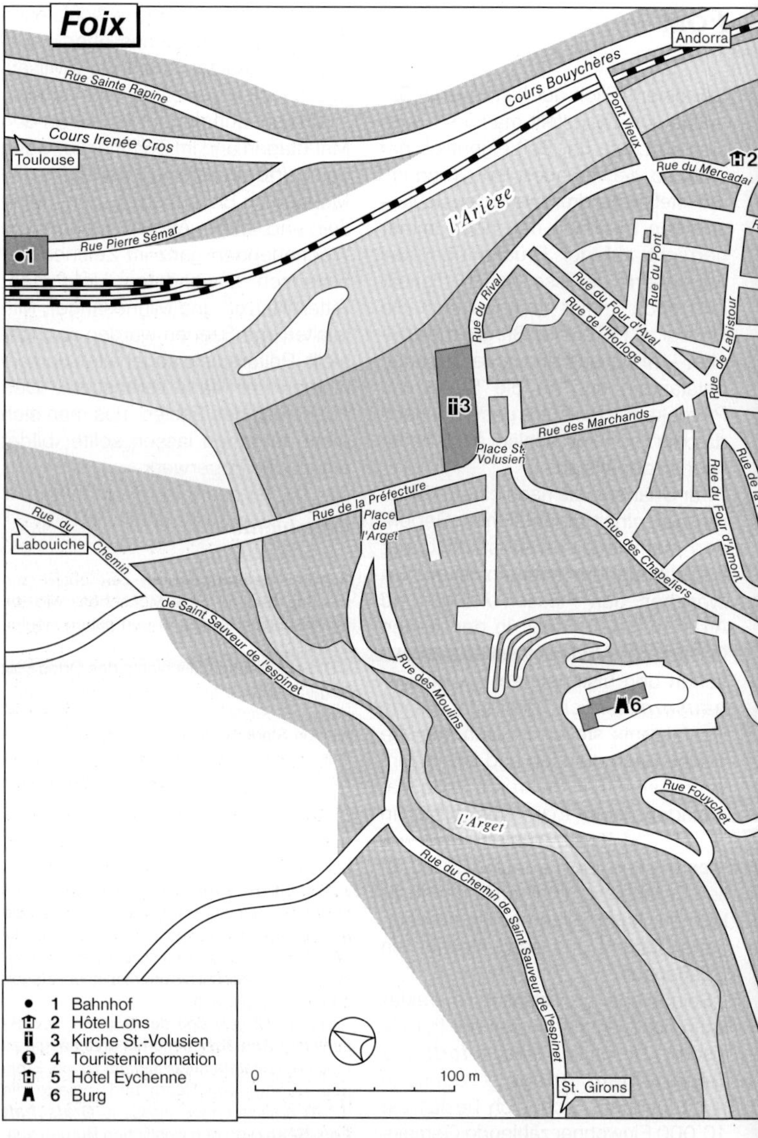
Foix
Andorra
Rue Sainte Rapine
Cours Bouychères
Pont Vieux
Cours Irenée Cros
Toulouse
Rue du Mercadai
l'Ariège
Rue Pierre Sémar
1
Rue du Pont
Rue du Rival
Rue du Four d'Aval
Rue de l'Horloge
Rue de Labistour
3
Rue des Marchands
Place St. Volusien
Rue du Four d'Amont
Rue de la Préfecture
Place de l'Arget
Rue du Chemin
Labouiche
Rue des Chapeliers
de Saint Sauveur de l'espinet
Rue des Moulins
6
Rue Fouychet
l'Arget
Rue du Chemin de Saint Sauveur de l'espinet
0
100 m
St. Girons
1 Bahnhof
2 Hôtel Lons
3 Kirche St.-Volusien
4 Touristeninformation
5 Hôtel Eychenne
6 Burg

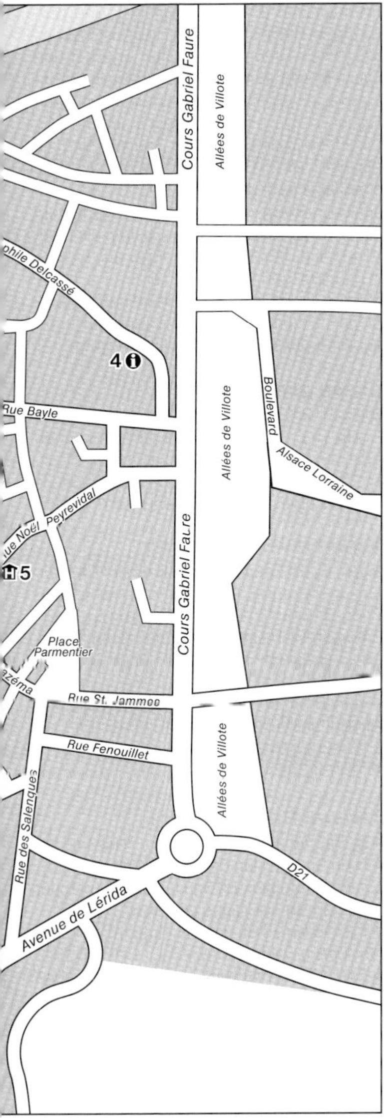

Zum bekanntesten Herrscher der Grafschaft Foix-Béarn wurde jedoch *Gaston III.*, der von ***1331 bis 1391*** zumeist im Béarn lebte und sich selbst - in Anspielung auf Apollon Phöbus, den Gott des Lichtes - den schmückenden Namen *Gaston Fébus* verlieh. Zum einen war er ein brutaler, jähzorniger Regent, zum anderen ein gebildeter Kunstliebhaber und Prototyp des Märchenprinzen. Zweifellos handelte es sich bei ihm aber um einen der mächtigsten Herrscher seiner Zeit.

In den folgenden Jahrhunderten besaß der Ort zwar nicht mehr seine einstige Bedeutung, doch noch immer diente die Burg als Festung und Herberge für hohe Gäste. Erst ***1607*** wurde die Grafschaft dem Königreich Frankreich angeschlossen und ***1790*** zur Hauptstadt des Départements ernannt, wovon heute mehrere Verwaltungsgebäude zeugen.

Sehenswertes

Ohne Frage stellt die ***Burg*** auf dem Felsen über der Stadt die attraktivste Sehenswürdigkeit dar. Erstmals fand sie Ende des 10. Jh. Erwähnung, doch dürfte das Aussehen der damaligen Festung mit dem heutigen nicht viel gemein haben. So wurden die beiden quadratischen Türme erst im 12. und 13. Jh. erbaut, der runde folgte weitere zwei Jahrhunderte später. In ihm ist auch das ***Musee de l'Ariège*** untergebracht, in dem prähistorische Funde aus den Höhlen um Foix sowie gallo-romanische und mittelalterliche Ausstellungsstücke zu sehen sind.

● Öffnungszeiten der Burg: Juli und August täglich 9.30-18.30 Uhr; Mai, Juni, September täglich 9.45-12 Uhr und 14-18 Uhr; Oktober bis April tgl. außer Montag und Dienstag 10.30-12 Uhr und 14-17.30 Uhr. Eintritt 4 €, Kinder 2 €.

Die ***Klosterkirche St.-Volusien*** in der Altstadt besitzt eine mittelalterliche Krypta und ein auffälliges Portal aus dem 12. Jh.

Praktische Informationen

Information

- ***Touristenbüro*** in der Rue Delcassé 29, Tel. 05.61.65.12.12.

Unterkunft

- ***Hôtel Lons*** €€€ an der Place Georges Dutilh, Tel. 05.61.65.52.44, liegt am Rande der Altstadt und zählt zu den besten Hotels in Foix. Guter Service, gutes Restaurant.
- ***Hôtel Eychenne*** €€, Rue Peyrevidal, Tel. 05.61.65.00.04. Kleines, zentral gelegenes Hotel.
- ***Städtischer Campingplatz*** am aufgestauten Lac de Labarre, etwas nördlich von Foix, Tel. 05.61.65.11.58.
- ***Camping La Roucateille*** in Montgailhard, 4 km südlich von Foix, Tel. 05.61.65.22.50. Ruhiger, gepflegter Platz; beim Besitzer können Gemüse und Eier erstanden werden.
- Stilvoller und schöner als bei Familie *Dedieu* in Montégut-Plantaurel, 20 km nordwestlich von Foix, kann man kaum übernachten. Die freundlichen Leute vermieten Zimmer in ihrem ***Château de la Hille*** €€€ aus dem 16. Jh., das teilweise zum Bauernhof umfunktioniert wurde. Äußerlich ist das Gebäude ein historisches Schlösschen geblieben, innen erwartet den Gast ein sehr komfortables, geräumiges Zimmer oder Appartement. Das abendliche Frosch-Konzert auf dem hauseigenen Teich macht die Idylle perfekt! Im Sommer sind die Zimmer allerdings oft ausgebucht - telefonische Nachfrage unter 05.61.67.34.94 empfiehlt sich. Wegbeschreibung: Von Foix aus auf der N 20 nach Norden fahren, bei St.-Jean-de-Verges auf die D 919 abzweigen und weitere 10 km auf der Straße bleiben. 2 km hinter Montegut nach links auf einen kleinen Weg abbiegen (ausgeschildert). Zum Château gehört auch ein kleiner, einfacher Campingplatz.

Altstadt von Foix

Essen und Trinken

- In den Gassen der Altstadt gibt es eine ganze Reihe von ***kleinen Restaurants,*** in denen man ohne Schnörkel gut und recht günstig isst. Oft kann man es sich auch einfach bei einem Glas Bier oder Wein gemütlich machen.

Verkehrsverbindungen

- Seit 2001 kann Foix dank eines ***Tunnels*** auf der Strecke Toulouse - Tarascon-sur-Ariège problemlos umfahren werden. Wegen erneuter Ausbauarbeiten bleibt diese Passage voraussichtlich von September 2003 bis März 2004 aber gesperrt.
- Vom Bahnhof auf der anderen Seite der Ariège fahren ***Züge*** nach Toulouse und zur spanischen Grenze.
- Täglich ***Busse*** nach St.-Girons und Quillan.

Weitere Reisetipps

- Jeden Freitag findet auf dem Platz vor der Kirche St.-Volusien der ***Markt*** statt, jeden 1., 3. und 5. Montag im Monat ist zudem großer Markttag auf der Allées de Villote.
- ***Canyoning-Touren*** in Frankreich oder Spanien organisiert *Jean Nadal,* Tel. 05.61.65.01.10. Die eintägige Tour kostet zwischen 30 € und 50 € und ist - je nach Bedarf - auf die verschiedensten sportlichen Leistungsmöglichkeiten zugeschnitten.
- Das ***Musée de la Chasse et de la Nature,*** kurz hinter Foix an der N 20 Richtung Pamiers, zeigt neben Ausstellungsstücken aus der Natur auch Wissenswertes aus den Höhlen der

Gaston Fébus

Genialer Staatsmann, romantischer Herzensbrecher, unerbittlicher Krieger, talentierter Dichter - all dies sind Bezeichnungen, die auf ein und dieselbe Person zutreffen: *Gaston Fébus.* 1331 als *Gaston III.* geboren, entwickelt der Herrscher der Grafschaft Foix und der Vizegrafschaft Béarn schon zu Beginn seiner Regierungszeit ein unglaubliches politisches Geschick. Dabei nutzt er die chaotischen Verhältnisse, die der Hundertjährige Krieg zwischen Frankreich und dem in Aquitanien regierenden England mit sich bringt, konsequent aus. So gelingt es ihm, die Selbstständigkeit des Béarn vom englischen Herrscher anerkennen zu lassen, bevor er 1362 die Armee des verhassten Hauses von Armagnac schlägt. Fortan zählt auch das Bigorre unwiderruflich zu seinen Besitzungen. Die Erfüllung seines lebenslangen Traumes von einem eigenen Königreich der Pyrenäen wird immer wahrscheinlicher, zumal *Fébus* den Handel an der Nordflanke des Gebirges völlig unter seiner Kontrolle hat.

Als *Gaston Fébus,* zweifellos eine der schillerndsten Persönlichkeiten in der Geschichte der Pyrenäen, älter wird, fordert das Volk einen Nachfolger. Diesem Wunsch kann der Graf aber seit 1380 nicht mehr nachkommen: Seinen einzigen Sohn erschlägt *Gaston Fébus* im Streit, als er erfährt, dass der Filius an einem Komplott gegen ihn beteiligt ist. In der Folgezeit spielt der Graf mit dem Gedanken, das Reich an den französischen König zu übergeben. Doch diesen, seinen letzten Plan, kann *Gaston Fébus* nicht mehr in die Tat umsetzen - nach seinem Ableben im Jahre 1391 tritt *Mathieu de Castelbon* seine Nachfolge an.

Aufgrund der militärischen und politischen Erfolge sowie der Tötung seines Sohnes könnte man annehmen, *Gaston Fébus* sei ausschließlich ein kompromissloser, jähzorniger Regent gewesen. Doch das ist nur die eine Seite seines Charakters - der Graf von Foix erweist sich nicht selten als ein charmanter Unterhalter, Liebhaber der Musik und begnadeter Poet. Seine geistigen Ergüsse über die Jagd werden von vielen Experten als bedeutende mittelalterliche Literatur bezeichnet. Der Beiname *Fébus* entstammt übrigens auch der literarischen Fantasie *Gastons III.:* In Anlehnung an Apollon Phöbus, den Gott des Lichtes, nennt er sich kurzerhand selbst so - wahrscheinlich nicht nur wegen seiner golden schimmernden Haarpracht.

Umgebung. Besichtigungen montags bis freitags 9 Uhr, 10.30 Uhr, 14 Uhr und 15.30 Uhr. Eintritt: Erwachsene 4 €, Kinder 1,50 €.

Ausflüge

Pont du Diable

Auf halbem Weg nach Tarascon geht rechts ein Weg von der N 20 ab, der zur Pont du Diable, der Höllenbrücke, führt. Der Legende nach musste die hübsche Brücke aus dem 13. Jh. zehnmal neu aufgebaut werden, da der Teufel sie des Nachts immer wieder einriss. Hier bestehen am Fluss Ariège gute Picknickmöglichkeiten.

Nach Lavelanet

Wer mit dem eigenen Vehikel unterwegs ist und weiter nach Osten in den Ort Lavelanet fahren möchte, hat drei Möglichkeiten zur Auswahl. Am schnellsten geht es auf der großen ***D 117,*** die 7 km südlich von Foix von der N 20 abzweigt.

Für ***Fahrradfahrer*** empfiehlt sich die kleinere ***D 1,*** die wenige 100 m nördlich von Foix nach Osten verläuft und keine nennenswerten Steigungen beinhaltet.

Am hübschesten ist aber ohne Zweifel die landschaftlich schöne, winzige

Der Höhlenforscher Norbert Casteret

Hätte es ihn nicht gegeben - wer weiß, ob einige Grotten in den Pyrenäen nicht unentdeckt geblieben wären. Doch *Norbert Casteret* sorgte mit seiner großen Leidenschaft, der Speläologie, dafür, dass zahlreichen Höhlen ihre Geheimnisse entrissen werden konnten. Bereits als Kind zeigte der 1897 im Département Haute-Garonne geborene *Norbert* ein riesiges Interesse an unterirdischen Gängen und Labyrinthen. Im zarten Alter von 13 Jahren erforschte er seine erste Höhle, der im Laufe seines Lebens 2.000 weitere folgen sollten. Unter ihnen befinden sich so bekannte Naturschauspiele wie der unterirdische Fluss Labouiche nahe Foix. Doch *Casteret* kundschaftete nicht nur Höhlen aus und machte dabei zahlreiche prähistorische Funde; er arbeitete auch wissenschaftlich. Mehrere Dutzend Fachbücher über die unterirdische Welt gehen auf sein Konto. 1987 fand das erfüllte Leben des Begründers der Höhlenforschung in den Pyrenäen schließlich ein Ende.

D 9, auf der man unter anderem seltsame ***Felsformationen*** bei Caraybat und die ***Schlossruine von Roquefixade*** passiert.

Rivière Souterraine de Labouiche

Eine ***außergewöhnliche Bootsfahrt*** steht in der Rivière Souterraine de Labouiche, 6 km nördlich von Foix an der D 1, auf dem Programm. Mit einer Barke schippert man dabei 1.500 m auf einem ***unterirdischen Fluss*** entlang - nirgendwo in Europa gibt es ein längeres Vergnügen dieser Art. In einer durchschnittlichen Tiefe von 60 m erfährt man während der 75minütigen Tour, welche Schönheiten wie Tropfsteingebilde und Hallen normalerweise unter unseren Füßen schlummern. Ein faszinierendes Erlebnis! Allerdings sollte man auch im Sommer Pullover oder Jacke nicht vergessen, da die Temperatur hier durchweg nur 13 Grad beträgt.

● Öffnungszeiten: 1. April bis Pfingsten täglich 14-18 Uhr (sonn- und feiertags sowie in den Schulferien auch 10-12 Uhr); Pfingsten bis 30. September täglich 10-12 und 14-18 Uhr; Juli und August täglich durchgehend 9.30-18 Uhr; 1. Oktober-11. November sonntags 10-12 und 14-18 Uhr. Eintritt Erwachsene 7,40 €, Kinder 5,20 €.

Lavelanet

Wer das Tal der Ariège nur ein Stück weiter nach Süden befährt und dann bei dem Weiler St.Antoine auf die D 117 in den Osten des Departements abbiegt, erreicht nach 20 km Lavelanet. Die größte Stadt der historischen Region Pays d'Olmes (8.000 Einwohner) ist seit Menschengedenken eng mit der Herstellung von Textilien verknüpft. Waren es früher Weber und Spinner, die Wolle mit einfachen Mitteln weiterverarbeiteten, kam 1813 die erste mechanische Webmaschine hierher - die ***Textil-***

industrie in Lavelanet war geboren. Die Nachfrage war enorm, und die Firmen expandierten fortan; erst im 20 Jh. gab es einige Rückschläge. Heute ist die Produktion aber so groß, dass die heimische Wolle bei weitem nicht mehr ausreicht und zusätzliche Wolle unter anderem aus Australien und Neuseeland importiert wird. Im ***Musée du Textile et du Peigne en corne,*** Rue Jean Jaurès 65, erfährt man so ziemlich alles über Geschichte und Herstellung der Textilien.

- Im Sommer täglich außer sonntags von 14 bis 18 Uhr geöffnet.

Mächtig stolz sind die Einwohner Lavelanets auf *Fabien Barthez,* den Nationaltorhüter des Welt- und Europameisters Frankreich. Der Ausnahme-Fußballer ist hier geboren und aufgewachsen, seine Eltern wohnen noch heute in Lavelanet.

Außer dem Museum und der ***Kirche Notre-Dame de l'Assomption*** (14. Jh.) besitzt Lavelanet keinen großen touristischen Wert, eignet sich aber gut als Ausgangspunkt zu den wirklich einmalig schönen Sehenswürdigkeiten der Gegend wie Montségur, Roquefixade oder der Gorges de la Frau.

Praktische Informationen

Information

- ***Touristenbüro*** in der Maison de Lavelanet mitten im Zentrum, Tel. 05.61.01.22.20.

Unterkunft

- ***Städtischer Campingplatz*** im Süden des Ortes, nahe der Straße Richtung Foix, Tel. 05.61.01.55.54. Mit Pool und Spielplatz.

Ausflüge

Burgruine von Roquefixade

Zuerst über die D 117 und dann über die kleinere D 9 erreicht man die

8 km westlich von Lavelanet gelegene Burgruine von Roquefixade, die auf einem zerklüfteten Felsen steht. Wie viele andere Burgen auch, diente sie den ***Katharern*** während der Albigenser-Kriege als Zufluchtsort. Die Legende besagt, dass die Bewohner der Burg zur damaligen Zeit riesige Feuer auf den Mauern der Festung entfachten und sich so mit den belagerten Glaubensbrüdern in Montségur verständigten. Als das Bauwerk später keinen Zweck mehr erfüllte, ließ *Ludwig XIII.* es im 17. Jh. zerstören.

Aufstieg nach Montségur

Montségur

Montségur ist viel mehr als irgendeine ***Burgruine.*** Montségur ist das ***Wahrzeichen der Katharer*** schlechthin, ein Sinnbild für deren Streben nach Freiheit und Reinheit. Am „sicheren Berg", wie der Name übersetzt lautet, suchten fast 500 Menschen Schutz vor den Kreuzrittern - über 200 von ihnen wurden getötet.

Majestätisch thront die Burg auf dem 1.207 m hohen Gipfel des Felsens Pog, der 8 km südlich von Lavelanet alles überragt. Allein die Lage erscheint geradezu ideal für eine uneinnehmbare Festung - kein Wunder also, dass die Katharer diesen Platz für ihren Rückzugsort wählten. Zwar existierte hier in früheren Jahrhunderten bereits eine Verteidigungsanlage, doch erst in den Jahren von 1204 bis 1232 baute *Raymond de Péreille* die Feste zur Burg Montségur aus.

Nach und nach zogen immer mehr Menschen aus Angst vor den Inquisitoren auf den Pog. Ihre Befürchtungen sollten sich bestätigen. Nachdem Ritter aus Montségur 1242 zwei Inquisitoren getötet hatten, begann im Frühjahr des darauffolgenden Jahres die Belagerung der Burg. Sie dauerte monatelang und schien aussichtslos, bis ein Ortskundiger den Soldaten den Weg auf den steilen Fels zeigte. So konnten die Belagerer in unmittelbarer Nähe der Festung ein Katapult aufbauen - das Ende Montségurs war besiegelt. Einzig vier *parfaits* („Vollkommene", Bezeichnung für die Geistlichen der Katharer) gelang die Flucht - seitdem ranken sich die

Die Religion der Katharer

Seit dem 10. Jh. fand eine Wandlung im religiösen Bewusstsein vieler Menschen Europas statt. Sie strebten einen einfachen, reinen Glauben an, den sie bei der materialistisch bestimmten katholischen Kirche nicht fanden. So machten sich die Katharer (aus dem Griechischen: „die Reinen"), wie sie seit Mitte des 12. Jh. genannt wurden, selbst daran, Lösungen auf ihre Fragen zu finden.

Die Katharer glaubten zwar an Christus und das Neue Testament, doch im Unterschied zur katholischen Kirche basierte ihre Religion auf dem Dualismus. Gnostische Einflüsse sind unverkennbar. Demzufolge gab es nur zwei Grundsätze: das Gute und das Böse. Bei dem Guten handelte es sich um das von Gott erschaffene Reich des Geistes, vom Bösen hingegen stammte sämtliche Materie. Im Menschen trafen ihrer Überzeugung nach beide Maximen aufeinander: Die Seele entstammte dem göttlichen Guten, der Körper gehörte dem Reich des Bösen an. Das Ziel der Katharer war es somit, sich vom Bösen zu lösen und in das Reich des Guten einzutreten.

Wer diesem Ziel am nächsten gekommen war, erhielt die geistige Taufe *(Konsolamentum)* und wurde als Vollkommener *(parfait)* bezeichnet. Die Vollkommenen – die diesen Ausdruck niemals selbst gebrauchten – führten ein Leben, das von Enthaltsamkeit, Gebet und Arbeit geprägt war.

Die strengen Regeln, denen sich die Katharer unterwarfen, entstammten aus den Evangelien. Da ihrer Überzeugung nach jeder Körper – egal, ob menschlich oder tierisch – von einer Seele bewohnt sein könnte, besaß das Verbot zu töten besondere Bedeutung: Die Gläubigen ernährten sich vegan, sie verzichteten also sowohl auf Fleisch als auch auf tierische Produkte wie Eier oder Milch. Die Pflicht eines jeden Menschen und Standes, einer Arbeit nachzugehen, sowie die sexuelle Enthaltung waren weitere Säulen ihres Glaubens.

Während die katholischen Geistlichen auf dem Lande den neuen Strömungen nur wenig entgegenbrachten, verurteilte der in Verschwendung lebende hohe Klerus die junge Religion. Die Bekämpfung des Katharertums gipfelte schließlich in den von der Kirche initiierten Kreuzzügen, bei denen viele Katharer auf unglaublich brutale Weise niedergemetzelt wurden. Die Inquisition, die vor der Folter und dem Verbrennen der „Ketzer" auf dem Scheiterhaufen nicht zurückschreckte, tat ein Übriges.

Legenden darum, ob dieses Quartett den sagenumwobenen Katharer-Schatz in Sicherheit bringen und an einer bislang immer noch unbekannten Stelle verstecken konnte.

Im März 1244 war die Festung schließlich gefallen. Die Unterlegenen hatten nun die Wahl: Wer seinen „Fehler" eingestand, kam mit dem Leben davon, wer seine Religion nicht verleugnete, auf den Scheiterhaufen. Über 200 Katharer entschieden sich für ihren Glauben und somit für den Tod. Nach diesen grausamen Ereignissen blieb Montségur noch bis ins 16. Jh. bewohnt, später ließ man die Burg verfallen.

Für den heutigen Besucher besticht die Burgruine natürlich in erster Linie durch ihre phänomenale Lage. Aus der Ferne erscheint es unmöglich, das Bollwerk zu Fuß zu erreichen – ein Trugschluss. Vom Dorf Montségur am Fuße des Felsens führt eine Straße zu großen Parkplätzen, von wo aus sich tatsächlich ein Pfad den Berg hinaufschlängelt. Der Weg ist von der Länge her zwar kein Problem, doch die Steigung macht's! Bis zur Pforte benötigt man mindestens 20 Minuten.

- Öffnungszeiten: Februar: 10-16 Uhr; März 10-17 Uhr; April/September/Oktober 9.30-18 Uhr; Mai-August 9-19.30 Uhr; November 10-17.30 Uhr; Dezember 10-16.30 Uhr. Eintritt 3,50 €, Kinder 2 €.

Der Eintrittspreis berechtigt auch zum Besuch des ***archäologischen Museums*** im Dorf, in dem Mineralien und Steine aus der Gegend sowie Fundstücke aus der Festung Montségur gezeigt werden.

- Öffnungszeiten: Von Februar bis Dezember nachmittags, Mai bis September auch vormittags.

Praktische Informationen

Information

- ***Touristenbüro*** im Dorf Montségur, Tel. 05.61.03.03.03.

Unterkunft

- ***Chambres d'hôtes des Mijanes,*** Richtung Belesta, ca. 1,5 km hinter dem Dorf Fougax-et-Barrineuf (an der Straße ausgeschildert), Tel. 05.61.01.63.76. Von Lesern sehr gelobte Privatunterkunft auf einem abgelegenen Bauernhof mit Sicht auf Montségur.

Gorges de la Frau und Fontaine de Fontestorbes

Zwei imposante Naturereignisse, die man sich auf keinen Fall entgehen lassen sollte, gibt es östlich von Montségur zu bestaunen.

Da ist zum einen die ***Gorges de la Frau,*** eine ***wilde Schlucht,*** die der Bach Hers im Laufe der Jahrtausende in den Felsen gegraben hat. Um zu den Gorges zu gelangen, biegt man bei dem Dorf Fougax-et-Barrineuf von der D 9 auf die kleinere D 5 ab und fährt zuerst durch ein liebliches, waldreiches Tal. Überall grasen Pferde und Kühe auf den Weiden am Bach, der sich durch die saftigen Wiesen windet - einfach malerisch. Nach 7 km erreicht man den Eingang zur Schlucht und muss hier das Auto abstellen, da durch die Schlucht selbst nur ein schmaler Fußweg führt. Je weiter man in die Kluft hineingeht, desto enger wird sie - nach ein paar hundert Metern ragen an beiden Seiten riesige Felsen in den Himmel. Der Pfad durch die Gorges führt weiter zu dem Dorf ***Comus*** auf der anderen Seite des Berges. Wenige Kilometer südlich von Comus liegt der bei den Katharern bedeutende Weiler ***Montaillou*** mit seiner Burgruine. Das Dorf blieb lange unbehelligt, erst zu Beginn des 14. Jh. kam der Bischof *Jaques Fournier* als Inquisitor hierher, um seine grausigen Ermittlungen durchzuführen.

Ein seltsames Schauspiel ereignet sich zwischen den Orten Fougax-et-Barrineuf und Bélesta an der D 5: Dort sprudelt die ***Fontaine de Fontestorbes*** aus dem Berg; genauer gesagt sprudelt sie mal und mal nicht. In den Sommer- und Herbstmonaten versiegt der Wasserfluss nämlich in regelmäßigen Abständen von etwa einer halben Stunde völlig, bevor er wieder mit alter Kraft aus dem Felsen tritt - ein physikalisches Phänomen. Die ***intermittierende Quelle,*** wie die Wissenschaft solche Kuriositäten nennt, bildet den Schauplatz für eine ganze Reihe von Legenden und Sagen. Eine dieser Geschichten besagt, die Quelle müsse pausieren, weil sie ihr Wasser erst aus einer von Feen bewohnten Grotte holen müsse.

Unterkunft

- ***Camping du Val d'Amour*** in Bélesta, Tel. 05.61.01.60.02.

Essen und Trinken

- Im Restaurant Le Troubadour in Bélesta, Tel. 05.61.01.60.57, stehen unter anderem Spezialitäten aus dem Ariège auf der Karte. Menü ab 10,50 €.

Ausflüge

Gute Möglichkeiten für ***Spaziergänge*** bieten sich im Forêt de Bélesta, einem dichten Wald südöstlich des Ortes.

Eine ***schöne Aussicht*** genießt man von der ***Kapelle Notre-Dame-du-Val-d'Amour,*** nördlich von Bélesta, etwas abseits der D 117.

Wundersame Quelle:
die Fontaine de Fontestorbes

Tarascon-sur-Ariège

Fährt man das dicht besiedelte Tal der Ariège von Foix Richtung Süden, kommt man nach 15 km in eine seltsam anmutende Gegend: Überall stehen schroffe Felsen, die den Eindruck erwecken, als gehörten sie gar nicht hierhin. Inmitten dieser Landschaft liegt Tarascon-sur-Ariège (3.450 Einwohner), das vorwiegend wegen der umliegenden Höhlen besucht wird. Finanziell spielt der Tourismus für die Stadt aber nur eine untergeordnete Rolle, erheblich bedeutender ist die ***Aluminiumindustrie,*** in der viele Einwohner ihre Brötchen verdienen. In Tarascon erfolgt dabei die erste Produktionsstufe, bevor das Aluminium zuerst in Auzat und später in Mercus weiterverarbeitet wird. Seit geraumer Zeit nimmt die Produktion allerdings merklich ab, in einigen Jahren wird sie vielleicht komplett eingestellt.

Die ***Altstadt*** des zweigeteilten Ortes hat trotz des vergleichsweise geringen Interesses seitens der Touristen ihren Reiz. Das Gewirr von engen Gassen wird von einem ***Uhrenturm*** überragt, der wie ein Adlerhorst auf einem Felsen thront. Einiges Leben spielt sich in den Sommermonaten auf dem ***Platz Garrigou*** vor der ***Kirche de la Daurade*** ab, nur einen Steinwurf vom historischen Stadttor ***Porte d'Espagne*** aus dem 14. Jh. entfernt.

Praktische Informationen

Information

- ***Touristenbüro*** im Multi-Media-Center auf der dem Stadtzentrum gegenüberliegenden Flussseite, Tel. 05.61.05.94.94.

Unterkunft

- ***Hôtel Confort*** €€, Quai Armand Sylvestre 3, Tel. 05.61.05.61.90. Ordentliches Mittelklassehotel direkt am Fluss.
- ***Hôtel Le Bellevue*** €, Place Jean Jaurès, Tel. 05.61.05.10.41. Sehr einfaches und zugleich günstiges Hotel am zentralen Platz, daher etwas laut.
- ***La Villa des Roses*** €€€, am Thermalpark im 4 km entfernten Ussat, Tel. 05.61.05. 63.39. Wer eine kurze Fahrt von Tarascon aus nicht scheut, sollte in diesem familiär betriebenen Hotel nächtigen. Empfehlenswert.
- ***Campingplatz Le Pré Lombard,*** nördlich des Ortes am Ufer der Ariège, Tel. 05.61. 05.61.94. Guter Platz mit Bar, Spielplatz und Schwimmbad.

Verkehrsverbindungen

- Vom Bahnhof auf der linken Seite der Ariège fahren täglich ***Züge*** auf der Hauptroute Foix - Ax-les-Thermes.
- Zwei ***Busse*** täglich ***ins Tal von Vicdessos*** (11.30 und 17.30 Uhr, während der französischen Schulferien nur um 17.30 Uhr), mehrere täglich nach Foix und Ax-les-Thermes.

Hauptwand der Höhlengemälde in Niaux

Weitere Reisetipps

- Oh Wunder der Technik! Im ***Parc Pyrénéen de l'Art Préhistorique*** muss man sich nicht mehr in die feucht-dunkle Welt der Höhlen begeben, um frühgeschichtliche Malereien zu bewundern. In der ultramodernen Anlage etwas westlich von Tarascon (von der D 618 ausgeschildert) werden die Zeichnungen aus der Grotte de Niaux mit Überblendtechnik und Filmen effektvoll auf künstliche Höhlenwände projiziert - größer, deutlicher, schöner (?) als im Original. Außerdem gibt es noch Tierskulpturen, eine künstliche Wasserwelt sowie ein Klanglabyrinth zu erleben. Der - laut Anbieter - weltweit einmalige Spaß hat allerdings auch seinen Preis: Erwachsene zahlen 9 € Eintritt, Kinder bis 10 Jahre sind mit 5,50 € dabei. Täglich geöffnet von April bis Anfang November 10-18 Uhr (an Wochenenden bis 19 Uhr); Juli und August täglich 10-20 Uhr. April, Mai, September und Oktober bleibt der Park montags geschlossen.
- In Bompas, 3 km nördlich von Tarascon, bietet die Organisation *TNT,* Tel. 05.61. 05.80.50, von Juni bis September ***Wasserskifahrten*** auf der Ariège an. Außerdem kann man hier auch ***Rafting-, Kanu-*** und ***Kajaktouren*** buchen.

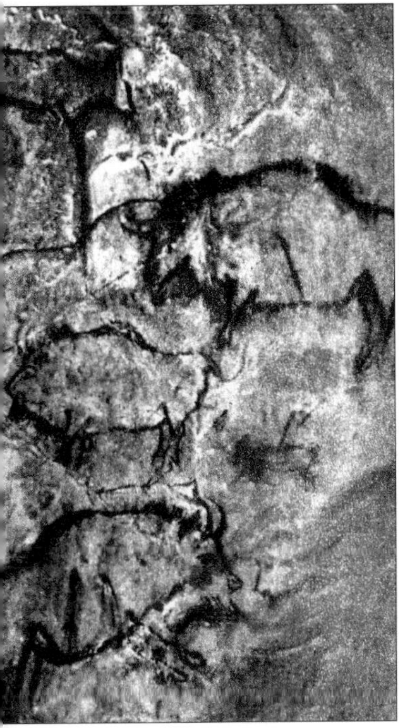

Die Höhlen um Tarascon

Überall zerklüftete Felsen und Steilhänge - die Landschaft um Tarascon erscheint wie geschaffen für Höhlen. Wenig verwunderlich also, dass in dieser Region mit den Höhlen von Bédeilhac, Lombrive, Niaux und der Grotte de la Vache gleich vier unterirdische Gangsysteme mit teilweise ***fantastischen Wandmalereien*** zu besichtigen sind. Doch damit nicht genug: In Wirklichkeit werden die Kalksteinfelsen dieser Gegend von ***Tausenden vielfach noch unbekannten Höhlen*** durchzogen, von denen einige nicht nur den Menschen der Urzeit, sondern auch den verfolgten Katharern als ***Zufluchtsort*** dienten. Geschaffen wurden die schier unendlichen Gänge vom ***Schmelzwasser der Gletscher,*** das sich am Ende der Eiszeit durch das Kalkgestein fraß.

Grotte de Bédeilhac

Die Höhle nahe dem Dorf Bédeilhac, westlich von Tarascon, birgt zwar einige frühgeschichtliche Malereien und Gravuren, beeindruckender sind jedoch ihre Ausmaße. Besonders die ***Vorhalle*** mit dem riesigen Eingangsbereich und einer Höhe von mehrfach über 30 m darf durchaus als ***gigantisch*** bezeichnet werden. Nachdem sich hier bereits die Vorfahren des heutigen Menschen wohlfühlten, fand man für die Grotte vor gar nicht langer Zeit erneut Verwendung: Im zweiten Weltkrieg wurde sie als militärisches Depot zweckentfremdet. Die Erzählung, der imposante Eingangsbereich habe sogar als Landebahn für Kriegsflugzeuge herhalten müssen, ist aber recht fragwürdig.

Gewaltige Tropfsteine und eine geräumige Halle im Inneren sprengen ebenfalls normale Höhlen-Dimensionen, die künstlerischen Darstellungen an den Wänden sind aber leider nicht sonderlich gut erhalten.

- Öffnungszeiten: Juli und August täglich 10–17.30 Uhr; April, Mai, Juni und September täglich 14.30–16.15 Uhr. Außerdem finden in den französischen Winter- und Frühjahrsferien täglich um 14.30, und um 16.15 Uhr Führungen statt. Den Rest des Jahres jeweils sonntags um 15 Uhr eine Führung. Eintritt 8 €, Kinder 4 €.

Grotte de Lombrives

Mitte der 1990er Jahre musste die Höhle in Ussat les Bains wegen Sicherheitsproblemen geschlossen werden, doch diese Zeit ist nun glücklicherweise vorbei. Denn mit ihren riesigen Sälen und sehenswerten Tropfsteinformationen ist die Grotte - eine der längsten Europas - zweifellos eine Besichtigung wert.

Zudem ranken sich um die Höhle eine ganze Reihe von ***Geschichten,*** allesamt recht unheimlicher Natur. So besagt eine Theorie, Hunderte von Katharern hätten die Grotte de Lombrives als Zufluchtsort und Kirche benutzt und seien hier bei lebendigem Leibe eingemauert worden. Andere Vermutungen gehen dahin, *Cäsar* habe das Gewölbe für aufsässige Gallier zum Grab werden lassen.

Tatsache ist auf jeden Fall, dass im Innern ***große Mengen an menschlichen Knochen*** gefunden wurden - von wem sie letztendlich stammen, bedarf aber noch der Klärung.

● Mit einem kleinen Zug gelangt man zum Eingang der Höhle, die im Juli und August täglich von 10-19 Uhr geöffnet ist; den Rest des Jahres variieren die Öffnungszeiten stark. Eintritt 6,40 €, Kinder 3,66 €.

Grotte de Niaux

Nach Meinung der Experten zählen die ***Höhlenmalereien*** der Grotte de Niaux, am Eingang des Tales von Vicdessos, ***zu den bedeutendsten der ganzen Welt.*** Überall in dem unterirdischen Labyrinth gibt es Zeichnungen von Beutetieren wie Bisons, Büffeln und Hirschen, die zum Jagdglück beitragen sollten und immer noch sehr gut erhalten sind. Beachtenswert ist außerdem das Geschick der damaligen Künstler, die Unebenheiten der Felsen nutzten, um wichtige Partien der gezeichneten Tiere hervorzuheben und so einen perspektivischen Effekt zu erzielen. Den Höhepunkt der Reise durch die ***13.000 Jahre alte Kultur*** bildet der schwarze Salon im Innern der Höhle: Hier sind die meisten und auffälligsten Malereien zu finden.

● Da die kultische Kunst unserer Ahnen nicht nur bei Fachleuten, sondern auch bei vielen Laien auf reges Interesse stößt, herrscht in den Sommermonaten oft zu großer Andrang - nicht jeder Besucher kann hineingelassen werden. Um das zu vermeiden, ist eine vorherige Anmeldung unter der Telefonnummer 05.61.05.88.37 mittlerweile Pflicht. Juli und August von 9.15-17.30 Uhr sowie September 10-17.30 Uhr täglich Führungen im 45-minütigen Rhythmus. Oktober bis Juni täglich Führungen um 11, 14.30 und 16 Uhr (November bis April montags geschlossen). Eintritt 9 €, Kinder 5,50 €.

Grotte de la Vache

Auf der anderen Hangseite des Tales, gegenüber der Höhle von Niaux, liegt die Grotte de la Vache. In ihr wurden ebenfalls ***13.000 Jahre alte Zeichnungen*** entdeckt, allerdings nicht von solch überragender Qualität. Historiker gehen davon aus, dass die Zeichner von Niaux die Grotte de la Vache als ***Wohnort*** nutzten, während auf der gegenüberliegenden Seite des Tales ausschließlich Jagdkult betrieben wurde.

● Im April, Mai, Juni und September werden täglich um 14.30 und um 16 Uhr Führungen angeboten. Im Juli und im August ist die Höhle täglich von 10 bis 17.30 Uhr geöffnet. Eintritt 7 €, Kinder 4 €.

Abstecher in das Tal von Vicdessos

Am südlichen Ende von Tarascon führt die D 8 in das Tal von Vicdessos, ein Bergeinschnitt, der seit jeher von Menschen bewohnt wird. Älteste Zeugen der menschlichen Kultur sind natürlich die Funde in den Grotten von Niaux und la Vache am Eingang des Tales. Die Burgruinen verdeutlichen aber, dass das Tal auch zu späteren Zeiten Bedeutung besaß. Überall an den Hängen findet man zudem die für die Region typischen *Orrys:* alte, von Gras bewachsene Schutzhütten der Schäfer.

Wie an vielen Orten im Ariège stellte die ***Gewinnung von Eisen*** hier lange Zeit einen wichtigen Wirtschaftsfaktor dar. Das Erz aus der Mine Rancié bei Vicdessos wurde dabei in sogenannten katalanischen Öfen weiterverarbeitet, die einen ungemeinen Raubbau an der Natur verursachten. Während andernorts in Europa mit Koks gearbeitet wurde, mussten diese Hochöfen mit Holzkohle gefüttert werden – riesige Waldflächen fielen der Axt zum Opfer. Mittlerweile ist die Eisenmine von Rancié aber nicht mehr in Betrieb.

Heute existieren dafür neben der wenig einträglichen Viehhaltung drei andere Wirtschaftszweige: die ***Aluminiumfabrik*** in Auzat, die ***Elektrizitätsgewinnung*** durch Wasserkraft und der ***Tourismus.*** Letzterer besteht vor allem aufgrund der Berge im Süden des Tales, die hier noch einmal die 3.000er-Grenze überschreiten und mit ihren Seen eine herrliche Landschaft für Wanderungen bilden.

Eine Begebenheit, die sich zu Beginn des 19. Jh. hier offensichtlich tatsächlich abspielte, sorgte für zahllose Vermutungen und zählt noch heute zu den geheimnisumwittertsten Geschichten des Ariège. Eine vollkommen nackte Frau, der man den Namen ***La Folle de Pyrénées,*** „die Verrückte der Pyrenäen", gab, wurde damals in der Bergwelt oberhalb von Vicdessos aufgegriffen. Auf die Frage, wie sie überlebt habe, antwortete sie: „Die Bären waren meine Freunde. Sie haben mich gewärmt!" Daraufhin sagte sie nichts anderes mehr als: „Was wird mein armer Mann sagen?" Noch am selben Tage konnte sie entweichen und wurde erst ein halbes Jahr später erneut gesehen und gefangengenommen. Die mysteriöse Frau starb im Gefängnis von Foix, ohne dass ihre Herkunft jemals geklärt wurde.

Sehenswertes

5 km, nachdem man das Tal betreten hat, kommt man in das Dörfchen ***Niaux,*** in dem es neben den berühmten Grotten (siehe oben) auch noch das ***Musée Pyrénéen*** zu besichtigen gibt. Das Museum zeigt vornehmlich historische Exponate aus dem Leben der Bergbevölkerung wie Kleidung, Werkzeuge und andere alltägliche Gebrauchsgegenstände, aber auch einige ausgestopfte Tiere und Wissenswertes über die Natur.

- Geöffnet täglich 10-12 und 14-18 Uhr, Juli und August durchgehend 9-20 Uhr. Eintritt 6 €,Kinder 3 €.

In Niaux zweigt ein kleines Sträßchen nach links zur ***Burg von Miglos*** ab, die seit dem 14. Jh. von einem Felsen aus den Taleingang bewacht. Nach Feuersbrunst und Kriegen existiert allerdings nur noch die Ruine der einstmals wichtigen Festung. So bewohnen mittlerweile ausschließlich Heerscharen von Eidechsen und einige Krähen das Gemäuer, das offiziell als historisches Monument eingestuft wird und zu den malerischsten Burgen des Ariège zählt.

2,5 km weiter talaufwärts führt eine Straße zum Ort ***Siguer.*** Mitten in dem ansonsten wenig auffälligen Dorf steht die ***Maison des Comtes de Foix,*** ein Renaissance-Gebäude, das wie eine Mischung aus Backstein- und Fachwerkhaus wirkt und mit zahlreichen Schnitzereien versehen ist.

Vicdessos und das angrenzende ***Auzat*** gefallen weniger durch ihre Bauwerke als vielmehr durch die Lage inmitten der Berge. Besonders Auzat kann man nicht viel abgewinnen: Prägen in anderen Orten Burgen oder Kirchen das Stadtbild, so nimmt diesen Platz hier die Aluminiumfabrik ein. Interessantestes Bauwerk ist die Ruine des ***Châteaus Sos*** beim winzigen Weiler ***Olbier*** oberhalb von Vicdessos.

Praktische Informationen

Information

- ***Office de Tourisme*** und ***Maison des Montagnes*** in Auzat, Tel. 05.61.64.87.53. Außerdem existiert eine Zweigstelle in Vicdessos. In beiden Büros erhält man sehr gute Informationen zu ***Wanderungen, Mountainbiking, Paragleiten, Ausritten und Kletterkursen.***

Unterkunft

- ***Hôtel Hivert*** €€ in Vicdessos, Tel. 05.61. 64.88.17. Einfaches Haus mit familiärem Restaurant. Menü ab 10 €.
- ***Le Relais d'Endron*** im 5 km oberhalb von Vicdessos gelegenen Dorf Goulier, Tel. 05.61.03.80.70. *Gîte d'Etape* mit Zimmern für vier, sechs und acht Personen sowie einem Schlafsaal. Halbpension obligatorisch.
- In Vicdessos und Umgebung gibt es noch ***weitere Gîtes d'Etape*** und andere einfache Herbergen; im Touristenbüro fragen.
- ***Camping la Bexanelle*** in Vicdessos, Tel. 05.61.k64.82.22, mit Spielplatz. Man kann Bungalows mieteten.
- ***Camping La Vernière,*** Tel. 05.61.64.84. 46. Mit einigen Bäumen bestandener Platz.

Verkehrsverbindungen

- Zwei ***Busse*** täglich von Auzat nach Tarascon (6.45 Uhr und 12.20 Uhr). Während der französischen Schulferien nur um 6.45 Uhr.

Weitere Reisetipps

- So ziemlich alles, was es in dieser Region an ***Sportmöglichkeiten*** gibt, bietet *l'Ecole Buissonniere* in Miglos an, Tel. 05.61.05.-19.37. Die Palette reicht von Canyoning und Höhlentouren über Rafting und Bergsteigen bis hin zu Mountainbiking.

Ausflüge

Montcalm-Massiv

Wandern und Bergsteigen ist in dieser Region zweifellos Sportart Nummer eins. Wer eine Menge Erfahrung besitzt, kann sich im Montcalm-Massiv versuchen, einer recht unerforschten Gegend, in der noch heute Bären leben sollen. Die einzige bewirtschaftete ***Berghütte*** hier ist die *Refuge de l'Etang Pinet* (Reservierungen unter Tel. 05.61.64.80.81), von der sich Touren zum Pic du Montcalm (3.078 m), Pic d'Estats (3.141 m) oder zum Pic du Sullo (3.072 m) anbieten. Nähere Informationen im Touristenbüro von Auzat. Bester Ausgangspunkt für ***kürzere Touren*** in das Montcalm-Massif ist das *Refuge Montcalm,* 7 km südlich von Auzat gelegen und über die D 108 auch mit dem Auto zu erreichen.

Fourcat-See

Vom Dorf ***Goulier*** aus führt der GR 10 auf einer Tagestour zum Fourcat-See am Fuße des ***Pic de Malcaras*** (2.865 m). Am See besteht eine Übernachtungsmöglichkeit in der *Refuge de l'Etang Fourcat* in stattlichen 2.445 m Höhe (Reservierungen unter Tel. 05.61.65.43.15).

Tal von Suc-et-Sentenac

Auch weniger trainierten Wanderern stehen in Vicdessos schöne Wege zur Verfügung, so in das Tal von Suc-et-Sentenac. Nähere Informationen im *Office de Tourisme.*

Über die Route des Corniches nach Ax-les-Thermes

Zwei Möglichkeiten bestehen, um von Tarascon ins südöstliche Ax-les-Thermes zu fahren. Die erste und wesentlich schnellere führt auf der breiten N 20 durch das dicht besiedelte Ariège-Tal und empfiehlt sich allen, die es eilig haben. Die zweite heißt ***Route des Corniches,*** verläuft fast parallel zu ihrem „großen Bruder" und zählt zu den ***schönsten Straßen*** der Pyrenäen.

In Bompas, 3 km nördlich von Tarascon, zweigt die D 20 – wie die Route des Corniches offiziell heißt – von der Hauptstraße ab und steigt über Cazenave zum ***Souloumbrie-Pass*** (911 m) hinauf. Fortan passiert man mehrere kleine Dörfer, die zum Teil niedliche Kirchen besitzen.

Von dem Weiler ***Axiat*** kann man einen Blick ins Ariège-Tal nach ***Luzenac*** werfen, dessen Mittelpunkt eine riesige Talkfabrik ausmacht. Das Werk ist über eine Drahtseilbahn mit der hoch im Tabe-Massif befindlichen *carrière de talc de Trimouns,* dem ***größten Talk-Steinbruch der Welt,*** verbunden. 300.000 Tonnen des Minerals werden während der sechsmonatigen Saison Jahr für Jahr aus dem Berg gebrochen – stolze acht Prozent der Weltproduktion. Klar, dass der jahrzehntelange Abbau bereits gewaltige Spuren hinterlassen hat. Aber die Produktion geht weiter – das Vorkommen ist längst noch nicht erschöpft. Der 1.800 m hoch gelegene Steinbruch kann besichtigt werden.

In ***Lordat,*** dem nächsten Dorf an der Straße, steht die ***Ruine einer Burg,*** die aufgrund der strategisch günstigen Lage früher enorme Bedeutung besaß. Allerdings sind nur die Mauern der ehemals mächtigen Festung erhalten. In Lordat besteht eine Übernachtungsmöglichkeit in einem *Gîte d'Etape*.

Der letzte Weiler auf der Route heißt ***Caussou;*** nachdem man ihn passiert hat, beginnt die Straße wieder steil anzusteigen und wirkt dabei, als sei sie an den Berg geklebt. Bei den schönen Aussichten sollten Auto-, Motorrad- oder Fahrradfahrer aber nicht die Fahrbahn aus den Augen lassen – es existieren nämlich keine Leitplanken. Die Straße endet schließlich auf dem 1.361 m hohen ***Col de Marmare,*** von wo die D 613 hinab ins Tal nach Ax-les-Thermes führt.

Ax-les-Thermes

Angeblich treten Gesundheitssuchende eine Kur ja auch an, um Ruhe zu finden. In dem 720 m hoch gelegenen Ax-les-Thermes am Zusammenfluss von Ariège, Lauze und Oriège werden sie vergeblich danach suchen. Das von Bergen eingeschlossene ***Thermalbad*** mit seinen bis zu 78 Grad heißen Quellen zählt zu den beliebtesten Kurorten Frankreichs und tut alles, damit dies auch so bleibt: Den Gästen stehen neben kulturellen und sportlichen Angeboten Unmengen an Geschäften, Bars, Restaurants, Hotels und die unvermeidbaren Andenkenläden zur Verfügung. Bei einer solchen Konkurrenz könnte man meinen, die Händler und Gastronomen hätten es nicht leicht, ihre Brötchen zu verdienen. Doch keine Sorge – in Ax herrscht selbst dann Betrieb, wenn in anderen Ferienorten die Saison noch ansteht oder längst vorüber ist. In den Sommermonaten scheint das Städtchen geradezu überzuquellen. Ausschlaggebend für den Erfolg der Thermalstation ist neben den erstklassigen medizinischen Einrichtungen das große Netz an Wanderwegen und Spaziergängen sämtlicher Schwierigkeitsgrade sowie das trockene Klima.

Es versteht sich beinahe von selbst, dass die alten Römer die heilende Kraft des hiesigen Wassers entdeckten. Während aber in anderen Bädern der Thermalismus später einschlief und erst zu Hochzeiten im 19. Jh. wiedererweckt wurde, kurten betuchte Schichten in Ax bereits im Mittelalter. Heute sind es jährlich 10.000 Kurgäste, die hier bei Rheuma oder Atemwegserkrankungen ihrer Gesundheit auf die Sprünge helfen lassen. Wer sich nicht einer aufwendigen Kur unterziehen, aber dennoch einmal die Eigenschaften der Quellen kennenlernen möchte, kann im zentralen ***Bassin des Ladres*** die Beine kostenlos im heißen Wasser baumeln lassen. *Ludwig IX.* ließ das Becken 1260 zur Behandlung von Leprakranken erbauen.

Wenn im späten Herbst der große Teil der Kurgäste von dannen gezogen ist, kommt die Region dennoch nicht zur Ruhe: Nun beginnt die Saison im 700 m über Ax gelegenen ***Bonascre,*** einem der besten ***Skigebiete*** der französischen Pyrenäen.

Praktische Informationen

Information

- ***Touristeninformation*** an der Avenue Théophile Delcassé 6, Tel. 05.61.64.60.60.

Unterkunft

Trotz des ständigen Kurbetriebes gibt es in Ax kein einziges Nobelhotel. Statt dessen handelt es sich bei den meisten Unterkünften um ordentliche Mittelklassehotels, wobei das Preisniveau allerdings etwas über dem Durchschnitt der französischen Pyrenäen liegt.

- ***Hôtel La Lauzeraie*** €€€, Avenue Delcassé, Tel. 05.61.64.20.70. Eines der besten Hotels in Ax.
- ***Hôtel Bellevue*** €€, Route de l'Aude 8, Tel. 05.61.64.20.78. Etwas einfacher als die meisten anderen Hotels, dafür aber auch günstiger.
- ***Städtischer Campingplatz Le Malazéou,*** 1,5 km nördlich der Stadt an der N 20, Tel. 05.61.64.69.14. Großes Gelände (300 Plätze) am Ufer der Ariège.
- ***Camping Le Fournil,*** 2 km nördlich von Ax Richtung Foix, Tel. 05.61.64.24.40. Gleicher Qualitätsstandard wie der städtische Platz, aber etwas kleiner.

Essen und Trinken

- Ax besitzt eine ganze Reihe ordentlicher ***Restaurants,*** unter anderem in den vielen Hotels, von denen sich aber keines großartig abhebt. Außerdem gibt es günstigere ***Pizzerien*** und Fast-Food-Läden.

Verkehrsverbindungen

- Vom Bahnhof am Nordrand des Ortes fahren täglich ***Züge*** nach Toulouse sowie ins spanische Puigcerdà und weiter nach Barcelona.
- Mehrere ***Busse*** fahren täglich nach Tarascon und weiter nach Foix und Toulouse.

Ausflüge

Besonders für Spaziergänger und verhaltene Wanderer eignet sich die Landschaft um Ax-les-Thermes. Um den Kurgästen gerecht zu werden, wurden sämtliche Spazierwege gut gekennzeichnet und sind so kaum zu verfehlen. Im Touristenbüro gibt es gratis einen ***Plan mit Touren*** zwischen 20 Minuten und mehreren Stunden. Zahlreiche Wege eignen sich auch für Familien mit Kindern.

Pic Carlit und Vallée d'Orlu

Anspruchsvollere Wanderer sind im seenreichen Gebirge um den Pic Carlit (2.921 m) im Südosten von Ax gut aufgehoben. Übernachtungsmöglichkeit besteht hier unter anderem in dem *Refuge d'en Beys* am gleichnamigen See (Reservierungen unter 05.61.64.24.24).

Den besten Einstieg in das Gebiet um den Pic Carlit stellt das hübsche ***Vallée d'Orlu*** dar, in das die kleine D 22 von Ax aus führt. Das Tal, das selbst auch einen Abstecher lohnt, erhielt seinen Namen von den Goldwäschern (franz. *Or* = Gold), die einst in dem hiesigen Flüsschen Orlège nach dem Edelmetall suchten. Am Ende der 12 km langen Asphaltstraße beginnt ein Weg in das ***Réserve Nationale d'Orlu,*** einer bezaubernden Gegend, in der unter anderem Gemsen und Geier leben. In dem Dorf ***Orlu*** am Anfang des Tales gibt es einen Campingplatz (Tel. 05.61. 64.30.09).

Skistation Bonascre

8 km windet sich die Straße von Ax zur 1.400 m hoch gelegenen Skistation Bonascre hinauf. Beim Bau des Retortenortes hat die Zweckmäßigkeit eindeutig über die Schönheit gesiegt, das Skigebiet kann sich aber

sehen lassen. 26 überwiegend mittelschwere Pisten mit einer Gesamtlänge von 70 km, alles umgeben von einer wunderschönen Bergwelt - Bonascre gehört für Abfahrer zu den ***Topadressen*** in den Pyrenäen. Die längste Abfahrt beginnt auf der Spitze des Couillade de Llerbes, der mit 2.305 m auch den höchsten Punkt im Skigebiet ausmacht. Im Winter verkehren ***Skibusse*** zwischen Ax und Bonascre.

Von Ax-les-Thermes Richtung Andorra und Spanien

Die gut ausgebaute ***N 20,*** die von Ax weiter nach Süden verläuft, zählt zu den wichtigsten Straßen in den Pyrenäen: Einerseits führt sie nach Andorra, andererseits in die Cerdagne und weiter nach Spanien. Man passiert zuerst das ***Tal von Mérens,*** die Heimat einer kleinen, schwarzen Pferderasse, und erreicht nach 18 km den Ort ***l'Hospitalet.*** Wer nach Andorra möchte, muss auf der steilen Serpentinenstraße bleiben und später auf die N 22 abzweigen. Autofahrer, die jedoch in die Cerdagne oder nach Spanien wollen, haben hier zwei Möglichkeiten: Entweder sie fahren über den ***Col de Puymorens*** (1.915 m) oder sie durchqueren den im Oktober 1994 eingeweihten ***Tunnel de Puymorens,*** der auf der anderen Seite des Berges im Ort Porté-Puymorens endet. Unter normalen Umständen empfiehlt sich die erste Möglichkeit, bei Schneefall oder kritischem Wetter sollte man besser den Tunnel wählen. Eine allerdings nicht ganz billige Variante: Autofahrer müssen für die einfache Fahrt 5,20 € bezahlen (Hin- und Rückfahrt 7,80 €, Fahrzeuge mit Wohnwagen kosten 10,40 € bzw. 15,60 € und Motorräder 3,10 € bzw. 4,60 €. Der Tunnel wurde trotz des Protestes von Umweltschützern gebaut, um eine bessere Verbindung Paris - Bordeaux - Toulouse - Barcelona zu schaffen, die oftmals durch den Schnee auf dem Col de Puymorens unterbrochen war.

Tarascon-sur-Ariège

Von den Pyrénées audoises in die Cerdagne

Das Département Aude nimmt nur einen kleinen Teil der Pyrenäen am nördlichen Rand des Gebirges ein, so dass die Gipfel bei weitem nicht die Höhen erreichen wie bespielsweise in der Haute-Garonne oder den Hautes-Pyrénées. Trotz der weniger spektakulären Bergwelt gibt es in den Pyrénées audoises doch zahlreiche Attraktionen zu sehen, allen voran die wildromantischen ***Schluchten der Aude*** und die alten ***Katharerburgen.*** Durchquert man die Schluchten der Aude und folgt dem Lauf des Flusses, kommt man schließlich in das ***Département Pyrénées Orientales.*** Erster Anlaufpunkt ist hier das ***Capcir,*** ein gewaltiges Hochplateau mit guten Wandermöglichkeiten und einigen Skiorten. Südwestlich davon liegt die dichter besiedelte ***Cerdagne,*** ein weites Hochtal, in dem jährlich die meisten Sonnenstunden der französischen Pyrenäen gezählt werden. Aufgrund der starken Sonneneinstrahlung wurde hier der *Four Solaire,* der riesige ***Sonnenofen von Odeillo,*** errichtet.

Puivert

Fährt man von Lavelanet über die D 117 nach Osten, sieht die Landschaft nach dem ***Col de la Babourade*** plötzlich vollkommen verändert aus: Vor einem liegt eine weitläufige, fruchtbare Talsohle, die nur an einigen Stellen von kleineren Hügeln unterbrochen wird. Auf solch einer Erhebung steht das alles überragende ***Château Puivert,*** der kleine gleich-

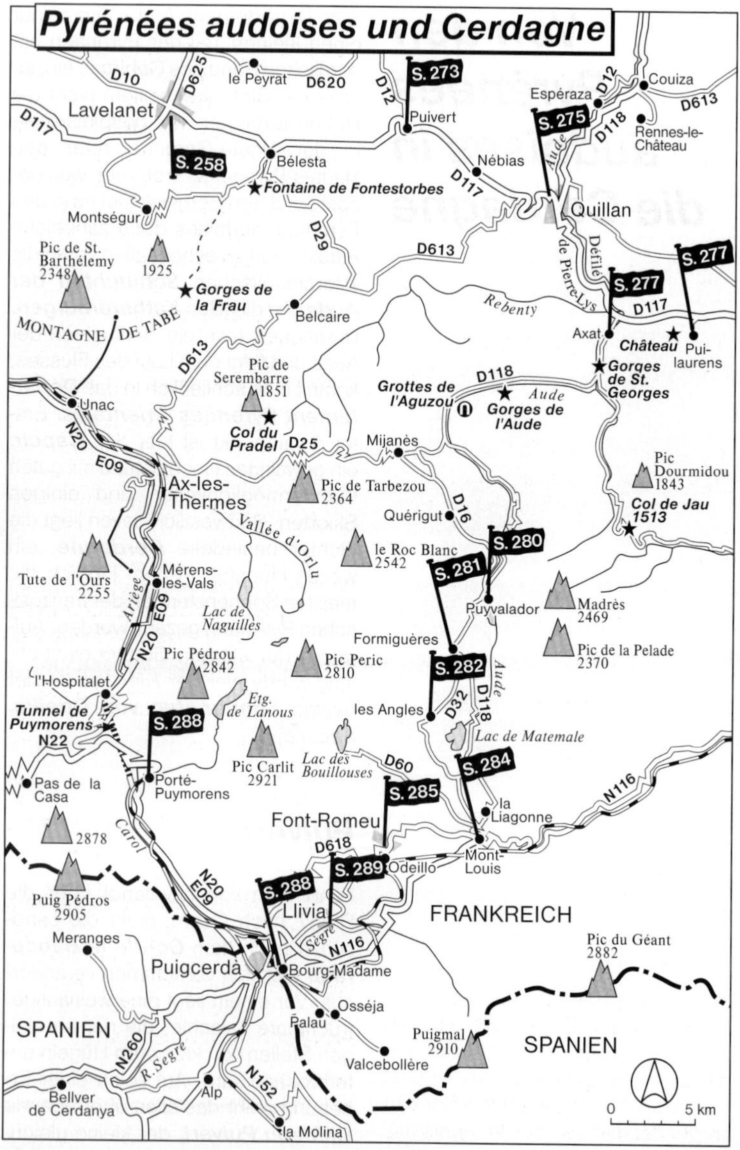
Pyrénées audoises und Cerdagne
le Peyrat
D620
D10
D625
Lavelanet
D117
S. 258
Bélesta
Fontaine de Fontestorbes
Montségur
Pic de St. Barthélemy 2348
1925
Gorges de la Frau
MONTAGNE DE TABE
D29
D613
Belcaire
Pic de Serembarre 1851
Col du Pradel
D25
Unac
N20
E09
Ax-les-Thermes
Pic de Tarbezou 2364
Vallée d'Orlu
le Roc Blanc 2542
Tute de l'Ours 2255
Mérens-les-Vals
Ariège
Lac de Naguilles
Pic Pédrou 2842
Pic Peric 2810
l'Hospitalet
Tunnel de Puymorens
N22
S. 288
Etg. de Lanous
Pic Carlit 2921
Lac des Bouillouses
Porté-Puymorens
Pas de la Casa
2878
Carol
Puig Pédros 2905
Meranges
Puigcerdà
Llivia
Segre
N116
Bourg-Madame
Osséja
Palau
SPANIEN
N260
R. Segre
Bellver de Cerdanya
Alp
N152
la Molina
Valcebollère
Puigmal 2910
SPANIEN
FRANKREICH
Pic du Géant 2882
S. 273
D12
Puivert
Espéraza
Couiza
D613
S. 275
D118
Rennes-le-Château
Nébias
D117
Aude
Quillan
Défilé de Pierre-Lys
S. 277
S. 277
Rebenty
D117
Axat
Château
Puilaurens
Gorges de St. Georges
D118
Grottes de l'Aguzou
Aude
Gorges de l'Aude
Mijanès
Pic Dourmidou 1843
Col de Jau 1513
Quérigut
D16
S. 280
S. 281
Puyvalador
Madrès 2469
Pic de la Pelade 2370
Formiguères
S. 282
Aude
D32
D118
les Angles
Lac de Matemale
S. 284
D60
S. 285
Font-Romeu
la Liagonne
N116
D618
S. 289
Odeillo
Mont-Louis
S. 288
0
5 km

namige Ort erstreckt sich am Fuße der Anhöhe.

Dass die Burg im Vergleich zu anderen Festungen noch recht gut erhalten ist, liegt daran, dass sie im 13. und 14. Jh. ein gänzlich neues Gesicht bekam. 1210 war der berüchtigte *Simon de Montfort* nämlich auch hier seiner „Arbeit" nachgegangen, hatte die von Katharern bewohnte Burg belagert, erstürmt und stark beschädigt.

Puivert galt seit jeher als Hochburg der Kultur - insbesondere die ***Troubadoure*** mit ihren romantischen Liedern und Gedichten waren hier zu Hause. Davon zeugen die Deckenverzierungen im Saal der Musikanten in dem 35 m hohen Turm der Burg: Sie zeigen - im Gegensatz zu den sonst üblichen Kampfszenen - mittelalterliche Musiker mit ihren Instrumenten.

- Geöffnet ganzjährig von 9 bis 20 Uhr; Eintritt 5 €, Kinder 2 €.

Der Eintritt beinhaltet zudem den Besuch des ***Musée du Quercorb,*** ein wirklich überdurchschnittlich eingerichtetes Museum im Dorf Puivert. In teilweise mittelalterlicher Atmosphäre sind Instrumente der Troubadoure ausgestellt, zudem erfährt man viel über die historische Region Quercorb und deren Bewohner.

- Im Sommer durchgehend von 10 bis 19 Uhr geöffnet, ansonsten über Mittag geschlossen. Eintritt 4 €, Kinder 1,60 €.

Eine alte ***Legende*** erzählt von der Erstehung des Gebietes um Puivert. Demnach liebte es eine Prinzessin, die sogenannte Dame in Weiß, meditierend an den Gestaden des Sees zu sitzen, der damals noch komplett das heutige Tal ausfüllte. Da das Ufer häufig kaum zugänglich war, erteilte sie den Befehl, den Wasserstand zu senken. So nahm das Unglück seinen Lauf: Die Berge, die den See umgaben, hielten den Arbeiten nicht stand und brachen zusammen; die Wassermassen schossen tosend davon und zerstörten alles, was sich ihnen in den Weg stellte.

Praktische Informationen

Unterkunft

- ***Camping Fontclaire,*** an dem kleinen See bei Puivert, Tel. 04.68.20.00.58. Im See kann im Sommer gebadet werden.

Quillan

Die 4.800-Seelen-Gemeinde liegt am Eingang zu den ***Aude-Schluchten*** und ist schon deshalb von Interesse. Ansonsten hat das Kleinstädtchen - bis auf eine arg mitgenommene ***Burgruine*** (12.-13. Jh.) aber nicht viel zu bieten. Der Grund, warum dennoch einige Touristen herkommen, ist die Aude: Der Fluss eignet sich hier hervorragend für ***Rafting, Kanu, Kayak*** und ***Hydro-speed,*** eine Art Miniatur-Plastikbötchen zum Drauflegen. Bei den Bewohnern des Ortes steht der Rugby-Sport jedoch höher im Kurs - die heimische Mannschaft feierte schon beachtliche Erfolge.

Praktische Informationen

Information

- ***Touristenbüro*** am Square A. Tricoire, Tel. 04.68.20.07.78.

Unterkunft

- ***Hôtel La Chaumière*** €€€, Boulevard Charles-de-Gaulle, Tel. 04.68.20.17.90, gehört zur gehobenen Mittelklasse.
- ***Hôtel Cartier*** €€, Boulevard Charles-de-Gaulle 31, Tel. 04.68.20.05.14. Ordentliches Haus mit 30 Zimmern.
- ***Städtischer Campingplatz La Sapinette,*** Tel. 04.68.20.13.52.

Essen und Trinken

- Im guten ***Restaurant des Hotels La Chaumière*** stehen sowohl Spezialitäten aus der Region als auch Fischgerichte auf der Speisekarte. Menü ab 13 €.

Verkehrsverbindungen

- Vom Bahnhof direkt an der Hauptstraße fahren ***Züge*** nach Carcassone. Außerdem ***Busse*** nach Axat, Perpignan, Carcassone und Foix.

Weitere Reisetipps

- *La Forge* (Tel. 04.68.20.23.79) heißt das große Sportzentrum an der D 117 am Rande von Quillan. Neben ***Rafting*** und anderen ***Wassersportarten*** werden ***Kletterkurse*** für Anfänger und Fortgeschrittene, ***Höhlentouren, Mountainbikeverleih*** sowie ***Canyoning*** angeboten. Eine Raftingfahrt auf der Aude, eine halbtägige Kanutour oder das Erkunden einer Höhle (halber Tag) kosten 28 €. In dem Gebäude des Zentrums stehen 70 Betten bereit, die ***Übernachtung*** kostet pro Person ca. 11 €.

Ausflüge

Rennes-le-Château

Die an Sagen und Legenden wahrlich nicht armen Pyrenäen wurden am Ende des 19. Jh. um eine ***mysteriöse Geschichte*** reicher, die den Pfarrer des Provinznestes Rennes-le-Château zum Mittelpunkt hatte. *Abbé Saunière,* der Geistliche des 15 km nordöstlich von Quillan gelegenen Dorfes, das einst die gotische Königsstadt *Rhedae* gewesen sein soll, warf nämlich plötzlich mit Geld nur so um sich. Er baute sich eine ansehnliche Villa und einen mit Zinnen versehenen Bibliotheksturm (tolle Aussicht!), unternahm weite Reisen und feierte kostspielige Parties auf seinem Anwesen. So kam rasch das Gerücht auf, Saunière habe einen ***Schatz*** gefunden, dem sogar weltbewegende Dokumente beigelegen hätten. Handelte es sich bei dem Vermögen um Reichtümer der Goten, den Schatz der Katharer oder gar um den heiligen Gral? Geklärt wurden die rätselhaften Ereignisse nie - der inzwischen von seinem Amt suspendierte Pfarrer nahm das Geheimnis genauso mit ins Grab wie seine Haushälterin, die offenbar eingeweiht war.

Alljährlich kommen zahlreiche Besucher, sicher auch in der Hoffnung auf den großen Fund, nach Rennes-le-Château. Wer vergeblich gesucht hat, erfährt in ***zwei Museen*** zumindest etwas über *Saunière* und dessen Leben.

Im ***Domaine de l'Abbé Saunière*** im oberen Teil des Dorfes sind viele interessante Exponate auf dem einstigen Anwesen des wundersamen Geistlichen ausgestellt.

- Geöffnet Mai bis Sept. tägl. 10–19 Uhr, sonst 10–18 Uhr; Eintritt 3,80 €. Kinder bis 12 Jahre frei.

Das ***zweite Museum*** neben der Kirche informiert über das historische Rhedae und, wie könnte es anders sein, über *Abbé Saunière.*

- Geöffnet 15. Juni–1. September täglich 10–13 und 14–19 Uhr, den Rest des Jahres täglich 10–12 und 14–18 Uhr. Eintritt 2,80 €, Studenten 1,80 €, Kinder 0,80 €.

Wer dem Dorf einen Besuch abstatten möchte, fährt auf der D 118 von Quillan aus nach Norden und biegt nach 12 km bei dem Ort Couiza Richtung Rennes-le-Château ab.

Essen und Trinken

- Sehr leckere regionale Gerichte zu korrekten Preisen gibt es im Restaurant ***La Pomme Bleue,*** Tel. 04.68.74.39.78. Gute Salate ab 6,50 €, Hauptgerichte ab 8 €.

Defilé de Pierre-Lys

Den ersten Abschnitt der Aude-Schluchten bildet der Defilé de Pierre-Lys, ein ***imposanter Engpass*** an der D 117 Richtung Axat. Bis ins 19. Jh. konnte diese Klamm nicht durchquert werden. Erst auf Initiative des Pfarrers von St.-Martin-Lys griffen die Bewohner des Dorfes zur Spitzhacke und schafften einen Durchbruch. Die abenteuerliche Straße schmiegt sich an die senkrechten Felswände und führt durch Tunnel, die Torbogen ähneln. Einer von ihnen wurde nach seinem Erbauer benannt: *Trou de curé* – Loch des Pfarrers.

Puilaurens

6 km östlich von Axat, an der Grenze zum Département Pyrénées-Orientales, erhebt sich etwas abseits der D 117 das ***Château von Puilaurens*** und beherrscht von seinem bewaldeten Felsen das gesamte Umland. Ohne Frage zählt die noch recht gut erhaltene Festung zu den majestätischsten Burgen der Pyrenäen und man kann sich gut vorstellen, dass Puilaurens einst als beinahe uneinnehmbar galt.

Angreifer mussten zuerst einmal den Burgberg erklimmen und setzten sich schon hierbei allerhand Gefahren aus. Wem dies dennoch gelungen war, der wurde durch Schießscharten anvisiert oder machte die Bekanntschaft mit dicken Steinen und heißen Flüssigkeiten, die aus eigens dafür angebrachten Öffnungen auf die unerwünschten Besucher niedergingen. So hielten die ***Katharer,*** die sich in der Festung verschanzt hatten, den Angriffen der Kreuzritter auch dann noch stand, als viele andere Burgen, wie beispielsweise Montségur, längst gefallen waren.

1256 musste aber auch Puilaurens kapitulieren – die Franzosen übernahmen die Herrschaft und bauten große Teile des Schlosses um. Im 17. Jh. verlor die Burg aus strategischen Gründen ihre Wichtigkeit.

- Öffnungszeiten: April, Mai, Juni und September 10–18 Uhr; Juli und August 9–20 Uhr; Oktober 10–17 Uhr; ansonsten an Wochenenden 10–17 Uhr; Januar geschlossen. Eintritt 3,50 €, Kinder 1,50 €.

Unterkunft

- ***Hostellerie du Grand Duc*** €€€ im 5 km südlich gelegenen Dorf Gincla, Rue de Bouchoville 2, Tel. 04.68.20.55.02. Renoviertes, altes Herrenhaus mit hübschen Zimmern und ordentlichem Restaurant.

Axat

Welche Möglichkeiten bestehen, um das flott dahinströmende Wasser der Aude wirtschaftlich zu nutzen? Diese Frage scheint man sich in dem Dorf Axat, 12 km südlich von Quillan, schon seit jeher zu stellen. So wurde bereits im Jahre 1900 nahe Axat ein Werk erbaut, das die Kraft des Wassers zur ***Stromerzeugung*** nutzte. In den 80er Jahren bot sich eine erneute Chance, an die die Stadtväter im 19. Jahrhundert sicherlich noch keinen Gedanken verschwendeten: Auswärtigen Gästen sollten die ***erstklassigen Sportmöglichkeiten auf dem Fluss*** nahegebracht werden. Die französischen Kanu-Kayak-Meisterschaften im Jahre 1987 trugen ihr Übriges dazu bei, dass Axat bei Wassersportlern immer mehr zum Mekka avancierte. 1995 öffnete schließlich die ***Maison Pyrénées Cathares,*** ein Touristeninformationszentrum, in dem Besucher sich über die Gegend informieren und Produkte aus der Region kaufen können, Tel. 04.68.20.59.61.

Außerdem kommen auch Gäste, die nichts mit dem Wassersport zu tun haben und eher festen Boden unter den Füßen bevorzugen, auf ihre Kosten. So ist Axat einerseits ein guter Ausgangspunkt für Ausflüge in die berühmten ***Aude-Schluchten;*** anderseits zweigt 2 km nordwestlich vom Ort die winzige D 107 von der D 117 ab, die durch die weniger bekannten, aber ebenfalls faszinierenden ***Rebenty-Schluchten*** führt.

Unterkunft

- ***Hôtel L'Ensoleillé***€€, im Dorfzentrum, Tel. 04.68.20.51.43. Kleines, ordentlich geführtes Hotel mit Restaurant.
- ***Camping Le Moulin du Pont d'Alies,*** neben der *Maison Pyrénées Cathares* an der Kreuzung von D 117 und D 118, Tel. 04.68. 20.53.27. Großer und sehr gut ausgestatteter Platz mit Schwimmbad, eigenem *Gîte* und Ferienhäusern. Außerdem kann man direkt am Campingplatz Rafting- und Canyoningtouren buchen.
- ***Camping La Crémade,*** 1,5 km hinter der Abzweigung Axat an der D 117 Richtung Perpignan, Tel. 04.68.20.50.64.

Weitere Reisetipps

- *Monsieur Cadenel,* Tel. 04.68.26.93.56, organisiert so ziemlich alle Sportarten, die man auf dem ***Wasser*** betreiben kann ***(Rafting, Kanu etc.).*** Halbtägiger Ausflug um 23 €.

Durch die Aude-Schluchten ins Capcir

Nachdem man beim Defilé de Pierre-Lys erstmals Bekanntschaft mit den spektakulären Aude-Schluchten gemacht hat, erwartet einen wenige hinter Axat auf der D 118 der nächste Höhepunkt: die ***Gorges de St. Georges.*** Diese Schluchten, die über 300 m tief, aber keine 30 m breit sind, bereiteten den Straßenbauern ebenfalls gewaltige Probleme. Um überhaupt eine Fahrbahn durch die Klamm führen zu können, musste die Straße teilweise in die senkrechte Felswand geschlagen werden. Hier steht auch das alte Wasserkraftwerk, das seine Tätigkeit am Weihnachtstag im Jahre 1900 aufnahm.

Nachdem man weitere 13 km durch die traumhafte Landschaft an der Aude entlanggefahren ist, liegen linker Hand die ***Grottes de l'Aguzou.*** Ein Ausflug in die ***herrlichen Tropfsteinhöhlen,*** die zu den schönsten Frankreichs zählen, ist ein einmaliges Erlebnis. In Gruppen von acht bis zehn Personen steigt man um 9 Uhr mit einem erfahrenen Führer in die faszinierende Welt ohne Sonne hinab und verbringt mehrere Stunden in dem unterirdischen Gangsystem. Von den Besuchern werden dabei keine sportlichen Höchstleistungen, aber ein gewisses Maß an Fitness erwartet. Entsprechende Kleidung, eine Lampe sowie ein Helm werden gestellt, Turn- oder Wanderschuhe, ein Lunchpaket und einen zusätzlichen warmen Pullover sollten die Hobby-Speläologen selbst mitbringen.

- Die Tour ist mit 50 €/Person (Kinder 40 €) zwar nicht billig, aber ohne Frage eine bleibende Erinnerung. Die notwendigen Anmeldungen nimmt *Philippe Moreno,* Tel. 04.68.20.45.38, oder das Maison Pyrénées Cathares in Axat, Tel. 04.68.20.59.61, entgegen.

Drei Kilometer weiter teilt sich beim Weiler ***Usson-les-Bains,*** im Mittelalter größter Ort der historischen ***Region Donezan,*** die Straße unterhalb einer ***Burgruine.*** In dieser abgelegenen Festung, von der nur noch ein paar bewachsene Mauern übriggeblieben sind, sollen angeblich die vier Katharer Schutz gesucht haben, die beim Fall von Montségur als einzige fliehen konnten. Wenn dieses Quartett im Jahre 1244 tatsächlich den Schatz der Albigenser rettete, dann könnte das sagenumwobene Vermögen irgendwo in diesem Landstrich versteckt liegen. Zwar dürften sich bereits mehrere Abenteurer erfolglos auf die Suche begeben haben, aber ein Versuch kann ja nicht schaden ...

Von der D 25, die hier abbiegt und über den ***Port de Pailhères*** nach Axles-Thermes verläuft, zweigt nach knapp 2 km noch einmal eine kleine Straße nach ***Quérigut*** ab. Der Ort ist zwar die größte Gemeinde der Umgegend, kommt aber über den Status eines Dorfes keineswegs hinaus. Die letzten Überreste des ***Château du Donezan*** (12.-13. Jh.) stehen direkt am Dorf und prägen so dessen Bild. Die dichten ***Wälder*** rund um Quérigut eignen sich hervorragend für Spaziergänge und waren über lange Zeit der Arbeitsplatz der Holzfäller, die sich hier 1827 gegen die verstärkte Kontrolle durch die Obrigkeit auflehnten. Einige Kilometer nach der Straßenkreuzung bei Usson-les-Bains nimmt die D 118 steilere Formen an und windet sich alsbald - ebenso wie die D 16 von Quérigut aus - zur Hochebene Capcir hinauf.

Riesige Kerben im Fels: die Aude-Schluchten

Praktische Informationen

Unterkunft

- ***Camping Le Bosquet*** in Quérigut, Tel. 04.68.20.41.62.

Das Capcir

Auf den ersten Blick wirkt das Capcir wie eine vom Mittelgebirge eingerahmte Ebene. Doch der Eindruck täuscht. Tatsächlich liegt das ***Plateau,*** das von der Aude durchflossen wird, bereits 1.400 m hoch, die umliegenden Gipfel erreichen eine stattliche Höhe von bis zu 2.800 m. Mit Kiefernwäldern bewachsene Berghänge prägen diesen so eigenartigen Landstrich, der im Norden vom ***Col des Hares*** und im Süden vom ***Col de la Quillane*** begrenzt wird. Zwei Seen tragen ihr Übriges dazu bei, dass Ortsunkundige, denen man Fotos vom Capcir zeigt, die Region wohl eher in Kanada als in Südfrankreich ansiedeln würden.

Bekannt ist das Capcir für sein ***raues Klima*** – besonders im Winter ist es hier empfindlich kalt. Diese Tatsache macht die Gegend zu einem der schneesichersten ***Skigebiete*** in den Pyrenäen: Normalerweise laufen die Lifte von Mitte Dezember bis Mitte April.

Bereits die ***Könige von Mallorca,*** die im 13. und 14. Jh. in Perpignan herrschten, wussten das kühle Klima zu schätzen und verlegten ihren Sommersitz ins Capcir. Eine Rolle spielte dabei die Hygiene, die während der heißen Monate in der Ebene den königlichen Ansprüchen nicht mehr genügte. Doch die gekrönten Häupter hatten sicherlich auch andere Gründe für ihren zeitweiligen Wohnsitzwechsel, denn das Capcir besitzt mit seiner eher kargen Landschaft und der stets frischen Luft einen ganz eigenen Charme.

Puyvalador

Das Dorf am nördlichen Ende des Capcir verlegte seine ***Skistation*** einige Kilometer westlich, direkt an die Hänge der Berge Pic du Bosc Negre (2.135 m) und Pic du Ginevre (2.382 m), wo neun Lifte die Abfahrer in die Höhen schaukeln. Da Puyvalador am Ufer des gleichnamigen ***Sees*** liegt, ist hier auch im Sommer einiges los. Neben Segeln und Schwimmen steht bei den Gästen besonders das Angeln hoch im Kurs – in dem Gewässer leben große Mengen an Forellen.

Vom nahen Weiler ***Espousouille*** führt ein ***Wanderweg in das Galbe-Tal,*** das vor allem im Frühjahr für seine prächtigen wilden Blumen bekannt ist. Wer den Spaziergang zu einer Wanderung ausweiten möchte (Hin- und Rückweg ca. 7 Std.), kann weiter bis auf den Porteille d'Orlu (2.277 m) marschieren, von wo sich eine tolle Aussicht auf das Vallée d'Orlu bietet.

Unterkunft

- Auskunft über ***Appartements*** in Puyvalador erteilen die Agenturen *Udsist,* Tel. 04.68. 04.31.65, und *S.A.T,* Tel. 04.68.04.46.63.
- ***Gîte d'Etape*** im Dörfchen Espousouille, Tel. 04.68.04.45.37.

Weitere Reisetipps

- Bei dem Dorf ***Fontrabiouse,*** 2 km westlich von Puyvalador, kann eine ***Tropfsteinhöhle*** besichtigt werden. Die Grotte ist vom 1. Juli bis 31. August täglich von 10 bis 19 Uhr, den Rest des Jahres von 10 bis 12 Uhr und von 14 bis 17 Uhr geöffnet (geschlossen 15. Nov.–15. Dez.). Eintritt 4,57 €, Kinder 2,29 €.
- Auf Tourenskiern im Winter oder in Begleitung eines Packesels im Sommer: *Vagabond' Ane* im Dorf ***Rieutort,*** südlich von Puyvalador, Tel. 04.68.04.41.22, organisiert ***ausgefallene Wanderungen*** von einem Tag bis zu einer Woche.

Beinahe wie in Kanada - Landschaftsaufnahme im Capcir

Formiguères

Das Dorf im Zentrum des Capcir ist gleichzeitig der größte, älteste und schönste Ort des Hochplateaus. Obwohl der Skitourismus auch hier boomt, konnte Formiguères sein historisches Gesicht zumindest teilweise bewahren - die wahrlich steinalte ***Kirche aus dem Jahre 840*** und die ***Ruinen eines Schlosses*** zeugen von der bewegten Vergangenheit. Den alten Teil des Dorfes bestimmen auch heute noch die historischen Bauernhäuser, vom ansonsten in französischen Skiorten üblichen Beton-Baustil ist hier nicht viel zu spüren.

Don Sanche, der zweite König aus der in Perpignan herrschenden Dynastie, liebte den Ort über alles und verbrachte regelmäßig den Sommer hier. Somit kann das gekrönte Haupt wohl durchaus als Begründer des Tourismus im Capcir bezeichnet werden.

Mittlerweile kommen die Besucher aber sowohl im Sommer als auch im Winter, obwohl die ***Skimöglichkeiten*** sicherlich nicht als erstklassig einzustufen sind. Viel mehr als auf die eher bescheidenen 20 km Abfahrtspisten legt man hier Wert auf die hervorragende Qualität des Schnees und die Tatsache, dass keine Schneekanonen eingesetzt werden - Formiguères baut auf die Natur. Insgesamt sieben Lifte transportieren die Sportler auf eine Höhe bis zu 2.325 m, Langläufern stehen einige Loipen zur Verfügung.

In den Sommermonaten entwickelt sich der Ort aufgrund der ***guten Wandermöglichkeiten*** zum touristischen Zentrum des Capcir. Ein klassisches Ausflugsziel stellen dabei zwei kleine Seen, die ***Etangs de Campoureills,*** in den Bergen westlich von Formiguères dar. Wer sich die komplette Strecke bis zu den Seen nicht zutraut, kann einen großen Teil des Weges auch im Sommer mit dem Sessellift bewältigen.

Für geübte Wanderer mit Ambitionen zum Klettern ist sicherlich die ***Tour de Capcir*** von Interesse, die rund um die Hochebene führt. Nähere Informationen zu der viertägigen Tour geben die Touristenbüros in Formiguères und les Angles.

Information

- ***Office du Tourisme,*** Route de Mont-Louis 4, Tel. 04.68.04.47.35. Sehr hilfsbereite Angestellte. Neben Informationen über die Gegend, Tips zu Übernachtungen und Ausflügen sind hier auch die ***Angelkarten*** für die beiden Seen des Capcir erhältlich.

Unterkunft

- ***Hôtel Picheyre*** €€, Place de l'Eglise 2, Tel. 04.68.04.40.07. Familiäres, zentral gelegenes Hotel mit gutem Restaurant (regionale Spezialitäten). Auch Drei- und Vierbettzimmer vorhanden. Menü ab 11 €.
- Über ***Appartements, Studios, Chalets und Ferienzentren*** informiert das Touristenbüro.
- Kleiner ***Campingplatz*** im Wald nahe Formiguères.

Ausflüge

Die Gipfel im Osten von Formiguères, beispielsweise der ***Madrès*** (2.469 m) sollen bei klarer Sicht die westlichsten Berge der Pyrenäen sein, von denen man das Mittelmeer erblicken kann. Ausprobieren!

Les Angles

Der 1.600 m hoch gelegene Ort im Süden des Capcir entwickelte sich seit Mitte der 1960er Jahre zum ***Skizentrum der Region*** - leider mit allen negativen Begleiterscheinungen, die der Sport oft mit sich bringt. So säumen den kleinen, historischen Kern mittlerweile jede Menge Hotels, Restaurants, Geschäfte und Bars, nördlich des Ortes wurden Unmengen an Chalets erbaut.

Mit 29 Pisten und 21 Liften ist Les Angles zweifellos die erste Adresse des Capcir für Alpin-Skiläufer, außerdem kommen in den Sommermonaten viele Gäste, um beispielsweise zum ***Mont Llaret*** (2.377 m) zu wandern oder sich am nahen ***Lac de Matemale*** zu vergnügen. Der See wird von der Aude gespeist, die oberhalb von Les Angles entspringt.

Information

- ***Touristenbüro*** an der Avenue de l'Aude 2, Tel. 04.68.04.32.76.

Unterkunft

Alle Hotels in Les Angles gehören der mittleren Kategorie an, sind gepflegt und kosten pro Doppelzimmer meist zwischen 38 und 50 €.

- ***Hôtel Le Yaka*** €€€, Avenue de Mont-Louis, Tel. 04.68.04.46.46. 35 Zimmer, alle mit Balkon zum See oder zum Gebirge.
- Über ***Studios und Chalets*** informiert das Touristenbüro.

Weitere Reisetipps

- ***Wanderungen*** unterschiedlicher Längen ***mit Tourenskiern oder Schneeschuhen*** organisiert die *Companie des Guides Pyrénées Catalanes,* Avenue de l'Aude 2, Tel. 04.68.04.39.22. Der Halbtagesausflug mit Schneeschuhen kostet 13 €, für die halbtägige Exkursion mit Tourenskiern müssen 16 € bezahlt werden.

- Wer die tierischen Bewohner der Berge allesamt einmal aus der Nähe betrachten möchte, ist im ***Parc Animalier des Angles*** an der richtigen Stelle. Auf dem 3.500 m langen Rundgang durch den zoologischen Garten sind u.a. Gemsen und Murmeltiere, aber auch Bären und Wölfe zu sehen. Der Park kann im Sommer täglich von 9 bis 19 Uhr, im Winter von 9 bis 18 Uhr besichtigt werden. Der stattliche Eintrittspreis beträgt 8 €, Kinder zahlen 6,50 €.
- Im östlich von Les Angles gelegenen Dorf ***Matemale*** können in der ***Maison des Artisans d'Art*** kunsthandwerkliche Artikel aus dem Capcir betrachtet und eventuell erworben werden. Geöffnet 20. Dezember bis Ostern und 25. Juni bis 10. September; in den Schulferien täglich 10-12 Uhr und 15-19 Uhr, außerhalb der Ferien täglich außer montags 15-19 Uhr.

Die Cerdagne

„Die Sonne scheint bei Tag und Nacht" hätte – mit leichter Übertreibung – eine Passage aus einem Lied über die Cerdagne lauten können. Nirgendwo in Frankreich werden mehr ***Sonnenstunden*** gezählt als in dem gewaltigen ***Hochtal,*** das von Mont-Louis in südwestlicher Richtung bis weit über die spanische Grenze hinweg verläuft. Aufgrund dieser Strahlen-Flut erfuhr das einstige Tal der Hirten im 20. Jh. zwei Neuerungen: Zum einen entdeckten im Sommer wie im Winter Touristen die Region, zum anderen nutzten Wissenschaftler die starke Sonneneinstrahlung beispielsweise in dem riesigen ***Parabolspiegel von Odeillo*** für ihre Zwecke.

Die Cerdagne ähnelt weder dem angrenzenden Capcir noch irgendeiner anderen Region der französischen Pyrenäen. Nicht ausgedehnte Wälder bewachsen die von zahlreichen kleinen Orten gesäumten Berghänge, sondern vor allem lichte ***Nadelgehölze.*** Die Talsohle wird in erster Linie von Wiesen und Weiden eingenommen, auf denen nur dann und wann ein Laubbaum oder einige Sträucher stehen.

Die ***Teilung des Tales*** erfolgte 1659 mit dem Pyrenäenfrieden, wodurch ***Puigcerdà,*** die ehemalige Hauptstadt der Cerdagne, nun zu Spanien gehört. Eine Kuriosität aus den Zeiten dieses Friedens bildet das Städtchen ***Llívia,*** dessen Status damals nicht komplett festgelegt wurde. Seitdem ist Llívia eine echte Enklave, eine spanische Gemeinde, umgeben von französischem Grund und Boden.

Auf den breiten Straßen D 618 und N 116, die die französische Cerdagne umkreisen, lässt sich das Tal problemlos bereisen. Eine erheblich amüsantere Art des Kennenlernens stellt jedoch der ***Petit Train Jaune,*** der kleine gelbe Zug, dar. Das auffallende Vehikel, eigentlich ein Relikt aus den Zeiten der verkehrstechnischen Erschließung der Region, startet im weiter östlich gelegenen Villefranche-de-Conflent und passiert auf seiner abenteuerlichen Fahrt auch große Teile der Cerdagne. Zur Freude der Fahrgäste wird bei gutem Wetter das Dach der Abteile abgenommen – ein echtes Erlebnis! Siehe auch den Exkurs im Abschnitt „Rund um den Canigou".

Mont-Louis

Der Beiname ***Pforte zur Cerdagne*** ist nicht nur so dahergesagt, das 1.600 m hoch gelegene Mont-Louis bildet tatsächlich sowohl geografisch als auch verkehrstechnisch den Eingang zum Hochtal. Wer die Cerdagne von Frankreich aus bereisen möchte, passiert den Ort - egal, ob er aus dem Capcir im Norden oder dem Conflent im Westen kommt.

Mont-Louis hat seine Existenz und seinen Namen *Ludwig XIV.* zu verdanken. Der König beauftragte im 17. Jh. seinen genialen Architekten *Vauban* mit dem Bau einer ***Festung,*** die das Roussillon vor spanischen Soldaten schützen sollte.

Das Erscheinungsbild des kleinen Städtchens hat sich seitdem kaum verändert: Dicke Wehrmauern umgeben Mont-Louis und machen es zum höchstgelegenen Fort Frankreichs. Aus kriegerischen Zeiten stammt auch die ***Zitadelle*** über dem Ort. Sie kann allerdings nicht besichtigt werden, da sich ihre Bestimmung im Laufe der Jahrhunderte nicht änderte: Noch heute wird sie vom Militär genutzt.

Mont-Louis selbst besitzt aber in keinster Hinsicht einen aggressiven Charakter. Vielmehr geht es auf den kleinen Straßen recht gemütlich zu, in mehreren Geschäften kann man Antiquitäten und Kunsthandwerk erstehen. In der ***Kirche*** aus dem Jahr 1736 verdient in erster Linie die hölzerne Christusfigur aus dem 15. Jh. Beachtung.

Interessanteste Sehenswürdigkeit ist jedoch der ***Sonnenofen,*** quasi ein kleiner Bruder des riesigen Parabolspiegels in Odeillo. 1949 in der Zitadelle erbaut, kann man dieses erste experimentelle Laboratorium mitsamt dem Spiegel heute im Ort bestaunen. Die Erkenntnisse, welche die Wissenschaftler bei den Arbeiten in Mont-Louis gewannen, wurden einige Jahre später beim Bau des weltgrößten Sonnenofens in Odeillo genutzt. Die Besichtigung des Ofens beinhaltet Informationen über die Geschichte der Solarenergie, einen Dokumentarfilm

Gewaltiges Hochtal: die Cerdagne

sowie Experimente bei Temperaturen von über 3.000 Grad.

- Geöffnet täglich 10-12.30 Uhr und 14-18 Uhr, Eintritt 5 €, Kinder 3,50 €.

Information

- ***Syndicat d'Initiative,*** Rue Prunéta, Tel. 04.68.04.21.97.

Unterkunft

- ***Hôtel Lou Rouballou*** €€, im oberen Teil des Ortes, Tel. 04.68.04.23.26. Familiäres und recht komfortables Haus. Auch Drei- und Vierbettzimmer vorhanden.
- ***Camping Pla de Barres,*** ein paar Kilometer nordwestlich im Têt-Tal, Tel. 04.68. 04.26.04. Relativ einfacher Platz in schöner, waldreicher Umgebung.
- ***Wohnmobile*** können auf einem Platz oberhalb des Ortes abgestellt werden.

Essen und Trinken

- Vielfach gelobte Küche im ***Restaurant des Hôtels Lou Rouballou.*** Vor allem Spezialitäten aus der Region und gute Weine; Menü ab 19,50 €.

Verkehrsverbindungen

- Von der ***Bahnstation la Cabanasse*** bei Mont-Louis fährt der ***Petit Train Jaune*** im Sommer fünfmal täglich in die Cerdagne und in den Conflent.

Font-Romeu

Der Ort an der nordlichen und somit sonnenzugewandten Seite des Tales gehörte zu den ersten ***Wintersportgebieten*** der Pyrenäen überhaupt. Bereits zu Beginn des 20. Jahrhunderts rutschte man hier auf Brettern die Hänge hinunter und spielte auf einem gefrorenen See Eishockey. Dieses Gewässer befand sich damals vor dem *Grand Hotel*, einem gewaltigen Gebäude, das zwar noch immer das Aussehen Font-Romeus bestimmt, aber doch sehr an Charme verloren hat - verschwunden sind elegante Ausstattungen und noble Umgangsformen.

Der Run auf Font-Romeu hat in den vergangenen Jahrzehnten so stark zugenommen, dass sich der Ort immer weiter ausbreitet - das einst völlig freistehende Dorf ***Odeillo*** ist mittlerweile mit dem großen Nachbarn verwachsen. Seit 1968 zählt offiziell

> ### *Vauban – ein phänomenaler Architekt*
>
> 1633 wird im heutigen Saint-Léger-de-Fougeret im Département Yonne ein Junge geboren, der später als einer der genialsten ***Militärbaumeister*** aller Zeiten in die Geschichte eingehen soll: *Sébastien Le Prestre de Vauban.* Während seines Militärdienstes erkennt man schon bald seine außergewöhnlichen Fähigkeiten und beordert ihn ins Generalkommissariat der Festungen, wo er bereits als 22jähriger den Abschluss als Militäringenieur besteht. In ganz Frankreich stellt *Vauban* fortan sein Können unter Beweis, und in den Pyrenäen entstehen nach dem Friedensvertrag mit Spanien (1659) mehrere Grenzfesten, die wie alle seine Entwürfe als uneinnehmbar gelten. Der Erfolg der Pläne und die Stabilität der Bauwerke beruht auf seiner logischen Vorgehensweise: *Vauban* stellt sich einfach alle Möglichkeiten vor, die sich einem Feind beim Angriff der Bastionen bieten, bevor er mit dem Bau beginnt. Da er mehrfach Entscheidungen des Königs und besonders das französische Steuersystem kritisiert, fällt er schließlich bei dem Monarchen in Ungnade. 1707 schließt *Vauban* in Paris für immer die Augen.

die Bezeichnung „vorolympische Stadt" zu den Werbeträgern der Gemeinde. Dass es bei dieser „Vorolympiade" in erster Linie darum ging, die Athleten an die Höhenluft im Olympiaort Mexico-City zu gewöhnen, wird aber weniger publik gemacht.

Gemeinsam mit dem nahen Retortenort ***Pyrénées 2000*** verfügt Font-Romeu über ein Skigebiet, das insgesamt 40 Pisten umfasst. Diese ansehnliche Zahl kann jedoch nicht darüber hinwegtäuschen, dass der ***Roc de la Calme*** mit 2.204 m den höchsten Punkt im Skiareal ausmacht und keine der Pisten somit über eine aufregende Länge verfügt. Allerdings ist das Gebiet absolut schneesicher, wenn die moderne Technik der Natur hierbei auch unter die Arme greift: 460 Schneekanonen - vermutlich europäischer Rekord - sorgen im Notfall für die weiße Pracht.

Neben dem Skitourismus besitzt die fast 2.000 Einwohner zählende Stadt zwei weitere wirtschaftliche Standbeine: zum einen die Sommergäste, die hier ***erstklassige Wandermöglichkeiten*** vorfinden, zum anderen die ***Kurgäste,*** die sich in dem trockenen Klima von Atemwegserkrankungen und Asthma erholen möchten.

Trotz des wenig religiösen Trubels, der zahlreichen Hotels und der immensen Freizeitmöglichkeiten gehört Font-Romeu immer noch zu den bedeutendsten ***Wallfahrtsorten*** der östlichen Pyrenäen. Verehrt wird eine ***Madonnenstatue,*** die ein Hirte einst an der Stelle entdeckte, an der ein Stier wie wild gegraben hat. Nachdem der einfache Mann die Figur aufgehoben hatte, soll am Fundort eine Quelle entsprungen sein. Die Madonna steht in einer Ermitage oberhalb der Stadt und wird jedes Jahr am 8. September mit einer großen Prozession in ihr Winterquartier nach Odeillo hinabgetragen.

Information

- ***Office de Tourisme,*** Avenue Emmanuel Brousse, Tel. 04.68.30.68.30.

Unterkunft

Wie in vielen Skiorten sind die Unterkünfte auch in Font-Romeu teurer als in der Provinz. Zur Verfügung stehen etliche ***Hotels*** und Unmengen an ***Appartements,*** so dass eigentlich immer irgendwo ein Bett zu bekommen ist.

- ***Hôtel Carlit*** €€€€, im Ortszentrum, Tel. 04.68.30.80.30. Großes, komfortables Haus, das sich gern etwas vornehmer gibt (Bridge-Raum, Piano-Bar). Wie in allen Hotels variieren auch hier die Preise zwischen Hoch- und Nebensaison.
- ***Hôtel Castel Negro*** €€, im Ortskern, Tel. 04.68.30.09.92. Mittelklassehotel mit 22 Zimmern, untergebracht in einem für die Region typischen Haus.
- ***La Capeillette*** €€, im unterhalb Font-Romeus gelegenen Odeillo, Tel. 04.68.30.11.15. Ruhige Pension mit sechs Zimmern, Terrasse und Garten.
- Informationen über ***Appartements und Studios*** beim *Office de Tourisme.*

Weitere Reisetipps

- Ein entspannender ***Spaziergang*** oder eine anstrengende ***Wanderung*** – in und um Font-Romeu gibt es Strecken sämtlicher Schwierigkeitsgrade. Allein rund um den Ort sind mehrere Wege ausgeschildert, die kaum länger als 1,5 Stunden dauern, aber sich durchaus lohnen.

Auch im Sommer kann man mit der Seilbahn in höhere Gefilde fahren und nahe der Bergstation mit geliehenen Go-Karts die eigentlichen Skipisten herunterrasen oder sich im Bogenschießen versuchen.

- Das *Bureau des Guides et de la Montagne* an der Avenue Emmanuel Brousse, Tel. 04.68.30.36.09, organisiert ***Kletter- und Wanderausflüge*** sowie ***Rafting-, Kanu- und Kayaktouren*** und verleiht ***Mountainbikes.***
- ***Reiten:*** *Centre Équestre,* Boulevard Pierre de Coubertin 2, Tel. 04.68.30.34.43.
- ***Angeln:*** Ausflüge mit dem Angel-Führer *Marc Ribot,* Tel. 04.68.30.30.93.
- ***Paragleiten:*** die Schule *VOLEM* im westlich gelegenen Dorf Targasonne, Tel. 04.68.30.10.10.
- Oberhalb von Font-Romeu befindet sich ein ***Golfplatz,*** Tel. 04.68.30.38.09, der mit einer Höhe von über 1.800 m sicherlich zu den höchsten Europas zählt.
- Weitere Sportarten wie ***Tennis, Squash*** oder ***Schwimmen*** sind möglich.

Ausflüge

Wer schwierigere Pfade sucht, kann ganzjährig mit der Kabinenbahn oder dem Auto zur Bergstation der Bahn fahren, wo mehrere ***Wanderungen*** beginnen. Schöne Aussichten präsentieren sich von der Strecke zu Füßen des ***Roc de la Calm,*** die gelb-orange gekennzeichnet ist und etwa drei Stunden in Anspruch nimmt.

Die besten Wandermöglichkeiten bietet jedoch das ***Carlit-Massiv,*** das südlich der Cerdagne emporragt und im ***Pic Carlit*** (2.921 m) seinen höchsten Gipfel besitzt. Um in dieses von Seen gespickte Gebirgsmassiv zu gelangen, geht man zuerst der Straße nach bis zur Ermitage und folgt hier dem rot gekennzeichneten Weg durch den Wald, vorbei an Skipisten und dem kleinen See Etang Pradeille, bis man nach etwa 3,5 Stunden den größeren ***Lac des Bouillouses*** erreicht. Von diesem See, an dem es ein *Refuge* gibt, führen Wege auf den Gipfel des Pic Carlit sowie ins Herz des Massivs. Gute Ausrüstung und eine Wanderkarte sind notwendig in dieser Region, die auch von der südlichen Seite (siehe Ax-les-Thermes) erwandert werden kann.

Von Font-Romeu nach Porté-Puymorens

Bleibt man in Font-Romeu auf der ***D 618*** und fährt weiter in ***Richtung Bourg-Madame,*** zweigt kurz hinter dem Dorf ***Targasonne*** eine kleine Straße zur ***Centrale Thémis*** ab, einem Gelände, auf dem ebenfalls wissenschaftliche Versuche mit der ***Solarenergie*** unternommen werden. Die hier installierte Anlage erinnert ein wenig an einen Science-Fiction-Film: Vor einer Ansammlung von unzähligen Spiegeln erweckt ein Turm den Eindruck, als würde er jeden Moment Laser- oder sonstwelche Strahlen abfeuern. Die karge Landschaft um das Gelände unterstreicht die fremdartige Atmosphäre noch.

Hinter Targasonne erwartet den Autofahrer an der D 618 das ***Chaos von Targasonne,*** das seinem Namen alle Ehre macht. Überall liegen gewaltige Granitblöcke herum - eine Erinnerung an die Eiszeit.

In ***Villeneuve-des-Escalades,*** 13 km hinter Font-Romeu, lohnt ein Abstecher zu dem hübschen Bergdorf ***Dorres.*** Dass der verschlafene Ort mit seiner romanischen Kirche und den alten Bruchsteinhäusern über Kurbetrieb verfügt, merkt man ihm selbst zur Hauptsaison nicht an.

In ***Ur*** endet schließlich die D 618, und man kann nun entweder weiter nach Bourg-Madame und Puigcerdà fahren oder einen ***Abstecher ins Tal des Carol*** machen. Wer sich für die zweite Möglichkeit entscheidet, erreicht zuerst ***Entveig,*** einen Ortsteil von Latour-de-Carol, der nur von touristischer Bedeutung ist, weil hier die Fahrt des *Petit Train Jaune* endet. Folgt man der Straße, passiert man nach 7 km die ***Tours Carol,*** anderthalb zerstörte Türme einer ehemaligen Burg, und kommt 6 km später in den Skiort ***Porté-Puymorens.*** Hier kann man entweder über den ***Col de Puymorens*** nach ***Andorra*** und ins ***Ariège*** fahren oder den Tunnel wählen, der durch das Bergmassiv direkt nach ***l'Hospitalet*** im Ariège führt (siehe Ax-les-Thermes).

Unterkunft

- ***Hôtel Marty*** €€€ in Dorres, Tel. 04.68.30.07.52. Ruhiges Haus in ebensolcher Gegend.
- ***Camping de la Gare*** in Ur, an der Straße nach Spanien, Tel. 04.68.04.80.95.
- ***Camping La Riviere*** in Porté-Puymorens, Tel. 04.68.04.82.20.

Bourg-Madame

Aus der einstigen Schmugglermetropole hat sich ein typischer ***Grenzort*** entwickelt. Von Bordeaux oder Toulouse aus kommend, decken sich die durchfahrenden Urlauber hier noch einmal mit französischen Artikeln ein, bevor es weiter zum Ferienort an der spanischen Küste geht. Außer einer ganzen Reihe an Geschäften bietet Bourg-Madame nicht allzuviel Sehenswertes - Puigcerdà auf der anderen Seite der Grenze ist erheblich sehenswerter. Von Bourg-Madame führt die N 116 über Saillagouse zurück nach Mont-Louis.

Information

- ***Touristenbüro*** an der Place de Catalogne, Tel. 04.68.04.55.35.

Der Sonnenofen von Odeillo

Der größte seiner Art:
Parabolspiegel in Odeillo

3.000 Stunden scheint die Sonne alljährlich auf die Cerdagne nieder; kein anderes Gebiet in Frankreich kann an diese beeindruckende Zahl heranreichen. In den 1950er Jahren entschloss man sich deshalb, die sonnigen Verhältnisse nicht mehr ausschließlich touristisch, sondern auch wissenschaftlich zu nutzen. So wurde im Dorf Odeillo nahe Font-Romeu ein Sonnenofen erbaut, der mit einer Fläche von beinahe 3.000 Quadratmetern der weltweit umfangreichste seiner Art ist und sogar den Pariser Triumphbogen an Größe übertrumpft. Seit seiner Fertigstellung dient das mit 9.500 Spiegelelementen versehene Bauwerk aber nur der Forschung - eine kommerzielle Nutzung in Form von Stromerzeugung war niemals geplant.

63 bewegliche, auf den jeweiligen Stand der Sonne ausgerichtete Spiegel fangen die einfallenden Strahlen ein und werfen sie auf den gigantisch anmutenden Parabolspiegel, das Herzstück der Anlage. Hier entstehen im Brennpunkt Temperaturen von bis zu 3.800 Grad, die es ermöglichen, sämtliche Metalle zu schmelzen. Zahlreiche Wissenschaftler nutzen diese Temperaturen, um das Verhalten keramischer, außergewöhnlich feuerfester Materialien bei extremer Hitze zu erforschen.

- Wer dem Geheimnis der Solarenergie auf den Grund gehen möchte, kann eine lehrreiche Exposition im Sonnenofen besichtigen. Öffnungszeiten: Juni und September 10–18 Uhr, Juli und August 10–19.30 Uhr, Oktober bis Mai 10–12.30 und 14–18 Uhr. Der Eintritt beträgt für Erwachsene 5 €, für Jugendliche 3,20 €; Kindern gewährt man freien Einlass. Der Höhepunkt für Odeillo-Besucher findet alljährlich im Juli und im August statt, wenn der riesige Parabolspiegel das Zentrum einer außerordentlichen Lasershow bildet.

Unterkunft

- ***Camping Le Segre,*** kurz hinter dem Ortseingang an der Hauptstraße, Tel. 04.68.04.65.87.

Llívia

Während die anderen Orte der französischen Cerdagne sich an die Berghänge schmiegen, liegt Llívia inmitten der Talsohle. Doch das ist nicht der einzige Punkt, der das Städtchen mit seinen knapp 1.000 Einwohnern von den anderen Orten des Hochtales unterscheidet. Llívia gehört nämlich zu ***Spanien,*** obwohl es völlig von Frankreich umgeben wird und besitzt somit den seltenen Status einer ***Enklave.*** Der Ursprung dieser Kuriosität liegt über 300 Jahre zurück: 1660, ein Jahr nach dem Pyrenäenfrieden, stellte man fest, dass Llívia Stadtrechte besaß und somit nicht unter die 33 Dörfer fiel, die Spanien an Frankreich abzutreten hatte. Seitdem zählt der Ort mitsamt den angrenzenden Weiden weiterhin zu Spanien und ist mit seinem Heimatland über eine neutrale Straße verbunden.

Die knapp 13 Quadratkilometer große Enklave, die sowohl von den französischen Orten Egat (bei Font-Romeu) und Saillagouse über die D 33 als auch vom spanischen Puigcerdà über die N 152 zu erreichen ist, besitzt tatsächlich iberischen Charakter - nicht nur wegen ihrer Architektur. Besonders in den frühen Nachmittagsstunden reibt man sich die Augen: Während in den französischen Städten nun überall Menschen unterwegs sind, verlieren sich auf den Straßen von Llívia nur einige wenige. Man befindet sich eben in Spanien, wo zu dieser Uhrzeit noch Siesta gehalten wird.

Der älteste und schönste Teil des Ortes liegt um die ***Pfarrkirche*** (15. Jh.), die eine geschnitzte Christus-Figur aus dem 13. Jh. beherbergt. Wenige Meter entfernt befindet sich das ***städtische Museum*** mit archäologischen und historischen Ausstellungsstücken. Den größten Schatz dieses Museums stellt die ***alte Apotheke Farmacia Esteva*** dar, die vermutlich zu Beginn des 15. Jh. gegründet wurde und als das älteste erhaltene Geschäft mit Publikumsverkehr in Europa gilt. Neben alten Arzneimitteln sind verzierte Dosen aus der Renaissance sowie historische Trinkgefäße zu sehen. Vermutlich wurde die Apotheke vor beinahe 600 Jahren gegründet, weil in der Gegend um Llívia zahllose Heilpflanzen gedeihen.

Information

- ***Touristenbüro*** im Rathaus neben der Kirche, Tel. (Vorwahl aus Frankreich: 0034-72) 89.63.13.

Unterkunft

- ***Hôtel Llívia*** €€€€€, Avinguda de Catalunya, Tel. (Vorwahl aus Frankreich 0034-72) 89. 60.00. Gutes Hotel mit Schwimmbad und Garten.

Llo

Llo, nur knappe 2 km von Saillagouse und der N 116 entfernt, ist ***das malerischste Dorf der Cerdagne.*** Erbaut an einem steilen Hang und überragt von einer Turm-Ruine, erinnert hier nichts mehr an das geschäftige Treiben in Font-Romeu. Anstelle von Touristen sind Hühner auf der Straße unterwegs, den Platz von Hotels haben pittoreske alte Häuser eingenommen. Die Kirche des Ortes stammt zwar bereits aus dem 12. Jh., doch Funde aus Bronze- und Eisenzeit belegen, dass hier bereits tausende Jahre zuvor Menschen lebten.

Von Llo aus führt ein Weg zuerst in die ***Gorges du Sègre*** und weiter bis zum ***Col de Llo*** (2.558 m). Wer genügend Puste besitzt, kann von hier zur ***Santuario de Núria*** auf der spanischen Seite hinabsteigen.

Unterkunft

- Welch ein Widerspruch: In dem ländlichen Hirtendorf Llo befindet sich mit ***L'Atalaya*** €€€€€ (Tel. 04.68.04.70.04.) das wohl beste Hotel der Cerdagne. In dem wunderschönen, efeubewachsenen Gebäude warten 13 geschmackvolle Zimmer auf Gäste, die sich in dieser Oase der Ruhe erholen möchten (und zweifellos können). Das Restaurant, der traumhafte Innenhof, die alten Möbel – das ganze Haus sprüht vor Atmosphäre. Bei einer Runde im kleinen, hauseigenen Pool wird vielleicht auch der Preis nebensächlich.

Rund um den Canigou

Wenn man die Aude-Schluchten bei Axat hinter sich gelassen hat oder von der Cerdagne ins Têt-Tal hinabfährt, geht unübersehbar eine Veränderung vor. Die Temperaturen steigen, die Vegetation nimmt andere Formen an, die Berge erscheinen längst nicht mehr so unüberwindlich. Man befindet sich im ***Roussillon*** - eine Region, in der die Nähe zum Mittelmeer geradezu spürbar ist.

Da ist im Norden das ***Fenouillèdes,*** eine wenig beachtete Region, in die sich nur selten Touristen verirren. Die Landschaft ist steinig und der Boden karg, lichte Haine und Weinstöcke haben die noch im Ariège dominierenden Wälder verdrängt.

Südlich davon wird im ***Conflent*** und in den ***Aspres*** Obst angebaut: Pfirsiche und Aprikosen - nur 30 km vom Skizentrum Font-Romeu entfernt. Das mediterrane Klima verfehlt aber auch im alltäglichen Leben seine Wirkung nicht. Vieles spielt sich im Freien ab, der Markt wird zum Ort der Kommunikation, man hält sein Pläuschchen auf der Straße oder vorm Café.

Das südlichste der großen Täler, das ***Vallespir,*** besitzt nur im oberen Teil Gebirgs Charakter. In ***Céret*** hingegen, am Eingang des Tales, werden alljährlich die ersten Kirschen Frankreichs geerntet.

Und mitten in diesem Landstrich, der das Hochgebirge anscheinend hinter sich gelassen hat und sich zum Meer orientiert, steht er: der ***Canigou,*** der heilige Berg der Katalanen. Mit 2.784 m Höhe scheinen sich die Pyrenäen hier noch ein letztes Mal aufbäumen zu wollen, bevor sie, seicht abfallend, schließlich im Meer versinken.

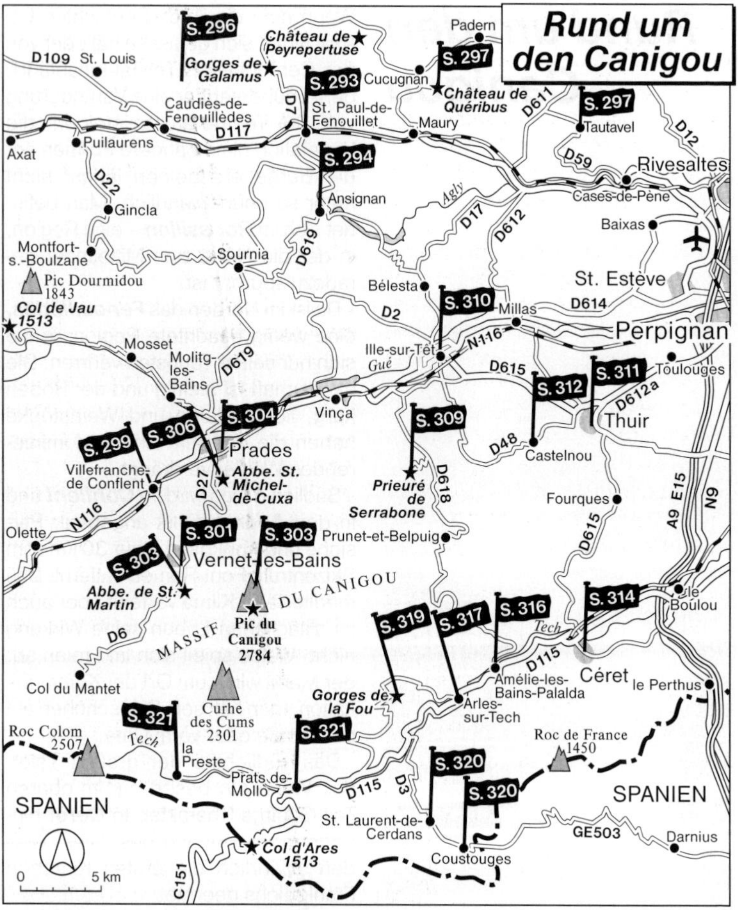
Rund um den Canigou
S. 296
Château de Peyrepertuse
Gorges de Galamus
S. 293
Cucugnan
Padern
S. 297
Château de Quéribus
S. 297
Tautavel
D109 St. Louis
Caudiès-de-Fenouillèdes
D117
St. Paul-de-Fenouillet
Maury
D611
D12
Axat
Puilaurens
S. 294
Ansignan
D59
Rivesaltes
Cases-de-Pène
D22
Gincla
Agly
D17
D612
Baixas
Montfort-s.-Boulzane
Sournia
D619
Pic Dourmidou 1843
Bélesta
St. Estève
Col de Jau 1513
S. 310
Millas
D614
D2
Perpignan
Mosset
Molitg-les-Bains
D619
Ille-sur-Têt
Gué
N116
D615
S. 311
Toulouges
S. 312
D612a
Thuir
Vinça
S. 309
S. 304
S. 306
S. 299
Prades
D48
Castelnou
Villefranche-de Conflent
Abbe. St. Michel-de-Cuxa
D27
Prieuré de Serrabone
D618
Fourques
N116
Olette
S. 301
S. 303
Prunet-et-Belpuig
D615
A9 E15
N9
S. 303
Vernet-les-Bains
Abbe. de St. Martin
DU CANIGOU
MASSIF
Pic du Canigou 2784
S. 319
S. 317
S. 316
S. 314
Le Boulou
Tech
D6
D115
Céret
Col du Mantet
Amélie-les-Bains-Palalda
le Perthus
Gorges de la Fou
Arles-sur-Tech
S. 321
Curhe des Cums 2301
S. 321
Roc Colom 2507
Tech
la Preste
Roc de France 1450
Prats-de-Mollo
D115
D3
S. 320
S. 320
SPANIEN
SPANIEN
St. Laurent-de-Cerdans
GE503
Darnius
Coustouges
Col d'Ares 1513
C151
0 5 km

Das Fenouillèdes

Schon in vorgeschichtlichen Zeiten war das Gebiet im Norden des Roussillon bewohnt: Der in ***Tautavel*** gefundene menschliche Schädel wird auf 450.000 v. Chr. datiert. Man kann diesem Vorgänger des Homo sapiens eigentlich nur zur „Wahl" seines Wohnortes gratulieren - das Fenouillèdes besitzt fraglos eine gehörige Portion derber Schönheit. Von Weinstöcken bewachsene ***Hügel*** sind ebenso zu finden wie ***malerische Täler*** oder die ***atemberaubenden Schluchten*** von Galamus. Da im Laufe der Geschichte imposante Bauwerke wie die ***Burg von Peyrepertuse*** hinzukamen, stellt sich das Fenouillèdes heute als unbedingt sehenswerte Region dar. Eine Region, die von vielen Touristen fälschlicherweise links liegengelassen wird, die aber somit ihr charakteristisches Aussehen bewahren konnte.

Der Zahn der Zeit kennt kein Pardon: kopfloser Jesus nahe St.-Paul-de-Fenouillet

Weinliebhaber können den bekannt guten Tropfen des Fenouillèdes in beinahe jedem Dorf direkt beim Winzer erstehen.

St.-Paul-de-Fenouillet

Der Mittelpunkt des Fenouillèdes und des Weinanbaugebietes hat keinerlei Eigenschaften eines echten Zentrums - mit seinen 2.200 Einwohnern wirkt St.-Paul-de-Fenouillet eher wie ein verschlafenes Provinzstädtchen. Tatsächlich ist der Ort aber die Hauptstadt der Region und besaß bis zum Pyrenäenfrieden von 1659, als hier die französische Grenze verlief, erheblich mehr Bedeutung als in den heutigen Tagen.

Relikt aus den alten Zeiten ist das ***Chapitre,*** ein Kapitel mit einer Kirche, dessen Geschichte bis ins 10. Jh. zurückverfolgt werden kann Von außen wird kaum jemand das Gotteshaus als solches identifizieren - zu viele Häuser und Mauern verdecken das Gebäude, das nach seiner Schließung zum Stall, Wohnraum und Heuboden degradiert wurde. Erst 1983 ging den Verantwortlichen der Stadt ein Licht auf, die Gemeinde erkannte den historischen Wert des einstigen Klosters und kaufte es zurück. Bei den Restaurierungsarbeiten, die immer noch im Gange sind, erkannte man schließlich, welch ***wertvolle Stuckarbeiten*** das Bauwerk in sich birgt und setzte es auf die Liste der historischen Monumente.

Da das Chapitre aber immer noch nicht die Bekanntheit erlangt hat, die es eigentlich verdient, erweist sich eine Besichtigung als absolut beschauliche Angelegenheit. Oft kann man allein durch die Räume flanieren und die Aussicht vom alten Glockenturm genießen - besonders in den Morgenstunden eine Wohltat.

In dem Gebäude an der Rue du Chapitre befindet sich außerdem ein ***Museum*** mit archäologischen Funden und historischen Exponaten, von denen einige verdeutlichen, dass St.-Paul bis 1970 ein Zentrum der ***Drechselei*** war. Ebenfalls hier untergebracht ist die ***Maison de Tourisme,*** in der Besucher sich über das Fenouillèdes informieren können.

- Chapitre und Museum können im Winter dienstags bis samstags von 10 bis 12 und von 14 bis 18 Uhr sowie im Sommer täglich außer sonntags von 10 bis 12 und von 16 bis 20 Uhr (manchmal auch 15 bis 19 Uhr) besichtigt werden. Mit dem Eintritt von 2 € (Kinder frei), sollen die gewaltigen Restaurierungskosten aufgefangen werden.

Information

- ***Maison de Tourisme,*** Rue du Chapitre, Tel. 04.68.59.07.57.

Unterkunft

- ***Hôtel Le Chatelet*** €€€, an der Straße nach Caudiès, Tel. 04.68.59.01.20. Mittelklassehotel.
- ***Camping de l'Agly,*** Rue du 16 Août 1944, Tel. 04.68.59.09.09. Günstiger Platz am Ortsausgang Richtung Ansignan.
- Über ***Privatzimmer und Gîtes*** informiert die *Maison de Tourisme.*

Essen und Trinken

- Spezialität des Ortes sind ***Croquant de St. Paul,*** besonders leckere Mandelkekse, die seit Generationen hier hergestellt werden. Das nicht ganz preiswerte Naschwerk gibt es in mehreren Bisquiterien, unter anderem bei *Laurence Herrero* am Place de la Republique, zu kaufen.

Verkehrsverbindungen

- Täglich mehrere ***Busse*** nach Perpignan und von Quillan.

Ausflüge

Das 11 km westlich gelegene ***Caudiès-de-Fenouillèdes*** lässt aufgrund der Burgruinen in der Umgebung erahnen, dass die Region einmal von strategischer Bedeutung war. Südlich des Ortes befindet sich das ***Castel Fizel,*** das sich in den vergangenen Jahren zu einem ***Ferienzentrum*** mauserte: ***Camping*** (Tel. 04.68.59.93.96), Angeln, Höhlentouren, Mountainbiking und andere Freizeitvergnügungen stehen bereit. In der Nähe des Castels, auf einem Hügel über Caudiès, steht die ***Ermitage Notre-Dame-de-Laval*** aus dem 15. Jh., die leider nur selten geöffnet wird.

Bleibt man auf dem kleinen Sträßchen gen Süden, erreicht man das Dorf ***Fenouillet,*** das von gleich ***zwei Burgruinen*** überragt wird - ein schönes Plätzchen, um einfach mal ein bisschen rumzukraxeln.

In ***Maury,*** 8 km östlich von St.-Paul an der D 117, wird der teuerste ***Wein*** der Gegend angebaut.

Ansignan

Fährt man von St.-Paul weiter südlich am Agly entlang, erreicht man nach etwa 9 km Ansignan. Das hübsche Dorf und die von Weinbergen und Hügeln bestimmte Landschaft sind - so abgedroschen es klingen mag - wirklich Fenouillèdes pur.

Weinfelder und Aquädukt bei Ansignan

Auffälligste Sehenswürdigkeit des Ortes ist der ***römische Aquädukt,*** der hier den Agly überquert und dabei mit einigen Pfeilern inmitten von Weinreben steht. Die antike Konstruktion hat trotz der langen Jahre keineswegs das Schicksal der Nutzlosigkeit ereilt: Noch immer leiten die Einwohner von Ansignan Wasser über den Aquädukt, um so Felder und Gärten zu bewässern. Ein Spaziergang auf dem uralten Bauwerk ist zwar eine unterhaltsame Angelegenheit, aber nicht ganz ungefährlich: Der Wind in dieser Region pfeift häufig recht heftig und bringt das Gleichgewicht so ganz schön durcheinander.

Mehrere ***Dolmen,*** die im Ort ausgeschildert sind, zeugen von der jahrtausendealten Geschichte der Gegend. Zwei der Megalithen stehen in der Nähe der D 9 Richtung ***Felluns,*** zwei weitere gehören zur Gemeinde ***Trilla*** im Süden von Ansignan.

Information

- ***Syndicat d'Initiative,*** an der Hauptstraße, Tel. 04.68.59.09.94.

Unterkunft

- Wer die Ruhe dieser Region genießen möchte, ist in ***Mas les Albas,*** einem winzigen Weiler in der Nähe des Dorfes Felluns, gut untergebracht. Allerdings nehmen der Deutsche Michael Köhn und seine französische Frau Magaly Castell die Gäste nicht mehr – wie bis zum Jahre 2002 – in Mehrbettzimmern auf, sondern bieten nun eine Wohnung für bis zu fünf Personen an, die wochenweise gemietet werden kann. Unbedingt vorher anmelden unter Tel. 04.68.97.74.12!

Weitere Reisetipps

- In ***Bélesta,*** an der Straße Richtung Ille-sur-Têt, informiert ein sehenswertes Burgmuseum über das Leben der Menschen in dieser Region während der Jungsteinzeit. Geöffnet von Mitte Juni bis Mitte September täglich 10-12.30 und 14-19 Uhr, den Rest des Jahres nur nachmittags (Dienstags und freitags geschlossen). Eintritt 4 €, Kinder 3 €.

Gorges de Galamus

Dass sie zum illustren Kreis faszinierender Schluchten in den französischen Pyrenäen zählt, steht außer Frage; für viele ist die Gorges de Galamus aber die ***Schlucht*** schlechthin. Über eine Strecke von fast 5 km hat sich der Agly nördlich von St-Paul-de-Fenouillet im Laufe der Jahrtausende einen Weg durch die Felsen geschaffen - steil und unzugänglich. Senkrecht ragen neben einem die zerklüfteten Felswände empor, während man von der einst unter großen Mühen erbauten Straße in die Tiefe zum rauschenden Fluss hinabschaut.

„Was die Natur schafft, können wir auch“, scheinen religiöse Menschen im 8. oder 9. Jh.gedacht zu haben und schufen ein Bauwerk, das beinahe so atemberaubend ist wie die Schlucht selbst. Mit ungemeiner Kühnheit wurde die ***Ermitage St.-Antoine*** in einem Felsloch am Eingang der Schlucht erbaut - mitten in der Steilwand. Wie das unzugängliche Nest eines Greifvogels hockt die Einsiedelei nun da, zu erreichen über einen kleinen Tunnel oder einen etwas längeren Weg vom großen (im Sommer gebührenpflichtigen) Parkplatz. Die Ermitage mit ihrer in einer Grotte untergebrachten Kapelle kann besichtigt werden, sogar Getränke und Snacks werden dem Besucher zur Hochsaison in dem historischen Gemäuer angeboten.

Château de Peyrepertuse

Die Menschen des Fenouillèdes besaßen ein Faible für aufregend gelegene Bauwerke; das beweist schon die Ermitage in der Galamus-Schlucht. Beim Château von Peyrepertuse wollten die Baumeister aber anscheinend noch „einen draufsetzen“. Wie das klassische Märchenschloss thront die ***Burg*** auf einem 800 m hohen Felsen, geradezu geschaffen als Standort für eine Festung.

Die riesige Anlage ist zweigeteilt, wobei die untere Burg schon Jahrhunderte vor dem oberen Bauwerk errichtet wurde und den Katharern im 13. Jh. als Zufluchtsort diente. Eine lange und blutige Belagerung blieb Peyrepertuse jedoch erspart, da der Burgherr angesichts der übermächtigen Kreuzritter-Armee kapitulierte. Recht gut erhalten sind die Festungsmauern mitsamt den Türmen, die eine Einheit mit dem blanken Fels bilden, sowie ein Teil der Kapelle.

Über eine beeindruckend angelegte Treppe erreicht man die obere, kleinere Burg Sant Jordi. Sie wurde erst nach der Kapitulation des Burgherrn durch *Ludwig IX.* erbaut, der die gesamte Anlage kurzerhand beschlagnahmt hatte. War eine Erstürmung der unteren Burg bereits fast unmöglich – an dem oberen Kastell hätte sich alleine wegen der Lage bestimmt jeder Feind die Zähne ausgebissen.

Im Anschluss an den Pyrenäenfrieden von 1659 blieb Peyrepertuse zwar noch bewohnt, verlor aber an Bedeutung; nach der französischen Revolution wurde es gänzlich sich selbst überlassen.

Peyrepertuse erreicht man, wenn man nach der Gorges de Galamus rechts auf die D 14 abbiegt und bis zum Ort Duilhac fährt. Von hier führt eine Straße bis zum Parkplatz unterhalb des Schlosses, wo der steile Pfad zur Burg beginnt.

● Tägliche Öffnungszeiten: Februar, März, November und Dezember 10–17 Uhr; April, Mai und Oktober 9–19 Uhr; Juni bis September 8.30–20.30 Uhr; Januar geschlossen. Eintritt 4 €, Kinder 2 €.

Château de Quéribus

Nur einen Katzensprung von Peyrepertuse entfernt liegt Quéribus, eine weitere berühmte ***Katharerburg.*** Ebenfalls in schwindelerregenden Höhen auf dem blanken Stein erbaut, scheint diese Festung ihren Nachbarn aber noch an Himmelsstreben übertreffen zu wollen. Mindestens seit dem 11. Jh. „klebt" Quéribus auf einer Felsspitze, die kaum breiter ist als die Burg selbst, und überblickt majestätisch das ganze Land.

Über einen schweißtreibenden Weg erreicht man die im Vergleich zu Peyrepertuse kleinere, aber nicht minder interessante Bastion. Großen Teilen des Bauwerks konnte die Zeit nur wenig anhaben, so dem Prunkstück der Burg, einem Saal, der von einer einzigen Säule getragen wird. Mehr noch als die verschachtelten, engen Räume des Châteaus beeindruckt die Aussicht, die man von hier oben besitzt. Phänomenal!

Quéribus war die letzte Katharerburg, die sich den Kreuzrittern widersetzte. Erst 1256, als andere Festungen längst gefallen und zahllose

Erinnert an einen Adlerhorst: das Château de Quéribus

Menschen hingerichtet worden waren, ergaben sich die Bewohner.

Quéribus erreicht man entweder von Peyrepertuse über die D 14 und die D 123, oder man biegt bei dem Ort Maury von der großen D 117 auf die D 19 ab.

● Tägliche Öffnungszeiten: Juli und August 9–20 Uhr; Mai, Juni und September 9.30–19.30 Uhr; April und Oktober 9.30–18.30 Uhr; Februar, März, November und Dezember (nur an Wochenenden) 10–17 Uhr. Eintritt 4 €, Kinder 2 €.

Tautavel

Der kleine Ort Tautavel nordwestlich von Perpignan stand 1971 plötzlich im Mittelpunkt des archäologischen Interesses. In der ***Caune de l'Arago,*** einer ***Höhle*** nahe Tautavel, waren

Fragmente eines menschlichen Schädels gefunden worden, die sich später als etwa 450.000 Jahre alt erwiesen. Somit ist der Tautavel-Mensch, der zur Gattung Homo erectus zählt, ***der bis heute älteste bekannte Mensch Europas.*** Zwar unterschied sich unser Vorfahr noch im derben Schädelbau und besonders in der wulstigen Brauenpartie und der fliehenden Stirn vom Homo sapiens, doch ging er aufrecht und benutzte bereits einfache Werkzeuge, wie andere Funde beweisen.

Im ***Museum*** von Tautavel wird der Besucher mit dem Leben des Tautavel-Menschen vertraut gemacht und die damalige Zeit anhand von Funden, Nachbildungen und Filmen eingehend erläutert. Dabei stellt sich heraus, dass es der Tautavel-Mensch wahrlich nicht leicht hatte: So musste er sich mit Bären, Großkatzen oder auch Nashörnern auseinandersetzen, die zu seinen Lebzeiten im Roussillon weitverbreitet waren.

- Tägliche Öffnungszeiten: Juli und August 10–20 Uhr; April, Mai, Juni, September 10–12.30 Uhr und 13.30–19 Uhr; Februar, März, Oktober, November 13.30–17.30 Uhr; Januar und Dezember 13.30–17.30 Uhr (nur So., Mo. und an Feiertagen). Eintritt 7 €, Kinder 3,50 €. Im Sommer nachmittags oft voll!

Tautavel pflegt übrigens freundschaftliche Beziehungen zu der baden-württembergischen Gemeinde Mauer, wo 1907 in einem Steinbruch der Unterkiefer eines frühgeschichtlichen Menschen entdeckt wurde.

Tautavel ist am einfachsten zu erreichen, indem man 2 km westlich von Estagel von der D 117 auf die D 611 abbiegt.

Folgt man der D 9 in Richtung Vingrau, zweigt nach zwei Kilometern ein Weg zur Höhle Caune de l'Arago ab. Hier befindet sich auch ein hübscher Badesee – im Sommer eine echte Wohltat.

Information

- ***Touristenbüro*** neben dem Museum, Tel. 04.68.29.44.29.

Unterkunft

- ***Camping Le Priourat*** an der Straße nach Estagel, Tel. 04.68.29.41.45.

Conflent und Aspres

Fährt man die steile N 116 von Mont-Louis hinab ins Conflent im ***Tal der Têt,*** wird die Landschaft mit einem Schlag lieblicher. Das ***Klima*** ist hier spürbar milder und die Vegetation vielgestaltiger als noch in der Cerdagne oder dem Capcir. Die Pflanzen nutzen die wärmende Sonne, auf ganzen Feldern stehen ***Obstbäume.*** Hinter ***Prades*** wird das Tal immer breiter, die Berge verwandeln sich in Hügel – nur der Canigou überragt wie ein letzter, riesiger Bote des Gebirges das Land. Bei ***Ille-sur-Têt*** öffnet sich das Tal schließlich zur Ebene, südlich davon liegt die Hügelkette der ***Aspres.*** Das wunderschöne Dorf ***Castelnou*** wurde auf einer der letzten Anhöhen errichtet; in ***Thuir*** hingegen, nur 5 km weiter östlich, scheint das nahe Gebirge völlig verschwunden. Hier fühlt man die Nähe zur Küste – man kann das Meer förmlich schmecken. Im Conflent und in den

Aspres gibt es ***romanische Kostbarkeiten*** wie das ***Kloster Saint-Martin du Canigou,*** die ***Abtei Saint-Michel-de-Cuxa*** oder die ***Prieuré de Serrabone,*** die nicht nur Kulturfans begeistern.

Von Mont-Louis nach Villefranche-de-Conflent

Von Mont-Louis führt die N 116 steil und kurvig hinab ins Tal, wo kurz vor dem Durchgangsort ***Olette*** rechts ein Sträßchen ins kleine Tal des ***Mantet*** abzweigt. Nach einigen Kilometern erreicht man das verschlafene Dorf ***Nyer,*** das vollkommen vom ***Schloss*** aus dem 15. Jh. bestimmt wird, in dem sich mittlerweile ein Hotel befindet. Leider hat der Campingplatz am Ortseingang seine Pforten für immer geschlossen.

Kurz hinter Olette windet sich links eine Straße den Berg hinauf, die in dem hübschen Weiler ***Jujols*** endet. Von dem Dörfchen mit seinen gepflegten Bruchsteinhäusern und der niedlichen Kirche bietet sich ein erstklassiges Panorama.

Unterkunft

- In Jujols betreiben die *Calmers* ein ***Gîte d'Etape*** in einem alten, wunderschönen Steinhaus, Tel. 04.68.97.02.40. Es stehen Zimmer mit fünf, drei oder zwei Betten zur Verfügung.

Villefranche-de-Conflent

30 km östlich von Mont-Louis, wo die Täler der Têt und des Cady aufeinandertreffen, liegt das traumhafte Städtchen Villefranche-de-Conflent (260 Einwohner). Der mit dicken Mauern umgebene Ort hat sich seit dem 17. Jh. nicht verändert, es gibt ausschließlich ***alte Häuser*** mit hübschen Fassaden. Das wird auch künftig so bleiben, denn nachdem die Kriege Villefranche nichts anhaben konnten, verhindert mittlerweile der ***Denkmalschutz,*** unter dem das gesamte Städtchen steht, bauliche Veränderungen. Von der malerischen Architektur wollen sich im Sommer Tausende von Touristen überzeugen, so dass man die historische Gemeinde am besten außerhalb der Saison, zumindest aber nicht zu den Stoßzeiten besichtigt.

Guillaume Raymond, Graf der Cerdagne, gründete an diesem ***strategisch wichtigen Punkt*** im Jahre 1092 Villefranche, das sich rasch zur Hauptstadt des Conflent entwickelte. 1654 wurde es Frankreich angeschlossen, wonach *Vauban* auf Geheiß *Ludwigs XIV.* die Stadtmauern verstärkte und später das Fort Liberia erbaute, das noch heute aus der Höhe über die Stadt wacht. Seit jeher besitzt der Ort keine Weide- oder Anbauflächen, so dass sich in erster Linie Handwerker niederließen. Berühmt war Villefranche für seine qualitativ hochwertigen Tücher, die hier gewebt, gestickt und gefärbt wurden. Heute sind es vor allem Kunsthandwerker, die überall in den Gassen Geschäfte betreiben.

Sehenswertes

Besucher sollten sich nicht darauf beschränken, nur einige Bauwerke zu besichtigen – Villefranche-de-Conflent ist als Ganzes eine Sehenswürdigkeit. Für Gruppen bietet das Touristenbüro geführte ***Stadttouren*** an.

Viel mittelalterlichen Charme besitzt der ***Platz*** vor der ***Eglise Saint-Jaques,*** auf dem früher der Markt stattfand. Teile der romanischen Kirche bestehen aus rötlichem Marmor, der in einem nahen Steinbruch abgebaut wurde.

Um den Ort einmal aus einer anderen Perspektive zu erleben, empfiehlt sich ein ***Rundgang auf den Stadtmauern***.

- Täglich geöffnet Juli und August 10–20 Uhr, Juni und September 10–19 Uhr, ansonsten von Monat zu Monat unterschiedlich. Eintritt 3,50 €, Kinder 2,50 €.

Die Festung ***Fort Liberia*** über Villefranche hat, wie das gesamte Städtchen, im Laufe der Jahrhunderte kaum Schaden genommen. Ein unterirdischer Gang führt über 1.000 Stufen zu dem trutzigen Bauwerk, von dem sich eine gute Aussicht bietet. Innerhalb der dicken Mauern sollen einige lebensgroße Figuren dafür sorgen, dass man sich das Leben im Fort noch plastischer vorstellen kann. So entdeckt man im Gefängnis beispielsweise eine Giftmörderin, die hier für ihre grausigen Taten büßen muss.

- Das Fort kann von Juni bis September täglich von 9 bis 20 Uhr, den Rest des Jahres täglich von 10 bis 18 Uhr besichtigt werden, der Eintritt beträgt 5,34 € (Kinder 2,59 €). Wer sich den Aufstieg ersparen möchte, kann sich vom *Café de Canigou* mit einem Jeep bis zur Festung bringen lassen (etwa 3 €).

Information

- ***Syndicat d'Initiative,*** Rue Saint-Jaques, Tel. 04.68.96.22.96.

Unterkunft

- ***Hôtel Le Vauban*** €€, Place de l'Eglise, Tel. 04.68.96.18.03. An dem mittelalterlichen Platz gelegenes, hübsches, kleines Hotel.

Essen und Trinken

- Einige ordentliche Restaurants, die zumeist in historischen Gebäuden untergebracht sind. So das ***Le Relais*** in der Rue Saint-Jean, Tel. 04.68.96.31.63, in dem Fischspezialitäten und Gerichte aus dem Conflent auf der Speisekarte stehen. Allerdings nicht billig: Menü um 20 €.

Verkehrsverbindungen

- Vom nördlich des Ortes gelegenen Bahnhof fahren täglich sieben ***Züge nach Perpignan*** und halten unterwegs an mehreren Stationen an. Außerdem hält hier auch der ***Petit Train Jaune*** auf seinem Weg in die Cerdagne.

Ausflüge

Die ***Grotte Cova Bastéra*** an der N 116 gegenüber von Villefranche

Hohe Mauern umgeben das kleine Städtchen

diente Revolutionären, die sich gegen Frankreich auflehnten, einst als Unterschlupf.

● Geöffnet im Sommer täglich 10–20 Uhr, sonst 10–12 und 14–18 Uhr. Eintritt 5 €, Kinder 2,50 €.

Grotte les Canalettes, an der D 116 Richtung Vernet-les-Bains, 1 km von Villefranche

● Geöffnet von Frühjahr bis Herbst täglich 10–18.30 Uhr, ansonsten unregelmäßig. Eintritt 6 €, Kinder 3 €.

Interessanter sind die ***Grottes des Grandes Canalettes,*** ebenfalls an der D 116 nach Vernet gelegen, die sehenswerte Tropfsteinformationen besitzen und eine nette Musik- und Ton-Show bieten.

● Öffnungszeiten: April bis Ende Oktober 10–18 Uhr (in der Hochsaison bis 18.30 Uhr), ansonsten nur sonntags. Eintritt 7 €, Kinder 3 €.

Vernet-les-Bains und Casteil

Vernet-les-Bains am Fuße des Canigou setzt die Tradition der großen Pyrenäenbäder im Osten des Gebirges fort. Das schwefelhaltige, bis zu 66 Grad heiße Wasser hilft hier besonders Rheumakranken sowie Patienten, die an Erkrankungen der Atemwege leiden. Zu medizinischen Zwecken werden die Quellen schon seit dem 13. Jh. genutzt, doch erst wohlhabende englische Kurgäste ließen das Bad im 19. Jahrhundert so richtig aufblühen.

Heute präsentiert sich das 5 km oberhalb der N 116 gelegene Städtchen als ***typischer Thermalort,*** der nur noch wenig vom vornehmen Flair vergangener Tage aufweist. Es gibt zahlreiche Geschäfte und Cafés, die überwiegend älteres Publikum an-

Le petit train jaune – der kleine gelbe Zug

Ursprünglich beförderte der *petit train jaune* Güter in die Cerdagne und brachte dafür Holz oder Vieh aus den Bergen mit. Im Laufe der Zeit nahm die landwirtschaftliche Bedeutung des Hochtales jedoch ab; statt dessen suchten immer mehr Urlauber Erholung in der sonnenverwöhnten Region. Was lag da näher, als das Vehikel umzurüsten, seine Bestimmung zu ändern und es einer touristischen Nutzung zuzuführen?

Heute startet der gelbliche Zug, liebevoll *le petit train jaune* genannt, mehrfach täglich seine unterhaltsame Fahrt durch die abenteuerliche Bergwelt der Pyrenäen. Vorbei an Schluchten und Wasserfällen, über schwindelerregende Brücken und durch stockdunkle Tunnel kämpft sich die Bahn in Serpentinen bergan. Der Clou dabei: Einige Abteile besitzen ein abnehmbares Dach und treten ihre Fahrt bei gutem Wetter als Cabrios an.

Schon für die ersten 30 Kilometer braucht das außergewöhnliche Gefährt über eine Stunde, weitere 60 Minuten nimmt die Weiterfahrt bis zur Endstation Latour-de-Carol in Anspruch – Gemütlichkeit und Entspannung sind angesagt.

Im Hochsommer fahren täglich sechs Züge von Villefranche-de-Conflent nach Latour-de-Carol, in den Monaten Juni und September sind es noch vier, außerhalb der Saison startet meist nur noch ein Bähnchen Richtung Cerdagne, wobei der Fahrplan oft von Jahr zu Jahr geändert wird. Preiswert ist das Vergnügen allerdings nicht: Rund 15 € bezahlt ein Erwachsener zur Hochsaison für die Hin- und Rückfahrt, Kinder sind für die Hälfte dabei.

sprechen, einen Park, moderne Behandlungszentren sowie eine Batterie an – vielfach erschwinglichen – Hotels. Und natürlich darf auch das Casino nicht fehlen.

Für Nicht-Kurende ist Vernet-les-Bains hauptsächlich wegen seiner ***Umgebung*** von Interesse: Der Ort empfiehlt sich als Standort für einen Ausflug zum Kloster St.-Martin-du Canigou oder für Wanderungen im Canigou-Massiv.

Der Ort ***Casteil,*** 2,5 km oberhalb von Vernet, schliefe wohl immer noch den Schlaf eines Bergdorfes, läge St.-Martin-de-Canigou nicht in unmittelbarer Nähe. So jedoch sind es täglich einige Touristen, die hier ihr Auto abstellen, um zum Kloster zu gelangen. Der ausgeschilderte Waldweg (ca. 40 Minuten) beginnt direkt beim Ort und wurde für die in Vernet startenden Jeeps sogar betoniert, damit wirklich jeder in den Genuss des fabelhaften Gebäudes kommen kann.

Ein schönerer, wenn auch anstrengenderer ***Pfad zu der Abtei*** beginnt etwa 400 m hinter dem Dorf; der Beschilderung *Col de Jou* folgen. An gleicher Stelle führt ein nur wenig frequentierter Wanderweg in die hübsche ***Schlucht des Cady.*** Nachdem man etwa zwei Stunden immer an dem Gebirgsbach entlanggegangen ist, erreicht man die ***Cascade de Cady.***

Praktische Informationen

Information

- ***Office de Tourisme*** in Vernet, Rue Jules Ferry, Tel. 04.68.05.55.35.

Unterkunft

Vernet-les-Bains verfügt über ein großes Angebot an Übernachtungsmöglichkeiten für sämtliche Geldbeutel.

- ***Hôtel Le Mas Fleuri*** €€€€, Boulevard Clemenceau 25, Tel. 04.68.05.51.94. Bestes Hotel im Ort, nett im Park gelegen. Nicht nur Kurgäste finden auf der Terrasse oder beim Bad im Swimmingpool Entspannung.
- ***Hôtel Eden*** €€, Promenade du Cady 2, Tel. 04.68.05.54.09. Gutes Mittelklassehotel, Zimmer mit Balkon und Blick auf die Berge.
- ***Hôtel d'Angleterre*** €, Avenue de Burnay 9, Tel. 04.68.05.50.58, ist eines von mehreren einfachen und preiswerten Hotels.
- ***Camping del Bosc,*** Boulevard Georges Clemenceau, Tel. 04.68.05.54.54, ist einer von mehreren Plätzen in Vernet.
- ***Camping Caravaning L'Eau Vive*** in Vernet, Chemin Saint Saturnin, Tel. 04.68. 05.54.14, vermietet ab 150 € pro Woche auch Bungalows.
- ***Camping Domaine Saint Martin*** in Casteil, Tel. 04.68.05.52.09. Hübscher und ruhig gelegen, allerdings etwas teurer als die Plätze in Vernet.
- Zudem gibt es zahlreiche ***Studios und Appartements*** zu mieten, nähere Informationen im Touristenbüro.

Verkehrsverbindungen

- Fast stündlich ***Busse*** nach Prades und weiter nach Perpignan.

Weitere Reisetipps

- ***Geführte Wanderungen*** zum Canigou und zu anderen interessanten Zielen in der Region organisiert die Vereinigung *Au Couer du Canigou* in Casteil. Die Tagestour kostet 15 €, Anmeldungen unter Tel. 04.68.05.51.39.
- ***Jeep-Fahrten*** zum Kloster St.-Martin oder ins Canigou-Massiv bieten mehrere Veranstalter an: Informationen im Touristenbüro oder unter Tel. 04.68.05.62.28; 04.68.05.54.39; 04.68.05.51.14.

Ausflüge

Spaziergängern bietet die ***Schlucht von Saint-Vincent,*** die beim Ort beginnt, eine lohnende Alternative zu anstrengenden Tagestouren. In gut einer Stunde erreicht man die ***Cascade des Anglais*** (Wasserfall der Engländer), dem die Gäste von der Insel einst seinen Namen gaben.

Das Kloster Saint-Martin-du-Canigou

Fantastisch, atemberaubend, einmalig - auf dem Aussichtspunkt über der Abbaye de Saint-Martin-du-Canigou stehend, sucht man nach Worten, um dieses Bauwerk zu beschreiben. Überragend ist vor allen Dingen die Lage. Erbaut auf der Spitze eines gewaltigen Felsens, dominiert die Abtei ein weites Panorama aus zerklüfteten Bergen. Eins steht fest: Dieser Ort der Meditation gehört zu den ***imposantesten Sehenwürdigkeiten*** der östlichen Pyrenäen.

Es existierte bereits ein kleines religiöses Bauwerk, als *Graf Guifred* und sein Bruder *Abt Oliba* im Jahre 1005 die Abtei und die Kirche erbauen ließen. *Graf Guifred* fühlte sich so stark mit diesem Ort verbunden, dass er später selber mit seiner Frau in Saint-Martin-du-Canigou lebte.

Ein Erdbeben zerstörte das Kloster 1428, doch schon 1433 wurde es wieder aufgebaut. 1789 verließen die letzten Mönche das Gebäude, das wie geschaffen war für das zurückgezogene Leben der Geistlichen. Saint-Martin-du-Canigou zerfiel.

Erst 1902 begann unter dem Bischof von Perpignan der erneute Aufbau des herrlichen Gemäuers und *Pater de Chabanes* setzte die Arbeiten zwischen 1952 und 1972 fort. Mittlerweile befindet sich die Abtei wieder in einem guten Zustand, so dass sie ein überaus beliebtes Motiv für Postkarten und Fotos darstellt. Das Kloster mit seinem zinnenbesetzten Kirchturm wird heute von Mönchen und Nonnen geführt, die es mit staatlicher Hilfe und Spendengeldern instand halten.

- Die Abtei kann ausschließlich bei einem geführten Rundgang besichtigt werden, der vom 15. Juni bis zum 14. September jeweils um 10, 12, 14, 15, 16 und 17 Uhr sowie den Rest des Jahres um 10, 12, 14.30, 15.30 und 16.30 Uhr beginnt. Von Oktober bis Ostern immer dienstags, im Januar komplett geschlossen. Eintritt 3,81 €, Kinder 2,29 €.

Der Canigou

Es ist fast unmöglich, durchs Roussillon zu reisen, ohne dass einem der Canigou ins Auge sticht. Vom Conflent und vom Vallespir, von den Aspres und der Côte Vermeille - ja selbst von der spanischen Costa Brava ist er noch zu sehen. Der Berg, der zwischen den Tälern des Tech und der Têt 2.784 m emporragt, bestimmt die Region wie ein einsamer Herrscher und ist oft noch von Schnee bedeckt, wenn die Obstbäume rundherum schon kleine Früchte tragen. Ein letztes Mal, so scheint es, wollen die Pyrenäen hier noch einmal ihre Größe demonstrieren. Diese separate Lage führte in früheren Zeiten dazu, dass man den Canigou für den höchsten Berg der Pyrenäen hielt. Tatsächlich erreicht er bei weitem nicht die Höhe der Berge in den zentralen Pyrenäen, noch ist er der höchste Gipfel Kataloniens, doch besitzt keine andere Erhebung derart mystische Bedeutung wie ***der heilige Berg der Katalanen.*** Zum ***Johannisfest*** in der Nacht auf den 24. Juni wird diese Mystik alljährlich wieder lebendig, wenn um 22 Uhr ein Feuer auf dem Canigou entzündet wird und alsbald zahlreiche Orte ebenfalls im Feuerschein erstrahlen.

Zu den religiösen Besonderheiten gesellt sich ein physikalisches Phänomen: Der Canigou besitzt ***Eisenerzvorkommen,*** die – verbunden mit ebenfalls vorhandenem Mangan – angeblich die Bordinstrumente von Flugzeugen verrückt spielen ließen. Aufgrund dieser Verbindung sollen mehrere Flieger hier abgestürzt sein.

Wurde der Berg vermutlich im 13. Jh. erstmals bezwungen, so erfreut sich das Massiv heute großer Beliebtheit bei ***Wanderern.*** Jeder möchte einmal vom Gipfel aus Landschaft und Meer überblicken.

Wer sich die zehn- bis zwölfstündige Wanderung nicht zutraut, kann einen großen Teil des Weges auch mit dem eigenen ***Auto*** zurücklegen – allerdings auf nicht asphaltierten Pisten. Eine davon beginnt als Fortführung der D 24 hinter Villerach und endet nach ca. anderthalbstündiger Fahrt am ***Chalet des Cortalets*** (Tel. 04. 68.96.36.19). Die Strecke bis zu dieser bewirtschafteten Refuge ist sehr holprig, bietet aber unterwegs immer wieder herrliche Ausblicke. Ob man sie seinem Auto zumuten möchte, hängt vom Wetter, dem Zustand des Fahrzeugs und ein bisschen auch von der eigenen Courage ab. Allerdings besitzt die *Refuge des Cortalets* den Vorteil, dass die Wanderung zum Canigou-Gipfel und zurück nur noch etwa drei Stunden in Anspruch nimmt.

Eine weitere, meist etwas besser intakte Piste beginnt am ***Col de Jou*** (ab Casteil der D 116 folgen) und führt zur ebenfalls bewirtschafteten Berghütte *Mariailles* (Tel. 04.68.05.57.99). Mit dem Auto benötigt man bis dort rund 45 Minuten, dafür dauert die Wanderung von der Refuge zum Gipfel und zurück ca. sieben Stunden.

Die Piste, die nahe bei ***Fillols*** beginnt und ebenfalls am *Chalet des Cortalets* endet, kann einem Wagen ohne Vierradantrieb nicht zugemutet werden.

Ohnehin ist es bald vielleicht nicht mehr möglich, mit dem eigenen Vehikel gen Gipfel zu fahren. Aus ökologischen Gründen wird in Erwägung gezogen, die Waldwege für den allgemeinen Verkehr zu schließen. Wer nicht bis oben wandern möchte, muss sich dann von einem **Jeep mit Fahrer** bis zu einer der Berghütten chauffieren lassen – ein nicht ganz preiswertes Vergnügen. Auf jeden Fall sollte man sich zuvor im Touristenbüro in ***Prades*** informieren.

Prades

„Wer einmal in Prades war, kehrt immer wieder zurück“, sagt eine alte Weisheit über die ***Hauptstadt des Conflent.*** Verwunderlich wäre das nicht, denn der Ort besitzt zwar keine weltbewegenden Monumente, dafür aber eine ganze Menge sympathischländlicher Atmosphäre. Obstbäume umgeben das Städtchen (6.500 Einwohner), das trotz bedeutender kultureller Veranstaltungen so herrlich normal wirkt. In den Straßen des Zentrums herrscht angenehme Betriebsamkeit, die Leute sind freundlich und zu allem Überfluss scheint meist auch noch die Sonne. Keine Frage - Prades ist eine südfranzösische Kleinstadt, wie sie im Buche steht.

Landwirtschaft und insbesondere der ***Obstanbau*** spielen wirtschaftlich immer noch die größte Rolle und bestimmen den Alltag vieler. Zum ***wöchentlichen Markt,*** übrigens dem lebhaftesten weit und breit, kommen Menschen aus der gesamten Region; nicht selten setzt man sich nach dem Einkauf noch zum Plausch in ein Café. Die Küche verdient die Bezeichnung „solide Hausmannskost", was nur zu verständlich ist: Wer hart in der Landwirtschaft arbeitet, dem steht der Sinn zumeist nach gehaltvollem, großzügig bemessenem Essen.

Vielleicht ist es ja die Normalität von Prades, die viele ***Künstler*** dazu bewegte, sich hier niederzulassen. Der bekannteste war zweifellos der weltberühmte Violoncellist *Pablo Casals* (1876-1973), der 1939 Franco-Spanien verließ und Prades zu seiner neuen Heimat auserkor. Zuerst gab er noch einige Wohltätigkeitskonzerte, später trat er jahrelang überhaupt nicht mehr auf, um so die Passivität der demokratischen Staaten gegenüber den Diktaturen anzuprangern. Erst 1950 ließ er sich überreden, die Patenschaft für ein ***Klassik-Festival*** in der nahen Abtei Saint-Michel-de-Cuxa zu übernehmen. Das Kammermusikfest, das alljährlich vom 25. Juli -15. August stattfindet, entwickelte sich zu einer festen Institution und zieht auch heute noch Tausende Besucher sowie Musiker von Weltruhm an. Das ***Musée Pablo Casals*** in der Rue Victor Hugo informiert über Leben und Werk des großen Musikers.

● Ganzjährig geöffnet von Montag bis Freitag 9-12 Uhr und 14-17 Uhr (Winter bis 16 Uhr). Eintritt frei.

Ein weiterer kultureller und gut besuchter Höhepunkt sind die ***Internationalen Filmtage,*** die alljährlich in der dritten Juliwoche stattfinden. Aus etwa 25 Kurz- und 25 Spielfilmen wählt eine Publikumsjury das beste Werk aus.

Als dritte Großveranstaltung beschließt die ***Katalanische Universität*** von Mitte bis Ende August Jahr für Jahr den Sommer in Prades. Dabei können Interessierte beispielsweise die katalanische Sprache kennenlernen oder einen Einblick in die Küche Kataloniens gewinnen. Zudem finden auf dem Platz vor der Kirche täglich Aufführungen wie Kabarett oder Rock-, Jazz- und Klassikkonzerte statt, die alle katalanischen Ursprungs sind.

Beeindruckendstes Bauwerk der Stadt ist die ***Kirche Saint Pierre*** (17. Jh) mit ihrem Barockaltar. Der Kirchenschatz kann täglich außer Sonntagnachmittag von 10-12 und von 14-18 Uhr besichtigt werden.

In einem kleinen ***Museum*** im Gebäude der Touristeninformation sind archäologische Funde ausgestellt.

Information

● Das ***Office de Tourisme,*** Rue Victor Hugo 4, Tel. 04.68.05.41.02, zählt sicherlich zu den besten Touristenbüros der französischen

Pyrenäen. Sehr freundliche Angestellte, exzellente Auswahl an Material.

Unterkunft

- ***Hôtel Hexagone*** €€€, Rond Point Plaine Saint Martin, Tel. 04.68.05.31.31. Modernes Haus mit 30 gut ausgestatteten Zimmern.
- ***Hôtel Hostalrich*** €€, an der Hauptstraße Avenue du Général de Gaulle, Tel. 04.68.96. 05.38. Eines der beiden einfachen Hotels im Zentrum, zumindest für Casals-Liebhaber die richtige Adresse: Hier wohnte der Meister einst selbst!
- ***Hôtel Les Glycines, Avenue du Général de Gaulle*** €€€, Tel. 04.68.96.51.65. Zentral gelegenes und dennoch ruhiges Haus.
- Der ***städtische Campingplatz*** im Norden von Prades, Tel. 04.68.96.29.83, ist die günstigste Campmöglichkeit in Prades und Umgebung.
- ***Privatzimmer*** vermittelt das Touristenbüro.

Essen und Trinken

- ***Auberge des deux Abbayes*** im Dorf Taurinya, 6 km südlich von Prades an der D 27, Tel. 04.68.96.49.53. Regionale und internationale Spezialitäten, leckere Saucen. Menü ab 17 €.

Verkehrsverbindungen

- Fast stündlich ***Busse*** nach Vernet-les-Bains und nach Perpignan.

Weitere Reisetipps

- Der vor Leben sprühende ***Wochenmarkt*** findet dienstags vormittags auf dem großen Platz im Zentrum statt. Außerdem gibt es auch samstags noch einen Markt, allerdings in erheblich kleinerem Rahmen.

Die Abtei Saint-Michel-de-Cuxa

3 km südlich von Prades an der D 27 steht vor dem imposanten Hintergrund des Canigou eines der bedeutendsten religiösen Bauwerke des Roussillon: die Abtei Saint-Michel-de-Cuxa. Bereits im 9. Jh. gegründet und später ausgebaut, entwickelte sie sich besonders unter *Abt Oliba* ab 1008 zum ***religiösen und künstle-***

rischen Zentrum des Roussillon. Der Abt ließ beispielsweise die ***Krypta*** errichten, die von einem gewaltigen Pfeiler getragen wird und zu den bekanntesten Bestandteilen des Benediktiner-Klosters zählt. Auffallend ist ebenso die große ***Abteikirche,*** die heute nur noch einen der einstmals zwei mit Zinnen gekrönten Türme besitzt und neben Zügen aus dem 11. Jh. auch vorromanische Elemente aufweist. Zu den Glanzzeiten verkehrten große Persönlichkeiten hier. So ein Doge von Venedig, der Zuflucht suchte und fand und sich daraufhin als großzügiger Spender erwies.

Die großen Zeiten der Abbaye Saint-Michel-de-Cuxa waren jedoch nicht von ewiger Dauer. Schon im 13. Jh. schwand die Bedeutung, ab dem 16. Jh ging sie gegen Null und nach der französischen Revolution wurde das Kloster schließlich ***verlassen*** und an private Interessenten verkauft.

Leider musste die Abtei in den Jahren, in denen keine Mönche in ihr lebten, arg leiden: Viele Säulen und Kapitelle wurden einfach herausgebrochen und an anderer Stelle, so auch in Privathäusern der Umgebung, wieder aufgebaut. Große Teile des Kreuzganges brachte der Amerikaner *George-Guy Bernard* noch Anfang des 20. Jahrhunderts in die USA, wo das *Metropolitan Museum of Art* sie in einer Gruppe mittelalterlicher Bauten oberhalb des Hudson wieder aufrichtete und dem Ganzen den Namen *Cloisters* gab.

Erst nach diesen Schandtaten entschlossen sich die Franzosen zur Restaurierung des Klosters und des ***Kreuzganges,*** von dem allerdings nur Teilstücke in seinem ursprünglichen Zustand wiederhergestellt werden konnten. Mittlerweile wird Saint-Michel-de-Cuxa wieder von Benediktinern geführt.

● Die Abtei kann täglich von Mai bis September 9.30-11.50 und 14-18 Uhr, den Rest des Jahres 9.30-11.50 und 14-17 Uhr besichtigt werden. An Sonn- und Feiertagen bleibt sie vormittags geschlossen. Der Eintritt beträgt 3,80 €, Kinder 2 €.

Das Tal der Castellane

Zweigt man in Prades von der Nationalstraße auf die D 619 ab und folgt ab ***Catllar*** der D 14, kommt man in das wenig besuchte, aber durchaus sehenswerte Tal der Castellane. Besonders im Frühjahr, wenn die Obstbäume in voller Blüte stehen, lohnt ein Abstecher, zumal es hier hervorragende Unterkünfte gibt.

Erster Ort ist das kleine, zweigeteilte ***Thermalbad Molitg,*** in dessen Umgebung das Tal sein wildestes Gesicht zeigt. Die Castellane hat sich hier tief in die Felsen gegraben und eine Schlucht erschaffen, die von bewaldeten Felsen gesäumt wird. Eine verfallene Burg macht die Idylle perfekt.

Den unteren Teil des Ortes Molitg nehmen das hauptsächlich von Kurgästen belegte *Grand Hotel* sowie die Thermengebäude ein, in denen rheumatische Beschwerden sowie Atemwegs- und Hautkrankheiten behandelt werden. Erst ein Stück höher am Berg liegt das eigentliche Dorf mit seiner Kirche aus dem 12. Jh.

Nachdem man 5 km weiter das Dorf ***Mosset*** passiert hat, sind es noch einmal 13,5 km bis zum ***Col de Jau,*** von wo die Straße hinab ins Aude-Tal führt.

Information

- ***Syndicat d'Initiative*** im Rathaus von Molitg, Tel. 04.68.05.00.80.

Unterkunft

Wer etwas abseits der Hauptroute eine Unterkunft sucht, ist im Tal der Castellane genau am richtigen Platz. Hier gibt es Übernachtungsmöglichkeiten für wirklich jeden Geschmack und Geldbeutel.

- Das *Grand Hotel* von Molitg ist eine Herberge, die man dem verschlafenen Dorf überhaupt nicht zugetraut hätte? Mag sein. Doch der Ort kann mit dem ***Château de Riell*** €€€€€, Tel. 04.68.05.04.40, noch eine gewaltige Steigerung aufbieten. Nicht ohne Grund zählt das mit vier Sternen dekorierte Schlösschen zu den nobelsten Herbergen der Pyrenäen, auch wenn ein leichter Hang zum Überkandidelten irgendwie über dem Palast schwebt. Auf jeden Fall besitzt schon die lange Auffahrt zum Château einen Hauch von Eleganz, die sich im Empfangsbereich nahtlos fortsetzt. Die stilvoll eingerichteten Zimmer mit wunderbarem Blick über das Tal wollen da natürlich nicht nachstehen. Und auch am Pool unter Palmen lässt es sich bei einem Cocktail trefflich entspannen. Leider hat so viel Luxus seinen Preis. Das günstigste Zimmer ist für 122 € zu haben – ohne Frühstück versteht sich.
- ***Hôtel L'Oasis*** €€, Route de Mosset, Tel. 04.68.05.00.92. Die preiswerte Alternative zum Château de Riell.
- ***Hôtel Col de Jau*** €€, im oberen Teil des Dorfes, Tel. 04.68.05.03.20. Nettes, von freundlicher Familie geführtes Hotel. Alle Zimmer besitzen Zugang zu einer großen Terrasse mit toller Aussicht aufs Tal.
- ***Chambres d'Hôtes und Ferme-Auberge Mas Lluganas*** €€, zwischen Molitg und Mosset, Tel. 04.68.05.00.37. Sympathische Unterkunft auf einem Bauernhof. Sämtliche Produkte für die leckeren Mahlzeiten stammen aus dem eigenen, ökologisch geführten Betrieb. Im Sommer Reservierung erforderlich.
- ***Camping Municipal*** in Molitg, Tel. 04.68.05.02.12. Einfacher und günstiger Platz.

Eus

Das Prädikat, zu den ***schönsten Dörfern*** Frankreichs zu zählen, hat sich der Ort neben der N 116, 3 km östlich von Prades, redlich verdient. In Stufen am Hang erbaut und von einer trutzigen Kirche beherrscht, stellt das Dorf vor allem zur Obstblüte im Frühjahr eine Augenweide dar.

Die Geschichte von Eus, dessen ungewöhnlich klingender Name vom katalanischen Wort für Stecheiche stammt, kann bis ins 10 Jh. zurückverfolgt werden. Aus dieser Zeit stammen Bauabschnitte der ***Kirche im Unterdorf,*** die allerdings bei weitem nicht so dominierend wirkt wie die ***Kirche über der Gemeinde.*** Prunkstück dieses Gotteshauses (18. Jh.) ist ein Gemälde des Hauptaltars, das *Paul Sunyer* von 1735 bis 1736 erschuf.

Eus, dessen verwinkelte Gassen man am besten zu Fuß erforscht und das Auto außen vor parkt, lebt vom Obstanbau. Am ersten Wochenende im August wird deshalb traditionell das ***Pfirsichfest*** gefeiert.

Führungen durch den Ort kann man ganzjährig unter Tel. 04.68.96.22.69 buchen.

Information

- Auskünfte im ***Rathaus,*** Tel. 04.68.96.06.27.

Essen und Trinken

- Eine traumhafte Aussicht auf das bereits recht breite Tal der Têt und den mächtigen Canigou bietet sich von der Terrasse des Cafés ***Le Lezard Vert,*** am Ortseingang rechts.

Prieuré de Serrabone

Die Prieuré de Serrabone

Abgeschieden in den Hügeln der Aspres, umgeben von kleinen Eichen, liegt diese ***Prioratskirche,*** die durch ihre Lage und ihre schlichte Schönheit besticht. Um zu der Prieuré zu gelangen, biegt man in dem Dorf ***Bouleternère*** von der N 116 auf die D 618 ab und durchquert eine verlassene, im Sommer ausgedörrte Hügellandschaft. Auf der Fahrt sieht man in der Schlucht unter sich immer wieder das ***Flüsschen Boulès*** glänzen, das in den heißen Monaten allerdings zu einem Rinnsal zusammenschrumpft. Nach 8 km biegt man erneut auf ein kleineres Sträßchen ab (ausgeschildert), um 4 km später das einsame Priorat schließlich zu erreichen – ein geradezu idealer Ort zum Rückzug und zur Meditation.

Die ***Geschichte*** von Serrabone gleicht der von Saint-Michel-de-Cuxa. 1082 gegründet und im 12. Jh. ausgebaut, ging es mit dem kleinen Augustiner-Kloster immer mehr bergab, bevor es die Mönche Anfang des 17. Jh. gänzlich verließen. Ein erfreulicher Unterschied zu Saint-Michel-de-Cuxa bestand aber doch: Während die berühmte Abtei nahe Prades hemmungslos ausgeräumt wurde, blieb die abgelegene Prieuré weitgehend verschont. So überstanden auch die ***beeindruckenden Säulen*** die Jahrhunderte, die zu den Schätzen romanischer Baukunst im Roussillon zählen. Löwen, Adler und Ungeheuer – oftmals recht mürrisch dreinschauende Fratzen – blicken einen von den Kapitellen an. Selten hingegen sind Menschen und nur einmal eine religiöse Darstellung zu erkennen.

Wirken die Räume mitunter etwas unheimlich, zeigt sich die ebenfalls mit schönen Säulen versehene ***Galerie*** von ihrer freundlichsten Seite. Sie ist zu den Bergen hin geöffnet und gewährt einen hübschen Ausblick.

● Die Prieuré ist das ganze Jahr über täglich außer feiertags von 10–18 Uhr geöffnet. Eintritt 3 €, Kinder 1 €.

Ille-sur-Têt

Das Städtchen zwischen Prades und Perpignan liegt am „Scheidepunkt": Am westlichen Ortsausgang von Ille-sur-Têt wird der Fluss - wenn auch bereits recht weiträumig - von Bergen und Hügeln flankiert, im Osten öffnet sich die Ebene von Perpignan. Ille (5.000 Einwohner) lebt vom ***Pfirsich- und Aprikosenanbau,*** was sich vor allen Dingen mittwochs und freitags auf dem ***Wochenmarkt*** zeigt. Unmengen dieser und anderer Früchte wechseln zur Reifezeit ihren Besitzer, die Käufer kommen z.T. von weit her.

Kunstwerke der Natur:
die „Orgelpfeifen" bei Ille-sur-Têt

Sehenswertes

Ein geologisches Aushängeschild der Stadt sind die ***Orgues*** (Orgelpfeifen), eine seltsam anmutende Gesteinsformation am Nordrand von Ille. Die kurios geformten ***Sandsteinfelsen,*** die sich wie überdimensionale Finger gegen den blauen Himmel absetzen, entstanden, als das Meer sich vor etwa zwei Millionen Jahren aus dieser Region zurückzog. Wofür die Erosion sonst Jahrmillionen benötigt, besorgen heute Autoabgase und andere Umweltgifte erheblich schneller: Die sehenswerten Orgelpfeifen verlieren Millimeter für Millimeter an Höhe. Obwohl man natürlich keine Angst zu haben braucht, dass die Sandsteine schon in wenigen Jahren nicht mehr da sind, sollte man die Besichtigung dennoch nicht verschieben - es lohnt sich!

● Geöffnet: Juli und August 9.30–20 Uhr; April, Mai, Juni und September 10–18.30 Uhr; Oktober bis März 10–12.30 Uhr und 14–17 Uhr. Eintritt 3,20 €, Kinder 1,60 €.

Gleich ***drei Museen*** warten in Ille-sur-Têt und Umgebung auf Besucher. Am bekanntesten ist sicherlich das ***Hospici d'Illa*** in der Rue de l'Hôpital 10. In einem ehemaligen Hospiz aus dem 12. Jh. sind Kirchenschätze (11.–19. Jh.) aus dem Roussillon zu sehen.

● Öffnungszeiten: 15. Juni bis 30. Sept. täglich 10–12 und 14–19 Uhr, die restlichen Monate des Jahres täglich 14–18 Uhr. Außerhalb der Saison dienstags geschlossen. Eintritt 3,20 €,Kinder 2,40 €.

Eher der technischen denn der künstlerischen Seite hat sich ***das Musée Départemental du Sapeur Pompier*** in der Avenue Pasteur 116 zugewandt, das sich mit der Geschichte der Feuerwehr beschäftigt. Neben Uniformen, Pumpen und anderen dienstbezogenen Utensilien werden aber auch Bilder und Fotos gezeigt. Mal was anderes.

- Geöffnet vom 15. Juni bis zum 15. Sept. täglich 10–12 und 14–19 Uhr, ansonsten täglich außer dienstags 10–12 und 14–18 Uhr. Eintritt 2,40 €, Kinder 1,60 €.

Dem Beschäftigungsprofil der Gegend entsprechend, zeigt das ***Musée de l'Agriculture Catalane*** im 2 km südlich gelegenen Dorf Saint-Michel-de-Llotes Sehenswertes aus der Geschichte der Landwirtschaft.

- Im Sommer täglich außer dienstags von 10 bis 12 und von 14 bis 19 Uhr geöffnet, den Rest des Jahres täglich außer dienstags von 14 bis 18 Uhr. Eintritt 3 €, Kinder 2,50 €.

Information

- ***Syndicat d'Initiative,*** Square de la Poste, Tel. 04.68.84.02.62.

Unterkunft

- ***Städtischer Campingplatz,*** Rue du Colonel Fabien, Tel. 04.68.84.72.40.

Essen und Trinken

- Im zehn Kilometer talaufwärts gelegenen Ort Vinça kann man in dem kleinen Restaurant ***El Puig,*** Tel. 04.68.05.83.40, gut und günstig essen. Freitags besser einen Tisch reservieren, dann gibt's nämlich die sehr beliebten Tapas.

Verkehrsverbindungen

- Fast stündlich ***Busse*** nach Perpignan und Vernet-les-Bains.

Thuir

Byrrh - für Ausländer eine komische Aneinanderreihung von Buchstaben, für Franzosen ein Begriff. Hinter dem seltsam klingenden Namen verbirgt sich ein in Frankreich berühmter ***Apéritif,*** der aus Thuir, dem größten Ort der Aspres, kommt. Die gemütliche Kleinstadt (6.500 Einwohner) steht ganz ***im Zeichen des Weins*** - insgesamt 20 Millionen Liter weinhaltiger Produkte werden hier jährlich hergestellt und abgefüllt.

Hat auch die Popularität des *Byrrh* in den vergangenen Jahrzehnten merklich abgenommen, so stellt das anregende Getränk immer noch das Aushängeschild des Städtchens dar. Hergestellt wird der Apéritif in einer riesigen ***Weinkellerei*** im Zentrum Thuirs, die ehemals der Familie *Violet,* den Erfindern des *Byrrh,* gehörte. Heute befindet sich das Unternehmen allerdings in Händen der Gesellschaft *Cusenier,* einer Tochterfirma der *Pernod-Ricard*-Gruppe, die hier auch andere Alkoholika wie *Cinzano* oder *Ambassadeur* produziert. Die Attraktion der Kellerei bildet ***das größte Eichenholzfass der Welt,*** das über eine Million Liter fasst. Ebenfalls sehenswert ist die ***Bahnhofshalle*** inmitten des Werkes, die *Gustave Eiffel* Ende des 19. Jh. entwarf - gewisse bauliche Ähnlichkeiten mit dem Eiffelturm sind nicht zu übersehen. Da der Transport der guten Tropfen seit 1989 ausschließlich von Lastwagen erledigt wird, besitzt der Bahnhof mittlerweile aber keine Funktion mehr. Von Winzer-Romantik ist bei der Führung durch den modernen Betrieb zwar nichts zu spüren, doch als interessant erweist sich die Sache schon. Außerdem wartet am Ende der Besichtigung eine Probe *Byrrh* - prost!

- Geöffnet: Juli und August täglich 10-11.45 und 14-18.45 Uhr; Mai, Juni, Sept., April (außer sonntags) und Okt. (außer an Wochenenden) täglich 9-11.45 und 14.30-17.45 Uhr. Den Rest des Jahres nach Vereinbarung unter 04.68.53.05.42. Eintritt 1,52 €, Kinder und Jugendliche frei.

Weitere Sehenswürdigkeiten des Ortes sind die ***Kirche Notre-Dame de la Victoire*** mit einer bleiernen Madonnenfigur aus dem 12. Jh. sowie ein ***Natur-Museum*** am Boulevard Violet, das ausgestopfte Tiere des Roussillon zeigt.

- Geöffnet Juni bis September 10-13 Uhr und 15-19 Uhr; Eintritt 2,29 €, Kinder 1,14 €.

Castelnou - ein malerisches Dörfchen

Information

- ***Syndicat d'Initiative,*** schräg gegenüber der Weinkellerei, Tel. 04.68.53.45.86.

Unterkunft

- ***Hôtel Cortie*** €€, Rue J. J. Rousseau, Tel. 04.68.53.40.30. Zentrales, einfaches Hotel in einer ruhigen Seitenstraße.

Essen und Trinken

- Das Restaurant Can Marty, Boulevard Gregory 13, Tel. 04.68.53.61.40, bietet neben regionalen auch spanische Gerichte an. Im Sommer empfiehlt es sich, einen Tisch vorzubestellen.

Verkehrsverbindungen

- Mehrere ***Busse*** täglich nach Perpignan.

Castelnou

Das ***romantische Dorf*** an einem Hügel der Aspres präsentiert sich als Mischung aus mittelalterlicher Bausubstanz und vor Frische strotzendem Grün. Überall in den ***engen Gassen*** ranken Kletterpflanzen empor, Fenster und Balkone der ***alten Steinhäuser*** sind allesamt mit Blumen geschmückt. Über dem Dorf erhebt sich seit 1.000 Jahren dominierend die Burg. Castelnou wirkt wie gemalt!

Um 990 erbaut, zählt die ***Festung*** von Castelnou zu den ältesten noch bestehenden Burgen des Roussillon. Als die Vicomtes zu Beginn unseres Jahrtausends von hier dreihundert Jahre lang das Vallespir beherrschten, besaß Castelnou eine gehörige Menge Macht. Kaum zu glauben, wenn man den mittealterlichen Ort heute betrachtet - gerade einmal 31 Menschen wohnen noch in dem eigentlichen Dorf. Einer echten Probe mussten sich die dicken Kastellmauern 1286 unterziehen, nachdem sich der Burgherr *Jaspert V.* im Kreuzzug für den König von Aragon und somit gegen Frankreich entschieden hatte. Die Gegner besetzten daraufhin die nahen Hügel, installierten Katapulte und nahmen Castelnou unter Beschuss. *Jaspert* musste rasch kapitulieren, floh nach Katalonien und kehrte erst 1298 im Zuge eines Friedensvertrages zurück.

In der Folgezeit wechselte die Burg mehrfach ihren Besitzer, wurde 1789 schließlich ganz verlassen und somit dem Verfall preisgegeben. Glücklicherweise fand sich in *Ernest de Satgé* 1876 ein neuer Eigentümer, der das alte Gemäuer einer grundlegenden Restauration unterzog.

- Heute kann die turmlose Burg, in der noch 1981 ein Feuer wütete, ganzjährig besichtigt werden. Im Sommer täglich von 10–20 Uhr geöffnet, ansonsten variieren die Zeiten stark. Eintritt 4,50 €, Jugendliche bis 16 Jahre 3 €, Kinder bis 12 Jahre 1,50 €.

Das von Ringmauern umgebene Castelnou inmitten der grünen Hügellandschaft erreicht man entweder von Thuir über die D 48 (6 km) oder auf einer hübscheren Strecke von Ille-sur-Têt zuerst über die D 2 und anschließend über die D 48 (18 km).

Da die hübschen Gassen erfreulicherweise autofrei geblieben sind, stellt man sein Vehikel am besten auf dem großen Parkplatz an der Burg ab und schlendert dann gemütlich durchs Dörfchen.

Information

- ***Auskünfte*** erteilt der freundliche Herr an der Kasse der Burg nach bestem Wissen und Gewissen; ***Gruppenführungen*** durch die Festung können unter Tel. 04.68.53.22.91. gebucht werden (10 Personen Minimum).

Essen und Trinken

- Einen schönen Ausblick hat man von der Terrasse des ***Restaurants L'Hostal,*** Tel. 04.68.53.45.42. Die guten katalanischen Spezialitäten sind allerdings nicht gerade preiswert, Menü ab 22 €.

Das Vallespir

Das südlichste der drei großen Täler des Roussillon, das der Fluss Tech im Laufe der Zeit schuf, verläuft unweit der spanischen Grenze und besitzt im oberen Teil Gebirgscharakter. Gedeihen am Eingang des Vallespir prächtige Pfirsiche, so sind die Temperaturen talaufwärts trotz der andauernden Sonneneinstrahlung nicht mehr so hoch wie beispielsweise in Céret. Das Gebirge ist hier wieder allgegenwärtig.

Aufgrund der einstigen Abgeschiedenheit der Dörfer im oberen Vallespir blieb die ***katalanische Kultur*** hier stets erhalten. Während sich die Franzosen in der Ebene früher redlich mühten, katalanisches Brauchtum zu unterbinden, wurde in den Orten am Tech noch die berühmte Sardane getanzt.

So unterschiedlich sich die geografischen Begebenheiten des Vallespir erweisen, so verschieden sind auch die Sehenswürdigkeiten: Im sonnigen ***Céret*** lockt das ***Museum für moderne Kunst,*** hinter ***Arles-sur-Tech*** gräbt sich mit der ***Gorges de la Fou*** eine der engsten Schluchten der Welt in den Fels.

Céret

Ein Hauch von ***Kunst*** weht durch die Gassen und Straßen von Céret, dem mit fast 8.000 Einwohnern größten Ort des Vallespir. An mehreren Ecken stehen Skulpturen, hübsche Springbrunnen plätschern vor sich hin. Nicht selten sieht man im Sommer Maler in der Altstadt stehen, die eines der romantischen Motive auf ihre Leinwand bannen. Zu Beginn des 20. Jh. nahm Céret sogar eine außergewöhnliche kulturelle Stellung ein: Der Ort galt als ***Hochburg des Kubismus.*** Weltbekannte Maler - unter ihnen *Picasso* - kamen hierher, um sich vom Charme des Städtchens inspirieren zu lassen. Werke des Genies sind im ***Museum für moderne Kunst*** heute genauso zu sehen wie Gemälde anderer Größen.

Viele Menschen in Céret leben vom Obstanbau, insbesondere die ***Kirschen*** des Ortes sind berühmt. Das Klima meint es hier so gut mit den Früchten, dass alljährlich die ersten Kirschen Frankreichs in Céret geerntet und dem französischen Staatspräsidenten geschickt werden.

Mittelpunkt des bereits im 9. Jh. erwähnten Ortes ist die beschauliche ***Altstadt,*** in der sich nach wie vor ein großer Teil des gesellschaftlichen Lebens abspielt. So findet auf der Place Pablo Picasso jeden Samstagmorgen der Markt statt, dessen Lebhaftigkeit gut zu dem freundlichen Städtchen passt. Außerdem treffen sich bei gutem Wetter immer einige Männer an dem Platz, um einer gemütlichen Boule-Partie zu frönen. Von der gegenüberliegenden Bar *Le Pablo* - eine von mehreren Kneipen und Cafés auf dem Boulevard am Rande der Altstadt - kann man ihnen dabei wunderbar zuschauen.

Sehenswertes

Schon bevor man den Ort überhaupt richtig erreicht hat, trumpft er mit einer Sehenswürdgkeit auf. Von der großen D 115 auf die D 618 nach Céret abgebogen, liegt linker Hand die extrem gewölbte ***Pont du Diable.*** Wie auch bei anderen Brücken der Pyrenäen hat der Teufel hier, zumindest der Legende nach, in nur einer Nacht glänzende Arbeit geleistet. Tatsächlich dürften es aber eher Erdenbürger gewesen sein, die die Brücke im 14. Jh. auf Befehl des in Perpignan herrschenden Königs von Mallorca erbauten.

Boule-Partie in Céret

Touristische Hauptattraktion und unbedingt sehenswert ist das ***Musée d'Art moderne*** am Boulevard Maréchal Joffre, das 1950 von dem Künstler *Pierre Brune* gegründet wurde und vor einigen Jahren in ein eigens dafür entworfenes Gebäude umzog. Die Sammlung sprengt den provinziellen Rahmen, den man vielleicht in dem Städtchen erwarten könnte. In bewusst nüchterner Atmosphäre wird historische Kunst des 20. Jh. - unter anderem vertreten durch *Dali, Miró, Chagall, Matisse* und *Picasso* - sowie zeitgenössische Kunst ausgestellt. Einen großen Teil der Exponate verdankt Céret Schenkungen der Künstler, die hier gelebt und gewirkt haben.

- Öffnungszeiten: 15.Juni bis 15. Sept. täglich von 10 bis 19 Uhr den Rest des Jahres täglich von 10 bis 18 Uhr; Oktober bis April an Dienstagen geschlossen. Eintritt 5,50 €, Schüler und Studenten 3,50 €, Kinder bis 12 Jahren haben freien Eintritt.

Im Herzen der Altstadt liegt die ***Place des Neuf Jets*** mit einem Brunnen aus dem 14. Jh., an dem mehrere Verzierungen die Freiheit Kataloniens symbolisieren.

Durch die Rue Juan Gris gelangt man zur ***Kirche Saint-Pierre,*** deren Glockenturm noch aus dem 11. Jh. stammt. Dass die Kirche heute aber weitgehend barocke Züge aufweist, besorgte das wechselhafte Klima: Einem Schneesturm und dem folgenden heißen Wind war das Gebäude am 10. Januar 1734 nicht gewachsen. Das Gotteshaus brach zusammen, wurde aber bald darauf im neuen Stil wieder aufgebaut.

Information

- ***Touristeninformation*** an der Avenue Clemenceau 1, Tel. 04.68.87.00.53. In den Sommermonaten täglich sowie den Rest des Jahres freitags und mittwochs bietet das Touristenbüro für 3 € ***Führungen durch die Altstadt*** an.

Unterkunft

- ***Hôtel Les Arcades*** €€€, Place Pablo Picasso 1, Tel. 04.68.87.12.30. Ordentliches Mittelklassehotel am Rande der Altstadt. An den Tischen vor der Bar *Le Pablo* im Erdgeschoss lässt es sich gut aushalten.
- ***Hôtel Vidal*** €€, Place du 4 Septembre, Tel. 04.68.87.00.85. Einfaches, ruhiges Hotel, traumhaft mitten in der Altstadt gelegen.
- ***Städtischer Campingplatz Bosquet de Nogarède*** an der D 618 Richtung Maureillas-las-Illas, Tel. 04.68.87.26.72. Günstiger Platz, Schwimmbad und Tenniscourts in der Nähe.
- ***Privatunterkünfte*** vermittelt die Touristeninformation.

Essen und Trinken

- Nirgends in Céret sitzt man schöner als an den Tischen vor dem Restaurant ***Le Pied dans le Plat*** an der Place des Neuf Jets, Tel. 04.68.87.17.65. Auf der Speisekarte stehen einfache internationale Gerichte sowie eine große Anzahl an Crêpes.

Verkehrsverbindungen

- Stündlich ***Busse*** von und nach Perpignan.

Weitere Reisetipps

- Mitte August findet in Céret das ***Festival de la Sardane*** statt, bei dem der Ort ganz im Zeichen des katalanischen Tanzes steht. In den Straßen und auf den Plätzen, vor allem aber in der Arena, bilden die Menschen große Kreise, halten sich an den Händen und erfreuen sich an dem Tanz, der Ähnlichkeiten mit dem griechischen Sirtaki besitzt.
- Im ***Château d'Aubiry,*** 3 km vor Céret auf der anderen Seite der D 115, werden ***Weine*** aus der Region verkauft. Interessant ist das Schlösschen selbst, das stark an das Anwesen in der amerikanischen Seifenoper *Falcon Crest* erinnert. Leider kann das Gebäude nicht besichtigt werden.
- ***Wanderungen*** organisiert *Clin d'Oeil,* Tel. 04.68.87.21.69.

Noch vor fünfzig Jahren stellte die Korkverarbeitung einen der Haupterwerbszweige der Region dar. Im sechs Kilometer östlich von Céret gelegenen Ort Maureillas Las Illas beschäftigt sich das ***Musée du Liège*** mit der Korkeiche und der vielfältigen Verarbeitung des daraus gewonnenen Materials. Geöffnet vom 15. Juni bis 15. September täglich 10.30-12 und 15.30-19 Uhr, den Rest des Jahres täglich außer dienstags 14-17 Uhr. Eintritt 3 €, Kinder 1 €.

Amélie-les-Bains und Palalda

Das ***Thermalbad*** am Tech ist die Stadt der älteren Menschen. Neben den Kurgästen sind vor allem Rentner und Pensionäre unterwegs, die hier ein Appartement gekauft oder gemietet haben, um zumindest einen Teil ihres Lebensabends im angenehmen und trockenen Klima von Amelie zu verbringen. So zeigt sich das ins Tal gezwängte Städtchen (3.200 Einwohner) auch ganz auf diese Bevölkerungsgruppe eingestellt: Neben zahllosen Cafés gibt es eine ganze Reihe von Veranstaltungen, die speziell auf betagtere Semester zugeschnitten sind. Die angenehmen Temperaturen in der von Wäldern umgebenen Stadt spiegeln sich in der Vegetation im Ort wider: Hier wachsen Palmen und Apfelsinenbäumchen.

Zwar bemüht sich der Ort mit der Einrichtung von Sportstätten und Angeboten wie Mountainbiking und Ausritten zu Pferde, auch jüngere Leute anzusprechen, doch so recht will sich der Erfolg nicht einstellen.

Am südlichen Stadtrand liegen die ***Thermen,*** die - wie könnte es anders sein - bereits bei den Römern beliebt waren. Das stark schwefelhaltige Wasser wird zur Therapie von Gelenkleiden und Bronchialerkrankungen verwandt. In der Nähe der Thermalgebäude beginnt das ***Tal des Mondony*** mit reizvollen ***Schluchten.*** Allerdings erfreut sich der Pfad ins Tal im unteren Abschnitt großer Beliebtheit und ist oft stark frequentiert. Anders sieht es beim oberen Teil des Weges aus, auf dem auch die GR 10 verläuft und der zum 1.450 m hohen ***Roc de France*** führt. Auf dem steilen Anstieg durch den Wald - immerhin liegt zwischen Amelie und dem Gipfel ein Höhenunterschied von 1.200 m - sind erheblich weniger Wanderer unterwegs. Das Ziel endlich erreicht, bietet sich vom Roc de France ein tolles Panorama.

Auf der anderen Talseite liegt das historische Dörfchen ***Palalda*** pyramidenförmig am Hang, das mit seinen ***Gassen*** und dem ***Château*** erheblich mehr Charme besitzt als Amelie-les-Bains. Im Zentrum des Ortes kann das ***Postmuseum*** besichtigt werden, in dem verschiedenste Ausstellungsstücke, unter anderem Uniformen, von der Geschichte der Post erzählen.

- Öffnungszeiten: Im Sommer montags und samstags 14–17 Uhr sowie dienstags bis freitags 10–12 Uhr und 14–17 Uhr. Eintritt 2,50 €.

Information

- ***Touristen- und Thermalbüro*** am Quai du 8 Mai 1945, Tel. 04.68.39.01.98.

Unterkunft

Wie jeder Kurort besitzt auch Amelie-les-Bains ein großes Angebot an Übernachtungsmöglichkeiten. Vermutlich aufgrund der Konkurrenz sind zahlreiche erschwingliche Hotels darunter.

- ***Castel-Emeraude*** €€€, etwas außerhalb des Ortes an der Route de la Corniche, Tel. 04.68.39.02.83. Komfortables, recht großes Hotel in einem Gebäude, das mit seinen zwei Türmen ein bisschen an eine Burg erinnert.
- ***Hôtel Le Roussillon*** €€€, Avenue Beau Soleil, Tel. 04.68.39.34.39. Gut ausgestattetes Hotel mit Garten, Schwimmbad, Billardraum.
- ***Hôtel Jeanne d'Arc*** €€, Place de la Republique, Tel. 04.68.87.96.96. Einfach, aber korrekt, im Herzen der Stadt, mit Garten.
- ***Städtischer Campingplatz,*** am Ortseingang von Céret kommend, Tel. 04.68.39.22.37. Relativ wenig Schatten.

Verkehrsverbindungen

- Zehn ***Busse*** täglich von und nach Perpignan. Die meisten fahren weiter bis Arles-sur-Tech, nach Prats-de-Mollo allerdings nur noch vier Busse täglich.

Weitere Reisetipps

- Gute ***Aussicht*** über das Tal vom Dorf ***Montbolo,*** 5 km über die D 53, das auch eine schlicht-schöne romanische Kirche besitzt.
- ***Ausritte*** ab dem Pferdezentrum *Mas Sabé,* 8 km auf der D 618 Richtung Taulis, Tel. 04.68.83.96.87. Halbstündiger Ritt 8 €.

Arles-sur-Tech

Das gemütliche, von Bergen eingekesselte Städtchen galt lange als ***religöses Zentrum*** des Vallespir. Bereits im Jahre 778 wurde hier eine ***Benediktinerabtei*** gegründet, die nach der Zerstörung durch die Normannen zwischen dem 9. und 11. Jh. wieder aufgebaut wurde. Das Kloster und die ***Abteikirche*** stellen die interessantesten Sehenswürdigkeiten des Ortes dar, dessen Vegetation sich schon etwas von der in Amelie unterscheidet. Dichte Wälder und Wiesen nehmen langsam den Platz der südlichen Flora ein, die noch am Eingang des Tales dominierte.

Einen Namen machte sich Arles (3.000 Einwohner) mit der Gewinnung und Verarbeitung von ***Eisen;*** mittlerweile sind die nordwestlich in den Bergen gelegenen Minen von Batère aber geschlossen (siehe dort).

In dem ***Kloster*** des Ortes wurden die Heiligen *Abdon* und *Sennen* verehrt, deren Reliquien der Heilige Arnulph einst nach Arles gebracht haben soll. Die sterblichen Überreste der beiden legte man zuerst in einen Sarkophag, der heute noch zu bewundern ist. Aus diesem mamornen ***Sainte-Tombe,*** dem heiligen Grab, quoll eines Tages plötzlich Wasser hervor, dem daraufhin – wen wundert's - magische Kräfte nachgesagt wurden. Ein Altaraufsatz in der Kirche zeigt die beiden Heiligen.

- Das Kloster kann täglich außer sonntags von 10-12 und von 14-18 Uhr besichtigt werden. Die Führung kostet 3,20 €, für Kinder 2,50 €.

Außerdem lohnt der Besuch des ***Musée du Fer,*** des ***Eisenmuseums,*** das sich mit der Geschichte dieses Metalls in Arles-sur-Tech befasst.

- Öffnungszeiten: Juli und August tgl. außer dienstags 10-12 und 15-19 Uhr, Mai, Juni und September bis 18 Uhr. April und Oktober nur 14-17 Uhr. Eintritt 2 €, Kinder bis zehn Jahre frei.

Information

- ***Office du Tourisme*** Rue Jean-Baptiste Barjou, Tel. 04.68.39.11.99.

Unterkunft und Essen

- ***Hôtel-Restaurant Les Glycines*** €€€, Rue du Jeu de Paume, Tel. 04.68.39.10.09. Schmuckstück des Hotels ist eine Terrasse, die von einer Decke aus Glyzinien überdacht wird.
- ***Camping Le Vallespir,*** 2 km Richtung Amelie, Tel. 04.68.39.90.00. Großer Platz mit allem Komfort und mehreren Sportmöglichkeiten (Schwimmbad, Tennis).
- ***Camping Le Riuferrer,*** etwas außerhalb der Stadt in Richtung Prats-de-Mollo, Tel. 04.68.39.11.06. Etwas einfacher als *Le Vallespir.*

Verkehrsverbindungen

- Arles-sur-Tech ist die Endstation für die meisten ***Busse,*** die aus Perpignan kommen und auch wieder dorthin zurückkehren. Weiter talaufwärts nach Prats-de-Mollo fahren nur noch vier Busse täglich.

Weitere Reisetipps

- Die ***Fête de l'Ours,*** das berühmte ***Bärenfest,*** findet alljährlich am ersten Februar-Wochenende in Arles statt. Die aus heidnischen Bräuchen entstandene Veranstaltung rühmt sich, zu den ältesten Feiern Europas zu zählen. Der Sage nach unterbrachen die Bären zum Neumond im Februar einst ihren Winterschlaf und kamen ins Tal, um die Dörfer unsicher zu machen. Mit Hilfe eines jungen Mädchens als Köder konnte ein Bär gefangen und anschließend geschoren werden. Heute wird diese Szene alljährlich nachgespielt: Männer aus dem Dorf laufen als Bären verkleidet herum, bevor eines der „Tiere" ausgesondert, von der tobenden Menge verfolgt und schließlich in Ketten gelegt wird.Eine ähnliche Tradition wird auch in Prats-de-Mollo, 23 km talaufwärts, gepflegt.

Abstecher zu den Eisenminen von Batère

Wie nah das Hochgebirge noch ist, merkt man spätestens, wenn man in Arles auf die D 43 abbiegt und der Straße vorbei am Dorf ***Corsavy*** zu den 1.500 m hoch gelegenen Eisenminen von Batére folgt. Der Abstecher lohnt wegen des grandiosen Panoramas und der überaus interessanten Übernachtungsmöglichkeit im ehemaligen Wohnhaus der Minenarbeiter.

8 km nachdem man Arles-sur-Tech über die D 43 verlassen und unterwegs die Ruine der ***Kapelle Sant Marti de Corsavy*** passiert hat, erreicht man das alte Dörfchen Corsavy, das von der Ruine eines Turmes überschattet wird. Wer sich hier etwas länger aufhalten möchte, sollte die Abzweigung kurz vor dem Ort nach rechts nehmen, die zu einer Crêperie führt. Auf der Terrasse des Lokals kann man wunderbar sitzen, den Ausblick genießen und sich an einem leckeren Crêpe oder Eisbecher laben. Der Crêperie ist zudem ein ***kleines Museum*** angeschlossen, in dem von Juli bis

August in erster Linie Fotos über die Landschaft und die Menschen der Region informieren.

Nach Corsavy schlängelt sich die kurvige Straße den Berg hinauf und erreicht schließlich das ***ehemalige Wohnheim der Minenarbeiter.*** Von außen wirkt das große Gebäude inmitten der kargen Landschaft abweisend, beinahe unheimlich. Ein Teil des kasernenartigen Bauwerks bröckelt zwar immer noch vor sich hin, in dem anderen befindet sich aber inzwischen der *Gîte d'Etape* ***„Hôtel Batère"*** (ganzjährig geöffnet, Tel. 04.68.39.12.01) unter sehr freundlicher Leitung. Die Zimmer sind einfach, aber sauber und bieten ein geradezu ***phänomenales Panorama.*** Man muss schon lange suchen, um anderswo eine Herberge mit einem solchen Ausblick zu finden. Damit die Geschichte des Hauses nicht in Vergessenheit gerät, zeigt ein altes Bild im *Gîte* die Minenarbeiter im Arbeitsdress. Die Übernachtung im Schlafsaal kostet 10,60 €/Person, die Zweibettzimmer mit Hotelstandard werden mit 14,40 € pro Person berechnet. Ein sehr gutes Menü wird bereits ab 11,50 € kredenzt. Vom *Hôtel Batère,* das von Arles-sur-Tech auch über die GR 10 zu erreichen ist, führt dieser Wanderweg weiter auf den Gipfel des Canigou.

Beklemmende Enge in der Gorges de la Fou

Auf dem Rückweg besteht in Corsavy die Möglichkeit, auf die hübsche D 44 abzubiegen, die nach 16 km ebenfalls auf die D 115 trifft. Auf halbem Ort liegt der Weiler ***Montferrer,*** der trotz seiner „Größe" eine romanische Kirche und ein niedliches Museum sein eigen nennt. Die Sammlung hat sich Briefmarken, Münzen und der regionalen Geschichte verschrieben.

- Geöffnet täglich 10–12 und 14–18 Uhr, am Wochenende nach Vereinbarung. Eintritt 1,60 €, Kinder frei.

Die Gorges de la Fou

Die an Schluchten wahrlich nicht armen Pyrenäen können 2 km westlich von Arles-sur Tech einen Höhepunkt bezüglich derartiger Schlunde vorweisen: die Gorges de la Fou, ***die engste Schlucht der Welt.*** Ob die Verleiher dieses Rekordtitels wirklich überall auf dem Globus nach einem schmaleren Pendant gesucht haben, sei dahingestellt. Tatsache ist, dass sich das Bächlein Fou einen bis zu 250 m tiefen Weg durch das Gestein gebahnt hat, wobei die Schlucht manchmal so eng ist, dass gleichzeitig beide Felswände mit den Händen berührt werden können.

Ausgerüstet mit einem an der Kasse erhältlichen Helm, durchschreitet man die Schlucht auf einem Eisensteg, unter dem der Bach dahinplätschert. Genau 1.739 m Länge misst die Gorges, an einigen Stellen erkennt man den Himmel nur noch als dünnes, blaues Band. Der begehbare Part zeigt jedoch nur einen Bruchteil der Schaffenskraft des Flüsschens. Im Felsmassiv hat die Fou unterirdisch ein ganzes Labyrinth aus Höhlen und Gängen geschaffen.

In der Klamm steigen die Temperaturen übrigens nie über 16 Grad, was sich besonders in T-Shirt und kurzer Hose als recht kühl erweist. Also: Unbedingt Pullover mitnehmen!

● Die Gorges de la Fou kann von April bis November 10–18 Uhr besichtigt werden. Bei Regen bleibt die Schlucht wegen Steinschlaggefahr grundsätzlich geschlossen. Eintritt: Erwachsene 4,80 €, für Kinder 2,40 €.

Saint-Laurent-de-Cerdans und Coustouges

Der Name des ersten Weilers an der Strecke, la ***Forge-del-Mitg*** (*Forge* = Schmiede), weist darauf hin, womit die Menschen hier einst ihr Geld verdienten. Doch die Zeiten, als rund um den Canigou Eisenerz gefördert wurde, sind vorbei, und auch im Vallespir gehören eisenverarbeitende Firmen und Schmieden weitestgehend der Vergangenheit an.

In ***Saint-Laurent-de-Cerdans,*** das man nach 10 km Fahrt erreicht, löste aber ein neuer Industriezweig das Eisen ab: 1860 ließ sich der erste Hersteller von ***Espadrilles*** in dem Städtchen nieder. Zahlreiche kleinere Firmen folgten. Die Nachfrage nach den Schuhen, die hier nach katalanischer Tradition hergestellt wurden, war groß. Doch auch die goldenen Zeiten der Fußbekleidungen aus Stoff und Sisal sind mittlerweile vorüber: Eine größere und eine kleine Espadrilles-Fabrik haben die Jahre überdauert, die restliche Konkurrenz verschwand.

Im ***Musée d'Arts et Traditions Populairs*** wird die Geschichte des Ortes und insbesondere der Espadrilles noch einmal nachgezeichnet. Zu den Exponaten gehört eine Espadrilles-Maschine aus dem Jahre 1923.

● Öffnungszeiten (täglich außer Samstag und Sonntag): Mai, Juni, September 10–12 Uhr und 15–18 Uhr; Juli und August 10–13 Uhr und 14–19 Uhr. Eintritt 2 €, Kinder 1 €.

Heute unternimmt man in Saint-Laurent erste schüchterne Versuche, sich auf dem Tourismus-Sektor zu etablieren. So wurde in der Nähe ein ***Golfplatz*** angelegt, ein ***Campingplatz*** (Tel. 04.68.39.54.64) und das sehr gute ***Hôtel Domaine de Falgos*** €€€€€ (Tel. 04.68.39.51.42) stehen als Unterkünfte bereit.

Von Saint-Laurent verläuft die D 3 4 km bergan in den kleinen ***Grenzort Coustouges,*** in dem sämtliche Häuser wegen ihres Baumaterials einen rötlich-orangenen Stich haben. Die ***Kirche*** (12. Jh.), deren Größe in keinem Verhältnis zu dem Dörfchen steht, besitzt Portale mit ungemein vielen Verzierungen, besonders aus der Tier- und Pflanzenwelt. Eine 1995 komplett fertiggestellte Straße führt nach ***Maçanet de Cabrenys*** auf die spanische Seite der Pyrenäen.

Information

- ***Syndicat d'Initiative,*** Tel. 04.68.39.55.75.

Weitere Reisetipps

- Die traditionellen ***Espadrilles*** verkauft das Centre Artisanal, Rue Joseph Nivet 7, Tel. 04.68.39.57.57.

Prats-de-Mollo und la Preste

Nett ist es, das letzte Städtchen des Vallespir, nur 5 km Luftlinie von der spanischen Grenze entfernt. Obwohl Prats-de-Mollo gerade einmal 1.100 Einwohner zählt, gibt es in der von Befestigungsmauern umringten ***Altstadt*** neben heimeligen Ecken auch eine Reihe von Geschäften, an denen man entlangflanieren kann. Eine ansprechende Beschäftigung im Schein der Sonne, die hier zwar ungemein viel, dafür aber nicht unerträglich heiß strahlt. Das angenehme Klima dürfte auch ein gewichtiger Grund dafür sein, dass in dem 750 m hoch gelegenen Ort auffallend viele Menschen jenseits der 60 anzutreffen sind. Rentner und Pensionäre haben die Möglichkeit beim Schopfe gefasst, sich eine Wohnung gekauft oder gemietet und verbringen nun mehrere Monate im Jahr an den Ufern des Tech. Früher galt Prats-de-Mollo als ***Hochburg der Schmuggler;*** ihre uralten Pfade über die Grenze wurden im zweiten Weltkrieg als Fluchtwege vor den deutschen Soldaten wiederbelebt.

In die „Schlagzeilen" geriet die Stadt erstmals im 17 Jh., als die Einwohner ***gegen überhöhte Steuern rebellierten*** und kurzerhand die königlichen Geldeintreiber ermordeten. Da der Ort damals noch am Ende eines undurchdringlichen Tales lag, gelang es Prats-de-Mollo tatsächlich, sich gegen die von *Ludwig XIV.* gesandten Soldaten zur Wehr zu setzen – erst ein Überraschungsangriff besiegte die Rebellen. Aus dieser Zeit stammen auch die ***Stadtmauern,*** die kein geringerer als *Vauban* auf den alten Wällen errichten liess. Der in den Pyrenäen allgegenwärtige Architekt *Ludwigs XIV.* erdachte ebenso das ***Fort Lagarde,*** das oberhalb des Ortes auf einem Hügel thront (geöffnet April bis Juni 14–18 Uhr, Juli und August 10–18 Uhr, September bis November 14–17 Uhr. Eintritt 3,50 €, Kinder 2,50 €.

8 km westlich des Ortes liegt in den Bergen die zu Prats-de-Mollo gehörende ***Thermalstation la Preste,*** in der man sich auf die Gynäkologie spezialisiert hat.

Riesenstimmung herrscht in Prats-de-Mollo am Wochenende vor Rosenmontag, wenn der kleine Ort zu Karneval sein berühmtes ***Bärenfest*** feiert.

Information

- ***Syndicat Initiative*** an der Place le Foiral vor dem Tor zur Altstadt, Tel. 04.68.39.70.83.

Unterkunft

- ***Hôtel Le Bellevue*** €€, Place le Foiral, Tel. 04.68.39.72.48. Auffallend sauberes Hotel am Platz vor dem Stadttor.
- ***Hôtel Le Relais*** €€, Place Joseph Trinxeria, Tel. 04.68.39.71.30. Mitten im Zentrum am Platz, der das Herz der Altstadt bildet. Vor dem einfachen, aber ordentlichen Hotel kann man bei einem Bierchen draußen sitzen und es sich einfach gut gehen lassen.

Kreativer Senior: Hobby-Maler in Prats-de-Mollo

- ***Hôtel Ausseil*** €€, Place Joseph Trinxeria, Tel. 04.68.39.70.36. Nicht ganz so nett wie das gegenüberliegende *Le Relais,* dafür etwas günstiger.
- ***Camping St. Martin,*** am Ortseingang links runter zum Fluss, Tel. 04.68.39.77.40. Hübscher, schattiger Platz am Ufer.

Verkehrsverbindungen

- Fünf ***Busse*** täglich nach Perpignan, fast halbstündig Busse nach la Preste.

Ausflüge

Eine beliebte ***Wanderstrecke*** führt zum 1.540 m hoch gelegenen ***Tour de Mir.*** Die in Perpignan herrschenden Könige von Mallorca ließen im 13. Jh. ein ganzes Netz derartiger Türme errichten, um sich so mit Rauch- und Feuerzeichen über weite Strecken verständigen zu können. Kurz nach der ersten Kurve an der D 115 hinter Prats geht links ein Pfad ab, von dem dieser (No. 7) und andere Wege ausgezeichnet sind. Die Wanderung dauert etwa einen halben Tag.

In la Preste beginnt der Weg zur ***Collade des Roques Blanches*** und weiter zum *Refuge de Mariailles* an der ***Westseite des Canigou*** - nur mit guter Ausrüstung und Wanderkarte!

Perpignan und die Mittelmeerküste

Der östliche Zipfel der Pyrenäen wird von ***Perpignan*** bestimmt, der bei weitem größten Stadt des Roussillon. Zwar liegt die ***Metropole*** selbst nicht in den Bergen, sondern in einer Ebene, doch sind es kaum mehr als 10 Kilometer Luftlinie bis zur Hügellandschaft der Aspres. Der Einzugsbereich des mediterranen Perpignan erstreckt sich somit bis in die Täler und Höhen des Fenouillèdes, des Vallespir und des Conflent.

Die Mittelmeerküste besitzt in dieser Region zwei Gesichter. Bei ***Canet-Plage, St.-Cyprien-Plage*** und ***Argelès-Plage*** an der Côte Radieuse handelt es sich um klassische Badeorte mit langen Sandstränden direkt „vor der Haustür". Nur einen Katzensprung weiter südlich hingegen wird die ***Côte Vermeille*** noch von den Pyrenäen geprägt. Hier fallen die letzten Ausläufer des Gebirges steil ab ins Meer, im Hinterland erreichen die Gipfel schon wieder eine Höhe von 1.000 m. Wer ein paar Tage echten Strandurlaub verbringen möchte, ist bei der Côte Radieuse an der richtigen Adresse; den ***landschaftlich reizvolleren Küstenabschnitt*** bildet jedoch die Côte Vermeille. Ein lohnenswertes Ziel stellt vor allem das Örtchen ***Collioure*** dar, das sich im Sommer zwar fest in touristischer Hand befindet, mit seiner historischen Bausubstanz aber dennoch etwas vom Charme eines verträumten Fischerdorfes besitzt.

Hinter ***Cerbère,*** dem südlichsten Küstenort Frankreichs, windet sich die Straße schließlich zur spanischen Grenze hinauf.

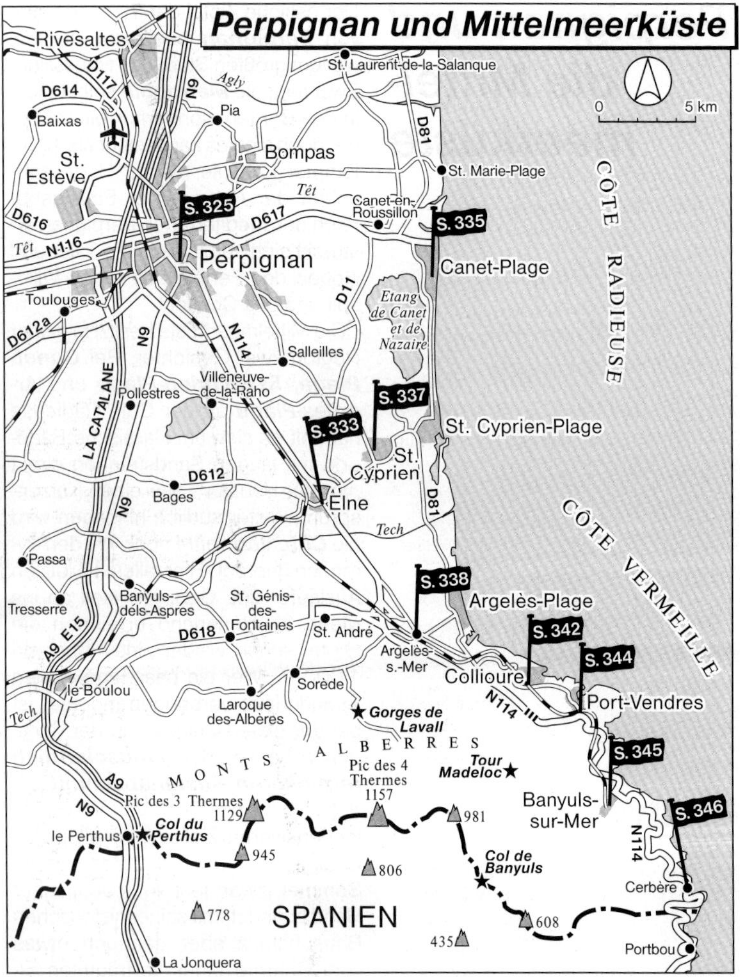
Perpignan und Mittelmeerküste
Rivesaltes
St. Laurent-de-la-Salanque
D117
D614
N9
Agly
Pia
Baixas
0
5 km
D81
Bompas
St. Estève
St. Marie-Plage
CÔTE RADIEUSE
Têt
Canet-en-Roussillon
S. 325
D617
S. 335
D616
Têt
N116
Perpignan
Canet-Plage
D11
Etang de Canet et de Nazaire
Toulouges
D612a
N9
N114
Salleilles
LA CATALANE
Villeneuve-de-la-Raho
Pollestres
S. 337
S. 333
St. Cyprien-Plage
St. Cyprien
D612
Bages
Elne
D81
N9
CÔTE VERMEILLE
Tech
Passa
S. 338
Banyuls-déls-Aspres
St. Génis-des-Fontaines
Argelès-Plage
Tresserre
S. 342
D618
St. André
A9 E15
S. 344
Argelès-s.-Mer
Collioure
le Boulou
Sorède
Port-Vendres
Tech
Laroque des-Albères
Gorges de Lavall
N114
MONTS ALBERRES
S. 345
Pic des 4 Thermes
1157
Tour Madeloc
A9
Banyuls-sur-Mer
S. 346
N9
Pic des 3 Thermes
1129
981
Col du Perthus
le Perthus
N114
945
Col de Banyuls
806
Cerbère
778
SPANIEN
608
435
Portbou
La Jonquera

Perpignan

Die 115.000 Einwohner zählende Stadt liegt in einer landwirtschaftlich geprägten Gegend, doch von der gemütlichen Verschlafenheit der umgebenden Orte besitzt Perpignan rein gar nichts. Die ***Hauptstadt des Département Pyrénées-Orientales,*** ein Zentrum des Obst-, Gemüse- und Weinhandels, strotzt vor Geschäftigkeit und südlichem Lebensstil. In den Straßen der ***Altstadt*** ist ständig etwas los - man flaniert an den Geschäften vorbei oder sitzt vor einem der Cafés, um dabei zuzuschauen, wie andere flanieren. Auch Auftreten und Kleidung der Bevölkerung steht im Kontrast zur ländlichen Region. Die Bewohner der Universitätsstadt wirken eher chic und weltmännisch denn provinziell. „Sehen und gesehen werden" scheint ein Motto zu lauten, so dass Perpignan tatsächlich besser zur französischen Mittelmeerküste als ins Gebirge passt. Die Palmen und Magnolien machen den mediterranen Eindruck perfekt.

Aufgrund der Nähe zur spanischen Grenze entwickelte sich die ehemalige ***Hauptstadt des Königreiches von Mallorca*** zudem zu einem multinationalen Ort. Das bunte Gemisch der Bevölkerung setzt sich vor allem aus Franzosen, Spaniern, Marokkanern und Algeriern zusammen, das Sprachengewirr wird bestimmt von Katalanisch, Französisch und Arabisch.

Allerdings verwuchsen die verschiedenen Kulturen nur wenig miteinander. Im Araberviertel im Süden der Altstadt sind Nordafrikaner und einige Spanier fast unter sich. Geschäfte, Kleidung, die gesamte Atmosphäre: Man könnte tatsächlich meinen, man befände sich im Norden des afrikanischen Kontinents. Diese Stimmung setzt sich auf dem großen Markt fort, wo täglich geklönt und gefeilscht wird.

Geschichte

In der Nähe des heutigen Perpignan existierte bereits zu Zeiten der ***Römer*** die Siedlung *Ruscino,* die dem Roussillon seinen Namen gab, von den Barbaren aber später dem Erdboden gleichgemacht wurde. Erst im ***12. Jh.,*** als das Roussillon wieder zum Königreich Aragonien kam, begann der Stern Perpignans zu strahlen. Ihre Glanzzeit erlebte die Stadt schließlich im ***13. Jh.,*** nachdem *König Jakob I. von Aragonien* - der nicht umsonst den Beinamen „der Eroberer" trug - verstorben war und die Besitztümer unter seinen Söhnen aufgeteilt hatte. Sein ältester Stammhalter bestieg als *Peter III.* den aragonischen Thron, der jüngste Sohn *Jakob* erhielt das neugegründete ***Königreich von Mallorca,*** dem neben den Balearen unter anderem auch das Roussillon angehörte. Der junge Herrscher machte als *Jakob I. von Mallorca* die Orte Perpignan und Palma zu den Hauptstädten und ließ schon ***1276*** in der Residenz an der Têt einen Palast bauen, den Palais des Rois de Majorque. Zahlreiche andere Gebäude folgten, Perpignan blühte auf und entwickelte sich zu einer echten Hauptstadt. Allerdings waren die Tage des noch so jungen Imperiums schon bald wieder gezählt. *Peter VI.*, damals König von Aragonien, verleibte sich das Königreich von Mallorca bereits ***1344*** wieder ein - es hatte nur 68 Jahre bestanden und dabei drei gekrönte Häupter erlebt.

1463 besetzte *Ludwig XI.* Perpignan, dessen Bewohner sich aber ***1473*** gegen die Franzosen auflehnten. Die Revolte verfehlte ihr Ziel nicht: Schon ***1474*** gehörte der Ort wieder zum Aragon und wurde fortan mit dem Titel *„Fidelissimo Ville"* - sehr treue Stadt - bedacht. Nach Jahrhunderten der Unstetig-

Perpignan
Foix
Bourg-Madame, Prades, Andorra
la Tet
Boulevard de la France Libre
Cours Lazare Escarguel
Avenue Général Leclerc
Place de la Résistance
Boulevard Wilson
Avenue des Palmiers
Boulevard Georges Clémenceau
Rue Fabrique Converte
Rue du Castillet
R. L. Blanc
Quai Sadi Carnot
Rue de la Loge
R. St. Jean
Pl. Gambetta
Place Gabriel Péri
Boulevard des Pyrénées
Q. de Lattre de Tassigny
R. Mailly
Rue de l'Ange
R. Mirabeau
Place de la République
R. de la Manche
R. de la Poissonnerie
R. des Augustins
Pl. des Poilus
R. de la Fusterie
Pl. Rigaud
Rue du Maréchal Foch
R. Grande la Monnaie
Rue Grande La Réal
Rue Petite La Réal
Thuir, Castelnou
Pl. des Esplanades
Rue des Rois de Majorque
R. du Bosquet
Pl. Jean Moulin
Avenue Gilbert Brutus
Boulevard Félix Mercader
Rue des Archers
Bd. Aristide Briand
Boulevard Henri Poincaré
Col de Perthus, Spanien
0
200 m
1
2
3
4
5
6
7
8
9
10
14
15
18

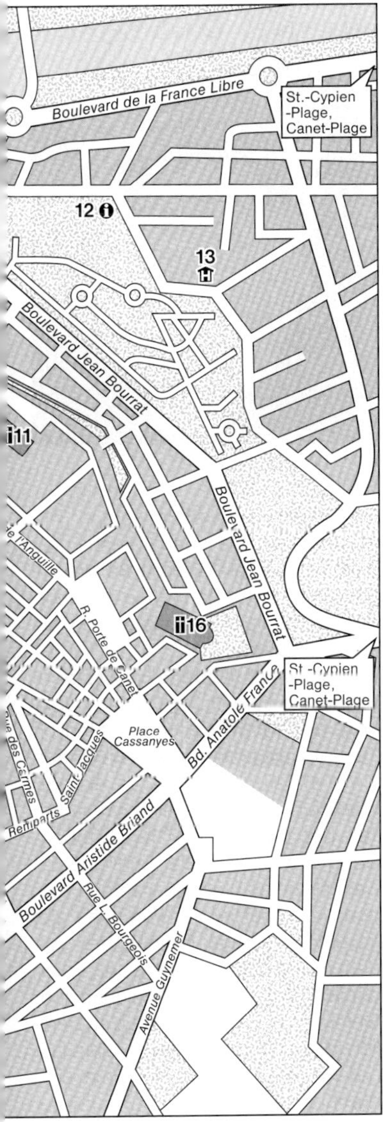

- 1 Hôtel Alexander
- 2 Hôtel Windsor
- ★ 3 Castillet und Casa Pairal
- 4 Hôtel de France
- 5 Restaurant Bodega Castillet
- 6 Restaurant Casa Sansa
- ★ 7 Loge de Mer
- 8 Hôtel de Maillol
- 9 Kathedrale Saint-Jean
- ★ 10 Campo Santo
- 11 Kapelle Saint Dominique
- 12 Touristeninformation
- 13 Hôtel New Christina
- ★ 14 Place Arago
- 15 Musée Rigaud
- 16 Kirche Saint Jaques
- 17 Naturgeschichtliches Museum
- ★ 18 Palast der Könige von Mallorca

keit fiel Perpignan ***1659*** im Zuge des Pyrenäen-Vertrages endgültig an Frankreich, und Baumeister *Vauban* nahm sofort die Arbeiten am gewaltigen ***Festigungsgürtel*** auf, von dem aber fast nichts die Zeit überdauert hat. Insbesondere zu Beginn des 20. Jh. wurde die Stadtmauer niedergerissen, um so Platz für die Expansion Perpignans zu schaffen.

Sehenswertes

Die ***Altstadt*** Perpignans erstreckt sich zwischen dem Fluss Basse im Norden und dem Königspalast im Süden. Normalerweise betritt man diesen historischen Teil am ***Castillet,*** einem Festungsgebäude aus dem 14. Jh., in dem sich das alte Stadttor befindet. Das mit Zinnen besetzte Bauwerk wurde zwischenzeitlich aber auch als gefürchtetes Gefängnis genutzt - geradezu einleuchtend, wenn man die gewaltigen Mauern und winzigen Fenster betrachtet. Heute findet man in den einstigen Kerkerräumen anstelle von abgemagerten Gefangenen die ***Casa Païral,*** das wirklich sehenswerte ***Museum für Kunst und Volkstum des Roussillon.*** Außerdem nutzen Maler oder Fotografen die mittelalterliche Atmosphäre häufig für Ausstellungen.

●Geöffnet von Mai bis September 10-19 Uhr, von Oktober bis April 11-17.30 Uhr. Dienstags geschlossen. Eintritt 4 €, Jugendliche und Studenten 2 €.

Folgt man der ***Rue Louis Blanc,*** kommt man wenig später zum ***Place de la Loge,*** dem Herzen der Stadt. Bei keinem Einkaufsbummel und keiner Sightseeing-Tour darf der Platz vor der 1397 erbauten ***Loge de Mer*** fehlen - man sitzt im Café, schaut, erzählt oder kauft ein. Das imposante Bauwerk stammt aus den Zeiten, als Perpignan zu den führenden Seehandelsstädten zählte; hier waren die kaufmännische Börse und der Seegerichtshof beheimatet. Deren Platz hat ein weniger traditionsreiches Unternehmen eingenommen: Heute verkauft hier eine Restaurantkette Fastfood. Ein am Dach angebrachter Schiffsnachbau aus Metall erinnert aber noch an die einstige Bestimmung der Loge - er wurde zum Glück noch nicht gegen einen Eisen-Hamburger ausgetauscht.

Über die ***Rue St. Jean*** erreicht man den ***Place Gambetta*** mit der ***Kathedrale Saint Jean,*** deren Bau auf Geheiß des Königs von Mallorca bereits im Jahre 1324 begann. Wegen politischer Unstimmigkeiten konnte die Kirche aber nicht mehr unter dieser Dynastie fertiggestellt werden. 1433 nahm man die Arbeit wieder auf und änderte die Pläne von einem ursprünglich dreischiffigen Bauwerk zugunsten einer mächtigen einschiffigen Kirche um. Erst 1601 wurde die Kirche Saint-Jean zur Kathedrale, nachdem der Bischofssitz von Elne

Schmückender Kopf in der Kathedrale Saint-Jean

nach Perpignan verlegt worden war. An der Südseite des Gotteshauses befindet sich der ***Campo Santo,*** ein gotischer Kreuzgang aus Marmor, dessen komplette Renovierung bis 1990 andauerte.

Vorbei an der ***Kapelle Saint Dominique*** und dem Paulanerkloster ***Couvent des Minimes*** (geöffnet täglich 10-20 Uhr) kommt man nun in den ärmsten Teil der Stadt, das ***Araberviertel.*** Hier ereignet sich ein großer Teil des Lebens auf den Straßen. Überall spielen Kinder und sind Erwachsene ins Gespräch vertieft, nirgendwo sonst in den Pyrenäen gibt es eine derartige Atmosphäre. Auf dem ***Place Cassanyes*** findet täglich der ***Markt*** statt, wo von Kleidung über Gemüse bis hin zu Werkzeug so ziemlich alles erstanden werden kann. Insbesondere das Obst zeichnet sich durch erstklassige Qualität und äußerst günstige Preise aus.

Über dem Viertel thront die ***Kirche Saint-Jaques,*** am Karfreitag Ausgangspunkt der *Procession de la Sanch.*

An der ***Rue Fontaine Neuve*** am Eingang zum arabischen Viertel ist in einem herrlichen Patrizierhaus ein ***naturgeschichtliches Museum*** mit einer Sammlung der südfranzösischen Tier- und Pflanzenwelt untergebracht.

- Täglich außer dienstags geöffnet: Mai bis September 12–19 Uhr, Oktober bis April 11–17.30 Uhr. Eintritt 4 €, Kinder 2 €.

Biegt man ein Stück weiter in die ***Rue des Carmes*** ab und folgt der Straße, steht man plötzlich vor den gewaltigen Mauern der ***Zitadelle,*** die den ***Palast der Könige von Mallorca*** umringen. Die Festung wurde im 15, 16. und 17. Jh. unter anderem von *Vauban* erbaut, weil Perpignan sich zum Mittelpunkt der Kämpfe um das Roussillon entwickelt hatte. Mitte des 19. Jh. nutzte das Militär den Königspalast und die Zitadelle, die gewisse Ähnlichkeit mit dem Hochsicherheitstrakt eines Gefängnisses aufweist, als Kaserne und richtete dabei zahllose Schäden an. Um zum Eingang zu gelangen, der auf der anderen Seite an der ***Rue des Archers*** liegt, muss die Bastion einmal zur Hälfte umrundet werden. Bei diesem Fußweg entsteht ein ungefähres Bild von der beeindruckenden Größe des Bollwerks.

Der Palast der Könige von Mallorca im Innern der Zitadelle gilt als das bedeutendste Bauwerk Perpignans. Nachdem die Könige *Jakob I, Sanche* und *Jakob II.* hier gelebt und gewirkt hatten, führten die Könige von Aragon die Arbeiten an dem Schloss später zu Ende. Mit ihren Innenhöfen, Treppen und Galerien besitzt die Residenz tatsächlich unverkennbare Zeichen spanischen Baustils.

- Der Palast kann von Oktober bis Mai täglich von 9–17 Uhr und von Juni bis September täglich von 10–18 Uhr besichtigt werden; der Eintritt beträgt 3 €, für Studenten und Schüler 2 €.

Auf dem Rückweg zum Castillet lohnt ein Abstecher in die ***Rue de l'Ange*** zum dortigen ***Musée Rigaud,*** in dem hauptsächlich katalanische Kunstwerke vom 13. Jh. bis zur Neuzeit ausgestellt werden.

- Täglich außer dienstags geöffnet: Mai bis September 12–19 Uhr, Oktober bis April 11–17.30 Uhr. Eintritt 4 €, Kinder 2 €.

Am Ende der Rue de l'Ange liegt der schöne ***Place Arago,*** auf dem das Denkmal des Physikers und Astronomen *François Arago* zeigt, wo's lang geht.

Der ***Bahnhof*** im Süden der Stadt gilt insbesondere als sehenswert, weil *Salvador Dali* von ihm so tief beeindruckt war. Einmal soll der exzentrische Künstler nach einem Besuch der Station gesagt haben: *„Plötzlich traf mich die Erkenntnis wie ein Blitzschlag – vor mir sah ich das Zentrum der Welt."* Seither trägt das Gebäude den – vielleicht doch etwas übertriebenen – Beinamen *Centre du Monde.*

Praktische Informationen

Information

- ***Touristeninformation*** im Palais des Congrès, Place Armand Lanoux am Ende des Boulevard Wilson, Tel. 04.68.66.30.30. Im Sommer zusätzlich am Place Arago.

Unterkunft

Über 50 Hotels sämtlicher Kategorien stehen Gästen in und um Perpignan zur Verfügung. Da es sich um die Metropole der Region handelt, sind vergleichbare Hotels in Perpignan allerdings teurer als auf dem Land. Bei längeren Aufenthalten wird oft ein Preisnachlass gewährt. Wer mit dem eigenen Fahrzeug unterwegs und somit mobil ist, findet aber in den Privatunterkünften auf dem Land die besten Übernachtungsmöglichkeiten (siehe unter Elne).

- ***Hôtel de France*** €€€, direkt neben dem Castillet am Quai Sadi Carnot, Tel. 04.68. 34.92.81. Gutes Mittelklassehotel. Außerhalb der Saison bekommt man mit etwas Glück ein besseres Zimmer zum niedrigeren Preis.
- ***Hôtel Windsor*** €€€€, Boulevard Wilson 8, Tel. 04.68.51.18.65. Ordentliches, zentrumnahes Hotel der Mittelklasse.
- ***Hôtel New Christina*** €€€€, Cours Lassus 50, Tel. 04.68.35.12.21. Modernes, ruhig gelegenes Hotel, fünf Minuten Fußweg von der Altstadt entfernt.
- ***Hôtel Le Maillol*** €€, Impasse des Cardeurs 14, Tel. 04.68.51.10.20. Absolut zentral gelegenes Mittelklassehotel.
- ***Hôtel Alexander*** €€, Boulevard Clémenceau 15, Tel. 04.68.35.41.41. Wenig geschmackvoll eingerichtet, aber sauber und zentrumnah. Unbedingt vorher das Zimmer zeigen lassen, da einige Räume keine Fenster besitzen!
- ***Express Hôtel*** €, Avenue Général de Gaulle 3, Tel. 04.68.34.89.96. Sehr einfaches Hotel in Bahnhofsnähe, vor allem bei Interrailern und Reisenden mit schmalem Budget beliebt. Sauberkeit einigermaßen okay, Einrichtung relativ grauenvoll. Viele Zimmer ohne eigene Toiletten.
- ***Hôtel Le Berry*** €, Avenue Général de Gaulle 6, Tel. 04.68.34.59.02. Gleicher Standard und Preiskategorie wie das *Express Hôtel.*
- ***Jugendherberge***, Parc de la Pépinière, westlich des Zentrums nahe an der Têt, Tel. 04.68.34.63.32.
- ***Camping Roussillon Le Catalan,*** an der Straße nach Bompas im Norden der Stadt, Tel. 04.68.63.16.92. Gut ausgestattetes Gelände mit Spielplatz und Schwimmbecken.
- ***Camping La Garrigole,*** Rue Maurice Lévy 2 im Westen Perpignans, Tel. 04.68. 54.66.10. Einfacher Platz, trotzdem nicht sehr günstig.

Essen und Trinken

Aufgrund des bunten Völkergemischs betreiben in Perpignan Gastronomen verschiedenster Nationalitäten Restaurants. Ob mexikanisch, katalanisch, orientalisch, pakistanisch oder englisch (!) – so ziemlich alles ist vertreten.

- ***La Poissonerie,*** Rue Lazare Escarguel, Tel. 04.68.34.02.01. Gutes Restaurant, in dem vornehmlich Fisch auf den Teller kommt. Menü nicht unter 15 €.
- Ein klassisches Einkehr-Eldorado ist die Gasse ***Rue Fabrique Couverte*** schräg gegenüber dem Castillet. In den Restaurants mit Kneipenambiente treffen sich dabei vorwiegend junge Gäste, um etwas zu trinken und eine Kleinigkeit zu essen. ***Casa Sansa:*** Tel. 04.68.34.21.84. Uriges Bistro mit traditioneller katalanischer Küche und viel Atmosphäre. Hauptgerichte ab 9 €. Abends meist rappelvoll. ***Bodega Castillet:*** Tel. 04. 68.34.88. 98. Zünftige spanische Mischung aus Restaurant und Kneipe. Gerade richtig, um bei einem Bier oder einem Glas Wein einen Happen zu sich zu nehmen.
- ***Bistrot Saint-Jean,*** Rue Cité Bartissol, Tel. 04.68.51.22.25, bietet sehr gute katalanische Küche zu erschwinglichen Preisen. Menü ab 9 €.
- Äußerst günstig speist man in den ***Restaurants im Araberviertel,*** wo ein komplettes Menü schon ab ca. 6 € zu haben ist.
- Wer sich tagsüber an einem Tisch vorm ***Café*** niederlassen und genüßlich die vorbeieilenden Menschen betrachten möchte, ist an der ***Place de la Loge*** richtig. Die Cafébesitzer wissen allerdings, was sie ihren Gästen für Getränke an diesem exponierten Ort abverlangen können.
- Günstiger und auch ganz nett ist das ***Café*** an der ***Place de Verdun,*** im Schatten des Castillet.
- Nachtschwärmer haben in Perpignan die Auswahl aus einer ganzen Reihe an ***Discos und Bars*** – schließlich befindet man sich ja in einer Unistadt. Beispielsweise im ***Club Na-***

Mittelalterlich anmutende Teilnehmer der Karfreitagsprozession

poli (jüngeres Publikum) am Place de Catalogne, ist häufig einiges los.

Verkehrsverbindungen

- Vom ***Flughafen*** Perpignan-Rivesaltes, Tel. 04.68.52.60.70, starten Flugzeuge in alle größeren französischen Städte. Mittlerweile wird Perpignan auch von der irischen Billig-Fluglinie Ryan-Air ab Frankfurt-Hahn angeflogen.
- Zahlreiche ***Busse*** an die Küste (z. B. Collioure) und ins Vallespir, eine Handvoll Busse täglich nach Villefranche-de-Conflent.
- Vom ***Bahnhof,*** etwa 2km westlich der Altstadt, Tel. 08.36.35.35.35, fahren täglich Züge nach Villefranche-de-Conflent, zur Küste bis nach Port-Bou (Spanien) sowie in mehrere französische Großstädte, unter anderem Paris und Lyon.

Weitere Reisetipps

- ***Diebstahl:*** Perpignan gilt in Bezug auf Diebstähle als recht heißes Pflaster, besonders natürlich im Vergleich zu den ländlichen Gegenden, wo so gut wie keine Kriminalität herrscht. Panik ist aber überflüssig, die in Großstädten überall auf der Welt angebrachte Vorsicht reicht völlig aus.

Das Auto sollte man nachts am besten in einem der ausgeschilderten ***Parkhäuser*** unterbringen.

Wem das noch nicht sicher genug ist, kann den Wagen auch im ***Tresor***-Parkhaus gegenüber vom Castillet abstellen. Dort parkt man das gute Stück in einer Art Garage, von wo es per Lift automatisch in ein unterirdisches, unzugängliches Rondell transportiert wird. Diese hypermoderne und hundertprozentig sichere Angelegenheit kostet pro Nacht etwa 6 €.

- ***Konsulat der Bundesrepublik Deutschland:*** Avenue des Palmiers 3, Tel. 04.68. 35.60.84, Fax 04.68.51.03.35.
- ***Karfreitagsprozession:*** Alljährlich am Karfreitag liegt ein mittelalterlicher Flair über Perpignan, wenn sich die traditionsreiche ***Procession de la Sanch*** von der Kirche Saint-Jaques auf den Weg durch die Altstadt begibt. Tausende von Menschen säumen die Straßen, um zu sehen, wie mit langen Kapuzen maskierte Männer und schwarz gekleidete Frauen gewaltige Statuen, die den Leidensweg Christi symbolisieren, auf ihren Schultern tragen. Begleitet werden die Träger nur von Gesängen und dem Klingeln einiger Glocken, ansonsten herrscht absolute Ruhe. Die Bruderschaft *de la Sanch,* die sich unter anderem der Erinnerung an das Leiden Christi verschrieben hatte, rief die Prozession vor über 500 Jahren ins Leben. Lehnte sogar die Kirche diesen religiösen Akt lange Zeit ab, so wird er heute allgemein anerkannt und ist ein lebendig gebliebenes Stück Geschichte.

Die Prozession beginnt um 14.30 Uhr an der Kirche Saint-Jaques, allerdings nehmen viele Zuschauer bereits Stunden vorher ihren Platz am Straßenrand ein.

Frommes Publikum bei der Procession de la Sanch

Elne und Umgebung

13 km südöstlich vom Zentrum Perpignans und nur 6 km von der Küste entfernt gelegen, empfiehlt sich der 6.300 Einwohner zählende Ort als Ausgangspunkt für Exkursionen ans Meer und ins Hinterland. Elne ist heute ein wichtiger ***Umschlagplatz für Obst und Gemüse***: Auf dem beachtlichen Großmarkt werden allmorgendlich gewaltige Mengen an Nahrungsmitteln verkauft. Der eigentliche Reichtum der Stadt liegt aber in ihrer Historie begründet, denn kein anderer Ort des Roussillon kann auf eine derart lange Geschichte zurückblicken.

Geschichte

Archäologische Ausgrabungen bewiesen, dass dieser Platz bereits in der ***Jungsteinzeit*** besiedelt war; ***218 v. Chr.*** handelte *Hannibal* mitsamt seinen Mannen und Elefanten hier den Durchzug aus. Im ***4. Jh. n. Chr.*** bekam der Ort schließlich den Namen *Castrum Helenae,* der als Grundlage für den heutigen Begriff Elne anzusehen ist und auf die Mutter von Kaiser *Konstantin* zurückgeht.

Schon im Jahre ***568*** steigt Elne zum Bischofssitz auf, ***1069*** wird die Kathedrale eingeweiht, die allerdings 200 Jahre später das düsterste Kapitel ihrer Geschichte durchmacht. Als die Stadt ***1285,*** damals noch unter katalanisch-aragonesischer Herrschaft, von den französischen Soldaten geplündert wird, sucht die Bevölkerung Schutz in der riesigen Kirche. Doch die Soldaten des französischen *Königs Philip III.* kennen keine Gnade. Sie stecken die Kathedrale in Brand und massakrieren die Einwohner Elnes.

Im 17. Jh. begann der Niedergang der Stadt, nachdem zuerst der Bischofssitz verlegt und nach dem Pyrenäenvertrag und der Angliederung an Frankreich Teile der Befestigungsmauern zerstört wurden. So präsentiert sich Elne mittlerweile zwar als Agrarstädtchen, doch irgendwie scheint die große Geschichte des Ortes noch heute greifbar. Dieser Hauch von Geschichte und Kunst ist sicherlich ein Grund, warum sich mehrere Künstler in Elne niedergelassen haben und ihre Werke in privaten Galerien ausstellen.

Sehenswertes

Die ***Altstadt*** Elnes liegt auf dem kleinen Hügel, um den der Ort errichtet wurde und besitzt teilweise sehr enge Gassen, so dass man das Auto besser außerhalb dieses historischen Stadtteils parkt. Den obersten Punkt macht die ***Kathedrale*** aus, die wie eine Basilika ohne Querschiff erbaut wurde. Das stabile, beinahe trutzige Gemäuer beherbergt religiöse Werke aus den verschiedensten Epochen, unter anderem einen halbkreisförmigen Altar, der mindestens auf das 11. Jh. zurückgeht.

Der ***Kreuzgang des Klosters*** neben der Kirche besitzt schon deshalb einen Ausnahmestatus, weil er eine Einheit aus romanischen und gotischen Bögen bildet und die Jahrhunderte unbeschadet überstanden hat. Bei der Abtei befinden sich zudem ***Museen mit archäologischen Funden und Exponaten vom Mittelalter bis zur Neuzeit.***

- Öffnungszeiten von Kreuzgang und Museum: April und Mai 9.30–17.45 Uhr, Juni bis September 9.30–18.45 Uhr, Oktober 9.30–12.15 und 14–17.45 Uhr, November bis März 9.30–11.45 Uhr und 14–16.45 Uhr. Eintritt 4 €, Kinder 1,50 €.

In Erinnerung an den Künstler *Terrus* wurde in der Rue Porte Ballaguer ein weiteres ***Museum*** eingerichtet.

- Ab 10 Uhr geöffnet, sonst wie das Kloster.

Praktische Informationen

Information

- ***Touristenbüro*** an der Rue Dr. Charles Bolte, Tel. 04.68.22.05.07.

Unterkunft

Die beste Möglichkeit für Übernachtungen in Elne und Umgebung stellen ***außergewöhnlich gute Privatpensionen*** dar, die qualitativ erheblich besser sind als die Hotels, preislich aber kaum über deren Standard liegen. Die Übernachtungspreise beinhalten immer ein gutes Frühstück, auf Wunsch kann man abends auch speisen. Die exzellenten und sehr reichhaltigen Mahlzeiten kosten etwa 15 €/Person. In den Sommermonaten sind diese *Chambres d'Hôtes* leider oft ausgebucht, deshalb unbedingt vorher nachfragen.

- Wunderschön ist die ***Domaine du Mas Bazan*** €€€, auf halbem Weg zwischen Alénya und Saleilles, etwa 6 km nördlich von Elne gelegen, Tel. 04.68.22.98.26. Gepflegtes, altes Gutshaus mit tollem Hof inmitten von Weinfeldern. Im Garten Swimmingpool und Palmen, eigener Weinanbau. Zimmer hell und geräumig.
- Ebenfalls sehr empfehlenswert: ***Le Mas des Genêts*** €€€, im oberen Teil des Ortes Ortaffa, 6 km südwestlich von Elne, Tel. 04.68.22.17.60. Geräumiges Haus mit großem und wildem Garten, Swimmingpool, Billardtisch etc. Die Besitzerin, die übrigens auch ein bisschen Deutsch spricht, kocht – ohne Übertreibung – absolut famos!
- Über ***weitere Chambres d'Hôtes*** informiert das Touristenbüro. Elne besitzt drei recht einfache ***Hotels,*** die allesamt fast identische Preise veranschlagt haben.
- ***Hôtel Le Weekend*** €€€, an der Hauptstraße Avenue Paul Reig Richtung Argelès, Tel. 04.68.22.06.68, ist das beste Hotel der Stadt.
- ***Camping Al Mouly,*** Boulevard Archimède im Nordosten der Stadt, Tel. 04.68.22.08.46, vermietet im Sommer auch Bungalows.
- ***Camping Les Padraguets,*** an der Straße nach Argelès, Tel. 04.68.22.21.59. Einfacher, aber auch günstiger als Al Mouly.

Essen und Trinken

- Für Frühaufsteher oder übriggebliebene Nachtschwärmer eignet sich das ***Restaurant Chez Marcel,*** direkt beim Großmarkt, an der Straße nach Perpignan. Ab 6 Uhr morgens füllen die Obst- und Gemüsehändler das Lokal, das Menü für 10 € ist ebenfalls schon um diese Zeit zu haben.
- Nett unter einem pflanzlichen Dach aus Glyzinien sitzt man im Garten des ***Café Durand*** an der Avenue du Général Charles de Gaulle.

Verkehrsverbindungen

- Da Elne an der Route von Perpignan nach Argelès liegt, fahren hier täglich zahlreiche ***Busse*** in beide Richtungen.

Ausflüge

Sicherlich passt ein ***Museum für naive Kunst*** eigentlich gut in die bäuerliche Gegend, aber eine derart große Sammlung wie in ***Bages,*** 7,5 km westlich von Elne (D 612), überrascht hier in der Provinz nun doch. Immerhin gehört ***Le Palais des Naïfs*** an der Avenue de la Méditerranée zu den bedeutendsten Museen für naive Kunst in ganz Frankreich. Auf drei Etagen werden in einer auffälligen Villa Kunstwerke aus wirklich allen Teilen der Welt gezeigt. Vertreten sind unter anderem China, Brasilien, Haiti oder auch die Elfenbeinküste. Dabei handelt es sich in den ersten beiden Stockwerken um eine feste Ausstellung, während sich ständig wechselnde Expositionen in der dritten Etage immer mit der naiven Kunst eines bestimmten Landes befassen.

- Das Museum ist im Sommer montags bis samstags 10.30–12 und 15–18 und an Sonntagen 15–18 Uhr geöffnet. In der Wintersaison dienstags geschlossen. Eintritt 6 €, Kinder 4 €.

Die Côte Radieuse

Exakt dreier Dinge bedarf es, um einen wenig beachteten Landstrich in eine bestens florierende ***Ferienhochburg*** umzuwandeln: Sonne, Meer und Strand. Zumindest die beiden ersten Erfordernisse waren vor über 30 Jahren an der Côte Radieuse gegeben, einzig mit dem Strand haperte es noch ein wenig. Große Teile des Küstenstreifens bestanden nämlich aus ***Sumpf*** und eigneten sich somit nur als Heimat für Vögel und 41 (!) verschiedene Mückenarten – nicht aber als Tummelplatz für sonnenhungrige Touristen. Untersuchungen bewiesen jedoch, dass die Nachfrage an Badeurlaub ständig stieg und insbesondere Spanien sowie Italien mit den französischen Urlaubern Geld verdienten, Frankreich selbst auf diesem Sektor aber hinterherhinkte. So stieg die Zahl der Feriengäste in Spanien allein 1962 um 25 Prozent an, während die französischen Badeorte ein bescheidenes Plus von zwei Prozent erzielten. Dies rief clevere Geschäftsleute, unterstützt von der Regierung *Georges Pompidou,* auf den Plan. Die Sümpfe wurden kurzerhand trocken- und kilometerlange Sandstrände angelegt und bereits bestehende Fischerdörfer am Meer gewaltig ausgebaut. Das Feriendomizil Saint-Cyprien-Plage entstand sogar aus der Retorte – hier hatte es zuvor überhaupt keinen echten Ort gegeben.

Die drei großen Badeorte im Einzugsbereich Perpignans und der Pyrenäen – ***Canet-Plage, Saint-Cyprien-Plage*** und ***Argelès-Plage*** – sind heute ***klassische Urlaubsziele,*** wie es sie überall in den Mittelmeerländern gibt. An langen Sandstränden vergnügen sich Tausende von Touristen, das Freizeitangebot ist gewaltig. Wassersport rangiert dabei natürlich unangefochten auf dem ersten Platz der Beliebtheitsskala, aber auch die Betreiber des Golfplatzes, des Erlebnisschwimmbades oder der Spielhallen haben keinen Grund zur Klage. Eine kaum überschaubare Menge an Hotels, Campingplätzen, Restaurants und Bars sind ebenfalls bestens auf die Besucher eingestellt.

Sicherlich ist die Côte Radieuse nicht jedermanns Sache. Um ein paar Tage in der Sonne zu braten oder einen Strandurlaub mit der Familie zu verbringen, bietet sie aber beste Voraussetzungen.

Canet

Die Stadt 10 km westlich von Perpignan besaß schon vor Jahrhunderten Bedeutung als Hafen und später als Badeort. Allerdings hielt sich der Andrang in Grenzen, vornehmlich Einwohner Perpignans verbrachten hier erholsame Stunden in der Sonne. Erst Mitte der 1960er Jahre entschied man sich, dem gestiegenen Bedarf an Urlaubsorten Rechnung zu tragen und ***Canet-Plage*** mit allen touristischen „Segnungen" zu erschaffen. ***Hotelklötze*** und Blocks mit Eigentumswohnungen entstanden, der 9 km lange Strand erhielt sein heutiges Gesicht, die Promenade wuchs im Laufe der Jahre auf eine Länge von über 2,5 km heran.

Diese ***Promenade*** stellt den Treffpunkt und beliebtesten Teil von Canet-Plage dar. Wer sich gerade nicht in der Sonne aalt, spaziert vom Jachthafen im Norden zwischen mehrstöckigen Hotels und dem Strand entlang bis zur Plage Marestang im Süden. Auf der Tour kauft man sich in einer der Eisdielen eine kühle Erfrischung, erwirbt einige nette Souvenirs oder deckt den Nachwuchs mit Schäufelchen und Plastikeimer ein – klassischer Badeurlaub eben.

Strandmüde Gäste finden Abwechslung im Aquarium oder in einem der drei Museen, die mit viel Liebe ausgestattet und eingerichtet wurden. Der Eintritt beträgt jeweils 4 €, Kinder 2,30 €, für den Besuch mehrerer Museen existieren verbilligte Tickets.

Keineswegs nur für Kinder empfiehlt sich das ***Musée du Jouet,*** direkt im Zentrum, das über 3.700 Exponate rund ums Spielen zeigt. Zu sehen sind teilweise historische, teilweise einfach hübsche Puppen, Eisenbahnen, Figuren, Spiele und und und …

- Geöffnet von Juli bis August täglich 14 bis 20 Uhr, den Rest des Jahres täglich außer montags 14 bis 18 Uhr. November sowie Januar bis März geschlossen.

Über die Geschichte des Automobils erfährt man einiges im ***Musée de l'Auto*** am Parking des Balcons du Front de Mer im südlichen Teil von Canet-Plage. Tolle Oldtimer wie Bugattis oder Cadillacs sind die Aushängeschilder des Museums.

- Öffnungszeiten siehe Musée du Jouet.

In unmittelbarer Nähe befindet sich das ***Schiffsmuseum*** mit akribisch nachgebauten Modellen sämtlicher Bootstypen.

- Öffnungszeiten siehe Musée du Jouet.

Bewohner des Mittelmeeres, tropische Fische und auch Haie leben im ***Aquarium*** am Jachthafen.

- Öffnungszeiten: Juli und August 10–20 Uhr, den Rest des Jahres 10–12 und 14–18 Uhr. Dienstags geschlossen. Eintritt 5 €, Kinder 3 €.

Der eigentliche Ort ***Canet*** liegt 2 km landeinwärts und ist bei weitem nicht so überlaufen wie die Siedlung am Meer. Die Altstadt wird überragt vom Turm der ***Kirche Saint-Jaques*** (14. Jh.), während man am Stadtrand die ***Ruine einer alten Burg*** (11. Jh.) besichtigen kann.

Südlich von Canet liegt der ***Binnensee Etang de Canet et de St. Nazaire,*** dessen schilfbewachsene Ufer und Untiefen ein Paradies für Vögel, unter anderem für ziehende Flamingos, darstellen.

- Montags, mittwochs und freitags kann man den See auf einer ***geführten Tour*** näher kennen lernen. Abfahrt ist um 10 Uhr am Village des Pêcheurs. Erwachsene 2,50 €, Kinder bis 12 Jahre frei.

Information

- ***Touristenbüro*** am zentralen Espace Mediterranee in Canet-Plage, Tel. 04.68.73.61.00.

Unterkunft

In den Hotels von Canet-Plage schlägt die Übernachtung erheblich mehr aufs Portemonnaie als in vergleichbaren Unterkünften auf dem Land. Als Faustregel gilt: je näher zum Strand, desto teurer. Die angegeben ***Preise*** gelten in den Sommermonaten, außerhalb der Saison wird überall ein erheblicher Nachlass gewährt.

- ***Hôtel Aquarius*** €€€€, Avenue du Roussillon 40, Tel. 04.68.73.30.00. Gut ausgestat-

VENTE DE
FROMAGES
FERMIERS

Schluchten

Im Laufe von Jahrtausenden fraßen die Flüsse und Bäche in den Pyrenäen zahllose Einschnitte von oftmals bizarrer Schönheit in den Fels.

Zu den imposantesten dieser Schluchten zählt die ***Foz de Arbayun*** (großes Bild) in der spanischen Provinz Navarra, deren Felswände auf einer Länge von 6 km bis zu 400 m emporragen. Berühmt ist die Foz de Arbayun auch für die Artenvielfalt der hier lebenden Tiere, unter anderem brüten die verschiedensten Greifvögel in den unzugänglichen Steilwänden. Nirgendwo in den Pyrenäen lassen sich die riesigen Gänsegeier besser beobachten als vom Aussichtspunkt oberhalb der Foz.

Die ***Gorges de la Fou*** (unten rechts), nahe beim französischen Städtchen Arles-sur-Tech gelegen, kann mit einem Superlativ

aufwarten: Sie gilt als engste Schlucht der Welt. In der bis zu 250 m tiefen und stellenweise kaum über einem Meter breiten Klamm steigen die Temperaturen nie über 16 Grad. Den Pullover nicht vergessen!

Wenngleich die ***Gorges de la Frau*** (oben rechts) im französischen Département Ariège nicht über eine solch beeindruckende Enge verfügt, bieten sich dem Besucher auch hier überall faszinierende Eindrücke.

Nationalparks

Der französische ***Pyrenäen-Nationalpark*** (oben links) verläuft über 100 km an der französisch-spanischen Grenze entlang; hier befindet sich auch die sagenumwobene ***Brèche de Roland*** (oben rechts).

Auf der spanischen Gebirgsseite schließt sich der ***Ordesa-Nationalpark*** mit dem ***Valle de Ordesa*** (großes Bild) an. Das Tal wird vom ***Río Arazas*** (unten rechts) durchflossen.

Blumen

Als wahrer Augenschmaus präsentieren sich die Almen im Gebirge ab dem Frühjahr: Überall recken die Bergblumen ihre Köpfe der Sonne entgegen. Bei der ***Pyrenäen-Schwertlilie*** (unten rechts) handelt es sich ebenso um eine endemische Pflanze wie bei der ***Blauen Pyrenäen-Distel*** (oben rechts) – beide Arten kommen nur hier vor.

Der ***Igelginster*** (großes Bild) bewächst oft flächendeckend den Boden und taucht ganze Landstriche, besonders zwischen Ordesa-Nationalpark und Sierra de Guara, in einen sattgelben Farbton.

Selbst in Höhen von über 3.000 m kann man die ***Glockenblume*** (oben links) noch antreffen. Diesem Überlebenskünstler mit den charakterischen blauen Blüten genügt oft ein winziger Spalt mitten im Fels, um zu gedeihen.

ARRIVAGE
de Mer

Küsten

Zwei Meere bilden die natürlichen Grenzen der Pyrenäen; da ist es kaum verwunderlich, daß in den Orten der Küstenregionen ***Meeresfrüchte*** zu den Spezialitäten zählen und in den Restaurants appetitlich präsentiert werden (großes Bild).

In ***El Port de la Selva*** (oben links), dessen weiß gekalkte Häuser sich vom tiefen

Blau des Mittelmeeres abheben, besitzt der Fischfang heute noch Bedeutung. Obwohl der Tourismus in den vergangenen Jahrzehnten auch hier Einzug hielt, hat sich am malerischen Bild des Städtchens nur wenig verändert.

Wilder als das Mittelmeer präsentiert sich der ***Atlantik,*** dessen Wogen oft tosend gegen die Küste schlagen (oben rechts). Geschützt liegende Buchten wie die von ***San Sebastián*** (unten rechts) ermöglichen es Urlaubern aber, gefahrlos den Badefreuden nachzugehen. Das noble Flair der Stadt geht auf das 19. Jh. zurück, als sowohl die Aristokratie als auch der Geldadel hier die Sommermonate verbrachte.

Tour de France

Die Tour de France gehört zu den Pyrenäen – sie ist eine feste Institution. Seit 1903 wird das berühmteste Radrennen der Welt ausgetragen, doch erst 1910 wagte es der Tour-Erfinder *Henri Desgrange,* auch das gewaltige Gebirge zwischen Frankreich und Spanien in den Streckenverlauf miteinzubeziehen. Die strapaziösen Etappen am Peyre-

sourde, Aspin, Aubisque und Tourmalet wurden von den Fans sofort mit Begeisterung aufgenommen und zählen noch heute zu den Höhepunkten dieses einmaligen Spektakels. Zigtausende säumen alljährlich die Paßstraßen der Bergriesen, um einen Blick auf die vorbeirasenden Fahrer zu erhaschen.

Die Anhängerschaft dieses oft kopierten, aber nie erreichten Klassikers stammt dabei aus allen Alters- und Bevölkerungsschichten. Der sportbegeisterte Jugendliche feuert am Straßenrand ebenso die abgekämpften Fahrer an wie die ansonsten eher häusliche Großmutter.

Damit das Warten auf die Protagonisten kurzweilig verläuft, verwandeln sich manche Plätze entlang der Strecke geradezu in Voksfeste. Würstchen- sowie Getränkestände werden aufgebaut und Souvenirs verkauft. Große Firmen nutzen die Tour außerdem, um mit auffallend ausgestatteten Fahrzeugen an den Menschenmassen entlangzufahren und Werbegeschenke ins Volk zu werfen – Ähnlichkeiten zu deutschen Karnevalsumzügen sind nicht von der Hand zu weisen. Doch keine Sorge – der sportliche Aspekt steht noch immer im Vordergrund!

In den vergangenen Jahren gehörten baskische Fahnen und Anfeuerungsrufe stets zum Alltag der Tour (oben links). Der Grund heißt *Miguel Indurain.* Der Modellathlet aus dem Baskenland, in seiner Heimat längst ein Idol, gewann das Rennen 1995 zum fünften Mal in Folge – ein bis dato nie dagewesener Rekord.

Energie

Die Kraft des bergabströmenden Wassers haben die Menschen in den Pyrenäen schon vor Generationen erkannt und auch zu nutzen gewußt.

An vielen Orten errichteten sie ***Mühlen,*** deren Räder von Bächen angetrieben und die häufig zu Holzverarbeitung gebraucht wurden (oben rechts).

Mitte des 20. Jh. begann man damit, die herabstürzenden Fluten in großem Rahmen zu nutzen; überall in den Bergen enstanden Anlagen zur Elektrizitätsgewinnung aus Wasserkraft. Da eine ganze Reihe der Flüße aber nicht über die erforderliche Größe verfügte, wurden sie kurzerhand an strategisch günstigen Plätzen gestaut. Einige Male mußten für solche ***Stauseen*** ganze Dörfer geräumt werden: Wie im Ort ***Lanuza*** im Valle de Tena (unten rechts) stehen die verlas-

senen Häuser seitdem teilweise oder sogar völlig unter Wasser. Zahlreiche Gemeinden des Gebirges und des Vorlandes beziehen ihren Strom heute aus den Pyrenäen.

Einer anderen Form der Energiegewinnung widmet man sich in der französischen Cerdagne: Aufgrund der dort herrschenden, extremen Sonneneinstrahlung wurde bei dem Dorf ***Odeillo*** in den 50er Jahren der größte ***Sonnenofen*** der Welt errichtet (großes Bild). Der riesige Parabolspiegel dient aber nicht zur kommerziellen Stromerzeugung, sondern ausschließlich für wissenschaftliche Experimente.

Kunst und Architektur

Kunstwerke der verschiedensten Epochen und Stile sind fast überall in den Pyrenäen zu entdecken.

Beinahe 1.000 Jahre alt sind die romanischen Kapitelle im Kreuzgang des Klosters ***San Juan de la Peña*** (oben rechts), dem einstmaligen geistigen Zentrum des Königreiches Aragón.

Der ***Modernisme,*** eine dem deutschen Jugendstil verwandte Kunstrichtung, hinterließ ebenfalls seine Spuren. Die ***Zementfabrik Asland*** (großes Bild) nahe La Pobla de Lillet wurde 1901 von *Rafael Guastavino* entworfen.

In Figueres erblickte 1904 *Salvador Dalí*, der Meister des Surrealismus, das Licht der Welt. Mit dem berühmten ***Dalí-Museum*** (oben links und unten rechts) wurde ihm schon zu Lebzeiten ein Denkmal gesetzt.

Kirchen und Klöster

Besonders romanische Sakralbauten prägen überall in den Pyrenäen das Bild. Spektakulär auf einem Felsen gelegen, zählt das ***Kloster Saint-Martin-du-Canigou*** (großes Bild) zu den sehenswertesten Bauwerken des Gebirges. Die 1005 errichtete Abtei am Fuße des Canigou wurde 1428 von einem Erdbeben zerstört, wenig später jedoch er-

neut aufgebaut. Heute leben in Saint-Martin-du-Canigou wieder Nonnen und Mönche.

Altbewährtes Material verwendete man beim Bau der ***Basilika Saint Just*** (oben links) in Valcabrère: Sie besteht aus den Steinen der Jahrhunderte zuvor zerstörten römischen Siedlung Lugdunum Convenarum. Im Hintergrund ist die Kathedrale von Saint-Bertrand de Comminges zu sehen.

Die ***Kirche Santa María de Eunate*** (oben rechts) gehört zu den zahlreichen

Gotteshäusern am Jakobsweg. Vermutlich diente das Gebäude bei Puente la Reina früher als Grabkapelle für Pilger, die im nahen Hospital verstorben waren.

Nur wenige ***Wandmalereien*** überstanden die Zeit so gut wie das Gemälde in der andorranischen Kirche ***Santa Coloma*** (unten rechts). Viele der Kunstwerke wurden einfach abgekratzt oder ins Ausland gebracht.

Burgen und Schlösser

Von Zeiten, in denen noch mehrere Herrscher in den Pyrenäen regierten, zeugen die allgegenwärtigen Burgen und Schlösser. Das ***Château de Puilaurens*** (großes. Bild) galt als uneinnehmbar, mußte aber 1256 vor den Kreuzrittern kapitulieren. In Puilaurens hatten, ebenso wie im ***Château de Usson*** (oben rechts), Katharer Zuflucht gesucht.

Im ***Schloß von Pau*** erblickte der französische König *Henri IV.* das Licht der Welt. Das Schlafzimmer des Herrschers (oben links) wird auch heute noch königlichen Ansprüchen gerecht.

Viele ***kleinere Schlösser*** (unten rechts) befinden sich allerdings nicht in einem solch erstklassigen Zustand. Da es an Geldern für die Renovierung mangelt, werden sie mittlerweile als Ställe genutzt.

San Fermin

Das bekannteste Fest der Pyrenäen ist zweifellos die weltberühmte Fiesta de San Fermín in ***Pamplona,*** bei der die Hauptstadt der spanischen Provinz Navarra für acht Tage dem Stierkampf, dem Tanz und dem Alkohol (unten rechts) verfällt.

Höhepunkt der Feier, die alljährlich zum Mittag des 6. Juli beginnt, ist der allmor-

gendliche ***encierro*** (oben rechts), bei dem junge Männer in den Gassen der Altstadt vor den wilden Stieren herlaufen. Tausende wohnen diesem Schauspiel bei, und jeder Balkon am Rande der Straßen erfreut sich zu dieser Zeit größter Beliebtheit (großes Bild).

Doch nicht nur Stiere, sondern auch uralte Figuren spielen eine wichtige Rolle während der Fiesta: Täglich ziehen ***Giganten*** (oben links) und ***Großköpfe*** (mitte rechts) durch den Ort.

Traditionen

Uralte Sitten und Gebräuche haben ihren festen Platz im Leben der Pyrenäenbewohner.

In ***Campan*** (großes Bild) trifft man im Sommer überall auf mit Heu gefüllte Stoffpuppen, die ***mounaques.*** Früher war es Sitte, Frischvermählten solche Figuren vor die Haustür zu setzen, falls sie kein Essen spendiert hatten. Heute findet man die *mounaques* sowohl an der Bushaltestelle auch auf dem Balkon oder der Parkbank.

Rund um das baskische Dorf ***Espelette*** wird seit jeher ***Peperoni*** angebaut (oben links). Alljährlich im Oktober findet zu Ehren der scharfen Schote ein großes Fest statt.

Viele Gebiete verfügen über eigene ***Trachten,*** die heute aber meist nur noch bei Festlichkeiten getragen werden. So treffen sich in ***Tardets-Sorholus*** (ganz oben) Jahr für Jahr verschiedene Trachtengruppen.

Ganz traditionell sind auch die Löffel aus Buchsbaumholz, die von den ***cucacheros*** im spanischen Hoch-Aragón geschnitzt werden.

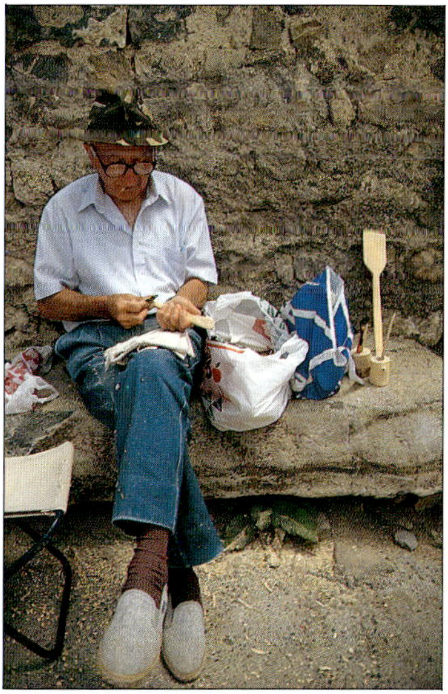

tetes und ordentliches Hotel an der großen Straße Richtung Strand. Mit Schwimmbad.

- ***Hôtel Le Marenda*** €€€, Avenue Edouard Herriot 73, Tel. 04.68.73.56.92. Nicht auffallend schönes, aber für hiesige Verhältnisse günstiges Hotel etwas abseits vom Strand.
- ***Camping Ma Prairie,*** südlich vom Ort Canet und somit 3 km vom Meer entfernt gelegen, Tel. 04.68.73.26.17. Platz der Topkategorie mit zwei Swimmingpools, Tennisplatz, Disco usw. Genau wie die Hotels verlangen aber auch die Campingplätze ansehnliche Preise: In *Ma Prairie* zahlen zwei Personen mit Auto pro Nacht stattliche 24 €!
- ***Camping Le Bosquet,*** im Norden von Canet-Plage, 300 m vom Meer, Tel. 04.68.80. 23.80. Nicht so komfortabel, dafür preiswerter.

Essen und Trinken

- Das gastronomische Angebot in Canet-Plage unterscheidet sich nicht von dem anderer Urlaubsorte an diesem Küstenabschnitt. Es gibt in erster Linie auf Fischgerichte spezialisierte Restaurants und Pizzerien, die allesamt nicht über dem Durchschnitt liegen.

Verkehrsverbindungen

- Zwischen 7 und 20 Uhr verkehren stündlich ***Busse*** zwischen Canet-Plage und Perpignan.

Weitere Reisetipps

- ***Bootsfahrten*** zur Côte Vermeille und an die Costa Brava sowie Angeltouren bieten Schiffsbesitzer vom Hafen aus an.
- Die Agentur *Locabike* an der Promenade, Hausnummer 144, Tel. 04.68.80.73.43, verleiht ***Fahrräder.***
- Mehrere ***Segelschulen*** und ***Bootsverleihe*** am Hafen und entlang des Strandes.
- Über Appartements und Bungalows informiert das ***Touristenbüro.***

Saint-Cyprien

Wäre *Georges Pompidou* 1962 nicht französischer Ministerpräsident geworden – vielleicht gäbe es dort, wo heute Saint-Cyprien-Plage liegt, noch immer unwirtliches Land und unbewohntes Sumpfgebiet. So aber beschloss die Regierung *Pompidou* im Jahre 1963 die Erschaffung von insgesamt sechs Ferienorten im Küstengebiet Languedoc-Roussillon, um Arbeitsplätze zu schaffen und die französischen Urlauber im eigenen Land zu halten. Das südlichste dieser Ferienzentren sollte 2 km westlich des Örtchens Saint-Cyprien liegen und den Namen Saint-Cyprien-Plage tragen. Der Architekt *Henri Castella* machte sich ans Werk und entwarf eine moderne Siedlung mit Zigtausenden „Wohneinheiten", vornehmlich in ***Ferienwohnungen und -häusern.***

Der gößte Teil der Pläne ist mittlerweile in die Realität umgesetzt worden: Saint Cyprien Plage präsentiert sich als ***moderner Ort*** mit erstklassiger touristischer Infrastruktur, allerdings – nicht zuletzt aufgrund fehlender älterer Bausubstanz – ohne viel Atmosphäre. Während sich das Zentrum mit Hotels, Restaurants und Bars rund um die Strandpromenade und den Boulevard Maillol erstreckt, besteht der Ortsteil ***Capellans*** im Süden fast ausschließlich aus Ferienhäusern und Appartement-Anlagen.

Da die Verantwortlichen bei der Planung mehr auf Ferienhäuser denn auf Campingplätze bauten, unterscheidet sich das Publikum hier von dem in Argelès. Die Urlauber in Saint-Cyprien-Plage sind durchschnittlich ein paar Jahre älter, was sich in weniger Hektik im Ort und am Strand widerspiegelt. Viele Gäste haben ein Schiff im ***Jachthafen*** liegen, der mit 2.200 Plätzen der zweitgrößte der gesamten Mittelmeerküste ist. Doch es wird schon vorausgedacht - geplant sind weitere 500 Plätze.

Das alte ***Dorf Saint-Cyprien*** im Inland besitzt schöne Ecken und blieb vom Tourismus weitgehend verschont. Seine Liebe zu diesem Fleckchen entdeckte einst der Künstler *Francois Desnoyer,* dessen Werke im Rathaus und im ***Musée d'Art Catalan*** an der Place de la Republique zu bewundern sind. Das Museum zeigt außerdem Bilder von *Picasso* und *Chagall.*

● Öffnungszeiten: Juli bis 15 Sept. tägl. 10-12 Uhr und 15-19.30 Uhr, ansonsten täglich 10-12 und 14-18 Uhr (an Wochenende nur 14-18 Uhr). Eintritt 2 €, Kinder bis 12 Jahre frei.

Information

● ***Touristenbüro*** am Quai Arthur Rimbaud 66, Tel. 04.68.21.01.33.

Unterkunft

Saint-Cyprien-Plage besitzt einige Hotels, vor allem aber Ferienwohnungen, die wochenweise vermietet werden. Während die Hotels zur Nebensaison bereits ganz erheblich günstiger sind, fallen die Preise für Ferienwohnungen in dieser Zeit um bis zu 70 Prozent. Die angegebenen Preisstandards beziehen sich auf die Hochsaison.

● ***L'ile de la Lagune*** €€€€€, Boulevard de l'Almandin, Tel. 04.68.21.01.02. Im Jahr 1990 öffnete diese Nobelunterkunft, die auf einer Insel in der Lagune im Süden von Saint-Cyprien-Plage liegt, ihre Pforten. Die betuchten Gäste fahren vielfach mit der eigenen Jacht vor, um sich in den klimatisierten Zimmern oder am Pool zu entspannen und im Sterne-Restaurant *L'Almandin* verwöhnen zu lassen.

● ***Hôtel Mar i Sol*** €€€, Rue Rodin 8, Tel. 04.68.37.31.00. Ordentliches Mittelklassehotel direkt im Zentrum, 50 m vom Strand entfernt.

● ***Hôtel Le Saint Cyprien*** €€, Boulevard Maillol 9, Tel. 04.68.21.00.09. Günstiges, kleines Hotel mit neun ziemlich spartanisch eingerichteten, aber sauberen Zimmern. Zentral gelegen.

● ***Camping Bosc d'en Roug,*** nördlich des Dorfes Saint-Cyprien, Tel. 04.68.21.07.95. Großer Platz (635 Stellplätze) mit Schwimmbecken und Tennisplätzen. Zwar einige Kilometer vom Strand entfernt, dafür aber sehr schattig.

Essen und Trinken

● Gemütlich ist das ***La Main à la Pâte,*** ein italienisches Restaurant am Sportzentrum im südlichen Stadtteil Capellans. Das Lokal befindet sich in einem Park, wo man in der lauen Abendluft unter Platanen speist.

Verkehrsverbindungen

● Täglich ***Busse*** von und nach Perpignan.

Weitere Reisetipps

● Die ***Golfanlage*** südlich von Saint-Cyprien-Plage zählt neben dem langen Strand zu den Werbeträgern der Stadt. Sowohl Anfänger als auch Fortgeschrittene können hier zwischen zwei Plätzen mit neun oder 18 Löchern wählen. Danach trifft man sich an der Golfer-Bar oder im Feinschmeckerlokal *Le Mas d'Huston.*

● Unbegrenzte Badefreuden verspricht das ***Erlebnisbad Aqualand,*** nahe dem Ortsteil Capellans. Das Vergügen im Wellenbad oder auf den Riesenrutschen hat allerdings auch seinen (stolzen) Preis: Erwachsene 16,50 €, Kinder 14,50 €.

● Das Reit- und Sportzentrum *UDSIST,* auf dem Weg nach Saint-Cyprien-Village, Tel. 04.68.21.18.10, bietet ***Ausritte, Reitlehrgänge*** und ***Segeltörns*** an.

● An der Straße nach Argelès befindet sich eine ***Motor-Go-Kart-Strecke.***

Argelès-sur-Mer

Der südlichste Ort der Côte Radieuse hat etwas, wovon Canet und Saint-Cyprien erheblich weniger besitzen: ***Geschichte.*** Vermutlich deshalb wirkt Argelès gewachsener und nicht so durchorganisiert wie die Nachbargemeinden, obwohl es im Sommer eher noch überlaufener ist. Das Publikum setzt sich dabei aus allen Altersgruppen, vor allem aber aus jungen Leuten zusammen. Die meisten Gäste sind auf Campingplätzen untergebracht, von denen es hier Unmengen gibt: Über 70 derartiger Einrichtungen bescherten Argelès den Titel ***Camping-Hauptstadt Frankreichs.*** Den größten Teil des Ortes nimmt auch heute noch ***Argelès-Village,*** das alte Dorf, ein, das zur Saison eine ungeheure Lebhaftigkeit ausstrahlt. Strandfreuden genießt man hingegen in ***Argelès-Plage*** - wer mit Badeurlaub auch ein gewisses Maß an Remmidemmi verbindet, wird sich hier zweifellos wohl fühlen. Beschaulicher geht es in dem südlich gelegen Dorf ***Le Racou*** zu, das den dritten und kleinsten Ortsteil bildet.

Bereits im Jahre 981 erstmalig erwähnt, entwickelte sich Argelès zu einer Stadt, die trotz ihrer Lage im Krisengebiet zwischen Spanien und Frankreich ohne Unterlass Bestand hatte. Entscheidend trug die ***Wehrmauer*** aus dem 13. Jh. dazu bei, von der immer noch Teile besichtigt werden können. An alte Zeiten erinnern zudem die ***historischen Häuser*** und die ***Kirche*** (14. Jh.) in Argelès-Village sowie der ***Pujol-Turm*** etwas außerhalb des Ortes.

1939 machte das Städtchen auf sich aufmerksam, als man am Strand - wie auch in Saint-Cyprien - ein ***Auffanglager*** errichtete, in dem Zehntausende Spanier untergebracht wurden, die vor *Franco* aus ihrem Heimatland geflohen waren.

Zum Kennenlernen der katalanischen Kultur eignet sich hervorragend ein Besuch des ***Casa de les Albères*** im Zentrum von Argelès-Village. In historisch nachempfundenen Räumen werden traditionelle Gegenstände wie Werkzeuge, Küchengeräte oder Kleidungsstücke ausgestellt.

- Das Museum ist täglich 9-12 Uhr und 15-18 Uhr geöffnet und bleibt nur samstags nachmittags und sonntags geschlossen. Der Eintritt beträgt 2 €, Schülergruppen 1 €.

Information

- ***Touristenbüro*** in Argelès-Plage an der Place de l'Europe, Tel. 04.68.81.15.85. Eine weitere ***Touristeninformation*** in Argelès-Village am Rathaus, Tel. 04.68.95.34.56.

Unterkunft

In Argelès bieten fast 30 Hotels und über 70 Campingplätze Unterkunft. Wie in den anderen Badeorten, schwankt auch hier der Preis zwischen Haupt- und Nebensaison erheblich. Die angebenen Preise gelten für die Hauptsaison.

- ***Hôtel Plage des Pins*** €€€€-€€€€€, etwas oberhalb des Casinos direkt am Strand, Tel. 04.68.81.09.05. Komfortables, modern ausgestattetes Hotel mit Schwimmbad, Tennisplatz usw. Viele der klimatisierten Zimmer besitzen einen Balkon zum Meer hinaus.
- ***Hôtel La Chaumiere-Matignon*** €€€, Avenue du Tech 30, Tel. 04.68.81.09.84. Kleines, ordentliches Hotel, 200 m vom Strand entfernt. Gutes Restaurant.
- ***Hôtel Soubirana*** €€, Route Nationale 58, Tel. 04.68.81.01.44. Am Rande von Argelès-Village. Sehr familiäres, einfaches Haus mit Restaurant.
- Das Angebot an ***Campingplätzen*** ist beinahe unerschöpflich. Von riesigen Vier-Sterne-Anlagen mit großen Swimmingpools und jeder Menge Freizeitmöglichkeiten bis zu sehr einfachen Plätzen gibt es einfach alles. Trotz der großen Konkurrenz sind die Preise höher als im Inland. Da es im Sommer häufig recht voll wird, wendet man sich mit seinen Vorstellungen am besten ans Touristenbüro.

Essen und Trinken

- Besonders in ***Argelès-Plage*** gibt es Fastfood-Buden, Eisdielen, Pizzerien und Fischrestaurants in Hülle und Fülle. Allerdings zeichnet sich keines durch auffallend gute Qualität aus.

Verkehrsverbindungen

- Vom ***Bahnhof*** in Argelès-Village fahren täglich ein Dutzend Züge nach Perpignan und Cerbère an der spanischen Grenze.
- ***Busse*** fahren nach Perpignan, zur Côte Vermeille und nach le Boulou im Westen.

Weitere Reisetipps

- Dass ja keine Langeweile aufkommt, dafür sorgen in Argelès ***Tennisplätze, Minigolfbahnen, Spielhallen,*** ein ***Casino*** und so weiter und so fort. Wer durch Argelès-Plage promeniert, stolpert quasi über derartige Einrichtungen und Agenturen, die einem mit verschiedenen Angeboten die Freizeit versüßen möchten.
- *Velocation,* Avenue du Tech in Argelès-Plage, Tel. 04.68.81.61.61, vermietet neben gängigen ***Drahteseln*** und ***Mountainbikes*** auch mehrsitzige ***Tandems.***
- Die *Kentucky Ranch* im Nordwesten von Argelès-Plage, Route du Tamariguer, Tel. 04.68.81.32.68, organisiert ***Ausritte zu Pferde.***
- Touren in die Hügellandschaft der Albères hoch zu ***Esel*** ermöglicht die Agentur *Archiane,* Route de Sorède, Tel. 04.68.81.46.91. Der Tagesausflug wird mit 30 € berechnet.

Umgebung von Argelès

5 km westlich von Argelès zweigt von der D 2 eine kleine Straße in die bei

Portal-Fratzen in Saint-Genis des Fontaines

Ausflüglern beliebte ***Gorges de Lavall*** ab. Die ***Schlucht*** ist zwar keineswegs so spektakulär wie viele andere Gorges der Pyrenäen, bietet sich aber an, um ein wenig Abstand vom Trubel am Meer zu gewinnen. Nachdem die Straße einige Kilometer durch die grüne Landschaft oberhalb des Flusses verläuft, endet sie schließlich in dem ***Weiler Lavall*** mit seiner kleinen ***Kirche Saint Martin.*** Hier beginnen mehrere ***Wander- und Spazierwege,*** unter anderem zum Tour de la Massane, von wo man eine gute Aussicht genießt. In der Nähe von Lavall bieten eine Crêperie und eine Bar Einkehrmöglichkeiten.

Über die D 618 erreicht man von Argelès aus nach 5 km das Städtchen ***Saint-André,*** dessen ***romanische Abteikirche*** aus dem 10. und 11. Jh. auf der Liste der historischen Monumente Frankreichs geführt wird. Beachtenswert sind besonders die Fresken über dem Portal.

4 km weiter westlich liegt ***Saint-Genis des Fontaines*** mit der Kirche einer ehemaligen ***Benediktinerabtei,*** die bereits um das Jahr 800 gegründet wurde und ebenfalls einen reich verzierten Türsturz besitzt. Diese Abtei erlitt das gleiche Schicksal wie zahlreiche andere Klöster: Ursprünglich von großer Bedeutung, schwand diese nach und nach, bevor sie im Zuge der französischen Revolution verlassen und verkauft wurde. Noch übler erging es dem Bauwerk, als 1924 der Großteil der Säulen auseinandergenommen und verschickt wurde. Nach intensiver Anstrengung gelang es 1986 aber, die noch in Frankreich befindlichen Exemplare und somit Dreiviertel des Kreuzganges zurückzubekommen und wieder aufzubauen. Die Säulen, die mittlerweile ein Museum im amerikanischen Philadelphia schmücken, scheinen aber für immer verloren.

- Das Kloster kann im Sommer täglich 9.30–12 und 15–19 Uhr besichtigt werden. Außerhalb der Saison ist es täglich 9.30–12 und 14–17 Uhr geöffnet. Der Eintritt beträgt 2 €, für Kinder 1 €.

Die Côte Vermeille

Während die Côte Radieuse ebene Landschaft und imposante Sandstrände aufweist, kann die Côte Vermeille im Süden den Einfluss der Pyrenäen nicht leugnen. Hier versinken mit den ***Albères*** die letzten Ausläufer des Gebirges im Meer, die Ufer sind steil und vielfach unzugänglich. Ohne Frage muss die Côte Vermeille als ***der schönere Küstenabschnitt*** bezeichnet werden, zumal auch die Städtchen mehr Stil besitzen. Ob das romantische ***Collioure, Port-Vendres*** und sein Fischerhafen oder ***Banyuls*** mit seinen erstklassigen Weinen – man spürt, dass sie alle ursprünglich nicht für den Tourismus konzipiert wurden. Diese Schönheit blieb dem Massentourismus natürlich nicht verborgen: Während der französischen Sommerferien sind Orte, Sandstrände und die heillos überforderte Küstenstraße fest in Urlauberhand. Aber selbst dann lassen sich noch einige kleine Buchten zwischen den Klippen finden, die kaum aufgesucht werden. Ob es daran liegt, dass hier „nur" Kies den Untergrund bildet?

Entfernt man sich gar völlig vom Meer und macht einen Abstecher in die Albères, ist der Massentourismus oft schon hinter den ersten Hügeln verschwunden. Hier, inmitten von Weinstöcken und sonnenverbrannten Hängen, kommt die katalanische Atmosphäre zum Tragen, die Künstler wie *Picasso* oder *Matisse* so schätzten.

Collioure

Collioure ist einfach liebenswert. Rund um die zweigeteilte Bucht windet sich der malerische Ort mit seinen ***engen Gassen, historischen Häusern*** und dem ***mittelalterlichen Schloss.*** In dem kleinen ***Hafen*** schaukeln bunte Bötchen auf den Wellen, im Hinterland dominieren von Festungen gekrönte Berge. Dieses Ambiente und die Vielfalt der Farben nahm zu Beginn des 20. Jahrhunderts eine ganze Riege von ***Künstlern*** gefangen, die wie *Matisse* und *Derain* in Collioure lebten oder es, wie *Braque,* zumindest häufiger besuchten. Die *Fauves,* die Wilden, wie sie vom Kritiker *Vauxcelles* genannt wurden, machten den kleinen Fischerort zum Mittelpunkt einer neuen Bewegung: dem ***Fauvismus.*** Auf den Spuren dieser Künstler wandeln heute zahllose Maler, die ihre mediterranen Werke in den Gassen und auf den Plätzen zur Schau stellen. Ob der Ort aber nochmals zur Wiege einer neuen Stilrichtung wird, darf allerdings bezweifelt werden.

Auf einem Rundweg durch den Ort passiert der Besucher 20 Reproduktionen von Kunstwerken, die jeweils genau dort aufgestellt wurden, wo

Pittoreskes Küstenstädtchen: Collioure

Derain oder *Matisse* sie seinerzeit malten. Dieser ***Weg des Fauvismus*** kann auch bei einer Führung begangen werden; Informationen erhält man im Touristenbüro.

Die ***historische Siedlung*** *Cauco Illibéris,* die einst den Platz des heutigen Collioure einnahm, steuerten schon Römer, Griechen und Phönizier an. Landeten im 15. Jh. noch die Schiffe von Kaufleuten aus Genua, Venedig und Arabien im hiesigen Hafen, so verebbte das Ansehen als wichtige ***Handelsstadt*** nach und nach. Die Einwohner begannen fortan, die Lage am Meer anderweitig zu nutzen. Aus den früheren Händlern wurden ***Fischer,*** die sich auf den Fang von Sardinen und ***Anchovis*** spezialisierten, die in Salz eingelegt wurden. Noch heute gelten Anchovis, auch als Sardellen bekannt, als die Spezialität des Ortes. Von den Tieren, die hier eingepökelt werden, ist aber nur ein Bruchteil den – inzwischen wenigen – heimischen Fischern ins Netz gegangen. Das Gros wird mitt-

lerweile aus dem benachbarten Spanien eingeführt.

In gleichen Maßen wie der Fischfang zurückging, nahm der ***Tourismus*** zu. Die meisten der knapp 3.000 Einwohner leben heute von den Urlaubern, indem sie Hotels, Geschäfte und Restaurants betreiben oder Land zum Bau der zahllosen Ferienhäuser oberhalb des Ortes verkauften. Trotz dieser Entwicklung hat sich das Städtchen einiges von seiner Romantik bewahren können. Vor allem im Frühjahr und im Herbst oder nachts, wenn sich die Lichter auf dem Wasser spiegeln, besitzt es ungemein viel Charme. Dann ist Collioure - wie bereits erwähnt - einfach liebenswert.

Das ***Château Royal,*** im 13. und 14. Jh. Sommerresidenz der Könige von Mallorca, erhebt sich schützend über die Altstadt. In den alten Gemäuern wurden ein ***Museum*** und eine ***Kunstgalerie*** untergebracht.

- Öffnungszeiten: im Sommer von 10–18 Uhr, ansonsten 9–17 Uhr. Eintritt 3 €, Kinder 2 €.

Die ***Kirche Notre-Dame-des-Anges*** (17. Jh.) erfüllte einst neben ihrer religiösen auch eine weltliche Aufgabe: Der Glockenturm des Gotteshauses diente lange Zeit als Leuchtturm.

An der Straße nach Port-Vendres liegt kurz hinter Collioure ein ***Museum,*** in dem moderne Kunst ausgestellt wird. Die Sammlung ist nur nachmittags geöffnet.

Information

- ***Touristenbüro*** am Place du 18 Juin, Tel. 04.68.82.15.47.

Unterkunft

- ***Hôtel Casa Païral*** €€€€-€€€€€, Impasse des Palmiers, Tel. 04.68.82.05.81. Herrliches, katalanisches Haus mit parkähnlichem Garten und Swimmingpool. Trotz seiner zentralen Lage bleibt das klassisch gestaltete Gebäude vom Lärm verschont. Die geräumigen und komfortablen Zimmer sind mit Geschmack eingerichtet worden. Sehr empfehlenswert!
- ***Hôtel Boramar*** €€€, Plage du Boutigué am südlichen Ortsende, Tel. 04.68.82.07.06. Schön am Meer gelegenes Hotel, das zu den einfachsten und preiswertesten im Ort zählt. Keine sonderlich hübsche Einrichtung, aber sauber.
- ***Ermitage Notre Dame de Consolation*** €€, 5 km westlich von Collioure etwas abseits der D 86, Tel. 04.68.82.17.66. In der alten Einsiedelei (siehe auch „Ausflüge") wurden sechs Zimmer mit zwei, drei oder vier Betten für Gäste eingerichtet. Die Zimmer sind einfach und sauber, einige besitzen Dusche und WC. Übernachten mit Stil.
- ***Camping La Girelle,*** an der Bucht nördlich von Collioure, Tel. 04.68.81.25.56. Gelände am recht steinigen Strand, mit einigem Schatten und Kinderspielplatz. Im Kreisverkehr oberhalb des Ortes ausgeschildert.

Essen und Trinken

Klar, dass in Collioure niemand zu verhungern braucht: In den Gassen der Altstadt und in der Nähe des Meeres gibt es reichlich

Restaurants. In dem meisten Lokalen wird in erster Linie Fisch sowie andere Meeresfrüchte kredenzt - und fast überall zählen Anchovis zu den Spezialitäten.

- ***Restaurant La Balette*** beim Nobelhotel Relais des 3 Mas, an der Straße nach Port-Vendres, Tel. 04.68.82.05.07. Mit einem Michelin-Stern dekoriertes Restaurant der Topkategorie. Fischspezialitäten. Menü ab 34 €.
- ***Pizzeria Casalinga,*** Rue Saint-Vincent 8, Tel. 04.68.82.02.44. Kleine, familiäre Pizzeria im alten Stadtteil Mouré; sehr freundliche Bedienung, etwas weniger touristische Atmosphäre.
- Die ***Brasserie Les Templiers,*** Quai de l'Amirauté, Tel. 04.68.98.31.10, ist ein Paradies für Kunstfreunde. An den Wänden hängen unzählige Bilder, unter anderem von *Matisse* und *Picasso* - die richtige Umgebung für ein Tässchen Kaffee.

Verkehrsverbindungen

- Der ***Bahnhof*** liegt an der Strecke Perpignan - Cerbère und befindet sich am westlichen Stadtrand. ***Busse*** fahren ebenfalls in beide Richtungen.

Weitere Reisetipps

- Alljährlich findet am Karfreitag ab 21 Uhr die ***Procession de la Sanch*** statt, bei der die Maskenträger mit Fackeln durch die Straßen ziehen.
- ***Wassersport:*** Collioure besitzt eine Handvoll kleiner ***Strände,*** die sich um die Bucht winden und alle in wenigen Minuten zu Fuß erreicht werden können. Die nahe Felsenküste gilt zudem als gutes ***Tauchgebiet.*** Die Agentur in der Rue du Puits Saint-Dominique, Tel. 04.68.82.07.16, bietet organisierte ***Tauchgänge*** an.

Ausflüge

Von Collioure führt die D 86, eine tolle Straße mit fantastischer Aussicht auf die Umgebung, oberhalb von Weinbergen zum ***Madeloc-Turm.*** Nach etwa vier Kilometern zweigt links ein Weg zur ***Ermitage Notre Dame de Consolation*** ab, einer Ende des 15. Jh. gegründeten Einsiedelei. Die kleine Kirche wurde früher häufig von Seefahrern aufgesucht, nachdem diese von weiten Reisen in die Heimat zurückgekehrt waren. Unter der Decke baumelt noch immer ein ausgestopfter Alligator als Relikt einer großen Fahrt.

Die Steigung nimmt fortan stetig zu, insbesondere das letzte Stück der Straße ist ungemein schmal und steil. Radler sollten bestens trainiert sein, wenn sie diese Etappe in Angriff nehmen. Aber auch manchem Autofahrer mögen hier schon Schweißperlen auf der Stirn gestanden haben, wenn sich plötzlich Gegenverkehr einstellte. Etwas unterhalb des Turmes muss man den Wagen schließlich abstellen und die verbleibenden Meter zu Fuß bewältigen. Auf dem windigen Gipfel angekommen, wird man vom Panorama fast erschlagen: Sowohl die Küste als auch die Pyrenäenausläufer und die Albères sind fantastisch zu überblicken.

Zum Tour Madeloc führt auch ein ***Wanderweg,*** der ab der großen Kreuzung bei Collioure ausgeschildert ist. Bis zur Ermitage verlangt die Strecke keine größeren Anstrengungen, danach geht's allerdings steil bergan. Die grandiose Aussicht entschädigt aber für alle Strapazen.

Port-Vendres

4 km südlich von Collioure gelegen, besitzt Port-Vendres als einziger Ort der Côte Vermeille heute noch eine gewisse Geltung als ***Seehafen.*** Na-

türlich wird auch diese Stadt mit ihren 5.400 Einwohnern im Hochsommer von Urlaubern aufgesucht, aber die Fischerboote, Frachter und Lagerhallen verdeutlichen, dass man sich nicht ausschließlich auf den Tourismus verlässt. Wenn die Kutter von hoher See zurückkehren und der frisch gefangene Fisch verladen wird, spürt man etwas von der Atmosphäre, als Sommergäste hier noch so gut wie unbekannt waren.

Schon die Römer liefen die Bucht mit ihren Schiffen an und gaben ihr den Namen *Portus Veneris,* Hafen der Venus, von dem die heutige Bezeichnung abgeleitet wurde. War später lange Jahre Collioure die Nummer eins unter den Häfen der Côte Vermeille, so stieg die Relevanz Port-Vendres, nachdem *Vauban* Anfang des 18. Jh. das Hafenbecken vom Schlamm befreien und befestigen ließ. Der Baumeister war aber längst tot, als die Arbeiten 1780 endlich beendet waren und *Ludwig XVI.* einen ***Obelisken*** am Hafen aufstellen ließ, der dort bewundert werden kann.

Fortan wuchs der kleine Ort zu einem wichtigen ***Verladeplatz für Wein*** und zum ***Handelszentrum mit Nordafrika*** heran, bis die Selbstständigkeit Algeriens 1962 zu einem starken Rückgang des Handelsverkehrs führte.

Heute sind es vornehmlich ***Fischerboote,*** die von hier auslaufen. Außer samstags und sonntags kann man täglich ab 16.30 Uhr einer ***Versteigerung*** am Hafen beiwohnen, bei der die – vielfach eher bescheidenen – Fänge ihren Besitzer wechseln.

Information

- ***Syndicat d'Initiative,*** Quai Pierre Forgas, Tel. 04.68.82.07.54.

Unterkunft

- ***Hôtel Le Cèdre*** €€€, etwas außerhalb an der Straße nach Banyuls, Tel. 04.68.82.01.05, ist das teuerste, aber auch empfehlenswerteste Hotel der Stadt. Saubere und recht komfortable Zimmer, Swimmingpool und Garten.
- ***Hôtel de France et du Commerce*** €€, Rue Jules Ferry 2, Tel. 04.68.82.52.85, ist sehr einfach, für eine Unterkunft am Meer aber recht preiswert. Auch günstige Zimmer ohne Dusche und WC zu haben.
- ***Camping La Presqu'ile,*** Tel. 04.68.82.11.40.

Essen und Trinken

- Mehrere Restaurants am ***Quai Pierre Forgas*** bieten frische ***Fischgerichte*** an.
- Von der ***Crêperie La Casa Lolo*** am Quai Pierre Forgas lässt sich gut das Hafenbecken beobachten. Außerdem sind Crêpes, Eisbecher und der fröhliche Wirt in Ordnung.

Verkehrsverbindungen

- ***Züge und Busse*** nach Perpignan und Cerbère.

Ausflüge

Rechts vom Hafenbecken beginnt eine schmale, aber problemlos befahrbare Straße zum ***Cap Béar,*** einer vom Meer umspülten Landzunge. Von der Spitze dieses Caps, auf der auch ein Leuchtturm steht, bietet sich ein guter Ausblick auf die Küste. Außerdem kann man von hier durch die Felsen zum Meer hinunterspazieren.

Banyuls-sur-Mer

Durch Schieferterrassen, auf deren kargem Boden Weinreben gedeihen, schlängelt sich die Küstenstraße nach

Banyuls-sur-Mer, mit 4.600 Einwohnern zweitgrößte Stadt an der Côte Vermeille. Banyuls verdankt seine Berühmtheit zwei Ursachen: Da ist zum einen der ***Wein,*** ein sehr schmackhaftes Tröpfchen, das einen immens guten Ruf genießt. Schon *König Ludwig XIV.* und *General de Gaulle* wussten diesen Rebensaft zu schätzen.

Außerdem wurde hier 1861 der weltbekannte Bildhauer ***Aristide Maillol*** geboren, der lange Zeit in Banyuls lebte und 1944 schließlich in seinem geliebten Heimatort an den Folgen eines Autounfalls verstarb. Drei seiner Kunstwerke erinnern in Banyuls noch heute an ihn, wovon das bekannteste zweifellos das ***Kriegerdenkmal*** ist. Diese Skulptur, ursprünglich auf einem Felsen am Meer zu bewundern, hat mittlerweile hinter dem Rathaus einen neuen Standplatz gefunden.

Das 4 km außerhalb liegende Haus *Maillols,* bei dem er auch seine Ruhestätte fand, beheimtet ein ***Museum*** mit Werken des Künstlers.

- Täglich geöffnet: Sommer 10–12 und 16–19 Uhr, Winter 10–12 und 14–17 Uhr. Eintritt 3,05 €, Studenten 2,29 €.

Banyuls, das sich um eine Bucht schmiegt, besitzt einen hübschen Ortskern und einen ***Hafen,*** in dem in erster Linie Segelboote und Jachten liegen. Die Kutter der Einheimischen hingegen sind weitgehend verschwunden - aus den Fischern wurden im Laufe der Zeit Winzer oder Restaurantbesitzer.

Neben den Werken *Maillols* und den engen Gassen der Altstadt stellt das ***Aquarium*** des Arago-Laboratoriums die bedeutendste Sehenswürdigkeit dar. Mit seinen Pflanzen und Tieren des Mittelmeeres lockt es nicht nur interessierte Touristen, sondern alljährlich auch ungezählte Studenten an, die hier wissenschaftlich arbeiten.

- Das Aquarium ist täglich 9–12 und 14–18.30 Uhr, im Juli und im August bis 22 Uhr geöffnet. Der Eintritt beträgt 4 €, für Kinder 2 €.

Information

- ***Touristenbüro*** an der Avenue de la République, Tel. 04.68.88.31.58.

Unterkunft

- ***Hôtel Villa Miramar*** €€€, Rue Lacaze Duthiers, Tel. 04.68.88.33.85. Gutes Mittelklassehotel mit sauberen Zimmern, Garten und Swimmingpool.
- ***Städtischer Campingplatz*** an der Straße Richtung Mas Reig, Tel. 04.68.88.32.13.

Essen und Trinken

- ***La Littorine***, Plage des Elmes, Tel. 04.68.88.03.12, bietet hervorragende katalanische Spezialitäten. Menü ab 15 €.

Verkehrsverbindungen

- Der ***Bahnhof*** liegt am östlichen Stadtrand. Sowohl Züge als auch ***Busse*** steuern von Banyuls aus Perpignan und Cerbère an.

Weitere Reisetipps

- Wer einen guten Tropfen nicht verschmäht, sollte sich den Besuch einer ***Weinkellerei*** nicht entgehen lassen, in denen man Interessantes zur Herstellung erfährt, den Wein probieren und auch kaufen kann.
- Von Banyuls verläuft die schöne ***D 86*** unterhalb des ***Madeloc-Turmes*** nach Port-Vendres und Collioure.

Cerbère

Eng gedrängt nutzt das letzte Städtchen vor der ***spanischen Grenze*** den wenigen Platz aus, den die kleine Bucht ihm bietet. Zudem machen sich auch noch die Bahngleise inmitten des Ortes breit, die Cerbère Ende des 19. Jh. den Aufschwung bescherten und es immer noch prägen. Hier stoppten nämlich sämtliche ***Züge,*** da die spanische Schienenspurweite im Jahre 1844 auf sechs kastilische Fuß festgelegt wurde, sich in fast allen anderen Ländern - so auch in Frankreich - später aber eine schmalere, einheitliche Spur durchsetzte. Dies bedeutete, dass Passagiere und Güter in Cerbère den Zug verlassen und in eine andere Bahn überwechseln mussten. Noch heute heißt es entweder in Cebère oder in ***Port Bou,*** dem ersten Ort auf der spanischen Seite: Alles aussteigen! Klar, dass sich Cerbère so zu einem lebhaften Ort entwickelte, obwohl diese Geschäftigkeit im Laufe der Zeit wieder abnahm.

Der örtliche Strand liegt nur wenige Meter von der Hauptstraße entfernt und verfügt somit nicht über sonderlich entspannende Eigenschaften. Lohnenswerter sind die Buchten etwas außerhalb des Ortes.

Information

- ***Touristeninformation*** an der Promenade Front de Mer, Tel. 04.68.88.42.36.

Unterkunft

- Welch ein Hotel! Andere Unterkünfte mögen modernste Suiten besitzen, mit vornehmem Interieur locken oder feinste Speisen kredenzen - die Atmosphäre des ***Le Belvédère du Rayon Vert*** €€€ wird man vergeblich suchen. Schon äußerlich ist das Hotel am Ortseingang von Cerbère wohl einmalig: Kalt und dennoch faszinierend überragt der Betonklotz die umliegenden Häuser, an allen Ecken und Enden nagt unerbittlich der Zahn der Zeit.

Der Architekt *Léon Baille* wählte 1928 die wenig behagliche Bausubstanz, als er diesen Giganten voller Verstrebungen entwarf. 1932 war das ungewöhnliche Gebäude schließlich fertig: Zwischen Bahngleisen und Meeresblick vergnügten sich einige Jahre lang betuchte Gäste im hauseigenen Casino oder Kino.

An derartige Glanzzeiten kann das als historisches Monument eingestufte Bauwerk heute nicht mehr anknüpfen. Ein Teil wird zwar renoviert, doch irgendwie erscheint das *Belvédère* verlassen, ja fast ein bisschen unheimlich, wenngleich gerade diese Ausstrahlung es so anziehend macht. Im Innern wird der erste Eindruck bestätigt: Eine ausladende Marmortreppe, lange Gänge, einige abstrakte Kunstwerke und - zumindest außerhalb der Sommersaison - meist niemand zu sehen. *Stephen King* lässt grüßen.

Mittlerweile werden nur noch Appartements vermietet, zu denen neben Küche und Bad auch Zimmer an der Bahnseite gehören - die Ohrstöpsel nicht vergessen! Die Appartements mit Meerblick für vier bis sechs Personen sind im Sommer zu haben. Route de Banyuls, Tel. 04.68.88.41.54.

Außerdem kann das Hotel an Wochenenden entweder frei (14.30-18 Uhr) oder mit Führung (zwischen 9 und 18 Uhr) kostenlos besichtigt werden. Weitere Informationen unter der oben angegebenen Telefonnummer oder im Touristenbüro.

Verkehrsverbindungen

- Vom ***Bahnhof*** (nicht zu verfehlen) fahren Züge nach Perpignan und weiter in andere französische Großstädte - und natürlich nach Spanien.

Ausflüge

Von Cerbère sind es noch 4 km bis zur ***spanischen Grenze.*** Ein Stück hinter dem Ort lohnt ein Halt am ***Aussichtspunkt Cap Cerbère,*** von dem man die Küste und die Stadt überblicken kann.

Beton-Gigant im Schienen-Chaos: das Hotel „Le Belvédère du Rayon Vert“

Andorra

Andorra
FRANKREICH
SPANIEN
Pic de Font Blanca 2903
Estanys de Tristaina
Pic de Besali 2748
Arcalis
Borda de Sorteny
El Serrat
2776
Estanys de l'Angonella
Les Salines
Pic de l'Estanyò 2863
Coma de Ransol
Pic de les Fonts 2748
Llorts
PARROQUIA D'ORDINO
C.G.N•3
Valira del Nord
Coll d'Arenes 2539
PARROQUIA DE LA MASSANA
Ransol
Arans
Pic de Casamanya 2740
Els Plans
S. 367
La Cortinada
El Vilar
San Pe
Arinsal
d'Orient
Pic Negre 2432
Mas de Ribafeta
Arinsal
Canillo
Erts
S. 363
El Tarter
Ordino
C.G. N.4
El Forn
Port de Cabús
C.S.N•340
Valira
Meritxell
Pal
La Massana
S. 365
PARROQUIA
Encamp
Sispony
Pal
Els Vilars
Riu
C.G.N•2
Estanys d'Engolasters
Os de Civis
S. 355
S. 361
PARROQUIA D'ESCALDES
Pic de Carroi 2334
San Miquel d'Engolasters
Santa Coloma
Escaldes
2129
ANDORA LA VELLA
Estany de l'Il
2249
C.G.N•1
PARROQUIA D'ENDORRA LA VELLA
Aixàs
Certers
2606
Collada de Prat Primer 2497
1767
PARROQUIA DE SAN JULIÀ DE LÒRIA
St. Julià de Lòria
Aixirivall
Coll de la Callina
Aubinyà
2505
Mas d'Alins
La Moixella
Juberri
2036
La Farga de Moles

Überblick

Totale Abgeschiedenheit, ländliche Idylle und Romantik im Hochgebirge: Mit solch einer Erwartungshaltung erreichen viele Touristen bei ihrem ersten Besuch Andorras die Grenze des Zwergstaates. Spätestens hier werden sie auf den Boden der Tatsachen zurückgeholt. Anstelle der verschlafenen Zollstation steht ein modernes, von Supermärkten umgebenes Gebäude; nicht Kuhherden, sondern Autoschlangen bewegen sich langsam über die gut ausgebaute Straße. Hirten und traditionelle Trachten – das war einmal. Andorra ist ein Land, in dem die Bedeutung der Landwirtschaft gegen Null tendiert und dessen Bruttosozialprodukt je Einwohner dem der westlichen Industrienationen entspricht.

Die rund 10 Millionen Besucher, die den ***Zwergstaat*** Jahr für Jahr beehren, kommen vor allem aus zweierlei Gründen. Einerseits vergnügen sich viele im Winter in einem der fünf ***Skigebiete,*** die der Staat in den vergangenen Jahrzehnten zu modernsten Sportzentren ausbaute. Große Liftanlagen, hunderte von Schneekanonen und gute Unterkünfte sollen auch künftig dafür sorgen, dass Andorra bei Abfahrern „in" bleibt.

Zum anderen verwandelte der weitgehende ***Verzicht auf Zölle*** das Land seit den 1950er Jahren in ein wahres ***Einkaufsparadies.*** Zigaretten, Alkohol, Benzin, Elektroartikel und Luxusgüter – all dies war erheblich billiger als in den Nachbarstaaten, so dass Franzosen und Spanier in Massen nach Andorra strömten, um sich hier billig mit Waren einzudecken. Die weitere Entwicklung lag auf der Hand: Die Andorraner, bis dato besonders der Viehzucht und dem Tabakanbau verpflichtet, legten Melkschemel und Pflug beiseite und eröffneten Geschäfte. Der Boom nahm kein Ende. Immer mehr Fremde kamen ins Land, um hier Arbeit zu finden, große Stücke des Haupttales - besonders bei der Hauptstadt Andorra la Vella - wurden kurzerhand mit zweckbetonten und wenig ansprechenden Gebäuden zugepflastert. Noch immer wird an allen Ecken und Enden fleißig gebaut, auch wenn die Preise in den Nachbarstaaten sich denen Andorras in vielen Bereichen immer mehr angleichen, seit Frankreich und Spanien zur Europäischen Union gehören.

In den vergangenen Jahren versucht man in dem Zwergstaat deshalb verstärkt, anderweitig in die ***Zukunft*** zu investieren. So zahlen seit 1993 auch die Privatleute einen geringeren Steuersatz, von dem sie bis dahin völlig verschont geblieben waren. Den „Machern" in Andorra schwebt vor, dass die Bedeutung des zollfreien Einkaufs auf Dauer abnimmt und sich ihr Land zu einem ***seriösen Finanzschauplatz*** à la Liechtenstein oder Luxemburg entwickelt.

Um zudem ganzjährig Urlauber anzulocken, werden hübschere Hotels gebaut sowie die landschaftlichen und kulturellen Sehenswürdigkeiten gepriesen. Mit dem gigantischen Vergnügungsbad *Caldea* im Ort Escaldes wurde außerdem die erste - und sicherlich nicht letzte - ***Touristenattraktion*** auf dem Sektor Erlebnisurlaub ihrer Bestimmung übergeben. In dem Planschtempel, der äußerlich einer riesigen Glaskirche ähnelt, wird, so der Betreiber, *„alles geboten, was der Mensch von heute zu seiner Entspannung und für sein Wohlbefinden braucht"*. Ob das reicht, um die Touristen zu Tausenden anzulocken, bleibt abzuwarten.

Wer Andorra auf der Hauptstraße erstmals durchfährt, verspürt meist das Verlangen, den Wagen möglichst rasch vollzutanken und wieder zu verschwinden. Angesichts des Lärmes und der Autoabgase ein verständliches Ansinnen - doch Andorra ist nicht nur ein überquellendes Einkaufs-Eldorado. Mehr als 60 Gipfel über 2.500 m, zahlreiche Täler, Wiesen und Weiden: All das macht den Zwergstaat abseits der Durchgangsstraße und der Skigebiete zu einem ***Paradies für Wanderer.*** Es gibt sie wirklich noch, die Ruhe und Abgeschiedenheit, in der wilde Blumen wachsen und Adler über den Bergen kreisen. Wer Andorra von dieser Seite kennen gelernt hat, wird seine anfängliche Meinung schnell korrigieren.

Wissenswertes

Anreise

Andorra ist über zwei gut befahrbare ***Straßen*** zu erreichen: In ***Frankreich*** windet sich die erst 1931 erbaute Straße zum ***Envalira-Pass*** hinauf, dem mit 2.408 m höchsten Pass der Pyrenäen, und führt dann zur Grenzstation ***Pas de la Casa.*** Bei Schneefall empfiehlt es sich, die letzte Steigung zu umfahren, indem man den kostenpflichtigen Envalíra-Tunnel benutzt (Pkw 5,40 €). Sowohl von Ax-les-Thermes im Ariège als auch von Latour-de-Carol in den Pyrénées Orientales fahren Busse nach Andorra.

Von ***Spanien*** aus erreicht man den Zwergstaat über ***La Seu d'Urgell,*** von wo eine regelmäßige Busverbindung mit Andorra la Vella besteht. Die Nationalstraße besitzt keine auffällige Steigung, wurde aber auch erst 1913 eingeweiht.

Außerdem kann man vom spanischen Dorf ***Alins*** im ***Vall Ferrera*** in den Westen Andorras gelangen. Das miserable Sträßchen schlängelt sich 18 Kilometer den Berg hinauf zum 2.300 m hohen ***Port de Cabús*** und verläuft dann - in einem erheblich besseren Zustand - an ***Pal*** vorbei nach ***La Massana.*** Aufgrund der Straßenqualität kann diese Strecke allerdings nur Autofahrern mit viel Zeit und guten Nerven oder aber Besitzern von Geländewagen empfohlen werden.

Briefmarken

Die Briefmarken des Landes sind nicht nur ein Zeichen der Autonomie, sondern auch eine ***finanzielle Säule:*** Große Mengen der Marken werden alljährlich von Sammlern aufgekauft, die so die Staatskasse füllen.

Einwohner

Knapp 70.000 Menschen leben in dem ***468 Quadratkilometer*** großen Staat, nur etwa ein Viertel besitzt jedoch einen andorranischen Pass. Fast die Hälfte der Bevölkerung setzt sich aus Spaniern zusammen, hinzu kommen Franzosen und Portugiesen. Der Großteil von ihnen arbeitet im ***Handel*** und im ***Tourismus***: Es gibt unzählige Geschäfte sowie 30.000 Hotelbetten!

Landessprache

Andorra ist das einzige Land der Welt, in dem ***Katalanisch*** die offizielle Staatssprache bildet. Da die Kinder in den Schulen aber auch mit Spanisch und Französisch vertraut gemacht werden, beherrscht jeder Bewohner zumindest eine dieser Sprachen.

Währung

Der Pyrenäenstaat verfügt über ***keine eigene Währung,*** seit 2002 wird aber auch in Andorra - obwohl kein Mitglied der EU - mit dem Euro bezahlt.

Wandern

Nirgendwo in den Pyrenäen finden Wanderer ein ähnlich dichtes Netz an ***Übernachtungsmöglichkeiten*** in den Bergen vor: Andorra verfügt über insgesamt 27 Refuges. Allerdings sollte man nicht erst abends dort auftauchen, da die meisten Unterkünfte nur sechs bis zehn Schlafplätze besitzen. Eine Karte, auf der alle Berghütten eingezeichnet sind, bekommt man gratis in den Touristeninformationen.

Dort gibt es außerdem eine kostenlose Broschüre, in der über 50 lohnenswerte ***Wanderungen*** sowie 17 ***Mountainbike-Strecken*** beschrieben werden.

Telefon

Andorra hat die ***internationale Vorwahl*** 00376.

Zollbestimmungen

Die erlaubten ***Ausfuhrmengen*** an Zigaretten, Alkohol und anderen Gütern sind genau festgelegt und können in jedem Geschäft erfragt werden. Während die Einreise meist recht zügig vonstatten geht, kommt es bei der Ausreise oft zu langen Wartezeiten, da die Zöllner sehr genau kontrollieren und manchmal jeden Winkel des Autos unter die Lupe nehmen. Es lohnt nicht, wegen ein paar Stangen Zigaretten erheblichen Ärger zu riskieren.

Geographische Situation

Andorra befindet sich auf der ***Südseite der Pyrenäen*** und wird sowohl im Norden als auch im Westen und Osten von gewaltigen, vielfach ***fast 3.000 m hohen Bergen*** eingekesselt. Nach ***Süden*** fällt das Land jedoch steil ab und besitzt hier mit 850 m seine minimale Höhe. In diesem Teil, auch ***Niederandorra*** genannt, vereinigen sich die ***Flüsse*** Valira del Nord und Valira d'Orient zum Gran Valira, der den Staat an dessen südlichstem Zipfel verlässt und nur 10 km weiter beim spanischen La Seu d'Urgell in den Sègre mündet.

An den drei Flüssen liegen die wichtigsten Ortschaften Andorras, umgeben von helleren Kalk- und den dunkleren Schieferfelsen. Ähnlich kontrastreich sind die Hänge der Berge, von denen die sonnenbeschienenen *(Solanges)* mit Weideflächen bedeckt sind, während auf den schattigen Flächen *(Ubacs)* Kiefernwälder dominieren.

Geschichte

Der Sage nach geht Andorra auf eine ***Gründung Karls des Großen*** zurück, der sich den Andorranern erkenntlich zeigen wollte, weil diese ihm im Kampf gegen die Sarazenen heldenhaft zur Seite gestanden hatten.

Eine erste dokumentarische Erwähnung stammt aus dem Jahre ***839*** und besagt, dass die Pfarrgemeinden Andorras den Herrschern der ***Grafschaft von Urgell*** unterstellt sind. Nach und nach verlieren die Grafen ihre Macht aber an die Kirche, bis *Graf Ermengol IV.* im Jahre ***1133*** schließlich alle Rechte über die Täler von Andorra an den ***Bischof von Urgell*** (dem heutigen spanischen La Seu d'Urgell) übergibt.

Dass es ganz ohne weltliche Hilfe nicht geht, stellt der Kirchenfürst bei einigen kriegerischen Auseinandersetzungen mit umliegenden Herrschern fest, so dass er ***1159*** die ***Familie Caboet*** um Hilfe bittet, die fortan als Lehnsherr Andorras auftritt.

Durch Eheschließungen fallen die Feudalrechte wenig später an die ***Familie Castellbó*** und schließlich an den ***Grafen von Foix,*** mit dem sich der Bischof von Urgell anfangs allerdings überhaupt nicht versteht. Erst am ***8. September 1278*** – einem wichtigen Datum in der Geschichte des Landes – einigen sich die Herren und unterzeichnen einen Vertrag, der den Einfluss der beiden Parteien genau regelt und klärt, dass die Bevölkerung des Fürstentums Andorra den ***Tribut „Questia"*** abwechselnd an beide Herrscher zu zahlen hat.

1419 gewähren die Fürsten, die sogenannten *Co-Princes,* den Männern von Andorra das Recht, sich in einem ***Gemeinderat,*** dem *„Consell de la Terra",* zu versammeln, aus dem sich im Laufe der Zeit der *„Consell General"* entwickelt.

Als die Grafschaft Foix im ***16. Jh.*** an Frankreich fällt, hat fortan neben dem Bischof von Urgell der französische König das Sagen über die Täler Andorras. Nach Beendigung der Monarchie tritt der französische Staatspräsident offiziell an seine Stelle.

1866 erlaubt eine Reform, dass die Familienoberhäupter die Mitglieder des *Consell General* wählen dürfen, bevor ***1933*** das allgemeine Wahlrecht für Männer und ***1970*** das für Frauen in Kraft tritt.

Das mittlerweile rückständige ***Verwaltungssystem*** Andorras bekommt ***1981*** ein neues Gesicht: Zwar bleiben der Bischof von La Seu d'Urgell und der französische Staatspräsident weiterhin *Co-Princes,* doch es entsteht eine aus Ministern zusammengesetzte ***Regierung,*** die von einem Ministerpräsidenten geleitet wird.

Der Modernisierungs- und Selbstständigkeitsprozess schreitet weiter voran und findet seinen Höhepunkt in dem ***Volksentscheid vom 14. März 1993,*** als dreiviertel der Bevölkerung einem Verfassungsentwurf zustimmen, der Andorra als ***demokratischen, sozialen und weitgehend unabhängigen Staat*** definiert. Am ***12. Dezember 1993*** können die Andorraner bei ***Wahlen*** erstmals zwischen verschiedenen Parteien entscheiden - bislang waren nur Einzelbewerber zugelassen. Die Wahl endet ohne klare Mehrheiten, die stärksten politischen Gruppierungen sind auch heute noch der Nationaldemokratische Verbund und die Liberale Union.

Der französische Staatspräsident und der Bischof von La Seu d'Urgell dürfen sich zwar immer noch mit dem Titel *Co-Prince* schmücken, besitzen heute aber nur noch repräsentative Aufgaben.

Kultur

Aufgrund der jahrhundertelangen Abgeschiedenheit in den Bergen konnte Andorra seine ***eigene Kultur*** überwiegend erhalten. Am deutlichsten zeigt sich dies natürlich im Katalanischen, das nach wie vor Staatssprache ist.

Eine ganze Reihe romanischer Kirchen und Kapellen zeugt vom ***katholischen Glauben*** der Menschen, der ebenfalls die Zeit überdauerte: Noch heute sind 94 Prozent der Einwohner Katholiken. Leider bleiben viele der Kirchen normalerweise geschlossen und werden nur im Juli und im August für Besichtigungen geöffnet.

Seit einigen Jahren bieten die Andorraner zudem verstärkt ***kulturelle Veranstaltungen*** an: Überregionale Bekanntheit erlangten das Jazz-Festival von Escaldes-Engordany im Juli, das Ordino-Musikfestival im September und das Musik- und Tanzfestival in Andorra la Vella im Oktober. Außerdem stehen überall im Land ***Skulpturen*** namhafter Künstler, wobei *Arcalís 91,* ein riesiger Ring, den der Italiener *Mauro Staccioli* oberhalb von El Serrat plazierte, sicherlich zu den eindrucksvollsten gehört.

Obwohl das gastronomische Angebot mittlerweile vom französischen Spitzenrestaurant bis zur amerikanischen Hamburgerkette reicht, behielt auch die vom rauhen Klima und den katalanischen Traditionen geprägte ***Küche*** ihr eigenes Gesicht. Zu den typischen Speisen zählen kälteunempfindliche Gemüse wie Kohl oder Rüben, außerdem Forelle, Kaninchen und Schwein.

Andorra la Vella

Die ***Hauptstadt Andorras*** (22.000 Einwohner), im Süden mit ***Santa Coloma*** und im Norden mit ***Escaldes*** zusammengewachsen, war einst ein friedliches Dörfchen - einst! Heute quälen sich von morgens bis abends Autokarawanen durchs Zentrum, das ausschließlich aus Spirituosen- und Tabakläden, Hifi-Geschäften und Modeshops, Supermärkten und Parfümerien zu bestehen scheint. Da der Ausbau der Stadt bis in die 1980er Jahre ohne jegliche Planung vollzogen wurde, kann man nicht einmal von einer sehenswerten Einkaufsmeile sprechen: Die Hauptstraße verläuft zwischen den meist hässlichen Geschäftshäusern, es existiert keine Fußgängerzone, ***Lärm und Hektik*** sind an der Tagesordnung. Dass sich Andorra la Vella, das von Bergen eingerahmt wird, eigentlich einer schönen Lage erfreut, geht in diesem Asphaltdschungel völlig unter - schließlich guckt man ja in die zahllosen Schaufenster und nicht nach oben.

Sehenswertes

Im Stadtkern befindet sich die 1580 errichtete ***Casa de la Vall,*** die mit ihrer hübschen Natursteinfassade beinahe so wirkt, als sei sie inmitten der modernen Umgebung fehl am Platze. Stolz weht die Landesflagge über dem Eingang des Gebäudes, das heute als ***Regierungssitz und Justizpalast*** dient. Die Größe der Casa de la Vall steht dabei im korrekten Verhältnis zu den Ausmaßen des Zwergstaates Andorra.

Das 1962 komplett restaurierte Haus besitzt eine Fülle interessanter Sehenswürdigkeiten und Räume, so dass man sich die kostenlose Besichtigung auf keinen Fall entgehen lassen sollte. Im heutigen ***Empfangssaal,*** dem früheren Speiseraum, sind Fresken (17. - 18. Jh.) zu bewundern, die ursprünglich aus der ***Kirche Sant Romà dels Vilars*** stammen. In der historisch eingerichteten ***Küche*** wurde früher das Süppchen für die Volksvertreter gekocht, falls sich deren Zusammenkunft außerplanmäßig in die Länge zog.

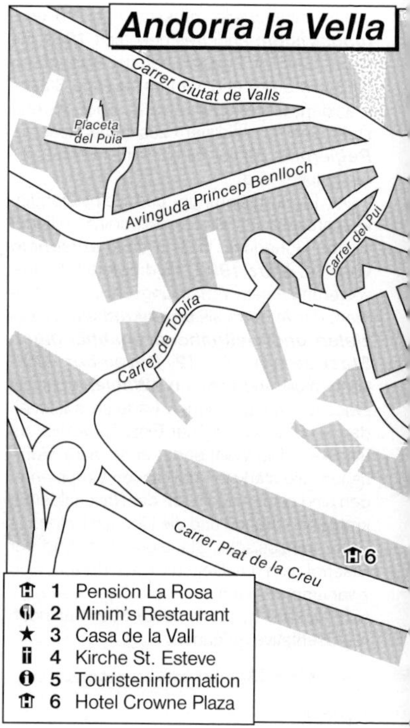

Im ***Sitzungssaal*** fasziniert der ***„Schrank der sieben Schlüssel",*** in dem sich wichtige Dokumente befinden. Wie der Name schon verrät, kann das Möbelstück nur mit einem Set aus sieben Schlüsseln geöffnet werden, von denen jede der sieben andorranischen Gemeinden einen besitzt. Fehlt einer der Gemeindevorsteher bei einer Zusammenkunft, muss das Treffen vertagt werden.

Mit imposanten Holzvertäfelungen und viel Atmosphäre besticht der ***Gerichtssaal,*** in dem heute nur noch

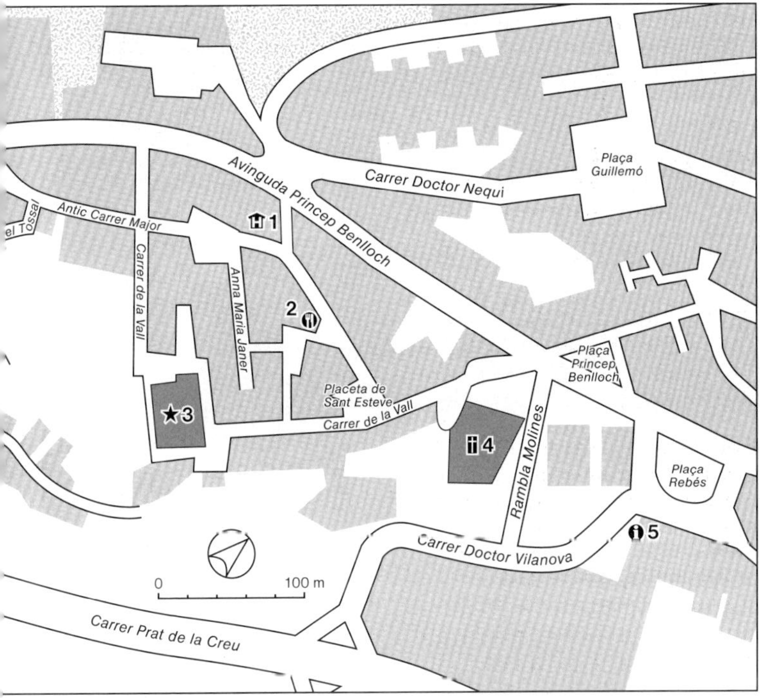

die wichtigen Prozesse verhandelt werden. Erst vor kurzem schaffte Andorra – das sich seiner niedrigen Kriminalitätsrate rühmt – die Todesstrafe ab; 1943 wurde hier zum letzten Mal ein Angeklagter zum Tode verurteilt.

● Die Casa de la Vall kann von montags bis samstags 9.30–13 und 15–19 Uhr sowie sonntags 10–14 Uhr besichtigt werden. Die Besichtigung ist kostenlos, allerdings empfiehlt sich eine vorherige Anmeldung unter Tel. 82.91.29. Vom 1. November bis 30. April bleibt die Casa de la Vall für Besucher geschlossen.

Die ***Kirche St. Esteve,*** in unmittelbarer Nähe des Regierungssitzes gelegen, stammt ursprünglich aus dem 13. Jh., weist mittlerweile aber nur noch wenige Merkmale dieser Epoche auf.

Praktische Informationen

Information

● ***Touristeninformation*** an der Carrer Dr. Vilanova, Tel. 82.02.14. Außerdem gibt es zwei kleinere Informationsstellen an der Straße Richtung Escaldes.

Gerichtssaal in der Casa de la Vall

Unterkunft

Das Hotel-Angebot in der 20.000-Einwohner-Gemeinde Andorra ist enorm: Über 60 Unterkünfte sämtlicher Kategorien stehen zur Auswahl, so dass man eigentlich zu jeder Jahreszeit relativ problemlos ein Zimmer bekommt. Die günstigsten Hotels und Pensionen befinden sich im älteren Stadtviertel, in der Nähe des Casa de la Vall.

- ***Hotel Crowne Plaza*** €€€€€, Prat de la Creu, Tel. 87.44.44, gehört zur Holiday-Inn-Kette und bietet so ziemlich alle Annehmlichkeiten, die der gestresste Gast sucht (Schwimmbad, Fitnessraum, Massagen...).
- ***Garden Hotel*** €€€€, an der Hauptstraße Avinguda d'Enclar 91 in Santa Coloma, Tel. 82.17.51. Ordentliches Mittelklassehotel mit Liegewiese.
- ***Pension La Rosa*** €, Antic Carrer Major 18, Tel. 82.18.10. Einfache, aber saubere Pension, Zimmer ohne eigenes Bad.
- Weitere günstige Hotels und Pensionen €-€€ im alten Ortsteil nahe der Casa de la Vall und an der Hauptstraße Av. Meritxell Richtung Escaldes, z. B. ***Pension Costa*** €, Tel. 82.14.39, oder ***Residència París*** €€, Tel. 82.08.43.
- ***Camping Valira,*** Avinguda de Salou auf der dem Zentrum gegenüberliegenden Flussseite, Tel. 82.23.84. Einziger Platz direkt bei Andorra la Vella, bei weitem nicht so schön gelegen wie die Campingplätze in den Bergen, „dafür" aber teurer.
- ***Camping Riberaygua,*** Carrer Verge del Remei, Tel. 82.66.99. Einer von drei Campingplätzen in Santa Coloma, wie alle Anlagen in der näheren Umgebung der Hauptstadt während der Sommersaison ziemlich voll.

Essen und Trinken

- ***Restaurant Chez Jaques,*** Avinguda Tarragona, Tel. 82.03.25. Gute französische Küche, Bestellungen ausschließlich à la carte, gehobenes Preisniveau.
- ***Minim's Restaurant***, Placeta de la Consòrcia 5, Tel. 86.75.11. Nettes Altstadt-Restaurant, bei dem man im Sommer auch

Die Casa de Vall: winziger Sitz der Regierung

ganz nett draußen sitzen und speisen kann. Katalanische Küche, das Menü ca. 10 €.
- Und natürlich gibt es neben zahlreichen Pizzerien auch McDonald's, Burger King, KFC, Pizza Hut...

Verkehrsverbindungen

- Fast stündlich fahren Busse ins ***spanische La Seu d'Urgell.***
- Täglich fahren mehrere Busse zum ***Pas de la Casa*** und von dort weiter nach Toulouse oder Ax-les-Thermes.
- Mindestens stündlich fahren Busse in ***alle größeren Orte*** des Landes, einzig nach ***El Serrat*** und nach ***Arinsal*** fahren sie seltener.

Ausflüge

Santa Coloma

Im Süden von Andorra la Vella liegt an der Hauptstraße der kleine Ort Santa Coloma, dessen Attraktion die ***Kirche*** bildet, von der große Teile noch aus dem 9. Jh. stammen. Der runde Glockenturm - eine Seltenheit in Andorra - wurde aber erst im 12. Jh. angebaut.

Die inneren Wände der Kirche waren einst mit kunstvollen ***Malereien*** aus dem 13. Jh. versehen, die schlaue Kunstsammler 1917 aber aufkauften und von der Wand ablösten. Heute sind sie im Preußischen Museum in Berlin zu bewundern - eine Rückkehr an ihren Heimatort wird es wohl nicht geben. Ein paar Bilder rettete allerdings der Zufall: Sie waren hinter dem barocken Hochaltar versteckt und wurden erst wiederentdeckt, als dem Altar ein neuer Standort zugedacht und er deshalb zur Seite gerückt wurde. Als weitere Kostbarkeit gilt die ***Madonnenstatue*** in

Andorra - ein Staat des Handels

der Sakristei, deren Alter mit etwa 800 Jahren beziffert wird.

St. Julià de Lòria

Im noch weiter Richtung spanische Grenze befindlichen Ort St. Julià de Lòria können ebenfalls ***romanische Kirchen*** besichtigt werden. Auf dem Weg dorthin passiert man die mittelalterliche ***Brücke von La Margineda.***

Escaldes-Engordany

Wann man genau die Trennungslinie zwischen Andorra la Vella und Escaldes überschreitet, lässt sich nur anhand der Beschilderung feststellen – die Hauptstadt und der im Süden angrenzende Ort sind fest miteinander verwachsen. Die Hauptstraße setzt sich nahtlos in Escaldes fort, geprägt von Geschäften, Geschäften und nochmals Geschäften.

Der Name Escaldes geht auf die Römer zurück, die diesen Begriff wegen der hier sprudelnden ***Thermalquellen*** wählten, die mit einer Temperatur von über 70 Grad zu den heißesten Europas zählen. Wurde das warme Wasser seit dem 15. Jh. in der ***Textilindustrie*** zum Waschen der Wolle benutzt, so stellt der ***Kurbetrieb*** heute eine wichtige Einnahmequelle dar.

Auffälligstes Gebäude nicht nur dieser Stadt, sondern des gesamten Landes ist seit einigen Jahren das ***Erlebnisbad Caldea,*** dessen gläserner Turm den Ort überragt. In dem Bade-Paradies erwarten den entspannungsbedürftigen Urlauber indo-römische und türkische Bäder, die zum Teil von den heißen Quellen gespeist werden. Drei Stunden Badespaß kosten 24,50 €; von der Bar im Turm des Glaspalastes bietet sich ein guter Ausblick.

Wer die Kultur den Badefreuden vorzieht, kann im ***Museu Josep Viladomat,*** Carrer Josep Villadomat 5, 140 Skulpturen des stark katalanisch beeinflussten Künstlers betrachten.

● Die Ausstellung ist täglich außer sonntags von 10–13 Uhr und von 16–20 Uhr, samstags nur 10–13 Uhr geöffnet. Eintritt 1,80 €.

Im ***Museu de Reproduccions d'Art Romànic*** in der Avinguda del Pessebre sind Modelle der wichtigsten andorranischen Bauwerke zu sehen.

● Geöffnet Juli und August täglich 10–13 Uhr und 16–20 Uhr, den Rest des Jahres Sonntag- und Montagmorgen geschlossen. Eintritt frei.

Auf einem Berg über Escaldes thront die ***Kirche Sant Miquel d'Engolasters,*** die Anfang des 12. Jh. im romanisch-lombardischen Stil erbaut wurde. Im Innern gibt es die Reproduktionen romanischer Wandmalereien – die Originale befinden sich mittlerweile in Museen.

Von hier führt die Straße weitere 3 km steil bergan zum ***See Estany d'Engolasters.*** An der Strecke wird noch heute Tabak angebaut, der früher eine wichtige Einkommensquelle Andorras darstellte, heute jedoch kaum mehr von Bedeutung ist. Am Ende der Straße angekommen, muss man den Wagen am Parkplatz beim Restaurant abstellen und etwa fünf Minuten zum See gehen, der im Sommer von vielen Ausflüglern besucht wird.

Andorra

Praktische Informationen

Information

- ***Touristenbüro*** im Zentrum, Tel. 82.09.63.

Unterkunft

- ***Hotel Roc de Caldes*** €€€€€, an der Straße nach Engolasters, Tel. 86.27.67. Luxushotel mit schöner Aussicht auf die Berge.
- ***Casa Canut Hotel*** €€€-€€€€€, Avinguda Carlemany 107, Tel. 82.13.42. Zentrales, recht komfortables Haus mit gewaltiger Bandbreite an Zimmern: Für die teuerste Suite mit eigenem Whirlpool, türkischem Bad, Stereoanlage und ähnlichen Späßen werden zur Hochsaison 220 € verlangt, es gibt aber auch schon Zimmer für unter 60 €.
- ***Hotel Residència Roser*** €€, Avinguda Fiter i Rossell 15, Tel. 82.13.35. Günstige Unterkunft mit 37 Zimmern, knapp die Hälfte davon mit eigenem Bad.
- ***Residència Roca*** €, Carrer Engordany 3, Tel. 82.08.78, gehört zu einer Reihe von einfachen und sehr preiswerten Unterkünften.

Essen und Trinken

- ***Restaurant Don Denis,*** Carrer Isabel Sandy 3, Tel. 82.06.92. Genau das Richtige für Nachtschwärmer, denn hier bekommt man auch um Mitternacht noch etwas auf die Gabel. Die Wände des Lokals sind mit Fotos übersät, die den Inhaber *Don Denis* – der auch in natura gern einen wichtigen Eindruck macht – mit allerhand Stars und Sternchen zeigen. Das Restaurant ist zweigeteilt: Im besseren und teureren Bereich muss man mindestens 18 € für ein Essen einplanen, in der Bar kann man schon für weniger als 6 € satt werden. Hier steht vom Wiener Schnitzel bis zur Lasagne so ziemlich alles auf der Karte – in den verschiedensten Sprachen.

Verkehrsverbindungen

- Sämtliche ***Inlandsbusse*** von und nach Andorra la Vella halten auch in Escaldes.

Weitere Reisetipps

- Das Unternehmen *Nadal* in der Avinguda del Pessebre 94, Tel. 82.11.38., veranstaltet ***Bustouren*** zu fast allen Sehenswürdigkeiten des Landes.

Ausflüge

Wanderung in das Madriu-Tal

Einen ersten Eindruck von der Schönheit Andorras gewinnt man bei einer Wanderung in das Madriu-Tal, östlich von Escaldes. Der Weg, der auf der GR 7 verläuft und rot-weiß gekennzeichnet ist, beginnt in ***Escaldes;*** man kann sich den Anfang der Strecke aber auch ersparen und die ersten Kilometer mit dem Auto auf der Straße nach ***Sant Miquel d'Engolasters*** zurücklegen. Bei einer Kurve – hier fließt auch der Madriu – geht der Wanderweg von der Straße ab.

Schon bald hat man die Hektik der Stadt hinter sich gelassen und die Natur dieses hübschen Tales lässt einen Abgase und Lärm vergessen. Der steile Weg verläuft stets in unmittelbarer Nähe des Flüsschens und kann eigentlich nicht verfehlt werden, man passiert auf ihm Wälder und Wiesen.

Geübte Wanderer können von hier aus entweder in die ***spanische Cerdagne*** oder zum Fuße des ***Col de Puymorens*** weiterlaufen. Dieser Pfad wurde früher übrigens in erster Linie von Schmugglern benutzt, die andorranischen Tabak in Nacht- und Nebelaktionen nach Frankreich brachten.

Das Tal der Valira del Nord

Mit dem Fluss Gran Valira spaltet sich in Escaldes auch die Straße: Während die CG 2 zum Grenzort Pas de la Casa führt, folgt die ***CG 3*** der Valira del Nord bis nach El Serrat und weiter ins Skigebiet Arcalís. Auf der Strecke zweigt bei La Massana von der CG 3 eine weitere ***Straße ins Tal des Riu d'Arinsal ab,*** über die die Orte Pal und Arinsal erreicht werden können. Die Tour in das Tal der Valira del Nord sollte man nicht auslassen, denn besonders die höheren Lagen bieten ein wunderschönes Bergpanorama und erstklassige Wandermöglichkeiten. Wie überall in Andorra kommen auch hier die Freunde romanischer Baukunst auf ihre Kosten, da zahlreiche Kirchen und Kapellen die Wege säumen.

5 km nach Escaldes erreicht man ***La Massana,*** eine der sieben Pfarrgemeinden des Landes und besonders sehenswert, wenn der Ort Mitte August sein großes Dorffest feiert. Die romanische ***Kirche Sant Iscle i Santa Victòria*** beherbergt sowohl barocke als auch romanische Objekte.

Biegt man hier auf die CG 4 ab, passiert man ungefähr auf halbem Weg ins 5,5 km entfernte Pal eine Abzweigung, die in den beliebten ***Skiort Arinsal*** führt. 23 Pisten mit einer Gesamtlänge von 28 km - darunter sogar sechs schwarze Abfahrten - stehen den Brettl-Fans zur Verfügung. Der in Andorra übliche Einsatz von Schneekanonen gehört auch hier zum Alltag: 73 dieser Maschinen sorgen dafür, dass Skiläufern und Liftbetreibern im Winter kein Tag verlorengeht.

Das auf sonnigen Terrassen gelegene ***Pal*** zeigt sich dem Besucher als typisches andorranisches Natursteindorf, in dem mittlerweile aber auch neuere Häuser zum Bild gehören. Dominiert wird der Ort von der ***Kirche Sant Climent*** aus dem 12. Jh., deren lombardischer Glockenturm zu den schönsten des Landes zählt. Über Pal erstreckt sich bis zu einer Höhe von 2.358 m ein ***Skigebiet,*** das im Winter auch von Skibussen angefahren wird.

Wer die CG 3 in La Massana nicht verlässt, erreicht nach 2 km das Dorf ***Ordino*** mit einigen alten Häusern und einer Reihe neuer Chalets. Heiligtum der ***Kirche Sant Corneli et Sant Cebrià*** ist eine Madonnenstatue aus dem 12. Jh. Als sehr interessant erweist sich ein Besuch des ***Museu d'Areny i Plandolit,*** dem ersten Museum Andorras. In dem ehemaligen Haus der Familie *Areny Plandolit* zeigen Möbel und andere Ausstellungsstücke aus den verschiedensten Epochen, wie wohlhabende Andorraner einst lebten. Die *Areny Plandolits* kontrollierten zwischen dem 16. und dem 19. Jh. große Teile der Metall-Industrie Andorras. Berühmtestes Familienmitglied war *Don Guillem d'Areny Plandolit,* der zu den Vätern der Reformen von 1866 zählt.

- Geführte Besichtigungen erfolgen täglich außer montags und sonntags nachmittags 9.30-13.30 und 15-18.30 Uhr. Der Eintritt beträgt 2,40 €. Empfehlenswert!

Das einst in Andorra la Vella beheimatete ***Postmuseum*** des Landes befindet sich nun in Ordino – für Philatelisten auf jeden Fall ein Muss.

- Öffnungszeiten: Dienstag bis Freitag 9.30–13.30 Uhr und 15–18.30 Uhr, Sonntag 10–14 Uhr. Montags geschlossen. Eintritt 2,40 €, Studenten 1,20 €.

Vorbei an dem Tabak-Dorf ***Sornàs,*** an ***La Cortinada*** mit der ***Kirche Sant Martí*** (hübsche Fresken), und ***Llorts,*** das früher vom Eisenerz lebte, kommt man in das letzte Dorf des Tales, ***El Serrat.*** Verdienten die Menschen hier ehemals ihr Geld als Hirten und Schmiede, so dürfte die oberhalb gelegene ***Skistation Arcalis*** heute den Platz der wichtigsten Finanzquelle eingenommen haben. Von El Serrat führt ein Weg in das hübsche ***Sorteny-Tal,*** das wegen seiner Blumenvielfalt nicht nur bei Botanikern beliebt ist.

Praktische Informationen

Information

- ***Touristenbüros*** in La Massana, Tel. 83.56.93 und Ordino, Tel. 73.70.80.

Unterkunft

- ***Hotel Rutllan*** €€€€ in La Massana, Carretera d'Arinsal, Tel. 83.50.00. Großes, komfortables Haus; viele Zimmer mit Balkon. Schöner Garten, Pool und Tennisplatz.
- ***Hotel Quim*** €€, am Platz in Ordino, Tel. 83.50.13. Kleines Hotel, alle 14 Zimmer mit eigenem Bad.
- ***Camping Xixerella*** in Erts, 3 km hinter La Massana in Richtung Pal gelegen, Tel. 83.66.13. Großer Platz mit Schwimmbad und Spielmöglichkeiten für Kinder.
- ***Camping Els Pardassos*** in Llorts, Tel. 85.00.22. Preiswerter als die Anlage bei La Massana, 100 Stellplätze.

Essen und Trinken

- ***Restaurant Xopluc*** in Erts (Richtung Pal), Carretera General, Tel. 83.56.45. Besonders empfehlenswert sind die Grill-Spezialitäten. Menü um 18 €.

Verkehrsverbindungen

- Von Ordino im Halbstundentakt ***Busse*** nach Andorra la Vella, von Arinsal viermal täglich (8, 10, 15 und 18.45 Uhr), von El Serrat zweimal täglich (7.45 und 14.45 Uhr).

Ausflüge

Wanderungen aller Schwierigkeitsgrade, die in diesem Gebiet verlaufen, werden in einer kostenlosen, in den Touristenbüros erhältlichen Broschüre beschrieben.

Wanderung zu den Estanys de Tristaina

Auch für weniger trainierte Wanderer empfiehlt sich die Tour zu den Estanys de Tristaina, die im ***Forat-Tal*** beim Skigebiet Arcalís, oberhalb von El Serrat, beginnt. Insgesamt drei Seen können umrundet werden, den ersten erreicht man nach nicht einmal 30 Minuten. Der Weg, der zumindest im Bereich dieser Estanys keine großen Kraftanstrengungen verlangt, führt auf der französischen Seite weiter bis ins ***Tal von Vicdessos*** (siehe unter Ariège).

Wanderung zu den Estanys de l'Angonella

Erheblich anspruchsvoller und zeitaufwändiger ist der Weg zu einer anderen Seen-Gruppe, den Estanys de l'Angonella. Die Strecke beginnt in dem Dorf ***Llorts*** (von dort ausgeschildert) und führt durch Wälder und über hochgelegene Weiden zu den Gewässern, wobei fast 1.000 m Höhenunterschied bewältigt werden müssen.

Das Tal der Valira d'Orient

Das Tal, das sich ***von Escaldes zum Pas de la Casa*** hinaufschraubt, besitzt einen großen Nachteil: Sämtliche Autos auf dem Weg von oder nach Frankreich befahren die hier durchlaufende ***CG 2,*** so dass fast jeder Andorra-Besucher das Tal zumindest einmal durchquert. Der manchmal nervige Verkehr sollte einen aber nicht davon abhalten, die Orte an der Strecke zu besichtigen und Abstecher in die Seitentäler zu machen.

Encamp

Encamp, hinter Andorra la Vella und Escaldes mit 6.600 Einwohnern die drittgrößte Gemeinde des Zwergstaates, liegt nur 5 km nördlich dieser Einkaufsstädte. Dennoch bietet Encamp erheblich eher die Möglichkeit, einmal abzuschalten - obwohl mit der CG 2 die Hauptschlagader des Landes ebenfalls genau durchs Zentrum verläuft.

Die schönsten Bauwerke des Ortes befinden sich im Viertel ***Les Bons:*** Hier hat ein mittelalterlicher Komplex, bestehend aus der ***Kirche Sant Romà*** (12. Jh.), einem ***Verteidigungsturm*** und den Ruinen einer ehemaligen ***Befestigungsanlage,*** die Zeit überdauert. Bei den romanischen Malereien in der Kirche handelt es sich um Reproduktionen; die Originale werden heute im Museum für katalanische Kunst in Barcelona gezeigt.

Stolz ist das Städtchen auf sein ***Automobil-Museum,*** dessen Name einen großen Bereich der Ausstellung sogar unterschlägt. Neben 100 vielfach nostalgischen Wagen sind nämlich noch 50 Motorräder und über 100 Fahrräder zu sehen. Diese Sammlung an zumeist historischen Drahteseln zählt somit zu den größten in ganz Europa.

●Außer an Montagen sowie sonntags nachmittags öffnet das wirklich sehenswerte Museum täglich 9.30-13.30 und 15-18 Uhr seine Pforten. Eintritt 2,40 €.

„Kirchen-Fans" können in und um Encamp vier weitere Gotteshäuser besichtigen.

Santurio de Meritxell

3 km nördlich von Encamp liegt etwas abseits der Hauptstraße das ***Heiligtum des Landes*** Andorra: das Santurio de Meritxell. Wer eine der typischen romanischen Kirchen des Landes erwartet, wird überrascht sein. Bei dem erst 1974 geplanten und 1976 fertiggestellten Gotteshaus handelt es sich um ein modernes, kontrastreiches Gebäude; eine Mischung aus runden und eckigen Formen, aus Glas und Naturstein, aus hellen und dunklen Tönen. Diese Farbgebung wählte der Architekt *Ricard Bofill* völlig bewusst - die weißen Materialien stellen den verschneiten Winter in Andorra dar, die schwarzen Elemente symbolisieren die schattigen Wälder im Sommer.

Ursprünglich stand an dieser Stelle tatsächlich eine romanische Kirche, die im ***12. Jh.*** errichtet wurde, nachdem die Mutter Gottes an einem Ja-

Alltägliche Autoschlange an der Grenze zu Frankreich

nuartag (!) inmitten eines blühenden Rosenbusches erschienen war. ***1873*** erklärte man die Jungfrau von Meritxell zur ***Schutzheiligen Andorras*** und den 8. September zum Nationalfeiertag. War es nun Schicksal oder Zufall - genau in der Nacht auf diesen Feiertag brach ***1972*** ein gewaltiges Feuer aus, und das historische Gebäude brannte bis auf die Grundmauern nieder. Die Überreste der alten Kirche integrierte man mittlerweile aber in den Neubau. Das heutige Heiligtum, das romanische Stilrichtungen ebenso aufweist wie Elemente der Renaissance und der islamischen Kunst, wird alljährlich am 8. September von Tausenden Andorranern aufgesucht.

Canillo

Bleibt man auf der CG 2, erreicht man nach wenigen Kilometern die 1.530 m hoch gelegene Gemeinde Canillo. Während die Hauptstraße ausschließlich Neubauten säumen, sind im oberen Teil des Ortes mehrere ***traditionelle Wohnhäuser*** zu finden. Zwar besitzt Canillo ebenfalls zwei alte Kirchen, doch die meistbesuchte Attraktion ist die moderne ***Eishalle,*** in der Schlittschuhläufer ihre Runden drehen. Kurz hinter dem Ortsausgang befindet sich mit der romantischen ***Kirche Sant Joan de Caselles*** ein weiteres sehenswertes Bauwerk.

In Canillo besteht die letzte Möglichkeit, ins Tal der Valira del Nord zu fahren: Über den ***Coll d'Ordino*** (1.980 m) führt eine landschaftlich schöne Straße nach Ordino.

Weiter zur französischen Grenze

Vorbei an den Abblegungen zu den tollen Tälern ***Coma de Ransol*** und ***Vall d'Incles*** (siehe unter Ausflüge) sowie der Skistation ***Soldeu,*** erreicht man den Fuß eines Berges. Hier zweigt noch einmal eine kleinere Straße ab, die nach 1 km in ***Grau Roig,*** dem ***größten Skizentrum*** des Landes, endet. In einem Gebiet von 530 Hektar vergnügen sich die Skiläufer auf beinahe 50 Pisten mit einer Gesamtlänge von 87 km. 27 Lifte schleppen die Sportler bis auf eine maximale Höhe von 2.600 m.

Die CG 2 windet sich nun zum ***Envalira-Pass*** hinauf und fällt danach steil bis ***Pas de la Casa,*** dem Grenzort zu Frankreich, ab. Dass man sich der Grenze nähert, wird schon weit vor dem Zoll deutlich: Die oft wirklich extrem lange Autoschlange bewegt sich nur noch im Schrittempo voran. Wartezeiten von zwei Stunden sind durchaus an der Tagesordnung. Wer bislang noch keine Zeit zum Einkauf gefunden hat, kann sich hier noch einmal mit Zigaretten, Alkoholika oder allerlei elektronischen Spielereien eindecken.

Praktische Informationen

Information

- ***Touristenbüros*** in Encamp (Tel. 73.10.00) und in Canillo (Tel. 85.10.02).

Unterkunft

- ***Hotel Coray*** €€€ in Encamp, Carrer dels Caballers 38, Tel. 83.15.13. Gepflegtes, großes Hotel mit Terrasse; 85 Zimmer, alle mit eigenem Bad. Empfehlenswert!
- ***Hotel del Tarter*** €€€-€€€€, an der Hauptstraße in Soldeu, Tel. 80.20.80. Gute Unterkunft, alle Zimmer mit eigenem Bad, Balkon und schöner Aussicht.
- ***Hotel Comerç*** € in Canillo, an der Hauptstraße, Tel. 85.10.20, bietet die günstigste Übernachtungsmöglichkeit. Dafür muss man auf fast allen Komfort, unter anderem aufs eigene Bad verzichten.
- ***Camping Font de Ferrocins,*** zwischen El Tarter und Soldeu am Eingang des Vall d'Incles gelegen, Tel. 85.13.41. Landschaftlich schöner und zudem günstiger Platz.
- Zwischen Canillo und Soldeu sowie im Vall d'Incles befinden sich mehrere, teilweise landschaftlich ***ansprechend gelegene Campingplätze,*** allesamt preiswerter als die bei Andorra la Vella.

Essen und Trinken

- ***Restaurant Molí del Peano,*** an der Hauptstraße in Canillo, Tel. 85.12.58. Kleines Restaurant, dessen französische Gerichte trotz der guten Qualität recht preiswert sind.

- ***Restaurant im Hotel del Tarter*** (s. Unterkunft). Die Nähe zur Grenze hinterlässt auch hier ihre Spuren: Die französischen Spezialitäten sind wirklich lecker! Menü ab 13 €.

Verkehrsverbindungen

- Zwischen 8 und 20 Uhr stündlich ***Busse*** von Canillo und von Soldeu nach Andorra la Vella. Nur um 11.30 Uhr ein Bus von Pas de la Casa in die Hauptstadt.

Ausflüge

Wanderung im Vall d'Incles

Wie schnell man Geschäftigkeit und Trubel doch hinter sich lassen kann, beweist das Vall d'Incles. Kaum ist man kurz vor ***Soldeu*** auf die Schotterpiste abgebogen, die in das Tal führt, scheint die Hektik unendlich weit entfernt. Inmitten von Bergen und Wiesen plätschert ein Bach, an menschlichen Bauwerken sind nur noch uralte Steinmäuerchen und einige Bauernhöfe zu sehen. Sicherlich sind hier zur Hochsaison einige Wanderer und Spaziergänger unterwegs, doch bislang hat die Schönheit der Natur noch nicht unter den menschlichen Einflüssen gelitten.

Am besten parkt man das Auto bereits im unteren Bereich des Tales und läuft zu Fuß weiter. Die erste Hälfte der Strecke verläuft auf der Schotterpiste und gestaltet sich als gemütlicher Spaziergang. Nach etwa 3 km spaltet sich der Weg: Der ***linke Pfad*** führt zum 2.260 m hohen ***Port d'Incles,*** von wo man einen herrlichen Ausblick auf die bereits in Frankreich liegenden Fontargent-Seen genießt.

Wer den ***rechten Pfad*** wählt, erreicht nach etwa 3 km die ***Bergseen von Juclar,*** die aufgrund ihrer Lage gut und gerne Postkarten schmücken könnten.

Egal, wie man sich entscheidet – der obere Teil der Route ist in beiden Fällen steiler und anspruchsvoller als die untere Hälfte. Wanderer, die nicht gerade zum ersten Mal im Gebirge unterwegs sind, dürften aber keine Probleme bekommen. Beide Etappen nehmen bei mittlerem Tempo ungefähr vier bis fünf Stunden in Anspruch.

Wanderung in der Coma de Ransol

Wie im Vall d'Incles, so wachsen auch im etwas weiter westlich verlaufenden Tal Coma de Ransol große Mengen an andernorts bereits ***seltenen Pflanzen.*** An Blaubeeren kann man sich hier im Sommer so manches Mal satt essen. Ähnlich dem Nachbartal, verläuft die erste Etappe auf einem breiten Weg, bevor nach 4 km ein Pfad nach Westen abbiegt. Dieser führt steil bergan zu den winzigen ***Seen von la Coma.*** Auch diese Wanderung dauert etwa vier bis fünf Stunden und erweist sich als nicht minder interessant und schön.

Die spanischen Pyrenäen

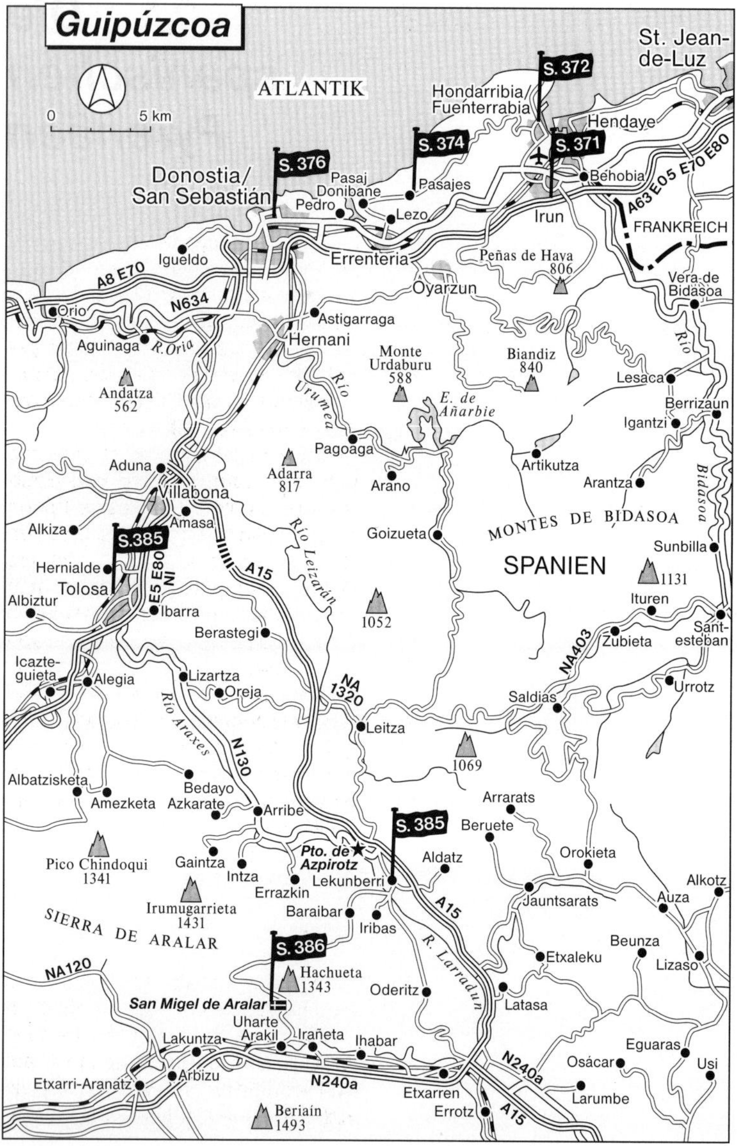
Guipúzcoa
ATLANTIK
0 5 km
St. Jean-de-Luz
S. 372
Hondarribia/Fuenterrabia
S. 374
S. 371
Hendaye
S. 376
Donostia/San Sebastián
Pasaj Donibane
Pedro
Pasajes
Lezo
Béhobia
A63 E05 E70 E80
Irun
FRANKREICH
Igueldo
Errenteria
Peñas de Haya 806
A8 E70
Oyarzun
Vera-de Bidasoa
Orio
N634
Astigarraga
Aguinaga
R. Oria
Hernani
Monte Urdaburu 588
Biandiz 840
Río
Río Urumea
Lesaca
Andatza 562
E. de Añarbie
Berrizaun
Igantzi
Pagoaga
Artikutza
Aduna
Adarra 817
Arano
Arantza
Bidasoa
Villabona
Amasa
Alkiza
MONTES DE BIDASOA
Goizueta
S.385
Río Leizarán
Sunbilla
Hernialde
A15
SPANIEN
1131
Tolosa
E5 E80 NI
Albiztur
Ibarra
1052
Ituren
Berastegi
Zubieta
Sant-esteban
NA403
Icazte-guieta
Alegia
Lizartza
Oreja
NA 1320
Urrotz
Río Araxes
Saldias
Leitza
N130
1069
Albatzisketa
Bedayo
Amezketa
Azkarate
Arrarats
Arribe
S. 385
Beruete
Pto. de Azpirotz
Aldatz
Orokieta
Pico Chindoqui 1341
Gaintza
Intza
Lekunberri
Alkotz
Errazkin
Jauntsarats
Auza
Irumugarrieta 1431
Baraibar
Iribas
A15
SIERRA DE ARALAR
R. Larraun
Beunza
S. 386
Etxaleku
Lizaso
NA120
Hachueta 1343
Oderitz
Latasa
San Migel de Aralar
Uharte Arakil
Lakuntza
Irañeta
Ihabar
Eguaras
Osácar
Usi
N240a
Arbizu
Etxarri-Aranatz
N240a
Etxarren
Larumbe
Beriain 1493
Errotz
A15

Guipúzcoa

(bask. *Gipuzkoa*)

Mit einer Fläche von nur knapp 2.000 Quadratkilometern ist Guipúzcoa die kleinste aller spanischen ***Provinzen.*** Dieser Landesteil, der sich von der französischen Grenze anfangs einige Kilometer wie ein Schlauch an der Atlantikküste entlangzieht und erst dann verbreitert, zählt deshalb aber keineswegs zu den bevölkerungsärmsten Verwaltungsgebieten. Besonders im östlichsten Küstenabschnitt, der von den Ausläufern der Pyrenäen und dem Atlantik geprägt wird, reiht sich ein Ort an den nächsten: Dicht gedrängt folgen ***Fuenterrabía, Irun, Pasajes*** und die Provinzhauptstadt ***San Sebastián*** aufeinander.

Großes Ansehen genießt Guipúzcoa unter ***Feinschmeckern:*** Viele Gourmets behaupten, die hiesige Küche sei die beste in ganz Spanien. Zu den Spezialitäten zählen vornehmlich die Gaben des Meeres wie Seehecht in verschiedenen Soßen, Tintenfisch oder Krabben. Um sich ein Bild von den exzellenten Kochkünsten zu machen, muss man übrigens nicht viel Geld in einem teuren Restaurant ausgeben. Jede Bar bietet zumeist direkt am Tresen kleine Happen an, die sogenannten ***Tapas*** (bask. *pintxos*), die qualitativ und geschmacklich fast immer erstklassig sind.

Irún

Wenngleich Irún als Urlaubsziel kaum Bedeutung besitzt, so lernen doch viele Pyrenäenreisende die beinahe 60.000 Einwohner zählende Stadt kennen: Irún ist ein ***wichtiger Grenzort,*** hier verlaufen sowohl die meistbefahrenen Straßen als auch die Eisenbahnlinie von Frankreich nach Spanien. Für einen längeren Aufenthalt empfiehlt sich die Stadt zwischen dem Fluss Bidasoa und dem Berg Aya (806 m) aber tatsächlich nicht. Zu groß waren die Schäden, die sie während des spanischen Bürgerkrieges erlitt, als dass man noch von einem schönen Ort sprechen könnte. Fast alle historischen Gebäude fielen den Kämpfen zum Opfer, heute besteht die Stadt vornehmlich aus zweckorientierten Wohnhäusern und Industriebetrieben.

Wer den hektischen Grenzübergang mit all seinen Spiritousen- und Andenkenläden hinter sich gebracht hat und über reichlich Zeit verfügt, kann aber zumindest einen Abstecher ins ***Zentrum*** machen, um die letzten Zeugen der Geschichte zu betrachten.

Sämtliche Kriege und Auseinandersetzungen überstanden das ***Rathaus*** von 1763, die hübsche ***Kirche Nuestra Señora del Juncal*** und die gotische Kapelle ***Ama Xantalen*** *(Santa Elena),* an deren Platz einst ein römischer Tempel stand. Überreste dieses Tempels erinnern daran, dass schon die Römer an der Küste vor Irún einen Hafen errichteten.

Ein Besuch lohnt jedoch auf jeden Fall am Morgen des ***30. Juni,*** wenn jede Menge weißgekleideter Männer mit roten Baskenmützen bei der ***l'Alarde de San Marcial*** trommelnd durch die Straßen ziehen und den Sieg der Basken gegen die spanischen Truppen im Jahre 1522 feiern. Unter lautem Getöse marschiert die Gruppe zur außerhalb gelegenen Einsiedelei San Marcial, von wo sich ein guter Ausblick bietet.

Praktische Informationen

Information

- Die ***Touristeninformation*** befindet sich am Grenzübergang Behobia, relativ gut versteckt zwischen Andenkenläden und Tabakgeschäften, Tel. (943) 622627.

Unterkunft

In der Nähe des ***Bahnhofs*** gibt es zahlreiche günstige Unterkünfte, allerdings ohne viel Charme. Unter anderem:

- ***Pension Los Fronterizos*** €€, Calle Estación 7, Tel. (943) 619205.
- ***Hostal Irún*** €€, Calle Zubiaurre 5, Tel. (943) 611637. DZ mit Waschbecken.

Verkehrsverbindungen

- Vom ***Bahnhof:*** zwei Nachtzüge direkt nach Paris, mit Halt in Bordeaux. Außerdem mehrfach stündlich Züge und Busse nach San Sebastián.
- ***Flughafen:*** siehe San Sebastián.
- Von Irún verläuft die ***N 121A*** am Río Bidasoa entlang durch waldige Gegenden ***nach Pamplona*** (siehe unter Pamplona und der Norden Navarras).

Fuenterrabía

(bask. *Hondarribia*)

Wer die Grenze bei Irún passiert und angesichts der ersten Eindrücke sofort aufs Gaspedal drückt, um erst einmal möglichst weit weg zu kommen, begeht einen Fehler. Nur wenige Kilometer nördlich liegt mit Fuenterrabía ein Städtchen an der Mündung des Bidasoa, das gleichermaßen für seine hübsche Altstadt und seine guten Bademöglichkeiten bekannt ist.

Trotz der zahlreichen Gäste weist der Ort (13.000 Einwohner) selbst im

Sommer eine freundliche Kleinstadtatmosphäre auf - kein Vergleich zu den überlaufenen Touristenhochburgen an der Costa Brava. Der Ferienbetrieb spielt sich in erster Linie am nördlich gelegenen ***Strand*** ab, der jedem Urlauber aufgrund seiner Größe verhältnismäßig viel Platz bietet. Durch die wunderschönen Gassen der Altstadt schlendert man am ungestörtesten zur Mittagszeit: Dann vergnügen sich die meisten Feriengäste entweder am Wasser oder halten Siesta.

Wann sich an diesem strategisch günstigen Platz zwischen Flussmündung und Meer erstmals Menschen niederließen, kann nicht genau bestimmt werden; vermutlich bestand hier aber bereits vor 2.500 Jahren eine Siedlung. Im Jahre 1203 vom König Alfonso VIII. von Kastilien mit den Stadtrechten ausgezeichnet, entwickelte sich Fuenterrabía zu einer wichtigen Festung gegen Frankreich.

Überreste der ***Wehrmauer*** umgeben noch heute die Altstadt, die 1660 zu einem symbolträchtigen Ort wurde: In der ***Kirche Santa María*** (15.-16. Jh.) gaben sich der französische König *Ludwig der XIV.* und die spanische *Prinzessin María Teresa* das Ja-Wort, um so den ein Jahr zuvor geschlossenen Pyrenäenfrieden auch zwischenmenschlich zu unterstreichen. Damit wirklich jeder zufrieden war, wurde die Hochzeit außerdem noch in Saint-Jean-de-Luz, auf der anderen Seite der Grenze, vollzogen (siehe unter Saint-Jean-de-Luz).

Erstaunlich, wie ein von zahlreichen kriegerischen Auseinandersetzungen betroffener Ort eine derart schöne und gut erhaltene ***Altstadt*** besitzen kann. Die Wehrmauern, die eine Ausbreitung verhinderten und so zum Bau enger Gassen führten, scheinen beste Arbeit geleistet zu haben. Durch das ***Haupttor Santa María*** gelangt man in die ***Calle Mayor,*** deren ehemalige ***Adelshäuser*** mit Familienwappen, malerischen Balkonen und Erkern verziert sind. Historische Gebäude befinden sich auch in den kleineren Kopfsteinpflaster-Gassen, vielfach sind Balken der ***Fachwerkhäuser*** mit kunstvollen Ziselierungen versehen.

Am Rande der Altstadt liegt die zum Meer offene ***Plaza Armas,*** die einen sehr schönen Blick auf die Bucht freigibt. Den Platz säumt neben einer lieblichen Häuserzeile auch das ***Kastell Karls V.,*** mit dessen Bau bereits im 12. Jh. begonnen wurde. In dem massiven Gemäuer befindet sich heute ein *Parador,* der es auch Gästen nicht blauen Blutes ermöglicht, einmal in einem Palast zu nächtigen (siehe bei Unterkunft).

Das hübsche ***Hafenviertel La Marina*** prägen die im typisch baskischen Stil erbauten Häuser, die in den verschiedensten Farben bemalt sind.

Im Norden der Stadt liegt der auffallend breite ***Sandstrand,*** dessen Erscheinungsbild allerdings einige Hotel- und Appartementneubauten trüben, die in direkter Nähe zum Strand erbaut wurden.

Ein lohnenswertes ***Ausflugsziel*** stellt die ***Landzunge Cabo Higuer*** dar, wo ein weiß getünchter Leuchtturm sich vom dunklen Blau des Atlantiks abhebt. In einem Ausflugslokal kann man hier eine kleine Pause einlegen.

Praktische Informationen

Information

- ***Touristenbüro*** an der Javier Ugarte 6, beim Platz San Christobal, Tel. (943) 645458.

Unterkunft

- ***Parador El Emperador*** €€€€€, Plaza Armas 14, Tel. (943) 645500. Wunderschöne Unterkunft in der Burg Karls V. am Rande der Altstadt. In den gewaltigen Mauern herrscht eine ganz eigene, ruhige Atmosphäre. Im Sommer oft ausgebucht, daher frühzeitig reservieren!
- ***Hostal Alvarez Quintero*** €€€ am Hafen, Tel. (943) 642299., ist das günstigste Hotel der Stadt.
- ***Jugendherberge*** in der Carretera Faro, etwas nördlich des Ortes, Tel. (943) 641550.
- ***Camping Jaizkibel,*** kurz hinter dem Ortsausgang Richtung Monte Jaizkibel, Tel. (943) 641679. Schattiger Platz, auf dem auch Bungalows vermietet werden, ganz hübsch am Fuße des Berges Jaizkibel gelegen. Außerdem Mountainbike-Verleih.

Essen und Trinken

- Mehrere Restaurants am Beginn der ***Calle San Pedro*** haben sich auf die typische Küche der Region spezialisiert. Besonders empfehlenswert sind die (wen wundert's?) frischen Fischgerichte.
- Zu einem Gläschen in Ehren setzt man sich am besten in eine der ***Bars auf der Plaza Arma,*** von wo aus man das Meer und das Kastell im Blick hat.

Verkehrsverbindungen

- Stündlich mehrere ***Busse*** nach San Sebastián.
- ***Flughafen*** s. San Sebastián.

Ausflüge

Kapelle Nuestra Señora de Guadalupe

Wer es wahnsinnig eilig hat, fährt über die Autobahn nach San Sebastián, wer eine tolle Landschaft der Schnelligkeit vorzieht, wählt die ***GI 3440*** über den 448 m hohen ***Jaizkibel.*** Gemütlich windet sich das Sträßchen den Berg hinauf, mehrfach erwarten einen wunderschöne Aussichten über die Küste. Auf halber Strecke zwischen Fuenterabía und dem Gipfel liegt die Kapelle Nuestra Señora de Guadalupe, in der ein Bild die Schutzheilige Fuenterrabías zeigt. Die Legende besagt, diese Madonna von Guadalupe habe die Stadt 1683 nach einer zweimonatigen Belagerung gerettet, als sie im letzten Moment hilfreiche spanische Truppen sandte. Seit jeher wird diese Kapelle vor allem von Seeleuten aufgesucht, wie die Schiffsmodelle im Innern belegen. Am 8. September wird alljährlich das Fest zu Ehren der Schutzheiligen gefeiert, wobei die Bewohner der Stadt zu der kleinen Kapelle pilgern.

Pasajes

(bask. *Pasaia*)

Noch ganz eingenommen von der landschaftlich schönen Route über den Monte Jaizkibel, wartet am Ende der Straße der Kulturschock: Vor einem liegt das vom ***Hafen*** und der ***Industrie*** bestimmte Pasajes. Noch im 19. Jh. ausschließlich die Heimat von Fischern, setzt sich die Stadt an

Hafen in Pasajes de San Juan

der Flussmündung des Rio Oyarzun heute aus drei verschiedenen Teilen zusammen. Pasajes Ancho besteht vornehmlich aus einem bedeutenden Handelshafen, in Pasajes de San Pedro befindet sich eine große Fischereiflotte und bei Pasajes de San Juan handelt es sich um den alten Teil des Ortes.

Pasajes Ancho und ***Pasajes de San Pedro*** finden nur bei denjenigen Anklang, die sich für Seefahrt interessieren – der größere Teil der Urlauber wird den industrialisierten und von mehrstöckigen Häusern bestimmten Gegenden um das moderne Hafenbecken nur wenig abgewinnen können.

Als hübsches Kleinod blieben einzig die historischen, bunten Häuser am ***Hafen in Pasajes de San Juan*** erhalten. Von hier aus segelte der Franzose *Lafayette* 1776 nach Amerika, wo er als General am Unabhängigkeitskampf der USA teilnahm. In Pasajes de San Juan lebte 1843 *Victor Hugo* inmitten der Fischer, der in literarischen Ergüssen die Farben des Himmels und des Meeres so pries.

Wer diese geschichtsträchtige Häuserzeile aus der Nähe betrachten will, besitzt zwei Möglichkeiten, dorthin zu gelangen: Kommt man aus Fuenterrabía oder Irún kann man direkt bis nach Pasajes de San Juan hineinfahren, nähert man sich aus Richtung San Sebastián, stellt man das eigene Fahrzeug am besten auf der anderen Seite der Bucht ab und setzt mit dem ständig verkehrenden Bötchen über. So bleibt einem ein recht langer Umweg durch die Industriebezirke erspart.

Verkehrsverbindungen

- Von morgens bis abends ***Busse*** von Pasajes de San Pedro nach San Sebastián.

Weitere Reisetipps

- Im Sommer finden auf der Flussmündung in Pasajes ***Ruderregatten*** statt, eine fürs Baskenland typische Sportart. Wer sich gerade zu diesem Zeitpunkt in der Stadt befindet, sollte sich das mit viel Beifall bedachte Spektakel anschauen.
- Ein paar Kilometer landeinwärts liegt der Industrieort ***Errenteria*** *(Renteria)* mit einigen geschichtlichen Überbleibseln wie dem Rathaus oder der Kirche.

San Sebastián

(bask. *Donostia*)

Wer etwas von der Atmosphäre des Fischerdorfes erhaschen möchte, das die ***Hauptstadt der Provinz Guipúzcoa*** einst war, muss lange suchen. Von der provinziellen Verschlafenheit ist am ehesten noch etwas in der schönen Altstadt zu spüren, ansonsten gibt sich das beinahe 200.000 Einwohner zählende Seebad an der Mündung des Rio Urumea heute weltoffen und wirkt teilweise geradezu vornehm. Hier flanieren die Menschen zwischen prunkvollen Häusern und teuren Geschäften oder sitzen in Bars und Restaurants, deren Fisch-Spezialitäten in ganz Spanien berühmt sind.

Seinen Ruf als ***nobler Badeort*** verdankt San Sebastián der königlichen Familie, die im 19. und zu Beginn des 20. Jh. ihre Sommerresidenz hierher verlegte. Große Teile der Aristokratie und des Geldadels taten es ihr gleich - San Sebastián wurde zum Treffpunkt der High-Society.

San Sebastián

San Sebastián liegt an zwei ***Buchten,*** wobei sich der größere Teil des Ortes, so auch die Altstadt, um die muschelförmige ***Bahía de la Concha*** schmiegt. Hier befinden sich die beiden Hauptstrände ***Playa de la Concha*** und ***Playa de Ondaretta,*** auf denen sich die Urlauber im Sommer allerdings - mit Verlaub gesagt - verdammt nah auf die Pelle rücken müssen. Mitten in der vom Monte Igueldo und vom Monte Urgull eingefassten Bucht liegt die kleine ***Insel Santa Clara,*** zu der man mit einem Boot übersetzen kann. Aufgrund der eigentümlichen Form der Bahia de la Concha, des schönen Strandes und des Monte Urgull mit seiner Christusstatue wurde San Sebastián häufig als Rio de Janeiro der Atlantikküste bezeichnet, was wohl etwas übertrieben klingt. Doch Hand aufs Herz - so ganz hinkt der Vergleich nun auch wieder nicht.

Allerdings wird auch im östlichen Teil der Stadt mittlerweile kräftig aufgerüstet. Der ehemals bescheidene Strand des Stadtteiles Gros wurde zur ansehnlichen ***Playa de la Zurriola*** vergrößert, ein Wellenbrecher sorgt für ungefährliches Planschen. Direkt neben diesem Sandstrand steht das neue, hypermoderne ***Kongresszentrum,*** das im weiten Umkreis seinesgleichen suchen dürfte. Obwohl es San Sebastián momentan wahrlich nicht schlecht geht, blicken die Verantwortlichen wohlweislich bereits in die Zukunft. Dabei heißt die Devise: „Stillstand bedeutet Rückschritt".

Trotz der vielen Feriengäste stellt der Tourismus nicht die wichtigste ***Einnahmequelle*** der Bewohner dar. Die meisten von ihnen arbeiten in Verwaltungen, Geschäften, den zahlreichen ansässigen Banken oder sind in der Industrie tätig, die sich vor den Toren der Stadt angesiedelt hat. Vom ersten Eindruck der Stadt, den die Fabriken in den Vororten vermitteln, sollte man sich nicht täuschen lassen: Das Zentrum San Sebastiáns ist absolut sehenswert!

Geschichte

Vermutlich als ***Fischer*** verdingten sich die Menschen, die die günstig gelegene Bucht wohl schon zu Zeiten der ***Römer*** besiedelten - erste urkundliche Erwähnungen stammen allerdings erst aus dem Jahre ***1014.*** Sowohl küstennähere Fische wie der Kabeljau als auch Wale, die bis nach Neufundland verfolgt wurden, bildeten dabei die Existenzgrundlage der Bevölkerung.

Nachdem der Ort ***Anfang des 13. Jh.*** eine Bindung mit Kastillien eingegangen war, traten jedoch grundlegende Veränderungen ein. Die Einwohner wandten sich nach und nach dem ***Handel*** zu; San Sebastian entwickelte sich zur wichtigen Hafenstadt und begann aufzublühen. Handelspartner waren unter anderem England, Frankreich und Flandern, die mit Wein und Öl beliefert wurden. Die gut laufenden Geschäfte sorgten

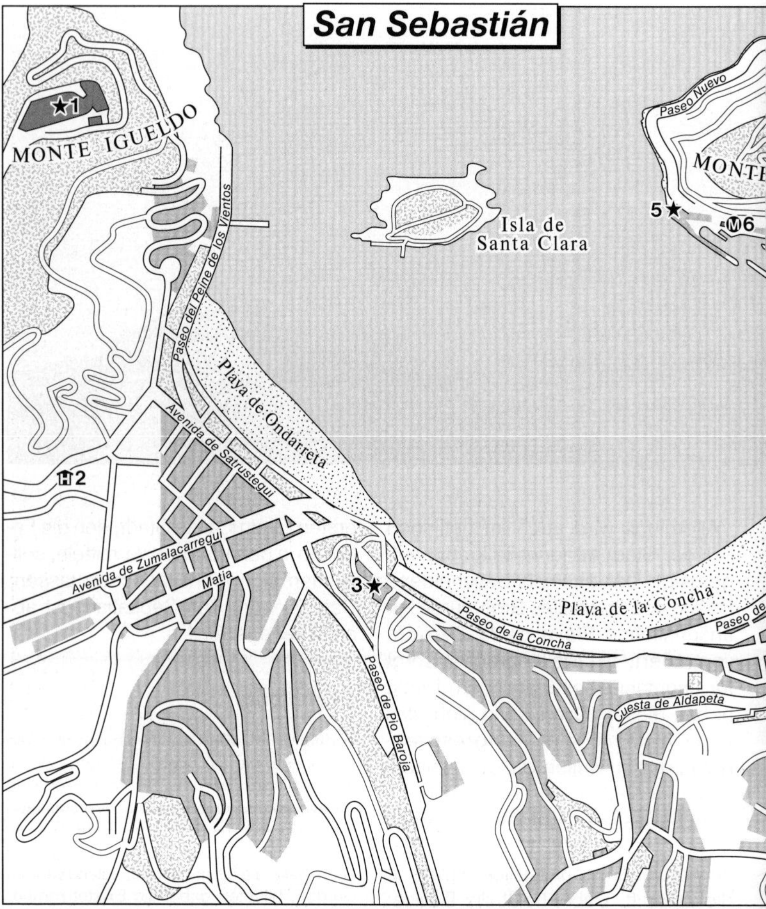

★	1	Vergnügungspark Monte Igueldo	🏨	10	Pension Itxasoa
🏨	2	Jugendherberge	⛪	11	Kirche San Vincente
★	3	Palast Miramar	🏨	12	Hostal La Estrella
🏰	4	Castillo de la Mota	★	13	Fischmarkt
★	5	Aquarium	•	14	Rathaus
Ⓜ	6	Schifffahrtsmusem	ℹ	15	Touristeninformation
★	7	Hafen	🏨	16	Hotel Maria Cristina
⛪	8	Kirche Santa Maria	⛪	17	Katedral del Buen Pastor
Ⓜ	9	Museum San Telmo	•	18	Bahnhof Eusko Tren

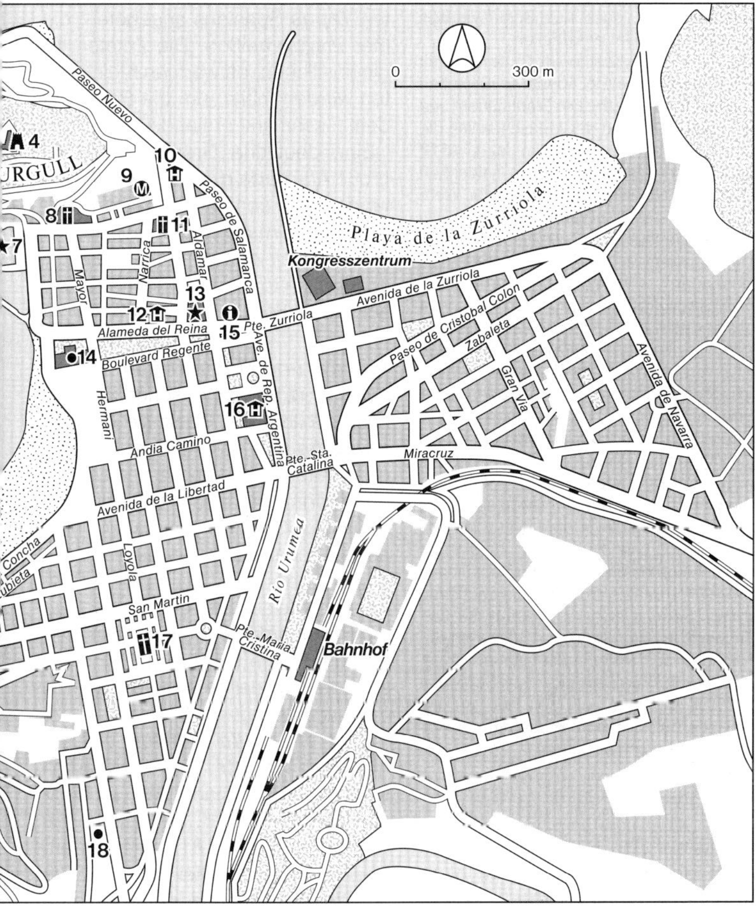
0
300 m
Paseo Nuevo
4
URGULL
9
10
8
11
7
Paseo de Salamanca
Aldamar
Narrica
Mayor
13
12
15
Alameda del Reina
Boulevard Regente
14
Pte. Zurriola
Ave. de Rep. Argentina
16
Hermani
Andia Camino
Pte. Sta. Catalina
Avenida de la Libertad
Concha
Loyola
San Martin
17
Pte. Maria Cristina
Rio Urumea
Bahnhof
18
Playa de la Zurriola
Kongresszentrum
Avenida de la Zurriola
Paseo de Cristobal Colon
Zabaleta
Gran Via
Avenida de Navarra
Miracruz

außerdem dafür, dass sich Schiffswerften und Schmieden hier ansiedelten.

Obwohl San Sebastián im Laufe der Zeit vielfach belagert wurde, konnte es nur selten eingenommen werden: Die Stadtmauern und das mutige Verhalten der Menschen ließ die meisten Gegner scheitern. Im Jahre ***1512*** hatten sich die Bewohner derart heldenhaft gegen die französischen Truppen zur Wehr gesetzt, dass der Ort mit dem Titel *Noble y Leal* (Edle und Getreue) ausgezeichnet wurde.

Den napoleonischen Soldaten waren die Wehrmauern während des ***spanischen Unabhängigkeitskrieges*** allerdings nicht mehr gewachsen: Die Franzosen marschierten in San Sebastián ein und konnten erst ***1813*** von den alliierten portugiesischen, englischen und spanischen Truppen wieder vertrieben werden. Leider ging der Ort während des Gefechtes in Flammen auf, so dass sämtliche historische Gebäude ein Opfer des ***Feuers*** wurden.

Die Einwohner ließen sich davon aber nicht vertreiben, spuckten in die Hände und begannen schon bald mit der Errichtung neuer Häuser. Aufgrund dieses späten Neuaufbaus zeichnet sich das Zentrum durch ein sehr modernes Straßensystem aus: Sämtliche Verkehrswege kreuzen sich im rechten Winkel.

Nachdem ab ***1863*** die Stadtmauern abgerissen wurden, breitete sich San Sebastián rasch aus und fand bald den Gefallen des spanischen Königspaares, das den touristischen Aufschwung einleitete.

Sehenswertes

Die Altstadt San Sebastiáns liegt zu Füßen des Monte Urgull auf einer ***Landzunge,*** die eine Hälfte der Bahía de la Concha umrahmt. Obwohl die Häuser erst zu Beginn des 19. Jh. erbaut wurden, besitzen die engen Gassen doch jede Menge Charme und lassen nichts an historischer Atmosphäre vermissen. Bei einem Besuch dieses Viertels sollte man unbedingt etwas für das leibliche Wohl tun: In den zahlreichen Bars werden die besten ***Tapas*** Spaniens angeboten, die hier *Pintxos* heißen. Die Zutaten für die köstlichen, oft warmen Kleinigkeiten wurden meist „um die Ecke" auf dem Fischmarkt erstanden.

Eine deutliche Grenze bildet die große ***Alameda del Boulevard***: Hinter der Allee beginnt der ***neuere Teil des Zentrums*** mit schönen Häusern aus der Zeit des ausgehenden 19. Jahrhunderts und vornehmen Geschäftsstraßen.

Altstadt und Monte Urgull

Das Herz des historischen San Sebastián bildet die ***Plaza de la Constitución,*** ein von Arkadenhäusern gesäumter Platz, an dem sich das ehemalige Rathaus befindet. Ins Auge stechen die Nummerierungen an sämtlichen Balkonen, die noch aus der Zeit herrühren, als auf dem Platz Stierkämpfe ausgetragen wurden und die Balkone die teuersten Plätze darstellten. Heute sorgen Straßenmusiker oder Gaukler anstelle der Toreros für Unterhaltung.

Über die ***Calle Narrica*** erreicht man ***San Vicente,*** die älteste erhaltene Kirche der Stadt. Das Gebäude aus dem frühen 16. Jh. konnte das große Feuer von 1813 überstehen, weil einzig der Winkel um die ***Calle 31 de Agosto*** von den Flammen verschont blieb. Hübsch sind die Schnitzarbeiten am Altar.

Nur 200 m nördlich befindet sich mit dem ehemaligen ***Dominikanerkloster*** (16. Jh.) eine der architektonischen Juwelen der Stadt, in dem heute das ***Museo San Telmo*** untergebracht ist. Der im Renaissancestil erbaute Kreuzgang der Abtei gilt als besonders gelungen. Die Ausstellung setzt sich aus ***Gemälden*** verschiedener Künstler wie *Goya* oder *El Greco* und dem ***baskischen Museum Guipúzcoas*** zusammen. Interessant sind besonders die zahlreichen baskischen Grabsteine und Stelen, über deren geschichtlichen Ursprung sich heute noch Wissenschaftler den Kopf zerbrechen.

- Das Museum kann dienstags bis samstags von 10.30-13.30 und 16-20 Uhr sowie sonntags von 10.30-14 Uhr besichtigt werden. Eintritt frei. Nach längerer Renovierung soll das Museum 2003 wieder öffnen.

Vorbei an der ***Plaza de la Trinidad*** erreicht man die ***Kirche Santa María,*** zwischen 1743 und 1764 im Barockstil an einem Platz erbaut, auf dem zuvor bereits ein gotisches Gotteshaus gestanden hatte.

Von der Kirche ist es nur noch ein Katzensprung bis zum ***Hafen,*** von wo aus die Walfänger einst bis nach Neufundland fuhren. Zwar liegen heute keine riesigen Segelschiffe mehr im Schutze des Monte Urgull, doch gehört der Ankerplatz noch immer den Fischerbooten. Vom Hafen kann man außerdem zur ***Insel Santa Clara*** übersetzen, die den Mittelpunkt der Bucht ausmacht.

Zwei Sehenswürdigkeiten befinden sich am Kai, beide unmittelbar mit dem Meer und der Geschichte als Stadt der Seefahrer verbunden. Direkt neben dem ***Schifffahrtsmuseum*** liegt das ***Aquarium,*** das in den vergangenen Jahren stark modernisiert wurde. Eine begehbare Plexiglasröhre, die durch ein 2,5 Millionen Liter fassendes Becken führt, bildet die neue Attraktion des Aquariums.

- Öffnungszeiten Schiffahrtsmuseum: dienstags bis samstags 10-13.30 und 16-19.30 Uhr, sonntags 11-14 Uhr. Eintritt 1,20 €.
- Öffnungszeiten Aquarium: Juli bis 13. September täglich 10-22 Uhr, sonst 10-20 Uhr. Eintritt 8,80 €.

Wie ein überdimensionaler Wachposten ragt der ***Monte Urgull*** hinter der Altstadt empor und scheint die Bucht und den Ort vor den Fluten des Meeres beschützen zu wollen. Man kann den Hausberg sowohl auf einem Pfad umrunden als auch zu Fuß zur Spitze des Hügels gelangen. Oben liegt das ***Castillo de la Mota*** und eine 1950 erbaute Kapelle mit der 12 m hohen Christusfigur - tolle Aussicht!

Am anderen Ende der Altstadt befindet sich an der Alameda del Boulevard mit dem ***Mercado de la Bretxa*** der ***Fischmarkt,*** der mittlerweile allerdings nur noch im Kellergeschoss des vollkommen neu gestalteten Gebäudes untergebracht ist. Am Ende der lebhaften Alameda ist heute das ***Rathaus im ehemaligen Casino*** von 1882 untergebracht.

Neustadt und Monte Igueldo

An die Alameda del Boulevard schließt sich die ***Neustadt,*** das eigentliche Zentrum der Stadt, an: verkehrsreiche Straßen wie die ***Avenida de la Libertad*** oder die ***Calle de San Martín,*** stilvolle Häuser aus der Zeit des ausgehenden 19. Jahrhunderts und hübsche Geschäfte. Hier spürt man deutlich etwas vom Flair der mondänen Provinzhauptstadt San Sebastián.

Auf der anderen Seite des ***Río Urumea*** liegt der ***Stadtteil Gros,*** der erst erbaut werden konnte, nachdem die Stadtmauern gefallen und der dortige Boden dem Meer abgerungen war. Zu diesem Viertel gehört auch die ***Playa de la Zurriola.***

Um die muschelförmige Bucht winden sich mit der ***Playa de la Concha*** und der ***Playa de Ondarreta*** die beiden weiteren Strände. Oberhalb der Bucht thront inmitten einer Parkanlage der ***Palast Miramar,*** den der englische Architekt *Selden Wornum* 1893 für die spanische Herrscherin *María Cristina* erbaute. Für einige Jahre wurden in dem Gebäude Sommer für Sommer wichtige politische Entscheidungen getroffen. Heute können sich Besucher zumindest die hübschen Gärten anschauen.

Was der Monte Urgull im Osten der Bahía de la Concha, ist der ***Monte Igueldo*** im Westen der Bucht: eine Erhebung, welche die Stadt vor den Unbilden des Meeres beschützt. Seitdem auf dem Hügel ein ***Vergnügungspark*** errichtet wurde, zählt er zu den beliebtesten Ausflugszielen der Einwohner und Feriengäste. Zum Gipfel fährt bis in die Abendstunden eine ***Zahnradbahn.*** Die Aussicht vom Monte Igueldo übertrifft die des Monte Urgull sogar noch.

Praktische Informationen

Information

- ***Touristenbüro,*** Calle Reina Regente 3, Tel. (943) 481166.

Unterkunft

Die Tatsache, dass San Sebastián einerseits zu den edelsten Seebädern Spaniens gehört und andererseits Provinzhauptstadt sowie Handelsmetropole ist, macht sich bei den Hotelpreisen deutlich bemerkbar: Vergleichbare Unterkünfte sind ***erheblich teurer*** als in allen anderen Städten der spanischen Pyrenäen. Zur Hochsaison empfiehlt es sich, trotz der großen Auswahl entweder vorab telefonisch zu reservieren oder aber spätestens vormittags auf Zimmersuche zu gehen. In San Sebastián gibt es einige hervorragende Pensionen, die erheblich besser, meist aber auch teurer sind als die günstigen Hotels!

- ***Hotel Maria Cristina*** €€€€€, Paseo de Republica Argentina 4, Tel. (943) 424900. Auch wenn sich nur die wenigsten den Luxus des Fünf-Sterne-Hotels leisten können, reicht schon ein Blick auf die Fassade dieses Palastes, um ins Schwärmen zu geraten. Einfach traumhaft!
- ***Hotel Nizza*** €€€€€, Zubieta 56, Tel. (943) 426663. In unmittelbarer Nähe des Strandes vermittelt das Haus noch ein wenig von der Atmosphäre der „guten, alten Zeit". Mag das Hotel an sich etwas teuer sein, stellt es für Alleinreisende eine echte Alternative dar, da die Einzelzimmer erheblich günstiger sind als die Doppelzimmer.
- ***Hostal La Estrella*** €€€, Plaza de Sarriegui 1, Tel. (943) 420997. Ordentliches Haus am Rande der Altstadt, zentraler kann man nicht wohnen.
- ***Pension Itxasoa*** €€€€, C. San Juan 14, Tel. (943) 420132, gehört zu einer Reihe von Nobelpensionen, besitzt von diesen aber die schönste Lage. In der nordöstlichen Ecke der Altstadt gelegen, haben mehrere der geschmackvoll eingerichteten Zimmer einen tollen Meerblick – vom Bett aus! Außerhalb der Saison etwas günstiger.
- Preiswertere Zimmer bieten Pensionen wie ***Añorga*** €€, C. Easo 12, Tel. (943) 467945, oder ***Arsuaga*** €€, C. Narrika 3, Tel. (943) 42 0681, an. Für diesen Preis muss man dann allerdings auf die eigene Dusche und Toilette verzichten.
- ***Jugendherberge La Sirena,*** Paseo Igueldo 25, Tel. (943) 310268. Am Fuße des Haushügels Monte Igueldo im Ortsteil Ondarreta, nur ein paar Minuten bis zum Strand.
- ***Camping Igueldo,*** auf der westlichen Seite des Monte Igueldo, Tel. (943) 214502. Der einzige stadtnahe Campingplatz, dennoch einige Kilometer außerhalb

des Zentrums. Guter Platz, den man entweder mit dem eigenen Fahrzeug (vom Paseo de la Concha ausgeschildert) oder mit dem Bus Nr. 16 (Richtung Barrio de Igeldo) erreicht. Komfortabel, aber ziemlich teuer und oft voll.

Essen und Trinken

San Sebastián zählt unter Feinschmeckern zu den Top-Adressen in Spanien. ***Spezialitäten des Meeres*** wie Seehecht *(merluza),* Glasaale *(angulas)* oder Sardinen *(sardinas)* werden wohl nirgendwo auf der iberischen Halbinsel gekonnter zubereitet als hier. Die guten Restaurants lassen sich ihre Kochkünste auch teuer bezahlen; günstiger und ebenfalls sehr schmackhaft sind die ***Pintxos*** in den zahlreichen Bars der Altstadt. Am besten schlendert man von einer Bar zur nächsten und probiert überall eine der leckeren Kostbarkeiten. Für diese Art des „Fast-Food“, meist verbunden mit dem Verzehr einiger Gläschen Wein, haben die Basken ein eigenes Wort kreiert: ***Txikiteo.*** Eine Karte mit den besten Pintxo-Adressen der Stadt ist für 1,50 € im Touristenbüro erhältlich.

Ein Getränk steht in Guipúzcoa besonders hoch im Kurs: ***Sidra,*** ein Apfelwein, der es in sich hat. In den Apfelweinkellern *(siderías)* genießt man die belebende Spezialität von Ende Januar bis Mitte März direkt vom Fass, ansonsten aus der Flasche.

Eine weitere Kuriosität stellen die ***gastronomischen Gesellschaften*** *Sociedades Populares* dar, bei denen ausschließlich Männer einige Male im Jahr kochen und schlemmen.

- ***Restaurant Akelarre,*** Paseo del Padre Orcolaga 56, Tel. (943) 212052. Die Aussicht aufs Meer präsentiert sich ebenso schön wie die kunstvoll auf dem Teller angerichteten Speisen der sogenannten neuen baskischen Küche. Wer in den Genuss dieser Köstlichkeiten kommen möchte, sollte aber - ähnlich wie im Restaurant *Arzak* - über eine große Reisekasse verfügen.
- ***Restaurant Arzak,*** Alto de Miracruz 21, Tel. (943) 278465. Der Michelin-Führer und andere Gourmet-Bibeln sehen im *Arzak* eines der besten Resturants ganz Spaniens. Auch hier kredenzt man die neue baskische Küche. Gut 70 € sollte man pro Person schon einplanen; wer mehr ausgeben möchte, dürfte dabei keine Probleme bekommen.
- Gut und günstig isst man in vielen Bars der ***Altstadt.***

Verkehrsverbindungen

- Der ***Flughafen*** San Sebastiáns liegt zwischen Fuenterrabía und Irún, Tel. (943) 668500. Inlandsflüge in die größeren Orte des Landes.
- Vom ***Hauptbahnhof*** auf der dem Zentrum gegenüber liegenden Seite des Río Urumea täglich mehrere Züge in viele Städte Spaniens. Wer über Hendaye nach Frankreich reisen möchte, sollte jedoch vom nördlich des Zentrums gelegenen ***Bahnhof Eusko Tren*** abfahren.
- Der ***Busbahnhof*** befindet sich an der Plaza de Pío XII im Süden der Stadt. Täglich jede Menge Busse in sämtliche Städte der näheren Umgebung und diverse Überlandbusse beispielsweise nach Santander oder Zaragoza.

Weitere Reisetipps

- ***Strände:*** Waren in der Vergangenheit die ***Playa de la Concha*** und die ***Playa de Ondarreta*** die ersten Anlaufstellen für Sonnenhungrige, so hat sich mit der ***Playa de la Zurriola*** nun ein weiterer erstklassiger Sandstrand hinzugesellt, an dem auch Familien mit Kindern gefahrlos baden können - der neu errichtete Wellenbrecher macht's möglich. Das touristische Angebot ist überall gleich und reicht vom Sonnenschirmverleih bis hin zum Eisstand. Beinahe logisch, dass die Strände im Hochsommer allesamt völlig überlaufen sind.

● ***Parken:*** Wohin mit dem Wagen? Nicht nur in deutschen Großstädten, sondern auch in San Sebastián eine Frage, mit der sich Autofahrer Tag für Tag aufs neue konfrontiert sehen. Tatsächlich kann man es schon als gewaltigen Glücksfall bezeichnen, einen Parkplatz im Innenstadtbereich ausfindig zu machen. Wer sein Fahrzeug abstellen möchte, muss oft eine der sechs nicht gerade preiswerten ***Tiefgaragen*** aufsuchen. Der Beschilderung folgen.

● ***Boote:*** Im Sommer läuft zwischen 10 und 20 Uhr jede halbe Stunde vom Hafen aus ein Boot die ***Insel Santa Clara*** an.

● ***Sightseeing:*** Der *Txu-Txu,* ein eigens für Touristen eingesetzter Zug, der alle Sehenswürdigkeiten der Stadt anläuft, startet zwischen 11 und 21 Uhr vom Rathaus. Erwachsene zahlen 2,70 €, Kinder 1,50 €.

● ***Feste:*** Kaum eine Stadt, die so viele Feierlichkeiten ihr eigen nennt wie San Sebastián – eigentlich ist immer was los. Bei der ***Semana Grande*** stehen in der Woche um den 15. August Konzerte, baskische Spiele und jede Menge gute Laune im Mittelpunkt. Ein Erlebnis ist auch die ***Nacht vom 23. auf den 24. Juni,*** wenn mit Trachten und Sonnenwendfeuern das Johannisfest gefeiert wird. Gewaltige Ruderboote tragen am ***ersten und zweiten Sonntag im September*** Regatten in der Bucht La Concha aus. Und dann gibt es da noch das ***Film-*** (2. Septemberhälfte) und das ***Jazzfestival*** (Juli), den ***San-Sebastián-Tag*** (Januar), den ***Karneval*** (Februar)... Am besten einfach in der Touristeninformation nachfragen.

● ***Casino:*** Wer meint, seine Urlaubskasse beim Roulette aufbessern zu können, findet das Spielcasino *Kursaal* im Erdgeschoss des Nobelhotels *Londres y de Inglaterra,* Zubieta 2, an der Bahia de la Concha.

● Seit 1999 taucht regelmäßig ein ***Delfin*** in der Bucht *La Concha* auf, dem es dort ganz offensichtlich gefällt. Mit etwas Glück kann man den Meeressäuger beobachten.

● Das hypermoderne ***Miramón Kutxaespacio,*** das Museum der Naturwissenschaften, Paseo Mikeletegi im Norden der Stadt, vermittelt auf interessante Weise das, was im Schulunterricht so langweilig erschien. Nicht nur die dazu gehörige Sternwarte ist auch für Kinder sehr geeignet. Öffnungszeiten: dienstag bis samstags 10–20 Uhr, sonntags 11–20 Uhr (außerhalb der Saison jeweils nur bis 19 Uhr). Eintritt 4,50 €.

Ausflüge

Entlang der Küste

Mit dem eigenen Fahrzeug bietet sich ein Ausflug an, der vorbei am Campingplatz *Igueldo* weiter an der Küste entlangführt. An der Strecke gibt es mehrere lohnende Aussichtspunkte und einige Ausflugslokale, in denen man etwas trinken oder eine Kleinigkeit essen kann. Noch vor dem Ort ***Orio*** trifft das Sträßchen wieder auf die N 634.

Von San Sebastián nach Pamplona

Zwei Möglichkeiten existieren, um von der spanischen Atlantikküste nach Pamplona zu fahren: Wer möglichst ***schnell*** in die Hauptstadt der Provinz Navarra kommen möchte, wird San Sebastián links liegen lassen und von Irún auf der N 121 durch das ***Tal des Río Bidasoa*** fahren (siehe Pamplona und der Norden Navarras).

Von San Sebastián hingegen ist man zuerst einige Kilometer Richtung ***Tolosa*** unterwegs, bevor man auf die ***A 15,*** eine erst 1995 eingeweihte Autobahn, abbiegt. Die erstklassig ausgebaute Straße verläuft durch die Hügellandschaft und kostet erfreulicherweise bis 16 km vor Pamplona keine Mautgebühr.

Ungefähr auf halber Strecke liegt der Ort ***Lekunberri,*** von wo ein lohnender Abstecher zur Kirche ***San Miguel de Aralar*** führt. Lekunberri eignet sich während der Fiesta in Pamplona zudem bestens als Standort für Camper, da der hiesige Campingplatz schöner und bei weitem nicht so voll ist wie die Anlagen rund um die Provinzhauptstadt Navarras.

Tolosa

Zwischen 1844 und 1854 Hauptstadt der Provinz Guipúzcoa und einst wichtige Pilgerstation, besitzt die 20.000 Einwohner zählende Gemeinde heute nur noch eine gewisse Bedeutung als Industrieort und Dienstleistungszentrum. Bekannt war Tolosa früher vor allem für seine ***Papierfabriken,*** wobei allerdings wie in vielen anderen Branchen eine starke Abnahme der Kleinbetriebe zu verzeichnen ist: Allein in den vergangenen 15 Jahren ging die Anzahl von siebzig auf fünf Firmen zurück! Nach wie vor werden in Tolosa aber die meisten Bücher in baskischer Sprache sowie zahlreiche Briefmarken gedruckt. Außerdem werden hier seit Generationen Textilien hergestellt – am bekanntesten wurde die ***Baskenmützen-Fabrik,*** die Juden aus Bayonne Mitte des 19. Jh. in Tolosa errichteten.

Obwohl die Altstadt an vielen Stellen einer grundlegenden Renovierung bedürfte, gibt es doch einige interessante Zeugen aus der Vergangenheit – so die ***Kirche Santa Maria*** (16. Jh.), den ***Palacio de Aramburu*** als Beispiel der „baskischen Gotik" und die ***Plaza de Euskalerria*** mit einigen schönen Häusern.

Einen Besuch lohnt zudem das nicht alltägliche ***Konditoreimuseum*** in der Calle Lechuga, direkt neben dem Rathaus. Eintritt frei.

Richtig Stimmung herrscht in Tolosa vom 23. bis zum 25. Juni, wenn jung und alt auf den Beinen ist, um das jährliche ***Stadtfest*** ausgelassen zu feiern.

Information

- ***Touristeninformation,*** Plaza Santa Maria, Tel. (943) 654972.

Unterkunft

- ***Hostal Oyarbide*** €€, Plaza Gorriti 1, Tel. (943) 670017. Günstige Unterkunft ohne viel Komfort; für Alleinreisende interessant, da ein Einzelzimmer erheblich weniger als ein Doppelzimmer kostet.

Verkehrsverbindungen

- Häufige ***Zugverbindung*** mit San Sebastián und Irún, außerdem mehrere Dutzend ***Busse*** täglich nach San Sebastián.

Lekunberri

Das Dorf am Rande der Sierra de Aralar gehört bereits zur Provinz Navarra und darf sich mit gerade einmal 800 Einwohnern immerhin ***„Hauptstadt" des Larraun-Tales*** nennen. Bis auf einige ***wappengeschmückte Häuser*** und die ***Kirche aus dem 13. Jh.*** bietet der Ort selbst keine großen Sehenswürdigkeiten, empfiehlt sich aufgrund seiner ruhigen Lage nahe der A 15 aber, um ***während der Fiesta*** *San Fermín* hier sein Zelt aufzuschlagen. Wer mit dem eigenen Auto oder Motorrad unterwegs ist, erreicht das 35 km entfernte Pamplona in weniger als einer halben Stunde und kann somit dem allmorgendlichen Stierlaufen beiwohnen, ohne sich den Stress auf dem völlig überfüllten Campingplatz in der Provinzhauptstadt anzutun. Außerdem erweisen sich die ***Buchenwälder*** rund um Lekunberri als Oase der Ruhe, verglichen mit der Geschäftigkeit von San Sebastián oder Pamplona.

Information

- ***Touristenbüro,*** C. Plazaola, Tel. (948) 507204. Hier werden auch organisierte Wanderungen ins Larraun-Tal und in die Sierra de Aralar angeboten.

Unterkunft

- ***Camping Aralar,*** am südlichen Ortsende, Tel. (948) 504011. Für Leute, die zelten wollen, zweifellos der beste Platz in der Umgebung Pamplonas. Wegen der höheren Lage und der Nähe zum Atlantik erheblich grünere Landschaft als bereits einige Kilometer weiter südlich. Gepflegte, familiäre Anlage mit Schwimmbad, Restaurant und Supermarkt.

Santuario San Miguel de Aralar

Das ***Heiligtum*** auf dem Gipfel des Aralar-Höhenzuges bildet seit jeher den Mittelpunkt religiöser ***Wallfahrten*** und alter ***Legenden*** der Region. Von Lekunberri erreicht man die Kirche und das ehemalige Kloster über die NA 751, die am Dorf ***Baraibar*** vorbei durch einen uralten Buchenwald verläuft - kein Vergleich zur beinahe ausgedörrten Landschaft um Pamplona. Das auffallend massive Gebäude geht der Sage nach auf eine Gründung von *Teodosio de Goñi* zurück. Diesem Untertan des Westgoten-Königs *Witzia* soll der Erzengel Michael erschienen sein, der ihn vor einem Drachen rettete und von Ketten befreite. Aus Dankbarkeit ließ *Teodosio* am Ort der Erscheinung das Heiligtum errichten. Eine ***Statue des Erzengels*** wird noch heute hier aufbewahrt und durchwandert alljährlich zwischen März und August zahlreiche Dörfer Navarras, um Menschen, Vieh und Äcker zu segnen.

Bis vor wenigen Jahren war in der schlichten und mittelalterlich wirkenden Kirche (11. und 12. Jh.) ein ***berühmtes Altargemälde*** zu sehen. Nachdem das wertvolle Kunstwerk aber gestohlen und nur durch Glück wiederbeschafft werden konnte, gehört es mittlerweile zur Ausstellung im Museum von Navarra in Pamplona.

In dem *santuario* ist heute eine einfache ***Hospederia*** € untergebracht, in der man sowohl preiswert speisen als auch wohnen kann. Da besonders im August große Nachfrage herrscht, sollte man sich vorab unter Tel. (948) 396028 anmelden.

Von San Miguel de Aralar bietet sich außerdem ein phantastischer Ausblick über das ***Tal des Río Arakil,*** das der Fluss zu Füßen des Heiligtums tief in die Felsen gegraben hat.

Pamplona und der Norden Navarras

Die Pyrenäen der Provinz Navarra bestechen durch ihre unglaubliche Vielfalt. Im Nordosten prägt der nahe Atlantik das Landschaftsbild: Wälder und Wiesen in den Tälern der Gebirgsausläufer verlieren dank des relativ starken Niederschlags auch im Sommer nicht ihre ***satt-grüne Farbe.*** Kommt man weiter nach Süden, zeigt sich die Natur von einer anderen Seite. Südlich von ***Pamplona*** dominiert das ***heiß-trockene Klima,*** schon die Felder rund um die Provinzhauptstadt präsentieren sich spätestens im Juli ausgedörrt und braun.

Den Beinamen „Kleiner Kontinent" verdankt Navarra neben der landschaftlichen Unterschiede aber auch der Verschiedenheit seiner Bewohner. Während sich im Norden viele als Basken fühlen und dies auch offen zeigen, verbindet die Einwohner im Süden der Provinz kaum noch etwas mit dem nach Souveränität strebenden Volk. Gemeinsam haben die Navarresen aber ihre Vorliebe für ***gute Küche.*** Spezialitäten sind Forellen, Tauben, Lammfleisch, die verschiedenen Pilze der Region, fein zubereitetes Gemüse und gefüllter Blätterteig namens *Piperropiles* – um nur einiges zu nennen. Dazu trinkt man einen starken, roten Wein aus dem sonnigen Süden der Provinz.

Über 200.000 Menschen, fast die Hälfte der Einwohner Navarras, leben im Großraum Pamplona – eine echte Metropole also. Dennoch wäre die Stadt wohl kaum über die Landesgrenzen hinweg sonderlich bekannt, hätte nicht *Hemingway* das Fest ***San Fermín*** mit seinem Roman *Fiesta* zu weltweiter Berühmtheit geführt. Zig-

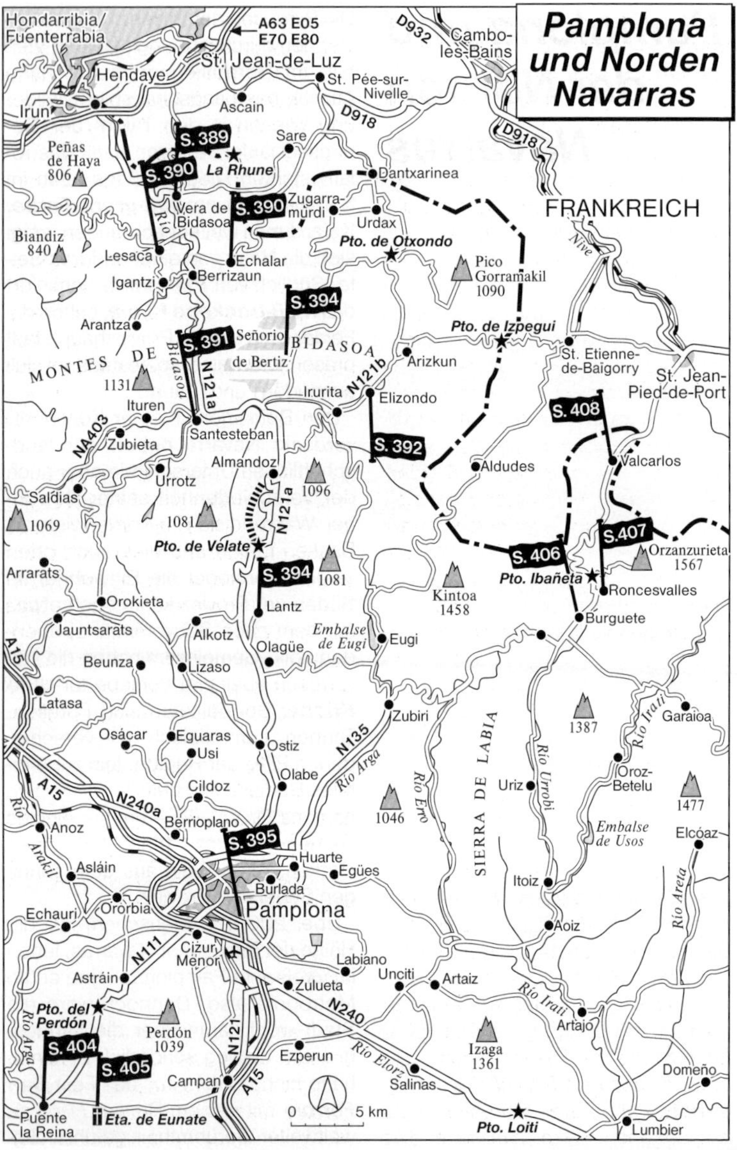
Pamplona und Norden Navarras
Hondarribia/ Fuenterrabia
A63 E05
E70 E80
St. Jean-de-Luz
Hendaye
Irun
Ascain
St. Pée-sur-Nivelle
D932
Cambo-les-Bains
D918
S. 389
S. 390
La Rhune
Sare
Peñas de Haya 806
Dantxarinea
Vera de Bidasoa
Zugarramurdi
Urdax
FRANKREICH
Biandiz 840
Lesaca
Echalar
Pto. de Otxondo
Pico Gorramakil 1090
Nive
Igantzi
Berrizaun
S. 394
Arantza
Pto. de Izpegui
S. 391
Señorio de Bertiz
BIDASOA
Arizkun
St. Etienne-de-Baïgorry
St. Jean-Pied-de-Port
MONTES DE
Bidasoa
N121a
N121b
1131
Irurita
Elizondo
Ituren
S. 408
Santesteban
NA403
Zubieta
S. 392
Almandoz
Aldudes
Valcarlos
Urrotz
1096
Saldias
1069
1081
Pto. de Velate
S. 407
S. 406
Orzanzurieta 1567
Arrarats
1081
Kintoa 1458
Pto. Ibañeta
Roncesvalles
Orokieta
Lantz
Burguete
Jauntsarats
Alkotz
Embalse de Eugi
Eugi
A15
Beunza
Olagüe
Lizaso
Latasa
Zubiri
1387
Garaioa
Río Irati
Osácar
Eguaras
Ostiz
Usi
N135
SIERRA DE LABIA
Río Urrobi
Oroz-Betelu
Olabe
Río Arga
Río Erro
Uriz
1477
Cildoz
1046
Embalse de Usos
Elcóaz
N240a
Berrioplano
Anoz
S. 395
Huarte
Río Arakil
Asláin
Egües
Itoiz
Río Areta
Burlada
Ororbia
Echauri
Pamplona
Aoiz
N111
Cizur Menor
Labiano
Unciti
Artaiz
Astráin
Zulueta
Río Irati
Pto. del Perdón
N240
Artajo
Perdón 1039
Izaga 1361
Río Arga
S. 404
N121
S. 405
Ezperun
Río Elorz
Campan
A15
Salinas
Domeño
0
5 km
Puente la Reina
Eta. de Eunate
Pto. Loiti
Lumbier

tausende Besucher - viele aus Australien und den USA - kommen alljährlich zwischen dem 6. und 14. Juli, um bei Wein, Musik und Stierkampf ohne Unterlass zu feiern.

Eine ganz andere Touristenattraktion bilden die zahllosen ***Kirchen, Kapellen und Klöster,*** die entlang des ***Jakobsweges*** erbaut wurden. Die aus Frankreich kommenden Pilgerpfade vereinigen sich in Navarra zu einem einzigen Weg, der weiter bis nach Santiago de Compostela führt.

Wer sich mehr für Natur als für Kultur interessiert, ist in dieser Region ebenfalls an der richtigen Adresse. Die Pyrenäentäler bieten gute Möglichkeiten für ***Wanderer, Radler, Kanufahrer*** und für all jene, die sich einfach nur erholen möchten. Abgeschiedene Plätze von wilder Schönheit lassen sich fast überall entdecken, indem man einfach die größeren Straßen verlässt und auf Nebenwegen die weiten Wälder und verschlafenen Weiler kennenlernt.

Zwischen Irún und Pamplona

Durch das ***Tal des Bidasoa*** und anschließend durchs ***Ulzama-Tal*** führt die N 121A von Irún nach Pamplona, vorbei an Buchen-, Eichen- und Edelkastanienwäldern. Die Nähe des Atlantiks sorgt für ein feuchtes Klima und eine immergrüne Natur. Die Bewohner dieser Region arbeiten seit jeher in der ***Land- und Forstwirtschaft*** und wohnen vornehmlich auf abgelegenen Bauernhöfen in den Bergen oder in Dörfern - größere Ortschaften bilden die Ausnahme. Im Leben der Menschen spielen alte ***baskische Traditionen*** nach wie vor eine wichtige Rolle. Die Karnevalsfeiern sowie die Feste zu Ehren der Schutzheiligen bilden alljährlich ebenso einen Höhepunkt im dörflichen Geschehen wie die baskischen Wettkämpfe der *Aizkolaris* im Durchhacken von Baumstämmen oder der *Harrijasotzailes* im Heben dicker Steine.

Besonders sehenswert ist auf halber Strecke der ***Naturpark Senorío de Bértiz,*** der eine ungemein artenreiche Flora und Fauna sein eigen nennt.

Schon der begeisterte Angler *Hemingway* schätzte die Gebirgsbäche im Norden Navarras wegen ihres ***Fischreichtums;*** Forellen und Lachse tummeln sich zuhauf in dem klaren Wasser. Der einzige Fluss, in dem heute noch Lachse geangelt werden dürfen, ist aber der Río Bidasoa, für den - wie für alle anderen Flüsse auch - Schutzbestimmungen gelten.

Praktische Informationen

- ***Angelgenehmigungen*** sind erhältlich beim *Departemento de Agricultura* in Pamplona, Calle Tudela 20, Tel. (948) 234934.
- ***Busse*** verkehren zwischen Irún und Pamplona und halten in den größeren Dörfern des Bidasoa-Tales.

Vera de Bidasoa

(bask. *Bera*)

Nur 6 km von der französischen Grenze entfernt liegt die 3.500 Einwohner zählende ***Kleinstadt*** am nördlichen Eingang des Bidasoa-Tales. Vera besitzt nicht nur die typische Atmosphäre eines baskischen Städtchens, sondern auch einige sehenswerte Gebäude wie die ***Kirche San Esteban*** (15. Jh.) und das hübsche ***Rathaus*** (18. Jh.). Im ***Herrenhaus Itzea*** wuchs der baskische Schriftsteller *Pio Baroja* (1872–1956) auf; heute lebt hier zeitweilig sein Neffe *Julio Caro Baroja,* Historiker und Mitglied der Königlichen Akademie. In dem Gebäude können nachmittags ein kleines ***Museum*** und die Bibliothek besichtigt werden.

Information

- ***Touristenbüro*** am Paseo Eztegara, Tel. (948) 63.12.22.

Unterkunft

- Ein *Casa Rural* €€ befindet sich außerhalb des Ortes, unweit der französischen Grenze: ***Casa Alkeberea,*** Tel. (948) 630540.

Verkehrsverbindungen

- Von Vera de Bidasoa aus führt eine kleine Straße über den Col d'Ibardin ins französische ***Urrugne,*** eine andere über den Lizuniaga nach ***Sare.***

Lesaca

(bask. *Lesaka*)

Das Dorf südwestlich von Vera de Bidasoa zählt zweifelsohne zu den schönsten der Region – daran ändert auch die Metallfabrik vor den Toren des Ortes nichts, in der ein großer Teil der Einwohner seiner Arbeit nachgeht. Inmitten des von engen Straßen und typisch ***baskischen Fachwerkhäusern*** geprägten Dorfkernes steht der klotzige ***Verteidigungsturm Kaxerna,*** der bereits im 15. Jh. erstmals erwähnt wurde.

Nicht weniger interessant als die traditionelle Architektur sind die ***Feste,*** die seit Generationen in Lesaca gefeiert werden. Zu Ehren des Schutzheiligen San Fermín tanzen jedes Jahr am 7. Juli die *Danzaris,* Mitglieder einer Trachtengruppe, über die steinernen Brückengeländer zu beiden Seiten des Flusses Onin, um so die Brüderschaft zwischen den Ortsteilen an beiden Ufern zu verdeutlichen.

Aus Lesaca stammt auch der Brauch des *Olentzero,* des gutmütigen Köhlers, der in der Christnacht von den Bergen herabsteigt. Von hier hat sich diese Tradition über den Norden Navarras verbreitet.

Echalar

(bask. *Etxalar*)

Umgeben von Hügeln, wirkt das gut erhaltene Dorf, 9 km südlich von Vera de Bidasoa etwas abseits der N 121A gelegen, wie der Prototyp einer ***baskischen Siedlung.*** Um den Fronton im Zentrum scharen sich mit Wappen und schönen Türstürzen geschmückte Bauernhäuser, über allem liegt eine ländlich-verschlafene Atmosphäre. Bekannt wurde Echalar, weil die jährlich vorüberziehenden ***Tauben*** hier noch nach „alter Väter Sitte" gejagt werden: Von Hochsitzen wirft man Holzscheiben in die Luft, die die Tauben für Greifvögel halten und so in die ausgehängten Netze ausweichen – eine Jagdmethode, die von Tierschützern scharf kritisiert wird. Die aber zweifellos köstlichen Vögel stehen übrigens in vielen Restaurants der Gegend auf der Speisekarte.

Verkehrsverbindungen

- Von Echalar führt ein hübsches Sträßchen ins französische ***Sare.***

Santesteban

(bask. *Doneztebe*)

Aufgrund seiner strategisch günstigen Lage an der Straßenkreuzung nach Irún, Pamplona, Leitza und Frankreich entwickelte sich das malerische Dorf zu einem - wenn auch provinziellen - ***Handelszentrum.*** So findet hier alle zwei Wochen ein ***Viehmarkt*** statt, zu dem der Plausch unter den Bauern mindestens ebenso gehört wie der Verkauf der Tiere. Direkt bei der Kirche befindet sich die Bar *El Café,* in der neben guten Backwaren überraschenderweise auch deutsches Bier angeboten wird.

Unterkunft

- 4 km nördlich, bei Sumbilla (bask. *Sunbilla*) liegt ***Camping Ariztigai,*** Tel. (948) 450540 auf einem ruhigen, eichenbestandenen Gelände. Der schön gelegene Platz (von der N 121A ausgeschildert) besitzt gute Sanitäranlagen und eignet sich bestens als Ausgangspunkt für Touren in die nahen Täler.

Der Parc Natural Señorío de Bértiz

Zwischen den Weilern ***Oieregi*** und ***Oronz*** liegt mit dem über 2.000 Hektar großen Park von Bértiz eine Sehenswürdigkeit an der N 121A, die zu den beliebtesten Attraktionen der Region zählt. Der Besuch des Parkes ist eine rundum gelungene Sache und besonders für Kinder überaus interessant.

Pedro Ciga Mayo, ein vielgereister Rechtsanwalt und passionierter Naturliebhaber, erwarb das riesige Gut 1889 und vermachte es nach seinem Ableben der Provinz Navarra. Im unteren Teil des Geländes ließ der betuchte Naturfreund auf einer Fläche von 40 Hektar einen ***imposanten Garten*** anlegen. Zwischen 120 einheimischen und exotischen Pflanzen leben hier Enten, Gänse und Pfauen; kleine Seen und künstliche Wasserfälle verschaffen der Anlage den letzten romantischen Schliff.

In einem gewaltigen Bauernhaus und einem Nebengebäude, beide im 20. Jahrhundert im Stile des Baztán-Tales errichtet, befassen sich ***Ausstellungen*** mit Flora und Fauna der Navarrer Pyrenäen. Fantasievoll wurde hier dafür gesorgt, dass eine Besichtigung der Exposition für Kinder zu einem Erlebnis wird. In spielerischer Form kann der Nachwuchs Fragen wie „Wo lebt was im Boden?“ oder „Welche Fußspur gehört zu welchem Tier?“ auf den Grund gehen. Dennoch erweist sich der Besuch auch für Erwachsene als durchweg interessant.

Über dem Garten breitet sich der ***eigentliche Park*** mit gewaltigen Buchen-, Eichen und Kastanienbeständen aus, in denen u.a. Marder, Otter, Rehe und Wildkatzen leben. Durch die Wälder führt ein 11 km langer ***Wanderweg*** zum traumhaft gelegenen Haus ***Aizkolegi,*** das Señor *Ciga Mayo* einst erbauen ließ, und von dem er herrlich seinen Besitz überblicken konnte.

- Der Garten kann tägl. außer montags 10–14 und 16–20 Uhr besichtigt werden. Eintritt 1,20 €, Kinder frei. Der zum Park gehörende Wald ist tägl. von 9–20 Uhr geöffnet.

Information

- Beim Parkplatz erhält man in einer ***Touristeninformation*** (Tel. (948) 592322) weitere Auskünfte über Wanderwege sowie Tier- und Pflanzenwelt im Park.

Weitere Reisetipps

- Außerdem kann man hier mehrtägige ***Abenteuerpakete*** inklusive Rafting, Mountainbiking, Reiten und Paragliding buchen.

Abstecher in das Baztán-Tal

Obwohl sich das Valle de Baztán in den vergangenen Jahren zu einem beliebten Ausflugsziel mauserte, sind die ***alten Traditionen*** nirgendwo so präsent wie in diesem Tal, das von der N 121A auf einer Länge von über 30 km bis zur französischen Grenze verläuft. Die Menschen pflegen nicht nur einen ***speziellen Dialekt*** der baskischen Sprache, sondern feiern alljährlich Feste, deren Ablauf sich in den zurückliegenden Jahrhunderten kaum verändert hat. Seit jeher erweisen sich die Bewohner zudem als äußerst geschickte ***Handwerker*** im Umgang mit Holz, Ton und Metall. Leider fielen den Schmieden und Hochöfen im 19. Jh. große Baumbestände zum Opfer. So präsentiert sich das Valle de Baztán heute als Region der Weiden, kleineren Wälder und Äcker, wobei in erster Linie Mais angebaut wird. Zu den ***kulinarischen Spezialitäten*** gehören die Erzeugnisse der allgegenwärtigen Bauernhöfe; bekannt und vielleicht nicht jedermanns Sache sind *Txuri-ta-beltz* (Schafsinnereien) und *Gaztambera* (gekochte, geronnene Schafsmilch).

Zwar spielten sich während des spanischen Unabhängigkeitskrieges und später auch während des spanischen Bürgerkrieges im Valle de Baztán Kämpfe ab, doch wussten sich die Bewohner stets zur Wehr zu setzen. Wegen der geographischen Begebenheiten - im Osten des Tales erreichen die Berge bereits Höhen von weit über 1.000 Metern - war die ***Partisanentaktik*** der Bewohner oft von Erfolg gekrönt: Die baskischen Guerillakämpfer verschwanden ebenso schnell in der rauhen Landschaft, wie sie zuvor aufgetaucht waren.

Kurioserweise stellt das Tal den größten Landkreis Navarras dar, da sich die meisten Dörfer schon vor langer Zeit zu einer einzigen Gemeinde zusammenschlossen.

Größter Ort, wirtschaftlicher Mittelpunkt und zugleich Sitz der Verwaltung ist ***Elizondo*** (3.000 Einwohner). Die sympathische Kleinstadt erreicht man ungefähr 10 km, nachdem man bei Oronoz von der N 121A auf die N 121B abgebogen ist. Kommt man aus Richtung Pamplona auf der N 121A, biegt man besser hinter Almandoz nach rechts auf die NA 254 ab. Am Ortseingang von Elizondo mag der erste Eindruck vielleicht etwas enttäuschend sein, da hier vor allem neuere Häuser die Straße säumen. Man sollte diese Tatsache jedoch positiv bewerten und als Beweis dafür nehmen, dass das Städtchen eben ein lebhaftes Örtchen ist - zumal schöne, alte Bausubstanz das eigentliche Zentrum bildet. Sehenswert sind der ***Palast Arizcunenea,*** das ***Rathaus*** (18. Jh.) und die ***Kirche,*** über deren Portal ein Mosaik

Schafherde am Gorramakil

Jesus und seine Jünger zeigt. Neben der Touristeninformation im Ortskern sind im ***Haus der Kultur*** klassische Holz- und Metallarbeiten ausgestellt.

Einige Kilometer nördlich von Elizondo liegt rechts von der Hauptstraße das Dorf ***Arizkun,*** dessen Stolz das barocke ***Kloster Nuestra Señora de los Angeles*** darstellt. Zudem gibt es hier zahlreiche für das Tal typische Häuser zu bewundern. Von Arizkun verläuft die NA 2600 weiter ins französische ***St.-Etienne-de-Baigorry.***

Folgt man jedoch der Hauptstraße durch das Valle de Baztán, zweigt nach etwa 8 km ein steiles Sträßchen zum 1.090 m hohen ***Gorramakil*** *(Gorramendi)* ab. Auf der Fahrt zum Gipfel ist Vorsicht geboten: Fast hinter jeder Kurve stehen Schafe, Kühe oder winzige *Pottoks,* die fürs Baskenland typischen Pferde, auf der Fahrbahn. Vom Gorramakil bietet sich eine erstklassige Aussicht auf die Bergwelt.

Nachdem man die größten Erhebungen überquert hat, erreicht man die grenznahen Dörfer Urdax *(Urdazubi),* Zugarramurdi und Dantxarinea, die allesamt französisches Flair besitzen.

In ***Urdax*** steht das alte ***Kloster San Salvador,*** doch die eigentliche Sehenswürdigkeit bilden die ***Tropfsteinhöhlen.***

● Geöffnet: Im Sommer täglich 10–19 Uhr. Eintritt 3,70 €, Kinder 2,10 €.

Konkurrenz erwächst der Höhle im Nachbardorf ***Zugarramurdi,*** dessen ***Grotten*** mindestens ebenso interessant sind. Auch die Geschichte dieser unterirdischen Gangsysteme hat es in sich: So sollen hier früher ***Hexen*** ihre unheimlichen Treffen abgehalten haben. Eine Tatsache ist auf jeden Fall, dass 40 Bewohnerinnen der Dörfer im Jahre 1610 vom Glaubensgericht wegen Hexerei angeklagt wurden, und einige von ihnen später auf dem

Scheiterhaufen verbrannten. Auffallend viele einfache Bars gehören zum dörflichen Bild des verwinkelten Zugarramurdi, in denen die Bauern den arbeitsreichen Tag mit einem Glas Wein beschließen.

- Die große Höhle ist täglich von 9-21 Uhr für Besucher geöffnet, der Eintritt beträgt 2,40, Kinder 1 €.

Das Grenzdorf ***Dantxarinea*** hat sich auf Franzosen eingestellt, die mal eben nach Spanien rüberfahren, um günstig ein paar Flaschen Schnaps einzukaufen. In mehreren Geschäften liegen ausschließlich Hochprozentiges und Souvenirs in den Regalen.

Information

- ***Touristenbüro*** an der Plaza Laza de los Fueros in Elizondo, Tel. (948) 581279.

Unterkunft

- ***Hotel Baztán*** €€€€, an der Hauptstraße südlich von Elizondo, Tel. (948) 580050. Das große Hotel mit Schwimmbad und Garten ist zweifellos die komfortabelste Unterkunft des Tales.
- Günstiger wohnt man im ***Hostal Lapitxuri*** €-€€, an der Hauptstraße bei Urdax, Tel. (948) 599019.
- Wie so oft in den spanischen Pyrenäen empfiehlt sich auch im Baztán-Tal die Übernachtung in einem *Casa Rural.* Ein typisch baskisches Haus ist die ***Casa Sueldeguía*** €€ in Zugarramurdi, Tel. (948) 599088. Da diese Pension im Sommer oft ausgebucht ist, vorher am besten telefonisch nachfragen!
- ***Camping Josenea*** in Dantxarinea, Tel. (948) 599011. Schattiger Platz nahe der französischen Grenze. Im Einkaufsladen des Platzes türmen sich deshalb die „geistigen" Getränke.

Essen und Trinken

- Deftige Spezialitäten des Valle de Baztán gibt es im ***Restaurant Fortenea,*** C. Santiago 19 in Elizondo, Tel. (948) 581227. Hier kann man unter anderem *Txuri-ta-beltz,* die bekannten Schafsinnereien, probieren.

Verkehrsverbindungen

- ***Busse*** aus San Sebastián und Pamplona fahren nur bis und ab Elizondo.

Das Ulzama-Tal

Nachdem man auf der N 121A den 847 m hohen Puerto de Velate überquert hat, beginnt etwa 30 km vor Pamplona das Tal des Río Ulzama. Ebenso wie in den Nebentälern gibt es hier nur kleinere Dörfer und vereinzelte Gehöfte, die Menschen leben fast ausschließlich von der ***Landwirtschaft.*** Auf den zahllosen Wiesen weiden Kühe oder Schafe, deren Fleisch und Milch die wichtigsten Produkte der Region darstellen. Besonderer Beliebtheit weit über die Grenzen des Tales hinaus erfreut sich der ***Käse,*** der entweder aus der Milch der Laxta-Schafe oder aus vermischter Kuh- und Schafsmilch hergestellt wird.

Die Dörfer wirken allesamt verschlafen, nur in ***Lantz,*** 2 km abseits der N 121A, drängen sich am Faschingsmontag und -dienstag die Menschen in den Straßen. Bei den ***Karnevalsfeierlichkeiten,*** die auf uralte Traditionen zurückgehen, tanzen verschiedene Figuren um einen Scheiterhaufen, auf dem ein Riese verbrannt wird.

Unterkunft

- *Casa Rural* im Dorf Lizaso, 6 km südlich des Puerto de Velate nach rechts abbiegen und 9 km auf der Straße bleiben: Die ***Casa Artorena*** €€, Tel. (948) 306530, ist ein uraltes, aber komplett renoviertes Haus.

Pamplona

(bask. *Iruña*)

„Sie dauerte Tag und Nacht, sieben Tage lang. Man tanzte und trank unentwegt, und der Lärm nahm kein Ende." So beschrieb Literatur-Nobelpreisträger *Ernest Hemingway* 1926 in dem Roman *Fiesta* das Fest, mit dem alljährlich des Stadtpatrons San Fermín gedacht wird und das Pamplona weltberühmt machte. Auch wenn die ***Fiesta de San Fermín*** seither noch erheblich gewaltigere und vielfach kritisierte Ausmaße annahm, hat sich an deren Ablauf nur wenig geändert. Noch immer pulsiert das Leben zwischen dem 6. und 14. Juli in der Hauptstadt der Provinz Navarra, laufen allmorgendlich waghalsige Männer - verfolgt von wilden Stieren - durch die Straßen, jubeln die Zuschauer in der stets ausverkauften Arena den *Matadores* zu. Und noch immer ist die spanische Lebensfreude während der *Sanfermines* - wie die Einheimischen das Spektakel nennen - in der Altstadt stets präsent, wo rund um die Uhr getanzt, getrunken und gelacht wird.

Natürlich gehören solche Szenen aber nicht das ganze Jahr zum Bild des Ortes. Zwischen dem Ende der Feierlichkeiten und dem neuerlichen Startschuss beinahe zwölf Monate später ist Pamplona eine zwar lebhafte und sehenswerte, vor allem aber eine recht normale ***Großstadt.***

Wie bei vielen Metropolen überall auf der Welt, übte auch Pamplona in den vergangenen Jahrzehnten eine große Anziehungskraft auf die ländliche Bevölkerung der Umgebung aus, die sich hier ein besseres und einfachereres Leben erhoffte. So nahm die Einwohnerzahl stetig zu und liegt heute im Großraum Pamplona bei weit über 200.000 - fast die Hälfte der gesamten Provinz. Rund um den alten Kern oberhalb des Río Arga entstanden Neubausiedlungen, deren Hochhäuser den ankommenden Besucher nicht gerade klassisch-stilvoll empfangen. Viele Menschen verdienen sich ihre Brötchen in den ***Industriebetrieben*** vor den Toren der Stadt, wobei das VW-Werk die größte Fabrik in ganz Navarra ist.

Doch Pamplona hat auch schöne Seiten. Umgeben von einer mächtigen ***Befestigungsanlage,*** besitzt vor allem der ***historische Teil der Stadt*** einen eigenen Charme. Die Bürgerhäuser mit ihren eisernen Balkonen, die kopfsteingepflasterten Gassen, die alten Kirchen und die Grünanlagen - all das macht den Reiz der Stadt aus.

Da besonders ältere Menschen viel Wert auf feine Kleidung legen, und Pamplona zudem Sitz einer erzkonservativen, vom katholischen *Opus Dei* gegründeten Universität ist, könnte man meinen, außerhalb der Sanfermines sei hier gar nichts los. Ein Fehlschluss! Auch in der „fiesta-freien" Zeit können die Barbesitzer in der Altstadt gut leben und die Parks dienen dann nicht als Schlaf-, sondern als Fußball- oder Picknickplatz.

Geschichte

Im Jahre ***75 v. Chr.*** vom römischen Feldherrn *Pompejus* gegründet, fiel Pamplona abwechselnd in die Hände der Westgoten, Franken und Mauren. Erst als sich die ***Basken*** im Jahre ***750*** mit *Karl dem Großen* zu-

★ 1 Parque de la Taconera
2 Restaurant Lanzale
• 3 öffentliche Duschen
4 Museo de Navarra
5 Kathedrale
• 6 Rathaus
7 Touristeninformation
8 Hotel Tres Reyes
9 Cafe Iruña
10 Hotel La Perla
11 Kirche San Nicolas
★ 12 Palast von Navarra
13 Hotel Europa
14 Basilika San Ignacio
★ 15 Stierkampfarena
16 Restaurant La Tinaja
17 Restaurant Josetxo
18 Busbahnhof
19 Zitadelle

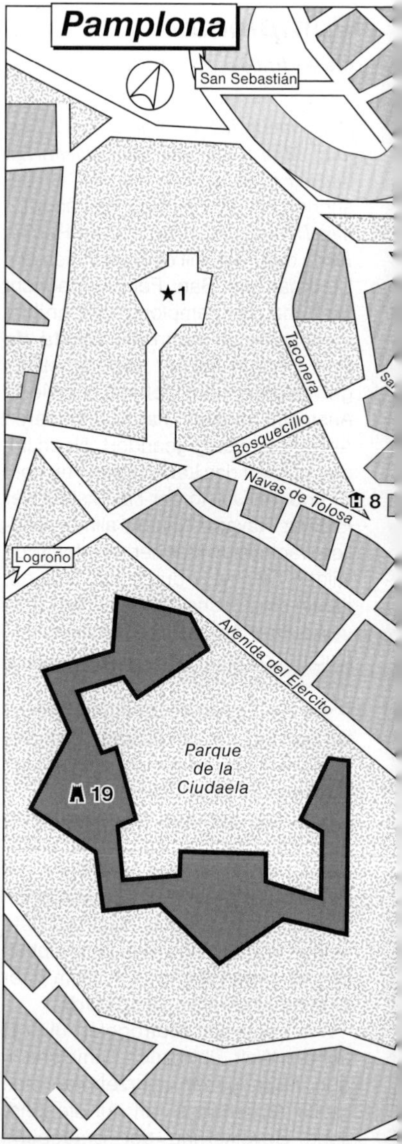

sammentaten, konnten die Araber vertrieben werden. Die Freude war jedoch nur von kurzer Dauer. *Kaiser Karl,* der vermeintliche Gefährte, besetzte Pamplona und ließ die Befestigungsmauern zerstören. Die Rache der Basken war grausam: Am ***15. August 778*** fügten sie der Nachhut des Heeres Karls des Großen im Tal von Roncesvalles eine vernichtende Niederlage zu. Es verging aber noch einige Zeit, bis ***905*** das ***Königreich Navarra*** gegründet und Pamplona zu deren Residenzstadt ernannt wurde. Das Reich hatte über 600 Jahre Bestand und wurde erst ***1512*** Kastilien angegliedert. Die Bevölkerung versuchte sich zu wehren - ihr Aufstand im Jahre ***1521*** wurde aber blutig niedergeschlagen. Nachdem die Stadt in den Napoleonischen Kriegen mehrfach von Franzosen besetzt worden war, nahm ihre politische Bedeutung nach ***1841*** mit der Niederlage in den Karlistenkriegen immer mehr ab.

Am ***19. Juli 1936*** schloss sich Pamplona der Erhebung *Francos* an, dessen Militärgouverneur *Mola Vidal* mit dem Marsch von Pamplona nach Bilbao die Rebellion gegen die spanische Republik einleitete.

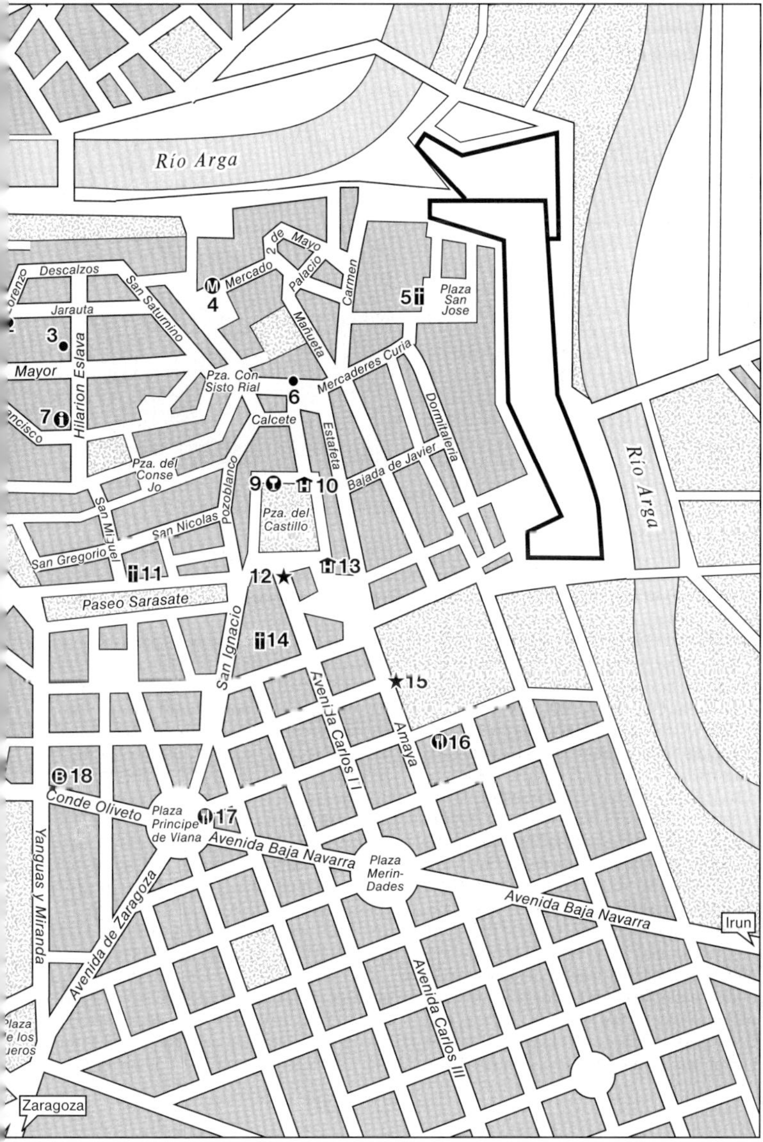
Río Arga
Río Arga
Descalzos
Jarauta
Mayor
Hilarion Eslava
San Saturnino
Mercado
2 de Mayo
Palacio
Carmen
Mañueta
Plaza San Jose
Pza. Consisto Rial
Mercaderes
Curia
Dormitaleria
Calcete
Estafeta
Bajada de Javier
Pza. del Conse Jo
Pozoblanco
Pza. del Castillo
San Miguel
San Nicolas
San Gregorio
Paseo Sarasate
San Ignacio
Avenida Carlos III
Amaya
Conde Oliveto
Plaza Principe de Viana
Avenida Baja Navarra
Plaza Merin-Dades
Avenida Baja Navarra
Yanguas y Miranda
Avenida de Zaragoza
Avenida Carlos III
Irun
Zaragoza
3
4
5
6
7
9
10
11
12
13
14
15
16
17
18

Die Fiesta de San Fermín

Wenn am Mittag des 6. Juli eine Rakete vom Rathaus in Pamplona abgefeuert wird und Tausende von Menschen dieses Ereignis mit knallenden Sektkorken, lauten Jubelschreien und wilden Tänzen feiern, beginnt eines der bekanntesten Feste der Welt: die Fiesta de San Fermín. Die jahrhundertealte Feier galt ursprünglich der Verehrung des Stadtheiligen, entwickelte sich in den vergangenen Jahrzehnten aber zu einer Gaudi gewaltigen Ausmaßes. Großen Anteil daran trägt Amerikas Schriftsteller-Idol *Ernest Hemingway,* der die Fiesta heiß und innig liebte und sie zum Thema des gleichnamigen Romans (im Original *The Sun Also Rises*) auserkor. So begeben sich jedes Jahr neben zigtausend Spaniern auch ungezählte Touristen auf die Spuren des berühmten Literaten - angeblich verdreifacht sich die Einwohnerzahl zwischen dem 6. und dem 14. Juli. Im Mittelpunkt steht während dieser Zeit neben den Stieren in erster Linie ausgelassenes Trinken und Feiern - 24 Stunden am Tag.

Den außergewöhnlichen Reiz des Festes macht jedoch der *encierro,* der ***Stierlauf,*** aus. Dabei treiben die wilden Kolosse allmorgendlich eine Menge junger Männer durch die Straßen der Altstadt bis zur Arena vor sich her. Traditionell weiß gekleidet und mit einem roten Halstuch sowie einer roten Schärpe versehen, versuchen die mutigsten Läufer, die Stiere möglichst nah herankommen zu lassen, bevor sie sich mit einem Sprung zur Seite vor den lebensgefährlichen Hörnern in Sicherheit bringen. Verletzungen sind dabei an der Tagesordnung, und auch Tote hat es schon - wenngleich viel seltener - gegeben. Erst 1995 bezahlte ein Amerikaner das riskante Spiel mit dem Leben. Nachdem er gestürzt war, beging er einen Kardinalfehler, vor dem immer wieder gewarnt wird: Anstatt liegenzubleiben und die Stiere vorbeilaufen zu lassen, stand der junge Mann sofort wieder auf - und wurde mit voller Wucht von einem Horn getroffen.

Unterhaltung für kommende San-Fermín-Generationen

Bis vor wenigen Jahren begann der *encierro* allmorgendlich um 7 Uhr, so dass die Stiere erstmals am siebten Tag des siebten Monats zur siebten Stunde durch die Straßen rasten. Vermutlich aus Nachsicht mit den angeschlagenen Gästen hat man den Startschuss aber mittlerweile um eine Stunde auf 8 Uhr verschoben. Wer am *encierro* teilnehmen möchte - und sich des Risikos bewusst ist - sollte vor 7.15 Uhr eintreffen, da dann die Straßen mit schweren Holzbohlen abgesperrt werden. Für Zuschauer gilt ebenfalls: Je früher man am Ort des Geschehens erscheint, desto besser kann man das Spektakel beobachten.

Zur Fiesta gehören zudem Prozessionen der historischen Großköpfe *(cabezudos)* und Riesen *(gigantes)* sowie die Umzüge zahlreicher Kapellen, die beinahe rund um die Uhr musizierend durch die Straßen streifen.

Encierro – Tradition und Nervenkitzel

Sehenswertes

Zentrum der Stadt ist die ***Plaza del Castillo,*** ein von Bäumen umgebener, großer Platz, dessen Mittelpunkt ein Podium bildet. Den Platz säumen Hotels und Cafés, von denen aus man wunderbar das abendliche Treiben beobachten kann. Im Pavillon in der Mitte spielen während der Fiesta Bands bis zum frühen Morgen - es darf getanzt werden. Zu Sanfermines-Zeiten so manches Mal als Schlafplatz zweckentfremdet, eignet sich die Plaza auch den Rest des Jahres als idealer ***Ausgangspunkt zu den Sehenswürdigkeiten*** der Stadt.

An der Südseite des Platzes liegt der ***Palacio de Navarra,*** das 1847 erbaute und später modernisierte Gebäude des Provinzparlamentes. Im pompösen Ratssaal sind sehenswerte Wandteppiche und die Portraits der einstigen Könige von Navarra zu bewundern. Berühmtestes Ausstellungsstück ist ein Gemälde *Goyas,* der 1814 *Fernando VII.* auf die Leinwand bannte.

Direkt hinter dem Palast steht die ***Basilika San Ignacio,*** erbaut zu Ehren des *Heiligen Ignatius von Loyola.* Genau dort, wo heute die Kirche steht, soll *Ignatius* als spanischer Offizier im Jahre 1521 schwer verwundet worden sein. Nach der langwierigen Genesung änderte sich sein Leben von Grund auf: Er wandte sich der religiösen Literatur zu, landete wegen seelsorgerischer Tätigkeiten sogar mehrfach vor dem Inquisitionsgericht und gründete schließlich den Jesuitenorden.

Nur einen Katzensprung entfernt befindet sich die ***Plaza de Toros,*** die Stierkampfarena. Dem großen Literaten zu Ehren wurde die Zone vor dem kreisrunden Bauwerk Paseo Hemingway genannt; außerdem steht vor dem Eingang eine Skulptur des Schriftstellers, die während der Fiesta meist ein knallrotes Halstuch trägt.

Vom Palacio de Navarra erreicht man über den ***Paseo Sarasate*** - während der Fiesta übrigens beliebte Flaniermeile - die ***Kirche San Nicolas.*** Im Innern des massiven Gotteshauses sind Gewölbe und mehrere Altäre zu sehen.

Nördlich an die Plaza del Castillo schließt sich die ***Altstadt*** an, die vor allem aufgrund ihrer Atmosphäre besticht. Am Rande des alten Zentrums steht mit der ***Kathedrale*** das bekannteste Gebäude Pamplonas (ausgenommen vielleicht die Arena): ein imposantes Bauwerk, auf den Grundmauern eines römischen Kapitols errichtet. Selbst weniger kunstinteressierte Reisende dürften an der dreischiffigen Kirche, in der einst die Könige Navarras gekrönt wurden, Gefallen finden. Neben den vielen Seitenkapellen, der klassizistischen Fassade und dem berühmten Chorgestühl macht besonders die ehrwürdige Stimmung den Besuch zu einem Erlebnis.

Bevor der Grundstein für das heutige Gotteshaus gelegt wurde, gab es an dieser Stelle bereits eine Kathedrale romanischer Bauweise. Deren Architekten waren bei ihren Plänen jedoch nicht mit der nötigen Sorgfalt vorgegangen, so dass große Teile des Gebäudes einstürzten und 1390 mit dem Bau der neuen Kirche begonnen wurde. Ursprünglich ebenfalls als romanisches Bauwerk geplant, dominierten letztlich die gotischen Einflüsse, da sich die Fertigstellung bis ins Jahr 1525 hinauszögerte. Wie Wächter flankieren zwei 50 Meter hohe Türme das Portal; der rechte beherbergt dabei die zweitgrößte Glocke Spaniens, einen zwölf Tonnen schweren Koloss.

Im ***Kircheninnern*** werden im Hauptschiff Erinnerungen ans Mittelalter wach: Hinter den Sarkophagen *König Carlos III.* und seiner Gattin zeigt ein Relief Kapuzenmänner und jammernde Frauen, die um die Verstorbenen trauern. Weitere berühmte Personen, wie *Lancelot von Navarra,* fanden ihre letzte Ruhestätte unter der Kirche. Wegen der extrem langen Bauzeit und häufiger Erneuerungen weisen die zahlreichen Altäre, Kruzifixe und Figuren Merkmale verschiedener Stilrichtungen auf. So sind mehrere Altäre Barockarbeiten, während große Teile des wunderschönen gotischen Kreuzganges bereits im 14. Jh. entstanden.

Im Refektorium neben der Kathedrale, wo einst die Mönche ihre Mahlzeiten zu sich nahmen, befindet sich heute das ***Diözesanmuseum*** mit Skulpturen, Gewändern, Gemälden und sakralen Kunstgegenständen.

● Geöffnet täglich außer Sonntag und Samstagnachmittag 10–13.30 Uhr und 16–19 Uhr. Eintritt 3,60 €, Kinder 2,10 €.

Geht man von der Kathedrale aus über die ***C. Navarreria,*** kommt man auf einen kleinen, von Bars gesäumten Platz, dessen Mittelpunkt ein Springbrunnen ausmacht. Eigentlich wäre das gut fünf Meter hohe Gebilde keine Erwähnung wert, würde es in den Nächten der Fiesta nicht einer völlig anderen Bestimmung zugeführt. Junge, oftmals betrunkene Leute erklettern den Springbrunnen und machen seinem Namen alle Ehre: sie springen! Unten versuchen andere, sie aufzufangen, was auch meistens gelingt. Manchmal landen die Tollkühnen aber auch auf dem harten Pflaster und ziehen sich böse Verletzungen zu.

Einen Häuserblock weiter steht das mit Säulen und Figuren verzierte ***Rathaus,*** dessen barocke Fassade sofort ins Auge sticht. Hier wird die Fiesta alljährlich eröffnet, und auf dem Rathausplatz ist während der Feierlichkeiten täglich die Hölle los, wenn sich die Oberen der Stadt und die Toreros auf dem Balkon die Ehre geben.

Ganz im Norden der Altstadt, nahe den Wehrmauern und dem Río Arga, liegt das überaus interessante ***Museo de Navarra.*** Die Palette der Ausstellungsstücke reicht von prähistorischen Funden über Wissenswertes zur Geschichte Navarras bis hin zu Gemälden, Fresken und anderen Kunstgegenständen.

● Öffnungszeiten: Dienstag bis Samstag 9.30–14 Uhr und 17–19 Uhr, Sonntag 11–14 Uhr. Eintritt 1,80 €, Kinder 0,90 €.

Westlich des Zentrums befinden sich zwei Grünanlagen, die – auch außerhalb der Sanfermines – zu einem Spaziergang einladen. Bei der ***Ciudadela*** handelt es sich um ein gewaltiges Verteidigungsbauwerk, im

16. Jh. von Italienern errichtet. Ein weitläufiger Park mit altem Baumbestand umgibt die historischen Mauern.

Beschaulicher geht es im ***Parque de la Taconera*** zu: Der Garten besitzt zwar „nur" wenige Statuen berühmter Persönlichkeiten, lohnt aber schon wegen seiner gepflegten Anlagen einen Besuch.

Praktische Informationen

Information

- ***Touristenbüro*** an der C. Eslava 1 (gegenüber Plaza San Francisco), Tel. (948) 206540.

Unterkunft

Ein leidiges Thema: ***Wo übernachtet man während der Fiesta?*** Ein Hotelbett im Zentrum bekommt man zu dieser Zeit eigentlich nur mit einer mehrmonatigen Vorbestellung oder einer gewaltigen Portion Glück. Reichlich „Kleingeld" muss man zudem dabei haben, denn sämtliche, ohnehin schon nicht gerade günstigen Hotels ziehen die Preise vom 5. bis 14. Juli extrem an. Manchmal stehen vor der Touristeninformation Frauen, die Privatzimmer anbieten - zumindest eine etwas günstigere Übernachtungsmöglichkeit. Da auch beim nahegelegenen Campingplatz Ezcaba meist das Schild *Completo* rausgehängt wird, bleibt Autofahrern noch die Möglichkeit, im Umland ein Zimmer oder einen Zeltplatz zu suchen. Empfehlenswert ist der im 30 km entfernten Lekunberri (siehe Guipúzcoa). Wem das alles nicht passt, der macht es einfach wie Tausende andere auch: Man legt sich - am besten zu mehreren - in irgendeinem Park auf der Wiese nieder.

Den Rest des Jahres findet man aufgrund der zahlreichen Hotels normalerweise problemlos ein Zimmer.

- ***Hotel Tres Reyes*** €€€€€, Jardines de la Taconera, Tel. (948) 226600. Sehr gutes, großes Hotel, nur fünf Gehminuten von der Plaza del Castillo entfernt. Mit Schwimmbad, Garten und ähnlichen Annehmlichkeiten. Während der Fiesta verdoppelt sich der Preis!
- ***Hotel Europa*** €€€€€, Espoz y Mina 11, Tel. (948) 221800. Nur ein paar Meter von der Plaza del Castillo liegt dieses gute Mittelklassehotel, das sich seinen außergewöhnlichen Standort allerdings auch bezahlen lässt: DZ normalerweise 104 €, während der Fiesta 222 €. Von Mitte Juli bis Mitte September gibt es einen Sondertarif.
- ***Hotel La Perla*** €€€€€, Plaza del Castillo 1, Tel. (948) 227706. Man verlässt das Haus und steht mitten im Geschehen - zentraler geht es nun wirklich nicht. Obwohl nicht sehr komfortabel, steigt der normale DZ-Preis (mit Bad) von von 100 € auf 200 € während der Fiesta an. Ob es daran liegt, dass schon *Hemingway* hier seinen Rausch ausschlief?
- Mehrere ***einfache Hostals und Fondas*** befinden sich in den Altstadtstraßen ***San Gregorio*** €€€-€€€€ und ***San Nicolás*** €€€-€€€€, etwas westlich des Plaza del Castillo. Die Preisspanne reicht zu Fiesta-Zeiten von 30 € fürs karge Kämmerchen bis zu 120 € für das DZ mit Bad. Günstigste Unterkunft ist die Pension ***Casa García*** €€, San Gregorio 12, Tel. (948) 223893. Außerhalb der Fiesta sind in der Altstadt zahlreiche günstige Zimmer zu bekommen.
- Im Stadtgebiet von Pamplona gibt es verständlicherweise kein *Casa Rural*. Die beiden nächsten Häuser dieser Art befinden sich in den Dörfern Astrain, 10 km südwestlich an der N 111, und Errotz, 18 km nordwestlich nahe der A 15: ***Casa Carpintero*** €€ in Astrain, Tel. (948) 353228; ***Casa Oskia*** €€ in Errotz, Tel. (948) 500900.
- ***Camping Ezcaba,*** beim Ort Oricáin, 6 km nördlich an der N 121A Richtung Irún, Tel. (948) 330315. Die Chancen, auf dem stadtnächsten Campingplatz während der Fiesta unterzukommen, tendieren gegen Null.
- ***Weitere Campingplätze*** im 30 km entfernten Mendigorria (siehe Puente la Reina) und im 42 km südlich gelegenen Olite (Tel. (948) 712443). Die beste Übernachtungsmöglichkeit für Camper besteht jedoch in Lekunberri, 35 km nordwestlich Richtung San Sebastián (siehe Guipúzcoa).

Essen und Trinken

- Feste und erst recht flüssige Nahrung kann man in zahlreichen ***Bars*** in der Altstadt zu sich nehmen - während der Fiesta 24 Stunden am Tag. Beliebte Snacks sind verschiedenste Tapas und *Bocadillos,* sandwichartige Brote mit Braten, Käse oder Tortilla.
- ***Restaurant Josetxo,*** Plaza Príncipe de Viana, einige hundert Meter südlich der Plaza del Castillo, Tel. (948) 222097. Gutes Restaurant mit leckeren Fischspezialitäten wie Heilbutt oder Krabbensalat. Gehobene Preisklasse.
- Ordentlich und nicht zu teuer isst man im ***Restaurant Lanzale,*** C. San Lorenzo 31, im Nordwesten der Altstadt, Tel. (948) 221071. Das Preis-Leistungs-Verhältnis für die Tagesgerichte stimmt auf jeden Fall.
- ***Restaurant La Tinaja,*** C. Arrieta 9, schräg gegenüber der Arena. Günstiges Lokal, vorwiegend junges Publikum. Empfehlenswerte Salate.
- Wer auf *Hemingways* Spuren wandeln möchte und bereit ist, für einen Drink ein paar Pesetas mehr auszugeben, sollte sich im altehrwürdigen ***Cafe Iruña*** am Plaza del Castillo niederlassen. Die Atmosphäre im Stammlokal des Schriftstellers stimmt noch immer; auch wenn hier außerhalb der Fiesta nach englischem Vorbild Bingo gespielt wird.

Verkehrsverbindungen

- Vom ***Flughafen*** im Süden der Stadt, Tel. (948) 168700, starten täglich mehrere Flieger nach Barcelona und Madrid sowie seltener nach Valencia und Santiago de Compostela.
- Der ***Bahnhof,*** Tel. (948) 130202, liegt im nordwestlichen Winkel Pamplonas. Täglich Züge nach Madrid, Barcelona, Vitoria, Irún und Hendaye.
- Der ***Busbahnhof*** (Tel. (948) 223854) an der Kreuzung von C. Yanguas y Miranda und C. Conde Oliveto, nördlich der Altstadt, ist in wenigen Minuten von der Plaza del Castillo zu Fuß zu erreichen. Von hier fahren täglich Unmengen an Bussen unter anderem nach Madrid, Barcelona, Irún, Sangüesa, Puente la Reina, Zaragoza, Bilbao oder San Sebastián.

Weitere Reisetipps

- Wo viele Menschen zusammenkommen, um zu feiern, sind oft auch Kriminelle nicht weit. Das ist in Pamplona leider nicht anders. Die Polizei kann sich während der Fiesta über mangelnde Beschäftigung wahrlich nicht beklagen: Vor allem Touristen, um sämtliche Habseligkeiten erleichtert, gehören zum täglichen Bild auf der Wache. Wer einige Vorsichtsmaßnahmen berücksichtigt, kann das Risiko eines ***Diebstahls*** aber auf ein Minimum reduzieren. Am besten gibt man sein Gepäck ab (siehe unten) und schleppt wirklich nur das Nötigste mit sich herum. Wertsachen wie Geld, Papiere und Schecks sollte man immer direkt am Körper tragen. Wer nachts in einem Park schläft, tut dies möglichst in einer Gruppe von mehreren Leuten. Auf jeden Fall muss man seine Wertgegenstände, möglichst ebenso andere Utensilien wie Kleidung, mit in den Schlafsack nehmen. Auch hier empfiehlt es sich, Bauchgürtel oder Brustbeutel am Körper zu tragen - es sind schon Schlafsäcke am Fußende aufgeschnitten worden, ohne dass der oft angesäuselte Schläfer etwas davon bemerkt hätte.

- Wer keine feste Unterkunft sein eigen nennt, sollte das Gepäck bei einer ***Aufbewahrungsstelle*** abgeben. Die Stadt Pamplona bietet alljährlich eine solche Möglichkeit an; zuletzt wurde die Schule schräg gegenüber der Touristeninformation in eine Sammelstelle für Rucksäcke etc. umgewandelt. Am besten fragt man nach der Ankunft im Touristenbüro, wo sich die Aufbewahrung befindet. Ungünstiger gelegen und zudem teurer ist die Unterbringung am Bahnhof. Beide sind 24 Stunden geöffnet.
- Zu Zeiten des Festes stehen an den größeren Straßen rund um Pamplona ***Polizeistreifen,*** die jedes vorbeifahrende Auto kontrollieren. Geschwindigkeitsüberschreitungen werden in Spanien rigoros bestraft; kann das hohe Bußgeld nicht sofort bezahlt werden, wird automatisch der Wagen stillgelegt.
- Die ***Toiletten*** befinden sich zwischen dem 6. und 14. Juli fast überall in einem desolaten Zustand. Am saubersten sind sie noch in den teuren Cafés an der Plaza del Castillo.

- ***Duschmöglichkeiten*** bestehen in der C. Eslava 9 (8-21 Uhr) und im Parking de Salesianos, C. Medialuna (8-13 Uhr und 15.30-20.30 Uhr).
- Pamplona verfügt über ausreichend Banken und EC-Automaten. Wer nachts ***Geld*** benötigt, kann an der Rezeption im Hotel *Tres Reyes* (siehe oben) wechseln. Dort werden sowohl ausländische Währungen als auch Reiseschecks akzeptiert.
- Zahlreiche Wohnungsbesitzer vermieten während des *Encierro* ***Plätze auf ihren Balkonen*** entlang des Laufweges der Stiere. Die Angelegenheit ist mit etwa 15 € zwar alles andere als preiswert, dafür kann man das Spektakel aber ungestört beobachten. Die Plätze müssen unbedingt vor 7.15 Uhr eingenommen werden, da danach die Strecke eingezäunt wird. Telefonische Kartenbestellung, auch auf Englisch, unter (948) 221506 oder 267615.
- Die Agentur *Itsaslur,* C. Goroabe 25, Tel. (948) 150361, organisiert ***Wanderungen, Rafting, Ausritte, Canyoning, Mountainbikefahrten*** und ***Höhlentouren.***

Ausflug in den Süden Pamplonas

Etwa 20 km von Pamplona entfernt erstreckt sich der leicht hügelige Landstrich ***Valdizarbe,*** der zwar nur noch wenig Beziehungen zu den eigentlichen Pyrenäen besitzt, aufgrund seiner historischen Bauwerke und der langen Geschichte aber auf jeden Fall einen Abstecher lohnt. Die Region gilt als Übergangszone zwischen dem feuchten nördlichen Teil Navarras sowie dem trockenen und heißen Süden. Während es im Winter recht kalt werden kann, herrschen im Sommer sehr heiße Temperaturen vor - die Landschaft wird dann von den braunen Farbtönen der Getreidefelder und der ausgedörrten Wiesen geprägt.

Puente la Reina

Man erreicht die 2.000 Einwohner zählende Stadt, 23 km südwestlich von Pamplona, über die N 111 und wird gleich am Ortseingang mit der wichtigsten Begebenheit in der Historie Puente la Reinas konfrontiert: Ein ***Standbild zu Ehren der Jakobspilger*** trägt die Aufschrift *„Hier vereinigen sich alle Wege nach Santiago zu einem einzigen“.* Tatsächlich durchquerten im Laufe der Jahrhunderte Millionen von Gläubigen Puente la Reina, um weiter nach Santiago de Compostela zu wandern und dort am Grabe des heiligen Jakobus niederzuknien.

Seinen Namen gab dem Ort die ***Brücke über den Río Arga,*** die im 11. Jh. eigens erbaut wurde, damit der Pilgerstrom ungehindert seinen Weg fortsetzen konnte. Vermutlich gab die *Königin Doña Mayor,* Gattin von *Sancho dem Großen,* einst den Auftrag zur Errichtung des Bauwerkes. Kaum war die Brücke fertiggestellt, siedelten sich hier Kaufleute an, die von den Massen der Gläubigen lebten und dem Städtchen zum Aufschwung verhalfen. Puente la Reina blühte auf und gelangte zu Wohlstand; es entstanden zahlreiche Bauwerke, die der Stadt noch heute eine besondere Atmosphäre verleihen.

Am besten parkt man den Wagen an der Hauptstraße N 111, die außerhalb des Zentrums verläuft und erspart sich so ein lästiges Herumkurven im verwinkelten, alten Kern.

Mittelpunkt des Ortes ist die an zwei Seiten von Bogengängen gesäumte ***Plaza de Julián Mena,*** an deren Kopfseite die wunderschöne ***Calle Mayor*** verläuft. Wie viele Pilger mögen diese uralte Straße entlanggegangen sein, vorbei an den klassischen ***Adelshäusern*** mit ihren schmiedeeisernen Balkonen und den großen, eisenbeschlagenen Türen?

Zwei Kirchen verdienen besondere Beachtung. Da ist zum einen die ***Iglesia del Crucifijo*** (12.-13. Jh.), die ihren Namen einem geschnitzten Kreuz verdankt. Das Kunstwerk stammt ursprünglich aus Deutschland und wurde vermutlich von einem deutschen Pilger bis hierher getragen. Die ***Iglesia de Santiago*** (12. Jh.) beherbergt wertvolle Goldschmiedearbeiten sowie die Jakobus-Statue, die den Heiligen mit Pilgerstab und Muschel zeigt.

Information

- ***Touristenbüro*** an der Plaza de Julián Mena, Tel. (948) 340845.

Unterkunft

- ***Hotel Jakue*** €€ €€, C. Irumbidea, Tel. (948) 341017. Hotel der oberen Mittelklasse, sämtliche 28 Zimmer mit Bad. Während der Fiesta im nahen Pamplona wird's teuer: über 100 €.
- ***Hostal Bidean*** €€-€€€, C. Mayor 20, Tel. (948) 341156, verbindet rustikales Ambiente mit dem nötigen Komfort.
- ***Camping El Molino*** beim 6 km südlich gelegenen Dorf Mendigorria, Tel. (948) 340604. Wenig Schatten, harter Boden und relativ teuer - dafür großes Schwimmbad. Von Mendigorria fahren täglich drei Busse (8, 12.15 und 16 Uhr) nach Pamplona.

Verkehrsverbindungen

- Von 7.30 Uhr bis 20.30 Uhr insgesamt sieben ***Busse*** nach Pamplona.

Weitere Reisetipps

- Am Ortseingang von Puente la Reina (aus Pamplona kommend) sollte man die Augen nach oben richten: Auf einem alten Fabrikschlot links neben der Hauptstraße brütet alljährlich ein ***Storchenpaar.***

Santa María de Eunate

Kurz vor Puente la Reina zweigt links von der N 111 eine kleinere Straße ab, über die man nach wenigen Kilometern die ***Kirche*** Santa María de Eunate (13. Jh.) erreicht, ein anmutig in den Kornfeldern gelegenes Gotteshaus. Die ***Bauweise*** gilt als ***einzigartig*** am gesamten Jakobsweg: Unregelmäßig verläuft der achteckige Grundriss, umgeben wird das Gebäude von einem hübschen Arkadengang. Vermutlich handelte es sich bei der Kirche um eine ***Grabkapelle,*** in der die letzte Messe für Pilger gehalten wurde, die im nahen Hospital der Johanniter verstorben waren.

Noch heute trifft man hier häufig Gläubige, für die diese Kirche ein obligatorisches Etappenziel auf dem Weg nach Santiago darstellt.

- Santa María de Eunate kann täglich außer montags 10-13.30 und 16-19 Uhr besichtigt werden.

Von Pamplona nach Roncesvalles

Im Nordosten von Pamplona beginnt die N 135, die zuerst am Río Arga und später am Río Urrobi entlang bis zur französischen Grenze verläuft. Seit alters überquerten die ***Jakobspilger*** auf diesem Weg die Pyrenäen, die sich hier erheblich zugänglicher erweisen als weiter im Osten. So entwickelte sich ***Roncesvalles,*** etwa 20 km vor der französischen Grenze gelegen, zu einer der wichtigsten spanischen Stationen auf dem Weg nach Santiago de Compostela. Der Ort erlangte zudem Berühmtheit, weil die ***Nachhut des Heeres Karls des Großen*** im Jahre 778 hier vernichtend geschlagen wurde.

Besonders im grenznahen Bereich bestimmen ***Buchenwälder*** und klare Bäche das Bild - ein optimaler Ort für ausgedehnte Spaziergänge. Der Nebel, der die Wälder oft einhüllt, erweist sich dabei nicht als störend, sondern vielmehr als sehr stimmungsvoll.

Eine Bademöglichkeit besteht im ***Stausee von Eugi,*** zu dem von der N 135 nach links eine Straße abzweigt, 13 km, nachdem man Pamplona verlassen hat.

Verkehrsverbindungen

- Nur einmal täglich in den Abendstunden verkehrt ein ***Bus*** zwischen Pamplona und dem Tal des Río Arga, letzte Station ist Burguete.

Burguete (bask. *Auritz*) *und das Tal von Aezcoa*

Das 300-Seelen-Dorf Burguete, 3 km südlich von Roncesvalles, ist nicht mehr und nicht weniger als ein nettes Örtchen - und erfreut sich doch zumindest unter Literaturliebhabern recht großer Bekanntheit. Hier lässt *Hemingway* seine Romanhelden Jack und Bill in *Fiesta* Forellen fischen, bevor sie sich in den Trubel von Pamplona stürzen. Seit der Zeit des Nobelpreisträgers hat sich Burguete wohl nur wenig verändert - noch immer existiert nur eine größere Straße, an der sich die baskischen Häuser aneinanderreihen.

Östlich erstreckt sich parallel zur Bergkette das ***Hochtal von Aezcoa,*** in das man auf einer Straße gelangt, die kurz vor Burguete von der N 135 abzweigt. Durch dieses Gebiet fließt der ***Irati,*** gesäumt von Buchen- und Tannenbeständen gewaltigen Ausmaßes: Der ***Iratiwald*** ist das größte Waldgebiet ganz Navarras. Die kleinen Dörfer dieser Region, die nur von wenigen Reisenden besucht wird, sind noch heute die Heimat eines ganz hervorragenden Käses. Vom nördlichen Dorf ***Orbaiceta*** *(Orbaitzeta),* wo in 4 km Entfernung die Ruine der ehemaligen königlichen Waffenfabrik auffällt, verlaufen Wanderwege auf den 1.343 m hohen ***Mendilaz*** und zum ***Stausee von Irabia.***

Unterkunft

- ***Hotel Loizu***€€€, Avenida Roncesvalles 7 in Burguete, Tel. (948) 760008. Gutes Mittelklassehotel, gelungene Verbindung moderner und alter Bausubstanz. Den Preis wert.

- ***Hostal Juandeaburre*** €, C. San Nicolás in Burguete, Tel. (948) 760078. Kleines Hostal mit einfachen Zimmern ohne Bad. Dafür recht günstig.
- ***Camping Urrobi,*** an der N 135 zwischen Auritzberri und Burguete, Tel. (948) 760200. Anlage der mittleren Kategorie.

Roncesvalles

(bask. *Orreaga*)

Welch tragisches Schicksal ereignete sich unweit von Roncesvalles im Jahre 778! ***Roland,*** Paladin *Karls des Großen,* führte die Nachhut des Heeres hier über die Berge, als er in einen gemeinen Hinterhalt geriet. Da sein eigener Stiefvater *Ganelon* diesen teuflischen Pakt mit den heidnischen Sarazenen geschlossen hatte, weigerte sich Roland mehrfach, mit seinem wunderlichen Horn *Olifant* Hilfe herbeizurufen. Statt dessen stellte er sich mit dem Schwert *Durendal* lieber dem Kampfe gegen die gewaltige Übermacht. Erst im letzten Moment rief der Paladin mit *Olifants* Unterstützung das Frankenheer herbei, das dem Gegner schließlich den Garaus machte. Für *Roland* kam die Hilfe jedoch zu spät: Er war den Heldentod gestorben.

So berichtet es zumindest das ***Rolandslied,*** eines der berühmtesten Heldengedichte, das gegen 1100 niedergeschrieben wurde. Obwohl diesem Epos ein historischer Kern zugrunde liegt, übersah der damalige Dichter doch so einiges geflissentlich. Bei den vermeintlichen Sarazenen handelte es sich nämlich in Wirklichkeit um Basken, die der Nachhut des Heeres *Karls des Großen* hier tatsächlich eine vernichtende Niederlage zufügten. Im Rahmen des Kreuzzuggedankens empfand es der Verfasser des Liedes aber wohl als passender, die Rolle des hinterhältigen Gegners sogenannten Heiden zuzuschieben - schließlich konnte *Roland* so als Verteidiger des Abendlandes in die Annalen eingehen. Etwas oberhalb von Roncesvalles, am ***Ibañeta-Pass,*** erinnert ein Gedenkstein an den tapferen Krieger.

Wahrscheinlich, weil dieser Platz den Kampf des Christentums gegen den Islam symbolisierte, spielte Roncesvalles auch später eine Rolle in der Geschichte. Die im 12 Jh. hier gegründete ***Augustinerabtei*** war die ***erste spanische Station am Jakobsweg*** und somit eine gewaltige Anlaufstelle der Gläubigen, was sich auch in den Bauwerken widerspiegelt. Ein großer Teil der hiesigen Gebäude ist religiösen Ursprungs, ein echtes Dorf existiert nicht. Übrigens gibt es hier noch immer einen speziellen Informations-Service für Pilger.

Den Mittelpunkt des Gebäudekomplexes bildet die ***Stiftskirche*** (Iglesia Colegial) aus dem 13. Jh., deren ***Marienstatue*** ein Heiligtum und das Ziel von Wallfahrern darstellt. An das gotische Bauwerk grenzen ein ***Kreuzgang*** und der ***Kapitelsaal,*** der das ***Grabmal König Sanchos des Starken*** beherbergt und als einziger einen großen Brand im 15. Jh. unversehrt überstand.

In der einige Meter entfernt liegenden ***Kapelle Sancti Spiritus*** (12. Jh.), dem ältesten Bauwerk in Roncesvalles, werden die Gebeine von Pilgern aufbewahrt.

Im ***Museum*** sind mittelalterliche Gemälde, Skulpturen und Goldschmiedearbeiten zu sehen.

- Das Ticket für 2 € berechtigt zum Besuch von Kloster, Museum und Kapelle. Geöffnet 10–14 und 16–20 Uhr.

Information

- ***Touristenbüro*** gegenüber der Kirche, Tel. (948) 760301.
- ***Informationen für Pilger*** im langen Gebäude neben dem Kloster, Tel. (948) 760000.

Unterkunft

- ***Hotel La Posada*** €€€, an der Hauptstraße bei Roncesvalles, Tel. (948) 760225. Mittelklassehotel mit Zimmern für eine (34 €), zwei (42 €), drei (48 €) und vier (53 €) Personen.
- ***Hostal Casa Sabina*** €€, an der Hauptstraße in Roncesvalles, Tel. (948) 760012.
- ***Jugendherberge*** direkt neben der Iglesia Colegial, Tel. (948) 760015. Jugendherbergsausweis erforderlich.

Weitere Reisetipps

- Im **Besucherzentrum** *Itzandegia* auf der anderen Seite der Hauptstraße sind Bücher sowie Videos über Roncesvalles und die Pyrenäen erhältlich. Außerdem informiert eine Ausstellung über Roncesvalles, Navarra und den Jakobsweg.

Ausflüge

Der ***Fußweg,*** den wohl schon die Truppen *Karls des Großen* entlangwanderten, beginnt etwas unterhalb des Klosters, ist heute rot-weiß markiert und führt in knapp 30 Minuten zum ***Ibañeta-Pass*** (1.057 m). Von hier verläuft der alte Pilgerweg – leider auf französischer Seite zumeist auf Asphalt – bis nach ***St.-Jean-Pied-de-Port.*** Diese Strecke nimmt allerdings fast einen ganzen Tag in Anspruch.

Valcarlos

Folgt man mit dem Auto der N 135, erreicht man 16 km hinter dem Ibañeta-Pass Valcarlos, das letzte Dorf auf spanischer Seite. Eine ganze Reihe der etwa 550 Einwohner haben sich aufgrund der Grenznähe dem Verkauf von spanischen Waren und Souvenirs verschrieben. Genau dort, wo heute das Dorf liegt, soll *Karl der Große mit* seinen Truppen dereinst sein Lager aufgeschlagen haben.

Valcarlos feiert zweimal jährlich eines der buntesten ***Folklorefeste*** Navarras: Am Ostersonntag regieren hier die *Bolantes* in ihren farbigen Trachten. Das ursprünglich ebenfalls ausgiebig gefeierte Trachtenfest am 25. Juli verliert in letzter Zeit allerdings immer mehr an Bedeutung.

Zwischen Río Irati und Valle del Roncal

Welche Kontraste die Pyrenäen in sich bergen, wird in diesem Landstrich oft schon innerhalb weniger Kilometer deutlich. Fährt man von Pamplona aus die N 240 nach Osten, gewinnt das ***mediterrane Klima*** zusehends an Dominanz. Im Sommer wird es regelrecht heiß, die von Getreidefeldern bewachsenen Hügel wirken dann wie ausgedörrt. Dies sind auch die prägenden Eindrücke am Eingang der in Nord-Süd-Richtung verlaufenden ***Täler Salazar und Roncal.*** Je weiter man diesen Einschnitten aber aufwärts Richtung französischer Grenze folgt, um so mehr verändert sich die Landschaft. Vorbei an gewaltigen Felswänden, scheint die Vegetation mit jedem Höhenmeter zuzunehmen, bis man schließlich weite Buchen- und Tannenwälder erreicht. Das Valle de Salazar und das Valle del Roncal sind gemeinsam mit den etwas östlich verlaufenden Tälern von Ansó und Hecho die letzten Rückzugsgebiete der ***Braunbären*** in den spanischen Pyrenäen.

Berge von bis zu 1.800 m Höhe umringen schließlich die oberen Talstücke, die 1990 zum ***Naturpark*** erklärt wurden. Die Landschaft ist wie geschaffen zum Wandern und Genießen, zumal sich das Klima von einer sehr angenehmen Seite zeigt.

Aufgrund dieser Verschiedenartigkeit und der nur sehr spärlichen Besiedlung durch den Menschen präsentiert sich auch die Tier- und Pflanzenwelt äußerst vielfältig. Am deutlichsten zeigt sich das dem Besucher durch die stetige Präsenz von ***Greifvögeln*** teilweise beeindruckenden

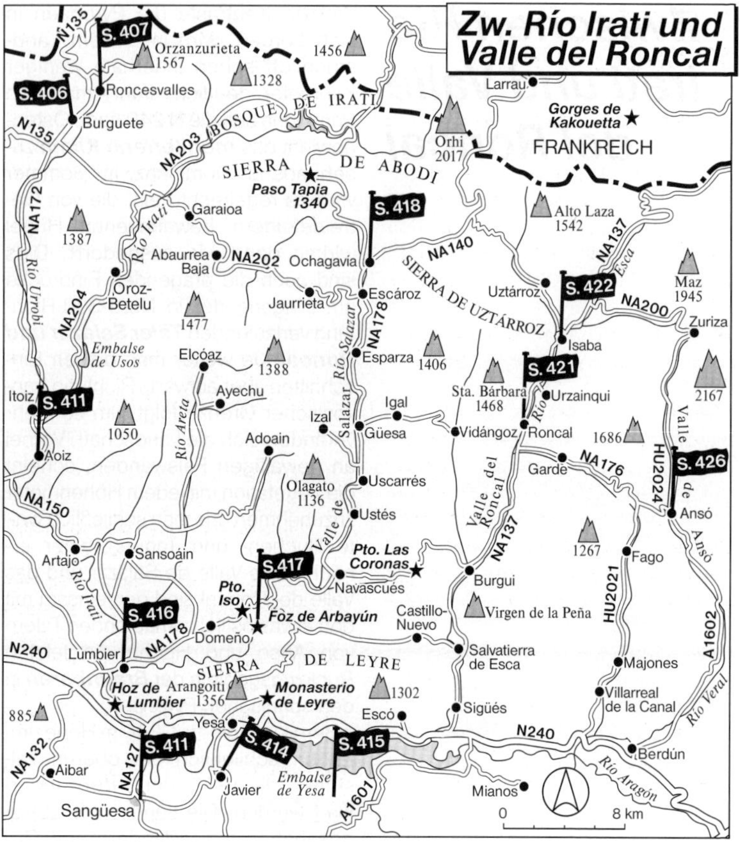

Ausmaßes. Insgesamt 20 verschiedene Greifvogel- sowie sieben Eulenarten sind in diesem Gebiet heimisch! Die größte und auffälligste Gattung ist der Gänsegeier, dessen Bestand in den vergangenen 20 Jahren erfreulicherweise wieder zunahm. So leben nach Zählungen von 1989 allein in der Region um ***Lumbier*** und die ***Foz de Arbayun*** heute rund 300 Gänsegeier-Paare. Am Eingang zu dieser Schlucht wurde eine Aussichtplattform errichtet, von der man die Tiere in einer nahen Felswand und in der Luft wunderbar beobachten kann. Beinahe nirgendwo sonst sieht man die imposanten Vögel so häufig wie hier – ein unbedingtes Muss für jeden Reisenden, der in diesem Gebiet unterwegs ist!

Von Pamplona zum Yesa-Stausee

Verlässt man Pamplona auf der N 240 Richtung Osten, durchquert die Straße ein Gebiet, das die ***Übergangszone*** zwischen den Pyrenäen und den flacheren Gefilden im Süden Navarras bildet. Nur selten passiert man eine Ortschaft, vornehmlich Getreidefelder und kleinere Wälder säumen die Straße. Die Hauptsehenswürdigkeiten liegen dicht beisammen, am östlichen Rand Navarras, nahe der Provinzgrenze zum Aragon. Naturliebhaber werden die spektakulären ***Schluchten von Lumbier und Arbayun*** begeistern, kulturinteressierte Besucher kommen in den Orten ***Sangüesa*** und ***Javier*** sowie beim ***Kloster von Leyre*** voll auf ihre Kosten. Wer genügend Zeit hat, sollte aber alles anschauen – es lohnt sich auf jeden Fall.

Der angrenzende ***Yesa-Stausee,*** ein wichtiges Trinkwasserreservoir, gehört bereits zur Provinz Zaragoza und somit zur Region Aragon. Die Gebirgszüge rund um den See erfreuen sich bei Paragleitern großer Beliebtheit.

Aoiz

(bask. *Agoitz*)

15 km nördlich der N 240 liegt am Ufer des Irati die ***Kleinstadt*** Aoiz, Mittelpunkt zahlreicher winziger Dörfer, die in einer Gemeinde zusammengefasst wurden. Lebten die Menschen hier einst ausschließlich von der Landwirtschaft und dem Handel, hat sich mittlerweile auch die Industrie hinzugesellt. Hergestellt werden in erster Linie Textilien, Möbel und Gummiprodukte.

Auffallendste Bauwerke des Städtchens sind die ***Kirche San Miguel Arcángel*** (15. Jh.) mit ihrem klotzigen Turm sowie die ***mittelalterliche Brücke.***

Lohnende Ausflüge führen in die beinahe menschenleeren Täler der Umgegend.

Unterkunft

● ***Hostal Beti Jai***€€, C. Santa Agueda 4, Tel. (948) 336052. Einfache Herberge mit 14 Zimmern. Außerhalb der Saison sehr preiswert.

Sangüesa

Von den wenig erbaulichen Vororten, die den Kern von Sangüesa umrahmen, sollte man sich nicht abschrecken lassen. Die Kreishauptstadt (4.700 Einwohner), ehemals ***Sitz der Könige von Navarra,*** besticht mit einigen überaus schönen ***historischen Bauwerken*** und liegt nur 5 km abseits der N 240 am Zusammentreffen der Flüsse Aragon und Irati.

Während der Sommermonate zeichnet die Stadt auch die meist drückende ***Hitze*** aus. Spätestens in den Mittagsstunden, wenn kein Lüftchen weht und sich nicht einmal ein Hund auf der Straße blicken lässt, erfährt man die Notwendigkeit der Siesta.

Mit dem übergroßen Nachbarn Pamplona hat Sangüesa übrigens eines gemeinsam: Bei der ***Fiesta*** Mitte September laufen ebenfalls Stiere durch die Straßen – wenn auch in erheblich kleinerem Rahmen. Wer weiß, was passiert wäre, hätte *Hemingway* dieses Fest und nicht die Fiesta San Fermín beschrieben?

Ausgrabungen von Münzen und Grabsteinen belegten, dass sich auf dem Gebiet Sangüesas bereits eine römische Siedlung befand, die ältesten schriftlichen Erwähnungen gehen jedoch nur bis ins 12. Jh. zurück. Schon in dieser Zeit besaß die Stadt einige Sonderrechte, im Jahre 1431 kam das der Münzprägung hinzu, nachdem der Fluss über seine Ufer getreten war und erhebliche Schäden angerichtet hatte. Seine Glanzzeit erlebte der Ort im 14. und 15. Jh., als sich der ***königliche Hof von Navarra*** hier mehrmals versammelte, und die einstige Burg zum Palast ausgebaut wurde. Leider fielen große Teile der Stadt im 19. Jh. den Karlistenkriegen zum Opfer.

Nur noch ein geringer Prozentsatz der Bevölkerung verdingt sich heute in der einst so bedeutenden Landwirtschaft. Die dominierende Einnahmequelle macht die ***Industrie*** aus, was in den bereits erwähnten Vororten wahrlich nicht verborgen bleibt.

Sehenswertes

Kaum hat man die Brücke über den Río Aragon überquert, steht man schon vor der überragenden Sehenswürdigkeit des Ortes: Die ***Kirche Santa María la Real,*** als Nationaldenkmal eingestuft, gilt als absolutes ***Meisterwerk der Romanik.*** Das aus dem 12. Jh. stammende ***Südportal*** wird von Historikern und Kunstexperten zu den hervorragendsten ganz Spaniens gezählt. Selbst weitgereiste Besucher werden lange überlegen müssen, um sich an einen derart reich verzierten Eingangsbereich zu erinnern. Die Säulen sind mit Heiligenfiguren geschmückt, die Bögen zeigen ebenso wie die angrenzenden Flächen eine ungemeine Vielfalt an Figuren. Der oder die Künstler scheinen dabei keiner besonderen Ordnung nachgegangen zu sein: Religiöse Szenen sind ebenso zu sehen wie Handwerker, Fabelfiguren, Tiere, Musiker oder Krieger. Vermutlich entstammen einige Abbildungen den Erzählungen von Jakobspilgern, die diese aus dem hohen Norden mitbrachten. Als besondere Juwelen im ***Innern*** der Kirche gelten die gotische Marienstatue sowie eine Prozessionsmonstranz aus dem 15. Jh.

- Die Kirche kann nur montags bis samstags 10–13 und 16–18.30 Uhr im Rahmen einer geführten Besichtigung bestaunt werden. Der Eintritt beträgt 1,65 €.

Andere religiöse Schätze der Vergangenheit sind die ***Kirche Santiago*** (12. Jh.), unter deren Täfelung erst 1965 eine große Steinfigur entdeckt wurde, und die ***Kirche San Salvador*** (14. Jh.) mit einem reich verzierten Portal. Weitere sakrale Bauten, beispielsweise das ***Kloster Francisco de Asis,*** zeugen von der ehemaligen Bedeutung der Stadt.

So dürfen natürlich auch sehenswerte profane Bauten nicht fehlen. Hervorzuheben sind der ***Palast der Herzöge von Granada de Ega*** und der ***Palast des Grafen von Guendulain*** in der Calle Mayor, der ***Palast Vallesantoro*** in der Calle Alfonso el Batallador und der ***Palast des Prinzen von Viana*** im Norden der Stadt.

Ein Meisterwerk der Romanik: das Südportal der Kirche Santa Maria la Real

Information

- ***Touristenbüro*** in der Calle Mayor 2, Tel. (948) 871411.

Unterkunft

- ***Hotel Yamaguchi*** €€€€, an der Straße nach Javier, Tel. (948) 870127. Ordentliches Mittelklassehotel mit Pool und Garten.
- ***Pension Las Navas*** €€, C. Alfonso el Batallador 7, Tel. (948) 870077. Zentral gelegene, kleine Pension; alle sechs Zimmer mit eigenem Bad.
- ***Camping Cantolagua*** am südlichen Stadtrand, Tel. (948) 430352. Nicht sonderlich schöner, aufgrund hoher Pappeln aber sehr schattiger Platz – bei den hohen Temperaturen im Sommer von immenser Wichtigkeit.

Verkehrsverbindungen

- Täglich drei ***Busse*** nach Pamplona, werktags außerdem nach Huesca und Zaragoza.

Javier

In einem bemerkenswert guten Zustand liegt 8 km östlich von Sangüesa die ***Burg von Javier*** auf einem Felsen über dem Aragon. Die völlige Unversehrtheit ist allerdings nicht auf fehlende kriegerische Einflüsse – die Burg wurde im 16. Jh. sogar weitgehend zerstört – sondern auf die liebevolle Wiederherstellung im Jahre 1952 zurückzuführen. So erscheint die Anlage heute beinahe wie die von einem Kind gezeichnete Ritterburg: Auf den Mauern stehen stattliche Zinnen, mehrere Türme ragen empor, es gibt Zugbrücken und Verliese. Die Aufsicht über das Gebäude obliegt den ***Jesuiten,*** die in unmittelbarer Nähe auch ein Glaubenszentrum betreiben.

In dem Gemäuer, dessen Ursprünge aus dem 11. Jh. stammen, erblickte am 7. April 1506 ***San Fransisco Javier,*** der Schutzheilige von Navarra, das Licht der Welt. Als junger Geistlicher traf er 1533 *Ignatius von Loyola* und gründete mit ihm den Jesuitenorden. Fortan war *Francisco Javier* in Indien, Goa, Japan und China als Missionar tätig. 1622 wurde er schließlich heilig gesprochen.

Zur ***Javierada,*** der größten Wallfahrt Navarras, pilgern an zwei Sonntagen Mitte März Tausende zu der Burg; am 3. Dezember, einem Feiertag in der gesamten Provinz, wird das Fest des *Heiligen Francisco* gefeiert.

Im Innern der ***Burg*** können unter anderem das Geburtszimmer des Heiligen, der Hauptsaal und die Kapelle San Miguel besichtigt werden. Einem Kreuz aus dem 13. Jh. werden wundertätige Eigenschaften nachgesagt: Es heißt, die Christusfigur habe Blut geschwitzt, als *San Francisco* nahe der chinesischen Grenze starb.

- Die Burg von Javier kann tägl. 9–12.40 und 16–17.40 Uhr besichtigt werden, Eintritt frei.

Unterkunft

- ***Hotel Xavier*** €€€€ gegenüber der Burg, Tel. (948) 884006. Gutes Hotel mit Garten, an einem kleinen Park gelegen.

Der Yesa-Stausee

In der kargen Ebene des Río Aragon erstreckt sich – bereits zum Aragon gehörend – mit dem Embalse de Yesa einer der größten Stauseen Nordspaniens. 1959 waren die Arbeiten an der 74 m hohen und 411 m langen Staumauer beendet und 500 Millionen Kubikmeter Wasser überfluteten auf einer Länge von 11 km das einstige Tal. Im Laufe der Jahre entwickelte sich das ***wichtige Trinkwasserreservoir*** mit dem Spitznamen *Mar del Pirineo* (Meer der Pyrenäen) zum Feriendomizil. An den Ufern öffneten zwei Campingplätze ihre Pforten, das Gewässer selbst dient als ***Badesee*** und als Freizeitparadies für ***Surfer*** und ***Segler.*** Je weiter der Sommer jedoch voranschreitet, desto spärlicher werden die Badefreuden: Nach und nach sinkt der Wasserspiegel, bis der Embalse de Yesa im frühen Herbst auf einen Bruchteil seines eigentlichen Volumens zusammengeschrumpft ist. Erst im folgenden Frühjahr erstrahlt der See wieder in seinem alten Glanz.

Wer die N 240 entlangfährt, die oberhalb des nördlichen Seeufers verläuft, wird alsbald Parolen *No Yesa* bemerken, die auf den Asphalt gesprüht wurden. Hintergrund sind die Pläne der Provinz Aragon, die Staumauer zu erhöhen und das Gewässer somit noch zu vergrößern. Umweltschützer – von denen auch die Parolen stammen – befürchten starke ***Schäden*** an der umliegenden Natur und gehen deshalb auf die Barrikaden. Der ***Protest*** dürfte allerdings nicht von Erfolg gekrönt sein, da neben den Politikern auch große Teile der Bevölkerung den Ausbau befürworten.

Unterkunft

- ***Hostal El Jabalí*** €€ im Ort Yesa, 3 km vor dem Stausee, Tel. 884042. Mit Garten. Auch preiswertere Zimmer ohne Bad vorhanden. Außerhalb der Sommermonate etwas günstiger.
- ***Camping de Sigües,*** Tel. (948) 887194, ist der erste Platz an der N 240, wenn man aus westlicher Richtung kommt. Die Anlage besitzt zwar Bar, Restaurant und Supermarkt, aber nicht gerade viel Schatten, was sich bei den hiesigen Temperaturen als sehr störend erweist. Direkt am Platz bestehen Wassersportmöglichkeiten.
- ***Camping Mar del Pirineo,*** ein Stück weiter östlich an der N 240, Tel. (948) 887009. Erheblich schönerer Platz mit größerem Baumbestand. Ebenfalls Bar, Restaurant, Supermarkt und Wassersportmöglichkeiten vorhanden. Höhere Preise als bei *Camping de Sigües.*

Das Kloster San Salvador de Leyre

Am Südhang des Gebirgszuges von Leyre liegt hoch über dem Stausee, 4 km nördlich vom Ort Yesa, dieser imposante ***Klosterkomplex*** von immenser geschichtlicher und kunsthistorischer Bedeutung. Das Monasterio San Salvador de Leyre bestand schon im 9. Jh., eventuell sogar früher, wurde dann aber von den Mauren zerstört. *König Sancho el Mayor* sorgte 1022 für eine Neugründung, und bereits im Jahre 1057 konnte das Kloster eingeweiht werden, das somit ***das älteste romanische Bauwerk*** im Gebiet Navarra, Aragon, Kastilien, León und Galicien überhaupt sein soll. Zwar stammen weite Teile der heutigen Bauten aus späteren Epochen, doch weisen die ***Krypta*** und das schöne ***Westportal*** eindeutig romanische Züge auf.

Vor allem in den ersten Jahrhunderten seines Bestehens ging von dem Bischofssitz eine ungemeine ***Macht*** aus: Zu den Besitzungen des Klosters zählten über 40 Orte, unter anderem die Stadt San Sebastián! Nachdem der Einfluss im Laufe der Zeit stetig abgenommen hatte, verließen die

Mönche das Monasterio im 19. Jh. Erst Mitte des 20. Jh. erkannte die Provinz den Wert des Bauwerks und begann mit der Renovierung, so dass 1954 die Benediktiner das klösterliche Leben wieder aufnahmen. Im Jahre 2002 lebten 26 Mönche in dem historischen Gebäude. Wer gregorianische Gesänge mag, kann ihnen in der Kirche bei der Feier der Messe zuhören. Die Uhrzeiten liegen auf den Zimmern aus oder können an der Rezeption erfragt werden.

Neben der mittelalterlich-geheimnisvoll anmutenden Krypta mit den tief in den Boden eingelassenen Säulen ist die ***Kirche San Salvador*** (14. Jh.) erwähnenswert, die das Zentrum des Komplexes bildet. In einer Nische an der Nordmauer liegen die ersten Könige von Navarra begraben.

- Das Kloster kann täglich 10.15–14 und 15.30–19 Uhr (Winter bis 18 Uhr) besichtigt werden. Der Eintritt, verbunden mit einer etwa 45-minütigen Führung, beträgt 1,65 €, Kinder 0,30 €.

Unterkunft

- Im Kloster selbst befindet sich die ***Hospederia de Leyre*** €€€€, Tel. (948) 884100. Wer kann schon von sich behaupten, einmal in solch alten, geschichtsträchtigen Mauern genächtigt zu haben? Mit knapp 60 € fürs DZ (Hauptsaison) ein erschwingliches Vergnügen, zumal der Komfort weit über dem Durchschnitt liegt. Empfehlenswert!

Lumbier und die Foz de Lumbier

Noch vor Sangüesa, etwa 30 km hinter Pamplona, zweigt von der N 240 die kleinere NA 178 ab, auf der man nach 3 km die 1.500 Einwohner zählende Kleinstadt Lumbier erreicht. Der Ort besitzt mit seinem hübschen ***Rathausplatz*** und der ***Kirche Asunción*** aus dem 14. Jh. (nur abends zwischen 20 und 20.30 Uhr zur Messe geöffnet) zwar zwei durchaus erwähnenswerte Sehenswürdigkeiten, von größerem Interesse dürfte jedoch die nahegelegene Schlucht sein.

Bis zum Eingang des Naturschutzgebietes ***Foz de Lumbier,*** etwa 1,5 km südlich von Lumbier, führt eine schmale Straße; von hier aus verläuft ein Pfad durch die ***Schlucht,*** die der Río Irati tief in den Felsen gefressen hat. Mag die nur 12 km entfernte Foz de Arbayun spektakulärer wirken als die Foz de Lumbier, so besitzt diese doch eine ganz eigene, fremde Atmosphäre. Die Sonne brennt hier unglaublich heiß, die Luft scheint zu stehen, der Fluss bahnt sich träge seinen Weg. Wenn dann auch noch ein Geier über der Foz kreist, ist die Western-Szenerie komplett: Man glaubt sich eher im Süden der USA oder in Mexiko denn in Europa. Doch keine Angst – bislang sind keine Fälle bekannt geworden, in denen Indianer oberhalb der Schlucht auf Weiße gewartet hätten ...

Früher verlief die ***Eisenbahnlinie*** *El Irati* durch dieses Tal und verband Pamplona mit Lumbier und Sangüesa. Überreste der Gleise und in den Fels gehauene Tunnel sind mittlerweile aber die einzigen Relikte dieser längst eingestellten Verkehrsverbindung.

Ein attraktiver ***Spazierweg*** beginnt am gebührenpflichtigen Parkplatz (1,20 €) und durchquert den Einschnitt in seiner vollen Länge von 2 km. Am Ende der Schlucht bleibt man auf dem Weg, der einen Bogen beschreibt und zum Parkplatz zurückführt. Der insgesamt 6 km lange Weg

N.I.F. P-1714900 -F

VIGILÀNCIA APARCAMENT

Sant Pere de Rodes

AJUNTAMENT
EL PORT DE LA SELVA

1'5 €

346525

nimmt keine zwei Stunden Zeit in Anspruch, ist problemlos zu bewältigen und auf jeden Fall ein Erlebnis.

Unterkunft

- **Camping Itubero,** am Stadtrand von Lumbier, Tel. (948) 880405. In einigen Jahren eventuell ein empfehlenswerter Platz; derzeit sind die vor wenigen Jahren gepflanzten Bäume einfach noch zu klein, um Schatten zu spenden.

Die Foz de Arbayun

Die 12 km nordöstlich von Lumbier beginnende Foz de Arbayun, die vom Fluss Salazar erschaffen wurde, erweist sich als noch weitaus beeindruckender und bizarrer als die Foz de Lumbier. Auf einer Länge von 6 km begrenzen senkrechte, bis zu 400 m hohe Felswände diese ***größte Schlucht Navarras,*** die zweifellos zu den schönsten ihrer Art in den gesamten Pyrenäen zählt. Der Boden der Klamm, wo sich der Salazar im Sommer müde dahinschlängelt, ist dicht bewachsen und dient zahlreichen seltenen Tierarten als Lebensraum.

Die größte Attraktion stellen jedoch die ***Greifvögel*** und allen voran die ***Gänsegeier*** dar, die in den unzugänglichen Steilwänden nisten. Von einer Aussichtsplattform am Eingang der Foz, direkt an der NA 178 gelegen, können die Tiere erstklassig beobachtet werden. Während sich wirklich immer mehrere Gänsegeier in unmittelbarer Nähe der Plattform aufhalten, sind mit etwas Glück auch ***Steinadler, Schmutzgeier*** oder der seltene ***Bartgeier*** zu sehen.

Vom südlich gelegenen Dorf Usún führt ein ausgeschilderter und grünweiß markierter Rundwanderweg von etwas über drei Kilometer Länge zum Eingang der Schlucht. Festes Schuhwerk und eine gewisse Schwindelfreiheit sind zu empfehlen. Wer keine Zeit für die Wanderung hat, sollte aber zumindest von oben einen Blick auf dieses Naturspektakel werfen.

Das Salazar-Tal

Bei der Foz de Arbayun beginnt das Valle de Salazar, dem der gleichnamige, extrem forellenreiche Fluss seinen Namen gab. Die Bewohner der winzigen, zu einer Gemeinde zusammengeschlossenen Dörfer leben in erster Linie von der ***Forstwirtschaft,*** erst an zweiter Stelle rangiert die Viehzucht. Das hat seinen guten Grund: Da im Salazar-Tal noch das ***atlantische Klima*** mit relativ viel Niederschlag vorherrscht, gibt es hier vor

Die Foz de Arbayun beheimatet zahlreiche Greifvögel

allem **Buchenwälder** von riesigen Ausmaßen. Der **Bosque de Irati,** im oberen Teil des Tales an der französischen Grenze gelegen, ist das größte zusammenhängende Waldgebiet ganz Navarras. Hier gibt es herrliche **Wandermöglichkeiten,** unter anderem zum Irabia-Stausee, der sich inmitten der Wälder befindet.

Die *Junta General,* die Generalversammlung der Gemeinde, tagt in **Ezcároz,** obwohl **Ochagavía** mit 600 Einwohnern die bei weitem größte und auch schönste Gemeinde des Tales darstellt.

Die anderen Dörfer wie **Uscarrés, Sarriés** oder **Esparza** besitzen alle eine Kirche aus dem 12. oder 13. Jh. und einige schöne Bauernhäuser. Der größte Reiz geht jedoch von den Weilern an sich aus, in denen das dörfliche Leben noch nicht von Hektik und Technik geprägt wird. Die **Trachten** der Bewohner zählen zu den farbenprächtigsten der gesamten Provinz, werden heute aber meist nur noch an Festtagen aus dem Schrank geholt. Am besten kann man die volkstümlichen, historischen Kleider am 8. September betrachten, wenn von Ochagavia die **Wallfahrt zur Kapelle Nuestra Señora de Muskilda** ausgeht, zu der seit jeher altüberlieferte Volkstänze gehören. Am Sonntag vor dem 15. August führt eine andere **Wallfahrt zur Kapelle Virgen de las Nieves,** die mitten im Irati-Wald liegt.

Wie in allen kleineren Pyrenäentälern wird die **Kochkunst** auch im Valle de Salazar seit Generationen gepflegt - als besondere Spezialität gilt der Schafskäse.

Ochagavía

33 km nördlich der Foz de Arbayun liegt der größte Ort des Tales am Zusammenfluss von **Zatoya** und **Anduña,** die am südlichen Ende von Ochagavía den **Río Salazar** bilden. Obwohl das Dorf 1794 im Krieg gegen die Franzosen weitgehend zerstört wurde, zählt es heute doch wieder zu den schönsten der Navarrer Pyrenäen. Verwinkelte, **kopfsteingepflasterte Gassen** prägen den historischen Teil um die **Kirche San Juán Evangelista,** an den Steinhäusern stechen die weit vorspringenden Schindeldächer ins Auge. Beinahe noch auffälliger ist jedoch die stattliche Anzahl an **alten Brücken:** Insgesamt sechs überspannen die Flüsse - umgerechnet eine pro hundert Einwohner.

Im Norden von Ochagavía thront auf einem Hügel die **Einsiedlerkapelle Nuestra Señora de Muskilda,** alljährlich am 8. September Ziel einer großen Wallfahrt. Die Prozession wird von einem *Bobo* begleitet, der eine markante Tracht und eine Maske mit zwei Gesichtern trägt. Außerdem führen Männer des Dorfes einen uralten Tanz auf.

Information

- **Touristenbüro** am Hauptplatz, Tel. (948) 890641.

Unterkunft

- Die Unterkünfte des Dorfes sind allesamt recht einfach, aber gepflegt. Das beste Haus am Platze ist das **Hostal Auñamendi** €€€, Plaza Gurpide 1, Tel. (948) 890189. Ebenfalls in Ordnung ist das etwas einfachere **Hostal Orialde** €€, C. Urrutia 6, Tel. (948) 890027.

- In Ochagavía gibt es rund 20 ***Casas Rurales,*** alle in historischen Häusern untergebracht. Der Preis für ein DZ liegt normalerweise zwischen 20 € und 30 €. Ganz hübsch sind ***Casa Ballent,*** Tel. (948) 890373, und ***Casa Osaba,*** Tel. (948) 890011. Weitere Adressen sind bei der Touristeninformation erhältlich.
- ***Camping Osate,*** 500 m vor dem Ortseingang, Tel. (948) 890184. Sauberer Platz, allerdings nur wenig Schatten.

Verkehrsverbindungen

- Von Montag bis Samstag fährt einmal täglich um 7 Uhr ein ***Bus*** nach Pamplona. Der Bus aus Pamplona erreicht Ochagavía gegen 18.30 Uhr.
- Hinter dem Dorf zweigt die ***NA 140*** ab, über die man entweder ***nach Frankreich*** in die Provinz Soule oder in das östlich gelegene ***Valle del Roncal*** gelangt.

Weitere Reisetipps

- Beim Campingplatz *Osate* können geführte ***Wanderungen, Canyoning-Touren, Paraglide-Kurse*** sowie ***Ausritte*** gebucht und ***Mountainbikes*** ausgeliehen werden.

Ausflug in den Irati-Wald

Mit einer Fläche von 17.000 Hektar zählt dieses Gebiet, das von der Provinz Navarra zum Naturpark erklärt wurde, zu den ***größten zusammenhängenden Buchenbeständen ganz Europas.*** Obwohl hier früher Unmengen an Holz für den Schiffbau am Atlantik geschlagen wurden, hat sich der Bosque de Irati erstaunlich gut erholt und zeigt sich heute wieder von seiner schönsten Seite. Aufgelockert von einigen Eichen und Tannen, bildet der Iratiwald vor allem für Hirsche, Wildschweine, Rehe, Füchse und Dachse den Lebensraum. Außerdem soll der *Laminak,* ein baskischer Zwerg, hier seine Heimat haben. Eher als diese Sagengestalt dürfte man jedoch Pilze antreffen, die im Herbst zu Tausenden aus dem Boden schießen.

Man erreicht den riesigen Wald von Ochagavía aus auf einer 24 km langen ***Straße*** (Richtung „Monte Irati"), die über den 1.340 m hohen Paso Tapia führt. Allein die Fahrt auf der kurvigen Strecke, die zumeist durch Waldgebiete verläuft, lohnt sich - besonders für Motorrad- und Fahrradfahrer. Die Straße endet schließlich an einem Parkplatz, an dem Wanderkarten angebracht sind und in den Sommermonaten Informationsmaterial und Zettel mit Routen verteilt werden.

Der klassische ***Wanderweg*** am ***Fluss Irati*** entlang führt zum ***Stausee von Irabia,*** nimmt etwa zwei Stunden in Anspruch und ist nicht zu verfehlen. Im Anschluss an den See kann man dem Pfad durch den Wald bis zur ehemaligen Munitionsfabrik nahe ***Orbaiceta*** (siehe Burguete und das Tal von Aezcoa) folgen, von wo man über die Grenze nach Frankreich und - dann leider vielfach über Asphalt - weiter nach St.-Jean-Pied-de-Port wandern kann. Der Irati-Wald eignet sich aber nicht nur für längere Touren; besonders für gemütliche und erholsame ***Spaziergänge*** etwas abseits der am meisten benutzten Pfade erweist sich das Gebiet wie geschaffen.

Wer keine Lust auf körperliche Bewegung verspürt und einfach die Natur genießen möchte, findet schon in unmittelbarer Nähe des Parkplatzes schöne Plätzchen am Fluss, wo man herrlich picknicken oder die Füße im Wasser baumeln lassen kann. Nur einen kurzen Fußmarsch vom Parkplatz entfernt steht die ***Kapelle der Virgen de las Nieves,*** die sich, obwohl erst 1954 erbaut, zu einem wichtigen Wallfahrtsort entwickelte.

Das Tal von Roncal

Im Gegensatz zum Salazar-Tal gleicht die Witterung im nur wenige Kilometer entfernten Valle del Roncal, dem östlichsten Tal Navarras, eher der in den aragonischen Pyrenäen. Die Niederschläge halten sich in Grenzen, so dass besonders im Sommer ein äußerst ***angenehmes Klima*** herrscht: Es ist trocken und dennoch bei weitem nicht so heiß wie am Río Aragón oder am Yesa-Stausee. Die Winter hingegen sind kalt und lang. In den nördlichen Regionen, wo das Valle del Roncal eindeutig ***Hochgebirgscharakter*** besitzt, hält sich der Schnee meist bis weit ins Frühjahr hinein.

Man erreicht das vom Río Esca durchzogene Tal entweder von Lumbier aus über die NA 178 und die NA 214 oder aber vom östlichen Zipfel des Yesa-Stausees über die NA 137. Auf dieser Straße vollzieht sich innerhalb kürzester Fahrzeit ein erstaunlicher Wandel: Bis zum Dorf ***Burgui*** bilden spärlich bewachsene Felswände eine karge Schlucht; danach wird die Landschaft zusehends grüner und freundlicher. Auf dem ersten Abschnitt der Strecke lassen sich oft Geier und andere Greifvögel beobachten.

Bis 1846 ein eigener Verwaltungsbezirk mit einigen Sonderrechten, ist das Valle del Roncal heute in sieben Gemeinden unterteilt. Noch immer besteht aber ein ***Generalrat*** *(Junta General)* mit Sitz im ***Dorf Roncal,*** der sich aus jeweils einem Vertreter der Ortschaften zusammensetzt. In diesem Ausschuss werden allgemeine Fragen geregelt und die Verteilung der Gemeindeflächen vorgenommen.

Hinter ***Isaba,*** dem größten Ort des Tales, zweigt eine Straße ins ***Belagua-Tal*** ab, die sich zur französischen Grenze hochwindet und ins französische Béarn führt. Die Region besitzt den Status eines ***Naturparks*** und gilt als das Gebiet, in dem sich heute noch am häufigsten Braunbären aufhalten. Außerdem leben hier unter anderem Gemsen, Schnee- und Auerhühner, zahlreiche Wildschweine sowie einige Bartgeier.

Aufgrund des umgebenden Hochgebirges und der damit verbundenen jahrhundertelangen Abgeschiedenheit bewahrten die Bewohner des Tales uralte Traditionen bis zum heutigen Tag. Große Bekanntheit erlangte der ***Tributo de las Tres Vacas,*** der Tribut der drei Kühe. Seit 1375 treffen sich jedes Jahr am 13. Juli Bewohner des Valle del Roncal und des französischen Barétous-Tales in traditionellen Trachten am Grenzstein 262 unweit der Grenze. Im Laufe der einzigartigen Zeremonie, bei der Repräsentanten gemeinsam ihre Hände auf den Stein legen und Frieden schwören, übergeben die Franzosen drei Kühe, die sich aufs Haar ähneln müssen. Dieses Geschenk erlaubt es den französischen Nachbarn, für ein weiteres Jahr die Weiden im Roncal-Tal mitzubenutzen. Der ungewöhnli-

Hof in Roncal

che Pakt führte im 14. Jh. tatsächlich dazu, dass die Bewohner der bis dahin verfeindeten Täler auf Dauer Freundschaft schlossen.

Aktivurlauber kommen im Valle del Roncal voll auf ihre Kosten: Die Möglichkeiten reichen vom ***Wandern*** und ***Klettern*** über das ***Kanufahren*** bis hin zu ***Höhlentouren, Mountainbiking*** und ***Skilanglauf*** im Winter.

Roncal

Der ***Hauptort*** bildet zugleich den geographischen Mittelpunkt des Tales. Um den hübschen Kern des Dorfes kennenzulernen, parkt man den Wagen am besten an der Hauptstraße, da die Gassen doch recht eng sind.

Liebhaber klassischer Musik verbinden einen Namen mit Roncal: *Julián Gayarre*. Der weltberühmte ***Tenor*** erblickte 1844 hier das Licht der Welt und wurde 1890 auf dem Friedhof von Roncal beigesetzt. Das von dem großen Sänger 1879 erbaute Haus im oberen Teil des Ortes beherbergt heute ein sehr sehenswertes ***Museum.*** Zu den Ausstellungsstücken zählen zahlreiche Fotos, Opernkostüme, Dokumente wie die Taufurkunde und persönliche Gegenstände. In der zweiten Etage wurden zudem einige Räume so hergerichtet wie zu Zeiten des Meisters. Das außergewöhnlichste Exponat dürfte jedoch der Kehlkopf des großen Sängers sein, der ihm nach seinem Tode zu Forschungszwecken operativ entfernt wurde. Das erlesene Körperteil befindet sich in einem mit konservierender Flüssigkeit gefüllten Behälter, den die freundlichen Museumsangestellten auf Nachfrage gerne hervorholen. Für die richtige Untermalung sorgt klassische Musik, die in allen Räumen zu hören ist.

- Öffnungszeiten: Von April bis September täglich außer montags 11.00–13.00 Uhr und 17–19 Uhr; den Rest des Jahres samstags und sonntags 11.30–13.30 Uhr und 17–19 Uhr. Gruppen können sich unter der Telefonnummer (948) 475180 für Besichtigungen außerhalb der regulären Besuchszeiten anmelden. Eintritt 1,80 €.

Das reich verzierte ***Mausoleum,*** eine Arbeit des Künstlers *Beinllure,* ist auf dem etwa 800 m außerhalb des Dorfes befindlichen Friedhof zu sehen. *Königin Christine* soll 1900 vergeblich versucht haben, das Kunstwerk zu kaufen, um es vor dem Palast in Madrid aufzustellen.

Information

- ***Touristeninformation*** am Rathaus an der Hauptstraße, Tel. (948) 475256; direkt daneben das ***Natur-Center,*** Tel. (948) 475050, das über Flora und Fauna der Region informiert.

Unterkunft

- ***Hostal Zaltua*** €€, C. Castillo 23, Tel. (948) 475008. Einfache Unterkunft mit 13 Zimmern.
- In Roncal gibt es mehrere ***Casas Rurales,*** unter anderem das zentrale ***Casa Pily*** €, Tel. (948) 475135.
- ***Camping Urrutea,*** 5 km südöstlich von Roncal im Dorf Garde, Tel. (948) 475132. Landschaftlich zwar nicht so schön gelegen wie der Platz in Isaba, dafür aber erheblich ruhiger. Mit Schwimmbad.

Essen und Trinken

- Nicht irgendein Restaurant, sondern der ***Schafskäse*** stellt das gastronomische Aushängeschild des Tales dar. Die würzige Köstlichkeit kann man in Roncal erstehen.

Verkehrsverbindungen

- Ein einziger ***Bus*** fährt täglich außer sonntags nach Pamplona (7 Uhr ab Uztárroz), ein anderer startet um 17 Uhr in der Provinzhauptstadt und erreicht das Tal am frühen Abend.

Isaba und das Belagua-Tal

Der größte Ort des Valle del Roncal (600 Einwohner) ist zwar nicht Sitz des Generalrates, darf sich dafür aber als ***Urlauber-Zentrum*** des Tales fühlen. Der aufstrebende Tourismus liegt in der herrlichen Landschaft begründet, die Isaba umgibt: Wälder und Wiesen so weit das Auge reicht. Obwohl es mehrere Hotels, Läden, Restaurants und – man höre und staune – sogar ein Sportgeschäft gibt, blieb Isaba aber ein nettes Örtchen.

Hinter Isaba spaltet sich die Straße. Die linke Abzweigung führt ins ***Sala-***

zar-Tal oder über den Larrau-Pass (1.573 m) in den französischen Ort Larrau, wobei nach 2 km rechter Hand die ***Schlucht von Mintxate*** besichtigt werden kann.

Die rechte Abzweigung verläuft durch das ***Belagua-Tal*** zur französischen Skistation Arette-Pierre-St.Martin. Die vom Menschen beinahe unberührten ***Tannen- und Buchenwälder*** - vor allem östlich der Straße - sind ein hervorragendes Wandergebiet, zudem schätzen ***Bergsteiger*** die über 2.000 m hohen Gipfel der Region. Die Mesa de los Tres Reyes, der „Tisch der drei Könige", überragt mit 2.438 m alle anderen Berge und kann von erfahrenen Wanderern und Kletterern vom Valle de Belagua aus erreicht werden. Der Name des Gipfels erinnert an die Zeiten, als dieser Berg die Grenze zwischen den Königreichen Aragón, Navarra und Béarn bildete.

In dem Naturpark befindet sich auch das imposante ***Karstgebiet Larra,*** in das der Regen im Laufe der Zeit zahllose unterirdische Gangsysteme wusch. Die bekannteste ***Höhle,*** die ***Sima de San Martin,*** galt Mitte des 20. Jahrhunderts als tiefste Höhle der Erde. Zieht diese unterirdische Welt die Speläologen an, so übt der gleichnamige Berg mit seiner 317 m hohen Steilwand einen besonderen Reiz auf Bergsteiger aus.

20 km hinter Isaba bietet sich Wanderern rechts der Straße in der ***Refugio de Belagua*** eine Übernachtungsmöglichkeit.

Unterkunft

- ***Hotel Isaba*** €€€€, an der Hauptstraße, Tel. (948) 893000. Das beste Hotel des Tales gehört zur oberen Mittelklasse. Auch hier spart man außerhalb der Hauptsaison gehörig.
- ***Hostal Lola*** €€€, C. Mendigatxa, Tel. (948) 893012. Zentrales Haus.
- ***Casa Catalingarde*** €€, Tel. (948) 8931 54, ist eines von elf ***Casas Rurales*** im Ort. Nettes, traditionelles Häuschen mit kleinen, blumengeschmückten Balkonen. Über weitere *Casas Rurales* erteilt die Touristeninformation in Roncal Auskunft.
- ***Camping Asolaze,*** 7 km nördlich von Isaba an der NA 137, Tel. (948) 893034. Von Bergen und Wäldern umringter Platz mit Bar, Restaurant und Laden. Die Sanitäranlagen lassen allerdings zu wünschen übrig. Vom Campingplatz aus starten geführte Wanderungen und Bergtouren.

Verkehrsverbindungen

- Täglich ein ***Bus*** nach Pamplona (siehe Roncal).
- Von der Straße ins Belagua-Tal zweigt nach 2,5 km eine weitere ***Straße ins Ansó-Tal*** ab (siehe unter „Die westlichen aragonischen Pyrenäen").

Weitere Reisetipps

- Die ***Naturra-Agentur*** mit Sitz in Isaba, Tel. (948) 893141, und am Campingplatz Asolaze, Tel. (948) 893034, organisiert Canyoning- und Höhlentouren, Wanderungen, Bergbesteigungen, Mountainbike-Fahrten usw.

Gebirgsbäche – vor allem im Frühjahr ein alltägliches Bild in den Pyrenäen

Die westlichen aragonischen Pyrenäen

Das Gebiet des ehemaligen Königreiches Aragonien, spanisch ***Aragón,*** setzt sich heute aus drei Provinzen zusammen: ***Huesca, Zaragoza*** und ***Teruel.*** Die aragonischen Pyrenäen - ***Hocharagón*** genannt - liegen dabei allerdings fast komplett in Huesca, nur der nördlichste Zipfel der Provinz Zaragoza berührt das Gebirge auf einigen Kilometern beim Yesa-Stausee. Die Provinz Teruel erstreckt sich erheblich weiter südlich und besitzt keine Berührungspunkte mit den Pyrenäen.

Eingeschlossen von hohen Bergen, besitzt die Bergwelt des Aragón ein ***kontinentales Klima*** mit äußerst trockenen und heißen Sommern. Nur in den höheren Gefilden der Täler, die sich ihren Weg in Nord-Südrichtung durch das Gebirge bahnen, herrschen im Sommer mittlere Temperaturen, so dass sich die Pflanzenwelt dort auch erheblich ausgeprägter zeigt als in den ausgedörrten Tieflagen.

In den Hochgebirgsregionen nahe der französischen Grenze sind die Täler oftmals noch weit, verengen sich dann aber rasch und werden erst in der Senke wieder breiter. Hier liegen mit ***Sabiñánigo*** und ***Jaca*** auch die größten Ort dieses Gebietes, die 14.000 Einwohner zählende Stadt Jaca stellt sogar eine echte Metropole dar.

Ansonsten ist die Gegend sehr dünn besiedelt, wobei die Einwohnerzahlen sogar noch abnehmen: Der karge Boden ermöglicht kaum lohnende Landwirtschaft. In den westlichen aragonischen Pyrenäen präsentiert sich das Problem der ***Landflucht*** aller-

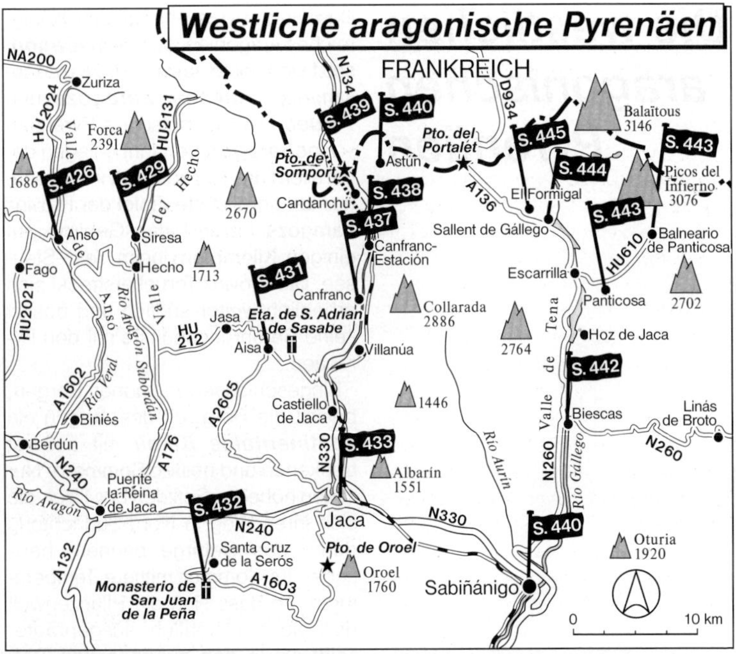

dings nicht so drastisch wie im übrigen Hocharagón. In den ***Tälern von Ansó und Hecho*** gedeiht das zarte Pflänzchen des grünen Tourismus; im ***Tal von Canfranc*** und im ***Valle de Tena,*** wo einige Gipfel Höhen von über 3.000 m erreichen, baut man vor allem auf Ski-Urlauber.

Außerdem gilt das gesamte Hocharagón als ***Paradies für „Fun-Sportler“.*** Angesagt ist vor allem ***Canyoning,*** dem man wohl in ganz Europa nirgendwo besser frönen kann als in den engen Schluchten dieser Region.

Valle de Ansó

15 km hinter dem Yesa-Stausee zweigt beim Örtchen ***Berdún*** links eine Straße von der N 240 in das Valle de Ansó ab, dessen Bewohner einst ihren Mut im Kampf gegen die Armeen *Napoleons* unter Beweis stellten. Gemeinsam mit dem etwas östlich gelegenen ***Valle de Hecho*** zählt dieses Tal - besonders in den höheren Gefilden - zu den schönsten und abwechslungsreichsten der Pyrenäen.

Das Landschaftsbild erweist sich als absolut klassisch für dieses Gebiet: Der Anfangsbereich des Tales wird von Hitze und Trockenheit bestimmt –

karge Felsen und warme, braune Farben dominieren. Beim Dorf ***Biniés,*** 4 km nördlich von Berdún, bewacht eine Turmruine von einem Hügel den Eingang des Valle de Ansó. Hinter dem Ort verengt sich das Tal zu einer ***Schlucht mit senkrechten Steilwänden,*** der Heimat von zahlreichen Geiern und anderen Greifvögeln. Es lohnt sich, den Wagen zu parken und die Tiere zu beobachten, bevor man die Fahrt - teilweise durch in die Felsen gehauene Tunnel - fortsetzt.

Folgt man weiter dem Fluss Veral, passiert man eine Abbiegung ins Valle de Hecho und erreicht ***Ansó,*** den geographischen Mittelpunkt und Hauptort des Tales, dessen älteste Bewohner noch immer einen eigenen Dialekt sprechen. Wanderten viele Dorfbewohner Mitte des 20. Jh. in die Städte ab, so hat der Tourismus mittlerweile einem Teil der 510 Einwohner eine neue Lebensgrundlage geschaffen. Ansó besitzt zwar einige Hotels und Bars, der Charakter des Dorfes mit seinen verwinkelten Gassen und typischen Steinbauten ist jedoch erhalten geblieben. Besonders am frühen Abend, wenn überall Menschen vor den Häusern sitzen und sich das Leben vornehmlich auf der Straße abspielt, macht es Spaß, durch den Ort zu schlendern. Am letzten Sonntag im August kann man sich beim Fest *Dia de Exaltación del traje ansotano* von der ausgefallenen Schönheit der hiesigen Trachten überzeugen.

Über die Geschichte des Tales informiert das ***ethnologische Museum*** in der Sakristei der Kirche.

- Im Sommer tgl. geöffnet 10.30-13.30 und 15.30-20 Uhr; Eintritt 7,20 €.

Nördlich von Ansó nehmen die Eichen-, Kiefern- und Fichtenwälder in dem enger werdenden und beinahe schluchtartigen Einschnitt zu - eine herrliche Landschaft. Erst bei den paar Häusern von ***Zuriza,*** 30 km nördlich von Biniés, öffnet sich das Tal wieder. Der Campingplatz und das *Refugio* bieten sich hier als Ausgangspunkt für Wanderungen an.

Praktische Informationen

Information

- Auskünfte erteilt im Sommer das Touristenbüro im ***Rathaus*** von Ansó, in dem auch einige Trachten ausgestellt sind, Tel. (974) 370225. Ansonsten Infos unter Tel. (974) 370003. Die Touristinformationen von Ansó und Hecho bieten auch geführte Wanderungen an.

Unterkunft

Die Unterkünfte in Ansó sind allesamt recht einfach - wer viel Wert auf Komfort legt, wird sich hier nicht wohlfühlen. Wem jedoch ein sauberes Zimmer und ein frisch gemachtes Bett reichen, der kann hier die Atmosphäre eines aragonischen Dorfes aus erster Hand kennenlernen.

- ***Posada Veral*** €, C. Cocorro 6, Tel. (974) 370119. Einfaches, ordentliches Haus.
- ***Hostal Aisa*** €€€, Plaza Domingo Miral 2, Tel. (974) 370009. Sehr zentral gelegene Unterkunft mit Bar, allerdings sind die Besitzer nicht gerade auffallend freundlich. Zur Hochsaison ist Halbpension obligatorisch - deshalb auch der verhältnismäßig hohe Preis.
- ***Camping Zuriza,*** 14 km oberhalb von Ansó gelegen, Tel. (974) 370196. Wunderschöne Lage im Talkessel, allerdings von Juli bis August sehr voll. Da Zuriza im Winter zahlreiche Skilangläufer anlockt, ist der Platz ganzjährig geöffnet.
- ***Refugio de Linza,*** 5 km nördlich von Zuriza, Tel. (974) 375048 (für Reservierungen) oder (974) 370112. Freundliches Haus mit

70 Schlafplätzen; Übernachtung unter 6 €. Außerdem gute Küche: leckeres Abendessen für 7,50 €.

Verkehrsverbindungen

- Täglich nur ein **Bus** um 6.30 Uhr (im Sommer 6 Uhr) von Ansó nach Jaca; der Bus aus Jaca kommt um 20.10 Uhr in Ansó an.
- 4 km südlich von Ansó zweigt eine 11 km lange **Straße ins Valle de Hecho** ab. Häufig sieht man auf der lohnenswerten Fahrt durch Nadelwälder einige Geier.
- Von Ansó führt die **NA 176** nach Westen **ins Valle del Roncal.**

Ausflüge

Wandern an der Meseta de los Tres Reyes

Wanderer finden im oberen Teil des Ansó-Tales erstklassige Möglichkeiten vor. So erreicht man in etwa vier Stunden das **Karstgebiet um die Meseta de los Tres Reyes.** Von Zuriza geht man auf dem breiten Weg bis zur Refugio de Linza und folgt danach dem Pfad, der meist in unmittelbarer Nähe des Flüsschens verläuft.

Erstklassiger Ausguck:
Gänsegeier auf bizarrem Felsen

Valle de Hecho

Jahrhundertelang prägten althergebrachte **Traditionen** das Valle de Hecho (in regionalem Dialekt auch „Echo"), das man von **Puente la Reina de Jaca** aus über die A 176 erreicht. Ein Paradebeispiel dafür ist das *Cheso,* ein mittelalterlicher Dialekt, der nur hier gesprochen wird. Eine Säule dieser Sprache bildet das Lateinische, mit dem sich die Mönche in Siresa, einem Dorf des Tales, verständigten. Da sich unter anderem der Dichter *Veremundo Mendez Coarasa* für das *Cheso* einsetzte, bekommt man den Dialekt heute wieder manchmal zu hören.

16 km nach Puente la Reina de Jaca, bei der Abzweigung zum Tal von Canfranc, nehmen die Felsen bizarre Formen an und werden von zahlreichen Geiern bewohnt. Wer sich für die Vögel interessiert, sollte unbedingt 3 km weiter nördlich auf die kleine Straße nach Urdués abbiegen: Nach wenigen hundert Metern liegt rechts eine Steilwand, in der man neben **Gänsegeiern** fast immer auch einige **Schmutzgeier** beobachten kann.

Hecho, Hauptdorf des Tales und Geburtsort von König *Alfonso I.,* wurde während der Napoleonischen Kriege zwar weitgehend niedergebrannt, besitzt aber heute dennoch den Charme eines historischen Ortes. Im krassen Gegensatz zu den massiven Steinhäusern stehen beinahe 70 **moderne Skulpturen** am Dorfrand. Die Ausstellung entstammt einer Idee des Künstlers *Pedro Tramullas,* der 1975 mit fünf weiteren

Bildhauern tonnenschwere Marmorblöcke in Angriff nahm. Sommer für Sommer gingen die Künstler erneut ans Werk, widmeten sich dabei auch anderen Materialien wie Metall und sorgten so dafür, dass die Ausstellung unter freiem Himmel stetig wuchs. Inzwischen scheint die alljährliche Kunstsession aber beendet - nicht zuletzt, weil einige Anwohner der Expansion des Kunstparkes wohl kritisch gegenüberstanden.

Wie Ansó besitzt auch Hecho sein eigenes ***ethnologisches Museum.*** Im Gebäude neben der Kirche werden alte Fotos, historische Kleidung und allerhand Wissenswertes über das Tal ausgestellt.

- Geöffnet ist das Museum nur im Juli und im August von 11-14 und von 18-21 Uhr; Eintritt 1 €.

Blickfang im Dorf ***Siresa,*** 2 km nördlich von Hecho, ist eine mächtige ***Kirche*** (11. Jh.), einziges Überbleibsel des ehemaligen ***Klosters San Pedro.*** Schon zu Beginn des 9. Jh. sollen die Mönche nach Siresa gekommen sein, später residierten hier Bischöfe, als deren eigentlicher Sitz Huesca von den Mauren besetzt war. Im Innern des schlichten Gotteshauses steht eine Marienfigur aus dem 13. Jh.

Hinter Siresa beginnt ein Talkessel, eingerahmt von hohen Bergen mit kahlen Gipfeln. Wenig später durchfährt man den ***Höllenschlund,*** eine Schlucht, in der die Straße in die senkrechten Felswände geschlagen wurde. In dem mittlerweile herrlich grünen Tal lädt der Fluss Aragón Subordán an zahllosen Stellen zum Verweilen ein. Hier heißt es: Lunchpaket rausholen und die Füße im klaren Wasser kühlen!

Den oberen Abschnitt des Tales bestimmen das ***Waldgebiet Selva de Oza*** und die umliegenden Berge mit Höhen bis zu 2.500 m. Auffallendster Gipfel ist fraglos der teilweise rötliche ***Castillo d'Acher,*** dessen Form - wie sein Name es sagt - einer Burg ähnelt. Leider blieb die Schönheit dieses Gebietes den Massen nicht verborgen: An den Wochenenden im Hochsommer schlagen die Einwohner der großen Städte wie Zaragoza und Huesca auf dem hiesigen Campingplatz ihr Zelt auf und genießen das angenehme Klima und die Landschaft. Es empfiehlt sich daher, die Reise ins Valle de Hecho auf einen Wochentag zu legen.

Im Anschluss an den Campingplatz führt eine Schotterpiste in das weite Tal, das nun völlig von Wiesen eingenommen wird. Irgendwann endet die Piste abrupt - wer weiter nach Frankreich möchte, muss das Fahrzeug parken und zu Fuß laufen.

Praktische Informationen

Information

- Auskünfte im ***Rathaus*** von Hecho, Tel. (974) 375329.

Unterkunft

- ***Hostal de la Val*** €€€ in Hecho, an der Hauptstraße, Tel. (974) 375028. 16 ordentliche Zimmer, alle mit Bad.
- ***Hospedería Usón*** €€, Tel. (974) 375358, 7 km nördlich von Hecho nahe der Hauptstraße gelegen. Sehr ruhiges Haus in toller Landschaft; gutes Essen. DZ mit wunderschönem Ausblick.
- ***Camping Valle de Hecho,*** kurz vor Hecho, Tel. (974) 375361. Bestens ausgestattet (Bar,

Restaurant, Supermarkt, Schwimmbad), aber nicht so schön gelegen wie der Platz *Borda Bisaltico.*

- ***Camping Borda Bisaltico,*** 7 km nördlich von Hecho rechts abbiegen und der Beschilderung folgen, Tel. (974) 375388. Ruhiger, schön gelegener Platz mitten in der Natur.

Essen und Trinken

- Bekannt gutes Essen gibt es im ***Restaurante Gaby*** in Hecho, Tel. (974) 375007, wo das Menü etwa 12 € kostet. Außerdem werden hübsche Zimmer vermietet.

Verkehrsverbindungen

- Täglich um 6.45 Uhr ein ***Bus*** von Hecho nach Jaca.
- 8 km südlich von Hecho zweigt die ***HU 212*** von der Hauptstraße ab und führt ***ins Tal von Canfranc*** (siehe „Vom Valle de Hecho ins Tal von Canfranc").
- Von Hecho aus verläuft eine kleine ***Straße ins Ansó-Tal.***

Weitere Reisetipps

- Die Agentur *Troll Aventura* in Embun, 9 km nördlich von Puente la Reina de Jaca (Tel. (974) 377161) bietet ***Rafting, Canyoning, Ausritte,*** geführte ***Wanderungen, Klettertouren*** und Exkursionen mit dem ***Mountainbike*** an.

Ausflüge

Wanderungen ab Selva de Oza

Eine Vielzahl an Wanderungen beginnt im Gebiet *Selva de Oza.* Ein nicht zu verfehlender und relativ einfacher Weg führt zum klassischen Berg ***Castillo d'Acher,*** mit Hin- und Rückweg ist man allerdings gut einen halben Tag unterwegs.

Außerdem führt eine Route zum ***Col de Pau,*** von wo aus man ***ins französische Lescun*** weiterwandern kann. Die Strecke beginnt beim *Selva de Oza,* überquert den Fluss auf einer kleinen Brücke und verläuft dann stets nordwärts.

Eine von Lesern empfohlene, kurze Wanderung beginnt am Ende der Straße, die zum Langlaufskigebiet ***Gabardito*** führt. Von der dortigen Skihütte führt ein rot-weiß markierter Weg ins ***Tal Barranco Agüerri.*** Nach einer halben Stunde teilt sich der Pfad: Entweder wandert man weiter ins Tal und erreicht so nach etwa einer Stunde einen hübschen Wasserfall, oder man steigt recht steil bis zu einer Schutzhütte auf, von der sich ein schöner Blick auf die gegenüberliegende Felswand *Faja del Caznarez* bietet.

Bezeichnender Name: der Höllenschlund

Vom Valle de Hecho ins Tal von Canfranc

Die schnellste und landschaftlich schönste Möglichkeit, um vom Valle de Hecho ins Tal von Canfranc zu fahren, bietet sich 8 km südlich vom Ort Hecho, wo die ***HU 212*** von der A 176 abzweigt. Am beschaulichen Fluss Osia entlang, erreicht man nach 8 km das am Berg erbaute Dorf ***Jasa.*** Von hier führt ein Sträßchen ins ***Osia-Tal*** nach ***Aragüés del Puerto,*** einem verschlafenen Dorf, das ein bisschen so wirkt, als sei es von der Außenwelt vergessen worden. In ***Aragüés*** endet diese Stichstraße; zu Fuß kann man aber das sehenswerte Tal des Flüsschens Osia erkunden.

Setzt man die Fahrt auf der HU 212 fort, eröffnen sich von der Straße aus schöne Ausblicke auf die Bergwelt, bevor nach 4 km ***Aisa*** auftaucht, mit über 1.000 Einwohnern Hauptort und Mittelpunkt des Tales. Bislang hat nur ein kaum merkbares touristisches Lüftchen das Dorf erfasst: Es existiert zwar eine Übernachtungsmöglichkeit, in den verwinkelten Gassen und der Dorfkneipe trifft man aber fast ausschließlich auf Einheimische.

5 km hinter Aisa geht eine kleine, sehr holprige Piste nach Süden von der HU 212 ab, auf der man nach wenigen Minuten die ***Ermita de Sant Adrian de Sassabe*** erreicht. Ehemals eine Station auf dem Jakobsweg, liegt die malerische Kapelle heute abseits jeglicher Pilger- und Urlauberpfade, so dass hier nur selten jemand anzutreffen ist - brütende Schwalben sind die einzigen, die das

Bergwelt bei Aisa

Gebäude noch nutzen. Leider befindet sich die Einsiedelei aufgrund der Abgeschiedenheit in einem desolaten Zustand: Das Innere steht unter Wasser, die Mauern bröckeln vor sich hin. Angeblich will die Provinz Aragon demnächst mit der Renovierung beginnen; es bleibt abzuwarten, ob die Kapelle tatsächlich in naher Zukunft im neuen Glanze erstrahlt.

Vorbei am Dorf ***Borau,*** endet die HU 212 schließlich im ***Tal von Canfranc.***

Unterkunft

- ***Hostal Igüer*** €€, im Zentrum von Aisa, Tel. (947) 363924. Günstige Unterkunft mit Bar und Restaurant, wo neben preiswerten, internationalen Gerichten auch ein aragonisches Menü für 10 € auf der Karte steht. Bei den Übernachtungspreisen macht sich erfreulicherweise bemerkbar, dass der Tourismus hier noch keinen allzu großen Stellenwert besitzt.

Monasterio de San Juan de la Peña

Allein die Lage unter einem natürlichen ***Gewölbe aus Fels*** macht dieses ehemalige Kloster, 10 km vor Jaca südlich der N 240 gelegen, zu einem der kulturellen Höhepunkte Aragóns. Drohend hängt der gewaltige Brocken über den alten Mauern; es scheint so, als wollten sich die Gesteinsmassen jeden Augenblick wie ein zähflüssiger Brei über das Gebäude ergießen. Aus historischer Sicht verdient das Bauwerk aber mindestens genausoviel Beachtung, war es doch lange Zeit das ***politische Zentrum*** Aragóns, in dem sich der Widerstand gegen die Mauren formierte.

Zwar ist der ***Ursprung*** des Klosters bis heute nicht völlig geklärt, doch hat vermutlich bereits im 8. Jh. ein Einsiedler an dieser Stelle ein religiöses Bauwerk errichtet. Als sicher gilt aber, dass die Abtei Mitte des 9. Jh. aufgrund königlicher Schenkungen rasch an Bedeutung gewann. Diese nahm noch zu, nachdem die christlichen Herrscher Aragóns vor den Mauren hierher geflüchtet waren und hier auch ihre letzte Ruhestätte fanden. Alsbald ging von dem versteckt liegenden Kloster ***immense Macht*** aus, zumal mehrere hundert abgabepflichtige Orte finanziell ebenfalls für „rosige Zeiten“ sorgten.

Mit dem schwindenden Einfluss des Königreichs Aragonien nahm im 15. Jh. aber auch die Geltung der Abtei ab. Im 18. Jh. zogen die Mönche schließlich in ein neu erbautes, kaum 1 km entferntes Kloster um.

Fels und Kloster bilden eine Einheit

Den Mittelpunkt des Klosters bildet die 1094 geweihte ***Oberkirche,*** an die das ***Pantheon der Könige*** angrenzt. Fast alle weltlichen Gebieter, die zwischen dem 12. und 16. Jh. in Aragonien herrschten, fanden hier ihre letzte Ruhestätte. Wohl kein anderes Pantheon Spaniens kann sich einer derartigen Vollständigkeit rühmen.

Den ***romanischen Kreuzgang*** überdacht der Felsvorsprung, die ausdrucksstarken Kapitelle stellen sowohl biblische Szenen als auch pflanzliche und tierische Motive dar.

Die ***Kirche des Untergeschosses*** stammt schon aus dem frühen 10. Jh. und ist somit der älteste Teil des Klosters. An einigen Stellen sind

noch Reste von Wandmalereien zu erkennen.

- Bis vor einigen Jahren sorgte eine audio-visuelle Show während der Besichtigung für ein bisschen Grusel-Stimmung in dem alten Gemäuer. Leider wurde diese Vorführung abgeschafft und gehört wohl auch künftig nicht mehr zum Angebot. Doch auch ohne den auf die Wand projizierten Mönch ist ein Besuch des Klosters beinahe ein Muss, zumal es am Kassenhäuschen deutschsprachige Unterlagen gibt, die sehr genau über San Juan de la Peña informieren. Öffnungszeiten: Juni bis August 10–14.30 Uhr und 15.30–20 Uhr; September bis 15. Oktober 10–14 Uhr und 16–19 Uhr; 16. Oktober bis 15. März 11–14 Uhr und 16–17.30 Uhr; 16. März bis 31. Mai 10–14 Uhr und 16–19 Uhr. Eintritt: 3,50 €, Schüler und Studenten 3 €, Kinder bis 14 Jahre frei. Während der Hauptsaison muss man das Auto auf dem Parkplatz des neuen Klosters (16. Jh.), 1,5 km oberhalb des älteren Monasterios abstellen. Von dort existiert ein Buspendelverkehr, Hin- und Rückfahrt kosten 1,50 €. Außerdem gibt es in einem Raum der dortigen Kirche eine Videovorführung über die Geschichte San Juan de la Peñas. Diese kostet 1,50 €, für das Komplettpaket (altes Kloster, Busfahrt, Videovorführung) ist man mit 5,50 € dabei.

Weitere Reisetipps

- An der Straße von der N 240 nach San Juan de la Peña befinden sich zwischen dem Dorf ***Santa Cruz de la Serós*** und dem Kloster einige Haltebuchten, von denen sich ein hervorragender Ausblick auf eine Felswand bietet, in der sich zahlreiche ***Gänsegeier*** tummeln. Neben der Foz de Arbayun ist dies wohl der beste Platz, um die Vögel zu beobachten.

Jaca

Es hat nicht sollen sein. Beinahe wäre es der Stadt am Río Aragón gelungen, für einige Wochen in den Mittelpunkt des internationalen Interesses zu treten. Schon mehrfach hatte man sich als Austragungsort für ein großes Sportspektakel beworben und gerade bei der Vergabe der ***olympischen Winterspiele*** 1998 – der Krone des (winter-)sportlichen Treibens – sah es gut aus. Erst auf der Zielgeraden fiel Jaca zurück und musste sich letztlich Nagano geschlagen geben. Doch Jaca gab nicht auf! Eine noch größere und ausgefeiltere Kandidatur als 1998 sollte nun dafür sorgen, dass im Jahre 2010 endlich das olympische Feuer in die aragonischen Pyrenäen getragen wird. Nichts blieb dabei dem Zufall überlassen: Pläne für den Ausbau der Wettbewerbsstätten, der Unterkunftsmöglichkeiten sowie des Verkehrs- und Straßennetzes wurden erstellt. Im innerspanischen Konkur-

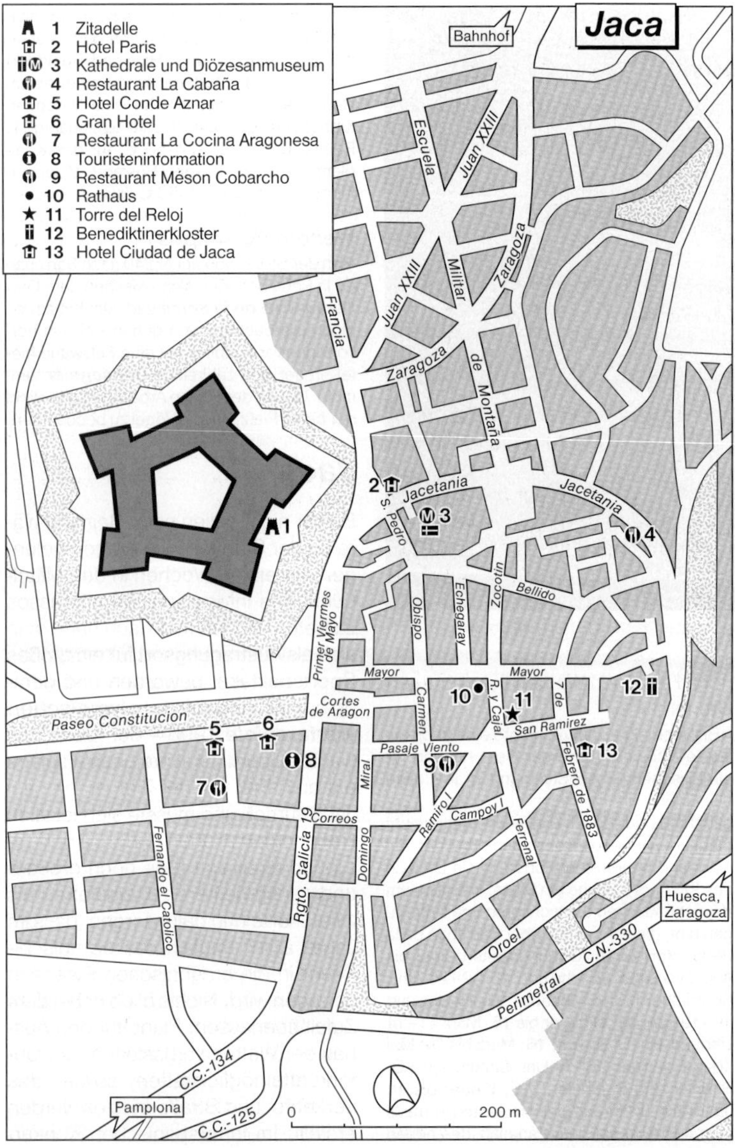
Jaca
1 Zitadelle
2 Hotel Paris
3 Kathedrale und Diözesanmuseum
4 Restaurant La Cabaña
5 Hotel Conde Aznar
6 Gran Hotel
7 Restaurant La Cocina Aragonesa
8 Touristeninformation
9 Restaurant Méson Cobarcho
10 Rathaus
11 Torre del Reloj
12 Benediktinerkloster
13 Hotel Ciudad de Jaca
Bahnhof
Escuela
Juan XXIII
Zaragoza
Militar
Francia
de Montaña
Jacetania
S. Pedro
Bellido
Zocotin
Echegaray
Obispo
Primer Viernes de Mayo
Mayor
Cortes de Aragon
Paseo Constitucion
Carmen
R. y Cajal
7 de Febrero de 1883
San Ramirez
Pasaje Viento
Miral
Ramiro I
Campoy I
Ferrenal
Correos
Rgto. Galicia 19
Domingo
Fernando el Catolico
Oroel
Perimetral
C.N.-330
Huesca, Zaragoza
C.C.-134
C.C.-125
Pamplona
0
200 m

renzkampf setzte sich Jaca dann zunächst auch gegen die andalusische Stadt Granada durch, die Olympia in die Sierra Nevada holen wollte. In der nächsten Runde war jedoch erneut Endstation: Gegen die Mitbewerber aus Korea, Kanada und der Schweiz zog man den Kürzeren. Doch Jaca gibt nicht auf...

Auch wenn sich der Traum vom ganz großen Wurf zumindest vorerst noch nicht erfüllt hat, besitzt Jaca doch mehr Ausstrahlung als irgendeine Provinzstadt. Mit 14.000 Einwohnern ist der Ort die größte Gemeinde der spanischen Pyrenäen zwischen Pamplona und Olot – eine Strecke von über 250 km Länge! So kann die Ortschaft, in der die Universität Zaragoza im Sommer Kurse für Ausländer abhält, getrost als das ***Zentrum der Hochgebirgsregion*** bezeichnet werden. Außerdem liegt die Stadt am Eingang zum touristisch bedeutenden ***Tal von Canfranc,*** das zum Somport-Pass, einem der wichtigsten Grenzübergänge der Pyrenäen, führt. Nachdem nun 2003 der Tunnel zwischen Frankreich und Spanien eingeweiht wurde (siehe Vallée d'Aspe), dürfte Jaca und Umgebung sogar noch an Bedeutung gewinnen.

Geschichte

Schon die ***Römer*** erkannten die strategisch günstige Lage und erbauten am linken Ufer des Río Aragón eine Siedlung, die alsbald mit Festungsmauern versehen wurde. Als sich Jahrhunderte später die ***Mauren*** auf der Iberischen Halbinsel ausbreiteten, war Jaca der Legende nach die einzige Stadt ganz Spaniens, die nicht von den neuen Herrschern eingenommen werden konnte. Fest steht auf jeden Fall, dass der maurische Statthalter von Huesca im Jahre ***760*** hier eine empfindliche Niederlage hinnehmen musste, bei der besonders die Frauen von Jaca ihren Mut unter Beweis stellten. Dieses historische Ereignis, *las Tiendas* genannt, wird alljährlich am ersten Freitag im Mai gefeiert.

Kurz nach der Gründung des ***Königreiches Aragonien*** im ***11. Jh.*** wurde Jaca zu dessen Hauptstadt ernannt und besaß fortan stets politische sowie militärische Bedeutung. Einen Beweis dafür bildet die imposante ***Zitadelle,*** die König *Felipe II.* im ***16. Jh.*** errichten ließ.

Vom Bau der ***Kathedrale*** im 11. Jh. bis in unsere Tage verfügte die Stadt auch über religiöse Bedeutsamkeit. Unzählige ***Jakobspilger,*** die über den Somport-Pass kamen, pausierten hier und machten den Ort zu einer eminent wichtigen Station auf dem Weg nach Santiago de Compostela. Noch heute ist Jaca ***Bischofssitz.***

Sehenswertes

Wenn mittlerweile auch Neubauten große Teile der Stadt und insbesondere die Vororte prägen, so ist die ***Altstadt*** doch das Herz Jacas. Mittelpunkt dieses historischen Bereichs ist die dreischiffige ***Kathedrale,*** die Experten zu den bedeutendsten romanischen Bauwerken ganz Spaniens zählen. Fraglos muss das 1040 begonnene Bauwerk als eines der landesweit ältesten dieser Epoche angesehen werden, auch wenn große Teile erst nachträglich hinzugefügt wurden. Wer nun eine strahlende, alles um Längen überragende Kirche erwartet, sieht sich getäuscht: An sich wirkt die Kathedrale eher schlicht. Der historische Wert liegt dabei mehr im Detail, wie den Säulen im mittleren

Schiff und dem sehenswerten Feld (Tympanon) über dem Westportal. Noch aus der Gründungszeit stammen ebenso Teile der Mauern sowie der Turm. Unter dem Hauptaltar befindet sich der Schrein von Santa Orosía, der Schutzheiligen Jacas.

Das ***Diözesanmuseum*** in der Kathedrale zeigt bedeutende Fresken aus Kirchen des Umlandes, kirchliche Bauelemente sowie Skulpturen.

- Öffnungszeiten: Im Sommer tägl. von 10–14 und 16–20 Uhr, im Winter tägl. von 11–13.30 und 16–19 Uhr. Eintritt 2 €.

Nach wenigen Minuten erreicht man über die Calle Echegaray das ***Rathaus*** (16. Jh.) und den ***Torre del Reloj,*** einen alten Turm aus dem 15. Jh. Vom Rathaus aus gelangt man über die lebhafte Einkaufsstraße ***Calle Mayor*** zum ***Benediktinerkloster,*** in dessen Kirche *Doña Sancha,* die Tochter des ersten aragonischen Königs, begraben liegt.

Am anderen Ende trifft die Calle Mayor auf die Hauptverkehrsstraße ***Avenida Regimiento Galicia,*** an der sich zahlreiche Restaurants und Cafés befinden. An ihr liegt die ***Zitadelle,*** das imposanteste Bauwerk der Stadt. Als *Felipe II.* 1571 den Auftrag zur Errichtung der fünfeckigen Festung gab, wurden die damals neuesten Techniken beim Bau berücksichtigt. Und wirklich scheinen die architektonischen Erkenntnisse allererster Güte gewesen zu sein, denn die fabelhaft erhaltene Zitadelle dient dem Militär noch heute als Kaserne.

- Öffnungszeiten: Im Sommer täglich von 11–12 und 18–20 Uhr, Vor- und Nachsaison 11–12 und 16–18 Uhr, Winter 11–12 und 16–17 Uhr. Eintritt 4 €, Kinder 2 €.

Praktische Informationen

Information

- ***Touristenbüro*** an der Avenida Regimiento Galicia, Tel. (974) 360098.

Unterkunft

Jaca verfügt über ein breites Angebot an Unterkünften verschiedener Kategorien. Die ***Preise*** liegen zur Nebensaison etwa ein Drittel unter denen der Hochsaison.

- ***Gran Hotel*** €€€€, Paseo de la Constitución 1, Tel. (974) 360900. Großes, komfortables Hotel mit Pool. Die Klimatisierung, mit der viele Zimmer ausgestattet sind, kann sich im Sommer als sehr nützlich erweisen.
- ***Hotel Conde Aznar*** €€€, Paseo de la Constitución 3, Tel. (974) 361050. Empfehlenswertes Mittelklassehotel mit Garten in zentraler Lage.
- ***Hotel Ciudad de Jaca*** €€€, C. Siete de Febrero 8, Tel. (974) 364311. Frühstück im Preis inbegriffen.
- ***Hostal Paris*** €€, Plaza de San Pedro, Tel. (974) 361020. Direkt bei der Kathedrale gelegenes, einfaches und preiswertes Haus. Alle Zimmer ohne eigene Dusche.
- ***Jugendherberge*** *(Albergue Juvenil)* Escuelas Pias, Avenida Perimetral im Süden der Stadt, Tel. (974) 360536.
- ***Camping Victoria,*** etwas westlich der Stadt an der N 240, Tel. (974) 360323. Kleiner, sehr lauter Platz.

Essen und Trinken

- ***Restaurant La Cocina Aragonesa,*** C. Cervantes 2, Tel. (974) 361050. Vielgelobtes Restaurant, in dem – der Name verrät's – vor allem aragonische Gerichte auf der Karte stehen. Für das Essen muss man mindestens 20 € einplanen.
- ***Mesón Cobarcho,*** Calle Ramiro I., Tel. (974) 363643. Die einer Höhle ähnliche Innenausstattung mag nicht jedermanns Sache sein, die regionalen Spezialitäten sind jedoch lecker. Nicht billig.
- Bars und Restaurants, auch der Fastfood-Klasse, an der ***Avenida Regimiento Galicia.***

Verkehrsverbindungen

- Der ***Bahnhof*** liegt im Norden Jacas. Täglich mehrere Züge nach Zaragoza, Huesca, Sabiñánigo und Canfranc-Estación.
- Täglich ***Busse*** nach Pamplona, Zaragoza, Hecho, Ansó und ins Tal von Canfranc.

Weitere Reisetipps

- Mehrere Agenturen halten ein breites Angebot für „Abenteuer-Sportler" parat. Angeboten werden unter anderem geführte ***Wanderungen, Rafting, Canyoning*** und ***Kayak-Touren.*** Wer mehrere Wildwasser-Sportarten kennenlernen möchte, kann für 48 € ein „multiaktives Paket" buchen (im Touristenbüro fragen).
- Alle ungeraden Jahre findet zwischen Juli und August ein großes ***Folklore-Festival*** der Pyrenänen in Jaca statt. Genauere Termine und Informationen erhält man im Touristenbüro.

Das Tal von Canfranc

Von Jaca aus verläuft das Tal von Canfranc 30 km am ***Río Aragón*** entlang bergan bis zum ***Puerto de Somport*** (1.632 m), seit alters her einem der wichtigsten ***Pyrenäenpässe.*** Im Januar 2003 nahm die Bedeutung sogar noch zu, denn seither verbindet der Somport-Straßentunnel das spanische Tal mit dem französischen Vallée d'Aspe. Waren es früher Heerscharen von Pilgern, die hier das letzte große Hindernis auf ihrer Wanderung überquerten, so nutzen heute Transportunternehmen und Urlauber diesen Übergang auf dem Weg nach Barcelona oder Madrid. Einzig um die Bahnlinie ist es ruhig geworden: Seit 1970 diese Zugverbindung zwischen Frankreich und Spanien eingestellt wurde, fahren nur noch wenige Züge von Canfranc Estación nach Zaragoza. Trauriges Überbleibsel vergangener Zeiten ist der riesige ***Bahnhof*** in Canfranc Estación, 9 km vor der Grenze.

Im hochalpinen, oberen Teil des Tales entstanden mit ***Candanchú*** und ***Astún*** die westlichsten ***Skistationen*** der spanischen Pyrenäen, deren Lifte die Urlauber bis auf 2.400 m hinauftragen.

Von der bestens ausgebauten N 330 zweigen nur zwei Straßen ab. Die eine führt ins Valle de Hecho (siehe „Vom Valle de Hecho ins Tal von Canfranc"), die andere führt kurz vor ***Castiello de Jaca*** ins winzige ***Tal von Garcipollera.*** Diese Straße endet im verlassenen Dorf ***Acin,*** von wo ein Weg zur 3,5 km entfernten ***Kirche Santa María de Iguácel*** verläuft. Sein Alter sieht man dem kleinen Gotteshaus auf den ersten Blick gar nicht an – immerhin stammt die Kirche aus dem 11. Jh.!

Weitere Reisetipps

- Eine Agentur in Castiello de Jaca, Tel. (974) 348057, nimmt sich der sommerlichen Aktivurlauber an. Zum Programm gehören ***Rafting, Klettern, Wandern*** und ***Radfahren*** – alles im Tal von Canfranc.

Canfranc-Pueblo

Schon im Mittelalter entstand das Dorf am Fuße des majestätischen Collarada (2.886 m), das lange Zeit vornehmlich von den vorüberziehenden Pilgerströmen lebte. Der halbverfallene Kirchturm, der als erstes ins Auge sticht, besitzt symbolischen Charakter für die Geschichte des Örtchens. Sowohl im 17. Jh. als auch im Jahre 1944 wurde Canfranc von verheerenden Bränden heimgesucht, die das ganze Dorf zerstörten.

Unterkunft

- Bei Canfranc-Pueblo gibt es das ***Refugio Sargantana*** mit 124 Plätzen, Tel. (974) 373217.

Canfranc-Estación

Er schien für die Ewigkeit erbaut, dieser fantastische ***Bahnhof,*** dessen Grundstein König *Alfonso XII.* 1882 knappe 5 km nördlich des Dorfes Canfranc legte. Als sein Nachfolger *Alfonso XIII.* und der französische Präsident das Bauwerk im Jahre 1928 schließlich einweihten, war ein Gebäude inmitten der Bergwelt entstanden, das kaum noch etwas mit einer profanen Zugstation gemein hatte. Den über 200 m langen Bahnsteig, einen der größten ganz Europas, säumte ein Traum aus Stein, Glas und Marmor; eine Mischung aus Jugendstil und Klassizismus. Die riesige Konstruktion, die neben üblichen Räumlichkeiten wie Fahrkartenschalter und Bar auch ein Nobelhotel beherbergte, war aber nicht nur äußerlich - zumindest für einen Bahnhof - von außergewöhnlicher Schönheit. Marmorne Geländer umgaben die Treppen, kunstvolle Jugendstillampen sorgten für die Beleuchtung, feinste Ornamente verzierten die Wände des gewaltigen Wartesaales. Die gesamte Anlage wirkte mehr wie ein Treffpunkt der feinen Gesellschaft denn ein internationaler Gebirgs-Bahnhof.

Als Canfranc-Estación seiner Bestimmung übergeben wurde, florierte die Zugverbindung zwischen Oloron-Ste.-Marie und dem spanischen Gebirgsbahnhof - die Eisenbahn war die Transportmöglichkeit schlechthin. Daran, dass sich dies vielleicht einmal ändern könnte, wurde kein Gedanke verschwendet. Doch das Ende nahte schneller als erwartet. Andere Verkehrsmittel, allen voran das Auto, liefen der guten, alten Bahn den Rang ab, die Strecke zwischen Frankreich und Spanien verlor fortlaufend an Rentabilität. Als 1970 eine Zugbrücke an der Linie einstürzte, nutzte die französische Eisenbahngesellschaft die Gunst der Stunde. Die Brücke wurde einfach nicht mehr aufgebaut und der Zugverkehr nach Canfranc kurzum eingestellt.

Seither besteht nur noch die kaum frequentierte Strecke nach Zaragoza, auf der täglich ganze zwei Züge verkehren. Man könnte beinahe meinen, die spanische Eisenbahngesellschaft ließe die paar Loks einzig talwärts fahren, um dem Bauwerk noch eine kleine Daseinsberechtigung zu geben.

Das Gros der Gleise wird aber mittlerweile von Pflanzen überwuchert, die Handschalter für die Weichen rosten vor sich hin. Viel schlimmer aber noch: Auch das Bahnhofsgebäude - ein Monument der Technik - verliert immer mehr an Substanz. Zwar kann man das Bauwerk heute nicht mehr betreten, nachdem Vandalen und Souvenirsammler für Verwüstungen gesorgt oder einfach Teile der Innenausstattung abgeschraubt hatten, doch der Verfall wird dadurch nicht aufgehalten. Überall blättert der Putz von den Decken, die Wände sind teilweise feucht, die Fensterscheiben eingeworfen und die Mauern mit Schmierereien versehen.

Imposante Ruine: der Bahnhof von Canfranc

Obwohl sich Bürgerinitiativen für den Erhalt des Bahnhofs einsetzen, glauben wohl nur noch kühnste Optimisten an die Wiederaufnahme der französisch-spanischen Verbindung und an eine damit einhergehende Renovierung des Bauwerks. Eher das Gegenteil dürfte der Fall sein. Seit im Januar 2003 der Somport-Straßentunnel eröffnet wurde, wird eine Zugverbindung von Oloron nach Canfranc-Estación noch weniger benötigt.

Information

- ***Touristenbüro*** auf der dem Bahnhof gegenüberliegenden Seite der N 330, Tel. (974) 373141. Hier reihen sich auch die wenigen Häuser des Ortes Canfranc-Estación aneinander.

Unterkunft

- ***Hotel Villa de Canfranc*** €€€, Avenida Fernando el Católico, Tel. (974) 372012. Gutes Mittelklassehotel mit gutem Preis-Leistungsverhältnis.
- ***Camping Canfranc***, 1,5 km nördlich von Canfranc-Estación. Auf Terrassen angelegter Platz mit schöner Aussicht, umgeben von Bäumen und Bergen. Empfehlenswert.

Verkehrsverbindungen

- ***Züge*** über Jaca nach Zaragoza um 7.05 und um 18.15 Uhr.
- Täglich sieben (sonntags sechs) ***Busse*** nach Oloron-Ste.-Marie in Frankreich und von dort weiter nach Lourdes sowie fünf Busse täglich nach Jaca (7.45, 10.15, 13.00, 16.15 und 20.45 Uhr).

Candanchú

Gemeinsam mit Astún bildet der traditionelle ***Wintersportort*** an der französischen Grenze eines der besten Skigebiete Aragóns. Die schöne Lage in einem Talkessel und das tolle Panorama werden allerdings von mehreren Hotelklötzen empfindlich beeinträchtigt. Die alljährliche Flut an Abfahrern zog die umliegenden Hänge zudem derart in Mitleidenschaft, dass nicht mehr als ein paar Grashalme gedeihen. 24 Lifte, von denen einige auch im Sommer laufen, führen bis in Höhen von 2.400 m - Schneesicherheit zählt somit zu den Pluspunkten des Ortes.

Information

- ***Touristenbüro*** im Ort, Tel. (974) 373194.

Unterkunft

Candanchú besitzt neben einigen teuren Hotels, in denen zur Wintersaison meist Halbpension obligatorisch ist, sowie zahlreichen Appartements auch mehrere günstige Übernachtungsmöglichkeiten.

- Zwei Herbergen mit Schlafsälen für vier bis 14 Personen sind nur im Winter und im Sommer geöffnet. ***Albergue el Aguila,*** Tel. (974) 373291, und ***Albergue Valle del Aragón,*** Tel. (974) 373222. Halbpension pro Person 23 €.

Weitere Reisetipps

- Für Sommergäste werden ***Wanderungen*** und ***Mountainbike-Touren*** angeboten. Nähere Informationen im Touristenbüro.

Astún

Das „Größte" an Astún ist der riesige Parkplatz. Ansonsten bietet die ***Retorten-Skistation*** etwas abseits der N 330, die nur aus einem einzigen Gebäudekomplex besteht, rein gar nichts. Einzig Alpinskiläufer kommen in dem Wintersportgebiet, das später als Candanchú entstand, auf ihre Kosten: 16 Lifte erschließen Pisten mit einer Gesamtlänge von 35 km.

Sabiñánigo

Die Industriestadt (10.000 Einwohner) am Río Gállego, 14 km östlich von Jaca, ist nur von geringem touristischen Interesse. Für die meisten Urlauber bleibt Sabiñánigo somit auch nur ein wenig beachteter ***Durchgangsort*** auf dem Weg ins Valle de Tena oder zum Ordesa-Nationalpark. Während der Ort selbst tatsächlich keinen längeren Aufenthalt lohnt, sind doch die zahlreichen ***Kirchen der Umgebung*** durchaus sehenswert. Die Bauwerke entstanden oft bereits vor der Romanik und weisen eindeutig maurische Einflüsse auf. Als Paradebeispiel gilt die Kirche in ***Lárrede,*** einige Kilometer nördlich am anderen Ufer des Flusses.

Das ***Museo Angel Orensanz y Artes Populares de Serrablo*** im Süden der Stadt zeigt Künstlerisches und Alltägliches aus der Region.

- Öffnungszeiten: Juli und August täglich 10.30-13.30 und 17-21 Uhr, ansonsten montags geschlossen.

In der ***Burg von Larrés,*** einem Dorf 7 km nordwestlich von Sabiñánigo, sind Zeichnungen zeitgenössischer spanischer Künstler zu sehen.

Praktische Informationen

Information

- Auskünfte im ***Touristenbüro*** an der Plaza España, Tel. (974) 480005.

Unterkunft

- ***Hotel La Pardina*** €€€€, C. Santa Orosia, Tel. (974) 480975. Äußerlich nicht gerade ansprechend, besitzt das Hotel doch 64 gepflegte und komfortable Zimmer. Außerdem großer Pool im Garten.
- Mehrere einfache ***Hostals und Pensionen***(€-€€) in der C. Serrablo.

Verkehrsverbindungen

- Für Reisende ohne eigenes Fahrzeug könnte Sabiñánigo schon aufgrund der ***Busanschlüsse*** interessant sein. Neben Jaca (mehrmals täglich) werden auch das ***Valle de Tena*** (täglich 10. 45 und - außer sonntags -

Überschwemmte Teile des Dorfes: die Embalse de Lanuza

18.30 Uhr) sowie Torla (täglich 11 Uhr, sonntags 17.00 Uhr, Juli und August zudem 18.30 Uhr) angesteuert.

Das Valle de Tena

Parallel zum Canfranc-Tal verläuft etwa 15 km weiter östlich das vom Rio Gállego durchflossene Valle de Tena. Die insgesamt 45 km lange N 260, die später zur A 136 wird, verläuft über weite Strecken am Fluss entlang, bevor sie sich auf den letzten Kilometern allein ihren Weg zum 1.794 m hohen Puerto de Portalet bahnt. Die ***Passstraße,*** die auf der französischen Seite weiter ins Ossau-Tal führt, wird dabei von den schroffen Pic d'Anéou (2.364 m) und Pic du Pourtalet (2.441 m) eingerahmt. Überhaupt zeigt sich die Landschaft von einer imposanten Seite: Gewaltige, teilweise ***über 3.000 m hohe Berge*** begrenzen das Valle de Tena, auf den Gipfeln liegt häufig bis zum Sommer Schnee. Die Flora in den höheren Regionen ist somit relativ spärlich - es wachsen fast nur noch Gräser und Kräuter.

Der hochalpine Charakter bildet die Grundlage für zwei wichtige Einkommensquellen: Zum einen baut man unter anderem mit der Skistation ***El Formigal*** und dem Kurort ***Balneario de Panticosa*** auf Tourismus, zum anderen wurden zahlreiche ***Stauseen*** zur Elektrizitätsgewinnung angelegt. Die größten dieser Gewässer sind der ***Embalse de Búbal*** und der ***Embalse de Lanuza,*** für die in den 1950er Jahren ganze Dörfer verlassen werden mussten.

Geisterdorf Lanuza

Biescas

Eine grausame Nachricht, in deren Mittelpunkt das Pyrenäen-Örtchen Biescas 15 km nördlich von Sabiñánigo stand, ging im Sommer 1996 um die Welt. Bei einem Unwetter hatten sich am frühen Abend des 7. August gewaltige Wassermassen hinter einem Wall aus Steinen oberhalb des Campingplatzes Las Nieves aufgestaut - um 19.30 Uhr kam es schließlich zur ***Katastrophe.*** Eine riesige Flutwelle schoss mit Unmengen an Schlamm, Geröll und Baumstämmen zu Tal und begrub Las Nieves unter sich. Wohnmobile und Wohnwagen wurden teilweise mehrere Kilometer mitgerissen, von den völlig überraschten Menschen fanden über 80 den Tod. Der Campingplatz wurde verständlicherweise nie wieder aufgebaut; mittlerweile reagierte man aber - leider viel zu spät - auf das Unglück und errichtete ein ***Ablaufsystem*** an der Stelle der Tragödie.

Wenngleich die Bewohner von Biescas die Katastrophe niemals vergessen werden, so kehrte in dem Städtchen mittlerweile wieder der ***Alltag*** ein.

Biescas besteht in erster Linie aus moderneren Gebäuden, obwohl im alten ***Stadtteil San Salvador*** noch immer einige Häuser aus dem 16. und 17. Jh. zu bewundern sind. Die Kirche des Ortes entstand ursprünglich im romanischen Stil, wurde im 18. Jh. aber weitgehend umgebaut und renoviert.

Information

- Touristenbüro an der Plaza Ayuntameinto, Tel. (974) 495633.

Unterkunft

Die zentrale Lage macht Biescas zu einem guten Basisort für Ausflüge in die Umgebung – bis zur Grenze sind es 32 km, bis nach Torla am Eingang zum Ordesa-Nationalpark nur 23 km.

- ***Hotel Casa Ruba***€€, C. Esperanza 20, Tel. (974) 485001, bietet neben ordentlichen Räumen auch ein empfehlenswertes Restaurant.
- ***Refugio Hoz de Jaca*** im gleichnamigen Ort, 9 km nördlich von Biescas, Tel. (974) 487230. Preiswerte Herberge mit 40 Betten in Schlafräumen.
- ***Camping Gavin,*** 2 km hinter Biescas an der Straße nach Torla, Tel. (974) 485090, ist der nächste Zeltplatz.

Essen und Trinken

- Im alten Viertel von Biescas gibt es mehrere Bars, in denen leckere ***Tapas*** serviert werden.

Verkehrsverbindungen

- In den Sommermonaten fährt der ***Bus*** nach Sabiñánigo um 7.35 Uhr (außer sonntags) und um 16.35 Uhr, der nach Panticosa um 11.10 Uhr und um 18.55 Uhr (außer sonntags). Außerdem gibt es um 11.15 Uhr einen Bus nach Torla.

Weitere Reisetipps

- Outdooraktivitäten aller Art bietet *Aragon Aventura* in Gavin, Tel. (974) 485358.

Ausflüge

Von der A 136 zweigt 7 km nördlich von Biescas, direkt vor dem Embalse de Búbal, eine Straße zum Dorf ***Hoz de Jaca*** ab. Bei dem kleinen Ort gibt es eine Aussichtsplattform mit tollem Blick über den See und die Berge.

Panticosa und Balneario de Panticosa

Oberhalb des ***Búbal-Stausees*** liegt 3 km abseits der Hauptstraße das Städtchen Panticosa, das seine lange touristische Tradition auch in den heutigen Tagen fortsetzt. Sicherlich setzt sich der Ort mittlerweile vor allem aus neueren Gebäuden zusammen, doch gibt es immer noch eine ganze Anzahl an älteren Häusern, die nicht im Chalet-Stil erbaut wurden. Für einen ***Skiort*** entpuppt sich Panticosa auch im Sommer als lebhaftes Fleckchen – kein Vergleich zu den nur im Winter bevölkerten Retorten-Skistationen. Die sportlichen Möglichkeiten für Abfahrer wurden in den vergangenen Jahren drastisch ausgebaut: Mittlerweile stehen 14 Lifte zur Verfügung.

Hinter Panticosa schraubt sich die Straße durch die schluchtähnliche ***Garganta del Escalar*** zum 8 km entfernten Kurort ***Balneario de Panticosa,*** dem ältesten ***Thermalbad*** Spaniens. Wie in den meisten französischen Bädern, wollten auch hier bereits die Römer ihrer Gesundheit auf die Sprünge helfen. Nachdem das heilende Wasser jahrhundertelang in

Vergessenheit geraten war, erlebte der Ort im Herzen eines beeindruckenden Talkessels im 19. Jh. seine Renaissance. Feine Hotels entstanden, in den höheren Kreisen der Belle Epoque galt es als schick, hier zu kuren.

Mit der feinen Gesellschaft und exklusiven Hotels ist heute aber nicht mehr der große Gewinn zu machen – davon zeugt der Putz, der an den einstigen Nobelherbergen vielfach von den Wänden blättert. Neben den Kurgästen zählen mittlerweile vor allem ***Wanderer,*** die in der umliegenden Natur nach Erholung suchen, zu den Besuchern. Besonders an den Wochenenden im Sommer wird der Ort von zahllosen Städtern angefahren, die sich ein wenig die Beine vertreten oder auf dem dorfeigenen kleinen See ein paar Runden mit dem Ruderboot drehen wollen. Wer Ruhe und Abgeschiedenheit sucht, sollte nur an Wochentagen, besser noch außerhalb der Sommersaison Balneario de Panticosa ansteuern.

Unterkunft

- ***Hotel Sabocos*** €€€€ in Panticosa, Tel. (974) 487488. Recht neues, kleines Hotel mit 18 freundlichen Zimmern, viele davon mit Balkon.
- ***Hotel Panticosa*** €€€ in selbigem Ort, Tel. (974) 487000. Äußerlich mag der klotzige Bau nicht sonderlich einladend wirken, die Zimmer sind aber in Ordnung.
- ***Gran Hotel*** €€€€ in Balneario de Panticosa, Tel. (974) 487161. Die großen Zeiten sind eindeutig vorbei, doch ein gewisser Stil haftet dem Haus immer noch an. Außerhalb der Saison erheblich günstiger.
- Günstigste Übernachtungsmöglichkeit ist das ***Refugio Casa de Piedra*** mit 108 Schlafplätzen, am Ende des Ortes gelegen, Tel. (974) 487571. Weitere *Refugios* befinden sich an den Wanderwegen im Gebirge.

Weitere Reisetipps

- Bergführer *Carlos Marcos* aus Panticosa, Tel. (974) 487554, leitet ***Exkursionen*** in die aragonische Bergwelt.

Ausflüge zu den Stauseen

Die Stauseen in den Bergen über Balneario de Panticosa bilden beliebte Ziele für schöne und nicht allzu schwere Wanderungen. In gut zwei Stunden erreicht man die ***Ibónes del Brazato*** im Osten des Ortes, etwas länger nimmt der Weg nach Norden zu den Seen von ***Bachimaña*** und ***Bramatuero*** in Anspruch.

Sallent de Gállego

Vorbei am ***Stausee von Lanuza,*** der einige Häuser des größtenteils verlassenen Dorfes Lanuza umspült, erreicht man Sallent de Gállego, das Zentrum des oberen Tena-Tales. Da sowohl im Sommer Wanderer als auch im Winter Skisportler hier ihren Urlaub verbringen, entwickelte sich der Ort zu einem echten ***Touristenzentrum,*** das allerdings auch über einige historische Ecken verfügt. Die gotische ***Kirche Notre-Dame,*** in der sich ein sehenswerter Altar befindet, bestimmt das Bild des Städtchens.

Im Erdgeschoss des Rathauses befindet sich eine Bar, die bei gutem Wetter Tische und Stühle hinausstellt. Unter einer alten Kastanie lässt es sich bei Sonnenschein in diesem Biergarten trefflich entspannen.

Information

- Vom 1. Juli bis zum 15. September existiert im Holzhäuschen vor dem Rathaus eine ***Touristeninformation.***

Unterkunft

Im Ortskern von Sallent gibt es eine Reihe einfacher Hostals, die aber allesamt ziemlich teuer sind.

- ***Hostal El Centro*** €€, Tel. (974) 488019, ist ein kleines Hostal mit eigenem Garten.
- ***Hostal Faure*** €€, Tel. (974) 488007. Preiswerteste Unterkunft im Ort.

Verkehrsverbindungen

- Wenn im nahen El Formigal die Pisten geöffnet sind, verbindet ein ***Skibus*** die beiden Orte täglich mehrfach miteinander.

Weitere Reisetipps

- Ursprünglich war der ***Stausee von Lanuza*** noch größer geplant, so dass der gleichnamige Ort komplett in den Fluten versinken sollte und deshalb von Mann und Maus verlassen wurde. Der Wasserstand blieb aber unter dem zuerst vorgesehenen Stand und nur wenige Häuser haben tatsächlich „nasse Füße" bekommen. Der Rest des Dorfes verfiel allerdings im Laufe der Jahre, einige Dörfer werden mittlerweile jedoch restauriert. Die Kirche wurde stets gepflegt und befindet sich noch immer in einem guten Zustand, obwohl in dem Gotteshaus keine Messen mehr gefeiert werden.
- Jahr für Jahr wird in der ersten Augustwoche eine schwimmende Bühne bei Lanuza auf dem See installiert, auf der verschiedene Gruppen allabendlich ihre musikalischen Qualitäten unter Beweis stellen. Das ***Musik-Festival*** steht immer unter einem bestimmten Motto: Mal spielen ausschließlich Bands aus Afrika, ein anderes Mal nur Gruppen aus der Karibik. Empfehlenswert!

El Formigal

Man weiß nicht so recht, wie man den 1964 entworfenen ***Skiort,*** fünfeinhalb Kilometer vor der Grenze gelegen, einschätzen soll. Sicherlich ver-

Gebirgsszenerie bei El Formigal

dient El Formigal keineswegs das Prädikat „schön", doch muss man auch zugeben, dass es erheblich hässlichere Skistationen gibt. Unter Sportlern erfreut sich die Mischung aus einigen Steinhäusern und vielen modernen Hotelgebäuden auf jeden Fall großer Beliebtheit, da der Skizirkus mit 23 Liften und über 50 km Piste zu den besten der spanischen Pyrenäen zählt. Damit sich die Wintergäste auch nach der Abfahrt noch austoben können, warten sechs Bars, drei Pubs, zwei Discotheken sowie acht Restaurants auf Nachtschwärmer. Tennisplätze, Squashcourts und Saunas in den verschiedenen Hotels komplettieren das Angebot - es soll schließlich an nichts mangeln.

Unterkunft

Wie es sich für einen Skiort anscheinend gehört, sind die Hotels allesamt ***teuer*** und bei guten Schneeverhältnissen außerdem schnell ausgebucht. Die angegeben Preise gelten für die Hochsaison.

- ***Hotel Formigal*** €€€€€, Tel. (974) 490030, ist die beste Adresse. Komfort wie Mini-Bar auf dem Zimmer und hauseigene Sauna lässt man sich dementsprechend honorieren.
- ***Hotel Eguzki-Lore*** €€€€€, Tel. (974) 490123. Unterkunft der gehobenen Mittelklasse, rein äußerlich könnte das Gebäude auch in den Alpen stehen.
- ***Hotel Tirol*** €€€€, Tel. (974) 490377. Trotz eines Doppelzimmerpreises von stattlichen 75 € das günstigste Hotel im Ort.

Rund um den Ordesa-Nationalpark

Zumindest aus touristischer Sicht gilt der 1918 gegründete *Parque Nacional de Ordesa y Monte Perdido,* kurz Ordesa-Nationalpark, als das Herz der spanischen Pyrenäen. Kaum ein Urlauber fährt nach Hause, ohne der ***faszinierenden Bergwelt*** mit den riesigen Cañons und der beeindruckenden Flora und Fauna einen Besuch abgestattet zu haben. Tatsächlich gehört der Park um den 3.355 m hohen Monte Perdido zu den größten Sehenswürdigkeiten des Gebirges und sollte selbst bei einem noch so vollgestopften Terminplan besucht werden. Es wird auf jeden Fall ein einmaliges Erlebnis!

Wurden einige Orte wie Torla oder Broto dank der Nationalparkbesucher zu wohlhabenden Gemeinden, ereilte viele andere Gemeinden des Hoch-Aragón ein anderes Schicksal: Ihre Bewohner wanderten in die Städte ab, die ehemals hübschen Weiler fristen nun ein Dasein als ***Geisterdörfer.*** So traurig diese Entwicklung für die Region ist, so interessant offenbart sich für Auswärtige ein Besuch der Dorf-Ruinen, in denen eine gespenstische Atmosphäre herrscht.

Seit einigen Jahren kaufen allerdings vermehrt Bewohner der spanischen Großstädte oder auch Mitteleuropäer einzelne Häuser und renovieren sie, um im Sommer hier das stressfreie Leben in der Natur zu genießen. Beachtenswert sind besonders die fürs Hoch-Aragón typischen Schornsteine, die in den leerstehenden Weilern auf beinahe jedem Gebäude zu sehen sind.

Das ***Umland,*** in das diese Orte eingebettet liegen, wird von den bestän-

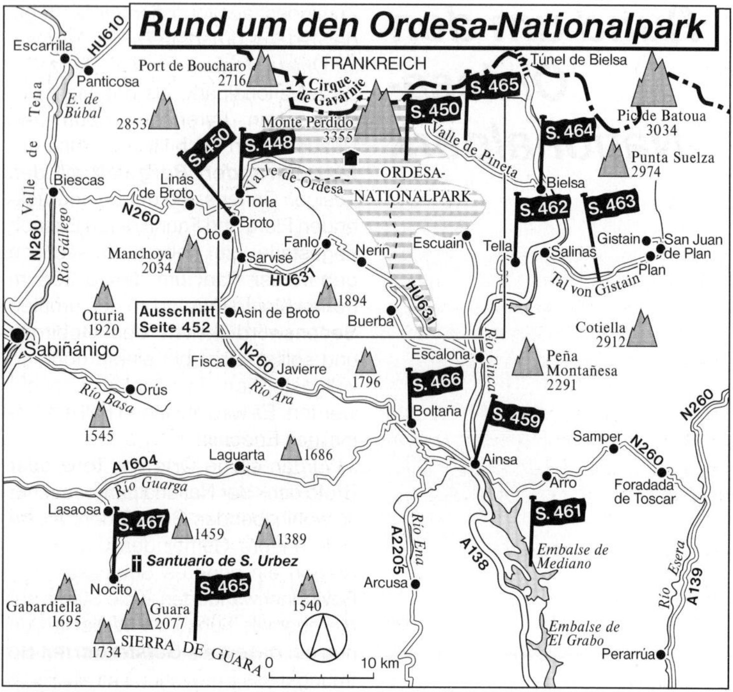

dig geringen Niederschlägen geprägt. Während in höheren und regenreicheren Lagen noch Buchen-, Tannen- und Kiefernbestände an den Hängen wachsen, ist in den tieferen Landstrichen der Buchsbaum am häufigsten anzutreffen.

Von vielen Urlaubern vergessen wird die ***Sierra de Guara,*** ein beinahe menschenleeres Gebiet der Vorpyrenäen, das sich südlich der A 1604 erstreckt. Nur einige Extremsportler finden immer wieder den Weg hierher, gilt die Sierra de Guara doch als ***das beste Canyoning-Gebiet ganz Europas!***

Torla

Wer weiß, was dem Ort (360 Einwohner) widerfahren wäre, gäbe es den Nationalpark nicht? Vielleicht hätten sich die Bewohner - wie in anderen Dörfern der Umgebung auch - längst aus dem Staub gemacht, um in den südlicheren Städten Arbeit zu finden. Doch derartige Vermutungen sind rein hypothetisch - Torla ist nun einmal das ***Tor zum Ordesa-Park*** und somit ein Ort, der hervorragend vom Tourismus leben kann. Von Hotels über Restaurants bis hin zu Boutiquen, Kneipen und Discos findet man hier alles, was das zivilisationsentwöhnte Urlauberherz begehrt. Zwar beherbergt ein großer Teil der Häuser touristische Einrichtungen, doch behielt das Dorf, das man von Biescas oder Ainsa erreicht, weitgehend sein ursprüngliches Aussehen. Bis auf wenige Hotels an der Hauptstraße gibt es keine auffallend großen Gebäude - hier kann man es problemlos eine Zeitlang aushalten.

Das Wahrzeichen Torlas ist die kantige ***Kirche,*** die sich vor dem imposanten Hintergrund der Felswände aufbaut. Im Ortskern findet sich eine stattliche Anzahl alter Steinhäuser, die meisten aufgrund der touristischen Nutzung in einem sehr guten Zustand.

Praktische Informationen

Information

- ***Touristeninformation,*** Avda. Ordesa, Tel. (974) 486378.

Unterkunft

Während die Suche nach einem ***Hotelzimmer*** von Juli bis August mit einigen Schwierigkeiten verbunden sein kann, ist den Rest des Jahres überall etwas frei. Die Preise bewegen sich im Rahmen.

Die fünf ***Campingplätze*** Torlas bieten genügend Platz, um auch zur Hauptsaison sämtliche Urlauber aufzunehmen.

- ***Hotel Edelweiss*** €€€, an der Hauptstraße, Tel. (974) 486173. Großes, modernes Hotel; der Preis ist durchaus berechtigt.
- ***Hotel Villa de Torla*** €€€€, mitten im Zentrum, Tel. (974) 486156. Freundliches Haus mit Pool. Im Sommer 60 €, sonst preiswerter.
- Mehrere ***Privatunterkünfte*** sowie die ***Refugios Lucien Briet,*** Tel. (974) 486221, und ***Valle de Bujaruelo,*** Tel. (974) 486348, stellen neben den Campingplätzen die preiswerteste Übernachtungsmöglichkeit dar. Nähere Informationen in der Touristeninformation.
- ***Camping Río Ara,*** kurz hinter Torla (Richtung Ordesa) einem kleinen Schild hinunter zum Fluss folgen, Tel. (974) 486248. Schattiges Wiesengelände; in unmittelbarer Nähe gute Bademöglichkeit im Río Ara. Saubere, wenn auch knapp bemessene Sanitäreinrichtungen. Im Sommer oft sehr voll.
- Zum ***Camping Valle de Bujaruelo,*** Tel. (974) 486348, führt 3 km hinter Torla (Richtung Ordesa) ein holperiger, 3,5 km langer Weg. Sehr ruhiger Platz, auch einfache Zimmer zu mieten. (s. Refugios)

Essen und Trinken

- ***Restaurant l'Atalaya,*** C. Francia, Tel. (974) 486022. Sympathisches Restaurant mit jugendlichem Ambiente. Gute Menüs für ca. 9 €.

Verkehrsverbindungen

- Regelmäßiger Shuttle-Bus zum Eingang des Parks, in den man vom Juli bis zum 15. Oktober nicht mehr mit dem Auto fahren darf (s. Ordesa-Nationalpark).

Eingangstor zum Nationalpark: Torla

Broto

Der 500 Einwohner zählende Ort südlich von Torla lebt von seiner Nähe zum Nationalpark - ansonsten gibt es nicht viel zu sehen. Da die N 260 mitten durch das Zentrum führt, kann von einem ruhigen Dorf nicht die Rede sein, eher das Gegenteil ist der Fall. Allerdings kann man in Broto recht gut einkaufen, wobei die meisten Geschäfte an der Hauptstraße liegen.

Von Broto gelangt man auf einer kleinen Straße ins 1,5 km entfernte ***Oto,*** ein erheblich malerischeres Dörfchen.

Praktische Informationen

Information

- Vom 1. Juli bis zum 15. September erhält man in einem ***Holzhäuschen an der Hauptstraße*** Auskünfte.

Unterkunft

- ***Hostal Español*** €€, Avenida Ordesa 20, Tel. (974) 486007. Günstigste Unterkunft in Broto, daher im Sommer oft voll.
- *Casa Rural:* ***Casa Pueyo*** €€, in Oto, C. La Peña 15, Tel. (974) 486075. Alle Doppelzimmer mit eigenem Bad.
- *Casa Rural:* ***Casa Marcelino*** €, am Ortsausgang Richtung Torla, Tel. (974) 486098. Solide Pension.
- ***Camping Oto,*** 1,5 km südwestlich von Broto, Tel. (974) 486075. Großes und dennoch ruhiges Gelände in netter Lage. Zahlreiche Bäume sorgen für genügend Schatten.

Ordesa-Nationalpark

Der Ordesa-Nationalpark zählt zu den ***überragenden Naturschönheiten*** Europas! Wer die Bergwelt um den Monte Perdido noch nicht mit eigenen Augen gesehen hat, wird diese Behauptung vielleicht als vermessen bezeichnen. Spätestens nach dem ersten Besuch muss man seine kritische Meinung jedoch revidieren - die Landschaft ist tatsächlich unbeschreiblich beeindruckend.

Bereits ***1918*** wurde der Nationalpark ins Leben gerufen, um die einmalige Natur und besonders den seltenen ***Pyrenäen-Steinbock*** zu erhalten. Damals stand allerdings nur das Gebiet um das in Ost-West-Richtung verlaufende ***Ordesa-Tal*** mit einer Fläche von 21 Quadratkilometern unter Schutz. Erst 1982 wurde der Park auf das gesamte ***Monte-Perdido-Massiv*** und eine Fläche von 156 Quadratkilometern ausgeweitet und mit seinem heutigen Namen bedacht: *Parque Nacional de Ordesa y Monte Perdido.*

Das Gebirgsmassiv des Monte Perdido, das im Norden an den französischen Pyrenäen-Nationalpark grenzt, besteht nicht aus Granit, sondern vornehmlich aus ***Kalkgesteinen*** und ist somit der höchste Bergzug dieser Art in Europa. Während der Eiszeiten schufen die Gletscher hier gewaltige ***Täler,*** unter ihnen das berühmte Valle de Ordesa mit Felswänden von bis zu 1.000 m Höhe. Am östlichen Ende dieses faszinierenden Tales rauscht der ***Wasserfall Cola de Caballo*** die Felsen hinab, der seinem Namen alle

Hinein ins kühle Nass!

Ehre macht und an einen Pferdeschwanz erinnert. Der so entstandene Río Arazas durchfließt den kolossalen Einschnitt und fällt dabei streckenweise in ***malerischen Kaskaden*** ab.

Das ***Valle de Añisclo,*** eine gewaltige Schlucht südwestlich des Ordesa-Tales, erreicht man von Torla aus mit dem Auto, indem man zuerst bis ***Sarvisé*** auf der N 260 fährt, um dann auf die kleine HU 631 abzubiegen. 18 km nach dieser Abzweigung kommt man zum Eingang der geradezu dramatischen Klamm gewaltigen Ausmaßes.

Weitere Täler, die seit 1982 zum Park gehören, sind die ***Gargantas de Escuain*** und Teile des ***Valle de Pineta,*** beide im westlichen Bereich der Schutzzone.

Buche, Tanne und Kiefer bilden die dominierenden ***Baumbestände*** des Parks. Eine Ausnahme bildet die Añisclo-Schlucht, in der aufgrund des feucht-warmen Klimas ein erheblich abwechslungsreicherer Mischwald gedeiht.

Die Wiesen in den höheren Gefilden verwandeln sich vom Frühjahr bis zum Sommer in bunte Blumenteppiche, auf denen beispielsweise ***Schwertlilien*** und verschiedene ***Enzianarten*** wachsen.

Tierwelt

Der ***Pyrenäen-Steinbock*** ist noch immer das seltenste Tier der Region. Als der Park 1918 gegründet wurde, stand die Art wegen exzessiver Bejagung in den Pyrenäen vor dem Aussterben. Zwar hat sich der Bestand mittlerweile etwas vergrößert – Schätzungen schwanken zwischen 30 und 100 Tieren – doch von einer optimalen Situation kann bei weitem nicht gesprochen werden.

Andere ***Säugetiere,*** die im Nationalpark vorkommen, sind unter anderem die recht häufig anzutreffende

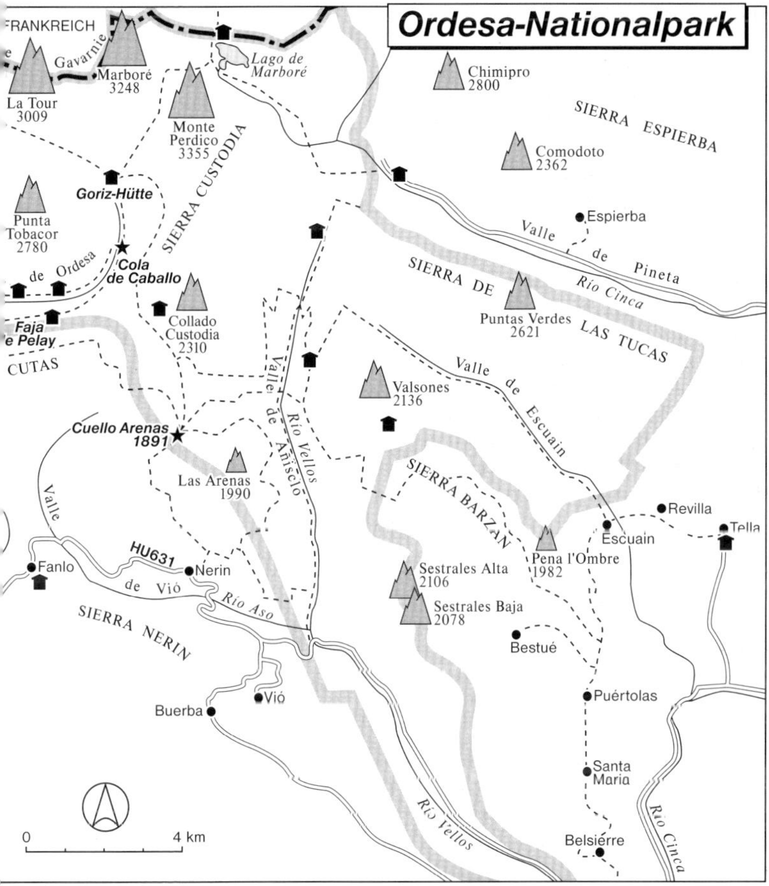

__Gemse,__ der versteckt lebende Pyrenäen-Desman, das erst vor wenigen Jahrzehnten eingeführte Murmeltier sowie das Wildschwein.

Ab und zu kann man einen Bartgeier oder einen Auerhahn sehen, häufiger zu beobachtende *__Vögel__* sind jedoch Gänsegeier und Steinadler. Die klaren Bäche in Höhen zwischen 2.000 und 3.000 m bewohnt der 10 bis 16 cm lange *__Pyrenäen-Gebirgsmolch,__* der stark an das sehr kalte Wasser gebunden ist.

Verhaltensregeln

Um die Natur im Schatten des Monte Perdido zu erhalten, wurden einige Regeln aufgestellt, an die sich jeder Besucher unbedingt halten muss. So ist es im Park verboten, Feuer anzuzünden, Abfall wegzuwerfen, Hunde ohne Leine laufen zu lassen oder sich mit Fahrzeugen fortzubewegen. Keinesfalls darf man zudem Blumen pflücken oder Tiere absichtlich stören.

Das Campen ist nicht gestattet; nur unter den wenigen, eigens dafür angelegten Holzdächern kann man sein Zelt bei überraschendem Einbruch der Dunkelheit oder bei extrem schlechtem Wetter für eine Nacht aufschlagen.

Praktische Informationen

Information

- In mehreren Orten rund um den Ordesa-Park wurden ***Informationsstellen*** eingerichtet, in denen man Auskünfte über den Park und über mögliche Wanderungen erhält, so auch im Anfangsbereich des Valle de Ordesa, Tel. (974) 486212.

Verkehrsverbindungen

- Seit 1998 kann der Park nicht mehr mit dem eigenen Fahrzeug angesteuert werden, stattdessen gibt es zwischen dem 1. Juli und dem 15. Oktober vom großen Parkplatz bei Torla einen regelmäßigen Busverkehr zum Parkeingang (Abfahrt 6 bis 19 Uhr, September und Oktober bis 18 Uhr; zu den Hauptzeiten viertelstündlich). Vom Park fährt der letzte Bus um 22 Uhr (September 21 Uhr, Oktober 20.30 Uhr) zurück nach Torla. Das Ticket für Hin- und Rückfahrt kostet 2,70 €, für den Wagen werden auf dem Parkplatz 0,50 € pro Stunde verlangt.
- Den Eingang zum ***Valle de Añisclo*** (siehe oben) erreicht man ebenfalls nur zu Fuß oder mit dem eigenen Fahrzeug.
- Von anderen Orten wie ***Bielsa*** oder ***Escalona*** im Westen muss man einen längeren Fußweg in Kauf nehmen, um in die geschützte Zone zu gelangen.

Ausflüge

Als besonderes Erlebnis erweist sich eine Fahrt auf der ***HU 631,*** die südlich des Nationalparks von Sarvisé nach Escalona führt. Der letzte Streckenabschnitt, der den ***Desfiladero de Vellos*** auf einer Länge von 12 km durchquert, zählt zu den ***spektakulärsten Straßen*** der gesamten Pyrenäen. Im Juli und August ist die HU 631 allerdings eine Einbahnstraße, die man nur von Escalona in Richtung Westen befahren darf, und an der man auf der linken ein großes Flussbett passiert, in dem sich im Sommer gefahrlos baden lässt. Wer jedoch aus Sarvisé kommt, muss im Hochsommer nach Buerba abbiegen und einer 1995 erbauten Straße oberhalb des Río Yesa folgen, die kurz vor Escalona wieder auf die HU 631 führt, um so in den Genuss der fantastischen Strecke zu gelangen. Eine wunderschöne Rundfahrt!

Wandern im Ordesa-Nationalpark

Jeder Urlauber, der sich in dieser Gegend aufhält, sollte mindestens eine, besser noch mehrere Wanderungen im Park einplanen. Die gängigen Routen sind für spanische Verhältnisse bestens gekennzeichnet und ohne großartige Ausrüstung zu bewältigen. Einzig feste Bergschuhe, eine leichte, wasserabweisende Jacke und ein wenig Proviant sowie Wasser sind erforderlich.

Wer anspruchsvollere Touren bevorzugt, wird ebenfalls fündig: Besonders empfehlenswert ist die Wanderung durch die Brèche de Roland (siehe „Hautes-Pyrénées") in den französischen Pyrenäen-Nationalpark.

Ins Valle de Ordesa

Der im Sommer stark frequentierte, aber deshalb nicht weniger beeindruckende Weg führt vom ehemaligen ***Parkplatz 8 km oberhalb Torlas*** in das Valle de Ordesa, zum Wasserfall Cola de Caballo und zurück zum Ausgangspunkt. Die knapp 20 km lange Strecke nimmt zwischen sechs und acht Stunden in Anspruch und dürfte auch für weniger Trainierte durchaus begehbar sein. Wer die hier beschriebene Route einhält, muss sich nur auf dem ersten Teilstück (allerdings tüchtig) anstrengen. Man kann die Wanderung auch in umgekehrter Richtung vornehmen, geht dann aber fast die gesamte Zeit leicht bergan und nur eine Etappe steil bergab. Auf jeden Fall sollte man recht früh morgens starten, um so der Mittagshitze beim Aufstieg zu entgehen.

Die Tour beginnt am Ende des ehemaligen Parkplatzes, wo ein ***Weg nach rechts*** abzweigt (Richtung *Senda Cazadores*) und über eine kleine Brücke in einen Buchenwald führt. Bereits jetzt steht der schweißtreibendste Teil des Rundweges an: In Serpentinen schlängelt sich der rotweiß gekennzeichnete Pfad durch den Wald steil den ***Berg hinauf.*** Nach etwa anderthalb Stunden folgt man einem Schild in Richtung Faja Pelay und erreicht 20 Minuten später eine ***Aussichtsplattform,*** von der sich ein grandioses Panorama eröffnet. Ungeübte Wanderer können aufatmen: Die einzig mühselige Passage ist bereits überwunden!

Durch bunte Bergwiesen und lichte Kiefernhaine verläuft der Weg nun auf einer Stufe hoch über dem Tal an der ***Felswand*** Faja Pelay entlang. Faszinierend sind die Ausblicke auf die Berghänge der gegenüberliegenden Talseite, die im Sommer von blühendem Ginster in ein Meer aus gelber Farbe getaucht werden.

Nach etwas mehr als insgesamt drei Stunden Gehzeit sieht man unter sich erstmals den ***Talkessel*** und die ***Kaskaden des Río Arazas,*** dessen Rauschen man kurz zuvor bereits hören konnte. Der Pfad verläuft nun gemächlich bergab und nach vier Stunden kommt man zum ***Wasserfall Cola de Caballo.***

Zurück geht es auf einem bestens ausgebauten Weg, der zuerst neben dem Fluss und später durch einen Buchenwald verläuft und nach sieben Stunden am Ausgangspunkt endet.

Vom Ordesa-Nationalpark in den französischen Pyrenäen-Nationalpark

Wesentlich anspruchsvoller wird die Wanderung, wenn man ab dem ***Wasserfall Cola de Caballo*** (siehe oben) dem Weg zur ***Brecha de Rolando*** (Brèche de Roland) folgt. Auf einem steilen Pfad, der Erfahrung voraussetzt, geht es zuerst zum ***Refugio Goriz*** (1 Std.) und weiter zur Bresche (3 Std.). Die Goriz-Berghütte ist zur

Hochsaison meist bis auf den letzten Platz belegt, es empfiehlt sich eine telefonische Reservierung unter (974) 341201. Falls diese Voranmeldung erfolglos verlief, besteht die Möglichkeit, beim *Refugio* ein Zelt aufzuschlagen.

Von der Bresche erreicht man nach einer halben Stunde die ***Refuge des Sarradets*** im französischen Nationalpark (siehe „Hautes-Pyrénées") und 90 Minuten später den ***Puerto de Bujaruelo.*** Von hier führt der Weg wieder zurück nach Spanien ins ***Tal von Bujaruelo*** und weiter zum Parkplatz am Valle de Ordesa.

Eindrucksvolle Wasserfälle – ein Bestandteil des Parks

Damit das Wandern nicht zum Stress wird, sollte man besser für diese Strecke eine Übernachtung einplanen.

Ins Añisclo-Tal

Diese ***riesige Schlucht,*** die an nordamerikanische Canyons erinnert, gehört ebenfalls zu den unvergesslichen Höhepunkten des Ordesa-Nationalparks. Da sich die 1.200 Meter Höhenunterschied auf eine Länge von 17 Kilometern verteilen, ist eine Wanderung bis zum oberen Ende des Añisclo-Canyons nicht nur Experten vorbehalten. Dennoch sollte man die Steigungen nicht unterschätzen – etwa sieben Stunden nimmt der Weg in Anspruch. Auf jeden Fall empfiehlt es sich, frühmorgens loszuwandern, da die Temperaturen im Tal später enorm ansteigen.

Der Weg verläuft die ganze Zeit am Flussbett des ***Río Vellos*** entlang, den man im Laufe der Wanderung mehrfach überquert. Noch im Eingangsbereich der Schlucht passiert man die ***Einsiedelei San Urbez,*** ein schlichtes Steingebäude in einer Felsspalte. Vorbei an großartigen Felswänden und riesigen Felsbrocken erreicht man nach circa drei Stunden die ebene Wiese ***La Ripareta,*** einen optimalen Picknick-Platz.

Der Parkplatz liegt 300 Meter oberhalb der Brücke, die zur Einsiedelei San Urbez führt. Im Sommer wird meist auch am Straßenrand geparkt, da es sich zu dieser Zeit um eine Einbahnstraße handelt.

Wer hier noch nicht umkehren möchte, kann dem Flusslauf noch bis zum Vorsprung ***Fon Blanca*** folgen.

Die Dächer von Fanlo

Die Dörfer südlich des Nationalparks

Zweigt man in ***Sarvisé*** von der N 260 auf die ***HU 631*** in Richtung Valle de Anisclo ab, kommt man in das stellenweise stark zerklüftete ***Valle de Vió.*** Die Handvoll Dörfer des Tales teilen ein trauriges Los: Allesamt sind sie von der ***Landflucht*** betroffen, die auch dieses Gebiet in den vergangenen Jahrzehnten fast komplett entvölkerte. Der große Teil der Bewohner - insbesondere die jüngeren Generationen - wanderten auf der Suche nach Arbeit in die Städte ab. Seit wenigen Jahren erscheint jedoch ein Licht am Horizont: Immer mehr Erholungssuchende kaufen sich hier ein günstiges Häuschen, renovieren es und nutzen es als ***Feriendomizil.*** So können zumindest einige der jahrhundertealten Gebäude - vornehmlich die in der Nähe asphaltierter Straßen - vor dem Verfall gerettet werden.

Das erste Dorf an der Strecke ist das auf einem Hügel gelegene ***Fanlo*** mit seiner kleinen, gotischen Kirche. Nahe Fanlo wurde an der Hauptstraße unlängst ein Holzhäuschen errichtet, das in den Sommermonaten eine Touristeninformation beherbergt. Auskünfte holen sich hier in erster Linie (französische) Anhänger des Canyoning, für das dieser ansonsten fast menschenleere Landstrich hervorragende Voraussetzungen bietet.

Den besten Zustand aller Dörfer des Tales kann ***Nerin*** aufweisen. In dem kleinen, weitgehend erhaltenen Ort existieren auch Unterkünfte, demnächst soll sogar ein Berghotel eröffnet werden. Zum Straßenbild von Nerin gehören die ***Cuchareros,*** ältere Dorfbewohner, die mit viel Geschick

Geisterdorf Janovas

Dem Verfall preisgegeben – die Dörfer des Hoch-Aragón

Für Urlauber stellen die verlassenen Dörfer des Hoch-Aragón fraglos eine Attraktion dar: Menschenleere Gassen, über die nur hin und wieder eine Eidechse huscht, eingestürzte Häuser und unheimliche Kirchenruinen - all das besitzt einen Hauch von Abenteuer. Die Realität sieht jedoch anders aus. Seitdem zahlreiche Bewohner zu Beginn des 20. Jh. auf der Suche nach Arbeit aus ihren Heimatorten in die Städte fortzogen, verfallen viele der ehemals wunderschönen Weiler - und mit ihnen ein Stück Kultur dieses Landstrichs. Der Deutsche Rudolf Wilmes war einer der Letzten, die den Alltag in den damals noch intakten Dörfern miterlebten und zu Papier brachten. In seiner Doktorarbeit über das Valle de Vió beschrieb der Linguist in den 1930er Jahren eine Lebensform, die nur wenig später Geschichte war. Insgesamt 160 der einst 360 Dörfer des Hoch-Aragón sind mittlerweile unbewohnt; ein Ende der Entwicklung ist immer noch nicht in Sicht, da viele Gemeinden nur noch von wenigen alten Leuten bewohnt werden. Vermutlich bietet allein der Tourismus eine Möglichkeit, um weitere Ortschaften mit ihren historischen Steinhäusern vor dem Untergang zu bewahren. Wenn auch noch in geringem Ausmaß, wurden einige der Gebäude in den vergangenen Jahren von Städtern aufgekauft, die sich hier einen Feriensitz einrichteten. Andere Orte wie Torla, Broto oder Ainsa haben ihr Heil aufgrund der Nähe zu den beliebten Hochgebirgsregionen und dem Ordesa-Nationalpark ohnehin im Tourismus gesucht - und gefunden.

Löffel und andere Küchenutensilien aus dem Holz des Buchsbaums schnitzen. Außer in den Sommermonaten, wenn Touristen in das Dorf kommen, bringt das Geschäft mit dem Kunsthandwerk allerdings wenig ein.

Oberhalb des Añisclo-Tales zweigt eine Straße ab, die zu zwei weiteren sehenswerten Dörfern führt. Ebenso wie ***Vió,*** das dem Tal seinen Namen gab, ist ***Buerba*** zumindest im Winter weitgehend verlassen. Dass sich dennoch viele Gebäude in einem ansehnlichen Zustand befinden, ist auf Städter zurückzuführen, die diese Häuser aufkauften, renovierten und heute die Sommerferien hier verbringen. Mittlerweile besitzt Buerba sogar wieder eine Bar.

Noch drastischer zeigt sich die Landflucht übrigens an der ***N 260*** von Broto nach Ainsa: Die meisten Orte zwischen ***Fiscal*** und ***Boltaña*** sind Geisterstädte - dort lebt wirklich keine Menschenseele mehr.

Praktische Informationen

Unterkunft und Essen

- Im ***El Turista***€€ in Nerin, Tel. (974) 489016 gibt es sowohl Übernachtungsmöglichkeiten (DZ oder Schlafsaal) als auch ordentliche Mahlzeiten; Menü ab 8 €.
- Die ***Anisclo Albergue***€ in Nerin, Tel. (974) 489010, besitzt 36 Schlafplätze in Vier-, Fünf- oder Acht-Bettzimmern.

Ausflüge

Wanderung von Buerba nach Yeba

Von Buerba aus besteht eine Wandermöglichkeit nach Yeba, einem halbverlassenen, aber hübschen Dorf abseits der Straßen. Hinter Buerba führt ein Weg den Hang hinunter, auf dem man nach 30 Minuten ein kristallklares Flüsschen erreicht. Man geht ein Stück an dem Bach entlang und biegt dann auf einen winzigen Weg nach rechts ab - aufeinandergeschichtete Steine markieren die richtige Stelle.

Der Pfad verläuft nun leicht bergan durch lichte Buchsbaumbestände, vorbei an einer Linksabzweigung, die hinunter zu den ***Schluchten des Río Yesa*** führt (gute Canyoning-Möglichkeit!), bis zu einer Brücke. Nachdem man das steinalte, aber durchaus noch stabile Bauwerk überquert hat, sind alsbald die ersten Häuser von Yeba zu sehen. Nach anderthalb Stunden ist der hübsche Weiler schließlich erreicht. Der Rückweg ist allerdings erheblich anstrengender!

Ainsa

Das ***Handelszentrum*** am Zusammenfluss von Río Ara und Rio Cinca besitzt zwei Gesichter. Der untere Teil der Stadt wird bestimmt von breiten Straßen, modernen Häusern und Verkehrslärm - nichts deutet darauf hin, dass sich ein Stopp lohnen würde. Von einer gänzlich anderen Seite zeigt sich der ältere Teil des Ortes, der sich auf dem Hügel oberhalb der Hauptverkehrsstraßen erstreckt: Die Altstadt Ainsas zählt zu den schönsten des Hoch-Aragón.

Kaum zu glauben, dass der Ort in früheren Zeiten einmal die ***Haupt-***

stadt eines selbstständigen Landes war! Tatsächlich aber wurde von Ainsa aus das historische ***Königreich Sobrarbe*** - Austragungsort blutiger Kämpfe zwischen Christen und Mauren - regiert, bis die Stadt im 11. Jh. dem Aragón angegliedert wurde. Das ***Morisma-Festival*** im September, bei dem altertümlich gekleidete Einwohner geschichtliche Szenen nachspielen, erinnert an vergangene, glorreiche Zeiten. Ein wenig Souveränität bekam die Gemeinde 1124 zurück, als *Alfonso I.* sie mit denselben besonderen Rechten wie Jaca ausstattete.

Heute profitieren zahlreiche Geschäfte in Ainsa von der günstigen Lage am Zusammentreffen der bedeutenden Straßen ***N 260*** und ***A 138.*** Außerdem entwickelte sich der Ort zu einem ***Zentrum für Canyoning*** und andere Fun-Sportarten: Mehrere Agenturen bieten vor allem Ausflüge in die Sierra de Guara an.

Herzstück der malerischen ***Altstadt*** ist die von Arkaden gesäumte ***Plaza Mayor.*** An der Kopfseite des Platzes stehen die ***Ruinen des Schlosses,*** in ungeraden Jahren von Ende Juli bis Mitte August Schauplatz eines ***internationalen Musikfestivals.***

Als gute Investition stellt sich der 1 € für die Besteigung des ***Glockenturmes*** der ***Iglesia Santa Maria*** (12. Jh.) heraus. Mindestens ebenso aufregend wie die Aussicht sind die geradezu beängstigend engen und niedrigen Treppenaufgänge. An der Nordseite der Kirche schließt sich das einstige ***Kloster*** an, dessen Ursprünge auf das 14. Jh. zurückgehen.

Praktische Informationen

Information

- ***Touristenbüro*** an der Hauptkreuzung, Tel. (974) 500767.

Unterkunft

- ***Hotel Mesón de l'Ainsa*** €€€, Avenida del Sobrarbe 12, Tel. (974) 500028. Solides Mittelklassehotel; Zimmer mit Balkon, TV und Bad.
- ***Camping Ainsa,*** an der N 260 etwas östlich des Ortskernes, Tel. (974) 500260.

Essen und Trinken

Den gastronomischen Mittelpunkt bildet die Altstadt und dort besonders die Plaza mit mehreren guten Restaurants.

- ***Restaurant Bodegas del Sobrarbe,*** an der Plaza Mayor, Tel. (974) 500237. Der Klassiker in Ainsa: Man speist entweder im mittelalterlichen Gewölbe oder auf einer hübschen Terrasse. Spezialitäten des Hauses sind Lamm und Wildschwein, es werden aber auch gute internationale Gerichte angeboten. Die Preise sind aufgrund des Ambientes und der Qualität der Gerichte nicht zu hoch. Menü um 15 €.
- Weitere Restaurants an der Plaza Mayor bieten ebenfalls gute Küche in historischer Umgebung, so das ***Casa Albas*** oder das ***Canizo.*** Etwas günstiger als das Bodegas del Sobrarbe.

Verkehrsverbindungen

- Täglich außer sonntags ein ***Bus*** (7 Uhr; Juli und August auch 15 Uhr) nach Barbastro, ein weiterer über Torla nach Sabiñanigo (14.30 Uhr). Montags, mittwochs und freitags um 20.45 Uhr ein Bus nach Bielsa, Juli und August täglich außer sonntags.
- Zwischen Ainsa und Campo wird die N 260 (mit EU-Zuschüssen) gewaltig ausgebaut. Die imposante Straße, die so gar nicht in diese Gegend passt, soll eventuell schon 2003 eröffnet werden.

Weitere Reisetipps

Mehrere Agenturen und Sportgeschäfte haben ***Mountainbiking, Bergsteigen, Raf-***

ting, Kayak-Fahrten, Höhlenexkursionen und in besonderem Ausmaß ***Canyoning*** im Programm. Der Preis für eine Cañon-Tour liegt zwischen zwischen 30 € und 40 € pro Person (Anfänger).

- Das ***Eco-Museum*** in der Altstadt informiert über die Fauna der Pyrenäen. Geöffnet 10.30–14 Uhr und 16.30–20 Uhr. Eintritt 2,40 €.
- Im ***Museo de Oficios y Artes Tradicionales*** erfährt der Besucher, wie die Menschen in Ainsa und Umgebung einst lebten und arbeiteten. Öffnungszeiten: Sommer täglich 10–14 und 16–21 Uhr; ansonsten täglich außer montags 11–14 und 16.30–19.30 Uhr (im Winter nur samstags und sonntags). Eintritt 2,40 €, ermäßigt 1,50 €.

Der Mediano-Stausee

Südlich von Ainsa erstreckt sich entlang der A 138 der ***Embalse de Mediano,*** ein wichtiges ***Trinkwasserreservoir,*** das Ende der 1960er Jahre angelegt wurde. In den heißen Sommern fällt der Pegel dramatisch ab – dann werden große Teile des Stausees zu einer vertrockneten Lehmwüste. Am deutlichsten zeigt sich der unterschiedliche Wasserstand beim Dorf ***Mediano,*** 14 km südlich von Ainsa: Der kleine Ort, der dem See zum Opfer fiel und komplett überflutet wurde, liegt dann wieder fast völlig frei. Während im Frühjahr nur der Kirchturm wie ein mahnender Zeigefinger aus dem Wasser ragt, kann man das Gotteshaus im Hochsommer sogar betreten.

Im Sommer komplett zu sehen,
im Frühjahr fast völlig überschwemmt:
Kirche im Mediano-Stausee

Das Tal von Bielsa

Die breite ***A 138*** verläuft von Ainsa nach Norden in das Tal von Bielsa, das der Río Cinca durchfließt. Von den meisten Reisenden wird das Tal nur als Durchgangsstation angesehen, denn der 3 km lange ***Bielsa-Tunnel*** verbindet am Ende der Straße Spanien mit Frankreich und ermöglicht eine unbeschwerte Pyrenäenüberquerung. Außerdem wählen viele Franzosen diese Strecke, um sich in Bielsa oder an einer der Tankstellen mit spanischen Weinen oder Likören einzudecken und danach möglichst schnell den Heimweg anzutreten.

Abseits der Hauptroute bietet die Gegend aber mehr als eine bequeme Fahrt und preiswerte Alkoholika. Von hier erreicht man den östlichen Teil des Ordesa-Parkes: Bei ***Escalona*** beginnt ein z.T. nicht asphaltierter Weg zum größtenteils verlassenen Weiler ***Escuaín,*** der den atemberaubenden Schluchten ***Gargantas de***

Escuaín ihren Namen gab. Kurz hinter Bielsa zweigt eine Straße in das reizvolle ***Valle de Pineta*** ab, dessen Talkessel sich durchaus mit den französischen Cirques messen kann.

Ein weiteres interessantes Ziel stellt das malerische Dorf ***Tella*** dar, von wo man ebenfalls zum reizvollen Cañon von Escuaín gelangt. Hier bieten sich erstklassige ***Canyoning- und Wandermöglichkeiten!***

Tella

Bei ***Hospital de Tella,*** 15 km nördlich von Ainsa, zweigt eine kleine Straße von der A 138 ab, die zu dem niedlichen Dorf Tella und weiter zu dem Weiler ***Revilla*** führt. Von dem Endpunkt der Strecke führt ein Wanderweg (siehe unten) zu den zum Ordesa-Nationalpark gehörigen ***Gargantas de Escuaín,*** die als Eldorado der Freunde des ***Canyoning*** gelten. Mit seinen ebenfalls schluchtartigen Zuflüssen bietet der vom Río Yaga durchflossene Cañon den Sportlern nicht weniger als 16 (!) verschiedene Möglichkeiten, ihrem Hobby nachzugehen. Aber keine Sorge - für ganz normale Wanderer sind die Gargantas ein ebenso reizvolles Naturschauspiel.

Schon die Fahrt auf der 8,5 km langen, kurvigen Straße nach Tella wird zum Erlebnis - der Blick schweift im Westen über die Landschaft des Nationalparks, im Osten über den Gebirgszug ***Peña Montañesa.*** 2 km vor dem Ort kann links der Straße ein uralter ***Dolmen*** besichtigt werden.

Das am Hang erbaute Tella ist ein typisches ***Steindorf*** des Hoch-Aragón. Einziger Unterschied zu vielen vergleichbaren Orten der Umgebung: Tella befindet sich in einem guten Zustand, die Häuser sind - zumindest im Sommer - bewohnt.

Am Eingang des Dorfes, in das man übrigens nicht mit dem Auto hineinfahren darf, befindet sich ein ***Informationsgebäude des Nationalparks*** mit einem winzigen ***Museum.*** Neben einigen Ausstellungsstücken gibt es eine Lichtbildschau, die über die Entstehung der Schluchten von Añisclo und Escuaín informiert.

- Öffnungszeiten: Juni bis September täglich 10-14 und 17-19 Uhr.

Ein hübscher ***Spazierweg,*** der etwa eine Stunde in Anspruch nimmt, umrundet Tella. An der Strecke liegen drei historische Kapellen.

Information

- ***Park-Büro*** am Dorfeingang von Tella, nur von Juli bis September geöffnet.

Unterkunft

- In dem Weiler ***Lamiana,*** wenige Kilometer vor Tella nach links von der Straße abbiegen, gibt es ein Restaurant, dem ein einfacher, aber schön gelegener ***Campingplatz*** angeschlossen ist, Tel. (974) 341066. Die ersten, fürs Canyoning geeignten Schluchten liegen hier quasi vor der Haustür!

Wandern um die Garganta de Escuaín

Tella ist optimaler Ausgangspunkt für Wanderungen in den westlichen Teil des Nationalparks. Dabei zieht die Schlucht Garganta de Escuaín trotz ihrer reizvollen Wasserfälle und -becken auch im Hochsommer bei weitem nicht so viele Besucher an wie das Ordesa-Tal.

Die klassische ***Umrundung des Cañons*** beginnt beim Dorf ***Revilla,*** zu dem etwa 3 km vor Tella nach links eine Straße abzweigt. Auf der 5 km langen Strecke nach Revilla passiert man auch den Weiler ***Lamiana*** mit einer Zeltmöglichkeit (siehe bei Unterkunft). Die etwa zehnstündige Wanderung setzt zwar keine außergewöhnlichen Bergkenntnisse voraus – festes Schuhwerk, Proviant und Wanderkarte sollten aber selbstverständlich sein.

Die markierte Route beginnt in Revilla, bereits nach einer knappen halben Stunde erreicht man den ***Barranco de Consusa,*** eine Klamm, die in den Río Yaga mündet und zu den besten Canyoning-Strecken der Pyrenäen zählt. Der Weg verläuft nun an der Escuaín-Schlucht entlang, überquert den ***Barranco de Angonés*** und führt dann auf einer längeren Passage zu einem *Refugio.* Hier enden die Markierungen, der weitere Pfad ist aber recht problemlos zu erkennen.

Man umrundet nun den Beginn des Cañons und gelangt in einem Bogen auf die andere Seite des Einschnittes. Nach insgesamt ungefähr acht Stunden hat man das verlassene Dorf ***Escuaín*** erreicht. Auf dem verbleibenden, etwa zweistündigen Weg ***zurück*** zum Ausgangspunkt überquert man den ***Río Yaga.***

Abstecher ins Tal von Gistaín

Das kleine Tal am Fuße des ***Posets,*** mit 3.371 m der zweithöchste Pyrenäengipfel, liegt abseits der A 138 und der gängigen Urlauberpfade. Die Bewohner scheinen erfreulicherweise gar keinen Wert auf Massentourismus zu legen: Neuere Hotelbauten wird man vergeblich suchen, statt dessen bieten sich Besuchern zahlreiche freundliche *Casas Rurales* als Unterkunft an. Die Menschen hier sind auch heute noch eng mit den traditionellen Handwerksformen verbunden: In kleinen Betrieben wird gedrechselt und gewoben wie schon vor Generationen.

Man erreicht das Valle de Gistaín (auch Valle de Chistau genannt), indem man bei ***Salinas*** nach Osten auf die ***A 2609*** abbiegt. Nachdem die Straße eine Schlucht und mehrere Tunnel passiert hat, erreicht man ein ruhiges Tal, in dem die Dörfer ***Plan, San Juan de Plan*** und ***Gistaín*** liegen. Die Zeiten, als in einer Mine bei Gistaín Kobalt abgebaut wurde, sind vorbei – heute leben die Menschen in erster Linie von der Landwirtschaft und vom ***ökologischen Tourismus,*** dem sich das Tal verpflichtet hat.

Ein ***ethnologisches Museum*** in San Juan de Plan informiert über traditionelle Lebens- und Arbeitsweisen in dieser Region.

- Öffnungszeiten: 11–14 und 16.30–20 Uhr.

Information

- Auskünfte sind im ***Rathaus von Plan,*** Tel. (974) 506001, erhältlich.

Unterkunft

- ***Hotel Mediodía*** €€ in Plan, Tel. (974) 506006, ist ein einfaches, zugleich dennoch das nobelste Hotel des Tales.
- Das Valle de Gistaín bietet eine große Anzahl guter und auffallend preiswerter ***Casas Rurales,*** zum Beispiel: ***Casa Anita*** € in San Juan de Plan, Tel. (974) 506040. Weitere Adressen bekommt man im Rathaus von Plan.

• ***Camping Los Vives,*** 4 km nach der Taleinfahrt an der A 2609, Tel. (974) 506171.

Verkehrsverbindungen

• Von Plan führt ein ***Schotterweg*** über den 1.989 m hohen ***Sahún*** nach ***Castejón de Sos*** im Tal von Benasque. Nur im Sommer befahrbar!

Weitere Reisetipps

• Im *Bal de Chistau* in Plan wird die ***traditionelle Stoffherstellung*** des Tales gezeigt. Geöffnet täglich außer montags 11.30-14 Uhr und 17.30-20 Uhr.
• Im Februar geht es in San Juan de Plan hoch her, wenn bei den ***Karnevalsfeierlichkeiten*** das ganze Tal auf den Beinen ist.

Bielsa

Wieviel Flaschen Schnaps mögen in Bielsa, 34 km nördlich von Ainsa, schon ihren Besitzer gewechselt haben? Vermutlich eine gewaltige Zahl, denn die zahlreichen französischen Kurzurlauber beschließen ihren eintägigen Trip zumeist mit dem Kauf eines edlen Tropfens. Schließlich liegen die Preise für alkoholische Getränke in Spanien noch immer um einiges unter denen des Nachbarlandes. So verdienen mittlerweile viele der 450 Einwohner des Ortes ihr Geld mit dem Handel. Außerdem nahm der Tourismus in den vergangenen Jahren stetig zu: Immer mehr Urlauber suchen sich in Bielsa eine Unterkunft, um von hier zu Wanderungen in das ***Valle de Pineta*** und in den östlichen Teil des Ordesa-Nationalparks aufzubrechen.

Lange Zeit war Bielsa weitgehend von Spanien abgeschnitten, der Weg durch die Schlucht ***Desfiladero de las Devotas*** gestaltete sich schwierig und zeitaufwendig. Erst durch den Bau der A 138 öffnete sich die Gemeinde zur Außenwelt.

Sein Waterloo erlebte der republikanisch geprägte Ort während des ***Spanischen Bürgerkrieges:*** Im Sommer 1938 war der Widerstand gegen die Nationalisten gebrochen, die den Ort komplett zerstörten und ausplünderten.

Das sehenswerte ***Rathaus an der Plaza Mayor*** wurde nach den Kämpfen aber wieder aufgebaut. Heute ist hier ein ***ethnologisches Museum*** untergebracht, dessen Prunkstücke mehrere ***Kostüme*** sind. Der ***Karneval*** besitzt in Bielsa nämlich eine lange Tradition und wird alljährlich aufwendig gefeiert - man genießt dabei reichlich *Poncho,* ein weinhaltiges Getränk mit Anis und Früchten.

Praktische Informationen

Information

• ***Touristenbüro*** im Sommer im Zentrum, Tel. (974) 501127.

Unterkunft

• ***Hotel Bielsa*** €€, an der Hauptstraße, Tel. (974) 501008. Großes Hotel mit gutem Preis-Leistungs-Verhältnis.
• ***Hostal Vidaller*** €€, C. Calvario 4, Tel. (974) 501004. Freundliche und saubere Unterkunft.

Verkehrsverbindungen

• Von Bielsa sind es noch einmal 10 km bis zum ***Tunnel,*** der sich auf einer Länge von 3.070 m durch den Fels bohrt und in das französische Vallée d'Aure führt. Die Benutzung des 1976 eröffneten Bauwerkes ist kostenlos - bei weitem keine Selbstverständlichkeit. Fußgänger sind in dem Tunnel, der von Spanien nach Frankreich eine Steigung von 5 Prozent besitzt, untersagt.

Das Valle de Pineta

Bei Bielsa beginnt das Pineta-Tal, das in westlicher Richtung bis zum Fuße des Monte Perdido verläuft und in seinem letzten Abschnitt noch zum Ordesa-Nationalpark gehört. Man folgt der Straße am Río Cinca entlang, vorbei an idyllischen Wiesen und kleinen Nadelwäldern. Je weiter man in das Tal vordringt, desto spektakulärer wird die Szenerie jedoch. Die 13 km lange Straße endet schließlich in einem riesigen ***Talkessel,*** der von mehreren Dreitausendern - unter anderem dem Monte Perdido - überragt wird. Wasserfälle stürzen aus enormen Höhen zu Tal, die schneebedeckten Gipfel glänzen in der Sonne - ein gigantisches Schauspiel! Erinnerungen an den Cirque de Gavarnie werden wach, der sich auf der Nordflanke des Gebirges erstreckt.

Unterkunft

- ***Parador Nacional de Monte Perdido*** €€€€€, am Ende der Straße im Talkessel gelegen, Tel. (974) 501011. Wer den guten Komfort des staatlichen Hotels genießen möchte und sich schon auf den morgendlichen Blick aus dem Fenster freut, sollte vorher reservieren - der Parador ist in den Sommermonaten häufig ausgebucht. Gute Küche.
- ***Camping Pineta,*** 7 km nach dem Taleingang an der Straße gelegen, Tel. (974) 501089. Gut ausgestattet und in bester Lage.
- Außerdem besteht kurz vor dem Parador auf der anderen Seite des Flusses die Möglichkeit, ***wild zu campen.***

Wanderungen

Im Pineta-Tal bieten sich zwei klassische Tagestouren an, die aber beide eine gewisse Kondition verlangen.

1 km vor dem Parador geht ein rotweiß markierter Fußweg nach Süden von der Straße ab, der zu den ***Añisclo-Anhöhen*** führt. Anfangs durch Buchen- und Kiefernwälder, steigt man das letzte Stück auf felsigem Untergrund bis zu einem Gipfel hinauf - der Ausblick von hier erschlägt einen geradezu. Der Pfad ist zwar durchgängig markiert und ohne Probleme begehbar, es gilt jedoch, einen Höhenunterschied von weit über 1.000 Metern zu meistern. Nichts für völlig unerfahrene Berggänger!

Die zweite Route verläuft vom Parador aus nach Norden und ist nicht minder anstrengend. Der Weg windet sich durch Farnkraut bergan und führt schließlich zum ***Pineta-Balkon,*** einem - wie der Name es schon verrät - erstklassigen Aussichtspunkt. Wer noch genügend Ausdauer besitzt, kann zum ***Lago de Marboré*** weiterwandern, einem schönen Bergsee direkt an der französischen Grenze.

Abstecher in die Sierra de Guara

Mit den Gipfeln des Monte-Perdido-Massivs kann die Sierra de Guara, südlich der Achse Sabiñánigo-Ainsa gelegen, nicht konkurrieren - der Tozal de Guara überschreitet als einziger Berg des Gebietes knapp die 2000 m-Grenze. Überragende Kunstdenkmäler oder lebhafte Städtchen wird man ebenfalls vergeblich suchen - viele Dörfer sind verlassen. Gerade diese Abgeschiedenheit macht den Charme der fast menschenleeren, ***steppenartigen Landschaft*** aus.

Kurz hinter ***Boltaña,*** 7 km westlich von Ainsa, beginnt die ***A 1604,*** die an

Canyoning

Die Amerikaner sind uns wohl tatsächlich in vielen Dingen ein Stück vorraus. Zumindest verhält es sich so beim Canyoning, das in den USA längst eine große Anhängerschaft besitzt, in Europa aber immer noch als Geheimtipp gehandelt wird. Die Freunde dieser erstmals in den 60er Jahren in Spanien praktizierten Sportart freut es: Obwohl sie immer mehr an Popularität gewinnt, ist an überfüllte Schluchten und Klammen (noch?) nicht zu denken.

Das Mekka für Canyoning-Jünger befindet sich in der Sierra de Guara, wo tosende Sturzbäche am Ende der Eiszeit zahllose wilde Schluchten schufen. Bekleidet mit einem Neoprenanzug und rutschfesten Gummischuhen bewegen sich die Sportler zwischen den steilen Felswänden fort - kletternd, schwimmend, watend, robbend. Mal gilt es, eine vom Bach durchflossene Höhle zu durchqueren, mal kann ein Wasserfall nur mit einem mutigen Sprung in die Tiefe passiert werden. Bei vielen Klammen gehört auch ein Seil zur notwendigen Ausrüstung, da oft mehrere Meter Höhenunterschied bewältigt werden müssen. Anfänger sollten ihre ersten Canyoning-Kontakte deshalb nur in Begleitung eines erfahrenen Führers machen; Gefahren wie plötzlich auftretende Unwetter und das damit verbundene Ansteigen des Wassers, Steinschlag oder tückische Walzen sind nicht zu unterschätzen. Außerdem kann es im Falle eines Unglücks große Probleme bereiten, den Verletzten aus der Schlucht zu bergen. Geführte Touren werden beinahe in jeder größeren Stadt in der Nähe der Sierra de Guara angeboten, in Ainsa gibt es gleich mehrere Agenturen.

Zu den schönsten Canyons zählen die Gorgas Negras, der Río Vero und der Mascun superior, Neueinsteiger sind allerdings besser im Mascun inferior oder im Peonera superior aufgehoben.

der nördlichen Grenze der Sierra de Guara verläuft. Eine Fahrt auf der A 1604, die von Boltaña westlich verläuft und erst nach 51 km südlich von Sabiñánigo in die N 330 mündet, vermittelt einen passenden Eindruck von der Region: Auf der gesamten Strecke passiert man mit ***Laguarta*** nur ein einziges Örtchen, ansonsten sieht man zumeist keine Menschenseele.

Wird die Sierra de Guara von den meisten Urlaubern mit Nichtachtung gestraft, fand eine Gruppe in den vergangenen Jahren doch zunehmend Gefallen an diesem Landstrich: Die ***Canyoning-Sportler*** entdeckten die beinahe unbegrenzten Möglichkeiten, die sich ihnen hier bieten. Die besten Gebiete für dieses faszinierende Hobby liegen am ***Río Vero*** und am ***Río Balcés*** im Osten der Sierra sowie um den ***Embalse de Vadiello,*** nordöstlich von Huesca.

Boltaña

Boltaña (850 Einwohner) unterteilt sich in zwei Hälften: Der moderne Teil entlang der N 260 verdient weiter keine besondere Beachtung; der alte Teil des Städtchens besitzt mit traditionellen aragonischen Häusern (16.–18. Jh.) und der Kirche aus dem 16. Jh. aber eine Reihe sehenswerter Bauwerke.

Information

- ***Touristenbüro*** an der N 260 in Boltaña, Tel. (974) 502302 oder 502043.

Unterkunft

- ***Boltaña-Hotel***€€, Avenida Ordesa 39, Tel. (974) 502000. Modernes Mittelklassehotel, alle 55 Zimmer mit eigenem Bad. Im guten Restaurant des Hotels wird aragonisch gekocht, Spezialität sind Lammgerichte.
- ***Camping Boltaña,*** an der N 260, Tel. (974) 502347. Gepflegter Platz der ersten Kategorie; im Restaurant gibt es Spezialitäten der Region.
- ***Camping La Gorga,*** bei Boltaña an der N 260, Tel. (974) 502357. Familiäre, günstige Anlage in Flussnähe.

Verkehrsverbindungen

- Täglich ein ***Bus*** nach Ainsa (13.00 Uhr) und nach Sabiñanigo (14.45 Uhr). Im Sommer zwei Busse täglich nach Barbastro (6.45 und 15 Uhr), im Winter nur um 6.45 Uhr.

Weitere Reisetipps

- *L'Orache,* C. San Pablo 2 in Boltaña, Tel. (974) 502316, organisiert ***Touren in die verschiedensten Cañons*** der Sierra de Guara und des Monte-Perdido-Massivs. Das günstigste Angebot liegt bei 30 €. Außerdem werden ***geführte Wanderungen und Mountainbike-Fahrten*** angeboten.

Nocito

40 km westlich von Boltaña zweigt von der A 1604 eine Schotterpiste zum Dorf Nocito ab (ausgeschildert). Während man den staubigen Weg durch karges, steiniges Land befährt, weiß man so gar nicht, was einen dort erwartet. Urplötzlich öffnet sich jedoch eine weite Talsenke, die im Hintergrund vom Tozal de Guara (2.077m) dominiert wird. Hier liegt das hübsche Dorf mit seinen wappengeschmückten Steinhäusern und der kleinen Kirche.

Obwohl auch einige Einwohner von Nocito ihrem ehemaligen Heimatdorf den Rücken gekehrt haben, befindet

Santurio de San Urbez - Gotteshaus abseits der Straßen

Der Añisclo-Canyon

es sich in einem besseren Zustand als viele andere Weiler. Der Grund liegt in dem ***bescheidenen Tourismus,*** der den Ort in den vergangenen Jahren entdeckte. Einige Gebäude fanden Käufer und dienen mittlerweile als Ferienhäuser, ein kleiner Campingplatz und eine einfache Herberge wurden eröffnet. Es existiert sogar ein winziger Lebensmittelladen. Dessen Besitzer, zugleich Inhaber des Campingplatzes, ist mittlerweile auch im gastronomischen Bereich tätig geworden: Unter einem Baum vor seinem Mini-Geschäft hat er einige Tische aufgestellt, an denen Flaschenbier und einfache Gerichte serviert werden. Erholung pur. Trotz dieser „Erschließung" ist Nocito aber ein ***verschlafenes Dörfchen*** in der Einsamkeit geblieben.

An der Kirche beginnen zwei kurze Spazierwege: Einer führt in wenigen Minuten zur ***Eremita San Pedro,*** der andere endet nach einer halben Stunde am ***Santuario de San Urbez.*** Die Klosterkirche, die man auch mit dem Auto über eine Schotterpiste erreicht, ist verschlossen; wer das Gotteshaus besichtigen möchte, kann die Dame, die in Nocito neben der Ortskirche wohnt, um den Schlüssel bitten.

Unterkunft

- ***Albergue La Mallata:*** Altes Steinhaus mit Kamin und spartanisch eingerichteten Zimmern (vier oder sechs Personen). Der freundliche Besitzer bietet auch geführte Wanderungen, unter anderem auf den Tozal de Guara, sowie Ausritte an. Übernachtung/Person 9 €; gutes Menü 12 €. Da hier im Sommer häufig Gruppen untergebracht sind, auf jeden Fall vorher unter Tel. (947) 340139 reservieren.
- ***Camping Valle de Nocito,*** Tel. (974) 222664. Sehr einfacher Platz, herrlich ruhig. Die sanitären Anlagen sind in Ordnung.

Rund um das Maladeta-Massiv

Der östlichste Teil der aragonischen Pyrenäen ist zugleich auch der höchste des Gebirgszuges. Zwischen dem Tal von Bielsa und dem Río Noguera Ribagorçana, der Grenze zu Katalonien, erheben sich mit dem ***Aneto*** (3.404 m) im vergletscherten ***Maladeta-Massiv*** und dem westlich davon gelegenen ***Posets*** (3.371 m) die ***höchsten Gipfel*** der gesamten Pyrenäen.

Der ***Río Ésera*** durchzieht die Region von Nord nach Süd; neben dem Fluss verläuft die ***A 139,*** die wenige Kilometer vor der französischen Grenze endet. Wer ins Nachbarland weiterfahren möchte, ist - bislang noch - an der falschen Adresse. Allerdings wird auch hier der Ruf nach einem Tunnel, der das Tal mit dem französischen Bagnères-de-Luchon verbindet, immer lauter.

Im Herzen der Felsmassive liegt das Städtchen ***Benasque,*** das sich zu einem ***Zentrum des alpinen Tourismus*** entwickelte. Obwohl hier alljährlich zahllose Wanderer und besonders auch Bergsteiger Unterkunft finden, behielt der Kern des Ortes erfreulicherweise sein historisches Antlitz. Selbst bei den Neubauten bemüht man sich, diese dem typisch aragonischen Stil anzupassen.

In den Wintermonaten ist das 6 km von Benasque entfernte ***Cerler*** eine beliebte Anlaufstelle für ***Skifahrer,*** die hier gute Wintersportmöglichkeiten vorfinden.

Castejón de Sos

Was die Sierra de Guara für Canyoning-Sportler, ist Castejón de Sos für ***Paragleiter.*** Der Ort am Eingang zum ***Benasque-Tal,*** den man von Ainsa aus über die N 260 erreicht, gilt als Hochburg dieser Sportart in den spanischen Pyrenäen. Der erste Spanier, der mit einem solchen Gleitschirm durch die Lüfte flog, erteilt hier Unterricht - übrigens in der ersten Paragliding-Schule des Landes. Über zehn verschiedene Startplätze und vier Landebahnen stehen zur Verfügung. 1997 fand in Castejón de Sos die ***Weltmeisterschaft*** in dieser Sportart statt - eine Tatsache, auf die der gerade einmal 450 Einwohner zählende Ort mächtig stolz ist.

Obwohl das luftige Hobby in den vergangenen Jahren eine immer größere Anzahl an Besuchern in den östlichen Winkel der aragonischen Pyrenäen führte, stellt die Landwirtschaft - und besonders die Viehhaltung - noch immer den wichtigsten Erwerbszweig der Bevölkerung dar.

Praktische Informationen

Information

- In den Sommermonaten sind in einem ***Holzhäuschen an der Hauptstraße*** Auskünfte erhältlich.

Unterkunft

- ***Hostal Sositana*** €€, an der Hauptstraße des Dorfes, Tel. (974) 553094. Alle Zimmer mit eigenem Bad und TV. Menü im Restaurant des Hauses ca. 10 €.
- ***Hostal Casa Juan*** €€, ebenfalls an der Hauptstraße, Tel. (974) 553542. Gleicher Standard wie Sositana.
- ***Camping Yeti,*** an der A 139 einige km nördlich von Castejón de Sos, Tel. (974) 553147. Recht schattiger Platz mit Bademöglichkeiten am Fluss.

Verkehrsverbindungen

- Täglich um 6.45 und um 15 Uhr ***Busse*** nach Barbastro und Huesca sowie um 12.30 und um 20 Uhr nach Benasque.
- Während die A 139 von Castejón aus weiter nach Norden verläuft, macht die N 260 hier eine Kurve von 90 Grad und führt über den ***Coll de Fadas*** weiter ins ***Tal des Río Noguera Ribagorça.***

Weitere Reisetipps

- Die ***Paragliding-Schule*** *Escuela Parapente Pirineos,* Avenida El Ral, Tel. (974) 553003, bietet zwischen April und November Wochenkurse für Anfänger und Fortgeschrittene an. Im Örtchen ***Campo,*** auf halber Strecke zwischen Ainsa und Castejón de Sos an der N 260 gelegen, hat sich ein Museum der hier beheimateten, ***traditionellen Spiele*** angenommen. Geöffnet dienstags bis samstags 11-14 und 17-20 Uhr, sonntags nur 11-14 Uhr. Eintritt 1,50 €.

Benasque

Aufgrund seiner außergewöhnlichen Lage zwischen den höchsten Pyrenäengipfeln blieb der ***Hauptort des Tales*** (1.500 Einwohner) über weite Strecken der Geschichte von Invasoren verschont. Selbst die Mauren, die sich jahrhundertelang in Spanien aufhielten, fanden nicht den Weg hierher.

Die ersten Fremden, die Benasque für sich entdeckten, waren wohlhabende Aristokraten des Aragón, die den Ort im 16. und 17. Jh. wegen seines angenehmen Klimas als Sommersitz auserkoren hatten. So entstanden viele Adelshäuser wie die ***Casa Faure*** nahe der Kirche oder

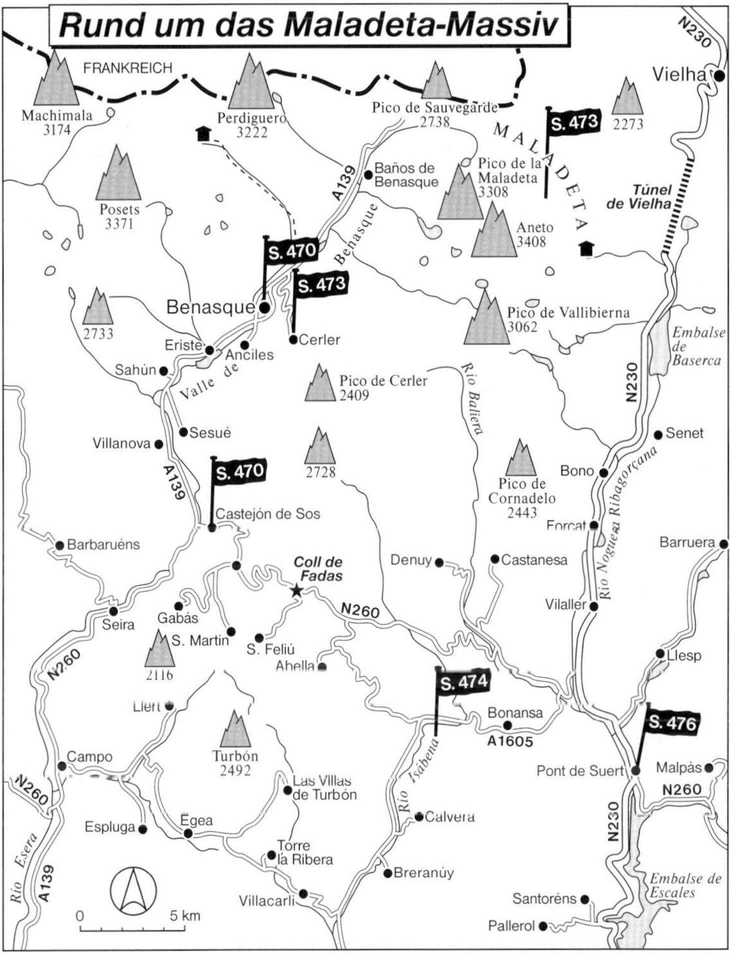

der ***Palast der Grafen von Ribagorça*** in der Calle Mayor. Vom einstigen Schloss, das erwiesenermaßen einmal über Benasque thronte, sind allerdings nicht einmal mehr die Grundmauern erhalten geblieben.

Heute zeigt sich Benasque dem Besucher als modernes Städtchen, das aber über eine Reihe historischer Bauten verfügt, die liebevoll gepflegt werden. Obwohl der Tourismus das Leben der Bevölkerung veränderte, sind doch einige Einheimische der Viehhaltung treu geblieben - auf den Wiesen rund um den Ort sieht man auch heute zahlreiche Kühe.

Konnte sich auch das *Benasqués* wegen der lange währenden Abgeschiedenheit über die Zeit retten, so sprechen mittlerweile nur noch die alten Menschen diesen ***regionalen Dialekt.***

Für all jene, die das Maladeta-Massiv auf mehreren Tagestouren erkunden wollen, bietet der Ort mit seinen Hotels, Restaurants und Geschäften einen optimalen Ausgangspunkt. Wer mehrtägige Wanderungen im Gebirge plant, kann hier noch ein letztes Mal die Annehmlichkeiten der Zivilisation genießen.

Praktische Informationen

Information

- ***Touristenbüro*** in der C. San Pedro, Tel. (974) 551289. Die Angestellten vermitteln auch erfahrene ***Bergführer*** für Touren ins Maladeta-Massiv.

Unterkunft

- ***Hotel Ciria*** €€€€, Avenida de los Tilos, Tel. (974) 551612. Gutes, zentral gelegenes Hotel. Der Preis fürs DZ ist während der Nebensaison mit 50 € bezahlbar, zur Hauptreisezeit muss man allerdings tiefer ins Portemonnaie greifen: 70 €.
- ***Hostal Valero*** €€, C. Anciles, Tel. (974) 551061. Großes, für ein Hostal hervorragend ausgestattetes Haus mit Restaurant, das seinen Preis wert ist. Auch im Valero gibt es beachtliche Preisunterschiede zwischen Haupt- und Nebensaison.
- Fährt man von Benasque weiter nach Norden in Richtung der arg mitgenommenen Bäder ***Baños de Benasque,*** erreicht man gleich vier relativ einfache ***Campingplätze:*** *Camping Chuise, Camping Ixeia, Camping Aneto* und *Camping Baños de Benasque.* Besonders letztgenannter besticht mit seiner tollen Lage in der Talsohle direkt am Bach.
- Folgt man der Straße noch weiter bergan, kommt man schließlich zum ***Hotel*** €€€ ***und Refugio Llanos del Hospital,*** Tel. (974) 552012. In dem Steinhaus, umgeben von imposanten Bergen, bieten sich verschiedene Unterkunftsmöglichkeiten. Das Hotel ist gut und gemütlich, in den Sommermonaten muss man allerdings Halbpension nehmen. Die Schlafräume des ordentlichen *Refugio* bieten insgesamt 60 Wanderern Platz; der Preis inklusive Halbpension liegt aber auch relativ hoch.

Essen und Trinken

- ***Restaurant Ñam Ñam,*** Pasaje de los Tilos, Tel. (974) 551377. Hinter dem seltsamen Namen verbirgt sich ein zweigeteiltes Restaurant: In dem einen Abschnitt gibt es Kleinigkeiten wie *Bocadillos,* in dem anderen Gerichte à la carte.
- ***Pizzeria Pirinaica,*** C. de Circunvalación, Tel. (947) 552133. Gute italienische Küche.

Verkehrsverbindungen

- ***Busse*** nach Barbastro und weiter nach Huesca um 6.30 und 14.45 Uhr.

Weitere Reisetipps

- ***Geführte Touren zu den höchsten Pyrenäengipfeln*** organisiert *La Casa de la Montaña,* Avenida Los Tilos, Tel. (974) 552094. Wer sich allein auf den Weg machen möchte, kann hier auch ***Ausrüstungsgegenstände*** wie Eispickel leihen, die für einige Gletscherpassagen unbedingt erforderlich sind.

Ausflüge

In dem hübschen Dorf ***Anciles,*** 1 km südlich von Benasque, gibt es mehrere sehenswerte Häuser wie beispielsweise die ***Casa Sebastián.***

Cerler

Der nach eigener Aussage ***höchstgelegene Ort der aragonischen Pyrenäen*** (1.530 m) machte zu Beginn der 70er Jahre eine gewaltige Wandlung durch: Die ***Skistation*** entstand, fortan spielte der Tourismus die dominierende Rolle in dem kleinen Dorf. So gibt es neben dem alten Ortskern nun mehrere Hotels und Appartementanlagen.

Da die insgesamt 16 Lifte die Abfahrer bis zu einer Höhe von 2.630 m hinauftransportieren, zählt Cerler zu den schneesichersten Skiorten des Gebirges. Mit dem Ausbau der Pisten und der einhergehenden Attraktivitätssteigerung wird dafür gesorgt, dass dieses Geschenk der Natur in Zukunft noch lohnender ausgenutzt werden kann.

Praktische Informationen

Information

- ***Touristeninformation*** nur im Winter geöffnet, Tel. (974) 551012.

Unterkunft

- ***Hostal Casa Cornel*** €€€, Obispo 11, Tel. (974) 551102, stellt die günstigste Unterkunft des Ortes dar. Das gleichnamige, dazugehörige Hotel ist erheblich teurer.

Das Maladeta-Massiv

Jahrhundertelang war das Gebirgsmassiv um den ***Aneto,*** den höchsten Pyrenäengipfel, in erster Linie ein gewaltiges Hindernis. Von Bagnères-de-Luchon kommend, überquerten hier Kaufleute, Bauern und Pilger mühsam den ***Pass von Benasque*** - einfach, weil es in der Umgebung keine andere Möglichkeit zur Überwindung des Bergzuges gab. Zu Beginn des 19. Jh. begannen einige Bergsteiger, diese Region als Herausforderung anzusehen; erstmals dominierten der Forscherdrang und sportliche Aspekte. 1842 war es schließlich soweit: Die ersten Menschen hatten den Aneto bezwungen.

Was sich in 150 Jahren so alles ändert, kann man Sommer für Sommer wunderbar im Maladeta-Massiv feststellen. Die Zeiten der verwegenen ***Bergsteiger,*** die nach vollbrachter Tat entschlossen das Gipfelkreuz in den Felsen rammten, sind lange vorbei - die Besteigung des Aneto gehört mittlerweile fast zum Pflichtprogramm eines Alpinurlaubes in den Pyrenäen. Eine bewirtschaftete Berghütte steht als Unterkunft bereit, der Weg zur Spitze hat einiges an Schrecken verloren und kann von jedem Wanderer mit ein bisschen Klettererfahrung bewältigt werden. Trotzdem sollte man den Aneto nicht unterschätzen: Eispickel, Steigeisen und Seil können vonnöten sein, das Mitführen einer Wanderkarte versteht sich ohnehin von selbst.

Auch wenn man nicht der einzige ist, der nach den Anstrengungen des Aufstiegs den Blick in die Ferne schweifen lässt, besitzt die Besteigung immer noch den Hauch des Besonderen. Schließlich hat man den 3.404 m hohen „Mount Everest der Pyrenäen" bezwungen. Da wirkt selbst der 3.371 m hohe Posets, der nur wenige Kilometer weiter westlich emporragt, fast wie ein kleiner Hügel.

Wandern im Maladeta-Massiv

Besteigung des Aneto

Um den Aneto zu besteigen, startet man am besten in den frühen Morgenstunden, da nachmittags Wolken oder gar Gewitter aufziehen können. Die Tagestour beginnt am Parkplatz am Ende der A 139, 16 km nördlich von Benasque. Der Weg führt nun hinauf zum ***Refugio La Renclusa*** (110 Schlafplätze; Tel. (974) 551126), das man nach etwas mehr als einer halben Stunde erreicht. Über steile Geröll- und Schutthäge erreicht man zunächst den ***Engpass Portillón Inferior*** und nach etwa 3,5 Stunden den ***Portillón Superior.*** Nachdem man zahlreiche Gesteinsblöcke passiert hat, kommt man zum ***Aneto-Gletscher.*** Normalerweise existiert im Sommer ein Pfad durch das ewige Eis, eventuell muss man aber vom Eispickel Gebrauch machen. Vorbei an Felsblöcken geht es schließlich über einen Grat gen Gipfel, von wo sich - die Höhe macht's - ein tolles Panorama bietet.

Wanderung zum Benasque-Pass

Ebenfalls am Parkplatz beginnt der Wanderweg zum Benasque-Pass, früher ein Muss, um auf die andere Seite der Grenze zu gelangen. Der Weg, der vom Ausgangspunkt stets nach Norden führt und recht problemlos zu finden ist, weist zwar keine Schwierigkeiten auf, verläuft aber streckenweise steil bergan. Welch Mühsal mussten schwerbepackte Kaufleute einst auf sich nehmen, um ihre Kundschaft auf der anderen Seite des Gebirges zu erreichen!

Ausflug in das Isábena-Tal

Befährt man die ***N 260*** von Castejón de Sos nach Osten, zweigt kurz vor dem Río Noguera Ribagorçana die kleine ***A 1605*** nach Süden in das ***Tal des Isábena*** ab. Vorbei an dem schön gelegenen Weiler ***Bonansa,*** in dem trotz des abenteuerlichen Namens eher das Gegenteil von Wildwest-Stimmung herrscht, geht nach 15 km links ein Weg zum ***Kloster von Obarra*** ab. Man erreicht das einstige Glaubenszentrum, das zu den ältesten Abteien der Region gehört, über eine Brücke. In der restaurierten ***Kirche Santa María*** (11. Jh.) wird eine historische Marienfigur aufbewahrt.

Folgt man weiter der A 1605, liegt nach insgesamt 28 km das Dorf ***Roda de Isábena*** vor einem. Schwer vorstellbar, dass der durchaus hübsche, aber gleichermaßen verschlafene Ort früher einmal Bischofssitz war. Schon Mitte des 10. Jh. wurde, wohl auf Geheiß von *Sancho Ramírez,* mit dem Bau der dreischiffigen ***Kathedrale*** begonnen, die 1067 eingeweiht wurde. Die weiteren Arbeiten zogen sich allerdings noch Jahrhunderte hin. Besonderes Schmuckstück ist ein reich verzierter ***Sarkophag in der Krypta,*** in dem der Bischof und Heilige *Ramón* beigesetzt wurde.

Im Kapitelsaal wurde ein ***Museum*** eingerichtet, das unter anderem den Thron und den Bischofsstab des Heiligen *Ramón* sowie historische Gewänder zeigt.

Nationalpark Aigües Tortes und Umgebung

Man spürt sie förmlich, die ***Grenze*** zwischen den Provinzen ***Huesca*** und ***Lleida,*** die - noch viel augenscheinlicher - auch ***Aragón*** von ***Katalonien*** trennt. Ist der Grenzfluss Río Noguera Ribagorçana überquert, so sieht man kaum mehr etwas von Landflucht und menschenleeren Dörfern wie im Hocharagón. Die Orte sind gepflegt, bestens erschlossen und meist recht lebhaft - die sprichwörtliche katalanische Dynamik und Geschäftstüchtigkeit kommt hier zum Tragen.

Zum anderen ist da natürlich die ***katalanische Sprache,*** die ins Auge fällt: Seitdem Catalunya 1981 den Status einer autonomen Region erlangte, wurden mit wahrer Inbrunst sämtliche Straßenbeschilderungen und sonstigen Schriftzüge durch Gegenstücke in katalanischer Sprache, der *Catalá,* ersetzt.

Tummeln sich die meisten Urlauber in Katalonien auch an den Sandstränden der Mittelmeerküste, so erweist sich der östliche Teil der katalanischen Pyrenäen doch als touristisch relativ gut erschlossen. Das Hauptziel der sommerlichen Besucher stellt der ***Nationalpark Aigues Tortes*** dar, neben dem Ordesa-Nationalpark die große Natursehenswürdigkeit der spanischen Pyrenäen. Der Andrang erreicht aber längst nicht die Dimensionen wie in der großen Schutzzone des Aragón: In der Hochgebirgslandschaft Aigües Tortes, voller faszinierender Seen, Bäche und Wasserfälle, hält sich der Touristenstrom selbst im Frühsommer noch in Grenzen. Einzig im Juli und im August kann es - wie bei vielen Ausflugszielen in den spanischen Pyrenäen - recht voll werden.

Wem die Kultur mehr am Herzen liegt, der kommt im etwas östlich vom Park verlaufenden ***Boí-Tal*** auf seine Kosten. In den kleinen Dörfern gibt es zahlreiche Meisterwerke ***romanischer Baukunst.***

In den Wintermonaten zieht das ***Vall d'Aran,*** das sich nördlich des Nationalparks erstreckt, ***Skisportler*** an, seit in der Nähe des Hauptortes ***Viella*** (aranes. *Vielha*) Wintersportgebiete entstanden. Bis vor beinahe 50 Jahren war die Region weitestgehend vom restlichen Spanien abgeschottet und geographisch eher nach Frankreich geöffnet. Erst mit dem Bau des ***Viella-Tunnels*** erfolgte eine moderne verkehrstechnische Anbindung.

Neben dem Tourismus löste in den vergangenen Jahrzehnten ein weiterer neuer Wirtschaftszweig stellenweise die traditionelle Landwirtschaft ab: ***Wasserkraftwerke*** haben sich in vielen Orten etabliert.

Der ***Río Noguera Pallaresa*** bahnt sich seinen Weg im Osten des Nationalparks und zählt zu den strömungsreichsten Flüssen der gesamten spanischen Pyrenäen. Wurden die großen Baumstämme früher als Flöße auf dem Río Noguera Pallaresa zu Tal transportiert, entwickelte sich der Fluss in jüngster Zeit zum ***Zentrum des Rafting- und Kanusports.***

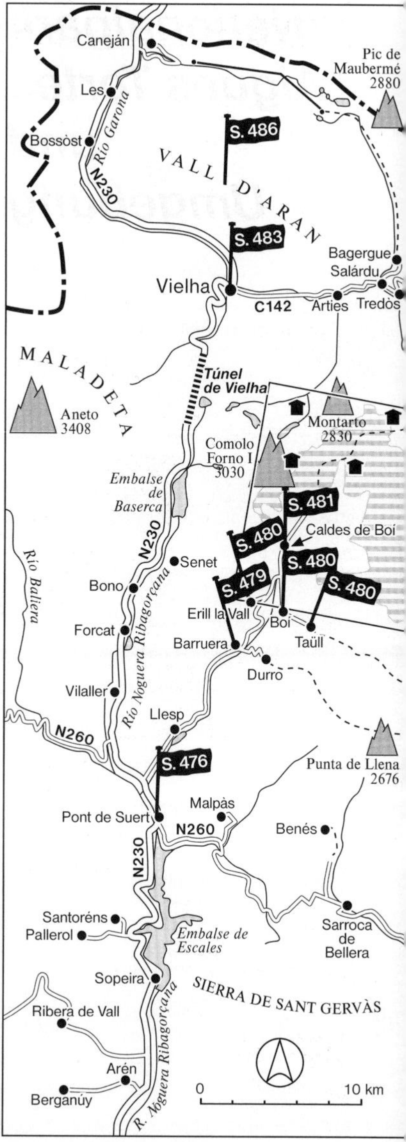

El Pont de Suert

Der Hauptort der historischen Region Alta Ribagorça ist ein Verkehrsknotenpunkt: Zum einen liegt das 2.500 Einwohner zählende Städtchen an der N 230, die nach Viella führt, zum

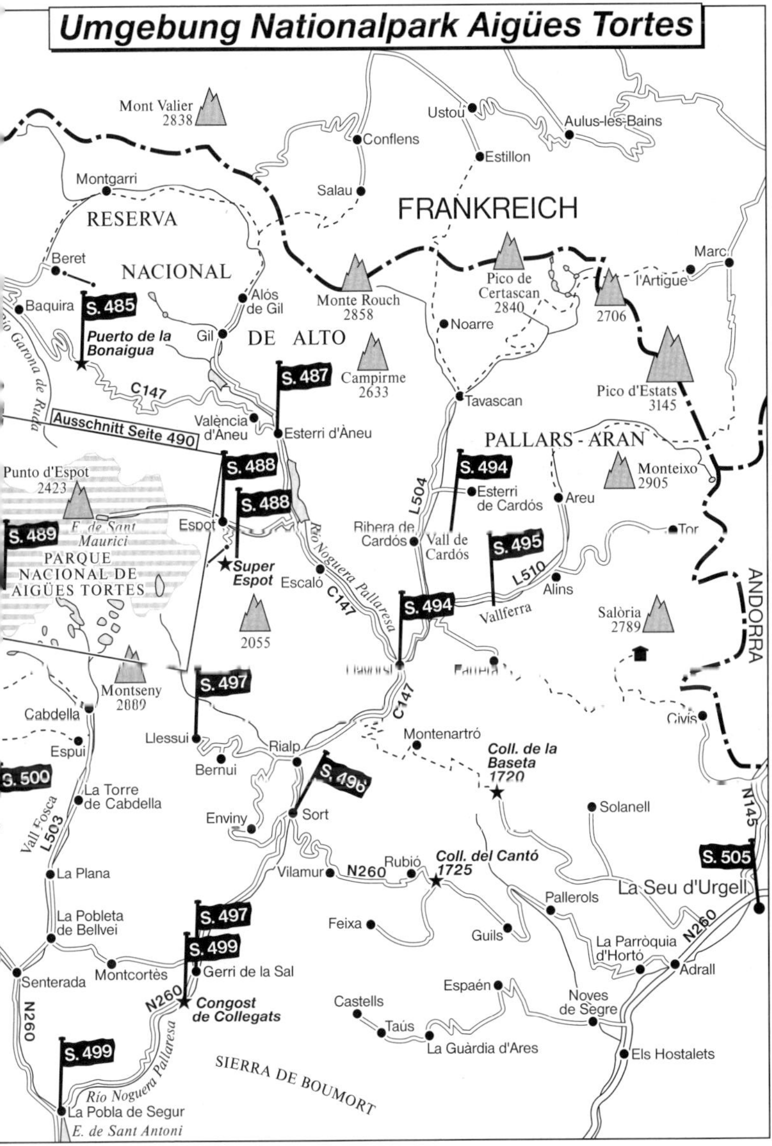
Umgebung Nationalpark Aigües Tortes
Mont Valier 2838
Ustou
Aulus-les-Bains
Conflens
Estillon
Montgarri
Salau
FRANKREICH
RESERVA
NACIONAL
DE ALTO
PALLARS - ARAN
Marc
Beret
l'Artigue
Baquira
S. 485
Alós de Gil
Monte Rouch 2858
Pico de Certascan 2840
2706
Puerto de la Bonaigua
Gil
Noarre
Río Garona de Ruda
C147
S. 487
Campirme 2633
Pico d'Estats 3145
Tavascan
Ausschnitt Seite 490
València d'Àneu
Esterri d'Àneu
S. 488
S. 494
Monteixo 2905
Punto d'Espot 2423
Esterri de Cardós
Areu
Espot
L504
E. de Sant Maurici
Ribera de Cardós
Vall de Cardós
Tor
S. 489
S. 495
PARQUE NACIONAL DE AIGÜES TORTES
Super Espot
Río Noguera Pallaresa
L510
Alins
Escaló
ANDORRA
2055
Vallferra
Salòria 2789
Montseny 2889
S. 497
Cabdella
Civis
Montenartró
Coll. de la Baseta 1720
Llessui
Espui
Rialp
Bernui
S. 500
S. 496
La Torre de Cabdella
Solanell
Enviny
Sort
N145
Vall Fosca
L503
S. 505
Rubió
Coll. del Cantó 1725
Vilamur
N260
La Plana
La Seu d'Urgell
Pallerols
La Pobleta de Bellvei
Feixa
Guils
S. 499
La Parròquia d'Hortó
Montcortès
Gerri de la Sal
Adrall
Senterada
Espaén
Congost de Collegats
Castells
Noves de Segre
Taús
La Guàrdia d'Ares
Els Hostalets
SIERRA DE BOUMORT
Río Noguera Pallaresa
La Pobla de Segur
E. de Sant Antoni

anderen beginnen in unmittelbarer Nähe die Straßen ins Boí-Tal und ins östlich gelegene La Pobla de Segur. In den 50er Jahren gewann das einstige Dorf aufgrund des Ausbaus der ***Wasserkraftwerke*** enorm an Größe, um den sympathischen alten Ortskern entlang des Río Noguera Ribagorçana entstand moderne Wohnbebauung. Während die meisten Häuser dieser Periode nicht gerade von architektonischer Phantasie zeugen, zieht die kurios gestaltete ***Gemeindekirche*** aus dem Jahre 1955 sofort die Blicke auf sich. Das avantgardistische Werk der Baukünstler *Torroja* und *Rodríguez Mijares* gleicht stellenweise eher einem überdimensionalen Ei denn einer Kirche.

Im Süden von El Pont de Suert schließt sich der ***Stausee von Escales*** an, dessen Wassermassen das frühere Benediktinerkloster Lavaix unter sich begruben.

Praktische Informationen

Information

- ***Touristeninformation*** nahe der neuen Kirche, Tel. (973) 690640.

Unterkunft

- Mehrere einfache, aber ordentliche Hotels in El Pont de Suert wie das ***Hotel Mestre*** €€, Placa Mayor 8, Tel. (973) 690306, oder das ***Hostal Costa*** €€, Camp de la Vila 8, Tel. (973) 690000.
- ***Camping Can Roig,*** einige Kilometer nördlich am Eingang zum Boí-Tal, Tel. (973) 690 502. Ordentlicher Platz mit Schwimmbad und Kinderspielplatz, allerdings nicht ganz billig.

Essen und Trinken

Obwohl El Pont de Suert nur 830 m hoch liegt, gleicht die Küche doch der des Gebirges. Kräftige Gerichte wie Lammbraten, Schweinefleisch mit Bohnen oder die *Escudella de Carbassa,* Kohl mit Kartoffeln und Speck, zählen zu den Spezialitäten.

Verkehrsverbindungen

- Zwischen dem 1. Juli und dem 15. September fährt täglich um 11 Uhr ein ***Bus*** ins Boí-Tal. Außerdem steuern Busse Viella (11 und 19 Uhr), Lleida (6.30 und 14.30 Uhr) und La Pobla de Segur (14 Uhr) an.
- Landschaftlich ganz hübsch ist die nur wenig befahrene ***N 260*** von El Pont de Suert ***nach La Pobla de Segur,*** die über den 1.325 m hohen Coll de Perves führt. Auf der Strecke passiert man nur wenige Dörfer; das hübscheste von ihnen ist Perves mit seinen orangenen Dächern.

Das Boí-Tal

Nicht umsonst genießt das 2 km nördlich von El Pont de Suert beginnende ***Vall de Boí*** auch über die Grenzen der Region hinaus einen größeren Bekanntheitsgrad als andere Täler vergleichbaren Ausmaßes. In dem gerade einmal 25 km langen Gebirgseinschnitt finden Urlauber zahlreiche hübsche ***Dörfer,*** eine ***Skistation*** und ein ***Thermalbad.*** Vom oberen Teil des Tales lässt sich gut der ***Nationalpark Aigües Tortes*** erreichen.

Seine Berühmtheit erlangte das Tal jedoch in erster Linie durch eine regelrechte Ansammlung ***romanischer Kirchen,*** vermutlich die schönsten der katalanischen Pyrenäen (die meisten sind von 10–14 Uhr und von 16–19 Uhr geöffnet, Eintritt 1 €). Die Bauten (11.–12. Jh.) zeichnen sich durch ihre architektonische Reinheit und den einheitlichen Stil aus – sie alle werden der ***lombardischen Romanik*** zugeordnet. Tatsächlich erinnern besonders die mehrstöckigen, meist quadratischen Glockentürme an Kirchen in Norditalien. Die überaus wertvollen Wandgemälde wurden zwischen 1919 und 1923 allerdings größtenteils in das Kunstmuseum Kataloniens nach Barcelona gebracht und durch Reproduktionen ersetzt. Nichtsdestotrotz zählt eine Besichtigung der Gotteshäuser zum Pflichtprogramm beim Besuch des Boí-Tales.

Alte Traditionen werden am 23. Juni, in der ***Nacht zum Johannistag,*** wach, wenn überall Fackelträger von den Bergen hinabsteigen. Mit den leuchtenden Feuern erreichen sie schließlich die Dörfer, wo lebhafte, vom Tanz geprägte Feste stattfinden.

Praktische Informationen

Unterkunft

- Neben kleineren Hotels und Hostals gibt es im Vall de Boí eine gewaltige Anzahl an ***Privatunterkünften*** in oftmals malerischen, alten Steinhäusern. Die Adressen sind bei der Touristeninformation in Barruera erhältlich.

Verkehrsverbindungen

- Von Juli bis Mitte September startet täglich um 14 Uhr ein ***Bus*** von Caldes de Boí nach El Pont de Suert, der in allen Dörfern an der Hauptstraße hält.

Barruera und Durro

Barruera, das erste größere Dorf des Tales, 13 km nördlich von El Pont de Suert, ist zugleich auch der ***Hauptort des Vall de Boí.*** Hier steht das Rathaus, zudem findet man mehrere Unterkünfte, einige Geschäfte und den einzigen für die Umgebung zuständigen Arzt.

Obwohl der ***Kirche San Feliu*** nicht die Bedeutung anderer Gotteshäuser des Tales beigemessen wird, bildet das steinerne Gebäude mit dem nahen Fluss doch ein hübsches Arrangement.

Von Barruera führt eine kleine Straße ins höher gelegene ***Durro,*** das vielleicht verträumteste Dorf des Vall de Boí. Die ***Kirche Santa Maria de la Nativitat*** mit ihrem mächtigen Glockenturm entstand im 12. Jh. und weist klassische Merkmale der Romanik auf. Der größte Teil der Schätze, die das historische Bauwerk einst beherbergte, befinden sich heute in verschiedenen Museen: Mehrere Altarvertäfelungen sind in La Seu d'Urgell, eine Marienfigur in Barcelona und ein hölzerner Tabernakel in Lleida zu bewundern.

Information

- An der Hauptstraße liegt das ***Touristenbüro,*** Tel. (973) 694000. Auskünfte zu allen Fragen, die das Tal betreffen.

Unterkunft

- ***Hotel Farre d'Avall*** €€€, Tel. (973) 694 029. Im Dorfkern.
- ***Camping Boneta,*** etwas abseits der Hautstraße in ungestörter Lage (ausgeschildert), Tel. (973) 694086. Ein erstklassiges „Basislager", um Ausflüge in alle Winkel des Tales zu unternehmen.

Essen und Trinken

- Bestes Restaurant am Ort ist das ***La Llebreta,*** Tel. (973) 694042.

Weitere Reisetipps

- *Hípica Casa Coll,* Tel. (973) 694072, bietet ***Ausritte*** im Vall de Boí an.

Ausflüge

Von El Pont de Suert aus kommend, liegen noch vor Barruera zwei sehenswerte Kirchen etwas abseits der Straße. Ungefähr 6 km nach dem Taleingang führt ein Sträßchen in Serpentinen zum Weiler ***Coll,*** dessen ***Santa Maria de l'Assumpció*** im 12. Jh. entstand.

Etwas untypisch für die Region wirkt die Kirche ***Santa Maria*** (13. Jh.) im Dorf ***Cardet,*** 2 km vor Barruera. Das recht einfache Gebäude gehörte zum Kloster Lavaix, das mittlerweile im Stausee südlich von El Pont de Suert versunken ist.

Erill-la-Vall

Nur 4 km nördlich des heutigen Hauptortes Barruera befindet sich mit Erill-la-Vall der ehemalige Sitz der Tal-Gewaltigen. Das kleine Dorf konnte sein traditionelles Erscheinungsbild weitgehend erhalten, da auch die neueren Gebäude im klassischen Stil errichtet wurden. Die ***Kirche Santa Eulàlia*** (12. Jh.) wird von einem sechsstöckigen Glockenturm überragt, der zwischen 1960 und 1970 komplett renoviert wurde.

Weitere Reisetipps

- Geführte ***Wanderungen, Bergbesteigungen*** und ***Ausritte*** werden bei *Guies de Muntanya Vall de Boi,* Tel. (973) 696107, angeboten.

Boí

Dem größten Dorf des Tales, abseits der Hauptstraße gelegen, sieht man seine Nähe zum Nationalpark und die damit verbundene Bestimmung als ***touristisches Zentrum*** leider an. Zu den alten Steinhäusern gesellten sich in der jüngeren Vergangenheit mehrere Hotels, deren verputzte Fassaden nicht so recht ins Bild passen wollen. Dennoch besitzt auch Boí eine Reihe attraktiver Gebäude, allen voran die ***Kirche Sant Joan.*** Das dreischiffige Bauwerk entstammt gemeinsam mit den Kirchen von Taüll der ersten Phase romanischer Architektur im Vall de Boí (11. Jh.). Bei der kunstvollen Wandmalerei handelt es sich um eine Reproduktion – das Original hat in Barcelona eine neue Heimat gefunden.

Information

- Während der Sommersaison gibt es Auskünfte über den Nationalpark Aigües Tortes im ***Casa del Parc,*** Tel. (973) 696189.

Unterkunft

- Mehrere Privatunterkünfte im Ort – Informationen in dem Touristenbüro von Barruera.

Weitere Reisetipps

- Da es nicht mehr erlaubt ist, mit dem Auto bis in den ***Nationalpark Aigües Tortes*** hineinzufahren, muss man den Wagen entweder oberhalb von Boí auf dem Parkplatz etwa 1 km rechts der Hauptstraße abstellen (dort existiert auch eine Information) und das restliche Stück gehen, oder man lässt sich mit einem ***Jeep-Taxi*** bis in den Park hineinkutschieren. Die Geländewagen starten zwischen 8 und 19 Uhr regelmäßig vor dem Touristenbüro in Boí. Der Preis für die einfache Tour beträgt 4 €, für Hin- und Rückfahrt werden 8 € verlangt.

Taüll

3 km oberhalb von Boí liegt Taüll, das wohl ***schönste Dorf*** des Tales. Schon am Ortseingang wird man von

der ***Kirche Sant Climent*** begrüßt, die zu den perfektesten Bauwerken des Vall de Boí zählt und die Titelseiten mehrerer Kunstbände sowie zahlreiche Postkarten schmückt. Die 1123 eingeweihte Kirche beeindruckt besonders durch ihren sechsstöckigen Glockenturm und ihren reich verzierten Innenraum. Zwar wurden die berühmtesten Wandmalereien bereits zu Beginn des 20. Jh. ins Museum nach Barcelona gebracht, doch können sich die sehr guten Reproduktionen ebenfalls sehen lassen.

Den Mittelpunkt des Dorfes bildet ein von alten Steinhäusern gesäumter Platz, von dem mehrere Kopfsteinpflastergassen abgehen. Hier befindet sich mit der ***Kirche Santa Maria*** ein weiterer Kulturschatz des nicht einmal 100 Einwohner zählenden Ortes. Das romanische Gotteshaus wurde am 11. Dezember 1123, nur einen Tag nach dem „Nachbarn" Sant Climent eingeweiht.

Unterkunft

- Mehrere ***gute Privatunterkünfte*** in traditionellen Häusern, zum Beispiel: ***Casa Baró,*** Tel. (973) 696027, oder ***Casa Moliné,*** Tel. (973) 696065. Nach Privatunterkünften kann man auch in der Bar neben der Kirche am Ortseingang fragen. Der Besitzer spricht Englisch.
- ***Camping Taüll,*** am Ortseingang, Tel. (973) 696174. Recht hübsch nahe Sant Climent gelegen, allerdings ziemlich teuer.

Essen und Trinken

- Gute katalanische Gerichte werden im Restaurant ***El Caliu*** (Tel. (973) 696212) kredenzt.

Ausflüge

Die ***Skistation Boí-Taüll*** liegt einige Kilometer oberhalb des Dorfes.

Ein Exempel für lombardische Romanik: Sant Climent

Wer hier nicht die Hänge hinabwedeln möchte, kann sich einen Besuch der modernen Anlage aber schenken.

Caldes de Boí

Der in 1.500 m Höhe gelegene ***Thermalkomplex*** ist die letzte Siedlung des Tales. Ältere Bauteile wie beispielsweise eine Renaissance-Kapelle weisen darauf hin, dass die ***37 Mineralquellen*** mit Temperaturen zwischen 24 und 56 Grad schon seit langer Zeit für medizinische Zwecke genutzt werden. Wer hier nicht kurt, kann zumindest einen Spaziergang in den Parkanlagen unternehmen oder eine gepflegte Partie Minigolf spielen.

Unterkunft

- Das ***Hotel Manantial***€€€€€, Tel. (973) 696 220, zählt zu den nobelsten Unterkünften der gesamten Region – Pool, Garten und ein gutes Restaurant sind selbstverständlich. Die

Preise passen sich dem hohen Komfort an: Zur Hochsaison kostet das Doppelzimmer 143 €!

Wandern im Boí-Tal

Nördlich an das Vall de Boí schließt sich das ***Cavallers-Gebiet*** an, eine herrliche Gebirgslandschaft, geprägt von majestätischen Gipfeln und malerischen Bergseen *(Estanys).* Seit 1996 zählt auch diese Region zum Nationalpark, was angesichts der Naturschönheiten nur zu verständlich ist. Wasserratten dürfte diese Angliederung allerdings nicht zusagen: Seit 1996 gelten auch hier die Parkregeln - in den klaren Seen ist das Schwimmen somit strengstens untersagt!

Ausgangspunkt für Wanderungen und Spaziergänge, die mehrfach über schwer begehbare Wege führen und deshalb nicht allzu leicht zu bewältigen sind, ist ein großer Parkplatz unterhalb der gewaltigen Staumauer des ***Cavallers-Sees*** am nördlichen Ende des Tales. Von hier verläuft ein Fußweg am rechten Ufer des Stausees entlang bis zu der ***Ebene von Riumalo,*** die von bis zu 3.000 m hohen Gipfeln eingerahmt wird. Mit etwas Glück lassen sich hier Murmeltiere beobachten. Nachdem man eine kleine Brücke überquert hat, steigt der Pfad sehr steil bis zur bewirtschafteten ***Berghütte Ventosa i Calvell*** hinauf; unterwegs ist bereits der ***Estany Negre*** zu sehen, dessen schwarze Färbung von der Untergrundbeschaffenheit stammt. Die Strecke bis zu dem *Refugio,* das 80 Wanderern eine Schlafmöglichkeit bietet, bildet übrigens den anstrengendsten Part der Wanderung. An der Berghütte beginnen mehrere lohnenswerte Wanderpfade zu den verschiedenen Estanys; für diese Touren empfiehlt es sich aus Zeitgründen aber, eine Übernachtung in dem Refugio einzuplanen.

Der Spazierweg vorbei am kleinen ***Estany Xic*** zum nördlich gelegenen ***Travessani-See*** nimmt nicht einmal eine halbe Stunde in Anspruch.

Weitere 30 Minuten dauert die Wanderung hinauf zum ***Mengades-See,*** der mit seiner kleinen Insel ein äußerst pittoreskes Bild abgibt.

Noch ein Stück höher, auf 2.400 m, liegt der ***Estany de les Monges,*** neben dem Cavallers-Stausee das tiefste Gewässer der Region. Auf einem gut begehbaren Weg kann man den See problemlos umrunden.

Am *Refugio Ventosa i Calvell* startet außerdem der Pfad zu den östlich der Berghütte gelegenen ***Estanys de Colieto.*** Von den Seen können erfahrene Wanderer zu einer Besteigung der 3.014 m hohen ***Punta Alta*** aufbrechen oder ihren Weg über den ***Coll de Contraix*** ins Zentrum des Nationalparks Aigües Tortes fortsetzen.

Das Vall d'Aran

Lange Zeit war das Tal im nordwestlichsten Winkel Kataloniens eine der einsamsten Regionen der Pyrenäen. Erst der Bau des ***Viella-Tunnels*** im Jahre 1948, durch den man das Vall d'Aran auf der N 230 von El Pont de Suert aus erreicht, schaffte eine Verbindung zum Hinterland und sorgte für einen Aufschwung. Das Tal entlang der Garonne war urplötzlich eine bequeme Route auf dem Weg von Frankreich nach Spanien; die später erschlossenen ***Skigebiete*** trugen ihr Übriges zum Boom bei.

Als einziges spanisches Gebiet liegt das Vall d'Aran ***auf der Nordseite der Pyrenäen,*** so dass hier ***atlantisches Klima*** herrscht - ein Umstand, der sich bemerkbar macht, sobald man den Viella-Tunnel passiert hat. Die Sonne strahlt nicht mehr so dauerhaft wie in den Regionen mit Südlage, außerdem fällt erheblich mehr Niederschlag.

Die ***Garonne,*** die hier entspringt und bei Bordeaux in den Atlantik mündet, ist der wichtigste Fluss des Vall d'Aran. An ihren Ufern haben sich die meisten der 6.000 Talbewohner niedergelassen, wobei ***Viella*** als geografischer Mittelpunkt mit über 2.000 Einwohnern das Zentrum bildet.

Da die Schneemassen auf den Pässen die Region jahrhundertelang jeden Winter vom Süden abschnitten und nur die Verbindung zu Frankreich passierbar war, entstanden eine Reihe eigener Sitten und Gebräuche. So entwickelte sich das *Aranes,* eine Sprache, die aus gasconischen und katalanischen Elementen besteht. Wenngleich jeder Bewohner Spanisch beherrscht, so wird das ***Aranesische*** auch heute noch von vielen Menschen gesprochen.

Großer Beliebtheit erfreuen sich die ***traditionellen Tänze,*** die zum festen Bestandteil zahlreicher Feierlichkeiten gehören. Beim *Es Esclòps* halten alle Tänzer einen Holzschuh in der Hand, beim *Es Aubades* sitzen die jungen Frauen auf einer Bank, während sich die Männer müde tanzen.

Die Nähe zu Frankreich spiegelt sich auch in der hiesigen ***Küche*** wider, was Gerichte wie *Crêpes* oder *Pâtes* belegen. Andere Spezialitäten setzen sich aus den Produkten des Vall d'Aran zusammen, eine Sünde wert sind besonders der Eintopf *Olla aranesa* und die auf verschiedene Arten zubereiteten Forellen.

Viella

(aranes. *Vielha*)

Die höchste Erhebung der Stadt war in den vergangenen Jahren meist nicht der Kirchturm, sondern irgendein Baukran. Obwohl es schon eine ganze Menge an Hotels, Restaurants und sonstiger Service-Einrichtungen gibt, entstehen immer noch neue Gebäude - der Tourismus macht's. Kommen die Urlauber im Sommer vor allem zum Wandern, so zieht im Winter das nur wenige Kilometer entfernte ***Skigebiet Tuca*** französische und spanische Wintersportler gleichermaßen an.

Inmitten der vielen Neubauten finden sich aber auch etliche historische Häuser, einige noch aus dem 17. Jh. Das schönste Beispiel dieser Epoche ist der ***Torre Santesmasses*** im alten Ortskern, in dem das ***ethnologische Museum*** über die Geschichte des Tales informiert.

● Öffnungszeiten: 10–13 und 17–20 Uhr, sonntags nur 10–13 Uhr. Montags geschlossen. Eintritt 2 €.

Als Juwel der romanisch-gotischen ***Pfarrkirche Sant Miquèu*** gilt die hölzerne Figur *Crist de Mijaran,* die besonders kunstvolle Schnitzereien aufweist. Das Kunstwerk gehörte ursprünglich zur Kirche Santa Maria de Mijaran, von der mittlerweile nur noch Ruinen existieren.

Information

- ***Touristenbüro*** in der C. Sarriulera 10, Tel. (973) 640110. Außerdem während der Saison zwei weitere Auskunftsstellen in Holzhäuschen an der Hauptstraße.

Unterkunft

- ***Parador Vall d'Aran*** €€€€€, am Hang über der Stadt gelegen, Tel. (973) 640100. Modernes, staatliches Hotel der gehobenen Kategorie. Mit Pool, Garten, viel Komfort und tollem Blick über das Tal.
- ***Hotel Fonfreda*** €€€€, Passeg dera Libertat 18, Tel. (973) 640486, zählt mit drei Sternen ebenfalls zur gehobenen Kategorie. Zentrale, aber ruhige Lage in einer Nebenstraße.
- ***Hostal El Ciervo*** €€, C. Palma 6, Tel. (973) 640165. Einfach ausgestattete Zimmer, Frühstück im Preis inklusive.

Essen und Trinken

Die Anzahl an Restaurants ist für einen Ort dieser Größe gewaltig. Ob Eintopf, Paella oder Pizza - das Angebot ist mindestens so groß wie die Preisspanne.

- ***Restaurant Gustavo-Maria José (Era Mola),*** C. Marrec, Tel. (973) 642419. Kleines Lokal mit sehr guter Küche, unter anderem französische und aranesische Gerichte. Pro Person sollte man allerdings mit mindestens 20 € rechnen.
- ***All i Oli,*** C. Mayor 7, Tel. (973) 641757. Winziges Restaurant, das katalanische Spezialitäten (mit viel Knoblauch) vom Holzkohlengrill anbietet. 15 € sollte man mindestens einplanen.
- ***Restaurant Turrull,*** Reiau 11, Tel. (973) 540058, bietet aranesische Küche zum moderaten Preis: Für 10 € kann man hier satt werden.

Verkehrsverbindungen

- Täglich ***Busse*** nach Lleida, El Pont de Suert und zur französischen Grenze. Außerdem ein Bus täglich (11.44 Uhr) über das Nautaran, das Vall d'Àneu und La Pobla de Segur bis nach Barcelona, zwei weitere fahren über Lleida in die katalanische Hauptstadt.

Weitere Reisetipps

- Das ***Skigebiet Tuca*** beim angrenzenden Dorf Betrén besitzt neun Lifte, für ambitionierte Skiläufer empfehlen sich aber eher die Pisten von Baqueira-Beret, 12 km weiter östlich.
- Die Bergwelt des Vall d'Aran besitzt sowohl bei ***Mountainbikern*** als auch bei ***Bergsteigern*** einen erstklassigen Ruf. Mehrere Agenturen in Viella und Umgebung verleihen die entsprechenden Fahrräder und bieten geführte Kletter- und Wandertouren sowie Rafting an.

Von Viella zur französischen Grenze

Von Viella sind es auf der ***N 230*** nur noch 26 km bis zum ***Grenzübergang Pont de Rei.*** Nachdem man mehrere kleine Dörfer passiert hat, erreicht man nach 16 km den Ort ***Bossòst,*** der fast ausschließlich von französischen Kurzurlaubern lebt. In zahlreichen Häusern, die die Hauptstraße entlang der Garonne säumen, werden Andenken oder spanische Spezialitäten verkauft. Zwar gibt es außer der hübschen ***romanischen Kirche*** keinen besonderen Grund für einen Aufenthalt, doch wer hier übernachten will oder muss, findet eine stattliche Auswahl an Unterkünften vor.

Von Bossost führen zwei Straßen ***nach Frankreich:*** Entweder man zweigt auf die landschaftlich schönere ***D 618*** ab, die über den Coll du Portillon (1.293 m) nach Bagnères-de-Luchon führt, oder man bleibt auf der ***N 230*** und erreicht nach 10 km die Grenzstation. Unterwegs fährt man an dem Ort ***Lés*** vorbei, der bei weitem nicht so überlaufen ist wie

Bossòst, obwohl hier seit langer Zeit die Thermalquellen zum Kuren genutzt werden.

Information

- ***Touristenbüro*** von Bossòst, Passeig Eduard Aunós, Tel. (973) 647279.

Unterkunft

- ***Hotel Batalla*** €€€€ in Bossòst, Tel. (973) 648199. Familiäres, kleines Hotel mit gemütlichen Zimmern.
- ***Jugendherberge*** in Lés, Tel. (973) 648 048.
- ***Camping Espalias*** in Bossòst, Tel. (973) 648310. Schattiger Platz mit Schwimmbad und Kinderspielplatz.

Verkehrsverbindungen

- Von Bossòst fährt täglich um 5.12 Uhr (im Sommer zusätzlich um 13.12 Uhr) ein ***Bus*** nach Lleida. In den Sommermonaten gibt es außerdem einen täglichen Bus (11.25 Uhr) nach La Pobla de Segur.

Vom Vall d'Aran zum Puerto de la Bonaigua

Die ***C 142*** verläuft von Viella nach Osten, windet sich hinauf in die höheren Gefilde des Vall d'Aran, ***Nautaran*** genannt, und führt schließlich über den 2.072 m hohen Puerto de la Bonaigua hinab ins ***Vall d'Aneu.*** Bis zum Fuße des Gipfels liegen mehrere kleine Orte an der Straße, die vielfach vom Tourismus leben. Dennoch findet man in Dörfern wie ***Bagergue*** oder ***Tredòs*** noch viele heimelige Ecken und mittelalterliche Kirchen, meist direkt beim geschichtsträchtigen Ortskern. Urlauberhochburg dieser Gegend ist die Retortensiedlung ***Baqueira-Beret,*** das beste Skigebiet der spanischen Pyrenäen.

Arties, 7 km östlich von Viella, wird besonders von den oberen Zehntausend als Ausflugsziel angesteuert. Prominentester Gast des Ortes war *König Juan Carlos,* der sich hier schon mehrfach kulinarisch verwöhnen ließ. Zum ehemaligen Kurort gehören mehrere historische ***Herrschaftshäuser*** wie das von *Gaspar de Portolà,* in dem heute ein Ableger des Paradors von Viella seine Gäste empfängt. Die romanische ***Kirche Santa Maria,*** überragt vom schönen Kirchturm aus dem 16. Jh., wird mit ihren Skulpturen, Altären und Malereien zu den kunsthistorischen Juwelen des Tales gezählt.

Auch ***Salardú,*** der Hauptort des Nautaran, besitzt trotz der – vor allem zur Skisaison – beträchtlichen Urlauberzahlen einen traditionellen Kern. In der etwas ungewöhnlichen ***Kirche*** (12.–13. Jh.) mit ihrem achteckigen Turm sollte man sich die hölzerne Christusfigur (13. Jh.) anschauen, ein Meisterwerk der Schnitzkunst. Der Sage nach stieg die Statue auf unerklärliche Weise wieder empor, nachdem sie in die reißenden Wasser der Garonne gefallen war.

Der sportbegeisterte *König Juan Carlos* weiß genau, warum er seinen Winterurlaub gerne in ***Baqueira-Beret*** verbringt. Tatsächlich sprengt das hiesige Skigebiet pyrenäen-übliche Dimensionen – so mancher Skiort in den Alpen wäre stolz auf derartige Ausmaße. 25 Lifte sorgen für den Transport bis in über 2.500 m Höhe, auf 45 teilweise anspruchsvollen Pisten wedeln die Alpinsportler zu Tal.

Damit ist das Positive aber auch hinlänglich beschrieben – der Ort Baqueira selbst besitzt den Charme eines Kühlschrankes. Ein klotziges Hotel reiht sich ans nächste, im Erdgeschoss der Hotelburgen sind Restaurants und Geschäfte untergebracht. Im Sommer sorgen findige Investoren dafür, dass die Kapazität noch steigt - es wird reichlich gebaut. Einige der Sessellifte laufen auch von Juni bis September und ermöglichen so Hochgebirgspanorama ohne Anstrengung.

Information

- ***Touristenbüros*** in Salardú, Tel. (973) 645 726, und am unteren Sessellift in Baqueira, Tel. (973) 644455.

Unterkunft

Im Nautaran findet wirklich jeder eine Unterkunft, die seinem Geschmack und Geldbeutel entspricht. Vom Nobelhotel bis zur Jugendherberge gibt es einfach alles.

- ***Parador Don Gaspar de Portolà*** €€€€€, C. de Baqueira in Arties, Tel. (973) 640801. Schöner und noch komfortabler als der Parador in Viella, von dem diese noble Unterkunft eigentlich nur eine Filiale ist. Die Preise für die insgesamt 40 Zimmer sind im Vergleich zu anderen Hotels dieser Kategorie keineswegs überhöht.
- ***Hotel Deth Pais*** €€€, C. Santa Paula in Salardú, Tel. (973) 645836. Während die Zimmerpreise im Winter in die Höhe schnellen, ist das ordentliche Hotel ansonsten bezahlbar. Nur im August wird noch einmal ein Aufschlag verlangt.
- Zwei *Casas Rurales* in Tredòs, zwischen Salardú und Baqueira: ***Casa Eriva,*** C. Santa Maria 1, Tel. (973) 645059, und ***Casa Micalot,*** C. Senteró 16, Tel. (973) 645326.
- ***Jugendherberge*** in Salardú, außerhalb des Zentrums Richtung Baqueira, Tel. (973) 645271. Unbedingt telefonisch reservieren.
- ***Camping Yerla d'Arties,*** an der Hauptstraße, Tel. (973) 641602. Mit Pool.

Essen und Trinken

- ***Restaurant Casa Irene,*** C. Mayor 3 in Arties, Tel. (973) 644364. Die erste Adresse im gesamten Aran-Tal zählt unter anderem *König Juan Carlos* zu den Gästen. Raffinierte internationale Gerichte verschafften dem Haus einen guten Ruf weit über die Region hinaus. Für ein genussreiches Mahl muss man aber mindestens 30 € einplanen.

Verkehrsverbindungen

- Ein Bus fährt täglich ab Arties (14.20 Uhr) zur französischen Grenze; der Bus von Viella nach Barcelona hält auch in Arties (11.54 Uhr).

Wandern im Vall d'Aran

Im Süden des Nautaran liegt ein von Gebirgsseen dominiertes Gebiet, an das sich im Südosten der Nationalpark Aigües Tortes anschließt. In dieser Region gibt es eine ganze Reihe gut gekennzeichneter Wanderwege und Schutzhütten. Die besten Ausgangspunkte für Wanderungen stellen die Orte Arties und Salardú dar.

Wanderungen ab Arties

Von Arties aus führt eine asphaltierte Straße das Valarties hinauf und endet an einem großen Parkplatz, wo eine Orientierungstafel eine Übersicht über die angrenzende Bergwelt bietet. Ein Weg verläuft vom Parkplatz talaufwärts zur bewirtschafteten Berghütte ***Era Restanca,*** an der Wanderer auf weitere Pfade zum Rius-See im Südwesten oder zum südöstlich gelegenen Estany Mar treffen. Bei letztgenanntem Gewässer handelt es sich um den größten See des Vall d' Aran.

Wanderung ab Salardú

Von Salardú aus folgt ein schmales Sträßchen dem Verlauf eines Baches gen Süden und endet schließlich an einem Rastplatz, wo man das Fahrzeug abstellen muss. Dort beginnt ein steiler Pfad, der knappe 3 km bergan bis zum bewirtschafteten ***Refugi Colomèrs*** führt und die schweißtreibendste Passage der Wanderung darstellt. Diese Region mit dem Namen ***Circ de Golomèrs*** besitzt eine Reihe attraktiver Seen, die von der Berghütte aus allesamt ohne größere Anstrengungen in kurzer Zeit erreicht werden können: die von Grün umgebenen ***Clòto-Seen,*** der längliche ***Estany Long*** oder auch der ***Obago-See*** inmitten wilder Felsen.

Für ***Mountainbiker*** empfiehlt sich eine Strecke, die in ***Bagergue,*** nördlich von Salardú, beginnt. Der größtenteils ebene Weg verläuft an einem Bach nach Norden bis zum ***Liat-See,*** unweit der französischen Grenze. In der Nähe des Gewässers befinden sich alte, heute verlassene Minen.

Esterri d'Àneu

Hat man den Pass ***Puerto de la Bonaigua*** überquert, geht es auf der ***C 147*** bergab, bis man nach 23 km den Hauptort des ***Vall d'Àneu*** erreicht. Der Fortschritt hat auch in dem über 1.000 Jahre alten ***Esterri d'Àneu*** Einzug gehalten, das kleine Städtchen gliedert sich mittlerweile in einen alten und einen modernen Teil. Die Hauptstraße zeigt sich von einer erstaunlich lebhaften Seite: Viele Läden und Restaurants machen das Städtchen zum geschäftlichen Mittelpunkt der Gegend.

Das alte Viertel besteht aus traditionellen Häusern; eines von ihnen, die ***Casa Gassia,*** beherbergt heute das ***Ecomuseu,*** das sich unter anderem mit ökologischen Fragen beschäftigt.

- Öffnungszeiten: vom 15. Juli bis zum 15. September täglich 9–14 und 16–20 Uhr.

Praktische Informationen

Information

- ***Touristenbüro*** im Rathaus an der Hauptstraße, Tel. (973) 626005.

Unterkunft

- ***Esterri Park Hotel*** €€€€, C. Mayor 69, Tel. (973) 626388. Gut geführtes Haus mit 24 ordentlichen Zimmern.
- ***Hotel Els Puis*** €€, Av. Dr. Morelló, Tel. (973) 626160, ist erheblich günstiger, aber okay. In den Sommerferien nicht erschreckend viel teurer als zur Nebensaison.
- ***Camping La Presalla,*** 1 km südlich von Esterri an der C 147, Tel. (973) 626031. Relativ neue Anlage mit Schwimmbad, Restaurant und anderen Einrichtungen. Meist weniger voll als die Plätze im 11 km entfernten Espot, am Eingang zum Nationalpark Aigües Tortes.

Verkehrsverbindungen

- Täglich fahren zwei ***Busse*** ab Esterri d'Àneu: Um 12.50 Uhr über Viella zur französischen Grenze, um 13.40 Uhr über La Pobla de Segur und Tremp bis nach Barcelona.

Weitere Reisetipps

- Programme für ***Aktivurlauber*** dürfen natürlich auch in Esterri d'Àneu nicht fehlen. Die Agentur *Verd'Àneu,* C. Mayor 12, Tel. (973) 626402, bietet ***Rafting, Hydro-speed, Kayak, Canyoning, Ausflüge mit dem Jeep*** sowie ***geführte Wanderungen*** an und verleiht außerdem ***Mountainbikes.***
- Südlich des Ortes liegt ein ***Stausee,*** an dem man Boote und Fahrräder mieten kann.

Ausflüge

Auch im Vall d'Àneu hinterließ die Romanik ihre Spuren. Ein gutes Beispiel ist das Dorf ***Son,*** das hoch über Esterri in den Bergen liegt. Der vierstöckige Turm der ***Kirche*** überragt den am Hang erbauten Ort, der hauptsächlich aus traditionellen Steinhäusern besteht. Von der Straße, die nach Son führt, kann man hervorragend das Tal überblicken.

Etwas nördlich von Esterri beginnt das winzige ***Vall d'Isil,*** dessen friedliche Weiler ebenfalls mit geschichtsträchtigen Kirchlein und Kapellen aufwarten. Am bekanntesten ist die ***Kirche Sant Joan*** in ***Isil*** (9. Jh.).

Espot und Super Espot

Die Bürger von Espot (250 Einwohner) müssen sich vorerst keine großen Sorgen über ihre berufliche Zukunft machen. Der ***Parc Nacional d'Aigües Tortes i d'Estany de Sant Maurici,*** zu dem der Ort die Pforte bildet, sowie die nahe ***Skistation Super Espot*** werden auch in den kommenden Jahren genügend Urlauber hierher führen. Als Ausgangspunkt für Ausflüge in den herrlichen Nationalpark stellt das Dorf nämlich fraglos die erste Adresse dar. Das touristische Angebot ist dementsprechend: Es gibt mehrere Hotels, vier Campingplätze, Restaurants und Geschäfte. Obwohl architektonische Höhepunkte Mangelware sind, hat Espot den Rummel ganz gut verkraftet. Hier und da findet sich ein hübsches Eckchen, störende Betonklötze fehlen völlig.

Den Besuch der Skistation Super Espot, 2 km oberhalb des Ortes gelegen, kann man sich außerhalb der Wintersaison schenken. Bis auf einen grauenvollen Hotelkomplex und einige Chalets gibt es rein gar nichts zu sehen.

Praktische Informationen

Information

- Im Sommer existiert an der Hauptstraße eine ***Park-Information,*** Tel. (973) 624036, in der unter anderem Wandertipps erhältlich sind.

Unterkunft

- ***Hotel Saurat*** €€€€, Pl. Sant Martí, Tel. (973) 624162. Gepflegtes Hotel mitten im Zentrum, Frühstück obligatorisch. Am schönsten sind die Zimmer mit Balkon, die allerdings Aufpreis kosten.
- ***Residència Felip*** €€ im oberen Teil des Dorfes bietet in den Sommermonaten ordentliche Räume mit eigener Dusche zu einem korrekten Preis an. Außerhalb der Saison, wenn die Zimmer noch günstiger sind, ist es eine Überlegung wert, ob man sich für einen Campingplatz oder diese Unterkunft entscheidet.
- ***Camping Sol i Neu,*** 500 m vor Espot an der Hauptstraße, Tel. (973) 624001. Vom Bach geteilter, schattiger Platz mit Pool. Gut, aber teuer.
- ***Camping Solau,*** hinter Espot Richtung Nationalpark, Tel. (973) 624068. Weniger komfortabel, dafür etwas preisgünstiger als die Anlage *Sol i Neu.*

Weitere Reisetipps

- Von Espot aus fahren ***Gelände-Taxis*** in den ***Nationalpark*** – interessant vielleicht für Leute ohne eigenes Fahrzeug, die sich so den Fußmarsch bis zum Parkeingang ersparen können. Wer mit dem Auto oder dem Motorrad unterwegs ist, kann aber bis zum Parkplatz direkt am Nationalpark fahren.

Der Nationalpark Aigües Tortes

Der katalanische Begriff Aigües Tortes bedeutet übersetzt soviel wie verzweigtes Wasser. Diesen Namen trägt der zweite Nationalpark der spanischen Pyrenäen, der korrekt eigentlich *Parc Nacional d'Aigües Tortes i d'Estany de Sant Maurici* heißt, wahrlich zu Recht. Die 1955 gegründete Schutzzone zählt mit ihrer ***Vielzahl an Seen, Flüssen, Sturzbächen und Wasserfällen*** zu den faszinierendsten Regionen der gesamten Pyrenäen. Zumindest eine eintägige Wanderung in dem Gebiet zwischen Vall d'Aran, Río Noguera Ribagorçana und Río Noguera Pallaresa sollte man fest einplanen. Wer über ausreichend Zeit verfügt, kann sich getrost mehrere Tage im Park aufhalten - Langeweile kommt bestimmt nicht auf.

Der Gebirgszug aus Granit und Schiefer entstand bereits vor über 200 Millionen Jahren, die heutige Form erhielt der Landstrich jedoch erst während der Eiszeiten, als gewaltige Gletscher zahlreiche Täler und Seen schufen. Ein Teil der Gewässer wird heute zur ***Stromerzeugung*** genutzt, weshalb Aigües Tortes international der Status eines Nationalparkes verwehrt blieb. Tatsächlich bemerkt man bei Wanderungen immer wieder Einrichtungen, die auf die Energiegewinnung hinweisen.

Eine Bergkette mit Höhen von über 2.800 m, unterbrochen vom „nur" 2.423 m hohen Pass Portarró d'Espot, teilt den Park in zwei Hälften. Auf der östlichen Seite befinden sich der zentrale ***Estany de Sant Maurici*** sowie das Seengebiet um den ***Estany Negre*** im Südosten. Den westlichen Teil prägt das ***Tal Sant Nicolau*** mit einem Gewirr aus Bächen und Rinnsalen, dem ***Aigües Tortes,*** das dem Park seinen Namen gab, sowie die Cavallers-Region. 1996 wurde der Park um dieses Seengebiet nördlich des Boí-Tales sowie um eine Ausbuchtung oberhalb des Ortes Boí erweitert. Außerdem bestehen Pläne, den Nationalpark künftig auch nach Norden zu vergrößern.

Die Kiefer bildet den größten ***Baumbestand*** des Parks, außerdem sieht man noch Tannen sowie, vornehmlich an schattigen Berghängen, Birken und Buchen. Besonders im Frühjahr und Frühsommer gedeiht auf den großen ***Wiesenflächen*** eine unglaubliche Vielzahl an Kräutern - alles schwelgt in den leuchtendsten Farben. Verschiedene Schmetterlingsarten, die in Mitteleuropa vielfach stark bedroht oder gänzlich verschwunden sind, trifft man überall auf den Almen an.

Zu den auffälligsten ***Vogelarten*** zählen der Steinadler und der Gänsegeier, die beide relativ häufig am Himmel zu sehen sind. Seltener wird man hingegen Auerhühner erblicken. Auch Schwarzspechte sind im Wald nur schwer auszumachen. Die schwarzen Alpendohlen, leicht an ihrem gelblichen Schnabel zu erkennen, treten hingegen häufig in regelrechten Schwärmen auf.

Von den ***Säugern*** begegnet man am häufigsten der Gemse; vor allem, wenn die Tiere aufgrund des Schneefalls in tiefere Gefilde hinunterkom-

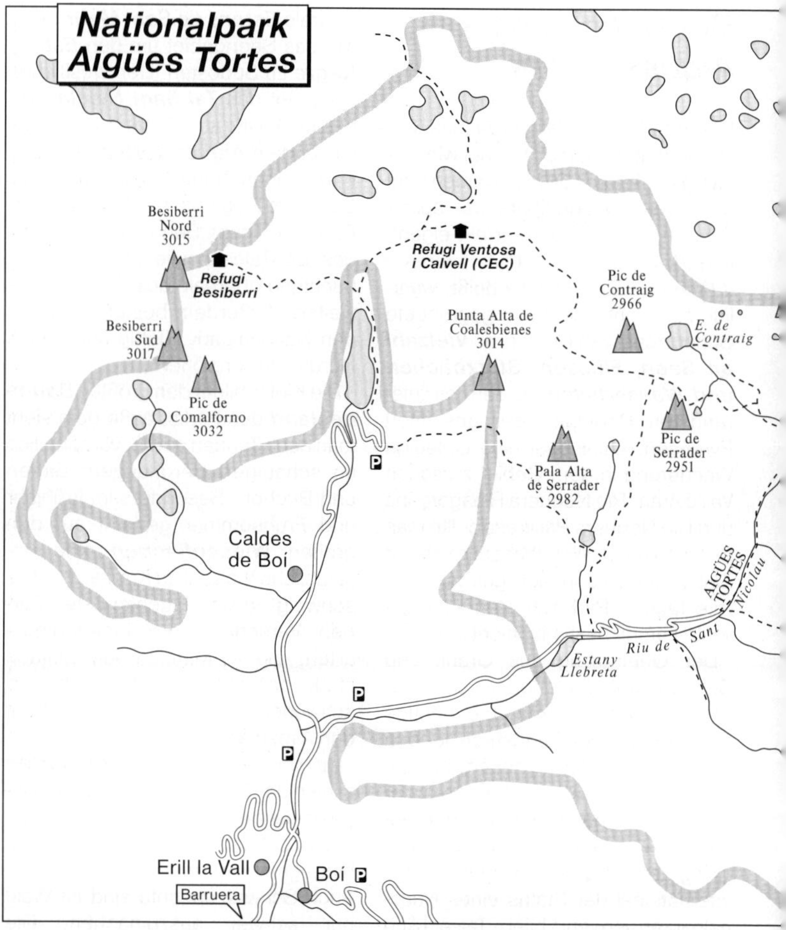

men. Die Beobachtung des scheuen Desmans darf jedoch als Glücksfall bezeichnet werden.

Das Gros der im Park geltenden ***Regeln*** sollte ohnehin selbstverständlich sein. Es ist untersagt, Pflanzen zu pflücken, Tiere zu stören oder einzufangen, Mineralien mitzunehmen und Abfall zu hinterlassen. Das Anzünden von Feuer und das Übernachten im Freien (Zelten) fallen ebenfalls unter die Rubrik „Strengstens verboten"! So verlockend die Seen auch ausschauen: Das Schwimmen ist in sämtlichen Gewässern des Parks nicht gestattet.

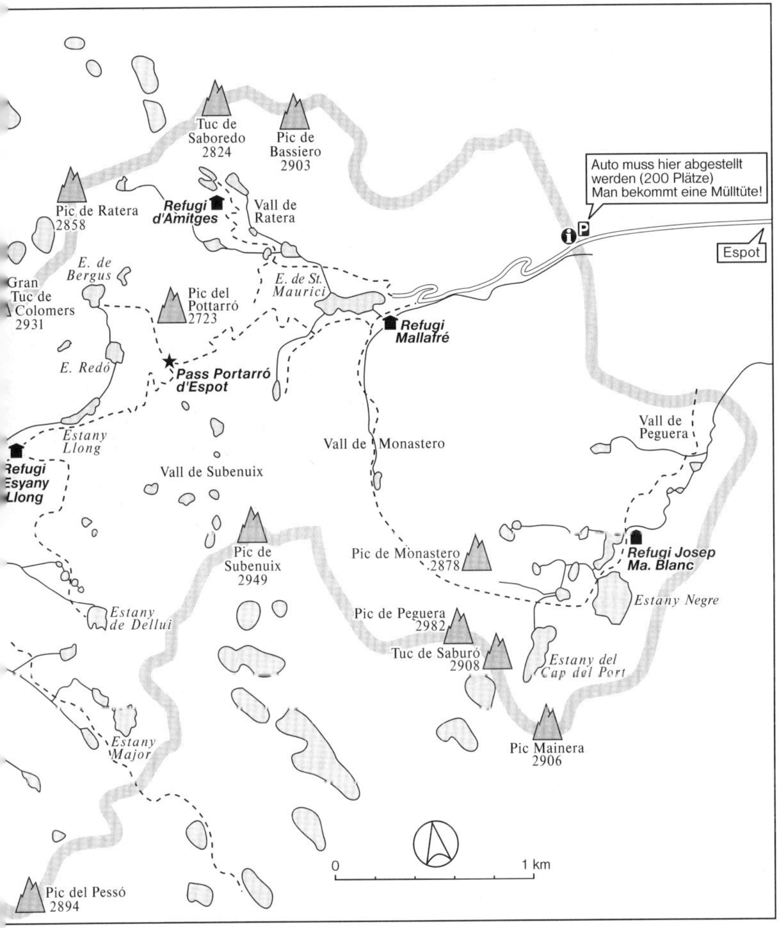

Praktische Informationen

Information

- Im Sommer gibt es in Espot und in Boí spezielle ***Park-Informationen.***

Verkehrsverbindungen

- Am einfachsten gelangt man von ***Espot*** aus in den Park: Eine asphaltierte Straße führt direkt bis zum Parkplatz am Eingang des Naturschutzgebietes. Dort erhält man eine Plastiktüte, in der Müll gesammelt werden kann. ***Gelände-Taxis*** fahren von Espot aus sogar noch weiter in den Park hinein. Auf diesen Service sollte man allerdings nur zurückgreifen, wenn man sich einen Spaziergang nicht zutraut. Die vorbeirauschenden, knatternden Autos können nämlich ganz schön nerven!

● Im ***Boí-Tal*** zweigt zwischen den Orten Erill la Vall und Caldes de Boí ein knapp 1 km langes Sträßchen ab, das zu einem Parkplatz und einer (im Sommer geöffneten) Informationsstelle führt. Von hier erreicht man zu Fuß den östlichen Teil des Nationalparks mit seinen verzweigten Flussläufen und Bächen, den sogenannten Aigües-Tortes. Wer in den Park nicht zu Fuß gehen will, muss sich von Boí aus (siehe dort) ein Jeep-Taxi nehmen.

Wandern im Nationalpark Aigües Tortes

Wer nur bis zu den Sehenswürdigkeiten nahe der Parkeingänge (Aigües Tortes im Westen, Sant-Maurici-See im Osten) vordringt, benötigt keine besondere Ausrüstung. Für alle, die die Region aber näher kennenlernen möchten, empfiehlt sich unbedingt eine ***Wanderkarte,*** die sowohl in Espot als auch im Boí-Tal erhältlich ist.

Der Estany de Sant Maurici

Im Gebiet Aigües Tortes

Das wunderschöne Gebiet Aigües Tortes im ***Westen des Parks,*** das man vom ***Boí-Tal*** aus erreicht (siehe dort), gleicht einem Netz aus Bächen. Hier beginnt der Fußweg durch das leicht ansteigende Tal ***Sant Nicolau,*** von dem nach etwa 1 km ein alternativer Pfad zu den Seen rund um den ***Estany Dellui*** abzweigt. Bleibt man jedoch auf dem Hauptweg im Tal, erreicht man nach einer knappen Stunde die ***Prats d'Aiguadaci,*** wo mehrere kleine Brücken eine Ansammlung von Bächen überqueren. Ca. 20 Minuten später gelangt man zum ***Estany Llong,*** dessen gleichnamige, bewirtschaftete ***Berghütte*** herrlich gelegen ist. Nur noch ein Katzensprung ist es von hier bis zum sehenswerten ***Redó-See.***

Zum Sant-Maurici-See und weiter zum Estany Ratera

Für den Weg zum ***Sant-Maurici-See*** und dem nahegelegenen *Refugi Ernest Mallafré* benötigt man vom Parkplatz am östlichen Taleingang nur etwa eine Stunde. Der Weg verläuft zum Teil auf einer asphaltierten Straße, teilweise aber auch durch herrliche Wiesen, auf denen die Schmetterlinge von einer bunten Blüte zur nächsten flattern. Der See selbst verliert durch die Staumauer aber leider einiges von seinem Charme. Von hier steigt ein breiter, steiniger Pfad bergan zu den ***Amitges-Seen*** (2 Stunden; ausgeschildert) mit der dazugehörigen, über 2.400 m hoch gelegenen ***Berghütte*** und führt von dort weiter zum ***Estany Ratera.*** An der Strecke bieten sich tolle Ausblicke, im

Sommer gehört der Weg aber zu den meistfrequentierten im gesamten Naturschutzgebiet. Wer Ruhe sucht, sollte sich besonders im August für eine andere Route entscheiden.

Durchquerung des Parks

Auf der klassischen und abwechslungsreichen Strecke über den ***Portarró d'Espot*** können Wanderer mit einer einigermaßen guten Kondition den Nationalpark in gut sechs Stunden durchqueren. Allerdings ist zu bedenken, dass es von der Parkgrenze bis zu den Orten Espot oder Boí noch einige Kilometer sind, die ebenfalls eine gewisse Zeit in Anspruch nehmen. Auf jeden Fall muss man eine Übernachtung in einem der Orte einplanen, um dann am nächsten Tag mit dem Bus und einem Taxi zum Ausgangspunkt - und damit zum eigenen Fahrzeug - zurückzugelangen. Für Reisende, die ohnehin mit öffentlichen Verkehrsmitteln unterwegs sind, trifft dies natürlich nicht zu.

Unterkunft

In sechs bewirtschafteten Berghütten können Wanderer eine Mahlzeit einnehmen und übernachten.

- ***Refugi Ernest Mallafré,*** etwas abseits des Estany Sant Maurici.
- ***Refugi d'Amitges,*** bei den Amitgesseen.
- ***Refugi Estany Llong,*** am gleichnamigen See.
- ***Refugi Josep Maria Blanc,*** am Estany Tort de Paguera im Südosten des Parks.
- ***Refugi Ventosa i Calvell,*** nordöstlich des Cavallers-Sees im oberen Boí-Tal.
- ***Refugi Besiberri,*** an der westlichen Grenze des Parks.

Llavorsí und das Vall de Cardós

Llavorsí

19 km nordöstlich von Esterri d'Àneu befindet sich das Dorf Llavorsí am Zusammentreffen des Àneu-Tales und des Vall de Cardós. Von seiner Bestimmung als Ort der Viehhaltung zeugt heute noch ein großer Schäferhunde-Wettbewerb, der alljährlich im August stattfindet. Ein besonderer Zweig des Tourismus hat die sympathische Gemeinde in den vergangenen Jahren aber entscheidend verändert: Llavorsí entwickelte sich gemeinsam mit dem 12 km entfernten Sort zu einem der gefragtesten ***Rafting- und Kanu-Zentren*** der gesamten Pyrenäen. Der besonders im Frühjahr wilde Río Noguera Pallaresa eignet sich hier sehr gut für abenteuerliche Schlauchbootfahrten stromabwärts. Die Kanusportler nutzten die natürlichen Begebenheiten und errichteten einen wettbewerbsfähigen Parcours.

Vall de Cardós

Bei Llavorsí liegt der Eingang zum vom Grün der Wiesen und Bäume bestimmten Vall de Cardós, einem beliebten Ausflugsziel spanischer Urlauber. Die Straße verläuft am Flüsschen Noguera de Cardós entlang und passiert nach 8 km ***Ribera de Cardós,*** das Hauptdorf des Tales. Das 150 Einwohner zählende Örtchen, dessen ***Kirche Santa María*** mit ihrem lombardischen Turm an die Gotteshäuser im Boí-Tal erinnert, besitzt mehrere Rafting-Anbieter sowie eine Reihe an Unterkünften.

Letzter Ort des Tales ist ***Tavascan,*** 20 km nördlich von Llavorsí, mit einer hübschen Brücke und einigen Loipen für Skilangläufer. Hier beginnen zwei reizvolle ***Wanderstrecken:*** Die rech-

Rafting – ein feucht-fröhliches Vergnügen

te verläuft am Río de Lladorre, dem Oberlauf des Cardós, entlang zu den nordöstlich gelegenen ***Romedo-Seen*** und dem großen ***Estany de Certascan.*** Hier findet man in einer bewirtschafteten Berghütte ein Lager für die Nacht. Der linke Pfad führt von Tavascan über den Weiler ***Noarre*** zu den ***La-Gallina-Seen*** im Schatten des majestätischen ***Mont Roig*** (2.864 m).

Praktische Informationen

Unterkunft

- ***Hotel Lamoga*** €€€ in Llavorsí, Tel. (973) 622006. Freundliches Hotel mit gutem Restaurant (Menü ab 10 €). Zur Hochsaison Halbpension obligatorisch.
- ***Hotel Cardós*** €€€ in Ribera de Cardós, Tel. (973) 623100. Erstaunlich großes Hotel mit gepflegten Zimmern und Aufenthaltsräumen.
- ***Hostal Cal Quet*** €€ in Ribera de Cardós, Tel. (973) 623124. Preiswerteste Unterkunft im Ort, dennoch ordentlich.
- ***Camping La Borda del Pubill,*** bei Ribera de Cardós, Tel. (973) 623088. Mit einigen Freizeitangeboten, unter anderem Minigolf.

Verkehrsverbindungen

- Täglich ein ***Bus*** von Llavorsí durch das Vall d'Aran zur französischen Grenze (12.34 Uhr), ein weiterer über La Pobla de Segur und Tremp nach Barcelona (13.56 Uhr).

Weitere Reisetipps

- Wer ***Rafting*** kennenlernen möchte, sollte sich in Llavorsí in ein solches Schlauchboot setzen – am besten zwischen April und Juni. Mehrere Agenturen, auch im Vall de Cardós, organisieren den feuchten Spaß. Ein breitgefächertes Programm bietet *Rafting Llavorsí,* C. Vall d'Aran, Tel. (973) 622158. Hier kann man auch Fahrten mit dem ***Kayak,*** dem ***Hydrospeed*** oder dem ***Bus-Bob,*** einem wurstförmigen Schlauchboot, buchen. Die Rafting-Tour ist ab ca. 30 € zu haben.

Vallferrera

Erheblich ruhiger als im Vall de Cardós geht es im östlich davon verlaufenden Vallferrera zu, in das eine Straße zwischen Llavorsí und Ribera de Cardós abzweigt. Das malerische Tal gilt nicht zuletzt aufgrund seiner Lage zu Füßen des ***Pic d'Estats*** (3.145 m), dem höchsten Berg Kataloniens, als traditionelles Ziel von ***Hochgebirgswanderern.*** Trotzdem veränderte sich hier in der Vergangenheit nur wenig: Noch immer wird das Tal von Fichten-, Tannen- und Birkenwäldern sowie den pittoresken, kleinen Dörfern geprägt. Der Gesamteindruck kann leicht mit einem Wort umschrieben werden: verschlafen!

Die hiesigen ***Eisenvorkommen,*** die seit dem Mittelalter über Tage abgebaut wurden, gaben dem Vallferrera seinen Namen. Wie die hübschen Steinhäuser weisen auch die ehemaligen Schmieden mit den von Steinplatten bedeckten Dächern den typischen Baustil des Hochgebirges auf.

Am nördlichen Ende der Straße liegt ***Areu,*** das größte Dorf des Tales – wenn man bei 100 Einwohnern von Größe sprechen kann. Zweifellos besitzt der Ort mit einer Bar, einem Laden und der kleinen Kirche aber mehr als nur einen Hauch von Idylle. Die geschichtsträchtige ***Mühle*** am Rande des Dorfes fungiert heute als ***Museum,*** in dem die traditionelle Art der Holzverarbeitung gezeigt wird.

- Besichtigt werden kann das historische Gebäude im Juli täglich 11–13 und 17–19 Uhr, im August täglich 17–19 Uhr, samstags auch 11–13 Uhr sowie im September nur samstags 11–13 und 17–19 Uhr. Eintritt: 2 €.

Etwa vier Stunden dauert die Wanderung von Areu am Fluss entlang zum bewirtschafteten ***Refugi Vall Ferrera.*** Von dort können erfahrene Berggänger in rund fünf Stunden bis zum Gipfel des Pic d'Estats gelangen. Der Berg, den sogar der Dichter *Jacint Verdaguer* im 19. Jahrhundert erklomm, hat bei den Katalanen auch heute noch eine große Bedeutung.

Unterkunft

- ***Hostal Vallferrera*** €€ in Areu, Tel. (973) 629057. Kleines, sehr familiäres Hostal.
- ***Camping Pica d'Estats*** in Areu, Tel. (973) 624347. Ordentlicher Platz in schöner Lage, mit Pool und Restaurant.

Verkehrsverbindungen

- Beim Dorf ***Alins,*** in der Mitte des Tales, zweigt eine größtenteils nichtasphaltierte ***Piste nach Andorra*** ab. Wer es nicht eilig hat und seinem Auto einiges zutraut, kann auf diesem Wege in den Zwergstaat gelangen.

Sort

Die Möglichkeiten, die der ***Río Noguera Pallaresa*** Kanufahrern bei Sort bietet, seien einmalig in Europa. So lautet zumindest der Tenor in dem 1.800 Einwohner zählenden Städtchen an der Kreuzung der C 147 und der N 260 nach La Seu d'Urgell. Ob es nun tatsächlich keine besseren Strecken auf dem Kontinent gibt, sei dahingestellt; zweifellos ist der Fluss hier aber ein Glücksfall für ***Rafting-Anhänger*** und ***Kanuten.***

Schon früh besaß der Ort, noch heute Kreisstadt und kommerzieller Mittelpunkt der Region, größere Bedeutung als die umliegenden Gemeinden. Die Herrscher der historischen ***Grafschaft Pallars Sobirà*** ernannten Sort zu ihrer Hauptstadt und ließen im 11. Jh. eine Burg erbauen, von der aber nur die Ruinen übriggeblieben sind.

Aber nicht die Wassersportmöglichkeiten oder seine Geschichte machten den Ort in den späten 1990er Jahren in ganz Spanien berühmt, sondern ein gewöhnlicher Kiosk. Dieser verkaufte - wie tausende andere im Land auch - Lose für die staatliche Weihnachtslotterie. Als sich größere Gewinne häuften, glaubte man, die goldene Hexe, die dem Kiosk seinen Namen gab, sei dafür verantwortlich. Fortan strömten die Menschen scharenweise in den Pyrenäen-Ort, um das große Geld mit den hier erworbenen Losen zu machen. Und es funktionierte: Treffer für umgerechnet 25 Millionen Euro wurden angeblich schon gezogen. Dass die Chance auf einen Gewinn angesichts der immensen Anzahl der verkauften Lotteriescheine statistisch gesehen steigen muss, scheint dabei kaum jemanden zu interessieren. Da Sort aus dem Katalanischen übersetzt zudem „Glück" bedeutet, ist ein Ende der Erfolgsserie nicht in Sicht. Den (mittlerweile wohlhabenden) Besitzer der - nach eigener Aussage - erfolgreichsten Losbude der Welt freut's genauso wie die anderen Geschäftsleute: Die Hexenpuppe als Souvenir ist längst ein Verkaufsschlager.

Praktische Informationen

Information

- ***Touristeninformation*** an der Hauptstraße, Tel. (973) 621002.

Der Skitourismus verschwand, die Landwirtschaft blieb: Llessui

Unterkunft

- ***Hotel Pey*** €€€€, Avda. Monteserrat 10, Tel. (973) 620254. Modernes, komfortables Haus der Mittelklasse.
- ***Camping Borda d'en Farreró*** in Montardit, Tel. (973) 620250, besitzt Fußball- und Volleyballfeld, Tischtennisplatten und Schwimmbecken.

Verkehrsverbindungen

- Täglich ein ***Bus*** ins Val d'Aran (12.20 Uhr) und über La Pobla de Segur nach Barcelona (14.10 Uhr).

Llessui

Skitourismus und ein schönes Ortsbild scheinen sich in den Pyrenäen wirklich nur schwer unter einen Hut bringen zu lassen. In Llessui, in den Bergen über Sort gelegen, ging der Versuch auf jeden Fall schief. Schon 1988 schloß die kleine ***Skistation*** des Dorfes ihre Pforten. Auch ein letzter Versuch, dem Abfahrtsgebiet noch einmal Leben einzuhauchen, scheiterte vor einigen Jahren auf tragische Weise. Der Unternehmer, der die Lifte wieder zum Laufen bringen wollte, verunglückte im Vall d'Aran tödlich - beim Ski fahren.

Unterkunft

- ***Pension Andreva*** €€, Tel. (973) 621723. Kleiner Familienbetrieb mit Bar.

Essen und Trinken

- Im sehr guten Restaurant ***El Piqall*** widmet man sich vollends der katalanischen Küche. Spezialitäten sind Lamm- und Schweinefleisch.

Gerri de la Sal

12 km hinter Sort liegt Gerri de la Sal, dessen Name bereits viel über das Dorf aussagt: Seit jeher nutzen die Bewohner eine Quelle zur ***Salzgewinnung.*** Von der Hauptstraße aus sind noch einige intakte ***Salinen*** zu sehen, die terrassenförmig nahe am Fluss errichtet wurden. Einst unterstand die Salzgewinnung den Äbten

Blick von Gerri de la Sal auf das Benediktinerkloster Santa Maria

des hiesigen ***Benediktinerklosters Santa Maria,*** das bereits zu Beginn des 9. Jh. erstmalig Erwähnung fand. Von dem ehemaligen Gebäudekomplex auf der anderen Seite des Río Noguera Pallaresa ist die ***Kirche*** (12. Jh.) erhalten geblieben, ein brillantes romanisches Bauwerk mit einem auffälligen, stufenförmig angelegten Glockenturm.

Unterkunft

- ***Camping Pallars Sobira,*** ungefähr 5 km nördlich im Dorf Baro gelegen, Tel. (973) 662033.

Der Congost de Collegats

Von Sort verläuft die N 260 nach Süden Richtung La Pobla de Segur und führt dabei durch die ***wilde Felsenschlucht*** Congost de Collegats, die - nicht nur wegen der rötlichen Farbe - dem amerikanischen Monument-Valley entliehen scheint. Der Río Noguera Pallaresa bahnte sich seinen Weg durch die Kalksteinformationen und erschuf dabei bizarre Stalaktitenfelsen wie den ***Roca de l'Argenteria.*** Von der zerklüfteten Landschaft ließ sich schon der Architekt *Gaudí* inspirieren, der die hier gesehenen Formen unter anderem beim Entwurf der weltberühmten Kirche Sagrada Familia in Barcelona verwendete. Da die Straße durch Tunnel führt und so oft der Blick auf die Felsen versperrt wird, sollte man zumindest ein Stück auf dem Fußweg am Fluss entlanggehen, zumal das wunderbar klare Wasser zu einem (Fuß-)Bad einlädt.

La Pobla de Segur

Das Städtchen am Zusammenfluss des Río Noguera Pallaresa und des Río Flamicell besitzt eine lange Tradition als Hochburg der ***Flößer,*** die die Baumstämme aus den waldreichen Gebieten im Norden zu sogenannten *Rais* zusammenbanden und diese stromabwärts in die Ebene lenkten. An die harte Arbeit, die heute durch den Transport durch LKWs überflüssig geworden ist, erinnert das ***Museu dels Raiers*** am Río Noguera Pallaresa.

- Das Museum kann vom 1. Juli bis zum 15. September montags bis samstags von 11 bis 13 und von 18 bis 20 Uhr sowie ganzjährig samstags und sonntags von 11 bis 13 Uhr besichtigt werden. Der Eintritt beträgt 1,20 €.

Die größte Feier in La Pobla de Segur, das ***Fest der Raiers,*** hängt ebenfalls mit der Tätigkeit der Flößer zusammen: Alljährlich steuern Männer des Ortes am ersten Julisonntag unter großer Kraftanstrengung die langen Holzgefährte durch die Stromschnellen des Flusses. Angesichts dieser abenteuerlichen Fahrten erscheint Rafting beinahe wie ein gemütlicher Bootsausflug.

Den sehenswertesten Gebäudekomplex bilden der burgähnliche ***Torre Mauri,*** der heute als Rathaus dient, sowie nebenan die ***Moli de L'Oli.*** Diese ehemalige Ölmühle wurde 1904 von *Ramon Mauri* entworfen und beherbergt heute eine Kunstausstellung.

Praktische Informationen

Information

- ***Touristenbüro*** in der Avinguda Verdaguer 35, neben der Moli de L'Oli, Tel. (973) 680257. Hier erhält man auch Auskünfte über das Vall Fosca.

Unterkunft

- ***Can Solé*** €€€, Avinguda Estació 44, Tel. (973) 680452, ist das komfortabelste Hostal der Stadt. Alle Zimmer mit eigenem Bad.
- ***Camping Collegats,*** an der N 260 Richtung Sort, Tel. (973) 680714. Moderner Platz mit diversen sportlichen Angeboten wie Volleyballfeld, Basketballkörben und Tischtennisplatten.

Verkehrsverbindungen

- Trotz der geringen Größe ist La Pobla ein echter ***Verkehrsknotenpunkt.*** Täglich fahren ***Busse*** nach Lleida (6.30 Uhr), Barcelona (6.30 und 14.55 Uhr), Esterri d'Àneu (11.50 und 18.20 Uhr) sowie ins Vall Fosca (17.15 Uhr), ins Boí-Tal (9.30 Uhr), nach El Pont de Suert (9.30 Uhr) und ins Val d'Aran (11.50 Uhr). Hierbei handelt es sich um die Abfahrtszeiten im Sommer, die im Winter durchaus etwas anders aussehen können. Genauere Informationen im Touristenbüro.
- Vom Bahnhof fahren täglich drei ***Züge*** nach Lleida (6.15, 12.26 und 18 Uhr).

Das Vall Fosca

Während sich das Vall de Boí in den vergangenen Jahren immer mehr dem Tourismus öffnete und die meisten Menschen dort mittlerweile von den Reisenden leben, blieb im 20 km weiter östlich verlaufenden Fosca-Tal so ziemlich alles beim alten. Bei den meisten der ohnehin nicht übermäßig zahlreichen Besucher handelt es sich um Kurzurlauber, die einen eintägigen Abstecher in das Tal machen, um die von Gletschern geschaffene ***Seenlandschaft im Norden*** zu erwandern. Tatsächlich wirkt das Vall Fosca eher gemütlich denn spektakulär, und auch die Kirchen zeichnen sich mehr durch Niedlichkeit als durch kunsthistorische Bedeutung aus. Insbesondere für Wanderer lohnt der Aufenthalt aber, zumal man hier bestens Ruhe tanken kann.

Die Straße in das beschauliche Tal zweigt beim Dorf ***Senterada*** von der N 260 ab, die von El Pont de Suert nach La Pobla de Segur führt. Vorbei an einigen Weilern erreicht man nach etwa 13 km das Hauptdorf ***La Torre de Capdella.*** Neben der Kirche Sant Martí gibt es eigentlich nicht viel zu sehen; allerdings sollte man die Gelegenheit nutzen und in dem Lebensmittelgeschäft den bekannt guten Käse der Gegend erstehen.

7 km weiter nördlich liegt das winzige Dorf ***Capdella,*** dessen Kirche auf einer Erhebung thront und das Tal von dort aus zu überwachen scheint. Auf jeden Fall sollte man den Wagen vor dem Örtchen abstellen und einen kurzen Bummel durch die gemütlichen Gassen unternehmen – die Atmosphäre ist einfach urig.

Obwohl einige Landkarten die Existenz dieser Strecke verschweigen, führt von Capdella eine 6 km lange Straße nach Norden zum ***Stausee Sallente.*** An der Staumauer angekommen, bieten sich zwei Alternativen, um in das oberhalb gelegene Seengebiet zu gelangen. Entweder wählt man den Fußweg oder man lässt sich mit einer ***Seilbahn*** (Hinfahrt 9 und 15 Uhr, Rückfahrt 13 und 18 Uhr) bis zum ***Estany Gento*** hin-

Inspirationsort für Gaudí: der Congost de Collegats

aufschaukeln. Die zweite Möglichkeit ist sicherlich die originellere, da man aus der Gondel bestens die Bergwelt überblicken kann, allerdings erweist sich dieser Spaß als relativ teuer: Die einfache Fahrt kostet 4 €, für Hin- und Rückweg muss man 7 € bezahlen.

Der Estany Gento zählt mit den hier installierten Rohren und Maschinen sicherlich nicht zu den schönsten Gewässern dieser vegetationsarmen Gegend. Primär regelt er den Wasserstand zahlreicher Seen, mit denen er durch unterirdische Leitungen verbunden ist. Von hier verläuft ein Wanderweg unter anderem zum ***Colomina-See,*** aus dessen rauher Umgebung sich die bewirtschaftete ***Berghütte Colomina*** abhebt. Das hübsche Holzgebäude bietet 50 Gästen Platz und kann es an Schönheit mit allen anderen *Refugis* aufnehmen.

Praktische Informationen

Information

- Infos über das Vall Fosca erhält man entweder im Rathaus von La Torre de Capdella, Tel. (973) 663001, oder im ***Touristenbüro von La Pobla de Segur.***

Unterkunft

- ***Hotel Vall Fosca*** €€€€ in Molinos, 2 km südlich von La Torre de Capdella, Tel. (973) 663024. Solides Mittelklassehotel mit großem Garten und Pool, geöffnet allerdings nur zu Ostern und von Mitte Juni bis Mitte Oktober. Die freundliche Chefin spricht Deutsch.
- ***Hostal Leo*** €€, 2 km südlich von Capdella, Tel. (973) 663157. Gutes Hostal mit zivilen Preisen. Auf der Speisekarte des kleinen Restaurants stehen regionale Spezialitäten, unter anderem frische Forellen.

Josa de Cadí im Naturpark Cadí-Moixeró

- ***L'Alberg de la Torre*** € in La Torre de Capdella ist eine einfache Herberge mit Vier- bis Achtbettzimmern. Im August liegen die Preise recht hoch, den Rest des Jahres kann man hier günstig unterkommen.
- ***Camping Vall Fosca,*** am Ortsausgang von La Torre de Capdella, Tel. (973) 663002.

Verkehrsverbindungen

- Im Sommer montags, mittwochs und freitags, im Winter von Montag bis Freitag jeweils ein ***Bus*** (8 Uhr) nach La Pobla de Segur. Der Bus aus La Pobla startet dort um 17.15 Uhr und erreicht Capdella um 18.10 Uhr.

Weitere Reisetipps

- Im Hotel *Vall Fosca* kann man ***Rafting- und Canyoning-Touren*** sowie ***Bungeesprünge*** buchen.

Südlich von Andorra

Die Region südlich des Zwergstaates Andorra zeichnet sich durch ihre Kontraste aus. Zum einen findet man weitgehend menschenleere Landstriche mit einer unberührten, zauberhaften Natur. Andererseits gibt es aber auch die Städte ***La Seu d'Urgell*** und ***Puigcerdà,*** deren Größe und Lebhaftigkeit - kommt man aus westlicher Richtung - beinahe wieder einer gewissen Gewöhnung bedürfen.

Mittelpunkt des Gebietes ist der Gebirgszug ***Serra de Cadí,*** der in Ost-West-Richtung verläuft und durch den weiten Einschnitt des Rio Segre vom Hauptkamm der Pyrenäen abgetrennt wird. Gemeinsam mit der östlich anschließenden ***Serra de Moixeró*** bildet die Serra de Cadí einen reizvollen Naturpark, der bei weitem nicht so stark besucht wird wie die Nationalparks Ordesa oder Aigües Tortes.

Im Nordwesten der Serra de Cadí liegt La Seu d'Urgell, dessen Kathedrale zu den bedeutendsten Bauwerken der katalanischen Pyrenäen zählt. Der Bischofssitz lohnt einen Besuch aber auch wegen der Altstadt mit ihren engen Gassen und sehenswerten Bürgerhäusern.

Von La Seu d'Urgell erreicht man sowohl Andorra als auch die ***Cerdanya,*** die Fortsetzung des Hochtals, das in Frankreich Cerdagne heißt. Hier grenzen die drei Provinzen Lleida, Barcelona und Girona aneinander.

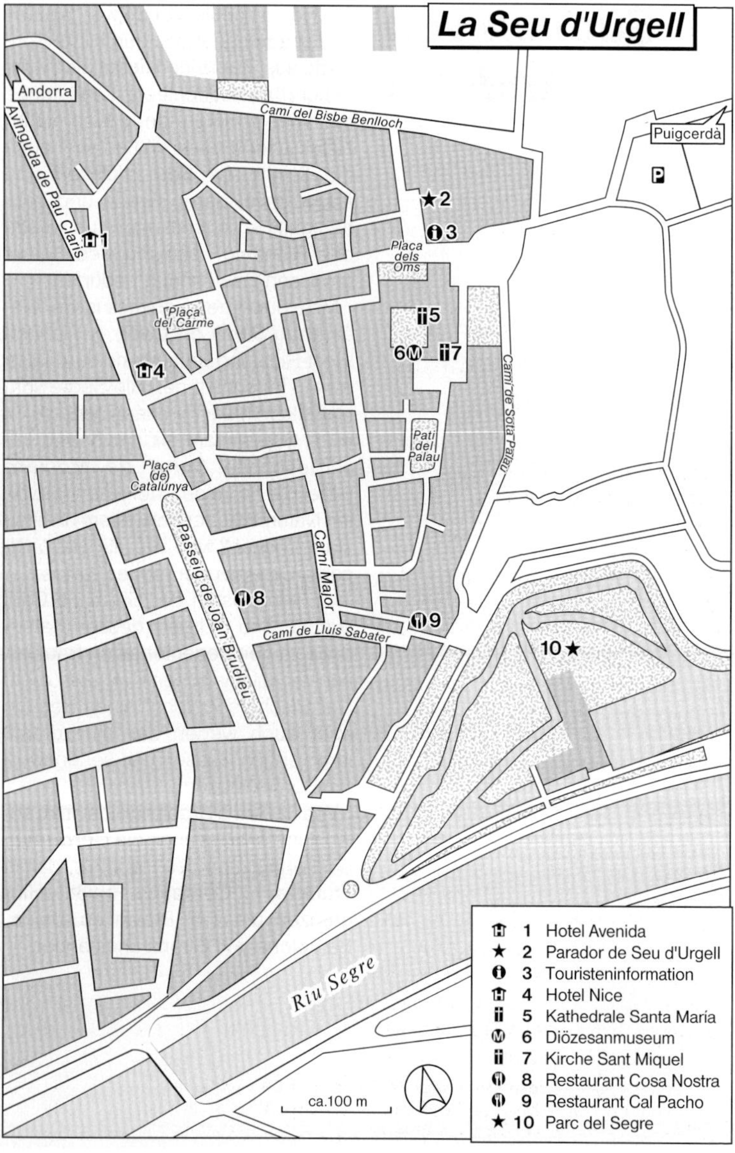
La Seu d'Urgell
Andorra
Avinguda de Pau Claris
Camí del Bisbe Benlloch
Puigcerdà
P
Plaça dels Oms
Plaça del Carme
Camí de Sota Palau
Pati del Palau
Plaça de Catalunya
Passeig de Joan Brudieu
Camí Major
Camí de Lluís Sabater
Riu Segre
ca.100 m
1 Hotel Avenida
2 Parador de Seu d'Urgell
3 Touristeninformation
4 Hotel Nice
5 Kathedrale Santa María
6 Diözesanmuseum
7 Kirche Sant Miquel
8 Restaurant Cosa Nostra
9 Restaurant Cal Pacho
10 Parc del Segre

La Seu d'Urgell

(span. *Seo de Urgel*)

Gelegen in einem fruchtbaren, weiten Tal am Zusammenfluss von Valira und Segre, genießt La Seu d'Urgell (10.000 Einwohner) seit langer Zeit eine besondere Stellung. Die ***Hauptstadt der Region Alt Urgell*** zählt zu den ältesten Städten Kataloniens und stellt seit jeher das ***administrative und kommerzielle Zentrum*** des Gebietes dar. So findet alljährlich im Oktober die ***Sant-Ermengol-Messe*** statt, bei der Handwerker und Händler aus den gesamten Pyrenäen ihre neuesten Errungenschaften vorstellen.

Dennoch ist das Treiben in der Innenstadt nicht mit dem Einkaufsrummel im nahen Andorra zu vergleichen. In den Straßen und Gassen der ***Altstadt*** herrscht eine freundlich-geschäftige Atmosphäre, besonders, wenn dienstags und samstags der Markt stattfindet. Dort werden unter anderem die landwirtschaftlichen Produkte der Umgebung angeboten, die einen ausgezeichneten Ruf genießen. Vor allem der Käse ist ein Gedicht!

Eine lange Tradition besitzt der ***Kanusport,*** der seit Jahrzehnten auf den Flüssen Valira und Segre praktiziert wird. Große Wettbewerbe wie Europapokalläufe oder spanische Meisterschaften verschafften La Seu d'Urgell schon früh einen Namen unter Kennern der Szene. Internationales Renommee erlangte der Ort jedoch erst 1992: Im neugeschaffenen ***Parc del Segre*** fanden die Wildwasserwettbewerbe der Kanuten bei den Olympischen Spielen statt – die Sportwelt blickte in die Pyrenäenstadt.

Und auch 1999 stand wieder ein sportlicher Höhepunkt auf dem Programm, als in ***La Seu d'Urgell*** die Kanuten ihre Weltmeister kürten.

Geschichte

La Seu d'Urgell kann auf eine lange und bewegte Vergangenheit zurückblicken. Bereits im ***6. Jh.*** war das 1 km entfernte Castellciutat ***Bischofssitz,*** der im ***9. Jh.*** – nachdem die Mauren vertrieben waren – nach La Seu d'Urgell verlegt wurde. Der Ort gewann zunehmend an Bedeutung, die ***1133*** einen vorläufigen Höhepunkt erreichte, als alle Rechte über die Täler von Andorra an die Bischöfe von La Seu d'Urgell fielen. Nachdem die Stadt in einige kriegerische Auseinandersetzungen mit ihren Nachbarn verwickelt war, teilten sich die kirchlichen Würdenträger seit dem ***8. September 1278*** die Feudalrechte über Andorra mit den Grafen von Foix. Diese wurden später vom französischen König und – nach der Auflösung der Monarchie im Nachbarland – vom französischen Staatspräsidenten abgelöst. Auch wenn Andorra mittlerweile seine Selbstständigkeit proklamierte, besitzt der hiesige Bischof noch ***heute*** den – allerdings nur repräsentativen – Titel „Co-Prince von Andorra".

Sehenswertes

Die kulturelle Attraktion schlechthin ist die ***Kathedrale Santa María,*** an deren Platz bereits 839 eine Kirche mit demselben Namen stand. Zu Beginn des 11. Jh. begann man mit dem Neubau, der aber schon im darauffolgenden Jahrhundert baufällig geworden war. Zögerliche Restaurierungen folgten, bis 1175 der italienische Architekt *Raimundus Lombardus* mit der Fertigstellung der Renovierung beauftragt wurde. Der Baumeister leis-

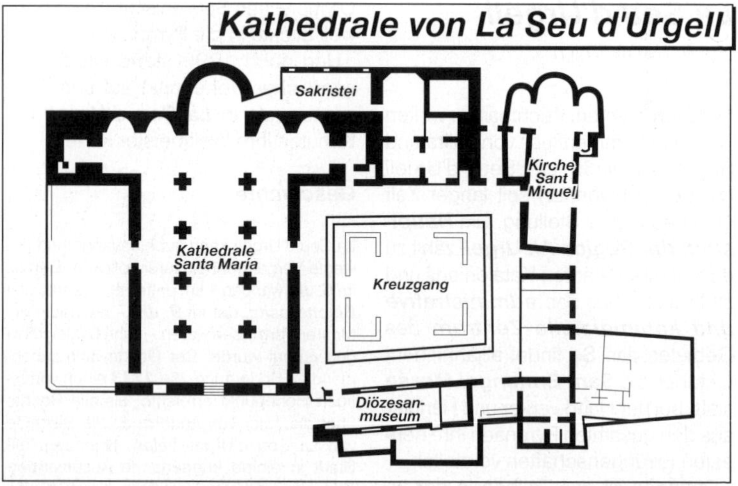

tete ganze Arbeit und ließ dabei die Stilrichtung seines Heimatlandes einfließen, so dass der Dom heute eher der italienischen als der katalanischen Romanik zugeordnet wird. Obwohl im Laufe der Zeit verschiedenste Änderungen vorgenommen wurden, zeigt die Kirche heute ihr eigentliches Gesicht: Bei einer großen Renovierung wurde zu Beginn des 20. Jh. alles wieder in den ursprünglichen Zustand versetzt.

Die dreischiffige Kathedrale besitzt ein langes Querschiff mit zwei rechteckigen, massiven Türmen. Ganz anders wirkt der grazilere Glockenturm, der mit seinen doppelten und dreifachen Fenstern stark an Gotteshäuser in Italien erinnert. Im Innern erweckt das Bauwerk trotz einiger schöner Fenster und Säulen einen eher schlichten Eindruck.

An die Kathedrale schließt sich der ***Kreuzgang*** mit verzierten Kapitellen sowie die kleine ***Kirche Sant Miquel*** (11. Jh.) an. An den Kreuzgang grenzt heute das wirklich sehenswerte ***Diözesanmuseum,*** das eine große Sammlung an Gemälden, Marienfiguren, Schriftstücken und Altären zeigt.

● Die Besichtigung von Kathedrale, Kreuzgang und Museum kostet insgesamt 2,50 € und ist möglich von Juni bis September tägl. 10–13 und 16–19 Uhr (Sonn- und Feiertage 10–13 Uhr) sowie den Rest des Jahres tägl. 12–13 Uhr (samstags und sonntags 11–13 Uhr).

Hinter der Kathedrale liegt die ***Altstadt,*** in der besonders die arkadengesäumten Straßen ***C. Canonges*** und ***C. Mayor*** eine genauere Betrachtung wert sind. Am ***Passeig de Joan Brudieu*** lässt es sich schön unter Platanen sitzen, bevor man zu einem Bummel in die angrenzende Fußgängerzone aufbricht.

Am Ufer des Segre befindet sich der olympische ***Parc del Segre,*** die künstlich erschaffene Kanustrecke.

Das hypermoderne Bauwerk verfügt unter anderem über einen mechanischen Lift, der die Boote mitsamt den Sportlern vom Ende der Rundstrecke zum höheren Startpunkt transportiert. Wem es nicht genügt, den Kanuten beim Kampf gegen die Strömung zuzuschauen, der kann hier auch Kurse im Kanu- und Hydrospeedfahren oder im Rafting belegen.

Praktische Informationen

Information

● Die größte ***Touristeninformation*** befindet sich an der Avinguda de les Valls d'Andorra 33, etwas außerhalb des Stadtkerns Richtung Andorra, Tel. (973) 351511. Weitere Auskunftsstellen gibt es im Sommer zusätzlich neben dem Parador, nahe der Kathedrale.

Unterkunft

● ***Parador de Seu d'Urgell*** €€€€€, C. Sant Domènec nahe der Kathedrale, Tel. (973) 352000. Modernes und gewohnt komfortables Hotel, in das der Kreuzgang der ehemaligen Klosterkirche Santo Domingo integriert wurde. 2002 war das Parador wegen Umbauarbeiten geschlossen, soll aber 2003 seine Pforten wohl wieder öffnen.

● ***Hotel Andria*** €€€-€€€€, Passeig Joan Brudieu 24, Tel. (973) 350300. Liebevoll eingerichtetes Haus mit Terrasse und ordentlichen Zimmern. Gutes Frühstück inklusive.

● Mehrere einfache Pensionen wie ***Pensió Jové*** €, Tel. (973) 350260, oder ***Pensió Palomares*** €, Tel. (973) 352178, bieten schlichte Doppelzimmer schon für 20 € an.

● ***Jugendherberge La Valira,*** am Ende der C. de Joaquim Viola Lafuerza im Westen der Stadt, Tel. (973) 353897.

Essen und Trinken

- Das ***Restaurant Cal Pacho,*** an einer Treppe oberhalb der Kanustrecke gelegen, offeriert ein erstklassiges Preis-Leistungs-Verhältnis: Das katalanische Tagesmenü ist bereits für etwas über 7 € zu haben und auch wer nach Karte isst, wird kein Vermögen los.
- Preiswert und dennoch gut essen - das Restaurant ***Casa Nostra,*** Passeig Joan Brudieu 20, Tel. (973) 353102, macht es möglich. Rein äußerlich sieht das Lokal zwar nach nicht viel aus, doch Speisen wie Kaninchenbraten oder Meeresfrüchte-Salat sind überdurchschnittlich gut. Und außerdem nicht teuer: Hauptgerichte sind schon ab 6 € zu bekommen.
- Viele ***Bars*** in der Altstadt bieten gute ***Tapas*** an - das Richtige für den kleinen Hunger.

Verkehrsverbindungen

- Zwischen 6.30 Uhr und 18.30 Uhr täglich fünf ***Busse*** nach Barcelona. 20 Busse steuern täglich ab 7 Uhr Andorra an. Außerdem täglich drei Busse nach Puigcerdà (9.15, 11.35 und 19 Uhr) sowie zwei nach Lleida (6.00 und 16.10 Uhr).

Ausflüge

Castellciutat

Der Ort Castellciutat war einst von größerer Bedeutung als das nur 1 km entfernte La Seu d'Urgell: Hier befand sich bis zum 9. Jh. die Kathedrale, und auch die Grafen von Urgell hatten hier früher ihren Sitz. Die ***Reste des alten Kastells,*** das *Vauban* im 18. Jh. zu einer Festung umbaute, dienen heute als Kaserne.

Von La Seu d'Urgell in die Cerdanya

Durch das weite Tal des Segre führt die ***N 260*** von La Seu d'Urgell nach Osten in die Cerdanya, der Fortsetzung des französischen ***Hochtales*** Cerdagne, das nach dem Pyrenäenfrieden von 1659 zweigeteilt wurde.

Eingerahmt wird das durchschnittlich 1.100 m hoch gelegene Tal, das parallel zum Gebirgszug verläuft, von imposanten Bergen. Im Norden ragen die Gipfel an der andorranischen und der französischen Grenze weit über 2.500 m empor, im Süden bildet die ***Serra de Cadí*** eine steinerne Wand. Hat die Cerdanya die ungewöhnlich intensive Sonneneinstrahlung mit ihrem französischen Pendant gemein, so besitzt sie doch einen provinzielleren Charakter. Abseits der Hauptstraße findet man eine Reihe kaum besuchter, verträumter Dörfer. Dennoch ist die touristische Infrastruktur recht gut: Die Cerdanya erfreut sich bei den Einwohnern Barcelonas seit jeher großer Beliebtheit als Sommerfrische, und auch die Bedeutung der ***Skiorte La Molina*** und ***Masella*** nimmt stetig zu.

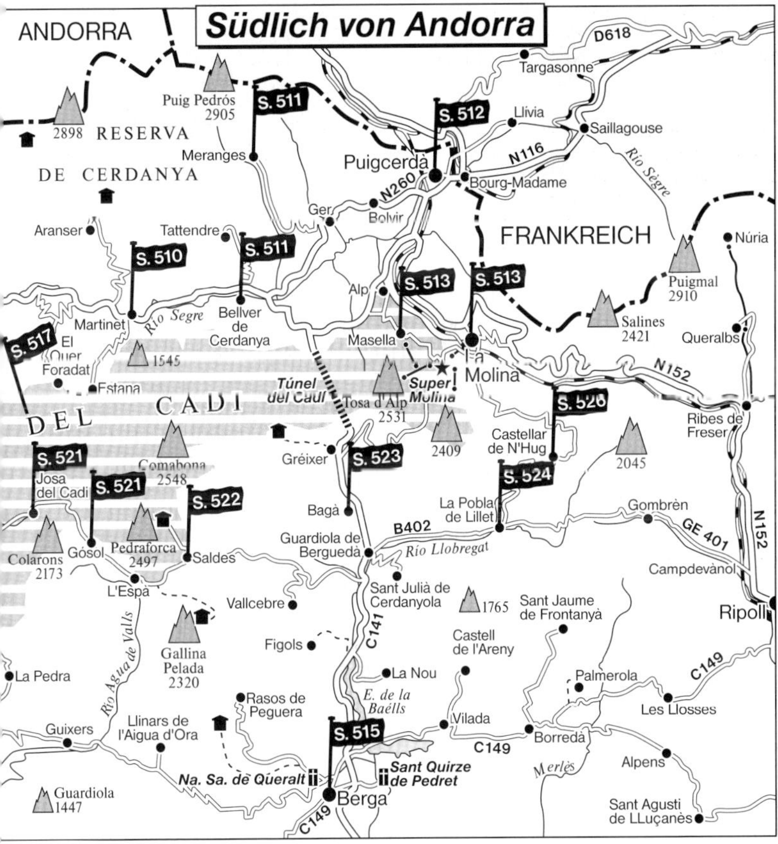

Kreuzgang und Kathedrale in La Seu d'Urgell

Hauptort des Tales ist die lebhafte Kleinstadt ***Puigcerdà*** nahe der französischen Grenze. Von hier verläuft eine 6 km lange Straße in die Exklave ***Llívia*** (siehe „Von den Pyrénées audoises in die Cerdagne").

Die ausgezeichnete ***Küche*** des Gebietes basiert auf den regionalen Erzeugnissen, wobei zu vielen Speisen Pilze serviert werden, die hier in gewaltiger Vielfalt und -zahl vorkommen. Spezialität sind außerdem Forellengerichte, da der Segre zu den forellenreichsten Flüssen Europas zählt.

Rund um Martinet

Auf halber Strecke zwischen La Seu d'Urgell und Puigcerdà liegt ***Martinet,*** wo eine schmale Straße zum hübschen Dorf ***Montella*** abzweigt. Mit den malerischen Gassen und dem Gebirgsmassiv der Serra del Cadi im Hintergrund stellt der Weiler ein Paradebeispiel für die ländlich-provinzielle Seite der Cerdanya dar.

Nördlich von Martinet befinden sich die Orte ***Lles*** und ***Arànser,*** im Winter beliebte Ziele von Skilangläufern. In Arànser beginnt ein Forstweg, der nach Norden zu den ***Estanys de la Pera,*** unweit der andorranischen Grenze führt. In der Nähe der kleinen Seen im Schatten imposanter Berge gibt es eine bewirtschaftete Berghütte mit 42 Schlafplätzen.

Essen und Trinken

- Das ***Restaurant Boix,*** an der N 260 in Martinet, Tel. (973) 515050, zählt zu den besten seiner Zunft in den gesamten katalanischen Pyrenäen. Der Koch zaubert raffinierte Köstlichkeiten, indem er die französische Nouvelle Cuisine mit der katalanischen Küche verbindet. Ein solches Feinschmecker-Menü kostet allerdings über 30 €.

Bellver de Cerdanya

Die zweitgrößte Stadt der Cerdanya (1.500 Einwohner), auf einem Hügel oberhalb des Segre errichtet, besitzt noch eine Reihe ***mittelalterlicher Relikte.*** So zählen die Überreste einer Befestigungsmauer, die Ruinen eines Schlosses, die gotische Kirche sowie der ehemalige Gefängnisturm zu den Zeugen vergangener Zeiten. Einen Blickfang bilden zudem der ***Hauptplatz*** und die historischen Häuser mit ihren hübschen Balkonen.

In dem Dorf ***Talló*** im Süden von Bellver verdient die romanische ***Kirche Santa María*** Beachtung, die den Beinamen „Kathedrale der Cerdanya" trägt.

Höhlenforscher hingegen dürften ihr Augenmerk eher auf die Umgebung von Bellver richten: Viele der hiesigen ***Grotten,*** unter anderem beim Dorf Bor, sind von speläologischem und archäologischem Interesse, da hier auch frühgeschichtliche Höhlenmalereien gefunden wurden. Geführte Exkursionen in die unterirdische Welt gibt es aber leider nicht.

Information

- ***Touristenbüro*** an der Plaza San Roc, Tel. (973) 510229.

Unterkunft

- ***Hotel Bellavista*** €€€, unterhalb des Ortes an der Durchgangsstraße, Tel. (973) 510 000. Empfehlenswertes Haus der mittleren Kategorie, Zimmer mit Balkon, Pool.
- ***Camping Solana de Segre,*** am Ortsausgang Richtung La Seu d'Urgell, Tel. (973) 510310. Großer, komfortabler Platz mit Schwimmbad, Bar und Restaurant.

Essen und Trinken

- Typische Gerichte der Berge werden im ***Restaurant Jou-Vell,*** Plaza San Roc, serviert. Menü etwa 10 €.

Verkehrsverbindungen

- Die ***Busse*** von La Seu d'Urgell nach Puigcerdà halten auch in Bellver de Cerdanya.
- 2 km hinter Bellver de Cerdanya zweigt die C 1411 von der N 260 ab und führt nach einigen Kilometern zum ***Tunnel de Cadí.*** Um nach Berga, zum Eingang des Naturparks Cadí-Moixeró oder weiter nach Barcelona zu fahren, stellt der 5 km lange Tunnel eine echte Alternative zu der kurvigen Strecke von Puigcerdà über La Molina dar. Die Zeiteinsparung lassen sich die Tunnelbetreiber aber teuer bezahlen: Die einfache Passage kostet 8,20 €!

Meranges

Beim Ort ***Ger,*** auf halber Strecke zwischen Bellver de Cerdanya und Puigcerdà, zweigt eine schmale Nebenstraße von der N 260 ab, die nach 9 km in ***Meranges*** endet. Das Dorf eignet sich gut als Ausgangspunkt für ***Wanderungen*** in der Bergwelt der Cerdanya. Ein gut gekennzeichneter und problemlos zu bewältigender Pfad führt nach Norden zur ***Schutzhütte Malniu*** (40 Schlafplätze). Von hier erreicht man auf einem halbstündigen Spazierweg den hübschen ***Malniu-See,*** dessen schattige Buchten geradewegs zu einem Picknick einladen. Erfahrene Wanderer können von hier zur Besteigung des ***Puigpedrós*** (2.905 m) aufbrechen.

Nicht einmal 15 Minuten Fußweg benötigt man, um vom Malniu-See zum kleineren ***Estany de Guils*** zu gelangen.

Unterkunft und Essen

• ***Hotel Can Borrell*** €€€€ in Meranges, Tel. (972) 880033. Kleines aber gutes Hotel mit viel Atmosphäre. Sehr gutes katalanisches ***Restaurant*** im Haus.

Puigcerdà

Wegen der Lage in einem extrem weiten Tal glaubt man sich bei einem Aufenthalt in der ***Hauptstadt der Cerdanya*** eher auf Meeresniveau denn in 1152 m Höhe zu befinden. Die Anhöhe, auf der Puigcerdà errichtet wurde, ist die einzige Erhebung in unmittelbarer Nähe - erst in einiger Entfernung sieht man die imposanten Bergzüge.

Gegründet 1177 von *Alfonso I.*, verstrickte vor allem die kaum erwähnenswerte Entfernung zur französischen Grenze den Ort in zahlreiche Kriege. Was dennoch jahrhundertelang Bestand hatte, fiel erst im 20. Jh. der Gewalt zum Opfer: Während des ***Spanischen Bürgerkrieges*** wurde der Großteil der mittelalterlichen Gebäude dem Erdboden gleichgemacht. Übriggeblieben sind nur wenige Bauwerke wie der ***Glockenturm*** der einstigen Kirche Santa María, der sich nun wie ein überdimensionaler Zeigefinger über die Stadt erhebt. Im östlichen Teil des Zentrums, am ***Passeig 10 d'Abril,*** besitzt die ***Kirche Sant Domènec*** einige sehenswerte Wandmalereien und einen Kreuzgang.

Trotz der geringen Zahl an Sehenswürdigkeiten finden seit langer Zeit viele Urlauber den Weg in den über 6.000 Einwohner zählenden Ort; und das nicht nur, weil sich das hiesige Klima positiv auf Atemwegserkrankungen auswirken soll. Puigcerdà besitzt einfach eine sympathische Atmosphäre. Wer sich nicht in eines der freundlichen Straßencafés setzt oder an den bestens ausgestatteten Geschäften entlangflaniert, hat wirklich etwas verpasst.

Information

• ***Touristenbüro*** in der C. Querol, die parallel zur C. Mayor verläuft, Tel. (972) 880542, sowie an der Ausfallstraße Richtung Barcelona, Tel. (972) 140665.

Unterkunft

Das Angebot an Unterkünften in und um Puigcerdà ist gewaltig. Die Bandbreite reicht von der vornehmsten Residenz bis zur einfachen Pension.

• ***Hotel Torre del Remei*** €€€€€ in dem Dorf Bolvir, 4 km vor Puigcerdà an der N 260, Tel. (972) 140182. Es sieht aus wie ein Traum und für die meisten Reisenden dürfte es wohl auch ein solcher bleiben: Das von einem Park umgebene Schlösschen besitzt zweifellos das gewisse Etwas. Herrliche Zimmer (nur 11 an der Zahl), wunderschöne Gartenanlagen, ein Schwimmbad und andere Vorzüge machen das *Torre del Remei* zu einem der besten Hotels Kataloniens. DZ 185 €!

• ***Hotel Del Lago*** €€€€, Av. Dr. Piguillem, Tel. (972) 881000. Grundsolides Haus mit schönem Garten und Schwimmbad.

• ***Camping Stel,*** außerhalb des Ortes an der Straße nach Llívia, Tel. (972) 882361. Sehr gut ausgestattetes Gelände; teuer.

Essen und Trinken

• Mehrere Mittelklasse-Restaurants; am preiswertesten speist man im sehr einfachen ***El***

Meson, Placa Cabrinety, wo das Menü mit Wein und Brot schon für 7,50 € zu haben ist.

- Toll sitzt man in den ***Straßencafés*** an der Pl. Herois, beispielsweise in der ***Bar Kennedy*** oder im ***Sol i Sombra.***

Verkehrsverbindungen

- Der ***Bahnhof*** liegt unterhalb des Zentrums, im Westen der Stadt. Täglich fahren sechs Züge über Ripoll nach Barcelona sowie fünf Züge ins französische Latour-de-Carol.
- ***Busse*** nach Llívia (12.26 und 20.41 Uhr), über Berga nach Barcelona (5.40 und 13.25 Uhr) und nach La Seu d'Urgell (7.30 und 17.45 Uhr).

Weitere Reisetipps

- Die Agentur *Traça Aventurate,* C. Escoles Pies 30, Tel. (972) 881960, hat ***Wandern, Klettern, Canyoning, Mountainbiking, Höhlentouren*** und Rundflüge mit dem ***Heißluftballon*** im Programm.

La Molina und Masella

An den Nordhängen des Puigllançada und der Tosa d'Alp liegen südlich von Puigcerdà die ***Skistationen*** La Molina und Masella. In Höhen zwischen 1.600 m und 2.500 m finden Skiläufer hier alles, was das Sportlerherz begehrt: Es gibt sowohl ein großes Angebot an Pisten als auch einige Langlaufloipen.

La Molina gilt als Wegbereiter des alpinen Skisports in Spanien, schon 1911 wurden hier Wettbewerbe ausgetragen. Der steigenden Nachfrage wurde man 1967 gerecht, als das Gebiet um die Station Masella erweitert wurde. La Molina, der größere der beiden Orte, besteht vornehmlich aus Chalet- und Hotelanlagen, die sich vom Tal den Berg hinauf erstrecken.

Weitere Unterkünfte existieren im Dorf ***Alp,*** einem beliebten Ferienziel am Fuße der Berge.

Unterkunft

- Die Übernachtungspreise sind allgemein sehr hoch, am günstigsten kommt man im Sommer im ***Hotel Supermolina*** €€€, Av. Supermolina, Tel. (972) 145003, unter.
- Die einzig preiswerte Unterkunft ist die ***Jugendherberge*** in La Molina, Tel. (972) 892012.

Von La Seu d'Urgell über Sant Llorenç de Morunys nach Berga

Um die Fahrt von La Seu d'Urgell nach Osten fortzusetzen, besteht neben der Strecke durch die Cerdanya noch die Möglichkeit, die Serra de-Cadí im Süden zu passieren. Diese Route nimmt zwar einen größeren Zeitaufwand in Anspruch, ist dafür aber erheblich weniger befahren und absolut wild-romantisch. Man folgt dabei zuerst der ***N 260*** (später C 1313) durch das ***Tal des Segre*** und biegt 3 km nördlich von ***Organyà*** auf die ***L 401*** ab, die über den ***Coll de Jou*** (1.480 m) schließlich ins ***Llobregat-Tal*** nach ***Berga*** führt. Landschaftlich ist besonders die 75 km lange Etappe über die kurvige Nebenstraße – ein Genuss für Motorradfahrer – ein Erlebnis: Die Felsen entlang der L 401 besitzen vielfach skurrile Formen, zudem offenbaren sich immer wieder tolle Aussichten.

Organyà

Das Tal des Segre, in der Cerdanya noch extrem weit, verengt sich südlich von La Seu d'Urgell fortwährend und wird beim ***Congost de Tresponts*** zu einer wilden Schlucht. Hat man den Engpass durchquert, kommt man in das Städtchen Organyà, das sich wegen seiner Lage an der Strecke Barcelona - La Seu d'Urgell ab dem 13. Jh. zu einem wichtigen Handelsplatz entwickelte. Während die kommerzielle Bedeutung nach und nach verebbte, erregte der Ort zu Beginn des 20. Jh. plötzlich die Aufmerksamkeit der Historiker. Im Archiv der Kirche waren Schriftstücke entdeckt worden, die sich als älteste Texte in katalanischer Sprache herausstellten. Ein Duplikat dieser ***Homilies d'Organyà*** ist in dem Rundbau im Zentrum ausgestellt, in dem sich auch die Touristeninformation befindet.

Ansonsten präsentiert sich der rund 1.000 Einwohner zählende Ort heute von einer beschaulichen Seite. In der teilweise hübschen Altstadt geht das Kleinstadtleben wie gewohnt seinen Weg - vom Tourismus ist nur wenig zu spüren.

Information

- ***Touristenbüro*** an der Pl. Homilies, Tel. (973) 382002.

Unterkunft

- ***Hostal La Cabana*** €, C. Doctor Montanyà 2, Tel. (973) 383000. Die beste Unterkunft des Ortes gehört dennoch zur einfacheren Kategorie.

Verkehrsverbindungen

- 5 km südlich von Organyà führt vom Dorf Coll de Nargó die landschaftlich sehr reizvolle ***L 511 nach Tremp.***

Sant Lorenç de Morunys

Vorbei an Schluchten und Felsen, durch scharfe Kurven und enge Tunnel, bahnt sich die L 401 ihren Weg und windet sich schließlich zum ***Coll de Jou*** hinauf. Nachdem man die Passhöhe hinter sich gelassen hat, taucht bald Sant Llorenç de Morunys auf, eingebettet in eine faszinierende Landschaft aus ungewöhnlichen Felsformationen. Das Ortsbild litt in den vergangenen Jahren etwas unter den Ferienhäusern, die wohlhabende Sommerurlauber rund um das Städtchen erbauen ließen. Neben dem Tourismus und der Landwirtschaft zählen auch eine bescheidene Gips- und Textilindustrie zu den Erwerbszweigen.

Im alten, von Stadtmauern umgebenen Zentrum lohnt ein Besuch der ***Pfarrkirche,*** die 1976 zu einem historischen und künstlerischen Monument ernannt wurde. Die ***Kapelle*** mit ihren Verzierungen und Ornamenten gilt als barockes Meisterwerk, das *Josep Pujol* 1789 fertigstellte. Zum Kirchenkomplex gehören außerdem das ehemalige ***Kloster*** im Renaissancestil und ein ***Museum,*** das prähistorische Funde, barocke Schnitzereien und Vokskunst aus der Umgebung zeigt.

Information

- Die ***Touristeninformation,*** Tel. (973) 492181, ist im August täglich, den Rest des Jahres nur an Wochenenden und während der Schulferien geöffnet.

Unterkunft

- ***Hotel Castor*** €€€, an der Straße nach La Coma, Tel. (973) 492102. Die beste Unterkunft im Ort ist mit 42 € noch erschwinglich. Die Zimmerpreise sind ebenso angemessen wie die 12 € für das gute Tagesmenü im hauseigenen Restaurant.

- ***Camping Morunys,*** an der Straße nach La Coma, Tel. (973) 492213. Mit Restaurant und Kinderspielplatz.

Essen und Trinken

- Schön sitzt man bei gutem Wetter unter den Kastanienbäumen vor dem ***Restaurant El Jardi.*** Das Lokal bietet gute katalanische Küche zu zivilen Preisen.

Ausflüge

Vom Coll de Jou geht eine Nebenstraße zur ***Skistation Port del Comte*** ab. Interessant ist die Siedlung aber nur für Sportler, die sich auf den 36 Pisten (bis 2.400 m Höhe) oder auf dem nahen ***Golfplatz*** vergnügen möchten.

Berga

Die ***Textilindustrie*** nahm im 19. Jh. im Tal des Llobregat gewaltigen Aufschwung. Diese Blüte erfasste auch Berga, das zu einer echten Stadt mit - für hiesige Größenordnungen beachtlichen - 14.000 Einwohnern heranwuchs. So wirkt der Ort im Schatten des Berges Queralt heute nicht gerade einladend, wenn man sich den modernen Außenbezirken nähert. Der historische Kern hingegen ist durchaus sehenswert und auch die guten Einkaufsmöglichkeiten lohnen einen Stop.

Die ***Altstadt*** am Fuße des ***Kastells,*** das die Grafen von Berguedà errichten ließen, besitzt einige enge Gassen, die teilweise über Treppen miteinander verbunden sind. Das Herz der Stadt bildet der ***Platz St. Pere,*** in dessen unmittelbarer Nähe ein ***Museum*** über die Geschichte Bergas informiert.

- Geöffnet nur am Wochenende von 11-14 Uhr und von 18-21 Uhr. An Werktagen in der Touristeninformation nach einer Besichtigung erkundigen.

Mit der Historie ganz Kataloniens befasst sich ein völlig anderes Bauwerk: 1987 wurde am ***Plaza de Catalunya*** ein ***Denkmal*** enthüllt, das auf 38 Steintafeln den Werdegang der Katalanen von der Steinzeit bis zum Jahr 1714 Revue passieren lässt.

Die größte Attraktion kann man aber nicht ganzjährig, sondern nur in der Fronleichnamswoche genießen: Alljährlich lockt ***La Patum,*** das größte ***Volksfest*** Kataloniens, Tausende nach Berga. Ursprünglich geht es bei der traditionellen Feier um den Kampf zwischen den Guten (Christen) und den Bösen (Mauren), doch besonders das Auftreten von Giganten, Großköpfen und anderen tanzenden und mit Feuer umherwirbelnden Figuren macht den Reiz des Festes aus. Der Höhepunkt erfolgt am Samstag, wenn ein feuerspeiender Drache die Szenerie betritt. Im Anschluss daran wird die Nacht feucht-fröhlich zum Tage gemacht.

Praktische Informationen

Information

- Touristeninformation im Zentrum, Tel. (93) 8211308. Eine große ***Auskunftsstelle für die gesamte Region*** befindet sich außerdem an der Hauptstraße C 1411 außerhalb Bergas, Tel. (93) 8221500.

Unterkunft

Das Angebot an günstigen Hotels ist recht ansehnlich, so dass normalerweise keine Probleme bei der Suche nach einer Unterkunft entstehen. Während des Festes *La Patum* gibt es in Berga aber kein freies Bett mehr - ohne Reservierung keine Chance.

- ***Hotel Estel*** €€, C. de Sant Fruitós 39, Tel. (93) 8213463. Modernes, gut geführtes Haus an der Straße nach Süden. Der Preis fürs DZ ist vollkommen gerechtfertigt.
- ***Hostal Del Guiu*** €, C. de Queralt, Tel. (93) 8210315. Eine der einfachen Pensionen im Ort. DZ ohne Bad.
- ***Camping de Berga,*** an der C 1411, Tel. (93) 8211250. Platz mit hervorragender Ausstattung, dafür extrem teuer. Ein günstiges Zimmer in einem Hostal kostet kaum mehr, als hier zu zweit sein Zelt aufzuschlagen.

Essen und Trinken

- Das ***Sala,*** Passeig de la Pau 27, ist ohne Zweifel das beste Restaurant der Stadt. Bei den katalanischen Gerichten kommen besonders Pilzfreunde voll auf ihre Kosten - selbst bei einigen Desserts werden die köstlichen, wilden Pilze der Umgebung verwendet.

Verkehrsverbindungen

- Täglich zwischen 5.45 Uhr und 17.30 Uhr sieben ***Busse*** nach Barcelona, am Wochenende weniger. Außerdem täglich mehrere Busse über Bagà nach La Pobla de Lillet sowie nach Manmresa. Zwei weitere Busse fahren täglich über Puigcerdà nach Llívia (wochentags 10.45 und 19.15 Uhr, samstags 16.45 Uhr, sonntags 21.45 Uhr.

Ausflüge

Santuari de Queralt

Den Beinamen „Balkon Kataloniens" trägt das Santuari de Queralt, etwa 6 km westlich von Berga auf dem Berg Queralt gelegen, völlig zu Recht - der ***Ausblick*** ist wirklich einmalig. Die zu dem religiösen Gebäudekomplex gehörige Kirche beheimatet eine Madonnenstatue aus dem 14. Jh., zudem gibt es hier oben auch ein Restaurant. Vom Parkplatz unterhalb des Santuari kann man die letzten Meter entweder zu Fuß oder - für „kleines Geld" - mit einem kleinen Bähnchen bewältigen.

Kirchen

In der Umgebung von Berga befinden sich einige der ältesten Kirchen Kataloniens. Die berühmteste von ihnen ist ***Sant Quirze de Pedret,*** 5 km westlich von Berga (an der Kreuzung der C 1411 ausgeschildert). Das letzte Stück bis zu dem Gotteshaus muss man zu Fuß gehen, wobei man eine wunderschöne gotische Brücke überquert. Zu großen Teilen stammt die dreischiffige, vorromanische Kirche noch aus dem 9. Jh. (!) und weist eindeutig maurische Stilelemente auf. Die Malereien von Sant Quirze werden heute im Diözesanmuseum von Solsona aufbewahrt.

Weitere, sehr alte Gotteshäuser sind die Kirchen ***Sant Vicenç d'Obiols*** im Süden von Berga und ***Sant Jaume de Frontanyà,*** die man über die C 149 Richtung Ripoll erreicht (in Borredà abbiegen).

Markantester Gipfel im Naturpark: der zweigeteilte Pedraforca

Der Naturpark Cadí-Moixeró

Sicherlich gibt es hier nicht so spektakuläre Schluchten wie im Ordesa-Nationalpark. Und solch malerische Seen wie in Aigües Tortes wird man auch vergeblich suchen. Doch der Naturpark Cadí-Moixeró zählt ebenfalls zu den attraktivsten Regionen der spanischen Pyrenäen; ohne aber die Popularität der „großen Brüder im Westen" zu besitzen. So bleiben dem Park, der sich südlich des ***Segre-Tales*** auf einer Fläche von 41.342 Hektar erstreckt, die sommerlichen Besucherscharen weitgehend erspart. Natürlich trifft man an den markanten Stellen der Schutzzone, wie dem zweigeteilten Gipfel ***Pedraforca*** (2.497 m), vor allem im Juli und im August immer einige Urlauber an. In den meisten Teilen des Parks findet der große Andrang aber nicht statt – vielfach ist man allein mit der faszinierenden Natur.

Schon 1932 erkannte man erstmals die Schutzbedürftigkeit der Cadí-Bergwelt und seiner Umgebung. Es vergingen aber mehr als drei Jahrzehnte, bis 1966 das nationale ***Jagdrevier Cadí*** gegründet und der Abschuss der hier lebenden Tiere somit stark reglementiert wurde. Am 15. Juli 1983 erklärte ein Regierungserlass die ***Gebirgszüge von Cadí und Moixeró,*** das ***Pedraforca-Massiv*** sowie große Teile von ***La Tosa d'Alp*** und ***Puigllançada*** im Osten des Landstriches schließlich zum Naturpark. Neben dem Schutz der Pflanzen- und Tierwelt verfolgte diese Maßnahme außerdem das Ziel, die im Park vorhandenen Dörfer mitsamt der traditionellen Landwirtschaft zu erhalten.

Die beiden Massive Cadí und Moixeró bilden vor dem eigentlichen Hauptkamm der Pyrenäen einen 30 km langen, in Ost-West-Richtung verlaufenden Gebirgszug, der vornehmlich aus ***Kalkstein*** besteht und eine Höhe bis zu 2.647 m (Puig de la Canal Baridana) erreicht. Vor allem die Nordseite wirkt mit ihren senkrechten und mehrere hundert Meter hohen Felswänden imposant. Doch auch die zahmere Südflanke besitzt, besonders bei dem Ort ***Josa de Cadí,*** ein unverwechselbares und faszinierendes Gesicht. Der ***Pedraforca*** im Süden der Schutzzone zählt bei Bergsteigern zu den beliebtesten Zielen Kataloniens und ist schon wegen seines zweigeteilten Gipfels nicht zu übersehen. Zu Füßen des Pedraforca erstreckt sich das ***Gresolettal,*** das aufgrund des extrem feuchten Klimas von Buchen und den in der Schutzzone häufig anzutreffenden Weißtannen bewachsen wird. Ansonsten dominieren Kiefern, wobei vor allem Wacholder den Unterwuchs darstellt.

Die ***Fauna*** setzt sich aus Tierarten zusammen, die wenig typisch für den Mittelmeerraum sind. Besonders die Gemse ist dank der Schutzbestimmungen wieder zahlreich im Cadí-Moixeró-Massiv anzutreffen. In den Sommermonaten halten sich die erstklassigen Kletterer ausschließlich in den höheren Regionen auf, während sie in den strengen Wintern bis in die Täler hinunterkommen.

Nachdem Reh und Rotwild aufgrund der extremen Bejagung in der Vergangenheit völlig verschwunden waren, zählen beide Arten mittlerweile wieder zur Tierwelt des Gebietes,

wenngleich sie immer noch recht selten vorkommen.

In den Kiefern- und Tannenwäldern leben der Schwarzspecht, das Symbol des Naturparks, und vereinzelt der Auerhahn. Weitere auffällige ***Vögel*** sind der Steinadler, der die höchsten Gefilde bewohnt, sowie das relativ häufig vorkommende Rebhuhn.

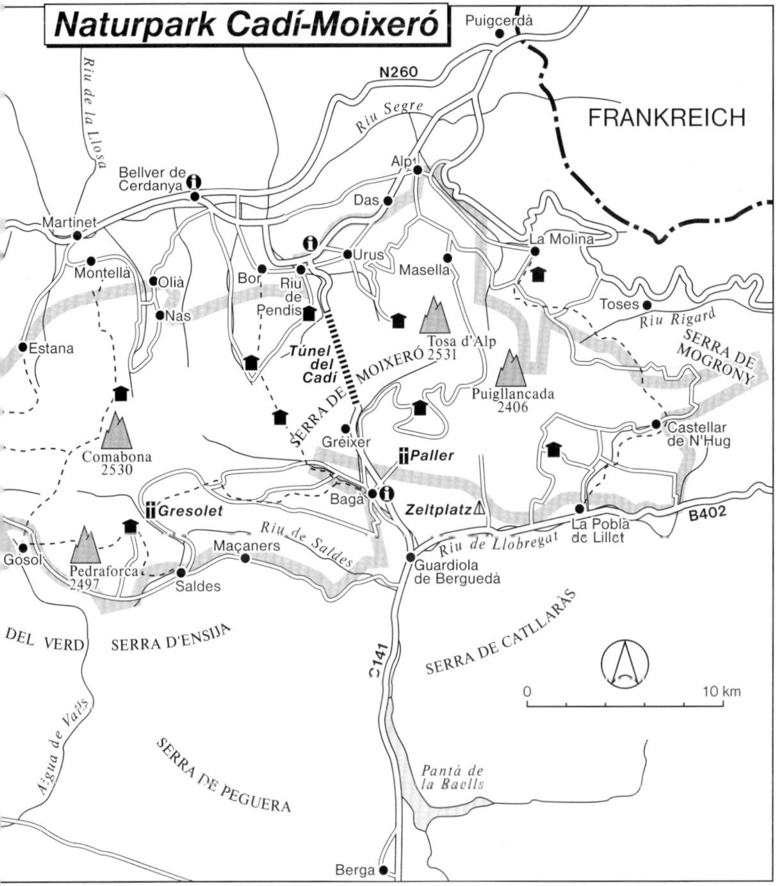

Nur mit etwas Glück hingegen kann man die ungiftige gelbgrüne Zornnatter beobachten, die leuchtend grüne Smaragdeidechse sieht man hingegen häufig. Zur Tierwelt zählt auch der – für die Pyrenäen endemische – Pyrenäen-Gebirgsmolch, der mit seiner bräunlichen Farbe allerdings nur ziemlich schwer auszumachen ist.

Praktische Informationen

Information

- Das ***Informationszentrum des Naturparks*** befindet sich im unweit der C 1411 gelegenen Ort ***Bagà,*** C. La Vinya 1, Tel. (93) 8244151. In dem Gebäude ist zudem eine Ausstellung über den Park untergebracht.
- ***Weitere Auskunftsstellen*** gibt es in ***Tuixén*** (Tel. (973) 370030), ***Bellver de***

Cerdanya (Tel. (973) 510016), beim **Cadí-Tunnel** (Tel. (973) 510233) und in **La Seu d'Urgell** (Tel. (973) 350010).

Verkehrsverbindungen

- Die teilweise nicht asphaltierte **Landstraße** quer durch das Herz des Naturparks beginnt bei La Seu d'Urgell und führt zu den Dörfern Fórnols, Tuixén, Josa del Cadí, Gósol und Saldes, bevor sie 17 km nördlich von Berga in die C 1411 mündet. **Weitere Routen** nach Tuixén beginnen bei Sant Llorenç de Morunys und 5 km nördlich von Organya (sehr schlechte Fahrbahn).

Die Dörfer im Naturpark Cadí-Moixeró

Die größeren Dörfer **Tuixén, Josa de Cadí, Gósol** und **Saldes** liegen allesamt an der Landstraße, die von La Seu d'Urgell zur C 1411 führt. Sehenswert sind jedoch auch die abgelegenen Dörfer - so lohnt beispielsweise eine Fahrt (oder Wanderung) von Tuixén vorbei am Campingplatz Molí de Fornols (siehe unter „Tuixén") nach **Ossera.** Auf der Strecke passiert man eine Reihe hübscher Weiler. Zwischen Tuixén und Gósol ist die Straße nicht asphaltiert.

Tuixén

(span. *Tuixent*)

Kommt man aus Richtung La Seu d'Urgell, ist Tuixén das erste Dorf an der Straße, das eine gewisse **touristische Infrastruktur** aufweist. Der alte Ort besitzt mehrere Restaurants und Unterkünfte sowie eine (allerdings miserable) Touristeninformation.

Unterkunft

- **Hostal Custodi**€€, Tel. (973) 370033. Die komfortabelste Unterkunft im Ort zählt dennoch zur einfacheren Kategorie.
- **Auberge Can Cortina,** Tel. (973) 370224. Solide Herberge mit Mehrbettzimmern, Übernachtung/Person 7 €, Vollpension/Person 25 €. Wer nur speisen möchte, bekommt hier ein gutes Essen für 9 € (inkl. Wein).
- **Camping Molí de Fornols,** einige Kilometer westlich von Tuixén Richtung Fornols, Tel. (973) 370021. Ruhiger Platz mit Restaurant und Schwimmbad. Trotz der schönen Lage

Josa de Cadí

selbst im Hochsommer nicht überlaufen. Empfehlenswert!

Weitere Reisetipps

- Im *Café Cal Farratgetes,* direkt gegenüber der Touristeninformation, kann man ***Mountainbikes*** ausleihen.
- Die *Herboristeria Nogué* im Dörfchen Ossera verkauft ***Tee- und Gewürzkräuter*** der Region aus natürlichem Anbau. Von Tuixén gelangt man zu dem Weiler, indem man der Schotterpiste vorbei am Campingplatz Molí de Fornols folgt und weitere kleine Dörfer wie Montragull, St. Pere und Padrinas passiert.

Josa de Cadí

Selbst wenn man sehr sparsam mit Auszeichnungen umgeht, verdient das Dorf auf halber Strecke zwischen Tuixén und Gósol ohne Zweifel das Prädikat ***malerisch!*** Auf einem grünen Hügel mitten im Tal plaziert, wirkt Josa de Cadí und die schroffe, felsige Umgebung beinahe wie von Künstlerhand gemalt. Über den traditionellen Steinhäusern thront die kleine Kirche - absolut malerisch eben. In den vergangenen Jahren wurden in dem zuvor doch arg zerfallenen Dorf mehrere Gebäude renoviert.

Unterkunft

- Im Haus ***Cal Tomas*** vermietet eine ältere Dame auf privater Basis Zimmer.

Gósol

Das knapp 200 Einwohner zählende Dorf, überragt von den Ruinen einer alten Kirche und einer Burg, stellt das ***landwirtschaftliche Zentrum*** der Region dar. Die bäuerlichen Produkte, von denen insbesondere die Kartoffeln einen guten Ruf genießen, werden jeden Donnerstag auf dem Wochenmarkt feilgeboten. Die Figur einer Bäuerin ziert den Brunnen in der Mitte des Hauptplatzes und erinnert an den bekanntesten Gast des Dorfes: ***Picasso*** entdeckte Gósol 1906 und verbrachte gemeinsam mit dem Bildhauer *Enric Casanovas* hier den Sommer. Der große Maler ließ sich von der außergewöhnlichen Landschaft und dem ländlichen Leben inspirieren und schuf eine Reihe bedeutender Kunstwerke. In einem kleinen ***Museum*** neben dem Rathaus sind Reproduktionen der Werke sowie historische Utensilien aus der Gegend zu sehen.

- Das Museum ist samstags und sonntags, im Juli und im August täglich von 12 bis 14 Uhr geöffnet; Eintritt: 1,50 €.

Unterkunft

- ***Cal Francisco*** €€, am Ortsausgang in der C. Berga, Tel. (973) 370075. Relativ großes Hostal mit Restaurant.
- ***Cal Triuet*** €€, am Hauptplatz, Tel. (973) 370072. Kleines, ebenfalls ordentliches Hostal derselben Preiskategorie wie *Cal Francisco*.
- ***Camping Cadí,*** am Ortseingang, Tel. (973) 370134.

Saldes

Das Dorf zwischen Gósol und der C 1411 zählt zu den touristischsten Orten südlich des Cadí-Massivs. Das liegt weniger an der Schönheit von Saldes - ein großer Teil der umliegenden Dörfer besitzt ein malerischeres Aussehen - als vielmehr an der Lage. Direkt hinter dem Ort erhebt sich mächtig der zweigipfelige ***Pedraforca,*** ein ideales Gebiet für Wanderer und Bergsteiger. So gibt es hier mehrere Einkaufsmöglichkeiten und Unterkünfte verschiedener Preisklassen.

Unterkunft

- Auf zwei Plätzen besitzen Urlauber in Saldes die Möglichkeit, im Herzen des Naturparks zu campen. ***Camping Repós de Pedraforca,*** an der Hauptstraße, Tel. (93) 8258044, gehört zum gehobenen Niveau und verfügt über mehrere Sportangebote.
- ***Camping Mirador al Pedraforca,*** Tel. (93) 8227212, ist einfacher und preiswerter.

Information

- ***Infostelle*** am Rathaus, Tel. (93) 8258005.

Wandern im Naturpark Cadí-Moixeró

Wandern und Bergsteigen sind zweifellos die beliebtesten Sportarten im Naturpark. Es bieten sich zahllose Möglichkeiten, die herrliche Landschaft zu Fuß zu erkunden. In den Touristeninformationen sind ***Tipps und Routenbeschreibungen*** erhältlich. Außerdem gibt es dort eine Liste mit sämtlichen Berghütten im Gebiet Cadí-Moixeró.

Zum Canal de Cristall

Eine klassische Wanderung, der Sage nach ehemals ein beliebter Schmugglerweg, beginnt bei dem Dorf ***Estana*** im Norden des Cadí-Massivs. Mit dem Auto gelangt man zu dem Ort über eine Piste, die bei ***Martinet,*** 7 km westlich von ***Bellver de Cerdanya,*** von der ***N 260*** abzweigt (siehe „Von La Seu d'Urgell in die Cerdanya“). In Estana nimmt man den Weg, der nach Süden aus dem Dorf herausführt und stellenweise mit farbigen Punkten gekennzeichnet ist.

Durch einen immer dichter werdenden Wald führt der Pfad bergan, bis man nach etwa 90 Minuten den ***Prat de Cadí,*** eine weite Wiese am Fuße der Kalkfelsen, erreicht. Die Strecke führt nun weiter entlang an einem kleinen Flussbett, das in den Sommermonaten aber meist ausgetrocknet ist, zum ***Canal de Cristall.*** Hier endet der Weg für „normale" Wanderer, Bergsteiger können den Einschnitt, der zur sogenannten Quelle der Schmuggler führt, mit Hilfe eines Seiles und einer ordentlichen Ausrüstung bewältigen.

Von Gósol über El Collell nach Saldes

Für fast jedermann durchführbar ist die vier- bis fünfstündige Wanderung, die zu den schönsten und beeindruckendsten im gesamten Naturpark zählt.

Von ***Gósol*** aus folgt man zu Fuß zuerst der Schotterpiste Richtung ***Josa de Cadí*** und biegt nach ungefähr einer halben Stunde kurz hinter einer Brücke nach rechts ab. Der Pfad verläuft bergan und beschreibt einen Bogen; farbige Markierungen sorgen dafür, dass man nicht vom Weg abkommt. Nach etwa einer Stunde gelangt man auf eine Weide unterhalb der Felsen, auf die man zugeht und dort dem gekennzeichneten Weg folgt. Durch mehrere Furchen, die aber allesamt recht problemlos bewältigt werden können, steigt der Weg weiter bergauf zu dem Pass ***El Collell,*** den man nach ungefähr zwei Stunden erreicht. Von hier bietet sich ein phänomenales Panorama.

Hat man sich an der wunderschönen Natur sattgesehen, nimmt man den leicht begehbaren Weg nach rechts, der durch eine tolle Landschaft, vorbei an einem Aussichtspunkt, nach ***Saldes*** führt. Von dort kann man mit einem Taxi zurück zum Ausgangspunkt Gósol fahren.

Bagà

Die Kleinstadt 5 km südlich vom Eingang des Cadí-Tunnels war früher Hauptort des historischen Gebietes Ober-Berguedà und ist mit über 2.000 Einwohnern heute hinter Berga die zweitgrößte Gemeinde der Region. Die Überreste der ***Verteidigungsmauern*** erinnern daran, dass hier einst die Herrscher von Berguedà ihren Sitz hatten. Die ***Ruinen eines Schlosses*** und die ***Kirche Sant Esteve*** prägen die Stadt, die zudem einen von Arkadengängen umgebenen Platz besitzt. Auf dieser Plaza finden neben dem Wochenmarkt auch die traditionellen Festlichkeiten statt; am bekanntesten ist die ***Fiafaia,*** bei der alljährlich zu Weihnachten Tänze aufgeführt werden und lodernde Feuer den Platz in ein Flammenmeer verwandeln.

Praktische Informationen

Information

- In der C. La Vinya 1 befindet sich das ***Informationszentrum des Naturparks Cadí-Moixeró,*** Tel. (93) 8244151. Eine Ausstellung gibt außerdem Auskünfte über Flora, Fauna und geologische Situation des Parks.
- Außerdem existiert eine kleine ***Touristeninformation*** in der C. del Raval.

Unterkunft

- ***Hotel Cal Batista*** €€, an der Straße Richtung Cadí-Tunnel, Tel. (93) 8244126. Ordentliches, kleines Hotel mit gutem Restaurant.
- ***Camping Bastareny,*** an dem Weg nach Gisclareny, Tel. (93) 8244420. Kleiner, einfacher Platz.

Essen und Trinken

- Das ***Restaurant im Hotel Cal Batista*** bietet gute katalanische Küche zu zivilen Preisen. Das Tagesmenü ist schon für 7 € zu haben, wer nach Karte speist, zahlt etwa 9 €.

Verkehrsverbindungen

- 6 km nördlich von Bagà führt der ***Cadí-Tunnel*** in die Cerdanya. Man erspart sich mit dem 5 km langen Tunnel zwar einen Umweg über kleinere Nebenstraßen, muss dafür aber 8,20 € bezahlen!

La Pobla de Lillet

Die vom Fluss Llobregat geteilte Kleinstadt (1.700 Einwohner), die man von der C 1411 über die B 402 erreicht, nennt eine Besonderheit ihr eigen: Mehrere interessante Sehenswürdigkeiten La Pobla de Lillets entstammen der Zeit ausgehenden 19. Jahrhunderts und gehören der Stilrichtung des ***Modernismus*** an. Ein klassisches Beispiel dafür bildet der ***Garten an der Font de la Magnèsia,*** oberhalb des Stadtkernes gelegen (ausgeschildert). Der Park mit seinen Brücken, Türmchen und kleinen Höhlen wurde von *Antoni Gaudí,* dem weltbekannten Architekten der Kirche Sagrada Família in Barcelona, und seinen Schülern erbaut. In den Verstrebungen, Bögen und vielfach bizarren Formen im Garten an der Font de la Magnèsia spiegelt sich der Stil *Gaudís* eindeutig wider, wenngleich die Anlage natürlich nicht die Größe eines Parc Güell in Barcelona besitzt. Jahrzehntelang schenkte man dem modernistischen Garten übrigens nur wenig Beachtung, erst in jüngster Zeit wurde er renoviert. Eintritt 2,40 €.

3 km außerhalb La Poblas in Richtung Castellar de N'Hug befindet sich im ***El Clot de Moro*** die ehemalige ***Zementfabrik Asland,*** ein gigantisches Bauwerk des Modernismus-Architekten *Rafael Guastavino,* der die Fabrik 1901 entwarf. Die außergewöhnliche Linienführung und die Tatsache, dass das Monument seit 1975 leersteht, machen aus dem Gebäude eine beinahe gespenstisch anmutende Ruine des Expressionismus. Zu dem Gelände gehört außerdem das Wohnhaus ***Chalet Guëll,*** ein Paradebeispiel für den Modernismus, das allerdings dem Verfall preisgegeben wurde.

An der Zementfabrik werden im ***Museu del Transport*** seit einigen Jahren historische Zugabteile, Loks und Busse angesammelt und restauriert.

- Das Museum kann sonntags von 11 - 14 Uhr besichtigt werden. Eintritt 1,20 €.

Auf eine erheblich längere Geschichte blickt das romanische Kloster ***Monestir Santa Maria*** zurück, zu dem 2 km hinter La Pobla von der Straße nach ***Ripoll*** ein Weg abzweigt. In der Nähe befindet sich auch die Kapelle ***Rotonda de Sant Miquel.***

- Öffnungszeiten: sonntags 11.30 - 13.30 Uhr, den Rest der Woche kann man an der Touristeninformation in La Pobla de Lillet eine Führung vereinbaren.

Auf den Spuren des Modernisme

Praktische Informationen

Information

- ***Touristenbüro*** neben der alten Brücke gegenüber der Durchgangsstraße, Tel. (93) 8236011.

Unterkunft

- ***Camping L'Espelt,*** 4 km vor La Pobla an der B 402, Tel. (93) 8236502. Komfortabler Platz mit Pool, Fußballfeld, Restaurant und guten Sanitäranlagen.

Verkehrsverbindungen

- Ein ***Bus*** täglich (19 Uhr) nach Castellar de N'Hug, vier Busse täglich nach Berga.

Castellar de N'Hug - eine Adresse für Feinschmecker

Castellar de N'Hug

Von La Pobla de Lillet führt die Landstraße bergan und passiert dabei die vielbesuchten ***Quellen des Llobregat,*** der später zu einem gewaltigen Fluss anschwillt und bei Barcelona ins Mittelmeer mündet. Nach 11 km erreicht man das hübsche, alte Dorf Castellar de N'Hug, das sich besonders wegen seiner ***exquisiten Spezialitäten*** zu einem touristischen Ausflugsziel entwickelte. In zahlreichen Geschäften werden die äußerst schmackhaften Produkte der Region wie Würste, Brote, Honig und Marmeladen angeboten.

Am letzten Sonntag im Juli quillt der Ort vor Besuchern alljährlich förmlich über: Dann stellen die ***Schäferhunde*** der Umgebung in einem Wettbewerb ihre Fähigkeiten als Behüter der Schafherden unter Beweis.

Unterkunft

- ***Hotel Les Fonts*** €€€, bei den Quellen des Llobregat, Tel. (93) 8257089. Vor allem an Sonntagen im Sommer herrscht rund um das Mittelklassehotel aufgrund der Nähe zu den Quellen ziemlicher Betrieb.
- ***Fonda Fanxicó*** €, Pl. Major 1, Tel. (93) 8257015. Kleines, ordentliches Hostal im Ortskern. Zimmer ohne Bad.

Verkehrsverbindungen

- Ein ***Bus*** täglich (6.40 Uhr) über La Pobla de Lillet und Bagá nach Berga.

Zwischen Ripoll und Banyoles

Die Nähe zum 50 km entfernten Meer ist in dieser Region geradezu spürbar: Klima, Vegetation, der Lebensstil der Menschen - alles hat einen unbestreitbar mediterranen Einfluss. Dennoch besitzen die Pyrenäen hier letztmalig Hochgebirgscharakter. Nördlich des sehenswerten Städtchens ***Ripoll*** erreichen ***Berge*** wie der Puigmal (2.910 m) noch einmal Höhen von beinahe 3.000 m. In dieser Gebirgswelt liegt auch der ***Wallfahrtsort Núria,*** den man bei einem lohnenswerten Ausflug mit einem Bähnchen ansteuern kann. Östlich von Ripoll erstreckt sich rund um ***Olot*** die ***Vulkanlandschaft Garrotxa.*** Wenngleich dieser Naturpark nicht die spektakulären Höhen der Schutzzonen in den Zentralpyrenäen aufweisen kann, so erweist sich eine Besichtigung doch als äußerst interessant.

Gourmets können sich an traditionellen Gerichten wie Schwein-, Hammel- oder Rebhuhnbraten laben; zudem stellen die köstlichen Pilze der Region im Herbst eine echte Spezialität dar.

Kulturell hat dieser Landstrich ebenfalls einiges zu bieten: Besonders erwähnenswert sind die romanischen Bauwerke, allen voran das ***Kloster Santa María*** in Ripoll und das ***Kloster von Sant Joan de les Abadesses.***

Wer Zeit genug hat, sollte einen Abstecher nach Südosten in die Provinzhauptstadt ***Girona*** unternehmen, die zwar bereits außerhalb des Einzugsbereiches der Pyrenäen liegt, mit ihrer malerischen Altstadt und den zahlreichen Kunstschätzen aber unbedingt einen Besuch wert ist.

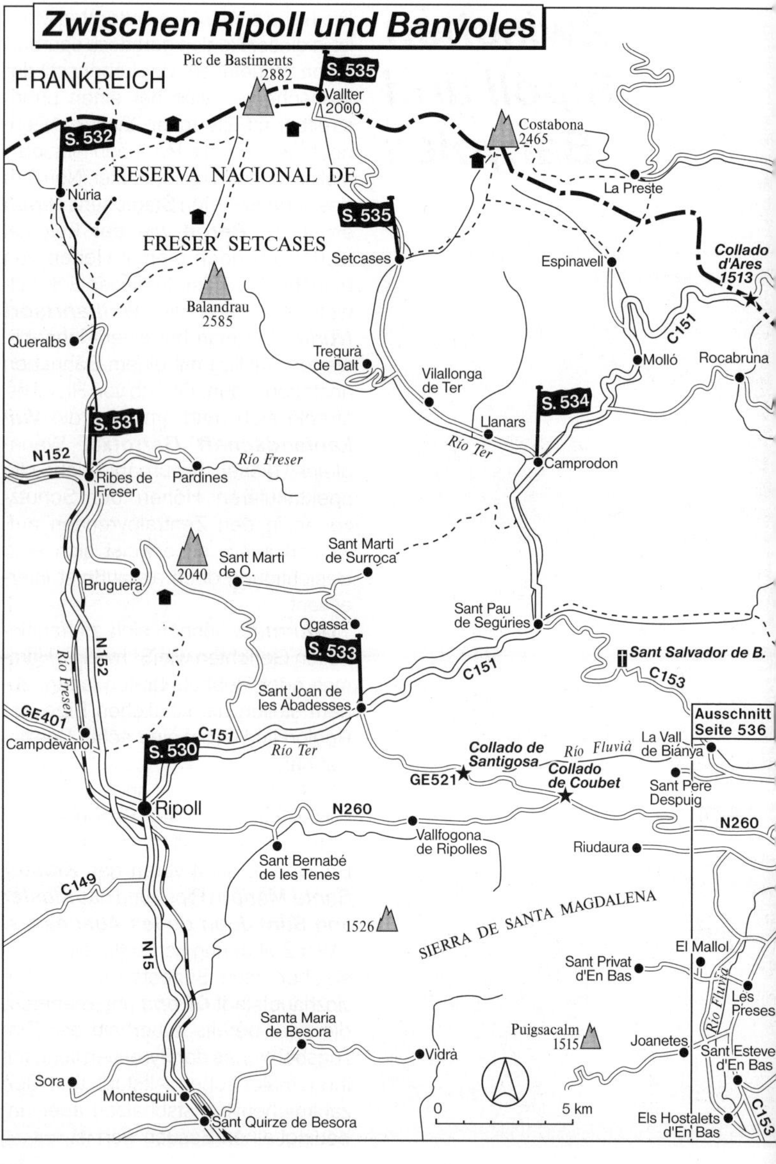
Zwischen Ripoll und Banyoles
FRANKREICH
Pic de Bastiments
2882
S. 535
Vallter
2000
Costabona
2465
S. 532
La Preste
RESERVA NACIONAL DE
Núria
S. 535
FRESER SETCASES
Setcases
Espinavell
Collado
d'Ares
1513
Balandrau
2585
C151
Queralbs
Tregurà
de Dalt
Molló
Rocabruna
Vilallonga
de Ter
S. 534
S. 531
Llanars
Río Ter
N152
Camprodon
Río Freser
Ribes de
Freser
Pardines
Sant Marti
de Surroca
Sant Marti
de O.
2040
Bruguera
Sant Pau
de Segúries
Ogassa
S. 533
N152
Sant Salvador de B.
C151
C153
Río Freser
Sant Joan de
les Abadesses
GE401
Ausschnitt
Seite 536
Campdevànol
C151
S. 530
La Vall
de Biánya
Río Ter
Collado de
Santigosa
Río Fluvià
Collado
de Coubet
GE521
Sant Pere
Despuig
Ripoll
N260
N260
Vallfogona
de Ripolles
Riudaura
Sant Bernabé
de les Tenes
C149
SIERRA DE SANTA MAGDALENA
1526
N15
El Mallol
Sant Privat
d'En Bas
Les
Preses
Río Fluvià
Santa Maria
de Besora
Puigsacalm
1515
Joanetes
Sant Esteve
d'En Bas
Vidrà
Sora
Montesquiu
0
5 km
C153
Sant Quirze de Besora
Els Hostalets
d'En Bas

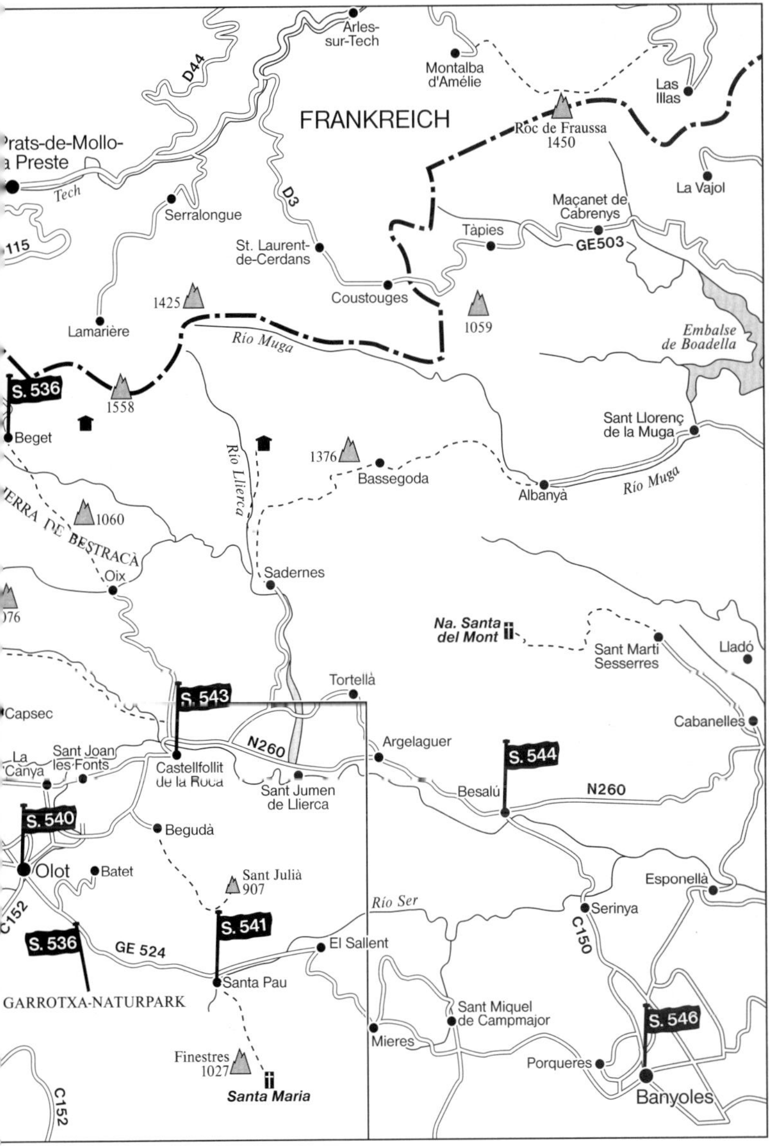
Arles-sur-Tech
D44
Montalba d'Amélie
Las Illas
FRANKREICH
Roc de Fraussa 1450
Prats-de-Mollo-la Preste
Tech
La Vajol
Serralongue
D3
Maçanet de Cabrenys
Tàpies
GE503
St. Laurent-de-Cerdans
Coustouges
1425
Lamarière
1059
Río Muga
Embalse de Boadella
S. 536
1558
Beget
Sant Llorenç de la Muga
Río Llierca
1376
Bassegoda
Albanyà
Río Muga
1060
Oix
Sadernes
Na. Santa del Mont
Sant Marti Sesserres
Lladó
Tortellà
S. 543
Capsec
Cabanelles
N260
Argelaguer
S. 544
La Canya
Sant Joan les Fonts
Castellfollit de la Roca
Sant Jumen de Llierca
Besalú
N260
S. 540
Begudà
Olot
Batet
Sant Julià 907
Esponellà
Río Ser
Serinya
C152
S. 541
C150
S. 536
GE 524
El Sallent
Santa Pau
GARROTXA-NATURPARK
Sant Miquel de Campmajor
S. 546
Mieres
Finestres 1027
Porqueres
Santa Maria
Banyoles
C152

Ripoll

Die geschäftige Gebietshauptstadt am Zusammenfluss von Freser und Ter siedelte sich um das ***Benediktinerkloster Santa María*** an, das bereits im 6. Jh. gegründet und nach der Zerstörung durch die Araber Ende des 9. Jh. durch *Wilfried den Behaarten* wieder ins Leben gerufen wurde. Einfluss und Macht nahmen fortwährend zu, so dass das Kloster während des Mittelalters zu den religiösen und politischen Zentren Kataloniens gehörte. So kontinuierlich, wie seine Geltung zugenommen hatte, ging sie jedoch auch wieder zurück: Nachdem die letzten Mönche Santa María zu Beginn des 19. Jh. verlassen hatten, wurde das Kloster wenig später zerstört. Aus kunsthistorischen Gründen begann man aber noch im selben Jahrhundert mit der Renovierung.

Die Entwicklung zur ***Industriestadt*** begann bereits im 16. Jh., als sich Waffenfabrikanten hier niederließen und Ripoll bald zu den führenden Städten der ***Waffenherstellung*** in ganz Europa zählte. Heute haben sich die ansässigen Firmen vor allem auf Maschinenbau spezialisiert und besonders die Vororte können die Nähe der Industrie nicht leugnen. Dennoch lohnt Ripoll wegen des lebhaften Ortskerns, der recht hübschen Altstadt und natürlich des Klosters Santa María auf jeden Fall einen Besuch.

Sehenswertes

Den Höhepunkt eines Stadtrundganges stellt zweifellos die Besichtigung der ***Benediktinerabtei Santa María*** dar, die – im Laufe der Geschichte von einem Erdbeben und einem Brand zerstört – weitgehend nach den ursprünglichen Plänen wiederaufgebaut wurde. Das Prunkstück der Basilika, das riesige ***Westportal*** (12. Jh.), hat die Unbilden der Zeit aber ohnehin unbeschadet überstanden und präsentiert sich somit noch heute im originalen Zustand. Allerdings haben Luftverschmutzungen deutliche Spuren hinterlassen, so dass vor wenigen Jahren eine schützende Glasscheibe vor das Kunstwerk gesetzt wurde.

Das Portal mit seinen stattlichen Ausmaßen von 11,60 m Breite und 7,65 m Höhe zählt zu den Meisterwerken katalanischer Bildhauerkunst. Dominierendes Motiv ist Christus als Herrscher der Welt, der in der oberen Figurenreihe segnend die Hände über das Portal in der Form eines Triumphbogens ausbreitet. Die weiteren Themen entstammen vornehmlich der Bibel und zeigen unter anderem den Auszug aus Ägypten und Endzeitvisionen. Außerdem sind auch einige Pflanzenmotive zu sehen.

● Während der Innenraum der – für ein romanisches Gotteshaus – sehr großen Kirche recht schlicht gehalten ist, verdient der zweistöckige ***Kreuzgang*** auf jeden Fall Beachtung. Das Bauwerk, dessen Errichtung sich ab dem 12. Jh. über mehrere Jahrhunderte hinzog, besitzt zahlreiche schöne Kapitelle. Die Basilika kann täglich von 8–13 und von 15–20 Uhr (im Sommer manchmal durchgehend) besichtigt werden. Der Kreuzgang ist täglich von 10–13 und von 15–19 Uhr für Besucher geöffnet; Eintritt 2 €, Studenten 1 €.

Das ***städtische Museum,*** untergebracht in der Kirche Sant Pere neben dem Kloster, zeigt neben einigen folkloristischen Ausstellungsstücken auch viele Exponate zur Geschichte der Industrialisierung Ripolls, unter anderem historische Waffen, die hier hergestellt wurden.

- Bis auf weiteres bleibt das Museum wegen Problemen mit dem Gebäude geschlossen. Dafür gibt es im Rathaus wechselnde Ausstellungen, zum Beispiel Waffen, zu sehen. Geöffnet im Sommer von 10–13.30 Uhr und von 16–20 Uhr, ansonsten von 10–13 Uhr und von 16–19 Uhr. Eintritt 1,50 €.

Praktische Informationen

Information

- ***Touristeninformation*** an der Pl. Abad Oliba neben dem Kloster, Tel. (972) 702351.

Unterkunft

- ***Hotel Solana del Ter*** €€€€, etwas außerhalb an der Hauptstraße Richtung Barcelona, Tel. (972) 701062. Bestes Haus am Platz, mit Schwimmbad, Garten und Tennisplatz. Wenn möglich, Zimmer nach hinten raus geben lassen.
- ***Hotel La Trobada*** €€€, C. Honorat Vilamanya 4, Tel. (972) 702353. Ordentliches Mittelklassehaus im Zentrum.
- ***Hostal Ca la Paula*** €€, C. Berenguer 8, Tel. (972) 700011. Kleines, günstiges Hostal.
- ***Camping Solana del Ter,*** an der Hauptstraße Richtung Barcelona, Tel. (972) 701062. Solide ausgestatteter Platz, könnte allerdings etwas schattiger sein.

Essen und Trinken

- ***Restaurant Can Nerol,*** Pl. d'Ordina, Tel. (972) 701894. Sehr gute, stark französisch beeinflusste Küche. Das Menü kostet etwa 20 €.
- ***Restaurant Solana del Ter,*** im gleichnamigen Hotel. Gute katalanische Spezialitäten.
- Zwei empfehlenswerte italienische Restaurants gibt es in Ripoll: ***La Piazzetta,*** Pl. Nova 11, Tel. (972) 700215, und ***Monza,*** C de Barcelona 23, Tel. (972) 703016.

Verkehrsverbindungen

- Täglich zwölf ***Züge*** nach Barcelona und sechs Züge nach Puigcerdà. Außerdem mehrere ***Busse*** nach Olot, Camprodon, La Pobla de Lillet und Sant Joan de les Abadesses.

Ribes de Freser

Bis auf einige historische Industriegebäude, die durchaus sehenswert sind, hat der Ort am Río Freser für Touristen eigentlich nicht viel zu bieten. Bekannt wurde Ribes de Freser vor allem durch sein ***Mineralwasser,*** das in einem großen Umkreis getrunken wird und als besonders schmackhaft und gesund gilt.

Dass in den Sommermonaten dennoch recht viele Urlauber durch die Straßen des 14 km nördlich von Ripoll gelegenen Städtchens flanieren, hängt in erster Linie mit der schönen Bergwelt zusammen, die sich zwischen Ribes de Freser und der französischen Grenze erstreckt. Die Kleinstadt ist gut mit öffentlichen Verkehrsmitteln zu erreichen, und von hier verkehrt auch ein Bähnchen zum hoch in den Bergen gelegenen ***Wallfahrtsort Nuria*** (siehe unten).

Praktische Informationen

Information

- ***Touristenbüro*** an der Pl. Ajuntament, Tel. (972) 727728.

Unterkunft

- ***Catalunya Park Hotel*** €€€, Pg. Salvador Mauri 9, Tel. (972) 727198. Recht komfortables Hotel mit 41 Zimmern, den Preis wert.
- Kleinere Hotels wie das ***Fanet*** €€, C. Balandrau 24, Tel. (972) 727006, oder das ***Vilalta*** €€, C. Cerdanya 6, Tel. (972) 727

095, bieten weniger Luxus, sind aber gar nicht viel billiger.

Essen und Trinken

- Typisch katalanisch gekocht wird im ***Restaurant Els Caçadors,*** C. Balandrau 24, Tel. (972) 727006. Für etwa 9 € kann man hier gut speisen.
- Ein weiteres katalanisches Restaurant ist das ***La Corva,*** an der N 152, Tel. (972) 727034.

Verkehrsverbindungen

- Ribes de Freser liegt an der ***Bahnlinie*** Barcelona - Puigcerdà, so dass täglich eine ganze Reihe an Zügen im Bahnhof des Ortes Station macht.
- Eine Fahrt mit der 1931 in Betrieb genommenen ***Zahnradbahn Ferrocarril Cremallera,*** die Ribes de Freser mit dem ***Wallfahrtsort Núria*** verbindet, lohnt allein wegen der Strecke: Das Bähnchen „kraxelt" durch eine Schlucht und herrliche Landschaften ins Gebirge hinauf und überwindet dabei auf einer Länge von 12 km einen Höhenunterschied von 1.000 m. Von 7.42 Uhr bis 21.05 Uhr startet die Bahn täglich dreizehnmal (außerhalb der Saison achtmal), wobei Hin- und Rückfahrt 14 €, für Kinder 7,70 € kosten.

Eine weitere Zusteigmöglichkeit in den *Ferrocarril Cremallerra* besteht in dem 7 km nördlich gelegenen, recht malerischen Dorf ***Queralbs.***

Núria

Es fällt schwer, die kleine Siedlung in 1.967 m Höhe mit einem einzigen Begriff zu beschreiben. Sicherlich war Núria früher in erster Linie ***Wallfahrtsstätte*** und wird von vielen Menschen auch heute vornehmlich als solche angesehen. Jahrhundertelang pilgerten Tausende in das Gebirgsdorf, und noch immer kommen alljährlich zahlreiche Gläubige, um die hiesige Marienfigur anzubeten, die als Schutzheilige der Pyrenäenschäfer gilt und auch beim Ausbleiben des Kindersegens helfen soll. Die Wallfahrt besitzt zwar jahrhundertelange Tradition, die Kirche, in der sich die Figur befindet, wurde aber erst 1883 auf den Grundmauern einer ehemaligen Einsiedelei errichtet.

Stärkere Bedeutung besitzt Núria mittlerweile jedoch als ***Ausflugsziel.*** Besonders im Sommer transportiert die kleine Bahn täglich zahlreiche Erholungssuchende hinauf in fast 2.000 m Höhe, die in der herrlichen Landschaft wandern, eine Bootsfahrt auf dem See des Ortes machen oder einfach nur ausspannen wollen.

Damit der Besucherstrom auch im Winter nicht abreißt, wurde sogar eine ***Skistation*** eingerichtet, die mit drei Liften allerdings nur sehr spärliche Ausmaße besitzt.

Neben mehreren leichten und gut gekennzeichneten ***Wanderwegen*** bietet die Region um Núria auch erheblich anspruchsvollere Ausflüge in die Bergwelt: Bei erfahrenen Wanderern erfreut sich beispielsweise die ***Besteigung des Puigmal*** (2.910 m) großer Beliebtheit.

Praktische Informationen

Information

- ***Touristenbüro*** in Núria, Tel. (972) 732020.

Unterkunft

- ***Hotel Vall de Núria*** €€€€€, Tel. (972) 732 000 ist das einzige Hotel und gehört der gehobenen Mittelklasse an. Die 65 Zimmer sind zwar ordentlich, der Preis von 90 € für das DZ mit Frühstück erscheint allerdings etwas übertrieben.

● ***Jugendherberge Pic de l'Àliga,*** Tel. (972) 732048. Jugendherbergsausweis erforderlich, oft ausgebucht.

Essen und Trinken

● Der Touristenstrom macht's möglich: In der winzigen Ansiedlung Núria findet man vier Möglichkeiten, seinen Hunger zu stillen; angefangen vom ***Fast-Food*** bis hin zum teuren ***Hotelrestaurant.***

Verkehrsverbindungen

● Eine ***Zahnradbahn*** verbindet Núria mit Ribes de Freser und Queralbs (siehe unter „Ribes de Freser").

Sant Joan de les Abadesses

Im Tal des Río Ter, 10 km östlich von Ripoll, liegt das sympathische Städtchen mit seinem historischen Zentrum. Der Ort entstand rund um ein ***Kloster,*** das *Wilfried der Behaarte* schon um 880 hier gründete und das zunächst von Benediktinerinnen geleitet wurde. Die Bewohnerinnen stammten allesamt aus bestem Hause und *Wilfreds* Tochter *Emma* war die erste Äbtissin. Doch schon bald verließen die Nonnen die Abtei, die so eine Zeit lang leer stand und erst Mitte des 12. Jh. von Augustinermönchen bezogen wurde. Teile der Klosteranlage, darunter auch die ***romanische Kirche*** (12. Jh.), sind erhalten geblieben und stellen die wichtigste Sehenswürdigkeit des Ortes dar. Das in der Form eines lateinischen Kreuzes errichtete Gotteshaus beherbergt die ***Skulpturengruppe Santíssim Misteri*** (13. Jh.), die als eines der bedeutendsten Werke katalanischer Schnitzkunst gilt und die Kreuzabnahme Jesu darstellt. In der Stirn der Christusfigur bewahrte man über 700 Jahre lang eine geweihte Hostie auf, die in den Wirren des Bürgerkrieges (1936) aber entwendet wurde. An die gleichermaßen schlichte wie hübsche Kirche schließt sich der ***Kreuzgang*** (15. Jh.) an, in dessen Galerie einige wenige Bögen noch von dem romanischen Vorgänger erhalten geblieben sind. Zu der Anlage zählen außerdem die barocke ***Schmerzenskapelle*** sowie der ***Abtpalast,*** die ehemalige Residenz der Klostervorsteher.

Das ***Klostermuseum*** zeigt religiöse Objekte wie Bildhauer- und Goldschmiedearbeiten aus Sant Joan de les Abadesses und anderen Kirchen der Region.

● Geöffnet ist die Ausstellung täglich von November bis März 10–14 Uhr (Wochenenden auch 16–18 Uhr), von April bis Juni und von September bis Oktober 10–14 Uhr und 16–19 Uhr, von Juli bis August 10-19 Uhr. Eintritt 2 €.

Über den Fluss führt bei Sant Joan de les Abadesses eine ***gotische Brücke,*** die mit einer Spannweite von 33 m als längste mittelalterliche Brücke ganz Spaniens gilt.

Praktische Informationen

Information

● ***Touristenbüro*** neben dem Kloster, Tel. (972) 720599.

Unterkunft

● Das ***Hostal Jampere***€€, C. Mestre Andreu 3, Tel. (972) 720077, ist die beste der allesamt recht einfachen Unterkünfte des Ortes. Einzelpersonen zahlen nur die Hälfte.

- Günstig sind Hostals wie ***Nati,*** C. Pere Rovira 3, Tel. (972) 720114, oder ***Ter,*** C. Vista Alegre 2, Tel. (972) 720005.

Verkehrsverbindungen

- Bis 1980 war Sant Joan de les Abadesses die Enstation der Eisenbahn; heute halten die Züge zuletzt in Ripoll, wohin auch eine regelmäßige ***Busverbindung*** besteht.

Camprodon

Folgt man der C 151 weiter nach Nordosten, gelangt man in das waldige, von vielen Quellen durchzogene ***Vall de Camprodon*** mit seinem gleichnamigen Hauptort. Während das Städtchen aus der Ferne nicht sonderlich einladend erscheint, erweist sich der Ortskern als durchaus malerisch, so dass Camprodon in erster Linie vom Fremdenverkehr lebt. Vor allem wohlhabende Städter aus Barcelona haben hier schon seit dem 19. Jh. Ferienhäuser errichten lassen, von denen einige Villen aus der Zeit des ausgehenden 19. Jh. Stilelemente des Modernismus aufweisen.

Wahrzeichen der Stadt ist die einbogige ***Brücke Pont Nou,*** die den Fluss Ritort überspannt. Zu den mittelalterlichen Bauwerken zählt außerdem die Kirche des einstigen ***Klosters Sant Pere,*** die 1169 geweiht wurde und den Grundriss eines Kreuzes besitzt.

- Im Sommer kann die Kirche von 10 bis 12 und von 14 bis 19 Uhr besichtigt werden, im Winter muss man beim Küster nach dem Schlüssel fragen (Telefonnummer an der Kirchentür).

Die ***gotische Kirche Santa María,*** Überreste der ***Stadtmauern*** und zahlreiche sehenswerte ***Wohnhäuser*** in der Altstadt runden das pittoreske Stadtbild ab.

Praktische Informationen

Information

- ***Touristenbüro*** am Ortseingang, Tel. (972) 740936.

Unterkunft

- Am Ortseingang steht das ***Hotel Edelweiss*** €€€€€, C. Sant Joan 26, Tel. (972) 740614, das, ebenso wie das sehr gute ***Hotel Maristany*** €€€€, Avda. Maristany 20, Tel. (972) 130078, zur gehobenen Kategorie zählt.
- ***Pension La Placeta*** €, Plaza del Carme 9, Tel. (972) 740807, ist die preiswerteste Unterkunft in Camprodon.
- 2 km hinter Camprodon in Richtung Molló liegt der ***Campingplatz Els Solans,*** Tel. (972) 740012.

Verkehrsverbindungen

- Täglich zwischen 6.30 und 18 Uhr fünf ***Busse*** über Sant Joan de les Abadesses nach Ripoll, außerdem Busse nach Olot und Setcases.
- Von Camprodon führt die ***C 151*** vorbei am Ort Molló über den Coll d'Ares ins französische ***Tech-Tal*** (siehe „Rund um den Canigou“).

Beget - eines der hübschesten Pyrenäendörfer

Setcases und Vallter 2000

Folgt man von Camprodon aus dem Río Ter, erreicht man nach 11 km das Dorf ***Setcases,*** das ehemals für seine landwirtschaftlichen Produkte bekannt war, heute jedoch verstärkt vom Tourismus lebt. Im Sommer kommen die Urlauber vor allem wegen der guten Wandermöglichkeiten, im Winter finden die Gäste des nahen Skigebietes Vallter 2000 hier Unterkunft. Mittelpunkt des Ortes ist die ***Kirche Sant Michael*** (12. Jh.), deren Barockaltar trotz mehrerer Zerstörungen an dem Gebäude die Zeit unbeschadet überdauerte.

Von Setcases windet sich die Straße steil hinauf nach ***Vallter 2000,*** der östlichsten ***Skistation*** der Pyrenäen. Mit sieben Liften und zehn Pisten kann das Gebiet allerdings nicht mit den Wintersportarealen der zentralen Pyrenäen konkurrieren. Im Sommer bieten sich rund um Vallter 2000 gute Wandermöglichkeiten.

Unterkunft

- Bestes Hotel in Setcases ist das ***La Coma*** €€€, Tel. (972) 9136074.
- Preiswerter kommt man im ***Hotel Nueva Tiranda*** €€, C. Núria, Tel. (972) 136037, unter.

Von Camprodon nach Beget

4 km nördlich von Camprodon zweigt eine kleine Straße von der C 151 ab, die zu dem herrlichen Dorf Beget führt, aber auch wegen der idyllischen Landschaft einen Abstecher wert ist. Die Strecke verläuft in stetigem Wechsel bergauf und bergab durch eine sattgrüne Gebirgsland-

schaft und passiert nach etwa 6 km das Dorf ***Rocabruna*** mit seinen rötlichen Steinhäusern und der romanischen Kirche Sant Felix. Auf dem gegenüberliegenden Berg zeugen die Ruinen des ehemaligen Kastells davon, dass Rocabruna einst größere Bedeutung besaß als heute.

Noch einmal 6 km weiter kommt man nach ***Beget,*** das man ohne Übertreibung zu den hübschesten Dörfern der spanischen Pyrenäen zählen kann. Umgeben von bewaldeten Bergen, wirkt der Weiler mit seinen alten Häusern, den historischen Brücken und der romanischen Kirche wie gemalt.

Unterkunft

- ***Hostal Can Joanic*** €€ in Beget, Tel. (972) 741241. Freundliche Pension in einem niedlichen, alten Haus. Mit Restaurant. DZ ohne Bad 30 € mit Frühstück.

Essen und Trinken

- Ungemein variantenreich präsentiert sich die Speisekarte des ***El Forn*** in Beget, Tel. (972) 741230. Hier gibt es katalanische Gerichte, die man sonst kaum einmal auf Speisekarten findet. Ein selbst zusammengestelltes Menü kostet etwa 15 €.

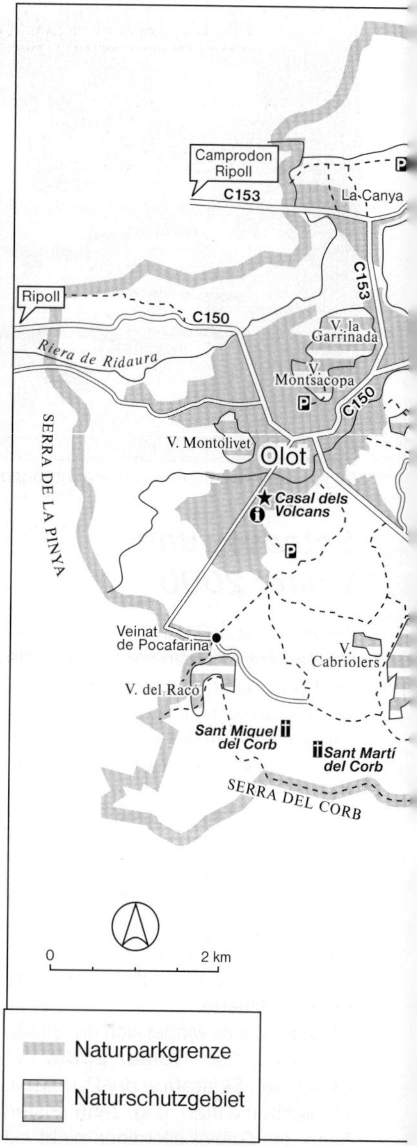

Parc Natural de la Zona Volcànica de la Garrotxa

Rund um die Städte ***Olot*** und ***Santa Pau*** erstreckt sich auf einer Fläche von fast 120 Quadratkilometern der Naturpark Garrotxa, die bedeutendste ***Vulkanlandschaft*** der iberischen Halbinsel und zugleich eine der inter-

Zwischen Ripoll und Banyoles Span. Pyrenäen

essantesten Europas. Etwa 30 Vulkankegel, mehrere Explosionskrater und ungefähr zwanzig Basaltfelder machen die Einzigartigkeit und den Reiz des Gebietes aus. Ein überdurchschnittlich feuchtes Klima sorgt zudem für eine ***üppige Vegetation,*** so dass viele Vulkankegel auf den ersten Blick eher wie stark bewaldete Hügel wirken.

Seit 1820 befassten sich zahlreiche Wissenschaftler mit der Region und schon 1917 wurden erste Rufe nach ***Schutzmaßnahmen*** laut. Dieser Forderung wurde jedoch nicht Rechnung getragen - im Gegenteil. Die Besiedlung nahm immer stärker zu und die Vulkanschlacke-Förderung im Tagebau rief große Schäden hervor, die den Fortbestand der einmaligen Landschaft gefährdeten. Am deutlichsten ist dies heute beim Croscat zu sehen: In dem Vulkan, zu dem auf halber Strecke zwischen Olot und Santa Pau eine Straße abzweigt, befindet sich eine riesige Kerbe. 1982 stoppte man das Abtragen der für den Häuserbau verwendeten Materialien.

Erst nachdem sich 1975 eine Bürgerbewegung gegründet hatte, nahmen die Forderungen nach Schutz konkretere Formen an. 1982 verabschiedete das Parlament Kataloniens schließlich das Gesetz zum Schutz des Vulkangebietes La Garrotxa und 1985 wurde das gesamte Areal zum ***Naturpark*** erklärt.

Die ältesten der Vulkane bildeten sich vor etwa 350.000 Jahren, der letzte Ausbruch liegt rund 11.500 Jahre zurück. Trotz dieser langen Ruhephase wird der ***Vulkanismus*** nicht als endgültig erloschen angesehen.

An einigen Stellen, so bei dem Ort Castellfollit de la Roca, lassen sich die Überlagerungen der verschiedenen Lavaströme gut beobachten.

Aufgrund des feuchtwarmen Klimas, der besonderen Bodenbeschaffenheit und der verschiedenen Höhenlagen präsentiert sich die ***Flora*** außerordentlich vielfältig: Über 1.500 verschiedene Pflanzenarten, sowohl mediterrane als auch zentral-europäische, gedeihen im Garrotxa-Gebiet. Beinahe Dreiviertel der Naturparkfläche sind von Wäldern bedeckt, wobei die Steineiche die dominierende Baumart darstellt. Häufig sind auch andere Eichenarten, Buchen und - vornehmlich in der Nähe von Gewässern - Erlen anzutreffen.

Die ***Fauna*** der Region zeichnet sich ebenfalls durch ihre Vielfalt aus. Zwar wurden Wolf und Reh Ende des 19. Jahrhunderts ausgerottet, doch Säugetiere wie die seltene Ginsterkatze, Steinmarder, Dachs und Wildschwein kommen auch heute noch recht zahlreich vor. Ein seltenerer Gast in der Garrotxa ist der Fischotter.

Die auffälligsten der über 140 vorkommenden ***Vogelarten*** sind Schlangenadler, Habicht, Bunt- und Schwarzspecht sowie der Wanderfalke.

Das von Hohlräumen durchzogene Vulkangestein bildet einen nahezu idealen Lebensraum für ***Reptilien*** - allein sieben verschiedene Schlangenarten leben im Naturpark: Kreuzotter, Aspisviper, Stülpnasenotter, Eidechsennatter, Äskulapnatter, Glattnatter und Girondenatter. Von den Echsenarten fallen am meisten die farbenprächtige Smaragdeidechse und die Erzschleiche auf, die im Er-

Bis 1982 Lieferant für Vulkanschlacke: der Croscat

scheinungsbild einer Blindschleiche ähnelt, im Gegensatz dazu aber winzige Beine besitzt.

Am häufigsten begegnet man jedoch den unterschiedlichsten ***Schmetterlingsarten,*** die in großen Mengen von Krautern bestandene Wiesen bevölkern.

Die einzigartige Natur der Garrotxa inspirierte übrigens auch zahlreiche ***Künstler,*** die sich im 19. und 20. Jh. in der Oloter Schule zusammenschlossen und sich vor allem der Landschaftsmalerei widmeten.

Wandern im Garrotxa-Naturpark

Ein Netz von leicht begehbaren und bestens ausgezeichneten Wanderwegen durchzieht den Naturpark. Informationen zu den verschiedenen Routen bekommt man sowohl in den Touristenbüros von Olot und Santa Pau als auch an einigen Parkplätzen entlang der Straße Olot - Santa Pau, wo die Strecken auf großen Hinweistafeln aufgeführt werden.

Eines der beliebtesten Ausflugsziele ist der ***Vulkan Santa Margarida,*** an dessen Fuß sich wenige Kilometer vor Santa Pau an der Hauptstraße ein nicht zu übersehender Parkplatz befindet. Von hier aus führt ein Weg durch einen dichten Buchenwald in etwa 20 Minuten hinauf bis zum Kraterrand. In dem Krater, in dessen Mittelpunkt sich eine Kapelle befindet, tummeln sich zahllose Schmetterlinge. Ein kurzer Spaziergang, den man auf keinen Fall auslassen sollte!

Tolle Wandermöglichkeiten bestehen auch im ***nördlichsten Zipfel*** des Naturparks, einer beinahe abenteuerlichen Landschaft mit dichtem Laubwaldbewuchs und einem Fluss, der sich seinen Weg durch mehrere kleine Canyons bahnt. Man gelangt in diese weitgehend unberührte Gegend über die Dörfer ***Oix*** oder ***Sadernes,*** zu denen hinter Castellfollit de la Roca kleine Nebenstraßen von der N 260 abzweigen.

Praktische Informationen

Information

- ***Touristenbüros*** in Olot und Santa Pau (siehe dort).

Olot

Das dunkelste Kapitel ihrer Geschichte machte die 30 km östlich von Ripoll gelegene und 20.000 Einwohner zählende Stadt im Jahre 1427 durch. Ein gewaltiges Erdbeben zerstörte den gesamten Ort und sorgte so dafür, dass er heute - im Gegensatz zu den meisten Gemeinden der Umgebung - keinen mittelalterlichen Kern besitzt. Überhaupt scheint Olot, dessen Bewohner ihren Lebensunterhalt vornehmlich in der ***Textil-, Wurst- und Metallindustrie*** sowie mit der Herstellung religiöser Artikel verdienen, auf den ersten Blick wenig Interessantes zu bieten. Die Architektur des größten Ortes der Vulkanlandschaft Garrotxa ist eher zweckmäßig denn auffallend schön, großartige bauliche Höhepunkte fehlen völlig. Bei genauerem Hinsehen entdeckt man aber durchaus auch eine angenehme Seite: Der Wohlstand, den die Industrialisierung mit sich brachte, bescherte Olot einige ausgedehnte ***Parkanlagen*** und schöne ***Villen.*** Sehenswert sind zudem die ***Kunstausstellungen*** und ***Museen*** des Ortes, allen voran das auch für Laien interessante ***Museu dels Volcans.*** Und nicht zuletzt bietet das Zentrum eine ganze Reihe von Restaurants und Kneipen, in denen vor allem am Wochenende einiges los ist.

Erscheinen kulturelle Aktivitäten für eine Industriestadt eher untypisch, so kann Olot doch auf eine lange künstlerische Tradition zurückblicken. Schon im 18. Jh. wurde hier eine ***Kunsthochschule*** gegründet, einige Maler und Bildhauer, die der ***„Oloter Schule“*** im 19. Jh. angehörten, zählen zu den bedeutendsten katalanischen Künstlern. Noch heute gilt die Stadt als wichtiger Kunstmarkt. Zahlreiche Werke katalanischer Malerei des 19. und 20. Jh., darunter viele Landschaftsbilder der Oloter Schule, sind im zentralen ***Museu Comarcal de la Garrotxa*** in der C. Hospici 8 zu bewundern.

- Ein einheitliches Ticket für die wochentags 11-14 und 16-19 Uhr sowie sonntags 11-14 Uhr geöffnete Sammlung und das Vulkan-Museum kostet 1,80 €, Studenten frei.

Das ***Museu dels Volcans*** ist in einer herrlichen Villa im Südwesten der Stadt an der Av. Santa Coloma untergebracht. Anhand interessanter Ausstellungsstücke wird der Besucher mit der Vulkanlandschaft Garrotxa, seiner Geschichte, Geologie, Fauna und Flora bekannt gemacht. Außerdem erfährt man einiges über Erdbeben, die in dieser Gegend besonders im 15. Jh. wüteten.

● Das Museum öffnet wochentags (dienstags geschlossen) von 10-14 und von 17-19 Uhr (Oktober bis Juni 16-18 Uhr) seine Pforten, das Einheitsticket, das auch für das Kunstmuseum gilt, kostet 1,80 €.

Religiöse Objekte und ein Ölgemälde von *El Greco* beherbergt das ***Museu Parroquial de Sant Esteve*** in der gleichnamigen Kirche, dem größten Gotteshaus der Stadt.

● Das Gebäude mitten im Ortskern ist manchmal bereits ab 12 Uhr, meist aber erst ab 18 Uhr geöffnet. Besichtigungen auch außerhalb der Öffnungszeiten unter Tel. (972) 260 474.

Praktische Informationen

Information

● Das sehr gute ***städtische Touristenbüro,*** Tel. (972) 260141, soll ab 2003 im Gebäude des Museums Comarcal de la Garrotxa, C. Hospici 8, untergebracht sein.

● Im Gebäude des *Museu dels Volcans* (siehe oben) gibt es eine ***Information zum Naturpark Garrotxa,*** Tel. (972) 266012.

Unterkunft

● ***Hotel Riu Olot*** €€€€, an der Straße nach Santa Pau, Tel. (972) 269444. Viersterne-Hotel, dessen Preis sich für den gebotenen Komfort noch im Rahmen hält.

● ***Hostal La Villa*** €€, C. Sant Roc 1, Tel. (972) 269807. Eines der empfehlenswerteren Häuser der unteren Preisklasse, im Ortskern gelegen.

● Das ***Hotel La Perla*** €€, C. de la Deu 9, Tel. (972) 262326, zählt zu den besten Unterkünften der preiswerten Kategorie, ist daher aber oft ausgebucht.

● ***Jugendherberge Torre Malagrida,*** Pg. Barcelona, Tel. (972) 264200.

● ***Camping La Fageda,*** an der Straße nach Santa Pau, Tel. (972) 271239. Gelände mit einigen schönen und einigen weniger einladenden Stellplätzen. Mit Schwimmbad, Restaurant, Laden etc.

Essen und Trinken

Viele Regionen haben ihre eigenen kulinarischen Spezialitäten - doch meist besitzen diese nicht einen so zündenden Namen wie in Olot und Umgebung. ***Cuina Volcànica,*** Vulkanische Küche, nennen die hiesigen Köche die lokalen Gerichte, die sich zu einem großen Teil aus Zutaten der Umgebung zusammensetzen. Die Bandbreite der Ingredienzen reicht von so alltäglichen Lebensmitteln wie Kartoffeln über heimische Pilze bis hin zu Bohnen aus Santa Pau. Die Idee hatten einige Experten vor vielen Jahren im Anschluss an den zweiten Kongress der Katalanischen Küche - heute bieten mehr als 20 Restaurants derartige Speisen an.

● ***Restaurant Les Cols,*** C. de la Canya im Nordosten der Stadt, Tel. (972) 269209. Bestes Restaurant der Stadt, untergebracht in einem alten Landhaus. Für ein Abendessen sollte man pro Person mindestens 25 € einplanen.

● ***Restaurant La Deu,*** C. de la Deu, Tel. (972) 261004. Ausflugslokal südlich von Olot, indem die Cuina Volcànica angeboten wird. Spezialität sind die *Patates de la Deu,* äußerst schmackhaft zubereitete Kartoffeln mit Fleisch und Ei. Menü etwa 15 €.

Verkehrsverbindungen

● Olot ist bestens an das öffentliche Verkehrsnetz angeschlossen: Regelmäßige ***Busverbindungen*** bestehen mit Girona, Barcelona, Banyoles, Figueres, Ripoll und Vic.

Zwischen Olot und Castellfollit de la Roca soll 2003 ein ***Tunnel*** eingeweiht werden, der einen zügigeren Verkehrsfluss in Richtung Girona garantieren soll.

Santa Pau

Erstaunlich, wie wenig Touristen den ***mittelalterlichen Ort*** 10 km südöstlich von Olot besuchen - selbst im Sommer durchstreifen nur dann und

Historisches Städtchen: Santa Pau

wann einige Urlauber den malerischen Stadtkern, in dem sich ein historisches Haus ans andere drängt. Dass Santa Pau als Sitz eines Barons einst eine gewisse Bedeutung besaß, belegen heute noch die gut erhaltenen ***Stadtmauern*** und das ***Kastell*** (14. Jh.), das allerdings nicht besichtigt werden kann.

Schmuckstück des Städtchens ist die arkadengesäumte ***Plaça Major,*** an der sich auch die ***gotische Pfarrkirche*** aus dem 16. Jh. befindet. Bei gutem Wetter sollte man sich unbedingt vor einem der Restaurants am Platz niederlassen und bei einem kühlen Getränk die sympathische Atmosphäre der geschichtsträchtigen Umgebung genießen.

Dem historischen und künstlerischen Wert des Ortes trug man 1971 Rechnung, als ganz Santa Pau unter Denkmalschutz gestellt wurde.

Praktische Informationen

Information

- Im ***Touristenbüro,*** Can Vayrede, Tel. (972) 680349, gibt es sowohl Informationen über den Naturpark als auch über Santa Pau selbst.

Unterkunft

- ***Hotel Cal Sastre***€€€€, Tel. (972) 680049, ist ein kleines, aber gutes Hotel mit empfehlenswertem Restaurant.

● ***Camping Lava,*** kurz hinter Santa Pau an der Straße nach Olot, Tel. (972) 680358. Recht neue Anlage, allerdings ziemlich wenig Schatten. Zahlreiche Freizeitangebote (siehe unten).

Weitere Reisetipps

● Der Campingplatz *Lava* vermietet Mountainbikes und bietet ***Ausflüge*** mit einem kleinen Zug durch die Vulkanlandschaft an. Die einstündige Fahrt, bei der auch einige Informationen auf Deutsch vermittelt werden, gestaltet sich durchaus lehrreich und interessant.

● Genau wie die Zugfahrt dürfte auch eine ***Tour mit dem Planwagen*** durch die nahen Wälder, die ebenfalls beim Campingplatz *Lava* angeboten wird, eher etwas für Familien mit Kindern sein.

● Wer die Vulkane von einem ***Heißluftballon*** aus betrachten möchte, kann in der Touristeninformation nachfragen oder sich direkt bei dem Anbieter, Tel. (972) 680255, melden.

● Das ***Museu de Lava*** in Santa Pau beschäftigt sich mit mit dem heißen Vulkanauswurf. Öffnungszeiten: April bis Okt. dienstags bis sonntags 10.30–20 Uhr; November bis März samstags und sonntags 10.30–18 Uhr.

Castellfollit de la Roca

Der Ort an der N 260, 8 km nordöstlich von Olot, besticht in erster Linie durch seine Lage. Die historischen Häuser, die wie aneinandergeklebt wirken, wurden auf einem spektakulären ***Basaltfelsen*** erbaut, dessen Felswände senkrecht zum Rio Fluvià abfallen. An manchen Stellen scheinen die Gebäude geradezu über den Rand des Felsens hinüberzuspähen – auf jeden Fall sollten schwindelanfällige Hausbewohner den Blick aus dem Fenster tunlichst vermeiden.

Eine nicht alltägliche Ausstellung nennt Castellfollit de la Roca sein eigen: 1993 eröffnete die Metzger-Familie *Sala* aufgrund des 150-jährigen Firmenjubiläums ein kleines ***Wurstmuseum,*** die Besucher können sich über die Geschichte des Familienbetriebes informieren. Das historische Foto, das aus den Gründerzeiten der Fleischerei stammt, wirkt allerdings eher wie das Plakat eines Horrorfilms. Da die Metzgerei *Sala* direkt neben dem Ausstellungsraum ihre Wurstwaren verkauft, ist offensichtlich, dass das Museum auch einen Werbezweck erfüllen soll.

● Geöffnet: werktags 9.30–13.30 und 16–20 Uhr sowie an Feiertagen 9.30–14 und 16.30–20 Uhr. Eintritt frei.

Praktische Informationen

Unterkunft

● ***Fonda Ca La Paula*** €€, Pl. Sant Roc 3, Tel. (972) 294032. Pension mit 13 recht modern ausgestatteten Zimmern, alle mit Bad.

● ***Camping Montagut,*** zwischen den Dörfern Montagut und Sadernes (siehe „Ausflüge"), Tel. (972) 287202.

Verkehrsverbindungen

● Mehrere ***Busse*** täglich über Banyoles nach Barcelona sowie nach Figueres und Olot.

Weitere Reisetipps

● Etwa 1,5 km hinter Montagut in Richtung Sadernes bietet eine Agentur, Tel. (972) 287247, ***Mountainbiking, Kayaktouren, Canyoning*** und ***Trekking*** an.

● Auf halber Strecke zwischen Castellfollit de la Roca und Besalú befindet sich an der Hauptstraße ein gewaltiges ***Baumhaus,*** das ein älterer Herr seit 1994 nach und nach zu einer echten Sehenswürdigkeit ausgebaut hat. In den zahllosen Gängen des „Gebäudes" kann man sich tatsächlich fast verlaufen – Tarzan würde vor Neid erblassen. Allerdings musste der Hausherr Teile des Bauwerks unlängst wieder abreißen – städtische

Bürokraten hatten eine zu große Gefahr ausgemacht ...

Ausflüge

2 km östlich von Castellfollit de la Roca biegt eine kleine Straße von der N 260 zu dem Dorf ***Montagut*** ab und verläuft danach einige Kilometer am ***Fluss Llierca*** entlang zum Weiler ***Sadernes.*** Auf halber Strecke zwischen den Dörfern liegt der Campingplatz Montagut, in dessen unmittelbarer Nähe sich eine herrliche ***Badestelle*** befindet, die von einer historischen Brücke überragt wird.

Besalú

Die ersten Häuser von Besalú laden nicht zu einem Halt ein, wenn man von Olot auf der N 260 in Richtung Girona unterwegs ist und nach 20 km den Ort am Riu Fluvià passiert. Doch dieser Eindruck täuscht gewaltig! Die Kleinstadt (2.000 Einwohner) besitzt einen ***mittelalterlichen Ortskern,*** der seinesgleichen sucht: Die historischen Baudenkmäler haben die Zeit fast alle unbeschadet überstanden.

Einst an der Kreuzung zweier wichtiger römischer Straßen gelegen, begann der Aufstieg Besalús schon im Jahre 902, als der Ort ***Sitz einer Grafschaft*** wurde. Diesen Status hatte die Stadt bis zum 14. Jh. inne, obgleich der Einfluss seit dem 12. Jh. stetig abnahm. Die folgenden Jahrhunderte kam Besalú nicht mehr über den Rang einer recht unbedeutenden Kleinstadt hinaus. 1966 wurde der gesamte Ort, der von den Ruinen der ehemaligen ***Bischofskirche Santa María*** überragt wird, schließlich unter Denkmalschutz gestellt.

Das Wahrzeichen der Stadt ist die mit Türmen bewehrte ***romanische Brücke*** (11. Jh.) über den Riu Fluvià, die 1965 letztmalig einer großen Restaurierung unterzogen wurde. Im Mittelalter musste jeder, der in die Stadt hinein wollte, an der Brücke Zoll bezahlen. Etwas abseits der Brücke liegt das ***jüdische Badehaus*** (12. Jh.), in dem rituelle Waschungen vollzogen wurden und das als einzigartig in Spanien gilt. Die einstmals große jüdische Gemeinde Besalús besaß auch eine Synagoge, die allerdings nie gefunden und vermutlich zerstört wurde.

Den Mittelpunkt des Ortes bildet die arkadengesäumte ***Plaça de la Llibertat,*** an der einige Restaurants und Straßencafés zum Verweilen einladen. Das mittelalterliche Flair Besalús ist nirgendwo spürbarer als hier, inmitten historischer Häuser, von denen die meisten aus dem 16. Jh. stammen. Seit jeher war der Platz das kommerzielle Zentrum der Stadt, auf dem auch der Markt stattfand.

Etwas weniger stimmungsvoll präsentiert sich die nur einen Katzensprung entfernte ***Plaça de Sant Pere*** mit der gleichnamigen ***Kirche,*** dem einzigen Überbleibsel des 977 vom Grafen-Bischof *Miró* gegründeten ***Benediktinerklosters.*** Das Gotteshaus, das 1003 geweiht wurde, besitzt sowohl an der Fassade als auch im Innenraum mehrere sehenswerte Bildhauerarbeiten.

Ebenfalls auf eine Gründung *Mirós* geht die ***Kirche Sant Vicenç*** zurück, deren Ursprünge zwar aus dem 10.

Früher Sitz des Grafen, heute beschauliche Schönheit: Besalú

Jh. stammen, die aufgrund zahlreicher Umbauarbeiten aber die verschiedensten Stilrichtungen aufweist. Als besonders sehenswert erweist sich das mit orientalischen Motiven verzierte ***Seitenportal Sant Rafael.***

Praktische Informationen

Information

● ***Touristenbüro*** an der Pl. de la Llibertat, Tel. (972) 591240.

Unterkunft

● Die beste der bescheidenen Übernachtungsmöglichkeiten im Ort ist die ***Fonda Siqués*** €€, Av. Lluís Companys, Tel. (972) 590110. Einfache Unterkunft mit 13 Zimmern.

● ***Mas Salvanera*** €€€€, beim 8 km nördlich von Besalú gelegenen Dorf Beuda, Tel. (972) 590975. Traumhafter alter Gutshof mit acht stilecht eingerichteten Zimmern und Schwimmbad. DZ mit Frühstück ca. 100 €.

Essen und Trinken

- Einen wunderschönen Blick genießt man von der Terrasse des ***Restaurant Pont Vell,*** Tel. (972) 591027, direkt neben der mittelalterlichen Brücke. Die exponierte Lage des hauptsächlich von Touristen besuchten Lokals schlägt sich allerdings auch in den Preisen nieder.
- Leicht mittelalterliches Ambiente besitzt das ***Restaurant Cúria Reial*** an der Pl. de la Llibertat, Tel. (972) 590263.
- Günstiger isst man im ***Estació Servei Besalú,*** an der Straße nach Olot, Tel. (972) 590158, oder im ***La Cassoleta,*** ebenfalls an der Straße nach Olot, Tel. (972) 590300.

Verkehrsverbindungen

- Werktags zwischen 6.15 und 20 Uhr acht ***Busse*** über Banyoles nach Girona und zwischen 8.03 und 22.40 Uhr zahlreiche Busse nach Olot. Außerdem vier Busse nach Barcelona und drei nach Figueres.

Weitere Reisetipps

- Im Touristenbüro ist ein kostenloser Plan erhältlich, in dem ein Dutzend kürzerer ***Spaziergänge und Wanderungen*** in der Umgebung von Besalú beschrieben werden.

Banyoles

Jahrhundertelang hatte sich der über 2 km lange See ***Estany de Banyoles*** nur positiv auf die 13.000 Einwohner zählende Stadt an dessen Ufer ausgewirkt: als Wasserreservoir für die Landwirtschaft und die Industrie sowie als Naherholungs- und Sportzentrum.

Am 8. Oktober 1998 sorgte das Gewässer erstmals für ***erschütternde Schlagzeilen.*** Das Ausflugsschiff *Anna,* das mit 141 anstelle der zugelassenen 80 Passagiere völlig überladen war, sank wenige Minuten nach dem Ablegen. 21 französische Senioren, die einen Ausflug nach Banyoles unternommen hatten, riss das Schiff mit in den Tod. Weitere 38 Personen wurden bei dem Unglück, für das sich der Schiffseigner und der Kapitän verantworten mussten, zum Teil schwer verletzt. Es war der schwärzeste Tag in der Geschichte des ansonsten so beschaulichen Städtchens, dem der Estany de Banyoles bis dahin so viel Gutes beschert hatte.

Schon die Mönche des ***Klosters Sant Esteve,*** das sich zu Beginn des 9. Jh. hier ansiedelte, bauten Kanäle und verwandelten die Ebene mit ihrem unbewohnbaren Sumpf damit in eine blühende Landwirtschaftsregion. Im 13. und 14. Jh. folgte die Zeit der größten Ausdehnung - erneut eng verbunden mit dem von unterirdischen Quellen gespeisten See: Tuchmacher, Getreide- und Papiermühlen sowie Textilbetriebe siedelten sich an den Ufern an.

Heute lebt die Stadt in erster Linie von kleinen Industriebetrieben, die sich auf Metallwaren, Lebensmittel, Textilien, Lederwaren und Holz spezialisiert haben. Außerdem entwickelte sich der Ort zu einem beliebten ***Naherholungszentrum;*** besonders die Einwohner des gerade einmal 20 km entfernten Girona nutzen die zahlreichen Freizeitmöglichkeiten an dem Gewässer.

Dass die Stadt 1992 ins Blickfeld der Öffentlichkeit gelangte, hing erneut mit dem See zusammen: Hier wurden die ***olympischen Ruderwettbewerbe*** ausgetragen. Um sich der Welt von der besten Seite zu zeigen, wurden eigens für diese Wettbewerbe zahllose Umbau- und Renovierungsarbeiten durchgeführt und mehrere neue Parks angelegt.

Das Herz der Altstadt ist die ***Plaça Mayor,*** ein lebhafter, von Bogengängen umspannter Platz, auf dem vom 13. Jh. bis zum heutigen Tag jeden Mittwoch der traditionelle Markt stattfindet. Die angrenzenden Häuser weisen die Merkmale der verschiedensten Epochen auf.

Über die C. Major gelangt man zur ***Pia Almoina,*** einem wunderschönen Bauwerk aus dem 14. Jh., das bis 1924 das Rathaus beherbergte. Heute findet man hier das ***archäologische Museum*** mit seinem Prunkstück, dem etwa 80.000 Jahre alten Kiefer eines vorgeschichtlichen Menschen. Zur Sammlung gehören außerdem weitere archäologische Funde aus Katalonien, eine Münzsammlung und romanische Ausstellungsstücke, unter anderem aus dem Kloster Sant Esteve.

- Öffnungszeiten: dienstags bis samstags 11.30–13.30 Uhr und 16–20 Uhr (außerhalb der Saison nur bis 18.30 Uhr), sonntags 10.30–14 Uhr, montags geschlossen. Der Eintrittspreis von 3 € beinhaltet auch den Eintritt für das benachbarte Museum Darder.

Das ***Museum Darder*** wurde 1916 gegründet, nachdem *Francesc Darder,* der erste Direktor des Zoos von Barcelona, der Stadt Banyoles eine beträchtliche Sammlung ausgestopfter Tiere geschenkt hatte. Zu sehen sind neben exotischen und heimischen Tierarten auch mehrere menschliche Schädel.

- Öffnungszeiten und Eintrittspreis entsprechen dem archäologischen Museum.

Am östlichen Stadtrand steht die ***Kirche Sant Esteve,*** die als einziges Bauwerk des ehemaligen Klosters erhalten geblieben ist. Nachdem das Gebäude 1428 durch ein Erdbeben und 1655 durch französische Bombardierungen zerstört wurde, weist die Fassade mittlerweile ein neoklassisches Gesicht auf. Im Innern gelten besonders der Altaraufsatz der Nuestra Senyora de l'Escala des Meisters *Joan Antigó* (15. Jh.) sowie der Silberschrein des Sant Martirià (15. Jh.) als Schätze der Kunst.

Auf der Banyoles gegenüberliegenden Seite des Sees befindet sich mit der ***Kirche Santa Maria de Porqueres*** (12. Jh.) ein bedeutendes romanisches Bauwerk.

Praktische Informationen

Information

- ***Touristenbüro*** am Passeig Indústria 25, am Rande der Altstadt, Tel. (972) 575573. Im Sommer zudem eine Informationsstelle am See, Tel. (972) 581393.

Unterkunft

Vermutlich aufgrund der Nähe zu Girona wirken sämtliche Unterkünfte – im Vergleich zu anderen Städten der katalanischen Pyrenäen – überteuert.

- ***Hotel L'Ast*** €€€€, Pg. Dalmau am südlichen Ende des Sees, Tel. (972) 570414. Gute Unterkunft mit Pool und Garten.
- ***Hostal Can Xabanet*** €€, Pl. del Carme am westlichen Rande der Altstadt, Tel. (972) 570252. Von den schlichteren Unterkünften eine der besten, allerdings nicht ganz billig.
- ***Fonda Comas*** €€€, C. de la Canal 19, Tel. (972) 570127. Sehr zentral gelegenes Haus der einfachen Kategorie.

• ***Camping El Lago,*** an der anderen Seite des Sees, Tel. (972) 570305. Großer, gut ausgestatteter Platz. Teuer.

Essen und Trinken

• In der ***Altstadt*** gibt es eine ganze Reihe an Bars und preiswerten Restaurants, in denen man für wenig Geld gut essen kann.

Verkehrsverbindungen

• Regelmäßige ***Busverbindungen*** nach Girona, Besalú und Olot.

Weitere Reisetipps

• Der See von Banyoles bietet ***Wassersportlern*** ideale Möglichkeiten: Die Palette reicht von Rudern und Schwimmen über Kanu und Wasserski bis hin zum Angeln.

• Die Agentur *Fang Aventura* beim Campingplatz Majokal, nahe dem nördlich von Banyoles gelegen Dorf Esponella, Tel. (972) 597106, hat ***Kayak, Mountainbike-Verleih, Klettern, Bogenschießen, Trekking*** und ***Jeeptouren*** im Programm.

Exzentrische Kunst im Dali-Museum

Figueres und die Costa Brava

Etwas östlich an
Garrotxa schlie
Empordà an, e
Temperaturen u
prägte Region
der ***nördlichen Costa Brava.***
tionell werden im Inland Oliven und Wein angebaut, vielerorts findet man aber auch Getreidefelder und Obstplantagen. Als Wirtschaftsfaktor hat die Landwirtschaft jedoch schon seit geraumer Zeit ihre Vormachtstellung eingebüßt – erheblich bedeutender ist mittlerweile der ***Tourismus.*** Besonders in den Ferienhochburgen am Meer lebt ein Großteil der Einwohner von den Urlaubern, aber auch die hübschen Orten im Landesinneren profitieren finanziell immer mehr von den zahlreichen Besuchern aus ganz Europa. Der landschaftlich schönste Abschnitt der Küste ist eine Halbinsel, die zwischen El Port de la Selva und Roses ins Meer hineinragt und im wunderschönen ***Cap de Creus*** ihren östlichsten Zipfel besitzt. Überragt wird die Landzunge vom ehemals äußerst mächtigen ***Kloster Sant Pere de Rodes,*** einem auf jeden Fall sehenswerten romanischen Bauwerk.

Geographisches, administratives und kulturelles Zentrum dieses Landstriches ist die 30.000 Einwohner zählende Stadt ***Figueres,*** deren ***Dalí-Museum*** alljährlich hinter dem Prado in Madrid die zweitmeisten Besucher aller spanischen Museen zählt. Figueres, das überaus günstig nahe der Autobahn Frankreich – Barcelona liegt, gilt heute als Handelszentrum.

Im Norden des Gebietes ragen die Pyrenäen teilweise noch über 1.000 m empor, bevor sie rasch an Höhe ver-

...nd am Mittelmeer einen von ... Felsformationen und hüb...en Buchten geprägten Küstenstreifen bilden.

Figueres

(span. *Figueras*)

Die Geburt und das Schaffen eines Genies in Figueres sorgen dafür, dass jährlich Tausende und Abertausende Kunstinteressierte in die größte und lebhafteste Stadt des ***Alt Empordà*** kommen. ***Salvador Dalí,*** der hier im Jahre 1904 das Licht der Welt erblickte, schuf sich selbst ein Denkmal, indem er sich für eine Ausstellung über sein Werk einsetzte und die Arbeiten an dem 1974 eröffneten ***Dalí-Museum*** entscheidend mitgestaltete und vorantrieb. Heute zählt das schon äußerlich extravagante Museum zu den beliebtesten Ausflugszielen Spaniens. Die meisten Besucher bleiben allerdings nur für kurze Zeit; nach der Ausstellungsbesichtigung zieht es sie zurück in die Urlaubsorte an der Küste. In den Abendstunden ist somit vom Touristenrummel recht wenig zu spüren – Figueres befindet sich dann wieder fest in der Hand der Einheimischen.

Geschichte

Zu überregionaler Bekanntheit gelangte Figueres erst im 20. Jh. durch den exzentrischen Maler, die Geschichte des Ortes ist jedoch viel älter. Funde lassen vermuten, dass hier bereits eine ***römische Siedlung*** existierte. Die erste urkundliche Erwähnung der Stadt stammt jedoch aus dem ***10. Jh.,*** als das damalige Dorf noch zum Kloster San Pere de Rodes gehörte.

Nachdem Figueres ***1247*** in Flammen aufgegangen war, begann man mit dem Wiederaufbau, bei dem auch ein ***jüdisches Viertel*** entstand, das viel zur weiteren Entwicklung des Ortes beitrug.

Aber erst ***Mitte des 18. Jh.*** wurde die Siedlung zur Hauptstadt des Alt Empordà – entscheidend dazu beigetragen hatten der Bau der ***Festung Sant Ferran*** sowie die guten landwirtschaftlichen Möglichkeiten rund um die Gemeinde. Die Burg Sant Ferran blieb übrigens bis zum heutigen Tage ein militärischer Stützpunkt, der ***1939*** in die Schlagzeilen kam, als sich das letzte republikanische Parlament auf dem Weg ins Exil hier traf.

Sehenswertes

Mittelpunkt des Ortes ist die platanengesäumte ***Rambla,*** an deren Ende das ***Empordà-Museum*** mit historischen Keramikarbeiten sowie klassischen und zeitgenössischen Bildern einen Einblick in die Kunstgeschichte der Region gewährt.

● Die Ausstellung kann täglich außer montags von 11–19 Uhr, an Sonn- und Feiertagen von 11–14 Uhr besichtigt werden. Mit dem Ticket des Dalí-Museums ist der Eintritt frei, ansonsten werden 2 €, für Kinder 1 € verlangt.

Das ***Spielzeugmuseum,*** C. Sant Pere 1, dürfte mit seinen 3.500 zumeist historischen Exponaten nicht nur für den Nachwuchs interessant sein. Zu sehen ist vom Zinnsoldaten bis zur Puppenstube so ziemlich alles, was Kinderherzen höher schlagen ließ (und lässt).

● Geöffnet von Juli bis September werktags 10–13 Uhr und 16–19 Uhr, sonntags 11–13.30 Uhr und 17–19 Uhr. Oktober bis Juni täglich außer montags 10–13 Uhr und 16–19 Uhr, sonntags 11–13.30 Uhr. Eintritt 4,50 €, Kinder 3,60 €.

Salvador Dalí – Exzentriker und Genie

Am 11. Mai 1904 erblickte *Salvador Dalí*, einer der unbestreitbar größten Künstler des 20. Jh., in Figueres das Licht der Welt. Ab 1921 besucht der Sohn eines wohlhabenden Juristen die Akademie der Schönen Künste in Madrid, von der er aber drei Jahre später verwiesen wird: Sein - vornehm ausgedrückt - auffallendes Benehmen ist bereits Stadtgespräch. Ende der 20er Jahre gelingt ihm der internationale Durchbruch als Künstler, nachdem er mit einer surrealistischen Traummalerei seinen eigenen Stil geschaffen hat. Zur gleichen Zeit lernt er *Helena Diakonoff (Gala)* kennen, die er 1935 heiratet und die als seine Muse und große Liebe einen festen Platz im Leben *Dalís* einnimmt. *Gala* unterstützt ihren Mann auch, als sich dieser 1936 von den Surrealisten trennt und sich fortan nur noch seiner eigenen Kunstrichtung widmet: dem Daliismus.

Bis in die 60er Jahre hinein bescheinigt man seinen Werken einen hohen künstlerischen Wert, als er jedoch beginnt, von Schmuck über Kleidung bis hin zur Innenarchitektur so ziemlich jedes Thema aufzugreifen, wird auch Kritik an seiner Arbeit laut. 1974 eröffnet der große Meister im ehemaligen Theater seiner Geburtsstadt Figueres ein gewaltiges Museum, das er selbst gestaltet hat.

Der Multimillionär *Dalí* bewegt sich nun immer mehr in Schickeriakreisen. Als *Gala* 1982 stirbt, kommt seine trostlose Lage ans Tageslicht: Während der Künstler kaum noch das Bett verlässt und selbst zur eigenen Familie keine Beziehungen mehr pflegt, streiten sich seine Berater bereits um das Erbe. Außerdem soll *Dalís* Apathie es obskuren Geschäftemachern erleichtert haben, Fälschungen auf den Markt zu bringen.

Kunst - einmal anders

Doch der mittlerweile vom König geadelte Maler fängt sich noch einmal und erschafft nach dem Beitritt Spaniens zur EG eine Reihe von Graphiken zum Thema Europa, die er den Verantwortlichen für diesen Schritt schenkt. Am 23. Januar 1989 stirbt *Salvador Dalí* in Figueres, wo er im Kuppelsaal seines Museums auch die letzte Ruhestätte gefunden hat.

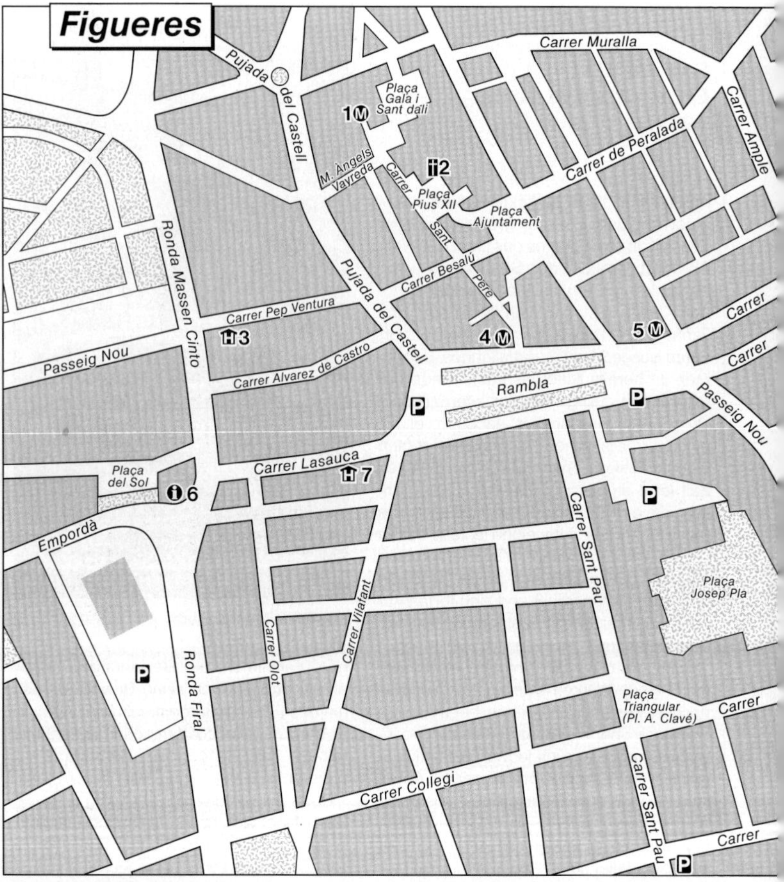

1 Dali-Museum
2 Kirche Sant Pere
3 Pension Mallol
4 Spielzeugmuseum
5 Empordà-Museum
6 Touristeninformation
7 Hotel Durán
8 Busbahnhof

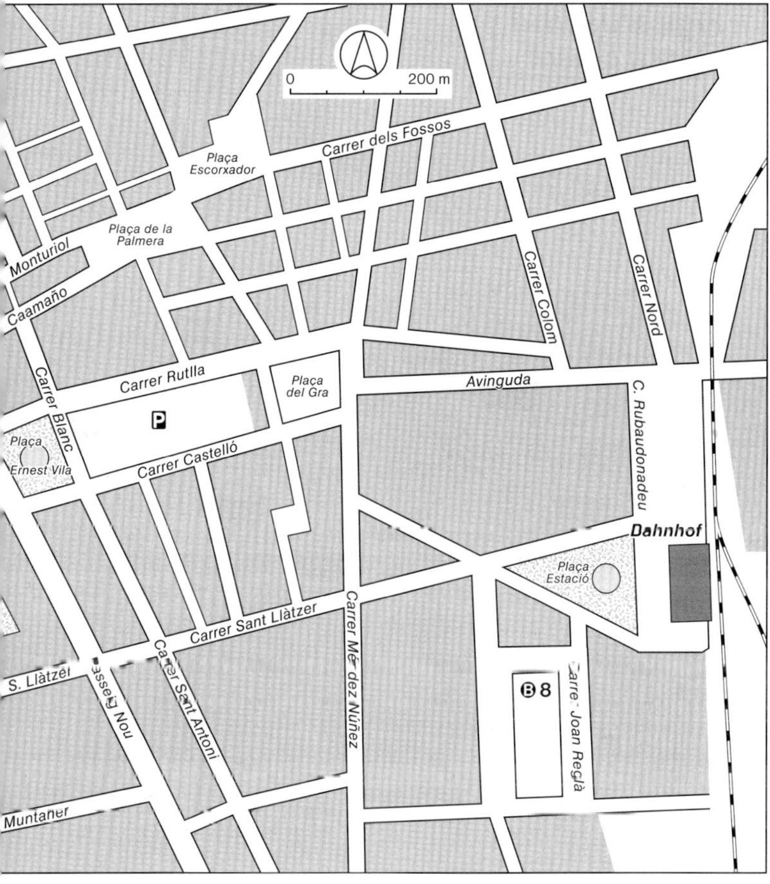

0
200 m
Carrer dels Fossos
Plaça Escorxador
Plaça de la Palmera
Monturiol
Caamaño
Carrer Colom
Carrer Nord
Carrer Rutlla
Plaça del Gra
Avinguda
C. Rubaudonadeu
Carrer Blanc
Plaça Ernest Vila
Carrer Castelló
Dahnhof
Plaça Estació
Carrer Sant Llàtzer
Carrer Méndez Núñez
S. Llàtzer
Carrer Sant Antoni
Carrer Joan Reglà
Muntaner

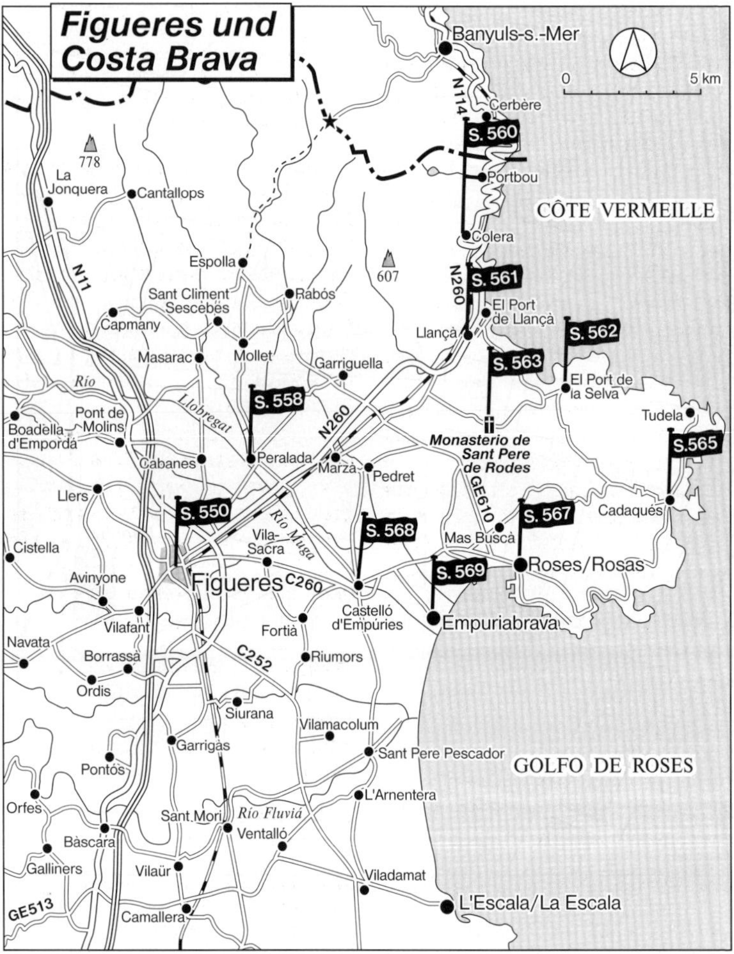
Figueres und Costa Brava
Banyuls-s.-Mer
0
5 km
N114
Cerbère
S. 560
Portbou
CÔTE VERMEILLE
Colera
778
La Jonquera
Cantallops
Espolla
607
N11
N260
S. 561
Sant Climent Sescebes
Rabós
El Port de Llançà
Capmany
Llançà
S. 562
Masarac
Mollet
S. 563
Garriguella
Río
El Port de la Selva
Llobregat
S. 558
Boadella
Pont de Molins
d'Empordà
N260
Tudela
Monasterio de Sant Pere de Rodes
S.565
Cabanes
Peralada
Marzà
Pedret
Llers
S. 550
GE610
Río Muga
S. 567
Cadaqués
Cistella
Vila-Sacra
S. 568
Mas Buscà
Roses/Rosas
Avinyone
Figueres
C260
S. 569
Castelló d'Empúries
Empuriabrava
Vilafant
Fortià
Navata
Borrassà
C252
Riumors
Ordis
Siurana
Vilamacolum
Garrigàs
Sant Pere Pescador
Pontós
GOLFO DE ROSES
L'Arnentera
Orfes
Sant Mori
Río Fluviá
Ventalló
Bàscara
Galliners
Vilaür
Viladamat
GE513
Camallera
L'Escala/La Escala

Das kulturelle Aushängeschild der Stadt stellt jedoch ohne Zweifel das ***Dalí-Museum*** dar, das man von der Rambla über die C. del Castell erreicht. Mit seiner auffälligen Fassade, den überdimensionalen Eiern auf dem Dach und einer futuristischen Glaskuppel bildet es schon äußerlich einen Blickfang. Ursprünglich beherbergte das 1849 errichtete Gebäude das städtische Theater, wurde 1939 jedoch niedergebrannt und erst nach umfangreichen Wiederaufbau- und Umbauarbeiten am 28. September 1974 seiner neuen Bestimmung übergeben. Dass gerade dieses Bauwerk zum weltweit bedeutendsten Dalí-Museum erwählt wurde, kommt nicht von ungefähr: Der Meister hatte hier 1918 - im zarten Alter von 14 Jahren - seine erste Ausstellung. Heute präsentiert sich den begeisterten Besuchern eine Sammlung an Kunstwerken, die an Originalität, Ausmaß und Vielfältigkeit den Rahmen üblicher Expositionen sprengt. Den Anfang macht ein mit Puppen besetzter Straßenkreuzer, in (!) dem es nach Münzeinwurf regnet. Es folgen Gemälde, Skulpturen und Arrangements von wahrlich beeindruckender Kreativität. Auch für Kulturmuffel ein unbedingtes Muss!

- Das Museum, in dem auch einige Werke anderer Künstler ausgestellt werden, ist von Juli bis September durchgehend von 9-19.15 Uhr, den Rest des Jahres täglich außer montags von 10.30-17.15 Uhr geöffnet. Eintritt 9 €, Studenten 6,50 €. An regnerischen Tagen wartet in der Ferienzeit eine gewaltige Menschenschlange vor der Pforte, da die Urlauber aus den Küstenorten nach Figueres strömen.

Außerdem kann das Museum in den Sommermonaten auch von 22-0.30 Uhr besichtigt werden (9,50 €), wobei pro Nacht aber nur 500 Besucher Einlass finden. Eine Reservierung können Scheckkarten-Besitzer an einem speziellen Automaten in den spanischen Sparkassen (Caixa) vornehmen - ein nicht ganz einfaches Unterfangen.

In unmittelbarer Nähe des Museums steht die gotische ***Kirche Sant Pere,*** die während des spanischen Bürgerkrieges weitgehend zerstört und später in etwas abgewandelter Form wieder aufgebaut wurde. Der Glockenturm gilt gemeinsam mit der Kuppel des Dalí-Museums als charakteristisches Wahrzeichen der Stadt.

Das etwas außerhalb von Figueres gelegene ***Castell de Sant Ferran,*** eine gewaltige Festung, kann im Sommer von 10.30-19 Uhr und den Rest des Jahres von 10.30-14 Uhr besichtigt werden. Führungen mit dem Touristenbüro vereinbahren.

Praktische Informationen

Information

- ***Touristenbüro*** an der Pl. del Sol, Tel. (972) 503155.

Unterkunft

Figueres besitzt ein ***gewaltiges Angebot*** an Hotels und Hostals, vor allem der preiswerten Kategorie. Auch zur Hochsaison sind normalerweise noch Zimmer zu bekommen. (Infos bei Touristeninformation).

- ***Hotel Durán*** €€€€, C. Lasauca 5, in nächster Nähe zur Rambla, Tel. (972) 501250. Gehobener Standard in einem älteren, sehr zentral gelegenen Haus.
- ***Pension Mallol*** €, C. Pep Ventura 9, Tel. (972) 502283, ist eine der besten unter den zahlreichen preiswerten Unterkünften.
- ***Camping Pous,*** hinter Figueres an der N II Richtung Frankreich, Tel. (972) 675496.

Essen und Trinken

- ***Restaurant Empordà,*** im gleichnamigen Hotel etwa 1,5 km nördlich von Figueres an der N II, Tel. (972) 500562. Im besten Restaurant der Gegend werden feinste regionale Gerichte kredenzt. Das *Ampurdán* kann auf einen Stern im Michelin verweisen und ist somit alles andere als preiswert: Für ein Menü sollte man pro Person mindestens 30 € einplanen, á la carte wird's teurer.
- Wer ein preiswertes Restaurant in der ***Innenstadt*** sucht, wird schnell fündig - Lokale, in denen man für ein Menü etwa 8 € bezahlt, gibt es wie Sand am nahen Mittelmeer.
- Schräg gegenüber der Touristeninformation gibt es ***mehrere Kneipen,*** z.T. mit (Bier-) Garten, vornehmlich jüngeres Publikum.

Verkehrsverbindungen

- Erstklassige ***Busverbindungen*** mit Barcelona und Girona, außerdem täglich zehn Busse zum Küstenort Port Bou. Drei Busse (9.30, 13.15 und 17.15 Uhr) steuern täglich Olot an.
- Täglich gut 20 ***Züge*** über Girona nach Barcelona sowie elf Verbindungen nach Cerbère.

Weitere Reisetipps

- Figueres ist eine äußerst lebhafte Stadt, was sich auch im geschäftigen Treiben auf den ***Wochenmärkten*** widerspiegelt: Dienstags, donnerstags und samstags werden an der Pl. del Gra Nahrungsmittel wie Obst und Gemüse verkauft, donnerstags findet am Passeig Nou außerdem der Kleidermarkt statt.
- Traditionell feiert man in der ersten Maiwoche das ***Fest des Heiligen Kreuzes*** *(Santa Creu)* mit Umzügen, Musik und Jahrmarkt.

Ausflüge

Kunstinteressierte sollten dem Ort ***Vilabertran*** am nordöstlichen Stadtrand von Figueres einen Besuch abstatten: die alte ***Klosteranlage*** mit der ***Kirche Santa Maria*** (11. Jh.) gilt als wunderbares Beispiel romanischer Architektur.

Der Norden von Figueres

Über die Autobahn Richtung Perpignan oder über die N II erreicht man von Figueres die ***Bergkette von L'Albera,*** die natürliche Grenze zwischen dem französischen Roussillon und dem spanischen Empordà, auf deren bis zu 1.263 m hohen Gipfeln seit dem Pyrenäenvertrag von 1659 auch die Staatsgrenze zwischen den beiden Ländern verläuft.

Die Region, in der sich zwei Naturschutzgebiete befinden, ist sowohl aufgrund ihrer Flora als auch ihrer Fauna einen Besuch wert. Während man im Norden von Figueres auf aus-

Hat seit Jahrtausenden seine aufrechte Haltung bewahrt: Menhir

gedehnte Laubwälder trifft, herrschen - je weiter man nach Osten kommt - in Mittelmeernähe verstärkt Sträucher und Büsche vor. Häufig sind auch ***Korkeichen*** zu sehen, deren Rinde im Abstand von mehreren Jahren abgeschält und als Material für Flaschenkorken verwendet wird.

In den Niederungen der Bergkette spielen ***Oliven-*** und besonders ***Weinanbau*** jedoch eine weitaus gewichtigere Rolle. Bei den edlen Tropfen, die das Herkunftsprädikat *Empordà-Costa Brava* tragen, handelt es sich ausschließlich um Rot- und Roséweine mit einem Alkoholgehalt von bis zu 14 Prozent.

Das wohl bemerkenswerteste Mitglied der hiesigen Tierwelt ist die ***griechische Landschildkröte,*** die hier eines der letzten Rückzugsgebiete auf der gesamten iberischen Halbinsel besitzt. Häufiger kommen allerdings andere Reptilien wie die hübsche ***Smaragdeidechse*** oder die noch größere und farbenprächtigere ***Perleidechse*** vor.

Die Klasse der ***Säugetiere*** wird unter anderem durch das Wildschwein, den Dachs, die Ginsterkatze und vereinzelt auch durch die Wildkatze vertreten. Auffälligster Vertreter dürfte jedoch das bis zu 1,25 m große ***Alberarind*** sein, eine uralte Rasse, die tatsächlich nur in diesem Landstrich beheimatet ist. Nachdem das Rind aufgrund seiner relativ geringen Fleischproduktion von anderen Rassen als Nutztier verdrängt wurde, leben die heute noch existierenden Exemplare wild in den Bergen. In jüngster Vergangenheit gibt es aber Bestrebungen, wieder mit der Zucht des Alberarindes - das sich hauptsächlich von Bucheckern ernährt - zu beginnen.

Da die Pässe der Bergkette von L'Albera zu den niedrigsten der gesamten Pyrenäen zählen, war dieses Gebiet seit jeher eine überaus beliebte Durchgangsstation. So werden die ältesten ***megalithischen Baudenkmäler*** auf etwa 3.500 v. Chr. zurückdatiert - besonders in der Umgebung von La Jonquera finden sich eine ganze Reihe an Dolmen und Menhiren. Zu den uralten Zeugen menschlicher Kultur führen zumeist von der Hauptstraße ausgeschilderte Schotterpisten.

Zudem besitzen viele der Ortschaften ***romanische Kirchen,*** deren Ursprünge oftmals bis auf das 10. Jh. zurückgehen - ebenfalls ein Beweis für die frühzeitige Besiedlung dieses Landstriches.

Wer wegen des mediterranen Klimas eher auf der Suche nach einer Abkühlung denn nach kultureller Weiterbildung ist, sollte einen Abstecher zum ***Stausee von Boadella*** machen, der erstklassige Bademöglichkeiten bietet. Wenige Kilometer hinter Figueres zweigt bei dem Ort Pont de Molins eine kleine Straße von der N II ab, die zu dem meist wenig besuchten Gewässer führt. Man passiert dabei das Dorf ***Boadella d'Empordà*** mit dem empfehlenswerten Restaurant *El Trull d'en Francesc* (siehe unten).

Praktische Informationen

Information

- ***Touristenbüro*** bei La Jonquera an der Autobahn Richtung Frankreich, Tel. (972) 554642.

Unterkunft

Die meisten Unterkunftsmöglichkeiten bieten sich im grenznahen ***La Jonquera,*** dem größten Ort der Gegend. Bis auf zahlreiche Bars und Spirituosenläden, die vornehmlich von französischen Einkäufern aufgesucht werden, hat La Jonquera aber nicht allzuviel zu bieten.

- Zur oberen Mittelklasse zählt das ***Hotel Puerta de España*** €€€€, Tel. (972) 554120, an der N II bei Jonquera.
- Günstiger sind mehrere Hostals und Pensionen wie das ***Marfil*** €€, C. Major 83, Tel. (972) 554002, oder das ***La Pérgola*** €€, an der N II, Tel. (972) 554157. Für das DZ mit Bad muss man ca. 35 € einplanen, ohne Bad sind die Zimmer für etwa 6 € weniger zu bekommen.
- ***Camping La Jonquera,*** an der N II, Tel. (972) 554066. Mit Kinderspielplatz, Restaurant etc.

Essen und Trinken

- ***Restaurant El Trull d'en Francesc,*** im Dorf Boadella d'Empordà nahe dem Boadella-Stausee (siehe oben), Tel. (972) 569027. Sehr gute katalanische Küche, die man bei sonnigem Wetter auf einer Terrasse über dem Fluss genießen kann. Die Preise für die oftmals regional geprägten Spezialitäten sind nicht zu hoch - man muss keine 13 € ausgeben, um prima zu speisen. Im Sommer aber oft (zu) voll.
- In den meisten Dörfern gibt es eine oder mehrere urige Kneipen, so die ***Bar La Concordia*** in ***Darnius*** oder die ***Bar La Union Massanetense*** in ***Maçanet.***

Weitere Reisetipps

- In der gesamten Region besteht höchste ***Waldbrandgefahr***! Das Anzünden von Feuern ist strengstens verboten und auch auf die Zigarette sollte man in der freien Natur besser verzichten.

Peralada

Zwei Dinge haben den Ort im Nordosten von Figueres auch über die Grenzen der Region hinaus bekannt gemacht: Der erstklassige ***Wein,*** der rund um Peralada gedeiht, sowie das ***Klassik-Festival,*** das alljährlich von Mitte Juli bis Mitte August Tausende Besucher anzieht und bei dem sich so prominente Künstler wie *Montserrat Caballé* die Ehre geben.

Das Städtchen besitzt zudem eine Reihe von Sehenswürdigkeiten, die auch bei Urlaubern auf Interesse stoßen dürften, die sich nicht an guten Weinen oder klassischen Tönen erfreuen. Dominiert wird der historische Stadtkern von einem ***Schloss,*** das Elemente der verschiedensten Epochen aufweist und über Generationen der einflussreichen Familie *Rocabertí* als Residenz diente. Heute ist in dem Gebäude ein Spielcasino untergebracht, dessen elegante Ausstattung beeindruckend mit den historischen Gemäuern harmoniert. Wer Krawatte oder Abendkleid vergessen hat, kann sich in einem modernen Anbau immerhin noch an einarmigen Banditen vergnügen. Ansonsten ist das Schloss allerdings nicht zu besichtigen.

Nur einen Steinwurf entfernt befindet sich das einstige ***Kloster Carme*** (14. Jh.) mit seiner ***gotischen Kirche*** und einem hübschen Kreuzgang. In der Anlage können das ***Museum des Kastells von Peralada,*** die gewaltige ***Bibliothek*** und ein ***Weinmuseum*** besichtigt werden.

Castell de Requesens

● Führungen beginnen im Sommer täglich um 10, 11, 12, 16, 17, 18 und 19 Uhr, ansonsten täglich außer montags um 10, 11, 12, 16.30, 17.30 und 18.30 Uhr.

In unmittelbarer Nähe stehen die Überreste einer weiteren Abtei: Vom ***Kloster Sant Domènec*** existieren allerdings nur noch Teile des romanischen Kreuzganges.

Praktische Informationen

Information

● ***Touristeninformation*** von Juli bis August neben dem ehemaligen Kloster Sant Domènec. Während der Hochsaison kann hier auch eine ***organisierte Stadtführung*** gebucht werden.

Unterkunft

● In Peralada gibt es außer dem sündhaft teuren ***Golf-Hotel*** €€€€€ (DZ nicht unter 250 €), Tel. (972) 538830, keine Unterkünfte!

Ausflüge

Folgt man der Landstraße von Peralada aus nach Norden, erreicht man nach etwa 10 km den Weinanbauort ***Espolla,*** in dessen Umgebung mehrere ***Dolmen und Menhire*** an vergangene Kulturen erinnern (ausgeschildert).

Von der Nachbargemeinde ***Sant Climent Sescebes*** führt eine stellenweise recht abenteuerliche Schotterpiste zum ***Castell de Requesens,*** über das lange Zeit das Geschlecht *Rocabertí* herrschte. Wer diese Anfahrt scheut, erreicht die Festung auf einem etwas kürzeren und besser befahrbaren Schotterweg vom Dorf ***Cantallops,*** wenige Kilometer östlich von La Jonquera.

● Offizielle Öffnungszeiten zur Besichtigung des im 19. Jh. renovierten Gebäudes existieren nicht - der Bewohner des Hauses am Fuße des Burgberges besitzt allerdings den Schlüssel. Für ein kleines Entgelt lässt der gute Mann interessierte Besucher in die historischen Gemäuer. Einfach nachfragen!

Portbou und Colera

Weniger wegen seiner Bedeutung als Ferienort als vielmehr aufgrund des ***bedeutenden Bahnhofes*** ist vielen Urlaubern - insbesondere den Bahnreisenden - ***Portbou,*** der nördlichste Ort der Costa Brava, ein Begriff. Entweder hier oder im nur 6 km entfernten französischen Städtchen Cerbère steht das Umsteigen in einen anderen Zug an, da die Gleise in Spanien unterschiedliche Spurweiten zu denen in Frankreich aufweisen. Leider wird die von Ausläufern der Pyrenäen eingekesselte Gemeinde somit erheblich mehr von den Bahnanlagen als von der eigentlich recht hübschen Bucht geprägt. In den 1970er und frühen 1980er Jahren erfreute sich Portbou dennoch vor allem bei jungen Leuten größerer Beliebtheit - in erster Linie „Aussteiger" waren es, die sich an den schmalen Stränden nahe dem Ort in der Sonne aalten.

Kulturinteressierte verbinden mit Portbou zudem den Namen ***Walter Benjamin.*** Der 1892 in Berlin geborene Schriftsteller setzte seinem Leben aus Angst vor der Auslieferung an die deutsche Gestapo hier 1940 ein Ende. Ein Kunstwerk neben dem Friedhof, auf dem Walter Benjamin auch beerdigt wurde, erinnert an den Literatur- und Zeitkritiker.

Über die bergige Küstenstraße, an der es einen lohnenswerten Aussichtspunkt gibt, gelangt man nach Süden in den kleinen ***Badeort Colera,*** dessen Stolz der beschauliche Yachthafen darstellt. Gerade wegen der geringen Größe lohnt aber ein kurzer Stopp.

Seinen Namen erhielt Colera vom landeinwärts gelegenen ***Kloster Sant Quirze de Colera*** (10. Jh.), das im Laufe der Jahrhunderte allerdings immer mehr zerfiel.

Praktische Informationen

Information

● ***Touristenbüro*** am Kai in Portbou, Tel. (972) 125161.

Unterkunft

Die ***Preise*** für Hotelzimmer liegen erheblich höher als im Inland - man befindet sich eben an der Küste.

● Das DZ mit Bad ist in den einfachen Hostals in Portbou wie dem ***La Masia*** €€€, Pg. Sardana, Tel. (972) 390372, oder dem ***Costa Blava*** €€€, C. Cervera, Tel. (972) 390386, zur Hochsaison doch arg überteuert.

● Etwas höheren Ansprüchen genügt das ***Hotel La Gambina*** €€€€ in Colera, Pg. del Mar, Tel. (972) 389172. Zur Ferienzeit wird das DZ mit ebenfalls sehr hoch gegriffenen 75 € berechnet, außerhalb des Sommers kostet es immerhin noch etwa 65 €.

● ***Camping Sant Miquel,*** am Ortsrand von Colera, Tel. (972) 389018. Teilweise schattiger Platz mit den gängigen Einrichtungen wie Bar, Restaurant und Kinderspielplatz.

Verkehrsverbindungen

● Über die ***Küstenstraße N 260*** sind es von Portbou gen Norden nicht einmal 3 km bis zur französischen Grenze.

● Tagsüber gute ***Zugverbindung*** von Portbou über Figueres und Girona nach Barcelona. Manche der Züge halten auch in Colera.

Praktische Informationen

Information

- ***Touristenbüro*** in der C. Mar 1, direkt am Hafen, Tel. (972) 387025.

Unterkunft

Eigentlich alle Hotels sind für den gebotenen Komfort - gelinde gesagt - sauteuer!

- ***Hotel Portocristo*** €€€€€, C. Mayor 59, Tel. (972) 387062, das beste Haus am Platze.
- ***Hostal La Tina*** €€€€, C. Mayor 15, Tel. (972) 387149, zählt sicherlich zur Kategorie der besseren Hostals, ist aber auch nicht gerade günstig.
- Am günstigsten kommt man im ***Hostal Sol y Sombra*** €€, C. Nou 8, Tel. (972) 387060, unter. Einfache DZ ohne Bad.
- Drei Campingplätze warten bei El Port de la Selva auf Gäste: ***Camping Platja Port de la Vall*** (Tel. (972) 387186), ***Camping Port de la Selva*** (Tel. (972) 387287) und ***Camping L'Arola*** (Tel. (972) 387005). Letztgenannter überzeugt nur durch seine Nähe zum Ort, ist ansonsten aber hässlich und ohne Komfort.

Essen und Trinken

Zu den Spezialitäten der Region zählt *Peix amb suc,* Fisch mit Sauce, den man in den Restaurants kosten kann.

- Ganz nett ist das ***Restaurant La Tina,*** C. Major, Tel. (972) 387149, in dem man für das Tagesmenü etwa 12 € verlangt.

Verkehrsverbindungen

- Mehrfach täglich ***Busse*** nach Llançà.

Weitere Reisetipps

- Die ***Tauchbasis C.I.P.S.,*** Tel. (972) 126 438, in der eine deutsche Tauchlehrerin arbeitet, bietet Kurse an und vermietet das nötige Equipment. Die Felsküste des Naturparks Cap de Creus gilt als interessantes Tauchrevier, in dem zahlreiche Fischarten betrachtet werden können.
- Vom Hafen aus startet ein Schiff zu mehrstündigen ***Bootstouren.***
- Von El Port de la Selva lohnt ein Abstecher in den kaum 2 km entfernten Ort ***La Selva de Mar***, der sowohl mit einigen typisch katalanischen Gebäuden als auch mit seiner Friedlichkeit und Ruhe zu gefallen weiß.

Sant Pere de Rodes

In den Bergen über El Port de la Selva thront mit dem ehemaligen ***Benediktinerkloster*** Sant Pere de Rodes eines der beachtenswertesten ***romanischen Bauwerke*** ganz Kataloniens. Die Ursprünge der heute teilweise leicht verfallenen, burgartigen Anlage liegen noch im Dunkeln und sorgten in der Vergangenheit für zahllose Spekulationen. Sicher ist nur, dass Sant Pere de Rodes - damals noch eine kleine, unbedeutende Klostergemeinschaft - erstmals im Jahre 808 urkundlich erwähnt wurde.

Doch erst ***945*** begann der Stern der Abtei, dank der Unterstützung des Edelmannes *Tassi* und dessen Sohnes, zu erstrahlen. Der ***Reichtum*** und die ***Macht*** nahmen beinahe unaufhörlich zu und stagnierten erst im 14. Jh., zur Zeit einer allgemeinen Krise. Dennoch wurden bis ins 18. Jh. auch weiterhin Anbauten errichtet, obwohl 1720 nicht einmal mehr zehn Mönche in dem Kloster lebten.

1798 verließen die letzten Ordensbrüder die Abtei, deren Verfall daraufhin begann. ***1935,*** fünf Jahre, nachdem Sant Pere de Rodes unter Denkmalschutz gestellt worden war, begann man mit Restaurierungsarbeiten die allerdings schon kurze Zeit später wieder abgebrochen wurden. Seit den 60er Jahren erfolgt nun eine systematische ***Instandsetzung.***

Klosteranlage Sant Pere de Rodes

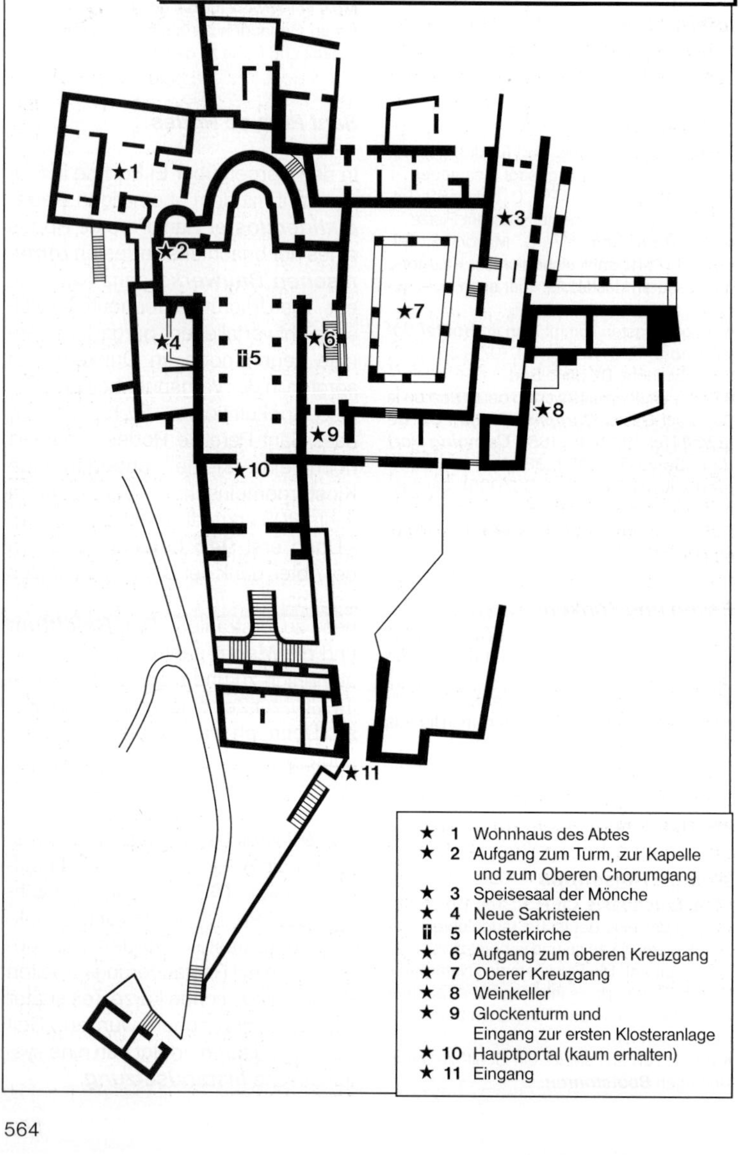

Das Herzstück und den zugleich ältesten Teil der Anlage stellt die ***Klosterkirche*** (10.–11. Jh.) mit ihren beachtlichen Ausmaßen dar. Die dreischiffige Basilika weist interessante Steimetzarbeiten auf, wohingegen ihre Ausstattung eher spärlich wirkt, da große Teile des Interieurs in Museen abgetragen wurden. Fast gänzlich verschwunden ist das ehemals prächtige ***Kirchenportal*** (12. Jh.), das auf den sogenannten *Mestre de Cabestany,* einen der größten Bildhauer seiner Zeit, zurückging. Entfernt wurden auch die schönsten Ornamente des nahen ***Kreuzganges,*** der momentan einer Renovierung unterzogen wird. Die beträchtliche Anlage komplettieren unter anderem der ***Speisesaal der Mönche*** (10.–11. Jh.), mehrere ***Wohngebäude*** verschiedener Epochen und der neue, ***obere Kreuzgang*** (12.–13. Jh.).

● Die Anlage kann vom 1. Juni bis 30. September täglich 10–20 Uhr, den Rest des Jahres täglich 10–17.15 Uhr besichtigt werden. Der Eintritt beträgt 3,60 €, ermäßigt 2,70 €.

Wem die kulturellen Aspekte von Sant Pere de Rodes nicht am Herzen liegen, sollte die Fahrt über die Serpentinenstraße zu dem 600 m hoch gelegenen Bauwerk dennoch antreten – die ***Aussicht*** ist einfach phänomenal! Die exponierte Lage der Abtei hat übrigens einen ganz praktischen Grund: In den Bergen fühlten sich die Mönche vor den Piraten sicher, die zur Gründungszeit des Klosters ihr Unwesen an der Küste trieben.

Cadaqués und das Cap de Creus

Quer über die bergige Halbinsel, die am Cap de Creus endet, verläuft von El Port de la Selva die Landstraße GE 613 bis nach Cadaqués. Schon seit Beginn des 20. Jahrhunderts übt der ***malerische Fischerort*** südlich des Caps eine geradezu magische Anziehungskraft auf ***Künstler*** aus – unter anderem schufen hier *Picasso* und *Magritte* weltbekannte Werke. Zur jetzigen Berühmtheit verhalf dem Städtchen jedoch *Salvador Dalí,* der hier seit den 1930er Jahren bis zum Beginn der 1980er alljährlich den Sommer verbrachte.

Warum sich so viele Maler von Cadaqués begeistert zeigten, liegt auf der Hand: Eingebettet in eine kleine Bucht, auf der bunte Bötchen schaukeln, ist der Ort mit seinen weißen Häusern und schmalen Altstadtgassen wahrhaftig der Prototyp eines Fischerdorfes. Besonders außerhalb der Sommermonate kann man auch heute noch die Atmosphäre spüren, von der sich so viele Künstler inspirieren ließen. Zur Hochsaison geht dieses Ambiente allerdings weitgehend verloren, wenn ***Menschenmassen*** durch die Straßen strömen und Autoschlangen für Lärm und stickige Luft sorgen. Unter den Besuchern befinden sich dann stets Musiker, aufstrebende Künstler (und solche, die es werden möchten) sowie Mitglieder der Schickeria (und solche, die meinen, es zu sein). Auf jeden Fall unterscheidet sich das Städtchen von anderen Orten an der Costa Brava – hier ist man einfach ein bisschen mehr „in".

Als einstiger Treffpunkt weltberühmter Künstler besitzt Cadaqués neben einigen Galerien auch zwei Museen. Im privaten ***Centre d'Art Perrot Moore*** sind beachtliche Plastiken, Arrangements und Bilder, unter anderem von *Dalí* und *Picasso,* zu bewundern.

● Die Ausstellung öffnet im Sommer täglich 10–13 und 16–20 Uhr ihre Pforten, Besucher zahlen 4 € Eintritt.

Im ***Museu de Cadaqués*** werden die Werke moderner Künstler gezeigt; unter anderem war auch schon eine Dalí-Sonderausstellung zu sehen.

● Geöffnet ist das Museum von 11–13.30 Uhr und von 15–20 Uhr. Der Eintritt beträgt 5 €.

Etwas nördlich des Ortes befindet sich an einer zerklüfteten Bucht der ***Fischerhafen Port Lligat,*** an dem ***Salvador Dalí*** jahrzehntelang einen ***Wohnsitz*** besaß. Das Anwesen im typischen Stil der Region kann man nicht verfehlen: Auf dem Dach thronen – wie beim Museum in Figueres – überdimensionale Eier. Nach dem Tod von *Dalís* Frau *Gala* im Jahre 1982 stand das Haus lange leer und verfiel allmählich; nach umfangreichen Renovierungen wurde es für die Allgemeinheit geöffnet.

Für viele dürfte der Besuch dieses ***Casa-Museu Salvador Dalí*** interessanter sein als so manche Ausstellung, denn wo sonst kann man hautnah erfahren, wie ein künstlerisches Genie privat lebte? Das Gebäude beherbergt die originalen Möbelstücke und Accessoires des Meisters, unter anderem winzige Käfige für Grillen, die Dalí ach so gerne zirpen hörte. Eine rundum gelungene Angelegenheit!

● Öffnungszeiten: 15. Juni bis 15. September 10.30–21 Uhr; 15. März bis 14. Juni sowie 16. September bis 6. Januar 10.30–18 Uhr. Vom 7. Januar bis 14. März geschlossen. Eintritt 8 €, ermäßigt 4,80 €. Reservierungen unter Tel. (972) 251015 empfehlenswert!

Von Cadaqués verläuft eine kleine Straße einige Kilometer nördlich bis zum ***Cap de Creus,*** dem östlichen Zipfel der Halbinsel, über den ein Leuchtturm wacht. In den Felsen rund ums Cap kann man wunderbar spazieren gehen, herumkraxeln, Vögel beobachten oder sich einfach nur den Wind um die Nase wehen lassen.

Praktische Informationen

Information

● ***Touristenbüro*** an der C. Cotxe 2, Tel. (972) 258315.

Unterkunft

Sämtliche Hotels und Hostals in Cadaqués zeichnen sich vornehmlich durch eines aus: vollkommen ***überzogene Preise.*** Dennoch muss man zur Hochsaison schon eine Portion Glück haben, um überhaupt noch ein freies Zimmer zu finden.

● Nett wohnt es sich im Drei-Sterne-Hotel ***Rocamar*** €€€€€ am südlichen Ende der Bucht, Tel. (972) 258150. Als weniger angenehm erweisen sich die Preise des mit Tennisplatz, Pool und Garten ausgestatteten Hauses: Von Mitte Juli bis Ende August verlangt man fürs DZ 130 €!

● Etwas außerhalb an der Straße zum Cap de Creus liegt das ***Hotel Misty*** €€€€, Tel. (972) 258962. Sämtliche elf Zimmer der Mittelklasseunterkunft besitzen ein Bad, zudem können Gäste im hauseigenen Schwimmbad planschen. Zur absoluten Nebensaison erheblich preiswerter!

● Zentral liegt das ordentliche ***Hostal Marina*** €€€, C. Frederic Rahola 2, Tel. (972) 258199. Auch Zimmer ohne Bad.

● Günstigste Unterkunft ist die ziemlich spartanische ***Fonda Vehí*** €-€€, C. de l'Església 5, direkt bei der Kirche, Tel. (972) 258470. DZ ohne Bad.

● ***Camping Cadaqués,*** an der Straße nach Port Lligat, Tel. (972) 258126. Mäßig schattiger und ziemlich teurer Platz, dafür recht nah zum Strand.

Essen und Trinken

Hungern muss in Cadaqués niemand – das Angebot an Restaurants ist gewaltig. Zumeist stehen vor allem ***Fischgerichte*** auf der Karte; wer die Nase von den Meerestieren aber vorerst voll hat, kann dann immer noch zwischen fünf ***Pizzerien*** wählen.

● ***La Galiota,*** C. Narcís Monturiol 9, Tel. (972) 258187, ist das wohl beste Restaurant im Ort. Angeboten werden selbstverständlich viele Fischgerichte.

● Gut und preiswert isst man im ***Restaurant Vehí,*** C. de l'Església, sowie im gemütlichen ***Restaurant Casa Anita,*** C. Miquel Roset 16.

● Wer etwas auf sich hält und abends oder nachts noch einen Drink zu sich nehmen möchte, geht in den ***Jazz Rock Club L'Hostal*** am Hauptplatz, seit jeher die angesagteste Kneipe im Ort.

Verkehrsverbindungen

● Im Sommer mehrere ***Busse*** täglich nach Barcelona, Girona, Figueres und in zahlreiche Küstenorte.

Weitere Reisetipps

● Wer im Juli oder August mit dem eigenen Auto ankommt, sollte dieses unbedingt auf dem ***Parkplatz*** am Ortseingang abstellen! Das ***Verkehrschaos*** im Zentrum kann sich sehen lassen, zu Fuß ist man auf jeden Fall schneller und stressfreier unterwegs als mit dem Wagen.

Roses

(span. *Rosas*)

Mehrstöckige Hotelkästen, überfüllte Strände und das beinahe schon satirische *„Man spricht Deutsch"* – der ***Urlaubsort*** im Süden der Halbinsel des Cap de Creus bietet all das, was ungezählte Urlauber Jahr für Jahr zur Erholung benötigen. Wie sonst ist es zu erklären, dass Roses zur Ferienzeit förmlich aus den Nähten platzt? Vorrangig deutsche Touristen bevölkern dann in Scharen die langen Sandstrände, flanieren abends über die mehr als belebte Promenade und genießen in den zahllosen, oft bis auf den letzten Platz besetzten Restaurants spanische Gaumenfreuden „vom Fließband". Für alle, die sich nach heimischen Genüssen sehnen, gibt es in einigen Lokalen selbstverständlich auch Bockwürstchen und deutsches Bier. Der schmückende Beiname „Teutonengrill" für die Costa Brava – hier scheint er wahrlich angebracht.

Viele Individualreisende mögen Roses mit all seinen Begleiterscheinungen grässlich finden und schnellstens wieder verlassen; für Familien und insbesondere für Kinder bedeuten die guten Bade- und Unterhaltungsmöglichkeiten aber einen kurzweiligen Urlaub.

Was angesichts des heute alles überschattenden Tourismus in Vergessenheit gerät, ist die Tatsache, dass Roses auf eine lange und bewegte Geschichte zurückblickt. Im Mittelpunkt stand dabei stets der Hafen, von dem heute noch immer Fischerboote auslaufen, der aber mehr und mehr zur Heimat von Yachten wird. Schon vor Beginn unserer Zeitrechnung ließen sich hier griechische Seefahrer nieder und gründeten die Kolonie Rhode. Als ***Handels- und Militärhafen*** war Roses später so wichtig, dass *Karl V.* im 16. Jh. am Rande der Stadt eine mächtige ***Befestigungsanlage*** errichten ließ, die aber zu Beginn des 19. Jh. zerstört wurde. Heute erinnern nur noch die Ruinen der Zitadelle an die strategische Bedeutung von Roses. Innerhalb der Festung können bescheidene Überbleibsel der ***antiken griechischen Siedlung*** und die romanische ***Klosterkirche Santa María*** begutachtet werden.

Praktische Informationen

Information

● ***Touristeninformation*** an der Av. de Rhode, Tel. (972) 257331.

Unterkunft

Obwohl Roses über 60 Hotels und Hostals von teilweise beachtlicher Größe besitzt, kann es im Sommer zu Engpässen kommen. Am besten wendet man sich an die Touristeninformation, wenn man ein Bett für die Nacht sucht. Die Preise liegen zur Saison zwischen 25 € und 120 € fürs DZ. Leider gilt meist die Devise: Je teurer, desto besser.

● Gut und teuer sind Unterkünfte wie ***Hotel Almadraba Park*** €€€€€, Tel. (972) 256550, ***Hotel La Terraza*** €€€€€, Tel. (972) 256154, oder auch ***Rambla Mar*** €€€€€, Tel. (972) 256354.

● Die günstigsten Übernachtungsmöglichkeiten bieten Hostals wie ***La Pérgola*** €€, C. Sant Sebastià 62, Tel. (972) 257292 oder ***Del Pescador*** €€, C. Francesc Macià 25, Tel. (972) 256380.

● Fünf ***Campingplätze*** rund um Roses bieten beinahe 3.000 Urlaubern Platz. Sowohl im Preis als auch in der Ausstattung gibt es keine wesentlichen Unterschiede. Der Beschilderung folgen.

Essen und Trinken

Wie in vielen typischen Ferienorten bedeutet Masse nicht gleich Klasse: Die meisten der zahllosen Restaurants bieten ***mittelmäßige*** Fischgerichte und internationale Standards, wobei sich die Speisekarten nur unwesentlich voneinander unterscheiden. Selbstverständlich gibt es auch reichlich ***Pizza*** und ***Fastfood*** – man weiß halt, was der Urlauber wünscht.

● Aber es gibt auch Ausnahmen – und was für welche! Neidisch blicken die französischen Kochkünstler zum Restaurant ***El Bulli,*** Cala Montjoi nahe Roses, Tel. (972) 150457. Der dortige Küchenchef *Ferrán Adriá* hat ihnen den Rang abgelaufen und wird von vielen Experten mittlerweile als bester Koch der Welt gepriesen. Der Meister kredenzt experimentelle Gerichte, die es sonst nirgendwo rund um den Globus gibt. Dieser außergewöhnliche Gaumenschmaus und die drei Sterne im Michelin-Führer haben allerdings ihren Preis: 100 € benötigt der Gast mindestens – und zudem noch viel Zeit. Das *El Bulli* ist nämlich stets über Monate im Voraus ausgebucht.

Verkehrsverbindungen

● Im Sommer täglich fünf ***Busse*** nach Cadaqués und nach Barcelona. Mindestens stündlich Busse nach Figueres.

Weitere Reisetipps

● ***Boote*** vermietet „Boats Mediterrani Rent", Av. de la platja 41, Tel. (972) 152461.

Castelló d'Empúries

Auf halber Strecke zwischen Figueres und Roses, etwa 4 km vom Meer entfernt, liegt Castelló d'Empúries, einst

Hauptstadt der früheren Grafschaft Empúries. Der von Überresten der historischen ***Stadtmauer*** umgebene ***mittelalterliche Ortskern*** vermittelt auf den ersten Blick den Eindruck, dass der Ort in der Vergangenheit erheblich größere Bedeutung besaß als in heutigen Tagen. Tatsächlich zählte Castelló d'Empúries bis zum 14. Jh. zu den mächtigsten Städten ganz Kataloniens - heute zeugen nur noch zahlreiche Bauwerke von längst vergangenen, großen Zeiten. Diese Sehenswürdigkeiten sorgen dafür, dass in dem 2.600 Einwohner zählenden Städtchen tagsüber einiges los ist - Sightseeing steht auf dem Programm. Abends hingegen bummeln nur noch wenige Touristen durch die engen Gassen; dann spürt man die mittelalterliche Atmosphäre des Ortes am besten.

Sofort ins Auge sticht die ***Kirche Santa María,*** deren Glockenturm noch aus dem 11. Jh. stammt. Die gewaltigen Ausmaße der in den folgenden Jahrhunderten mehrfach aus- und umgebauten Basilika besitzen einen besonderen Grund: Ursprünglich sollte der Bischofssitz der Grafschaft nach Castelló d'Empúries verlegt werden, so dass es sich bei der Kirche also eigentlich um eine Kathedrale handelt. Vor allem das wunderschöne ***Portal*** mit sechs hintereinanderliegenden Bögen und Figuren der zwölf Apostel kann sich mit den Portalen so mancher Kathedrale messen. Im Innenraum des dreischiffigen Hauptgebäudes verdient der ***Hauptaltar*** mit seinem Aufsatz aus Alabaster Beachtung, den *Vicente Borrás* 1485 erschuf.

Das hübsche Stadtbild runden die ***ehemalige Warenbörse,*** die heute als Rathaus genutzt wird, mehrere ***Patrizierhäuser*** sowie die ***historische Brücke*** über den Fluss ***Muga*** ab.

Praktische Informationen

Information

- ***Touristeninformation*** an der Plaza dels Homes, Tel. (972) 156233.

Unterkunft

- ***Hotel Emporium*** €€€, C. Santa Clara 33, Tel. (972) 250593. Architektonisch zwar kein Meisterstück, besitzt das zweckmäßige Hotel doch ordentliche Zimmer, viele mit Balkon.
- ***Hostal L'Anton*** €€, C. de Roses 9, Tel. (972) 250509. Eine der preiswertesten Unterkünfte im Ort.

Verkehrsverbindungen

- ***Busse*** fahren von Castelló d'Empúries nach Figueres, Roses und Cadaqués.

Empúriabrava (span. *Ampuriabrava*)

In der Lagune zwischen den Mündungen der Flüsse Muga und Salinco entstand die ***Retortenstadt*** Empúriabrava, deren ***Yachthafen*** mit einer Kapazität von über 2.500 Booten als größter Europas gilt. Die Siedlung, die zum Gemeindegebiet von Castelló d'Empúries gehört, wird von Kanälen mit einer Gesamtlänge von 30 km durchzogen und besteht fast ausschließlich aus Ferienhäusern sowie einigen Hotels und Campingplätzen. Der feine Sandstrand sowie die guten Sportmöglichkeiten dürften wohl dafür gesorgt haben, dass die Ferienhäuser allesamt verkauft werden konnten - Atmosphäre wird man hier nämlich vergebens suchen.

Naturpark Aiguamolls de l'Empordà

Geteilt durch die künstliche Siedlung Empúriabrava, erstreckt sich an der Küste im Mündungsgebiet der Flüsse Fluvià und Muga dieser knapp 4.800 Hektar große Naturschutzpark. Übersetzt bedeutet der historische Name Aiguamolls so viel wie „seichte Wasser" - treffender könnte das Gebiet auch kaum bezeichnet werden. Der Park besteht aus dem zweitgrößten ***Sumpfgebiet*** Kataloniens und bildet den Lebensraum für zahlreiche seltene Tier- und Pflanzenarten.

Einst erstreckte sich das Marschland entlang des gesamten Golf von Roses, doch wie so oft erwies sich der Mensch auch hier als größter Feind der Natur. Um die Region landwirtschaftlich nutzen zu können, wurden Teile des Areals trockengelegt. Mitte des 20. Jh. tauchte plötzlich ein weiterer Gegner dieses ökologisch so wichtigen Feuchtgebietes auf: der Tourismus. Große Flächen der verbliebenen Sumpflandschaft mussten Feriensiedlungen und Sandstränden weichen - das Ende von Aiguamolls schien nur noch eine Frage der Zeit.

Erst die Gründung einer Initiative unter dem Motto „Das letzte Marschland des Empordà ist in Gefahr" rüttelte 1976 Bevölkerung und Politiker wach. Am 13. Oktober 1983 erklärte das Parlament von Katalonien die Aiguamolls de l'Empordà schließlich zum ***Naturschutzgebiet.***

Unterteilt ist der Park in zwei Hälften, das ***Polygon 1*** im Norden von Empúriabrava sowie das ***Polygon 2*** im Süden der Siedlung, wobei beide Gebiete auf befestigten Wegen besichtigt werden können. Für Beobachtungen von Vögeln, für deren Artenvielfalt das Naturschutzgebiet bekannt ist, empfiehlt sich das Polygon 2, das man mit dem Auto problemlos von Castelló d'Empúries erreicht. Am besten beginnt man die Rundwanderung am hiesigen Informationszentrum, in dem auch Ferngläser verliehen werden - ein beinahe obligatorisches Utensil, um die Tiere zu betrachten, ohne sie aufzuschrecken. Wer einen ereignisreichen Tag verbringen möchte, sollte zeitig aus den Federn kommen: Am frühen Morgen lassen sich die ***323 vorkommenden Vogelarten,*** von denen 93 hier nisten, am besten beobachten.

Sehr häufig sieht man ***Blesshuhn, Stockente*** und ***Teichhuhn,*** seltener kommen Arten wie die ***Rohrdommel,*** der ***Purpurreiher*** oder die ***Knäkente*** vor, die hier ihr einziges Brutgebiet in ganz Katalonien besitzt. Auch nicht so stark ans Wasser gebundene Vögel wie der ***Bienenfresser*** oder die ***Blauracke*** nisten in den Aiguamolls. Zu Zeiten der Wanderungen machen Tausende Zugvögel hier Rast - mitunter die auffälligen, rosafarbenen ***Flamingos.*** Intensive Bemühungen laufen zudem darauf hinaus, den ***Weißstorch*** wieder einzubürgern, der früher ebenfalls hier brütete.

Häufigste Amphibien sind verschiedene ***Frosch- und Krötenarten,*** denen man fast zwangsläufig begegnet. Die Reptilien werden unter anderem durch die ***kaspische Wasserschildkröte*** vertreten, für deren Beobachtung man allerdings ein wenig Glück haben muss.

Schier unendliche Mengen an ***Mücken*** bevölkern das Gebiet - ein Schutzmittel sollte daher zur Standardausrüstung beim Besuch der Aiguamolls gehören.

Praktische Informationen

Information

- Das ***Informationsbüro El Cortalet*** im Polygon 2, Tel. (972) 254222, erteilt Auskünfte über Fauna, Flora, Wanderwege und die besten Plätze zur Beobachtung der Tiere. Man kann sich hier auch Ferngläser leihen.

Anhang

Literaturhinweise

Natur

• *Garms, Harry:* **Fauna Europas, Ein Bestimmungslexikon der Tiere Europas,** Englisch-Verlag Wiesbaden 1985. Praktisches Handbuch mit Abbildungen und Beschreibungen von 2.300 Tierarten.

• *Pielowski, Zygmunt:* **Die Greifvögel,** Verlag Neumann-Neudamm Morschen 1993. Großformatiges Buch mit erstklassigen Zeichnungen und Fotos der in Europa vorkommenden Arten.

• *Bruun, Delin, Svensson:* **Der Kosmos-Vogelführer, Die Vögel Deutschlands und Europas,** Franckh'sche Verlagshandlung Stuttgart 1990. Handbuch mit Abbildungen und Beschreibungen aller in Europa vorkommenden Vogelarten.

• *Diesener, Günter und Reichholf, Josef:* **Lurche und Kriechtiere,** Mosaik Verlag München 1985. Sämtliche Amphibien und Reptilien Europas in Wort und Bild.

• *Grey-Wilson, Christopher:* **Pareys Bergblumenbuch - wildblühende Pflanzen der Alpen, Pyrenäen, Apenninen, der skandinavischen und britischen Gebirge,** Parey Hamburg/Berlin 1980. Ausführliches Bestimmungsbuch, das auch die endemischen Pflanzen der Pyrenäen beschreibt.

• *Lemoine, Cécile und Claustres, Georges:* **La Flore des Pyrénées,** Editions Sud-Ouest 1990. Fotos und kurze Texte zu den typischen Blumen der Pyrenäen. Nur in Französisch erhältlich.

Wandern, Bergsteigen, Tauchen

• *Jenner, Paul und Smith, Christine:* **Landschaften der Pyrenäen - Autotouren, Wanderungen, Picknickvorschläge,** Sunflower Books London 1990.

• *Lipps, Susanne:* **„Richtig wandern" Pyrenäen,** DuMont Buchverlag Köln 1991. Guter Wanderführer mit Touren unterschiedlicher Längen und Schwierigkeitsgrade.

• *Prof. Dr. Pförringer, Wolfgang und Dr. Ullmann, Christian:* **Bergsteigen - Klettern, Trekking, Wandern,** Südwest Verlag München 1989. Zahlreiche Informationen zu Gefahren des Bergsteigens, Höhenmedizin, Verletzungen, Ernährung und Erster Hilfe.

• *Berghold, Franz:* **Sicheres Bergsteigen, Alpine Unfälle - und wie man sie vermeidet,** F. Bruckmann KG München 1988.

• *Schramm, Gunter:* **Trekking Handbuch,** Reise Know-How Verlag, Bielefeld.

• *Paschke, Dietmar:* **Tauchreiseführer Spanien - Costa Brava,** Verlag Stephanie Naglschmid Stuttgart 1989. Beschreibung der schönsten Tauchgebiete, unter anderem bei Roses und Cadaques.

• *Becker, Klaus,* **Tauchen in warmen Gewässern,** Reise Know-How Verlag, Bielefeld.

Gesellschaft und Geschichte

• *Waldmann, Peter:* **Militanter Nationalismus im Baskenland,** Vervuert Verlag Frankfurt 1990. Wissenschaftlich geprägtes Werk.

- *Herzog, Werner (Hg.):* ***Terror im Baskenland – Gefahr für Spaniens Demokratie?*** Rowohlt Taschenbuch Verlag Reinbek bei Hamburg 1979. Texte verschiedener Autoren zur Geschichte der Basken und der ETA.
- *Collins, Roger:* ***The Basques,*** Basil Blackwell Ltd Oxford 1986. Wissenschaftliches Buch über Geschichte und Ursprünge der Basken. Nur auf Englisch erhältlich.
- *Aué, Michèle:* ***Das Land der Katharer,*** MSM Vic-en-Bigorre 1992. Interessantes Buch über Geschichte und Religion der Katharer; außerdem ausführliche Beschreibungen der Katharerburgen.

Belletristik

- *Tucholsky, Kurt:* ***Ein Pyrenäenbuch,*** Rowohlt Verlag Reinbek bei Hamburg 1960. 1927 verfasstes Werk über eine Reise durch die Pyrenäen. Mit gewohnt spitzer Feder beschreibt Tucholsky seine Eindrücke und Empfindungen. Absolut lesenswert!
- *Hemingway, Ernest:* ***Fiesta*** (Im Original *The Sun also rises*), Rowohlt Verlag Reinbek bei Hamburg 1977. Der amerikanische Nobelpreisträger bei der Fiesta de San Fermín – dieser 1926 geschriebene Roman begründete seinen Weltruhm. Absolut lesenswert!
- *Fittko, Lisa:* ***Mein Weg über die Pyrenäen,*** Carl Hanser Verlag München/Wien 1985. Die Autorin kämpfte im Widerstand gegen die Nazis und verhalf zahllosen Verfolgten zur Flucht über die Pyrenäen nach Spanien. Sehr persönlicher Roman; lesenswert.
- *Kustos, Norbert:* ***Durch die Pyrenäen – Vom Atlantik zum Mittelmeer,*** Harenberg Edition Dortmund 1989. Schöne Fotos von Kustos, garniert mit Zitaten u.a. von Heinrich Heine und Kurt Tucholsky.
- *Frey, Peter (Hg.) und Brettschneider, Gunter (Hg.):* ***Baskische Legenden,*** pendo-verlag Zürich. Zahlreiche baskische Legenden in der Orginalfassung und in der deutschen Übersetzung. Äußerst unterhaltsam.
- *Duhourcau, Bernard:* ***Guide des Pyrénées mystérieuses,*** Editions Sand 1985. Mythen und Legenden aus beinahe allen Orten der französischen Pyrenäen sind hier zusammengetragen worden. Nur auf Französisch erhältlich.

Anhang

Know-How auf einen Blick

Taiwan
Tansania, Sansibar
Teneriffa
Thailand
Thailand – Tauch- und Strandführer
Thailands Süden
Thüringer Wald
Tokyo
Toscana
Transsib
Trinidad und Tobago
Tschechien
Tunesien
Tunesiens Küste

Umbrien
USA/Canada
USA, Gastschüler
USA, Nordosten
USA – der Westen
USA – der Süden
USA – Südwesten, Natur u. Wandern
USA SW, Kalifornien, Baja California
Usedom

Venedig
Venezuela
Vereinigte Arabische Emirate
Vietnam

Westafrika – Sahel
Westafrika – Küste
Wien
Wo es keinen Arzt gibt

Edition RKH

Burma – Land der Pagoden
Durchgedreht – 7 Jahre im Sattel
Finca auf Mallorca
Geschichten aus d. anderen Mallorca
Goldene Insel
Mallorquinische Reise
Please wait to be seated!
Salzkarawane, Die
Schönen Urlaub!
Südwärts Lateinamerika
Traumstr. Panamerikana
Unlimited Mileage

Praxis

Aktiv Algarve
Aktiv frz. Atlantikküste
Aktiv Gran Canaria
Aktiv Marokko
Aktiv Polen
All Inclusive?
Als Frau allein unterwegs
Bordbuch Südeuropa
Canyoning
Clever buchen/fliegen
Clever kuren
Daoismus erleben
Drogen in Reiseländern
Dschungelwandern
Essbare Früchte Asiens
Fernreisen a. eigene Faust
Fernreisen, Fahrzeug
Fliegen ohne Angst
Fun u. Sport im Schnee
GPS f. Auto, Motorrad
GPS Outdoor
Heilige Stätten Indiens
Hinduismus erleben
Höhlen erkunden
Inline-Skaten Bodensee
Inline Skating
Internet für die Reise
Islam erleben
Kanu-Handbuch
Kommunikation unterw.
Kreuzfahrt-Handbuch
Küstensegeln
Maya-Kultur erleben
Mountain Biking
Orientierung mit Kompass und GPS
Paragliding-Handbuch
Pferdetrekking
Reisefotografie
Reisefotografie digital
Reisen und Schreiben
Respektvoll reisen
Richtig Kartenlesen
Safari-Handbuch Afrika
Schutz v. Gewalt/Kriminalität
Schwanger reisen
Selbstdiagnose u. Behandlung unterwegs
Sicherheit/Bärengeb.
Sicherheit/Meer
Sonne, Wind und Reisewetter
Survival-Handbuch, Naturkatastrophen
Tauchen kalte Gewässer
Tauchen warme Gewässer
Transsib – Moskau-Peking
Trekking-Handbuch
Tropenreisen
Verreisen mit Hund
Vulkane besteigen
Wandern im Watt
Wann wohin reisen?
Was kriecht u. krabbelt in den Tropen
Wein-Reiseführer Dtschl.
Wein-Reiseführer Italien
Wildnis-Ausrüstung
Wildnis-Backpacking
Wildnis-Küche
Winterwandern
Wohnmobil-Ausrüstung
Wohnmobil/Indien
Wohnmobil-Reisen
Wracktauchen weltweit

KulturSchock

Afghanistan
Ägypten
Brasilien
China VR/Taiwan
Golf-Emirate, Oman
Indien
Iran
Islam
Japan
Jemen
KulturSchock – Mit anderen Augen sehen
Marokko
Mexiko
Pakistan
Russland
Spanien
Thailand
Türkei
Vietnam

Wo man unsere Reiseliteratur bekommt:

Jede Buchhandlung der BRD, der Schweiz, Österreichs und der Benelux-Staaten kann unsere Bücher beziehen.
Wer sie dort nicht findet, kann alle Bücher über unseren Internet-Shop unter **www.reise-know-how.de** oder **www.reisebuch.de** bestellen.

Wichtige geographische Begriffe

Deutsch	*Französisch*	*Spanisch*	*Katalanisch*
Allee	allée, avenue	avenida, paseo	avinguda, passeig
Bad	bain, eaux	balneario, baño	bany
Bahnhof	gare, station	estación	estació
Bank	banque	banco	banc, banca
Bauernhof	ferme	finca	mas
Berg	mont, montagne	montaña, pico	mont, munt, pic, puig
Bergkette, Gebirge	montagne	sierra	muntanya, serra
Brücke	pont	puente	pont
Bucht	baie, golfe	bahía	badia
Burg	château	castillo	castell
Dorf	village	pueblo, aldea	poble
Feld	champ	campo	camp
Fels	roche, rocher	roca, peña	roca
Fluss	rivère	río	riu
Garten	jardin	jardín	jardí
Hafen	port	puerto	port
Haus	maison	casa	casa
Höhle	grotte	cueva, gruta	cova
Kap	cap	cabo	cap
Kirche	église	iglesia	església
Kloster	couvent, cloître	convento, monasterio	convent, monestir
Küste	côte	costa	costa
Landstraße	(grand) route	carretera	carretera
Markt	marché	mercado	mercat
Meer	mer	mar	mar
Mühle	moulin	molino	molí
Museum	musée	museo	museu
Park	parc	parque	parc
Pass (-straße)	défilé, pas	desfiladero, paso	coll
Platz	place	plaza	plaça
Rathaus	hôtel de ville, mairie	ayuntamiento	ajuntament
Restaurant	restaurant	restaurant(e)	restaurant
See	lac	lago	estany
Stadt	ville, cité	ciudad	ciutat
Strand	plage	playa	platja
Straße	rue, route	calle	carrer
Tal	vallée	valle	vall
Turm	tour	torre	torre
Wald	forêt, bois	bosque	bosc
Wasser	eau	agua	aigua
Weg	chemin	camino, vía	camí, via
Zentrum	centre	centro	centre

Außerdem trifft man im Gebirge immer wieder auf regionale Begriffe, die sich nicht unbedingt einer bestimmten Sprache zuordnen lassen. So heißt der Gebirgsfluss im Béarn beispielsweise *gave,* in der Region Bigorre hingegen *neste.* Die Wörter in der jeweiligen Landessprache werden aber auf jeden Fall verstanden.

Reiserouten

Die folgenden Reiserouten verstehen sich nur als ***Vorschläge*** für Urlauber, die mit dem Auto oder dem Motorrad unterwegs sind und können natürlich beliebig abgewandelt werden. Bei den empfohlenen Strecken handelt es sich immer um ***Rundfahrten,*** die in den französischen Pyrenäen beginnen und anschließend in Spanien fortgesetzt werden. Wenngleich man besonders in den zentralen Pyrenäen manchmal einige Dutzend Kilometer zurücklegen muss, um auf die andere Seite des Gebirges zu gelangen, erweist sich die Fahrt über die Grenze im Sommer nicht als Problem. Vom Herbst bis zum Frühjahr bleiben viele ***Pässe*** allerdings geschlossen - Schilder am Beginn der Passstraße weisen auf ihre Befahrbarkeit hin. Zu dieser Zeit überquert man die Grenze am besten in ***Küstennähe*** oder passiert den Gebirgskamm durch die Tunnel von Bielsa, Viella oder Puymorens.

Auch bei der empfohlenen ***Reisedauer*** handelt es sich nur um Richtwerte, die der eine Urlauber als viel zu kurz, der andere als äußerst großzügig bemessen empfinden wird. Auf jeden Fall werden in den folgen Reiserouten jeweils nur einige der beliebtesten Ziele erwähnt. Wer tatsächlich sämtliche ***Sehenswürdigkeiten*** „abklappern" will, wird mit der angegebenen Zeit natürlich nicht auskommen. Ohne Frage sollte sich aber jeder Urlauber auch einmal in die Gebiete abseits der gängigen Routen wagen.

Selbstverständlich ist auch eine komplette ***Durchquerung der Pyrenäen*** vom Atlantik zum Mittelmeer (oder umgekehrt) in zwei oder sogar in einer Woche machbar. Obwohl man dabei auf viele reizvolle Orte und Landschaften verzichten muss, sollten zumindest ein Nationalpark (empfehlenswert: Ordesa) und eines der bedeutenden geschichtlichen Bauwerke (Kathedrale von St.-Bertrand de Comminges, Kloster St.-Martin-du-Canigou) auf dem Reiseplan stehen.

Die westlichen Pyrenäen

Wer nur den westlichen Teil der Pyrenäen bereisen will, sollte mindestens eine, besser aber zwei Wochen Zeit mitbringen. Den Ausgangspunkt bildet die hübsche Stadt ***Bayonne,*** etwa 180 km südlich von Bordeaux nahe der baskischen Küste gelegen (Anreise siehe „Praktische Reisetipps"). Die ***Côte Basque*** mit Seebädern wie ***Biarritz*** und ***St.-Jean-de-Luz*** besitzt auch heute noch einen etwas mondänen Flair, während die Dörfer des Hinterlandes (Sare, Ainhoa, Espelette etc.) ein eher beschauliches Dasein fristen. Auf jeden Fall lohnt hier ein Besuch der ***Grotte von Sare*** sowie eine Fahrt mit der Zahnradbahn auf die ***Rhune.***

Touristischer Anlaufpunkt in den weiter östlich gelegenen baskischen Provinzen ***Basse-Navarre*** und ***Soule*** ist das Städtchen ***St.-Jean-Pied-de-Port,*** in dem es zur Hochsaison allerdings recht voll werden kann. Nicht nur für Naturfreunde empfiehlt sich die Besichtigung der ***Grotten*** von ***Isturitz*** und ***Oxocelhaya*** sowie der Schluchten im Süden von Soule. Auch die abgelegeneren Gebiete haben ihren Reiz: Die winzigen Dörfer im Norden von St.-Jean-Pied-de-Port wirken geradezu verschlafen.

Im ***Béarn*** ist ein Besuch der Universitätsstadt ***Pau*** mit ihrem Schloss und dem herrlichen Ausblick auf die Pyrenäen ein unbedingtes Muss! Außerdem kann man im Süden der Provinz erste Bekanntschaften mit dem Hochgebirge machen – besonders um das Dorf ***Lescun*** empfängt den Urlauber eine herrliche Landschaft. Wer noch höher hinaus möchte, gelangt mit dem Bähnchen *petit train d'Artouste* in die faszinierende Bergwelt.

Über den ***Col du Somport*** oder den ***Col du Pourtalet*** kann man hier problemlos in die spanische Provinz Navarra überwechseln. Im ***Tal von Canfranc*** scheint der riesige Bahnhof dem Verfall preisgegeben – unbedingt anschauen! Während sich in ***Jaca*** aufgrund der Baudenkmäler ein Stop anbietet, bezaubern die Täler von Hecho und Ansó mit ihrer landschaftlichen Schönheit.

Auf dem Weg über die ***N 240*** Richtung Pamplona dürften historische Bauten wie der ***Monasterio de San Juan de la Peña*** oder der ***Monasterio de Leyre*** nicht nur bei „Kulturfreaks" auf Interesse stoßen. ***Pamplona*** selbst besitzt einige sehenswerte Gebäude und ist vor allem zur Zeit der *Fiesta de San Fermín* (6.–14. Juli) eine Reise wert.

Im Norden der Metropole Pamplona liegt ***Roncesvalles,*** wo einst der sagenumwobene *Roland* in der Schlacht gegen die Basken sein Leben gelassen haben soll.

An der Atlantikküste besitzt das Seebad ***San Sebastián*** – ähnlich wie Biarritz in Frankreich – noch immer einen mondänen Flair. In der hübschen Altstadt sollte man unbedingt in einer Bar die köstlichen *Pintxos* probieren!

Die zentralen Pyrenäen

Naturfreunde kommen besonders in diesem Teil des Gebirges auf ihre Kosten. Unbedingt sollte man die drei großen ***Nationalparks*** ansteuern. Ausgangspunkt ist die Industriestadt ***Tarbes,*** die man von Bayonne aus über die Autobahn A 64 erreicht. Wenige Kilometer südlich von Tarbes liegt ***Lourdes,*** das mit über fünf Millionen Pilgern jährlich zu den bedeutendsten Wallfahrtsorten der Welt zählt. Folgt man der Straße gen Süden gelangt man über Pierrefitte-Nestalas (Adlerwarte) und das Thermalbad Luz-St.-Sauveur schließlich in den ***französischen Pyrenäen-Nationalpark.*** In der Nähe des Dorfes Gavarnie befindet sich mit dem imposanten ***Cirque de Gavarnie*** eines der spektakulärsten Naturdenkmäler der Pyrenäen. Besonders im Hochsommer wird man die Schönheit dieses Talkessels allerdings nicht alleine genießen können – der Cirque zählt zu den am meisten besuchten Gebieten des Gebirges.

Zurück in ***Luz-St.-Sauveur*** kann man die Fahrt über die bei Tour-de-France-Teilnehmern gefürchteten Berge ***Col du Tourmalet*** und ***Col d'Aspin*** ins ***Vallée d'Aure*** fortsetzen. Auf halber Strecke lohnt eine Besichtigung des ***Observatoriums*** auf dem Gipfel des ***Pic du Midi de Bigorre*** (2.872 m). Im Vallée d'Aure bietet sich ein Abstecher in den südlichen Zipfel des Tales an, von wo aus man die ***Réserve Naturelle de Néouvielle*** mit ihrer Vielzahl an pittoresken Bergseen erreicht.

In Arreau zweigt eine Passstraße von der D 929 ab, die über den ***Col de Peyresourde*** - ebenfalls ein Tour-de-France-Klassiker - in den altehrwürdigen Kurort ***Bagnères-de-Luchon*** führt. Einige Kilometer weiter nördlich warten das historische ***St.-Bertrand de Comminges*** mit seiner gewaltigen Kathedrale, die Basilika von Valcabrère sowie die Grotte de Gargas auf Besucher - empfehlenswert!

Auf der N 125 passiert man die Grenze und gelangt ins spanische ***Vall d'Aran,*** dem sich im Süden der Nationalpark Aigües Tortes anschließt. Zweifellos zählt ein Aufenthalt in dieser von Seen, Flüssen und Bächen geprägten Schutzzone zu den Höhepunkten eines Pyrenäenurlaubs. Auf der Fahrt über die N 260 nach Westen sollte man das ***Boí-Tal*** mit seinen lombardisch-romanischen Kirchen nicht links liegen lassen.

Vorbei am ***Maladeta-Massiv,*** dessen Gipfel die höchsten der Pyrenäen sind und an Ainsa mit seiner sehenswerten Altstadt, erreicht man schließlich ***Torla,*** den Eingangsort zum ***Ordesa-Nationalpark.*** Nicht wenige sehen in diesem Gebiet die schönste Region der Pyrenäen überhaupt; ohne Frage muss der Ordesa-Park zumindest zu den faszinierendsten Naturspektakeln gezählt werden. Wer über genügend Zeit verfügt, sollte sich die vielen verlassenen Dörfer dieses Landstriches einmal genauer anschauen oder einen Trip in die fast menschenleere ***Sierra de Guara*** unternehmen. Durch das ***Valle de Tena*** kann man schließlich die Rückfahrt nach Frankreich antreten.

Andorra und die östlichen Pyrenäen

Eine Rundreise durch den östlichen Teil des Gebirges nimmt aufgrund der zahllosen Sehenswürdigkeiten mehr Zeit in Anspruch als die Touren in den zentralen und den westlichen Pyrenäen. Wer nichts versäumen will, benötigt sicherlich gut drei Wochen – und hat schließlich doch einiges verpasst. Deshalb bietet es sich an, nur einige interessante Ziele herauszupicken und nicht ohne Pause von Burg zu Burg und von Museum zu Museum zu hetzen.

Am besten startet man die Rundfahrt in ***Perpignan*** (Anreise siehe „Praktische Reisetipps"), das mit einer belebten Altstadt, zahlreichen historischen Bauwerken und einem echten Königspalast aufwartet. Von hier erreicht man außerdem in kurzer Zeit die weitläufige ***Côte Radieuse*** und die felsige, malerische ***Côte Vermeille.***

Um die Weiterfahrt von Perpignan ins Landesinnere fortzusetzen, bieten sich drei verschiedene Routen an, die sich aber ohne Schwierigkeiten auch miteinander verbinden lassen.

Route A

Diese Strecke ist die längste der drei beschriebenen Touren und empfiehlt sich für Reisende, die sowohl Gefallen an mittelalterlichen Burgen und ***zerklüfteten Schluchten*** als auch am geschäftigen Treiben in Andorra finden.

Von ***Perpignan*** aus gelangt man über die D 117 in den verschlafenen Landstrich Fenouillèdes, wo sich viele Menschen dem Weinanbau verschrieben haben. Nördlich der Hauptstraße warten gleich vier lohnende Sehenswürdigkeiten: Die ehemaligen ***Katharerburgen Quéribus*** und Peyrepertuse, das Dorf Tautavel, wo der Schädel des ältesten bekannten Europäers gefunden wurde, sowie die imponierende ***Schlucht Gorges de Galamus.*** Die Straße verläuft weiter nach Westen, vorbei am ***Château Puilaurens,*** dem Engpass Defilé de Pierre-Lys (Abstecher in die ***Aude-Schluchten***), dem Château Puivert und der erstaunlichen Quelle Fontaine de Fontestorbes bis nach ***Lavelanet.*** Südlich dieses Städtchens liegt neben der ***Gorges de la Frau*** auch die Burg Montségur, das Symbol der Katharer.

Nachdem man die Burgruinen von ***Roquefixade*** passiert hat, erreicht man die erstaunlich lebendige Stadt ***Foix.*** Hier kann man die Burg besichtigen oder eine Schiffahrt auf dem unterirdischen Fluss ***Rivière Souterraine de Labouiche*** unternehmen. Wer die Ruhe mag, sollte seine Fahrt nach Westen ins ***Couserans*** fortsetzen, in dessen abgeschiedenen Tälern alte Traditionen noch heute fortleben. Die eigentliche Rundtour führt aber auf der N 20 weiter nach Süden, wo nahe dem Ort ***Tarascon-sur-Ariège*** mehrere Höhlen einen Halt wert sind. Zu Berühmtheit gelangte die ***Grotte de Niaux,*** deren prähistorische Wandmalereien zu den bedeutendsten der Welt gezählt werden. Auf der N 20 erreicht man schließlich den Zwergstaat ***Andorra,*** der sich in den vergangenen Jahrzehnten zu einer echten Handelsmetropole mauserte. Abseits der Hauptstraße lassen sich aber auch hier wunderschöne Täler und blumenübersäte Wiesen finden.

10 km hinter der Grenze liegt mit ***la Seu d'Urgell*** die erste größere Stadt auf spanischem Territorium. Die Kathedrale wird bei Kunstinteressierten auf der Besichtigungsliste ganz oben stehen; Sportbegeisterte ziehen vermutlich den Parc del Segre vor, in dem 1992 die Kanuten olympischem Gold nachjagten. Südwestlich von la Seu d'Urgell erstreckt sich der ***Naturpark Cadí-Moixeró,*** in dem man sowohl auf beeindruckende Felswände als auch auf liebenswerte Weiler trifft. Vom Rummel, der in manchen Teilen der anderen Naturparks vorherrscht, ist hier selbst im Hochsommer kaum etwas zu spüren.

Vorbei am ***Parc Natural de la Zona Volcànica de la Garrotxa*** und dem mittelalterlichen Städtchen Besalú gelangt man schließlich nach ***Figueres.*** In der Geburtsstadt *Salvador Dalís* wurde 1974 ein außergewöhnliches Museum eröffnet, das zahlreiche Werke des katalanischen Künstlers zeigt und zu den beliebtesten Ausstellungen Spaniens zählt.

Die nahe ***Mittelmeerküste*** wird in erster Linie von Badeurlaubern aufgesucht, bietet aber auch einige Sehenswürdigkeiten, unter anderem das Kloster Sant Pere de Rodes.

Von Figueres gelangt man über die Autobahn A 7 in einer halben Stunde zurück nach Perpignan.

Route B

Diese erheblich kürzere Strecke soll vor allem denjenigen ans Herz gelegt werden, die ein Faible für außergewöhnlich schöne ***Kirchen und Klöster*** besitzen. Gleichzeitig lernt man aber auch landschaftlich interessante Gebiete wie die Cerdagne kennen.

Von Perpignan folgt man der N 116 ins Tal der Têt, wobei sich schon nach wenigen Kilometern Abstecher nach ***Thuir*** (Besichtigung einer Aperitif-Fabrik) und in das niedliche Dörfchen ***Castelnou*** anbieten. Im 25 km von Perpignan entfernt gelegenen ***Ille-sur-Têt*** stellen die sogenannten „Orgelpfeifen" ein geologisches Kuriosum dar.

Rund um den ***Canigou,*** dem symbolischen Berg der Katalanen, können drei Sakralbauten begutachtet werden, die zu den überwältigendsten der gesamten Pyrenäen zählen: Die abgeschiedene Prioratskirche Prieuré de Serrabone, die Abtei St.-Michel-de-Cuxa, ehemals religiöses Zentrum des Roussillon, sowie das einmalig gelegene Kloster St.-Martin-du-Canigou. Auf der Weiterfahrt kommt man an den einstmals vom genialen Architekten *Vauban* befestigten Städten Villefranche-de-Conflent und Mont-Louis vorbei, bevor man das Hochtal der ***Cerdagne*** erreicht. Hier lohnt eine Besichtigung des Sonnenofens von Odeillo mit dem größten Parabolspiegel der Welt.

Bei ***Bourg-Madame*** überquert man schließlich die Grenze und befindet sich dann auf der N 260 nördlich des Naturparks Cadí-Moixeró (Weiterfahrt siehe Route A).

Route C

Die kürzeste der drei Routen führt von ***Perpignan*** über die Autobahn nach Süden, bevor man bei le Boulou auf die D 115 in das ***Tech-Tal*** abbiegt. Erster größerer Ort an der Straße ist das mediterran geprägte ***Céret*** mit einem beachtenswerten Museum für moderne Kunst. Nachdem der Kurort Amélie-les-Bains passiert wurde, folgt das Städtchen Arles-sur-Tech, in dessen unmittelbarer Nähe sich die Gorges de la Fou, die angeblich engste Schlucht der Welt, befindet. Die D 115 verläuft weiter durch den sympathischen Ort ***Prats-de-Mollo,*** bevor sie am ***Col d'Ares*** die Grenze überquert. Etwa 20 km weiter mündet die Straße in die N 260, die zum ***Parc Natural do la Zona Volcànica de la Garrotxa*** führt (Weiterfahrt siehe Route A). Diese Tour kann als reine Rundfahrt problemlos an einem Tag bewältigt werden; stehen aber einige Besichtigungen auf dem Programm (Museum in Céret, Gorges de la Fou, Garrotxa-Naturpark, Dalí-Museum) sollte man schon zwei oder drei Tage einplanen.

Reise Know-How
Nordspanien
und der Jakobsweg
Reise Know-How
Andalusien
Reise Know-How
Spaniens Mittelmeerküste

HILFE!

Dieses Reisehandbuch ist gespickt mit unzähligen Adressen, Preisen, Tipps und Infos. Nur vor Ort kann überprüft werden, was noch stimmt, was sich verändert hat, ob Preise gestiegen oder gefallen sind, ob ein Hotel, ein Restaurant immer noch empfehlenswert ist oder nicht mehr, ob ein Ziel noch oder jetzt erreichbar ist, ob es eine lohnende Alternative gibt usw.

Unsere Autoren sind zwar stetig unterwegs und versuchen, alle zwei Jahre eine komplette Aktualisierung zu erstellen, aber auf die Mithilfe von Reisenden können sie nicht verzichten.

Darum: Schreiben Sie uns, was sich geändert hat, was besser sein könnte, was gestrichen bzw. ergänzt werden soll. Nur so bleibt dieses Buch immer aktuell und zuverlässig. Wenn sich die Infos direkt auf das Buch beziehen, würde die Seitenangabe uns die Arbeit sehr erleichtern. Gut verwertbare Informationen belohnt der Verlag mit einem Sprechführer Ihrer Wahl aus der über 150 Bände umfassenden Reihe „Kauderwelsch" (siehe unten).

Bitte schreiben Sie an:
REISE KNOW-HOW Verlag Peter Rump GmbH, Osnabrücker Str. 79
D-33649 Bielefeld, oder per e-mail an: info@reise-know-how.de

Danke!

Kauderwelsch-Sprechführer – sprechen und verstehen rund um den Globus

Afrikaans • Ägyptisch-Arabisch • Albanisch • Algerisch-Arabisch • Allemand • American Slang • Amerikanisch • Amharisch • Arabisch f. d. Golfstaaten • Armenisch Australian Slang • Bairisch • Baskisch • Bengali • Berlinerisch • Brasilianisch • British Slang • Bulgarisch • Burmesisch • Canadian Slang • Cebuano • Chinesisch • Dänisch • Duits • Englisch • Esperanto • Estnisch • Finnisch • Französisch • Französisch Slang • Französisch/Senegal • Französisch/Tunesien • Französisch f. Restaurant und Supermarkt • Franko-Kanadisch • Galicisch • Georgisch • German Griechisch • Guarani • Hausa • Hebräisch • Hieroglyphisch • Hindi • Hocharabisch • Indonesisch • Irakisch-Arabisch • Irisch-Gälisch • Isländisch • Italienisch • Italienisch für Opernfans • Italo-Slang • Japanisch • Javanisch • Jemenitisch-Arabisch • Jiddisch Kantonesisch • Kasachisch • Katalanisch • Khmer • Kinyarwanda • Kisuaheli • Kiwi-Slang • Kölsch • Koreanisch • Kroatisch • Kurdisch • Laotisch • Lettisch • Lëtzebuergesch • Lingala • Litauisch • Madagassisch • Makedonisch • Malaiisch • Mallorquinisch • Maltesisch • Mandinka • Marokkanisch-Arabisch • Mongolisch • More American Slang • Nemjetzki • Nepali • Niederländisch • Norwegisch • Palästinensisch-/Syrisch-Arabisch • Paschto • Patois • Persisch • Pidgin-English • Plattdüütsch • Polnisch • Portugiesisch • Quechua • Rumänisch • Russisch • Sächsisch • Schwäbisch • Schwedisch • Schwiizertüütsch • Scots • Serbisch • Singhalesisch • Sizilianisch • Slowakisch • Slowenisch • Spanisch • Spanisch Slang • Spanisch/Lateinamerika • Spanisch/Argentinien • Spanisch/Chile • Spanisch/Costa Rica • Spanisch/Cuba • Spanisch/Dom. Republik • Spanisch/Ecuador • Spanisch/Guatemala • Spanisch/Honduras • Spanisch/Mexiko • Spanisch/ Nicaragua • Spanisch/Panama • Spanisch/Venezuela • Sudanesisch-Arabisch • Tagalog • Tamil • Tedesco • Thai • Tibetisch • Tschechisch • Tunesisch-Arabisch • Türkisch • Ukrainisch • Ungarisch • Usbekisch • Vietnamesisch • Wienerisch • Wolof

Register

A

B

H

I

J

K

L

M

N

O

P

T

Der Autor

Michael Schuh, Jahrgang 1964, lebt in Hohenlimburg bei Hagen. Nach dem Abitur schnupperte er zuerst Universitätsluft, bevor er ein Volontariat bei einer Tageszeitung begann und dort später als Redakteur arbeitete.

Erste Kontakte zu den Pyrenäen wurden 1984 bei einer Interrailtour geknüpft, die ihn ins französische und ins spanische Baskenland führte. Fasziniert von der Vielseitigkeit des Gebirges und seiner Bewohner, kehrt er seitdem immer wieder in die Bergwelt zwischen Atlantik und Mittelmeer zurück.

Kartenverzeichnis